物上代位法理 の新展開

清原 泰司 著

発行 民事法研究会

はしがき

　1997年5月、『物上代位の法理―金融担保法の一段面―』（民事法研究会）を上梓してから21年の歳月が流れた。同書において、私は、民法304条1項ただし書の「差押え」の趣旨に関し、第三債務者保護説を採るべきことを主張し、その終章において、「本年（1996）は、民法成立100年であるが、物上代位制度が設けられた原点に立ち帰り、解釈の基本的視点を確立することが急務ではないだろうか。そうしてこそ、『物上代位』という金融担保法の一領域における諸問題の大半が解決され、民法が、本来、志向していたものが実現できるのではあるまいか」（284頁）と述べた。

　その直後、最高裁は、1998年（平成10年）1月30日（第二小法廷）判決において、次いで、同年2月10日（第三小法廷）判決において、いずれも「差押え」の趣旨に関し第三債務者保護説を採用し、さらに同年3月26日（第一小法廷）判決において、第三債務者保護説を前提とする判決を下した。これにより、最高裁は、すべての小法廷において第三債務者保護説を採用したのであり、「差押え」の趣旨に関し優先権保全説（第三者保護説）を採った1923年4月7日の大審院民事連合部判決が変更された。これにより、私は、民法典施行（1896年）以来100年にわたる「物上代位」論争に終止符が打たれるものと予測した。

　ところが、この20年間の物上代位をめぐる議論は、最大の争点であった物上代位権行使の要件である「差押え」の趣旨については勿論、その前提となる物上代位権の成立・発生時期についても誤謬に満ちた見解が横行し、第三債務者保護説（私見）の内容を勝手に〝創造〟し、その〝創造〟した内容を批判するという、全く独り相撲的で、およそ学問とはかけ離れた批判が横行し、今や、かえって物上代位論は混迷していると言ってよい。また、これらの学説の影響を受け、1998年の最高裁判決以降の最高裁判決・決定も、理論的誤謬に満ちたものが続出した。

　本書は、これらの判例・学説を徹底的に批判し、第三債務者保護説の正当性を主張するとともに、第三債務者保護説の前提となる物上代位権の成立・発生時期を正確に理解すべきことを主張したものである。そして、物上代位

の基本規定である民法304条1項本文と同ただし書の関係を正確に理解すれば、抵当権はもちろん、先取特権および質権の物上代位についても、理論的に一貫した法解釈を行うことができるだけでなく、実際的にも公正妥当な結論を導き出すこともできることを論証した。

　前著『物上代位の法理』に対し、2000年3月、中央大学から博士（法学）の学位が授与されたが、その時の審査報告書には、「清原説と同じ視点に立った平成10年の最判の射程距離の確定と、それをふまえた上での物上代位をめぐるその他の派生的な諸問題を、今後どのように見直していくべきかは、わが学会にとっても重要論点となるとともに、それはとりわけ清原氏自身にとっても今後更に解明して行くべき新たな課題である」という指摘がある。この指摘どおり、私は、その後の20年間、物上代位をめぐるほとんどすべての派生問題に応接し、本書にその研究成果を収めた。それは、偶然にも、1998年以降、物上代位をめぐる最高裁の裁判例が続出し、物上代位の研究者として、最高裁の判例法理を検証する必要があったからでもある。

　本書において、私は、最高裁の見解を徹底的に検証し、その理論的誤謬を明らかにするとともに、私見を批判する多数学説に対しても逐一反論した。しかし、残念ながら、多数学説の論者は、私の反論には一切応えず、理不尽な批判を繰り返すばかりであった。そのような状況の中、私見を理解し支持する見解も、少数ではあるが存在した（本書の序章参照）。全くの孤立無援ではなく、理解者がいることは、研究継続の心の支えであった。

　とりわけ、私を勇気づけてくれたのは、故・三和一博先生（中央大学教授）の1998年9月17日付けの手紙である。その中で、三和先生は、最判平成10年に関する私の判例評釈（本書の第5章2に収録）につき、「平成10年の二つの判決は、先生のいわれるとおり、『民法典施行100年に相応しい画期的な判決』であり、それにいたるためには、先生のご研究の成果によるところ大であり、まさに先生にとっては、"快哉"と存じます。また、それに共感できる私も幸せです。」と書いてくださった。私見に対する不当な評価に呆れ、落胆しているとき、この手紙を読み返し、幾度となく勇気づけられた。先生は、同じ関西出身（先生は姫路市出身で、最判平成10年2月10日の第三小法廷の裁判官の一人が、旧制中学時代の同級生であることを教えてくださった）という

こともあり、東京での研究会においても特に親しく接してくださっただけでなく、学位審査の労をもとってくださった。本書が完成した今、先生に改めて深甚の謝意を表し、本書をご覧いただきたいが、それができないのは残念の極みである。

また、今中利昭弁護士の御著書『動産売買先取特権の物上代位論』（民事法研究会、2008年）にも精神的に支えられた。同書は、今中先生が、弁護士業務の傍ら40年以上にわたり研究された「動産売買先取特権制度に関する研究」の中から、「物上代位に関する研究」を中心にまとめられた労作であり、これにより、関西大学から博士（法学）の学位を授与された。同書において、今中先生は、動産取引の実情を踏まえた物上代位論を展開され、私見についても基本的に理解してくださり好意的である。私見に対する不毛・不当な批判が多い中、実務を踏まえた今中理論には本当に勇気づけられた。なお、今中先生は、民事訴訟法学の泰斗、故・中野貞一郎博士（大阪大学名誉教授）から、研究において大切なことは、その研究の「実用性、理論性、先進性」であると伝授されたそうである（中野博士も、私見の支持者である［本書の序章参照］）。私の40年間にわたる物上代位の研究も、本書によってその一端に到達し得たのではないか、と自負している。

さらに、私を勇気づけたのは、2005年7月に制定された会社法である。会社法147条2項が、20年以上前からの私の主張（1995年10月7日の私法学会報告）どおり、株式質権の対抗要件を「株券発行会社その他の第三者に対抗することができない」と規定し、その対抗要件を「株券発行会社（第三債務者）」と「それ以外の第三者」に峻別することを明記したからである。およそ権利質権（権利担保）の対抗要件なるものは、民法364条が準用する同467条を俟つまでもなく、第三債務者とそれ以外の第三者とに峻別するのは当たり前であり（しかし、従来の商法学の多数説は、この峻別を理解することができなかった［本書の第4章参照］）、物上代位権も、債権を目的とする担保権であるから、同様に解すべきことは自明の理である。このことが理解できれば、物上代位権発生の場合、第三債務者保護の視点を容易に見出すことができ、物上代位法理を正確に理解することができるのである。

しかし、現状は、判例・多数学説ともに、正確な物上代位法理からかけ離

れた地点にいることは、前述のとおりである。だからこそ、本書刊行の意義
があるとも言えよう。

　最後に、本書の刊行を快く引き受けてくださった株式会社民事法研究会の
田口信義代表取締役および短期間の編集作業を煩わした南伸太郎氏には、心
より感謝の意を表する次第である。

　　2018年11月1日
　　　　　　眼下に名古屋市街を一望する南山大学法科大学院研究室にて

清原　泰司

『物上代位法理の新展開』

●目　　次●

〔初出一覧〕

第1章　物上代位総論

　第1節「抵当権の物上代位に基づく差押えの意義」銀行法務21・567号31
　　　頁以下（1999年）

　第2節「物上代位の法的構造」法学新報110巻1・2号175頁以下（2003
　　　年）

第2章　抵当権の物上代位

　第1節「物上代位論―二つの最高裁判決を素材として―」桃山法学2号1
　　　頁以下（2003年）

　第2節「抵当権の賃料債権への物上代位権の行使」市民と法4号35頁以下
　　　（2000年）

　第3節「転貸料債権に対する抵当権の物上代位(1)（2・完）」桃山法学4
　　　号1頁以下（2004年）・5号1頁以下（2005年）

　第4節「保険金請求権に対する質権と抵当権に基づく物上代位権の優劣」
　　　南山法学35巻1号1頁以下（2011年）

　第5節「抵当権の物上代位と相殺の優劣」市民と法10号2頁以下（2001
　　　年）

　第6節「担保不動産収益執行と相殺との優劣」南山法学36巻2号1頁以下
　　　（2013年）

第3章　先取特権の物上代位

　第1節「動産売買先取特権の物上代位権行使と代位目的債権譲渡の優劣」
　　　南山法学29巻2号1頁以下（2006年）

　第2節「動産売買先取特権の物上代位論―相殺との優劣を通して―」南山
　　　法学32巻3・4合併号37頁以下（2009年）

　第3節「動産売買先取特権の物上代位をめぐる最高裁判例の誤謬」南山法
　　　学38巻3・4合併号1頁以下（2015年）

第4章　質権の物上代位

　第1節「株式質100年」南山法学31巻1・2合併号343頁以下（2007年）

　第2節「株式質に基づく物上代位権行使の方法」南山法学40巻3・4合併

号75頁以下（2017年）

第5章　事例研究

1 「将来発生する賃料債権について『債権譲渡』と『抵当権に基づく物上代位権』とが競合した場合の優劣」判例時報1606号175頁以下（1997年）

2 「抵当権者による物上代位権の行使と目的債権の譲渡」判例時報1643号216頁以下（1998年）

3 「抵当権者が抵当権に基づき転貸料債権に対し物上代位権を行使することの可否」金融・商事判例1077号53頁以下（1999年）

4 「根抵当権設定登記後にされた賃貸人と賃借人との将来賃料と従前の保証金返還債務との相殺合意が根抵当権の物上代位による差押えに劣後するとして物上代位に基づく取立訴訟が認容された事例」金融・商事判例1098号57頁以下（2000年）

5 「抵当権の物上代位の目的となる債権に対する転付命令の効力」銀行法務21・621号86頁以下（2003年）

6 「動産売買先取特権者が売買代金債権についての差押命令を得ないまま第三債務者から物上代位権行使の行使として債権の支払いを受けることの可否」金融・商事判例1212号59頁以下（2005年）

7 「転貸料債権に対する抵当権の物上代位権行使の可否」私法判例リマークス37号22頁以下（2008年）

序　章　物上代位法理の新展開

一　物上代位論の現状と課題

1　最判平成10年の登場

　私は、拙著『物上代位の法理―金融担保法の一断面―』（民事法研究会、1997年）において、民法304条1項本文は、担保金融を促進するため、担保目的物の価値変形物（価値代替物）が発生した場合に、その価値変形物の上に担保物権の効力（物上代位権）が及ぶことを認めた担保権者保護の規定である一方、仮に同本文だけしか存在しなければ、第三債務者は、担保権設定者（債務者）に弁済した場合に、優先権者である担保権者（物上代位権者）からの請求に応じなければならず、二重弁済に危険に陥るため、そのような第三債務者の二重弁済の危険を防止するために設けられたのが民法304条1項ただし書であり、同ただし書の「差押え」は、かかる二重弁済の危険を防止するための手段であると述べた。すなわち、「差押え」の趣旨は、第三債務者の弁済の保護にあると主張したが、この第三債務者保護説は、民法304条立法の沿革および比較法的研究双方の成果である。

　そして、拙著の「終章　総括と展望」において、「第三債務者保護説にとって最も厄介であり、またそのゆえにこそ徹底的に批判を加えるべき対象は、（特定性維持説よりも―筆者注）優先権保全説（差押公示説・第三者保護説）の方である。なぜなら、『第三者』を第三債務者とそれ以外の第三者とに峻別せず、もっぱら「第三者一般の保護」を主張する見解は、大審院大正12年連合部判決以降、最高裁昭和59年（1984年）判決および同60年（1985年）判決に至るまで一貫した判例理論である一方、その支持者が増え、今や多数説を形成する見解だからである」（同書281頁）と書いた。

　ちょうどその頃、①東京地判平成8年9月20日（判例時報1583号73頁）および②東京高判平成11年11月6日（判例時報1591号32頁）の2つの判例に関し、

同時評釈の執筆依頼を受けた。①判決も、②判決もともに、民法304条１項ただし書にいう「差押え」の趣旨につき、❶最高裁（一小）昭和59年２月２日判決（民集38巻３号431頁）および❷最高裁（二小）昭和60年７月19日判決（民集39巻５号1326頁）が説示する「代位目的債権の特定性維持」と「第三者の不測の損害防止」を挙げながら、①判決は物上代位権者優先（抵当権者優先）、②判決は債権譲受人優先という全く正反対の結論を判示していたからである。上記拙著の公刊時期とも重なっていたので、私は、私見（第三債務者保護説）の正当性を主張する絶好の機会であると考え、抵当権の物上代位権行使と代位目的債権（賃料債権）譲渡の優劣に関するすべての公表判例を検討したうえ、①判決および②判決を評釈した。それが、本書の**第5章「⟨1⟩　将来発生する賃料債権について『債権譲渡』と『抵当権に基づく物上代位権』とが競合した場合の優劣」**である。

　そして、拙著公刊の８カ月後に、❸最高裁（二小）平成10年１月30日判決（民集52巻１号１頁）および❹最高裁（三小）平成10年２月10日判決（金融・商事判例1037号３頁、判例時報1628号３頁）はいずれも（併せて「**最判平成10年**」という）、民法304条１項ただし書の「差押え」の趣旨に関し、私見と同旨の第三債務者保護説を採用して[1]抵当権者優先を判示した（なお、最高裁（一小）平成10年３月26日判決（民集52巻483頁）も、同様の見解を前提とするものである）。最判平成10年は、以下のように判示した。

　「民法372条において準用する304条１項ただし書が抵当権者が物上代位権を行使するには払渡し又は引渡しの前に差押えをすることを要するとした趣旨目的は、主として、抵当権の効力が物上代位の目的となる債権にも及ぶことから、右債権の債務者（以下『第三債務者』という。）は、右債権の債権者である抵当不動産の所有者（以下『抵当権設定者』という。）に弁済をしても弁済による目的債権の消滅の効果を抵当権者に対抗できないという不安定な地位に置かれる可能性があるため、差押えを物上代位権行使の要件とし、第三債務者は、差押命令の送達を受ける前には抵当権設定者に弁済をすれば足り、右弁済による目的債権消滅の効果を抵当権者にも対抗することができることにして、二重弁済を強いられる危険から第三債務者を保護するという点にあると解される」と。この最判平成10年についての判例評釈が、本書**第5**

章の「②　抵当権者による物上代位権の行使と目的債権の譲渡」である。

　最判平成10年は、民法典施行（明治31年・1998年）後100年目にして初めて第三債務者保護説（私見）を採用した画期的な判決であり、私は、これにより100年間の論争に終止符が打たれるものと予測した。ところが、第三債務者保護説の支持者ないし理解者は、故・中野貞一郎博士、今中利昭弁護士、鎌田薫教授、平野裕之教授、そして、2000年３月、拙著『物上代位の法理』の学位論文審査において主査を務めてくださった故・三和一博中央大学教授のみである[2]。逆に、拙著において最も厄介だと指摘した優先権保全説（第三者保護説・差押公示説）を中心に、最判平成10年や私見に対する不当な批判が激しく、今や、かえって、物上代位論は混迷しているのが現状である。

2　物上代位論混迷の理由は物上代位権発生時期の不理解にある

　最判平成10年の判旨を普通に読めば、「差押え」の趣旨は、民法304条１項本文だけしか存在しなければ、第三債務者の二重弁済の危険が生じるから、その危険を防止するために「差押え」を物上代位権行使の要件とする同ただし書が設けられた（立法化された）ことは容易に理解できるはずである。ある条項の立法趣旨が何かを考えるには、当該条項が存在しなければ、どのような事態を招くかを考えればよいからである。

　ところが、私見や最判平成10年を批判し、第三債務者の二重弁済の危険の存在を否定する見解[3]は、この論理がどうも理解できないようである。すなわち、現存している民法304条１項ただし書を見て、「差押え」がなければ、第三債務者は、抵当権設定者（債務者）に弁済すればよいから、第三債務者の二重弁済の危険は存在しないと主張するのである。しかし、この主張は、現存する民法304条１項ただし書を適用した場合の結果（法的効果）を述べているだけである。同ただし書を適用した場合、第三債務者の二重弁済の危険が存在しないのは当たり前のことである。同ただし書は、まさに、第三債務者の二重弁済の危険を防止するために立法化されたからである。まさに、日本国憲法９条が存在する現在、平和主義を目的とする条文を新たに立法化する必要がないのと同じである。同条には、その趣旨目的が言い尽くされているからである。

　他方、最判平成10年以後、さすがに、第三債務者保護説を批判し、否定するような裁判例は見当たらないが、同最判が説示した第三債務者保護説を正確に理解していないと思われる裁判例が後を絶たない。以下、それらの最高裁判例を時系列に従い列挙する。

　❺最高裁（二小）平成12年4月14日決定（民集54巻4号1552頁）は、抵当不動産の賃借人（転貸人）が有する転貸料債権に対する抵当権の物上代位権行使を原則的に否定した。

　❻最高裁（三小）平成13年3月13日判決（民集55巻2号363頁）は、抵当権の物上代位権行使と賃借人の保証金返還請求権を自働債権とする相殺の優劣事案において、抵当不動産の賃借人が第三債務者であることを看過し、賃借人に対しても抵当権設定登記が物上代位権の公示となると解し、当該事案では、抵当権設定登記の後に自働債権が取得され、かつ、差押え前に相殺の意思表示がなかったことを理由に抵当権者優先の結論を導いた。この結論自体は妥当であったが、物上代位権の賃借人（第三債務者）に対する公示を抵当権設定登記と解し、その登記よりも先に自働債権が取得された場合には、常に相殺権者優先になると説示した。

　❼最高裁（三小）平成14年3月12日判決（民集56巻3号555頁）は、抵当権の物上代位権行使と転付命令の優劣事案について、物上代位権の発生時期を誤解したうえ、手続法（民事執行法）の枠内でのみ解釈を行い、転付債権者優先という結論を導いた。

　❽最高裁（一小）平成14年3月28日判決（民集56巻3号689頁）は、抵当権の物上代位権行使と賃借人の敷金返還請求権を自働債権とする相殺の優劣事案について、物上代位権の発生時期を誤解し、敷金契約特有の問題として処理し、賃借人優先の結論を導いた。

　❾最高裁（三小）平成17年2月22日判決（民集59巻2号314頁）は、動産売買先取特権の物上代位権行使と転売代金債権譲渡の優劣事案について、物上代位権は「差押え」により発生すると解し、「差押え」には第三者（競合債権者）の利益保護の目的もあると説示し、債権譲受人優先を導いた。

　❿最高裁（二小）平成21年7月3日判決（民集63巻6号1047頁）は、担保不動産収益執行と賃借人の保証金返還請求権を自働債権とする相殺の優劣事案

について、❻判決を引用し、抵当権の賃借人（第三債務者）に対する公示を抵当権設定登記と解し、その登記よりも先に自働債権が取得されていたことを理由に、賃借人優先を導いた。

　以上の最高裁判例はすべて、民法304条1項本文が定める物上代位権の発生時期を誤解している。そのため、本書では、これらの最高裁判例支持する圧倒的多数の学説とは異なり、これらの判例法理の理論的誤謬と実際上の結論の不公正・不当性を強く指摘し、徹底的に批判した。その上で、物上代位をめぐるあらゆる問題について論理一貫した解釈を行うとともに、公正妥当な結論を導き出すためには、「物上代位の法理」、すなわち民法304条1項の法的構造さえ正確に理解すればよいことを論証した。

二　本書の構成

　私は、前述の目的を達成するために、この20年間に公表した論文・判例評釈について、第1章から第5章までに整理・編集した（その際、再度、一字一句読み返し、誤字脱字の訂正に加え、若干の加筆修正を施した）。

　まず、「**第1章　物上代位総論**」では、すべての担保物権の物上代位に通ずる「物上代位の法理」、すなわち民法304条1項の法的構造について論じた。次に、物上代位制度が認められている抵当権、先取特権および質権について、「**第2章　抵当権の物上代位**」、「**第3章　先取特権の物上代位**」、「**第4章　質権の物上代位**」の各章のもとに、個別具体的な物上代位論を展開した。最後に「**第5章　事例研究**」において物上代位関係の判例評釈を収録した。

　以下、各章・各節の論考の概要と相互関連を示す。

　第1章では、「**第1節　民法304条1項ただし書の『差押え』の趣旨**」において、同ただし書規定の立法の沿革と比較法的考察について論じ、「**第2節　物上代位の法的構造**」においては、前掲の昭和59年❶判決および同60年❷判決の論理と最判平成10年の論理を比較検討し、最判平成10年の論理および私見（第三債務者保護説）を理解することが、正しい物上代位論を理解するための出発点であることを論じた。

　第2章では、「**第1節　抵当権の物上代位権行使と代位目的債権譲渡・転付命令との優劣**」において、「物上代位の法理」を正確に理解し、同ただし

書の「差押え」の趣旨について第三債務者保護説を採用した最判平成10年と、「物上代位の法理」を理解せず、民法304条1項本文が定める物上代位権の発生時期を誤解した❼判決を比較し、❼判決の不当性を論じた。調査官解説によれば、❼判決は、手続法の枠内でのみ事案を処理したということであるが、実体法の解釈に言及しない事案処理はあり得ない。なぜなら、当該事案では、県（第三債務者）と債務者（抵当権設定者）との間に用地買収契約の締結と同時に、当該用地上建物の抵当権の物上代位権が、当該建物移転補償金債権の上に成立しており、抵当権者は、抵当建物の価値変形物である建物移転補償金債権に対し物上代位権を行使しているからである。つまり、この物上代位権行使は、物上代位権の付着した建物移転補償金債権に対する差押えであり、それは、担保権付き債権に対する実行であって（民事執行法193条1項後段）、単なる一般債権に対する債権執行ではないからである。一般債権者が転付命令により取得した建物移転補償金債権に優先権（物上代位権）が既に成立していることを看過することは、民法304条1項本文の否定であり、不合理な結果をもたらすことを論証した。

　なお、❼判決については、**第5章の「5　抵当権の物上代位の目的となる債権に対する転付命令の効力―最高裁（三小）平成14年（2002年）3月12日判決」**において評釈した。

　「**一　物上代位論の現状**」の2において述べたように、最判平成10年以降の判例は、物上代位権の発生時期を正確に理解していないことが明白である。そして、多数学説も、この問題を認識していないか、理解していないように思われる[4]。

　しかし、正確な「物上代位の法理」の確立のためには、物上代位権の成立時期について正確に理解することが必要不可欠である。例えば、賃料や転貸料への抵当権の物上代位権を行使するためには、債務不履行の生じていることが要件である（民事執行法193条1項後段・2項）が、抵当権の非占有担保性に鑑み、抵当権の効力（物上代位権の効力）が賃料や転貸料の上に及ぶのは、債務不履行時と解しなければならない。つまり、債務不履行時から、賃料債権や転貸料債権は、抵当不動産の価値変形物となり、その上に抵当権（物上代位権）の効力が及ぶのである。だからこそ、債務不履行時から、これ

らの賃料債権や転貸料債権を、物上代位の目的債権（代位目的債権）と称するのである。

最判平成10年は、まさに債務不履行後に譲渡された賃料債権の譲受人と物上代位権者が、同一の賃料債権の優先的捕取をめぐって争った競合事案であり、同最判は、この問題を正確に理解していたからこそ、物上代位権者優先を導き出すことができた判決である。そうでなければ、一般的な債権譲渡取引の安全のもとに、債権譲受人優先の判断を下していたことであろう[5]。最判平成10年の原審判決は、まさにそのような判決であった。

「**第2節　賃料債権に対する抵当権の物上代位権行使**」では、第三債務者保護説の正当性を再確認するとともに、多数学説とは異なり、抵当権の非占有担保性と優先弁済効確保の観点から、債務不履行時から、賃料債権や転貸料債権上に抵当権の物上代位権が成立し、同時に行使できることになると主張した。

「**第3節　転貸料債権に対する抵当権の物上代位権行使**」では、前掲の平成12年❺決定の論理を徹底的に検証した。❺決定は、正常な転貸借は保護しなければならないと述べ、転貸料債権に対する抵当権の物上代位権行使を原則的に否定し、例外的に濫用的な転貸借など賃借人と抵当不動産の所有者を同視し得る場合にのみ肯定するという決定を下したからである。

しかし、❺決定に対しては、実務家から、「実務上、このような濫用的な転貸借であることを疎明することは困難な場合が多く、結果として、転貸借がなされている場合には、物上代位権の行使を断念せざるを得ない場合もでてきたのである（逆に言えば、物上代位を逃れようと、転貸借が行われる事例が多くなった）[6]」という指摘がなされている。

❺決定を見る限り、最高裁は、転貸料債権に対する抵当権の物上代位権が、債務不履行時に成立し、同時にその時から行使できることを看過し、かつ、債務不履行後に行われる転貸借に正常なものはほとんどあり得ないことを認識していないと評価せざるを得ない。実際、❺決定の差戻審・東京高裁平成12年9月7日決定（金融法務事情1594号99頁）は、❺決定を支持する多数学説の予測に反し、抵当権者の転貸料債権に対する物上代位権行使を肯定した。

第5章の「[3]　抵当権者が抵当権に基づき転貸料債権に対し物上代位権を

行使することの可否—東京高裁平成11年（1999年）年4月19日決定」および
「⑦　転貸料債権に対する抵当権の物上代位権行使の可否—福岡地裁小倉支
部平成19年（2007年）8月6日決定」は、転貸料債権に対する抵当権の物上
代位権行使の可否が争われた事案の評釈であり、前者は、❺決定の原審決定
の評釈であり、後者は、❺決定後に出た下級審決定の評釈である。前者の決
定は、転貸料債権への物上代位権行使を肯定した結論自体は妥当であるが、
理論構成に難点があり、後者は、❺決定を柔軟に解釈し、転貸料債権への物上
代位権行使を肯定するという妥当な事案解決を行っている。それは、❺決定
の論理が不合理であることを示すものであろう。

　第2章の「第4節　保険金請求権に対する抵当権の物上代位権と質権との
優劣」では、抵当権の物上代位に関する古典的テーマについて、下級審判例
（最高裁判例は存在しない）の圧倒的多数が導く質権優先説の不当性を論証し
た。下級審判例では、建物抵当権の設定後、抵当権設定者の他の債権者が、
設定者の有する火災保険金請求権に質権の設定を受け、対抗要件を具備した
後、火災（保険事故）が発生した場合に、抵当権者が保険金請求権に対し物
上代位権を行使した場合でも債権質権者の優先を判示するものが多数である。
しかし、上記の質権設定当時、火災等の保険事故が発生していないため、物
上代位権も発生していないことになり、質権が設定された保険金請求権上に
は物上代位権も付着していない。よって、上記の質権設定の時には物上代位
権者と債権質権者との競合は生じていない。他方、最判平成10年は、債務不
履行後の賃料債権譲渡と物上代位権との競合事案であり、当該賃料債権には
物上代位権が付着している事案であったから、多数学説の指摘とは異なり、
同最判の射程は、保険事故発生前の質権設定の事例には及ばないことを指摘
した。

　なお、民法304条1項本文に定める3つの事由により発生した物上代位に
ついて、代償型と派生型に区別すべきことを主張する見解が多い[7]。しかし、
物上代位権行使の要件は、いずれについても債務不履行であり、上記の見解
によって代償型物上代位の目的物とされる保険金は、歴史的には派生型物上
代位であった。保険金は、保険料支払の対価であり、それを担保目的物の価
値変形物とみることは法理論的には困難であるが、担保金融の促進という実

際上の要求に応えて、法律上、価値変形物であると定めたのが、我が国を含む各国の共通理解であり⁽⁸⁾、新たな分類を行うことは問題を複雑化させるだけである旨を指摘した。

次に、**第2章**の「**第5節　抵当権の物上代位権行使と相殺との優劣**」では、前掲―2に掲記した平成13年の❻判決の判決理由を批判した。❻判決は、判決理由において、賃料債権に対する物上代位権が発生するのは、民法304条1項ただし書の「差押え」を条件とすると解したうえ、物上代位権の賃借人（第三債務者）に対する公示を抵当権設定登記であると説示しているからである。❻判決の結論自体は抵当権者優先であり、妥当であるが、判決理由は失当である。第一に、賃料債権に対する物上代位権の成立時期を誤解していること、第二に、賃料債権をめぐって抵当権者と競合しているのは、第三債務者たる賃借人であるにもかかわらず、「第三債務者」と「第三債務者を除く第三者」を峻別しないで、物上代位権の賃借人（第三債務者）に対する公示を抵当権設定登記であると解しているからである（なお、敷金返還請求権を有する賃借人と抵当権者が賃料債権の優先取得を争った❽判決も、❻判決と同様、賃料債権に対する物上代位権の発生時期を誤解し、賃借人優先の結論を導いており、不当である）。❻判決の調査官は、物上代位権について債権質権類似の権利と説明しているが、そうであるなら、債権質権の対抗要件（民法364条・467条）と同様、「第三債務者（賃借人）」に対する対抗要件と「第三債務者を除く第三者」に対する対抗要件とに峻別しなければならない。

さらに、「**第6節　担保不動産収益執行と相殺との優劣**」は、賃料債権の優先的掴取をめぐり担保不動産収益執行管理人と賃借人（第三債務者）との優劣問題について論じた。この問題につき、❿判決は、❻判決を引用し、「賃借人（第三債務者）」と「賃借人を除く第三者」とを峻別せず、賃借人に対し抵当権の効力が及ぶことは抵当権設定登記により公示されており、当該事案では、抵当権設定登記の前に賃借人が自働債権を取得していることを理由に賃借人優先を判示した。しかし、第三債務者たる賃借人に対する抵当権の公示は、担保不動産収益執行開始決定の送達（民事執行法188条・93条4項）であり、その送達前に相殺の意思表示をしなかった賃借人は、抵当権者に劣後すると解すべきであるとして、❿判決を批判した。

　物上代位権は、「差押え」を条件として発生するという❻判決の誤った見解は、動産売買先取特権の物上代位権と転売代金債権譲受人との競合が問題となった平成17年❾判決の場合にも最も大きな影響を与えている。❾判決は、抵当権と異なり、動産売買先取特権には公示方法がないため、その物上代位権は「差押え」によって発生し、同時に第三者に公示されると述べ、「差押え」の趣旨には第三者の利益を含むと説示し、転売代金債権譲受人優先を判示したからである。この見解は、まさに優先権保全説（差押公示説・競合債権者保護説）である。昭和59年の❶判決および同60年の❷判決でさえ、目的物の「売却」により、物上代位権は直ちにその価値変形物である転売代金金債権上に成立していることを前提に（だから、この転売代金債権を「物上代位の目的債権（代位目的債権）」と称するのである）、債務者に破産宣告や一般債権者の差押えがあっても、動産売買先取特権者は、なお物上代位権を行使できると判示していたのに対し、❾判決は、❶および❷判決が判決理由の傍論において言及した「債権譲渡や転付命令により第三者が登場した場合には物上代位権行使不可となる」という説示を無批判に踏襲し、再び優先権保全説に回帰しているのである。調査官解説からは、多数学説の影響を受けていることが明白に窺われた。

　しかし、「差押え」によって物上代位権が発生するのであれば、「差押え」の前において、「差押え」の対象となる債権は一般債権であり、それを代位目的債権ということはできないし、また、物上代位権行使を「担保権の実行」と規定する民事執行法193条１項後段にも抵触する。また、❾判決は、動産売買先取特権の物上代位権行使が、債務不履行後にしか行われないことを看過しているのではないか。債務者の債務不履行後や倒産後という極めて限定された場合にのみ、物上代位権行使と代位目的債権との競合が生じるからである。にもかかわらず、そのような場合に行われる債権譲渡を正常な取引であると考え、債権譲受人優先を判示したのが❾判決である。このように、同判決は、理論的にも実際上も不当な判決である[(9)]が、学説の圧倒的多数は、同判決に賛成するのである。これに対し、私は、**第3章**において、同判決とその調査官解説を厳しく批判した。それが、「**第１節　動産売買先取特権の物上代位権行使と代位目的債権譲渡との優劣**」である。

次に、**第3章**の「**第2節　動産売買先取特権の物上代位権行使と相殺との優劣**」は、大阪地裁平成17年1月27日判決（金融・商事判例1210号4頁）を素材に、抵当権の物上代位と相殺の優劣問題との比較のもとに論じ、あるべき解釈論を展開した。

そして、「**第3節　動産売買先取特権の物上代位をめぐる最高裁判例の誤謬**」では、動産売買先取特権が法定担保物権であるにもかかわらず、それを一般債権化している最高裁判例は、動産売買先取特権をひたすら弱化していることを論証した。

第5章の「⑥　**動産売買先取特権の物上代位権行使と転売代金債権譲渡との優劣—東京高裁平成16年（2004年）4月14日判決**」は、❾判決の原審判決の評釈であり、❾判決と基本的に同じ立場なので、多数学説とは異なり、厳しく批判した。

最後に、「**第4章　質権の物上代位**」において、民法の「物上代位の法理」を正確に理解すれば、会社法が定める「株式質の物上代位」の対抗要件、効力、物上代位権行使の方法など、すべての問題について論理一貫した説明を行うことができる旨を論じた。

「物上代位の法理」とは、民法304条1項の本文と同ただし書の法的構造を正確に理解することであり、この法理によれば、原担保権である株式質の対抗要件についても、債権質と同様、「株式発行会社（第三債務者）」に対する対抗要件と「株式発行会社を除く第三者」に対する対抗要件とに峻別することが、立論の出発点である。平成18年（2006年）施行の会社法は、株式質の対抗問題について従来の商法学の圧倒的多数説とは異なり、私の主張どおりの立法を行った。それは、多数商法学説の困惑を招いたけれども、理論的にも実際的にも正当であることを論じたのが、「**第1節　株式質の対抗要件と効力**」である。

もっとも、会社法は、株式質の物上代位権行使方法について何も規定しなかったため、会社法制定前の圧倒的多数説による説明が定説化しているのが現状である。すなわち、①旧株券等と引き換えに新株券等（代位目的物）が交付される場合と②株主名簿を基準とする場合とに分け、①の場合には旧株券等の呈示だけでよいが、②の場合には、民法304条1項の「差押え」を要

するという見解である。

　しかし、②の場合であっても、「差押え」の趣旨が第三債務者（株式発行会社）の二重弁済の危険防止にあることさえ理解し、略式質権者の権利行使の中にその機能を見出すことができれば、あえて民法の原則に戻る必要はなく、「差押え」を要しないという見解を導き出すことができる。従来からのこの私見を論じたのが、「**第2節　株式質に基づく物上代位権行使の方法**」である。

　以上、「物上代位の法理」、すなわち民法304条1項の法的構造を正確に理解すれば、平成10年（1998年）以降に問題となった担保物権の物上代位をめぐるすべての問題について論理一貫した法解釈と公正妥当な結論を導き出すことができることを論証したのが、本書である。本書をもって、『**物上代位法理の新展開**』と称する所以である。

(1)　最判平成10年については、民法304条立法の沿革的研究を取り入れたものであると評価されている（野山宏「判解」法曹時報50巻6号166頁（1998年））が、私見の第三債務者保護説は、単にボアソナード民法草案以降の沿革研究だけでなく、ボアソナード博士が範としたイタリア民法のほかドイツ民法、フランス保険法典等の外国法との比較法研究からも、第三債務者の弁済を保護すべきであるという見解に到達したものである（拙著『物上代位の法理』14頁以下、58頁以下）。これにより、民法起草者が民法304条について立法ミスを犯したことを裏付けることができ、特殊日本的解釈を唱える多数学説と決別することができるのである（拙著『物上代位の法理』90頁以下）。
(2)　中野貞一郎『民事執行法［増補新訂五版］』653頁（青林書院、2006年）、今中利昭『動産売買先取特権に基づく物上代位論』140頁注⑥（民事法研究会、2008年）、鎌田薫「物上代位と差押」山田卓生ほか『分析と展開I総則・物権［第2版増補版］』272頁（弘文堂、2000年）、平野裕之『担保物権法［第2版］』73頁以下（信山社、2009年）は、基本的に第三債務者保護説を支持している。
(3)　高橋眞『抵当法改正と担保の法理』88頁以下（成文堂、2008年）。
(4)　たとえば、松岡久和「物上代位」鎌田薫ほか編『民事法II担保物権・債権総論』72頁（日本評論社、2010年）は、包括的賃料債権譲渡と抵当権（物上代位権）行使との優劣を問う問題において、当該賃料債権譲渡がなされた時期が債務不履行の前なのか後なのか、何も明記していない。また、高橋智也「物上代位」山野目章夫編『初学者のための民法学習ガイド』81頁（日本評論社、2010年）では、債務不履行前の賃料債権譲渡と債務不履行後の物上代位権行使との優劣を問う問題が作成されているが、債務不履行前において譲渡された賃料債

権には物上代位権が付着していないから（それは代位目的債権ではないから）、当該債権譲渡と物上代位権との間に競合は生じない。よって、これらは不適切な問題である。物上代位権と競合する賃料債権譲渡は、債務不履行後に行われるものに限られることを認識する必要がある。

(5)　最判平成10年を批判し、債権譲渡取引の安全を主張する見解は、当該債権譲渡が債務者の債務不履行後や倒産後に行われていることを全く認識していない。例えば、荒木新五「『債権譲受人性悪説』？」金融・商事判例1039号2頁(19)98年)。

(6)　中務正裕「回顧　担保法制」金融法務事情2000号6頁（2014年）。

(7)　内田貴『民法Ⅲ〔第3版〕債権総論・担保物権』407頁（東京大学出版会、2005年）、道垣内『担保物権法〔第3版〕』143頁以下（有斐閣、2008年）など。

(8)　清原泰司『物上代位の法理』12頁以下、200頁以下（民事法研究会、1997年）。

(9)　❾判決について、「最高裁判決の考えを前提として、関連会社等に目的債権を譲渡することにより、動産売買先取特権に基づく物上代位の実行を免れようとする動きがなされることも予想される」（古里健治「倒産と担保・保証」『倒産と担保・保証』実務研究会編『倒産と担保・保証』462頁（商事法務、2014年）という指摘がなされている。

第1章　物上代位総論

第1節　民法304条1項ただし書の「差押え」の趣旨

一　はじめに

　民法304条1項ただし書にいう「差押え」の趣旨については、これまで様々な見解が主張されてきた。学説は、特定性維持説と優先権保全説（差押公示説・競合債権者保護説）に大別され、それぞれの立脚する物上代位本質論とも結びついて激しく対立してきた。他方、判例は、大審院連合部大正12年（1923年）4月7日判決（民集2巻5号209頁）から最高裁（二小）昭和60年（1985年）判決（民集39巻5号1326頁）に至るまで、この両説を接合した二面説（実質は優先権保全説）を採ることで定着していた。しかし、これらの説はいずれも、代位目的債権の特定性維持をその理論的前提とする点で共通しており、実は表裏一体の論理関係にあると考えるべきである。

　これに対し、従来より私は、「差押え」の趣旨につき、第三債務者の二重弁済の危険防止を目的とする第三債務者保護にあると考えており、全ての学説・判例に賛成できず、最高裁は過去の判例理論を再検討すべきである、と主張した[1]。そして、最高裁は、私の批判を受け入れ、平成10年（1998年）1月30日、明治31年（1898年）の民法典施行以来初めて第三債務者保護説を採用するという画期的な判決を下したのである。しかし、未だ第三債務者保護説に対する正確な理解は十分とは言い難く、右の最高裁判決に対する批判も様々である。このような現状に鑑み、本稿は、今一度、第三債務者保護説の正当性を論証するものである。

二　民法304条１項の法的構造

1　立法の沿革

　民法（明治29年（1896年）４月27日法律89号）304条１項は、「先取特権は、その目的物の売却、賃貸、滅失又は損傷によって債務者が受けるべき金銭その他の物に対しても、行使することができる。ただし、その払渡し又は引渡しの前に差押えをしなければならない。」と規定し、この規定は質権および抵当権にも準用されている（民法350条・372条）。右規定のただし書にいう「差押え」の意義（趣旨）を解明するためには、その本文とただし書の関係を正確に把握し、その法的構造を明確にする必要がある。そうしてこそ、同ただし書の趣旨も解明できるからである。

　民法304条１項の法的構造を明らかにする第一の作業は、本条の立法の沿革を探索することである。本条は、①ボアソナード民法草案1638条（フランス語原文では1138条）[2]に起源を有し、②旧民法（明治23年（1890年）４月21日法律28号）債権担保編133条[3]を経たものである。これらの各条文の１項は次のとおりである。

①　ボアソナード民法草案1638条１項
　「若シ先取特権ノ負担アル物カ第三者ノ方ニテ滅失シ又ハ毀損シ第三者此カ為メ債務者ニ賠償ヲ負担シタルトキハ先取特権アル債権者ハ他ノ債権者ニ先タチ右ノ賠償ニ於ケル債務者ノ権利ヲ行フコトヲ得但先取特権アル債権者ハ弁済前ニ適正ノ方式ニ従ヒ弁済ニ付キ異議（opposition）ヲ述フルコトヲ要ス」

②　旧民法債権担保編133条１項
　「先取特権ノ負担アル物カ第三者ノ方ニテ滅失シ又ハ毀損シ第三者此カ為メ債務者ニ賠償ヲ負担シタルトキハ先取特権アル債権者ハ他ノ債権者ニ先タチ此賠償ニ於ケル債務者ノ権利ヲ行フコトヲ得但先取特権アル債権者ハ弁済前ニ合式ニ払渡差押（opposition）ヲ為スコトヲ要ス」

　ボアソナード博士は、同民法1638条１項本文の趣旨につき次のように述べる。

　「広キ適用ヲ以テ本条ニ指示シタル原則ハ仏国法典ニ欠クル所ニシテ伊太利法典ヨリ取用シタルモノナリ　右ニ関シテハ先取特権ノ拡張アリトスルヲ得ス只物上代位ノ一種ニ因リ顕カニ旧価額ニテ代表スル新価額ヘノ移転ニ依ル其先取特権ノ保存アルノミ」(4)

　すなわち、物上代位権は先取特権の拡張ではなく、「旧価額ニテ代表スル新価額ヘノ移転」に過ぎないのであるから、物上代位権は原担保権（先取特権）と同一性を有することを前提としているのは明白である。次に、ボアソナード博士は、同ただし書の趣旨を次のように述べている。

　「物を代表スル価額ヘ先取特権ノ移転ハ他ノ債権者ヲ害セス何トナレハ既ニ物自ラニシテ最早其〔他の債権者の―筆者注〕質物タラサル上ハ他ノ債権〔者（créanciers）―筆者注〕ハ其価額ニ付キ心算スルヲ得ヘカラサレハナリ只爰ニ説ク所ノ代位ニ対シテ保護ス可キ者ハ此価額ノ債務者〔第三債務者―筆者注〕ニシテ其債務者〔第三債務者―筆者注〕ヲシテ弁済ヲ誤ルノ危険ニ陥ル可カラス故ニ法律ハ債務者〔第三債務者―筆者注〕カ先取特権附債権者ノ方ヨリノ故障（opposition）ニ告知セラル可キヲ要メ以テ之ヲ予防シタリ」(5)（翻訳文の不正確な個所は、筆者注として補足した）。

　この説明によれば、先取特権者に対する物上代位権の付与に伴い保護しなければならない者は、他の債権者（第三者＝競合債権者）ではなく、第三債務者である。他の債権者は、元来、担保目的物を把握しておらず、その代表物の価額についても期待すべきではないのは当然であるのに対し（ボアソナード博士は、先取特権の公示を問題にしていない）、第三債務者には二重弁済の危険が存するからである。それでは、なぜ、第三債務者に二重弁済の危険が存するのであろうか。それは、物上代位権発生後に第三債務者が債権者のほうに弁済することは非債弁済となり、その後の物上代位権者からの弁済請求に対しあらためて応じなければならないからである。そして、このような第三債務者の二重弁済の危険防止のために、その弁済に対する物上代位権者の「異議（故障）」の申立てを認めたということである。このように、ボアソナード博士は、同民法草案1638条1項の法的構造に関し、その本文とただし書を明確に峻別して把握していたわけである。

　ボアソナード民法草案1638条1項は、旧民法の債権担保編133条1項とな

るが、文言上の最大の変更点は、前者のただし書にいう「異議」が、後者の
ただし書では「払渡差押」となったことである。しかし、「払渡差押」の原
語は、「異議」と同様、opposition であることから、後者のただし書の趣旨
が第三債務者の保護に会ったことは明白である。宮城弘蔵博士は、このただ
し書の趣旨を次のように述べる。

「先取特権ヲ有スル者カ代表物ニ対シ其権利ヲ行使スルニハ遵奉スヘキノ
手続アリ即チ　其代表物カ債務者ノ手ニ移ラサル前換言スレハ弁済ヲ為ササ
ル前ニ合式ニ払渡差押ヲ為スコトヲ要ス如何トナレハ此等ノ代表物ヲ債務者
ニ渡シタル後ハ債務者カ無資力トナルノ危険アルヲ以テナリ是レ裁判上ノ手
続ヲ要シタル所以ナリトス」[6]

この説明によれば、「払渡差押」の趣旨は、債務者の無資力の危険防止に
ある。それでは、債務者の無資力により直接損害を被るのは誰であろうか。
それは第三債務者である。なぜなら、物上代位権の発生後に第三債務者が代
表物を誤って債務者のほうに払い渡してしまった場合、第三債務者は、後に
物上代位権者からの支払請求に応じなければならない一方、すでに債務者に
払い渡してしまった代表物については非債弁済として不当利得返還請求がで
きるものの、もし債務者がそれを費消し無資力となっていれば、その返還請
求が事実上不可能となり、結果的に第三債務者が二重弁済の危険を負うから
である。

以上、現行民法典の成立前においては、物上代位制度は、担保権者に物上
代位権を付与する本文と、その付与に伴い二重弁済の危険に陥る第三債務者
を保護するただし書から構成されることが、ごく自然に理解されていたので
ある。

2　比較法

物上代位制度の法的構造を探索する第二の作業は、各国の物上代位制度と
比較することである[7]。まず、ボアソナード民法草案1638条の母法である①
イタリア旧民法（1865年）1951条および2項は次のとおりである。

「1　先取特権又は抵当権の目的物が滅失又は損傷した場合には、その滅
失又は損傷により保険者が支払うべき金額は、これを滅失又は損傷の修復の

ために使用した時を除き、その順位に従い、先取特権付き又は抵当権付き債権のために拘束される。

　2　ただし、保険者は、異議（opposizione）の申立てを受けることなく、滅失又は損傷の日から30日後に支払ったときは免責される。」

　また、②イタリア現行民法（1942年）2742条 1 項および 2 項は次のとおりである。

　「1　先取特権、質権又は抵当権の目的物が滅失又は損傷した場合には、その滅失又は損傷に対する填補につき保険者の負担する金額は、当該金額を右の滅失又は損傷の修復のために使用したときを除き、その順位に従い、先取特権付き、質権付き又は抵当権付き債権の弁済のために拘束される。

　2　保険者は、異議（opposizione）の申立てを受けることなく、その滅失又は損傷の日から30日後に保険金を支払ったときは免責される。」

　さらに、③フランス保険法典（1976年）L・121-13条 1 項および 2 項は次のとおりである。

　「1　火災保険、雹害保険、家畜死亡保険その他の危険に対する保険に基づき支払われる填補金は、明示の譲渡を要することなく、その順位に従い、先取特権者又は抵当権者に帰属する。

　2　ただし、異議（opposition）の申立て前になされた善意の保険金支払いは有効である。」

　以上の規定の共通点は、物上代位権と原担保権は同一性を有することを前提として、物上代位権は、保険金（代位目的物）の上に原担保権の順位に従って移行すること、および保険者（第三債務者）の二重支払防止のために、物上代位権者に対し、保険契約者（債務者）に対する保険金支払につき、「異議（opposizione；opposition）」の申立てを認めていることである。

　他方、従来、ドイツ民法（1896年）1128条 1 項 1 文やスイス民法（1907年）822条 1 項は、保険金の払渡しを防ぐ手段を講ずるだけで、別に差押えの手段を要求していないと解され、これらの規定は、担保権者保護に優れていると紹介されている[8]。しかし、この「保険金の払渡しを防ぐ手段」こそ、保険者（第三債務者）の二重弁済を防止し、保険者を保護する手段なのである。

　例えば、④ドイツ民法1128条 1 項 1 文及び 2 文は次のとおりである。

　「建物が保険に付された場合、保険者が被保険者に対して行った保険金の支払いは、保険者又は被保険者が抵当権者に損害の発生を通知し、かつその通知の受領の時から1カ月を経過した時においてのみ、抵当権者に対して効力を有する。抵当権者は、この期間においては保険者に対し保険金の支払いにつき異議を述べる（widersprechen）ことができる。」

　この規定の「異議を述べる（widersprechen）」は、まさに保険者（第三債務者）の二重弁済防止の手段であり、イタリア民法やフランス保険法典にいう「異議（opposizione；opposition）」と同義語であり、わが民法304条1項ただし書の「差押え」に相当する語であると解すべきである。ところが、従来、この点が看過され、わが民法の「差押え」に相当する語は、ドイツ語のBeschlagnahmeないしPfändungと誤解されたのである[9]。

　また、次の⑤スイス民法822条1項も、保険者の二重弁済防止の規定であり、保険者（第三債務者）保護の規定である[10]。すなわち、

　「保険金は、担保権者全員の同意がある場合に限り、被保険地の所有者に支払うことができる。」

　さらに、ドイツ民法およびスイス民法における物上代位権は、いずれも原担保権との同一性を前提とし、保険金等の代位目的物に対する順位は、原担保権の順位に従うことを明記している（ドイツ民法1128条3項本文、スイス民法802条1項・804条1項参照）。

　以上、各国の物上代位制度は、物上代位権を付与する担保権者保護の規定と並び、第三債務者の二重弁済の危険を防止する第三債務者保護の規定を必ず含むわけである。

三　学説・判例の検討

1　立法当初の学説

　現行民法典の起草者である梅謙次郎博士は、民法304条1項ただし書の「差押え」の趣旨について次のように述べる。

　「本条ニ定メタル各種ノ場合ニ於テ先取特権カ其目的物ニ代ハルヘキ債権ノ上ニ存スルモノトスルハ固ヨリ至当ナリト雖モ是元来便宜法ニシテ特ニ先

取特権者ヲ保護センカ為ニ設ケタル規定ナリ故ニ是ニ因リテ大ニ他ノ債権者ノ利益ヲ害スルコトアラハ本条ノ規定ハ不公平ナリト謂ハサルコトヲ得サルヘシ而シテ若シ一旦債務者カ債権ノ目的物タル金銭其他ノ物ヲ受取リタル後尚ホ先取特権者ハ其上ニ先取特権ヲ行フコトヲ得ルモノトセハ他ノ債権者ハ何ニ由リテ其金銭其他ノ物カ先取特権ノ目的タルヲ知ルコトヲ得ンヤ故ニ動モスレハ意外ノ損失ヲ被ルコトナシトセス是レ本条ニ於テ特ニ先取特権者ハ右ノ金銭其他ノ物ノ払渡又ハ引渡前ニ差押ノ手続ヲ為スコトヲ要スルモノトシタル所以ナリ」[11]

　この説明によれば、物上代位権は先取特権者保護のために特別に認められた権利である一方、代位目的物が債務者の一般財産の中に混入した後にまで物上代位権の行使を認めれば、他の債権者（競合債権者・第三者）には、債務者の一般財産中のどの部分が先取特権（物上代位権）の目的物であるかを知ることができないから、そのような結果を避けるため、「差押え」が要求されていることになる。

　換言すれば、梅博士の見解は、他の債権者を保護するため、代位目的物の特定性維持が必要であると解し、その手段が「差押え」であるというものである。今日の優先権保全説（第三者保護説・競合債権者保護説・差押公示説）と特定性維持説を接合した二面説（実質は優先権保全説）の見解である。同趣旨の見解は、現行民法典の立法当初から大正初年にかけて、岡松参太郎、横田秀雄、富井政章、中島玉吉などの各博士によっても述べられた[12]。したがって、最近、有力に唱えられている二面説[13]は、立法当初は定説と言ってよいものであった。

2　判例の展開

　①大判（三民）大正 4 年 3 月 6 日（民録21輯363頁）および②大判（三民）大正 4 年 6 月30日（民録21輯1157頁）は、「差押え」の趣旨が代位目的債権の特定性維持のみにあり、同目的債権を誰が差し押さえてもよいという典型的特定性維持説を採った。

　これに対し、③大判（民連）大正12年 4 月 7 日（民集 2 巻209頁）は、物上代位権が認められるのは抵当権者保護のためであるから、物上代位権者自身

の差押えは、優先権（物上代位権）保全に不可欠の要件であり、物上代位権者の差押え前に代位目的債権について他の債権者が転付命令を得れば、債権譲渡の場合と同様、抵当権者はもはや物上代位権を保全できないと判示した。それゆえ、③判決は、「差押え」の趣旨につき優先権保全説を採ったものと評価されている。しかし、優先権保全説は、梅博士の説明からも明らかなように、本来、「代位目的債権の特定性維持」を前提としている理論である。したがって、③判決は、立法当初の学説と同様、むしろ二面説を採ったものと評すべきである。

　実際、その後の大審院判例は、「差押え」の趣旨が「代位目的債権の特定性保持」と「第三者の保護」にあることを明示しつつ、物上代位権の行使を制限した。すなわち、④大決（二民）昭和5年9月23日（民集9巻918頁）は、「差押え」の趣旨がこの二点にあることを述べつつ、代位目的債権の第三者への譲渡後は物上代位権を保全できないと判示し、⑤大判（二民）昭和10年3月12日（法律新聞3817号9頁）および⑥大判（一民）昭和17年3月23日（法学11巻12号100頁）も同趣旨を判示したのである。

　大正12年大審院民事連合部の③判決以降の判例理論は、最高裁判決の⑦最判（一小）昭和59年2月2日（民集38巻3号431頁）および最判（二小）昭和60年7月19日（民集39巻5号1326頁）にも継承され、「差押え」の趣旨は、「代位目的債権の特定性保持」と「第三者の不測の損害防止」にあることが最高裁により再確認された。したがって、判例理論は、一貫して二面説（実質は優先権保全説）を採っていたことになろう。

3　特定性維持説と優先権保全説の表裏一体性

　特定性維持説は、物上代位権とは価値権たる担保物権の本質上当然に認められる物上代位価値権説を前提とするものであり、「差押え」の趣旨は、もっぱら代位目的物が債務者の一般財産中に混入しないようにその特定性を維持することのみにある、とする。それゆえ、物上代位権の公示は原担保権の公示で十分であるし、また代位目的物（代位目的債権）の特定性が維持されればよいから、誰が差し押さえても物上代位権は保全され[14]、代位目的債権に対する転付命令やその譲渡があっても、現実の弁済がない限り（代位目

的物が債務者の一般財産に混入しない限り）、物上代位権に基づく差押えは可能となると解するから、物上代位権者は最大限に保護されよう。

　他方、優先権保全説は、物上代位権は担保権者保護のために法律が特別に認めた優先権であるという物上代位特権説（物上代位物権説）を前提とするものであり、このような特権付与により特別に保護される担保権者自身が、その優先権保全のために代位目的物（代位目的債権）を差し押さえるべきである、とする。そして、物上代位権は、原担保権とは別に法律により特別に認められる優先権であるから、第三者（競合債権者）保護のために原担保権とは別の公示が必要であり、それが「差押え」ということになる。それゆえ、物上代位権者による差押え前に、代位目的債権に対する転付命令やその譲渡があれば、もはや物上代位権に基づく差押えは不可能となると解するから、物上代位権者の保護は一気に後退しよう。

　このように、両説は、それぞれの立論の出発点である物上代位本質論の理解が全く異なるため、多くの論者により理論的にも完全に対立すると考えられた。しかし、はたして、この両説が依拠する物上代位本質論は、根本的に対立するのであろうか。

　物上代位の本質は、価値権説と特権説の双方により説明できるというのが私の持論である。なぜなら、どのような種類の担保物権に物上代位権を認めるか、また、どのような対象物に物上代位権が及ぶことを認めるかは立法政策の問題であることから、特権説による説明が合理的である一方、物上代位権が認められる担保物権はいずれも価値権的性質・優先弁済的効力を有し、物上代位権と原担保権は同一性を有すると解することから、価値権説による説明がより合理的だからである。つまり、特権説も価値権説も、物上代位の本質の一側面をそれぞれ異なる次元から説明しているにすぎず、同一次元において対立する理論ではないからである。そう解すれば、いずれか一方だけの物上代位本質論に基づいて「差押え」の趣旨を導き出すことは正当ではない。また、物上代位本質論は、民法304条1項本文のみに関する立論であり、ただし書とは何ら論理必然的な関係がない。したがって、特定性維持説も、優先権保全説もいずれも正当ではないことになる。

　特定性維持説の誤謬は、「差押え」の趣旨を代位目的債権の特定性の維持

のみに求める、その説自体にある。なぜなら、代位目的債権は、差し押さえられなくとも、「現実の弁済」がない限り特定している一方、「差押え」により、その特定性が確定するだけだからである。つまり、特定性維持説は、「差押え」の法的効果（結果）を述べているにすぎず、なぜ、「差押え」が必要なのか、という「差押え」の趣旨・目的について実は何も答えていないからである[15]。

　他方、優先権保全説の誤謬は、物上代位権と原担保権の同一性を否定し、「差押え」を物上代位権の第三者に対する公示手段とし、その趣旨を第三者保護に求めることにある。なぜなら、原担保権と物上代位権との同一性の否定は、物上代位権という優先権を第三者の権利との競合関係にさらすことになり、そのような第三者保護の発想は、担保権者保護のために法制化された物上代位制度本来の趣旨に反するからである。そして、この第三者保護の発想こそ、実は代位目的債権の特定性維持をその理論的前提としているのである。なぜなら、代位目的物が債務者の一般財産中に混入した後にまで物上代位権の存在を認めることは、担保物権の特定性の原則に反し、第三者に不測の損害を与えることになり、それを防止するため、物上代位権者自身の「差押え」による代位目的債権の特定性維持が必要であると考えるからである。これは、まさに二面説（実質は優先権保全説）そのものである。

　以上から、特定性維持説と優先権保全説（二面説）は、その依拠する物上代位本質論と絡むことにより本質的に対立するようにみえるが、いずれも代位目的債権の特定性維持を前提としている点で表裏一体の関係にある、と言うことができる。

四　第三債務者保護説（私見）の正当性

　民法304条1項ただし書にいう「差押え」の趣旨を考える際に必要な視点は、同項本文において担保権者に物上代位権を付与する規定を設けるだけで放置した場合にどのような事態が生ずるかを考えることである。すなわち、物上代位権の発生により当該担保権者に対して代位目的物の弁済義務を負うのは第三債務者である一方、第三債務者は、物上代位権の存在を直接知らされなければ債務者に弁済する危険性がある。しかし、その弁済は、「弁済し

てはいけない相手方」に対する弁済（非債弁済）であり、後に物上代位権者からの請求があれば応じなければならないのであり、ここにおいて第三債務者は二重弁済の危険に陥るわけである。このような事態が生じないようにするため、第三債務者に物上代位権の存在を知らせる手段が、ボアソナード民法草案や諸国の立法例における「異議」であり、旧民法における「差押え」なのである[16]。

　このような第三債務者の二重弁済の危険は、「差押え」の趣旨を「代位目的債権の特定性維持」に求める限り生じることはない。なぜなら、この特定性のドグマは、第三債務者が代位目的物を債務者のほうに支払えば、それは債務者の一般財産に混入し、特定性を失う結果、物上代位権も消滅し、物上代位権者は第三債務者に対していかなる弁済請求もできなくなると考えるからである。したがって、第三債務者保護説は、特定性のドグマを前提とする説とは両立することがないのであり、両立を肯定する見解[17]には賛成できない。

　ところが、論者の陥りやすい陥穽がある。それは、民法304条1項本文とただし書を一体として把握し、初めから両規定ともに所与のものと考えることである。すなわち、この見解によれば、物上代位権者による「差押え」までは、第三債務者は債務者に弁済すればよいのであって、不安定な地位に置かれる理由がない、つまり第三債務者保護説はその前提を欠く、と批判するのである[18]。しかし、ある規定の趣旨を考えるには、その規定が存しなければどのような事態が生ずるかを考えることである。右の本文とただし書の間には論理的段差があることに注意すべきである。逆に、物上代位権者による「差押え」があるまでは、第三債務者は債務者のほうに弁済してよく、その結果、第三債務者の二重弁済の危険がなくなるのは、まさに右ただし書が存するからである。そのような結果は、まさに、右ただし書にいう「差押え」の趣旨が第三債務者保護にあることを立証しているのである。

　それゆえ、⑨最判（二小）平成10年1月30日（民集52巻1号1頁）が、「差押え」の趣旨について、「主として抵当権の効力が物上代位の目的となる債権にも及ぶことから、右債権の債務者（以下『第三債務者』という。）は、右債権の債権者である抵当不動産の所有者（以下『抵当権設定者』という。）に

弁済しても弁済による目的債権の消滅の効果を抵当権者に対抗できないという不安定な地位に置かれる可能性があるため、差押えを物上代位権行使の要件とし、第三債務者は、差押命令の送達を受ける前には抵当権設定者に弁済すれば足り、右弁済による目的債権消滅の効果を抵当権者にも対抗することができることにして、二重弁済を強いられる危険から第三債務者を保護するという点にある」と判示したことは、特定性維持説や優先権保全説が前提とする特定性のドグマを排除した真正の第三債務者保護説を採ったことを意味する[19]。実際、⑨判決は、かつての最上級審判例が必ず言及した「代位目的債権の特定性の保持」や「第三者の不測の損害防止」には全く言及していない。

　次に、第三債務者保護説は、民法304条1項本文とただし書を峻別して初めて得られる説なので、物上代位権自体の効力の問題は、その本文のみの問題として処理することになる。すなわち、賃料債権や転貸料債権に物上代位権が及ぶか否かという問題は、担保権者の保護を主目的とする同項本文それ自体の解釈として考えてればよい。

　また、物上代位権の第三者対抗問題については、物上代位権と原担保権との同一性を前提とするのは当然であるから、「抵当権の効力が物上代位の目的債権についても及ぶことは抵当権設定登記により公示されている」という⑨判決の説示が正当であるのも当然である。したがって、⑨判決が、物上代位権と原担保権との同一性を否定する優先権保全説や二面説を排斥しているのも当然のことである。他方、第三債務者保護説と同じ結論は、特定性維持説からも得られるが、前述のように、同説は「差押え」の趣旨を何も説明していないし、また、誰が差し押さえてもよいことになるから、排斥されるのは当然である。

　さらに、「差押え」の趣旨について第三債務者保護説を採用するということは、言うまでもなく、民法304条1項ただし書全体が第三債務者の二重弁済の危険防止の規定であると解しているわけであり、同規定にいう「払渡し又は引渡し」の趣旨についても、その観点から解釈することになる。それゆえ、第三債務者の二重弁済危険の可能性が存する限り、つまり、第三債務者の債務者に対する現実の弁済がなされていない限り、担保権者は、第三債務

者に対し物上代位権の存在を知らせ、もって、物上代位権を保全することができると解することになる。したがって、代位目的債権（既発生・未発生債権を問わない）の譲渡や同債権（既発生のみ）に対する転付命令は、「払渡し又は引渡し」に該当せず、いずれの場合も、実体法的には同債権に対する物上代位権に基づく差押えは、なお可能と解する。

　なお、保険金請求権上の質権と抵当権の物上代位権との優劣問題に関し、優先権保全説によれば、保険金請求権の「質入れ」は、民法304条1項ただし書の「払渡し又は引渡し」に該当すると解され、両者の優劣は、質権の第三者対抗要件具備の時と物上代位権に基づく差押えの時の先後により決定され（下級審判例の多数）、事実上、質権が常に優先すると解されていた。

　これに対し、第三債務者保護説は、上記の優劣問題に関し、質権の第三者対抗要件具備の時と抵当権設定登記の先後により優劣を決するが、通常、保険実務慣行として行われている保険金請求権の質入れ（質権設定）は、保険事故発生前、つまり物上代位権発生前の未必の保険金請求権の質入れであるから、その保険金請求権は、民法304条1項ただし書が適用される代位目的債権（物上代位権が付着した具体的保険請求権）の質入れではない。それゆえ、上記の優劣問題における保険金請求権の「質入れ」は、右ただし書の「払渡し又は引渡し」の解釈とは関係がないのであり、単に抵当権の物上代位権と債権質権それぞれの第三者対抗要件具備の先後問題として理解すべきである。これに対し、平成10年の⑨判決は、「代位目的債権の譲渡」事案であるから、その射程は及ばない。よって、物上代位権が付着していない未発生の保険金請求権の質入れである、現行の「質権設定方式」という保険実務慣行には、⑨判決が直接の影響を与えることはないであろう。

五　おわりに

　最高裁による第三債務者保護説の採用は、ほとんどの論者の予想外のことであった。しかし、担保物権の物上代位制度の法的構造を正確に把握するなら、「差押え」の趣旨を第三債務者保護以外に求めることはできない。物上代位制度を機能させるためには、物上代位権を付与した担保権者保護の規定と、その物上代位権の発生により担保権者に対し直接の弁済義務を負う第三

債務者の二重弁済の危険を防止する規定を設けることが必要不可欠だからである。そして、この第三債務者の二重弁済の危険防止という発想は、代位目的債権の特定性維持という発想を捨象してこそ得られる考えであり、特定性の維持は、「差押え」の結果であって、「差押え」の趣旨目的ではない、ということに気づく必要がある。

　第三債務者保護説は、単に立法の沿革から、あるいはバブル経済崩壊後の異常な執行妨害に対処するために導き出された特異な説ではなく、法理論的にこの説以外に採りようがない普遍的な説である。実際、諸国の立法例では至極当たり前の説であることは、前述したとおりである。むしろ、民法典施行後100年間もこの説が看過されてきたために、これまで判例・学説が混迷してきたのである。したがって、⑨判決の射程距離は、抵当権のみに及び、先取特権には及ばないと解する見解[20]に賛成することはできない。

⑴　清原泰司「判批」判例評論463号22頁〔判例時報1606号184頁〕（1997年）。
⑵　ボアソナード民法草案については、『ボアソナード氏起稿再閲修正民法草案註釈　第四編全』（訳者・刊行年不詳）〔以下、『ボアソナード民法草案』として引用〕および G. Boissonade, *Projet de Code Civil pour l'empire du Japon accompagné d'un commentaire*, nouvelle édition, tom. Ⅳ, 1891 を参照した。
⑶　旧民法については、フランス語版、*Code Civil du l'empire du Japon accompagné d'un exposé de motifs*, tom. Ⅰ texte, 1891 も参照した。
⑷　『ボアソナード民法草案註釈』296頁。
⑸　『ボアソナード民法草案註釈』296頁。
⑹　宮城弘蔵『民法正義　債権担保編　第一巻』649頁（1890年）。
⑺　比較法の詳細については、清原泰司『物上代位の法理』18頁以下、54頁以下（19)97年）参照。
⑻　柚木馨・高木多喜男『担保物権法〔第三版〕』271頁（有斐閣、1982年）、鈴木禄弥『抵当制度の研究』138頁以下（一粒社、1968年）参照。
⑼　現行民法が旧民法の「払渡差押」の頭二文字を削除し、「差押」に修正したのは立法ミスであると指摘するのは、吉野衛「物上代位による差押えの意義」加藤一郎・米倉明編『ジュリスト増刊　民法の争点』141頁（1978年）。
⑽　清原・前掲注⑺15頁。
⑾　梅謙次郎『訂正増補　民法要義　巻之二　物権編（三十一版)』329頁（1911年）。
⑿　詳細については、清原・前掲91頁以下参照。
⒀　近江幸治『担保物権法〔新版補正版〕』48頁以下（成文堂、1998年）。

⑭　物上代位権者自身の差押えを要すると解する特定性維持説として、我妻榮
『新訂　担保物権法』290頁（岩波書店、1968年）参照。また、価値権説の立場
に立ちながら優先権保全説を採る見解として、末川博「判批」法学論叢26巻2
号316頁（1931年）、石田文次郎『担保物権法論　上巻』81頁以下（1936年）。

⑮　吉野衛判事（当時）は、「もともと代位物である請求権が特定していなければ、
差押えすら不可能なのであるから、これを差押えの目的に据えるのは、これを
文字どおりに理解すると、おかしなことになる（特定性の維持は差押えの結果
であって、目的ではない。）」（吉野・前掲注(9)162頁）と述べる。同旨を述べる
のは、小林秀之・角紀代恵『手続法から見た民法』46頁（弘文堂、1993年）。

⑯　我妻榮博士は、担保権者（物上代位権者）による代位目的債権の差押え前に、
転付または譲渡により新債権者となった者に対し第三債務者が弁済した場合、
その弁済を有効にしなければ、「いささか第三債務者に酷になる」（我妻・前掲
注⑭291頁）と述べる。これは、民法304条1項ただし書の「差押え」の趣旨が
第三債務者保護にあることに着眼していることを示すものであるが、他方で
「差押は、目的物を特定し債務者の一般財産に混入することだけを防ぐだけのも
のと解する」（我妻・前掲注⑭288頁）と述べているので、第三債務者保護説を
採っているとは評価できない。なお、我妻説に対する私の評価については、清
原・前掲注(7)79頁以下参照。

⑰　山本克己「抵当権に基づく賃料債権に対する物上代位の効果と手続について
の覚書」法学論叢142巻5・6号84頁（1998年）、生熊長幸「民法三〇四条・三
七二条（先取特権・抵当権）」広中俊雄・星野英一編『民法典の百年』553頁
（有斐閣、1998年）。

⑱　森島昭夫・宇佐見大司「物上代位と差押」法学セミナー370号105頁（1985年）、
高橋眞「判批」ジュリスト臨時増加1157号（平成10年度重要判例解説）69頁
（1999年）。

⑲　野山宏「判解」法曹時報50巻6号166頁（1998年）、清原泰司「判批」判例評
論475号27頁〔判例時報1643号221頁〕（1998年）。

⑳　佐久間弘道「賃料債権の包括的譲渡と抵当権にもとづく物上代位の優劣―最
高裁平成0年1月30日判決を踏まえて―」銀行法務21・548号13頁（1998年）、
田高寛貴「判批」法学教室215号107頁（1998年）、道垣内弘人「判批」平井宜雄
編『民法の基本判例〔第2版〕（別冊法学教室）』87頁（1999年）など。

第2節　物上代位の法的構造

一　はじめに

　先取特権の物上代位に関する民法304条1項については、質権及び抵当権
への適用につき準用形式を採っていること（民法350条・同372条）、物上代位
権の発生事由を、比較法的に例を見ないほど広範囲に認めていること、さら
に、物上代位権行使の要件として、比較法的に例を見ない「差押え」を要求
していることなどから、民法典施行（1898年）以来、その解釈をめぐって大
いに議論が戦わされてきた。他方、1990年以降のバブル経済の崩壊は、債権
回収手段としての物上代位権について改めて注目させることになった。しか
し、民法304条に関する解釈上の混乱と相俟ち、賃料債権に対して物上代位
権を行使する抵当権者と、その行使を妨害する債務者側との紛争は、より激
しさを増した。

　私は、バブル経済が生起する以前、民法304条の解釈上の混乱に終止符を
打つためには、同条1項の法的構造につき、同項本文は、担保物権者保護の
制度である物上代位の原則を示す規定であるのに対し、同項ただし書は、第
三債務者の二重弁済の危険防止を目的とする第三債務者保護の規定である、
と理解すべきことを主張した[1]。その後、物上代位をめぐる法的諸問題につ
いては、このような基本的視点のもとに解釈すれば、その大半を解決するこ
とができると考え、1997年5月、『物上代位の法理』と題する拙著を上梓し
た。そして、同書の終章において、私は、「本年（1996年）は、民法成立後
100年であるが、物上代位制度が設けられた原点に改めて立ち返り、解釈の
基本的視点を確立することが急務ではないだろうか」[2]と述べた。

　1998年（平成10年）1月30日、最高裁（二小）は、民法304条1項ただし書
の「差押え」の趣旨が、第三債務者の二重弁済の危険防止を目的とする第三
債務者保護にあることを明言した（民集52巻1号1頁、金融法務事情1508号67
頁、金融・商事判例1037号3頁、銀行法務21・545号72頁、判例タイムズ964号73
頁、判例時報1628号3頁）〔以下「最判平成10年」という〕。次いで、最高裁

（三小）平成10年2月10日判決（最判平成10年を掲載する前掲雑誌〔但し、民集52巻1号を除く〕に掲載）も同趣旨の判決を下した。

　「差押え」の趣旨に関し、初めて第三債務者保護説を採ったこの二つの最高裁判決は、それまでの判例とは全く異なる視点に立つ画期的な判決である。それだけに、これらの最高裁判決や私見に対する基本的な誤解や曲解が横行し、民法304条をめぐる議論は、今や、かえって混乱しているように思われる。そこで、本稿では、改めて、最判平成10年に至る諸判例の論理を検証することにより、「物上代位の法的構造」を明らかにするとともに、最判平成10年の論理が必然的帰結であったことを論証したい[3]。

二　最判平成10年の第一審判決と原審判決の論理

　最判平成10年は、将来発生する（弁済期未到来の）賃料債権の包括的譲受人と、その賃料債権に対して物上代位権を行使する抵当権者との優劣問題（いわゆる抵当権の物上代位と債権譲渡の優劣問題）、換言すれば、同一の賃料債権をめぐる第三者間の優劣問題である（本件事案自体は、抵当権者が、当該賃料債権の債務者、つまり第三債務者である賃借人・転貸人に対して行った取立訴訟である）。ところが、この優劣問題の解決にあたって、最判平成10年は、物上代位権行使の要件である「差押え」の趣旨から説き起こし、しかも、その判決理由において、これまで学説・判例上ほとんど無視されてきた第三債務者保護説を採用することにより、抵当権者優先の結論を導き出したのである。この点が、多くの論者にとって驚きであり、また最判平成10年に対する批判ともなっている。

　例えば、最判平成10年につき、「理論的に問題なのは……この判決で採用された第三債務者保護説の妥当性です。第三債務者の二重弁済のリスクというものが正面にだされておりますけれども、実際に問題となっているのは、第三債務者ではなくて第三者の利益との優劣・対抗の問題なのですから、それを第三債務者の二重弁済のリスクということで理由付けるというのは何とも奇妙だと思うのです」[4]、「第三債務者の二重弁済リスクの回避を保護するという目的を出発点として考えると、そこから債権譲受人である第三者を負かせていいという結論はなかなか説明できないように思われます」[5]、ある

いは「理論的な面として、そもそも第三債務者保護説をとったことの必要性、妥当性ですね。第三債務者保護説に立たなくても、たとえば特定性維持説を採用して、抵当権者自身が差押えをする必要があるという立場をとれば、同じ結論が出てくるわけです。なぜこの第三債務者保護説が突如として出てきたのか、そこのところがよくわかりません」(6)というような発言がなされているのである。

　しかし、民法304条１項ただし書の「差押え」の趣旨から説き起こす最判平成10年の論理は奇妙ではないし、また特定性維持説を採ることによって同じ結論が得られるわけでもなく、法理論的には、むしろ当然の判決である。そのことを論証するには、手初めとして、最判平成10年の第一審及び原審の各判決の論理を検討する必要がある(7)。

　①第一審・東京地裁平成７年５月30日判決（金融・商事判例1011号９頁）〔以下「①判決」という〕は、賃料債権に対する抵当権の物上代位権行使と賃料債権譲渡の関係について、一般論として次のように述べる。すなわち、「抵当権については、民法372条、304条１項により目的不動産の賃料債権についても物上代位権を行使することができるところ、同条但書所定の差押えより前に、右目的債権が弁済され、又は目的債権を譲り受けて第三者対抗要件を具備した第三者、もしくは目的債権につき転付命令を得た第三者が存在するときは、抵当権者は、これらの者に対し、優先権を主張することができないと解すべきである（最高裁昭和60年７月19日第二小法廷判決・民集39巻５号1326頁参照）」（傍線、筆者）と。

　そして、①判決は、本件では、Ａ（抵当権設定者・賃貸人・賃料債権譲渡人）からＢ（賃料債権譲受人）に対し、平成５年４月20日、本件賃貸借契約に基づく３年分の賃料債権が包括的に譲渡され、同日、債務者であるＹ（被告・賃借人・転貸人）がこれを承諾しており、第三者対抗要件を具備している一方、Ｘ（原告・抵当権者）が抵当権の物上代位に基づく賃料債権の差押命令を得て、それがＹに送達されたのは同年６月10日であるから、Ｘは、本件建物の賃料債権を取り立てることはできないことになると判示した。もっとも、①判決は、本件の賃料債権譲渡は、債権回収妨害を目的としてなされたものと推認できるから、当該賃料債権譲渡を理由にＸの物上代位に基づく賃料債

権の差押えがYに対抗できないというYの主張は、権利の濫用に当たると述べ、結論としてXの主張を認容し、抵当権者（物上代位権者）を優先させた。

②原審・東京高裁平成8年11月6日判決（判例時報1591号32頁、金融・商事判例1011号3頁）〔以下「②判決」という〕は、民法304条1項ただし書につき、「差押え」の趣旨に言及したうえで、①判決と同趣旨を述べ、賃料債権譲受人優先を判示した。すなわち、「抵当権者は、民法372条、304条1項により、目的不動産の賃料債権についても物上代位権を行使することができるが、同条但書により目的債権を差し押さえる前に同債権を譲り受けて対抗要件を備えた者がある場合には、物上代位権の行使をすることはできず、このことは、将来発生する賃料債権についても同様に解すべきである。

民法304条1項但書において、物上代位権者が物上代位権を行使するためには金銭その他の払渡又は引渡前に差押えをしなければならないものと規定されている趣旨は、右差押えによって物上代位の対象である債権の<u>特定性が保持され</u>、<u>これによって物上代位権の効力を保全</u>せしめるとともに、他面<u>第三者が不測の損害を被ることを防止</u>しようとすることにある。この<u>第三者保護</u>の趣旨に照らせば、右『払渡又は引渡』の意味は、債務者（物上保証人を含む。）の責任財産からの逸出と解するべきであり、債権譲渡も同条の『払渡又は引渡』に該当するものということができる（一般債権者が目的債権の差押えをし、転付命令を得る前の段階では、未だ責任財産から逸出したものといえないことは明らかである。）。<u>第三者の不測の損害防止</u>の趣旨は、公示方法が不完全な先取特権においてはもちろん、登記により公示がされている抵当権においても基本的に異なることがないと解すべきであるから（民法372条は、抵当権について民法304条を準用するにとどまる。）、抵当権者は、民法304条但書による差押前に債権譲渡を受けて対抗要件を備えた者に対して、物上代位権の優先権を主張することはできない。

将来発生する債権の譲渡についても、その譲渡性が承認されるものである限り、右の法律関係に変わるところはない」（傍線、筆者）と。

そして、②判決は、①判決とは異なり、本件賃料債権譲渡の権利濫用性をも否定し、抵当権者Xの請求を全面的に排斥し、賃料債権譲受人優先の結論を下したのである。

①判決と②判決はともに、「差押え」の趣旨について第三者保護（競合債権者保護）の視点を強調し、代位目的債権が弁済期未到来の将来債権であるか、弁済期が到来した現在債権であるかにかかわりなく、それに対する差押えに先立ち、当該債権が譲渡されれば、その差押えは不可能としたわけである。したがって、この両判決の当否を論ずるためには、何よりも先に、「差押え」の趣旨についての立場を明らかにしなければならない。②判決の上告審である最判平成10年が、「差押え」の趣旨から説き起こしたのは、そのためである。

　他方、②判決に対するXの上告理由（判例時報1628号7頁）は、弁済期未到来の将来債権の包括的譲受人と抵当権者の物上代位権行使の優劣問題について抵当権者優先の結論を下した下級審判決、すなわち③大阪高裁平成7年12月6日判決（判例時報1564号、判例タイムズ901号283頁、金融法務事情1451号41頁—最判平成10年判決と同じく、「差押え」の趣旨に関し第三債務者保護説を採った前掲最高裁平成10年2月10日判決の原審）〔以下「③判決」という〕および④東京地裁平成8年9月20日判決（判例時報1583号73頁、金融法務事情1464号29頁）〔以下「④判決」という〕を引用するとともに、既に発生している賃料債権の譲渡についてはともかく、未発生の賃料債権については、その発生時に債権譲渡の効力が発生し、賃料債権はその時、抵当権設定者の責任財産から逸出するというべきであるから、債権譲渡がなされた後でも、その責任財産から逸出しているとみることはできず、抵当権者は、民法372条、304条1項により物上代位権に基づく差押えをすることができる、というものである。それゆえ、差押え後の未発生賃料債権に対するXとYとの優先関係は、抵当権設定登記具備の時期と債権譲渡の対抗要件の効力発生時期（譲渡債権の発生時期と一致）の先後によって決することになり、抵当権者Xが優先すると主張したわけである。

　以上のように、①判決は、最高裁（二小）昭和60年7月19日判決（民集39巻5号1326頁）〔以下「最判昭和60年」という〕を引用し、また、②判決は、最高裁（一小）昭和59年2月2日（民集38巻3号431頁）〔以下「最判昭和59年」という〕が「差押え」の趣旨について述べていることと全く同趣旨を述べている。そして、最判昭和60年は、その判決理由中において最判昭和59年

を引用しているので、この両最高裁判決は、「差押え」の趣旨に関して同じ
見解に立つものである。それゆえ、①及び②判決はともに、「差押え」の趣
旨に関し、この両最高裁判決と同一の見解に立つものである。

　「差押え」の趣旨に関し、この両最高裁判決の解釈を前提とする限り、賃
料債権の譲渡後は、もはや物上代位権に基づく差押えが不可能とならざるを
得ず、執行妨害的な賃料債権譲渡に対して抵当権者優先の結論を導くために
は、①判決のように、一般条項としての権利濫用法理（民法 1 条 3 項）に頼
るか、あるいは、詐害行為取消権（民法424条）を行使することであろう。そ
して、権利濫用法理に依拠する場合、その立証責任は抵当権者にあり、②判
決のように、債務者側の権利濫用性が否定される場合がある。また、詐害行
為取消権行使の場合も、債務者の害意や受益者の悪意の立証責任が抵当権者
にあり、民事裁判におけるその立証は極めて困難というのが実情である[8]。
そのため、本件 X の上告理由並びに③および④判決は、抵当権者優先の結論
を導くために様々な論理操作を行ったのである。

　以上から、①及び②判決の論理の当否を検討するためには、そこで引用さ
れている最判昭和59年及び同60年の「差押え」の趣旨に関する見解を検討し
なければならないのである。

三　最判昭和59年と最判昭和60年の論理

　最判昭和60年は、「差押え」の趣旨について、「先取特権者のする右差押に
よって、第三債務者が金銭その他の物を債務者に払い渡し又は引き渡すこと
を禁止され、他方、債務者が第三債務者から債権を取り立て又はこれを第三
者に譲渡することを禁止される結果、物上代位の目的となる債権（以下「目
的債権」という。）の特定性が保持され、これにより、物上代位権の効力を保
全せしめるとともに、他面目的債権の弁済をした第三債務者又は目的債権を
譲り受け若しくは目的債権につき転付命令を得た第三者等が不測の損害を被
ることを防止しようとすることにあるから、目的債権について一般債権者が
差押又は仮差押の執行をしたにすぎないときは、その後に先取特権者が目的
債権に対し物上代位権を行使することを妨げられるものではないと解すべき
である（最高裁昭和56年(オ)同59年 2 月 2 日第一小法廷判決・民集38巻 3 号431頁

参照）」（傍線、筆者）と述べ、その趣旨が、「代位目的債権の特定性保持による物上代位権の効力保全」及び「第三債務者を含む第三者の不測の損害防止」にあるとする。

　また、最判昭和59年は、「先取特権者のする右差押によって、第三債務者が金銭その他の目的物を債務者に払渡し又は引渡すことが禁止され、他方、債務者が第三債務者から債権を取立て又はこれを第三者に譲渡することを禁止される結果、物上代位の対象である債権の特定性が保持され、これにより物上代位権の効力を保全せしめるとともに、他面第三者が不測の損害を被ることを防止しようとすることにあるから、第三債務者による弁済又は債務者による債権の第三者への譲渡の場合とは異なり、単に一般債権者が債務者に対する債務名義をもって目的債権につき差押命令を取得したにとどまる場合には、これによりもはや先取特権者が物上代位権を行使することを妨げられるとすべき理由はないというべきである」（傍線、筆者）と述べ、「差押え」の趣旨が、「代位目的債権の特定性保持による物上代位権の効力保全」及び「第三者の不測の損害防止」にあるとする。

　両最高裁判決の違いは、最判昭和60年の方が、不測の損害防止の対象者として、「第三者」と並んで「第三債務者」を明示していることであり、いずれも、「第三者」を不測の損害防止の対象者としている点では共通する。そして、最判昭和59年も、不測の損害防止の対象者として「第三者」だけを挙げているものの、その叙述に続けて「第三債務者による弁済又は債務者による債権の第三者への譲渡の場合」にはもはや物上代位権を行使できないと述べていることから、「第三者」と並んで「第三債務者」をも、不測の損害防止の対象者として認識していることは明白である。したがって、両最高裁判決が、「第三債務者を含む第三者」を、「差押え」による保護対象者として考えていたことは明白である。だからこそ、最判昭和60年は、その判決理由中に最判昭和59年を引用しているのである。

　それでは、「差押え」の趣旨が、「第三債務者を含む第三者」の保護にあるとはどういう意味であろうか。まず、「第三債務者」の保護利益は、代位目的債権についての弁済が有効となり（その弁済先は、債務者の場合もあれば、第三者の場合もある）、代位目的債権の消滅を物上代位権者に主張しうるとい

う利益である一方、「第三者」の保護利益は、代位目的債権についての権利を物上代位権者に主張しうる利益である。つまり、前者は、代位目的債権の消滅による免責を主張しうる利益であるのに対し、後者は、現に存在する代位目的債権について権利を主張しうる利益であって、両者の保護利益は根本的に異なるものである。このように全く異なる利益を同時に保護することが、はたして、立論として成り立つのであろうか。

　「差押え」の趣旨が、「第三債務者を含む第三者の保護」にあるとは、具体的には、代位目的債権についての「差押え」が、物上代位権の「第三債務者」に対する対抗要件になると同時に「第三者」に対する対抗要件になるということである。この場合、物上代位権対抗の相手方である「第三債務者」は、物上代位権者に対して直接の弁済義務を負う点で、それ以外の「第三者」とは決定的に異なる立場にいる。だからこそ、「第三債務者」は、一般の「第三者」と峻別して特別に保護する必要があるのである。にもかかわらず、「第三債務者」と並んで「第三者」をも同時に保護することは、「第三者」の中に「第三債務者」を包摂することであり、物上代位権が発生しても、つまり代位目的債権の上に担保物権の効力が及ぶことになっても、物上代位権者に対して直接の弁済義務を負うことになる「第三債務者」を、そのような弁済義務のない「第三者」と全く同視することである。そうした場合には、「第三債務者を含む第三者」に対する対抗要件といっても、「第三債務者」に対する対抗要件の方は有名無実化し、結果的に、その対抗要件は、「第三者」に対する対抗要件に包摂されることになろう。そのような結果は、物上代位権者を、「第三者」との競合関係に陥らせ、担保権者保護のため、この者に物上代位権を付与した民法304条1項本文が有名無実化することになろう。そもそも、保護利益が全く異なるにもかかわらず、それを峻別しないで同時並列的に保護対象とする立論自体が問題なのである。

　以上の理由から、「差押え」の趣旨に関し、「第三債務者を含む第三者の保護」を謳う最判昭和59年及び同60年は、依然として「第三者」保護説を採っていると理解すべきである。だからこそ、この両最高裁判決の見解を前提とする①及び②判決は、抵当権者による「差押え」前に登場した賃料債権譲受人（第三者）を保護し、抵当権者よりも優先させたのである。

　これに対し、この両最高裁判決によれば、「差押え」が、物上代位権行使の実体的要件としての意味をもつのは、「第三債務者」に対する関係においてのみであるとし、破産財団ないし破産管財人あるいは差押債権者が登場した場合でも物上代位権行使が認められたことから、両最高裁判決は、「差押え」を、「第三者」に対する対抗要件又は効力要件とみているわけではない、と述べる見解がある(9)。本来、「差押え」の趣旨は、「第三債務者のみの保護」にあるから、この見解が述べるように、「差押え」は、「第三債務者」のみに対する対抗要件又は効力要件と解すべきである。

　しかし、両最高裁判決は、未だ、そのような「第三債務者のみの保護」という立場には至っていないと解すべきである。なぜなら、両最高裁判決は、「差押え」の趣旨につき、「第三者の不測の損害防止」を挙げ、代位目的債権の譲受人や転付命令を得た債権者が登場した場合には物上代位権の行使を認めていないからである。確かに、両最高裁判決は、破産財団・破産管財人や差押債権者が登場した場合でも物上代位権の行使を認めているが、それは、そのような第三者を、物上代位権者と競合関係に立つ第三者とは解していないからである。つまり、両最高裁判決は、民法304条1項ただし書にいう「払渡し又は引渡し」の意義を明確化し、破産宣告や一般債権者の差押えは、そのような文言に該当しないと解したにすぎないと理解すべきであろう(10)。

　このような理解に対し、前述の見解は、代位目的債権の譲受人や転付命令の取得者のような第三者に対して物上代位権を行使しえないのは、「特定の債権に物上代位した担保権は実体法上の効力として追及力を有さず、したがって、もともと目的債権が第三者に移転した場合は、実体法上担保権が消滅すると解しているためと見るべきである。このことは、本件のような動産先取特権に基づく物上代位の場合には、基本たる担保権が元来の目的物についても追及力を有しないのであるから（民333条）、むしろ当然であるが、基本たる担保権が抵当権のように追及力を有する場合にも、目的物が債権となったときは、もともと債権については公示手段が不完全であるところから、抵当権の実行開始（差押）と第三者の権利取得とをいわば早者勝ちとする趣旨で追及力を否定したものと解される」(11)と述べ、物上代位権の追及力との関係で、これらの第三者に対しては、物上代位権行使としての「差押え」が

必要であると述べる。

　しかし、このような解釈は、結局、「差押え」を「第三者」対抗要件とすることであり、まさに第三者保護説というべきものである。また、この解釈によれば、代位目的債権が債務者の帰属を離れ第三者に移転した場合には、原担保権の追及力は否定されるという考えが前提とされ、実体法上、これらの第三者に対して物上代位権の行使（物上代位権に基づく差押え）が不可能となると解される。しかし、このような解釈にも賛成できない。なぜなら、民法304条1項本文が定める物上代位権は、価値権的性質を有する担保物権につき担保権者保護の趣旨から認められたものであり、価値代表物（代位目的債権）が債務者の帰属を離れ第三者に移転したとしても、物上代位権の追及力（担保物権の効力）は消滅しないという理解を大前提とすべきだからである。

　このような理解は、動産先取特権に基づく物上代位のように、原担保権に追及力がないとされる場合（民法333条）でも妥当する。ボアソナード博士が、動産売買先取特権の場合に特に物上代位を認めるべき効用が大きいと述べたのはそのためである[12]。ここで、原担保権には追及力がないことを理由として、それに基づく物上代位権も追及力がないと解すると、物上代位権を認めた趣旨が大幅に減殺されよう。まして、抵当権のように原担保権自体が追及力を有する場合に、登場する「第三者」に応じて物上代位権の追及力を制限するのは、抵当権者に物上代位権を付与した趣旨を、より減殺することになろう。したがって、抵当権の場合に、代位目的債権の公示の不完全さ理由に追及力を否定し、「差押え」をもって、物上代位権の「第三者」対抗要件とすることには賛成できない。そのような見解は、まさしく第三者保護説であって、第三債務者保護説ではないからである。

　本来の第三債務者保護説とは、民法304条1項本文により物上代位権を付与された担保権者に対して直接の弁済義務を負う「第三債務者」に二重弁済の危険があるため、それを防止し、この者を保護するために設けられた規定が同ただし書であると解する見解である。それゆえ、同説の前提となる本文規定の定める物上代位権の効力範囲（追及力）につき、登場する「第三者」に応じて制限解釈を行うことは、まさしく第三債務者保護説の前提を否定す

ることであり、基本的に同説とは相入れないものである(13)。

　ところで、両最高裁判決は、「差押え」の趣旨として、「代位目的債権の特定性保持による物上代位権の効力保全」も挙げる。「代位目的債権の特定性保持」は、「差押え」の趣旨に関し、特定性維持説が述べていることである。すなわち、特定性維持説とは、物上代位権は、価値権たる担保物権の本質上当然認められるという物上代位価値権説を前提とし、代位目的物（代位目的債権）の上に担保物権の効力が及ぶのは当然であり、物上代位権行使の要件として「差押え」が要求されている趣旨は、その代位目的物が債務者の一般財産に混入することを防止し、代位目的物の特定性を維持することにあると解する説である。

　この場合、代位目的債権の特定性さえ維持されればよいから、誰が差し押さえても物上代位権は保全されるという見解が導き出される（いわゆる典型的特定性維持説）一方、物上代位権は、担保権者保護のために法律により特別に与えられた特権である（物上代位特権説）から、物上代位権者自身が代位目的債権を差し押さえた場合にのみ、物上代位権が保全されるという見解（優先権保全説＝物上代位権保全説）も導き出される。最判昭和59年及び同60年は、「先取特権者のする右差押によって」と述べ、差し押さえるべき者を物上代位権者自身に限定しているので、優先権保全説を採っていることが明白である。

　「差押え」の趣旨に関する判例の見解は、大審院（連合部）大正12年４月７日（民集２巻５号209頁）以来、一貫しており、それは、代位目的債権の特定性維持を前提とする優先権保全説（第三者保護説）であり、いわゆる二面説と評価しうるものである(14)。これに対し、学説では、特定性維持説と優先権保全説は、それぞれが前提とする物上代位本質論、つまり価値権説と特権説の対立のため、対立的に把握されてきた。しかし、これらの物上代位本質論は対立的に把握すべきではなく、それぞれが、物上代位の本質の一側面について、異なる次元から説明しているにすぎないし(15)、また、このように優先権保全説も、本来、代位目的債権の特定性維持という発想から導き出された説であるから、特定性維持説と表裏一体の関係にある説と考えるべきである。

　そこで、優先権保全説の当否を論じるためには、その前提となっている、「代位目的債権の特定性保持」の当否を問う必要がある。

　物上代位権とは、一定の発生事由があれば、代位目的債権（代位目的物・価値代表物）の上に担保物権の効力が及ぶことであり、「差押え」がなくとも、物上代位権は成立している（民法304条1項本文）。これは、物上代位制度を理解するための基本的な前提であり、判例も、一貫して、この理解に立っている[16]。そして、そのようにして成立している物上代位権行使のため、代位目的債権に対する「差押え」が要求されているのであって（民法304条1項但書）、この「差押え」によって、「第三債務者が金銭その他の物を債務者に払い渡し又は引き渡すことを禁止され、他方、債務者が第三債務者から債権を取り立て又はこれを第三者に譲渡することを禁止される結果」として「代位目的債権の特定性が保持」されるのである。したがって、この「代位目的債権の特定性保持」というのは、「差押え」の法的効果（結果）を説明しているにすぎず[17]、「代位目的債権の特定性保持」は、「差押え」の趣旨（目的）とはいえないのである[18]。それゆえ、優先権保全説は、それが前提とする、「代位目的債権の特定性維持」という理論自体が正当でない、ということになる[19]。

　さらに、優先権保全説は、物上代位権者自身が、「差押え」によって物上代位権（優先権）を「第三者」に対して公示するという第三者保護説（差押公示説）に直結する説であるから、正当ではない。この説は、物上代位権を、第三者の権利との競合関係にさらすことになり、担保権者保護の規定である民法304条1項本文を有名無実化するものであり、本来的に物上代位制度とは相容れないからである。

　以上のように、最判昭和59年及び同60年は、「差押え」の趣旨に関し第三者保護説の立場に立つものであり、物上代位の法的構造を正確に理解していないと評価せざるを得ないのである。

四　その他の下級審判決の論理

　最判平成10年の原審である②判決〔東京高判平成8年11月6日〕に対する上告理由において、上告人が引用した前掲の③判決〔大阪高判平成7年12月

6日〕および④判決〔東京地判裁平成8年9月20日〕は、抵当権者優先の結論を下し、④判決の控訴審判決である⑤東京高裁平成9年2月20日判決〔確定〕（判例時報1605号49頁、金融法務事情1477号45頁、金融・商事判例1015号39頁、銀行法務21・533号16頁）〔以下「⑤判決」という〕は、いずれも抵当権者優先の結論を下した。実際、バブル経済崩壊後における未発生賃料債権の包括的譲渡は、ほとんどが執行妨害目的でなされていたため、その結論自体は妥当である。しかし、その論理には多くの難点があると評価せざるを得ない。

　③判決の要旨は次のとおりである。

　ⓐ現に発生した賃料債権の譲渡は、賃貸人の責任財産からの逸出であり、その場合には物上代位権を行使できないとして、最判昭和59年を引用する。ⓑ将来発生する（未発生の）賃料債権を差し押さえた場合、その差押えの効力の発生時期は、支分債権の発生時である。ⓒ将来の賃料債権の譲渡の場合、支分債権である賃料債権の移転時期及び対抗要件具備の効力発生も、支分債権の発生時である。ⓓ抵当権の物上代位権に基づく差押えの効力の発生時期と債権譲渡の対抗要件の効力発生時期が同時である場合には、実体法上優先権が認められている物上代位権に基づく差押えが優先する結果、抵当権者が優先する。

　次に、④判決の要旨は次のとおりである。

　ⓐ未発生の賃料債権の譲渡の対抗要件具備の効力発生時期は、債権の発生時である。ⓑ抵当権の物上代位権は、抵当権設定登記により公示され、第三者に対する対抗力を具備する。ⓒ差押えの趣旨は、「差押によって、第三債務者が金銭その他の目的物を債務者に払い渡し又は引き渡すことが禁止され、他方、債務者が第三債務者から債権を取り立て又はこれを第三者に譲渡することを禁止される結果、目的債権の特定性が保持され、これにより物上代位権の効力を保全せしめること等を目的とするのであり、差押えは物上代位権の効力保全要件であって、第三者に対する関係では実体法上の対抗要件としての意味を有するものではないと解される（最高裁昭和59年2月2日第一小法廷判決　民集38巻3号431頁、同昭和60年7月19日第二小法廷判決　民集39巻5号1326頁　各参照）」（傍線、筆者）。ⓓ債権譲渡と物上代位権との優劣は、債権譲渡の第三者対抗要件の効力発生と抵当権設定登記の具備との先後によって

決する。ⓔ物上代位権が優先する場合でも、その行使の要件としての差押え
に先立ち、債権譲渡の対抗要件が具備されたときは、当該債権は債務者の一
般財産から逸出し、差押えの効力は及ばない。ⓕ未発生の賃料債権に対する
抵当権の物上代位に基づく差押えの効力発生時期は、債権発生時である。
ⓖ債権譲渡の対抗要件の効力発生と物上代位による差押えの効力発生が同時
である場合には、もともと物上代位権の方が債権譲渡よりも優先しているの
で、債権譲受人は、当該債権が債権譲渡によって債務者の一般財産から逸出
したことを当然には主張できない結果、抵当権者が優先する。

　さらに、⑤判決の要旨は次のとおりである。

　ⓐ未発生の賃料債権の譲渡の対抗要件具備の効力発生時期は、債権発生時
ではなく、対抗要件具備の時である。ⓑ差押えの趣旨は、「第三債務者が金
銭その他の物を債務者に払い渡し又は引き渡すことが禁止され、また、債務
者が第三債務者から債権を取り立て又はこれを第三者に譲渡を禁止される結
果、物上代位の目的となる債権（以下「目的債権」という。）の<u>特定性が維持</u>
され、これにより<u>物上代位権の効力を保全</u>するとともに、他面、<u>第三債務者</u>
<u>が二重払いすることやその他第三者が不測の損害を被ることを防止</u>しようと
するにあるから（<u>最高裁昭和59年２月２日第一小法廷判決・民集38巻３号431頁</u>、
<u>最高裁昭和60年７月19日第二小法廷判決・民集39巻５号1326頁参照</u>）、右差押え
は、物上代位権の効力を保全するためのものであって、<u>第三者に対する関係</u>
<u>で、実体法上の対抗要件としての意味を有するものではない</u>と解するのが相
当である」（傍線、筆者）。ⓒ物上代位権は、抵当権設定登記により公示され、
それが第三者対抗要件である。ⓓ未発生の譲渡と抵当権の物上代位権との優
劣は、債権譲渡の対抗要件具備の時と抵当権設定登記の先後により決する。
ⓔ民法304条１項ただし書の払渡し又は引渡しは、弁済又はそれと同視でき
る処分等があった場合である。ⓕ転付命令や現在債権の譲渡で対抗要件が具
備された場合は、弁済と同視できる処分等に該当するが、将来発生する債権
等、転付命令の対象とならない債権の譲渡で対抗要件が具備された場合は、
弁済と同視できる処分等に該当しないから、その譲渡は、払渡し又は引渡し
に該当しない。ⓖ物上代位権の行使としての差押えの効力の発生時期は、差
押命令が第三債務者に送達された時である結果、抵当権者が優先する。

　以上のように、③判決と④判決は、基本的に同趣旨の判決である。これらの判決は、未発生の賃料債権譲渡の対抗要件具備の効力発生時期、および同債権に対する差押えの効力発生時期を、いずれも債権発生時と解している点で賛成できない。これに反し、⑤判決は、これらの効力発生時期を、債権発生時と解しないで、それぞれ、対抗要件具備時および差押え時と解している。未発生賃料債権の譲渡性を承認するのであれば（その譲渡性は、すべての判決が承認している）、⑤判決のように、端的に、それぞれ、対抗要件具備時および差押え時（正確には差押命令が第三債務者に送達された時（民事執行法145条４項））と解すべきである。この問題については、債権譲受人優先の結論を導いた②判決〔最判平成10年の原審・東京高判平成８年11月６日〕も、判決理由中において、③判決〔大阪高判裁平成７年12月６日〕を批判し、⑤判決〔東京高判平成９年２月20日〕と同一の見解を採っている。妥当である。

　それでは、⑤判決のそれ以外の論理は正当かというと、そうではない。まず、③判決、④判決および⑤判決のすべてが、現在債権の譲渡は、民法304条１項ただし書の「払渡し又は引渡し」に該当すると解している点で不当である（そのことを述べるに際し、③判決は、最判昭和59年を引用する）。これは、単に同ただし書の文言解釈だけの問題ではなく、その本文規定との関係において、民法304条１項の法的構造をどう理解するか、という問題である。

　私見によれば、同規定の本文とただし書とを峻別し、その本文において付与された物上代位権行使から第三債務者の二重弁済の危険を防止するために、そのただし書において物上代位権行使の要件として、物上代位権者自身の「差押え」が要求されていると理解することになり、たとえ現在債権が譲渡により債務者の帰属を離れても、既に同債権上には担保物権の効力（物上代位権の効力）が及んでいるため、第三債務者による現実の弁済がなされない限り、代位目的債権の差押えは可能ということになる。この論理は、代位目的債権が、未発生の賃料債権であっても同じことである。未発生債権と現在債権とで異なる解釈を行う法律上の根拠がないからである。

　ところが、⑤判決は、未発生の賃料債権については、現在債権とは別の解釈を行い、未発生債権のような転付命令の対象性を欠く債権の譲渡は、未だ弁済と同視できる処分ではないとし、その譲渡がなされ対抗要件が具備され

ても、それは、未だ民法304条1項ただし書の「払渡し又は引渡し」に該当しないと述べ、物上代位権行使を認めるわけである。同じく債権譲渡でありながら、未発生の債権譲渡の場合には、物上代位権行使としての差押えを認める理由として、⑤判決は、「そのような債権については、その譲渡の時点では一般に債務者からの弁済はあり得ず、第三者の不測の損害もさほど考慮する必要はないし、他面、抵当権者に物上代位権の行使としての差押えを期待することは、困難でもあるし、また望ましくもないと考えられるからである」と述べるが、このような理由は、極めて恣意的かつ不明確であり、法解釈論として不適当である。その点では、未発生債権の譲渡も、現在債権の譲渡も、いずれも「払渡し又は引渡し」に該当すると解し、債権譲受人優先の解釈を行った①判決および②判決の方が、より論理的であって、正当である。

　また、④判決および⑤判決はいずれも、最判昭和59年及び同60年を引用し、「差押え」が、「第三者」に対する関係で実体法上の対抗要件としての意味を有しないと述べる。これは、抵当権者優先の結論を導くための論理操作であろう。なぜなら、結論として抵当権者優先を導くためには、物上代位権の第三者対抗要件を抵当権設定登記と解し、「第三者」（賃料債権譲受人）との関係で、物上代位権が優先する法律上の根拠を提示しておく必要があるからである。実際、④判決および⑤判決はいずれも、物上代位権の第三者対抗要件が抵当権設定登記であることを明言している。

　確かに、物上代位権は、原担保権と同一性を有するものであり、その第三者対抗要件も、原担保権の対抗要件で十分であるから[20]（動産売買先取特権に基づく物上代位権の場合、原担保権である動産売買先取特権自体が公示を要しないから、それと同一性を有する物上代位権も公示を要しないのは当然である）、この点は正当である。しかし、④判決および⑤判決は、債権譲渡に先立ち、代位目的債権を差し押さえる必要があると述べ、「差押え」は、「第三者」である債権譲受人との関係で、実体法上、依然として第三者対抗要件としての意味を有していると解しているのである。その一方で、④判決および⑤判決は、物上代位権の第三者対抗要件が抵当権設定登記であると明言しているのは論理矛盾であり、正当ではない。

　さらに、⑤判決は、「差押え」の趣旨として、「第三債務者が二重払いする

ことの防止」を挙げているが、その叙述に続けて、「第三者が不測の損害を
被ることの防止」も同時に挙げているので、そのような第三債務者保護の視
点は、結果として、第三者保護の中に埋没しまうことになり、その点におい
ても正当ではない。

　以上のように、抵当権者優先の結論を導いた③判決、④判決および⑤判決
は、いずれも論理矛盾を有するものである。それは、賃料債権譲受人優先の
結論を導いた①判決および②判決も同様である。そして、これらのすべての
判決が、「差押え」の趣旨に関し依拠しているのは最判昭和59年及び同60年
である一方、この両最高裁判決の「差押え」に関する見解には論理矛盾があ
ることは前述したとおりである。しかも、これらの下級審判決は、この両最
高裁判決に依拠しながら、債権譲受人優先の①判決および②判決と抵当権者
優先の③判決、④判決および⑤判決とに分かれ、正反対の結論が導き出され
ているのである。だからこそ、私は、②判決および④判決の評釈において、
「最高裁は、『差押え』の意義に関し、最判昭和59年及び同60年で述べている
『代位目的債権の特定性保持』と『第三者の不測の損害防止』について再考
すべきである」[21]と述べたのである。

五　最判平成10年と私見の論理

　下級審判決の理論的混迷から、最判平成10年は、本件の包括的賃料債権譲
渡と抵当権の物上代位権行使との優劣問題の解決のためには、物上代位権行
使の要件としての「差押え」の趣旨から説き起こす必要があった。そして、
「原審の右判断は是認することができない」と述べ、次のように判示したの
である。すなわち、

　「民法372条において準用する304条１項ただし書が抵当権者が物上代位権
を行使するには払渡し又は引渡しの前に差押えをすることを要するとした趣
旨目的は、主として、抵当権の効力が物上代位の目的となる債権にも及ぶこ
とから、右債権の債務者（以下『第三債務者』という。）は、右債権の債権者
である抵当不動産の所有者（以下『抵当権設定者』という。）に弁済しても弁
済による目的債権の消滅の効果を抵当権者に対抗できないという不安定な地
位に置かれる可能性があるため、差押えを物上代位権行使の要件とし、第三

債務者は、差押命令の送達を受ける前には抵当権設定者に弁済をすれば足り、右弁済による目的債権消滅の効果を抵当権者にも対抗することができることにして、二重弁済を強いられる危険から第三債務者を保護するという点にあると解される」と。

「差押え」の趣旨に関するこの見解は、従来から、私が主張してきた第三債務者保護説である。同説を導き出すためには、民法304条1項の本文とた
・
だし書とを峻別し、物上代位権の発生について定める本文の解釈を受け、そ
・
の解釈（担保権者保護）を前提として、ただし書を解釈することが必要不可
欠である。その点において最判平成10年の論理は極めて正当である。「抵当
・
権の効力が物上代位の目的となる債権にも及ぶことから」と述べ、そのこと
・
を受け、第三債務者が二重弁済の危険に陥る旨を述べているからである。つ
まり、「差押え」の前に、民法304条1項本文に基づいて既に物上代位権が代
位目的債権上に発生・成立しているのであって、「差押え」によって物上代
位権が成立するのではないということを、立論の出発点としなければならな
いのである。この基本的な論理を理解することができなければ、第三債務者
保護説を理解することもできないであろう。

そして、このような基本的理解を前提とした場合、もし民法304条1項た
・
だし書が存在しなければ、第三債務者は、代位目的債権の債権者に対する弁
済による代位目的債権消滅の効果を物上代位権者に対抗できないことになり、
ここにおいて、第三債務者の二重弁済の危険が生ずるということも、実に容
易に理解することができよう。それでは、このような第三債務者の不安定な
地位をなくすためには、どうすればよいか。それは、物上代位権者自身に対
し、物上代位権行使の要件として、代位目的債権の「差押え」を要求するこ
とである（ボアソナード民法草案1138条1項ただし書では「異議（opposition）」、
旧民法（1890年）債権担保編133条1項ただし書では「払渡差押（opposition）」
である）[22]。第三債務者保護説は、民法304条1項ただし書が設けられ、同規
定に「差押え」が定められた趣旨をこのような理由に求めるのである[23]。

ある規定や制度の趣旨が何かを考えるには、それが存在しなければどのよ
うな事態が生ずるかを考えるだけで十分である。そう考えれば、民法304条
1項本文の趣旨は、物上代位権付与による担保権者保護であり、同ただし書

の趣旨は、物上代位権の発生により担保権者（物上代位権者）に直接の弁済義務を負うことになる第三債務者の二重弁済の危険防止による第三債務者保護であり、いずれの規定も、それ以外の趣旨はあり得ない。つまり、物上代位制度のもとでは、第三者（競合債権者）の保護は、第一次的な立論としては視野に入れてはならない（第一次的に第三債務者を保護した結果、その反射的効果として第三債務者から弁済を受ける競合債権者も保護されるのである）。それを視野に入れると、物上代位制度そのものが、第三者との競合関係に陥り、有名無実化するからである。第三者（第三債務者を除く）は、ボアソナード博士も指摘しているように、物上代位権という優先権の存在を甘受すべきものだからである[24]。

　物上代位権とは、代位目的債権上に担保物権の効力が及ぶという権利であり、その代位目的債権をめぐり、担保権者、担保権設定者（債務者）、第三債務者、代位目的債権譲受人（第三者）等、様々な利害関係人が登場する。そして、「差押え」によって、代位目的債権の特定、第三債務者保護、第三者保護など様々な効果があり、それらは、相互に矛盾することなく生じるのであり、「いずれが主であり、従であるかを確定する必要もないであろう」[25]という見解や、「第三債務者保護説、優先権保全説、特定性維持説は、それによって保護されるべき者の利益が相互に対立関係にあるわけではなく、まったく別の次元で問題になる」[26]という見解、あるいは債権譲受人の利益も考慮される必要があるという見解もある[27]。

　問題は、立論の出発点として考えなければならないことは、一定の規定や制度がなければ、第一次的に誰の利益が最も害されるかということである。問題の発端は、担保権者保護のためにこの者に対し物上代位権を付与したことにある（民法304条1項本文）。そして、この物上代位権の発生により、第三債務者には担保権者に対する直接の弁済義務が発生するのである（ここでは、未だ、「差押え」も、民法304条1項ただし書も存在しないことに注意しなければならない）。その結果、第三債務者に二重弁済の危険が発生するのである。これに対し、その他の利害関係人は、第三債務者から弁済を受ける権利は有するが、物上代位権者への弁済義務が発生するわけではない。つまり、第三債務者は、物上代位権の発生により担保権者に対する直接の法的義務が発生

する点において、その他の利害関係人とは全く立場（地位）に置かれるのであり、それ以外の利害関係人とは峻別して保護する必要があるのである。保護利益の異なる者を同時並列的に保護することは、立論として不可能であり、発生する具体的な問題の解決につながらないことは、下級審判決の検討を通して前述したとおりである。それゆえ、物上代位権の発生により第一次的に保護すべき者は、第三債務者以外にあり得ないのである。

　このように、私見は、民法304条1項ただし書が存在しない時点における第三債務者その他の利害関係人の立場を問題にしているにもかかわらず、私見に対する批判は、民法304条1項ただし書がすでに存在することを前提として批判する。全く的外れな批判であり、議論が噛み合わないわけである。例えば、私見を批判する見解は、「第三債務者が弁済してもなお優先権が存続するのであれば、そもそも第三債務者の弁済を差し止める必要も、二重払いの危険も生じないから、差押要件自体が無意味になり、第三債務者保護という立論の前提が疑わしくなってしまう」(28)と述べる。

　しかし、私見、すなわち第三債務者保護説は、民法304条1項ただし書の趣旨を考えるに際し、現に存在している規定の法的効果を説明しているのでなく、その規定が存在しなければ、どうなるかという場面を説明しているのである。このように考えることは、ある規定の立法趣旨を考える際の基本である。物上代位権発生後、第三債務者が、債務者や債権譲受人などの第三者に弁済後、物上代位権者に優先弁済権があると考えたり、あるいは弁済受領したこれらの者に不当利得返還義務があると考えるのは、民法304条1項ただし書が存在しなかった場合のことであり、第三債務者保護説は、まさにそのような場面での第三債務者の立場を問題にしているのである。民法304条1項ただし書が設けられた後も、そのようなことを主張するのは、同規定の存在を否定することであり、そのような主張は、「差押え」の趣旨に関する第三債務者保護説とは何の関係もないことである。

　かくして、民法304条1項ただし書が設けられた結果、第三債務者は、「差押え」前においては、代位目的債権の債権者たる抵当権設定者や同債権の譲受人に弁済すれば免責されるのであり、その結果として、第三債務者から弁済を受けるこれらの者も保護されるのである。他方、「差押え」後は、第三

債務者は、物上代位権者に弁済しなければならず、その結果として、第三債務者から弁済を受ける物上代位権者も保護されるのである。第三債務者保護説は、第三債務者だけを保護し、その他の利害関係人の利益を無視しているとして批判する見解は、第三債務者保護の結果として、第二次的あるいはその反射的効果として、第三債務者の弁済の相手方も保護されることになるという点を見落としているのではないか。弁済は、義務者と権利者の二当事者から成ることを看過していると評価せざるを得ない。

　以上のように、「差押え」の趣旨が、第三債務者保護のみにあると理解すれば、「差押え」は、第三者に対する関係では、実体法上、物上代位権の対抗要件としての意味を有しないのは当然である。それでは、物上代位権の第三者対抗要件は何か。それは、抵当権設定登記である。なぜなら、民法304条1項本文により、物上代位権は、原担保権の効力そのものであり、物上代位権と原担保権が同一性を有することも当然のことだからである。

　他方、代位目的債権たる賃料債権が譲渡され、債務者（抵当権設定者）の帰属を離れ第三者に移転した場合、物上代位権の行使は可能であろうか。可能である。なぜなら、民法304条1項本文により代位目的債権上に成立している物上代位権は、当該債権譲渡により、その債権に付着して移転し、依然として物上代位権の効力が及んでいるからである。すなわち、債権譲渡が、「払渡し又は引渡し」に該当しないことは、理論的にも、文言解釈上も当然のことであり、その理は、未発生債権の譲渡の場合でも同じである。未発生債権であっても、債務不履行と同時にその上に物上代位権の効力が既に及んでいるからである。

　最判平成10年は、以上の私見と同趣旨を述べる。すなわち、
「右のような民法304条1項の趣旨目的に照らすと、同項の『払渡又ハ引渡』には債権譲渡は含まれず、抵当権者は、物上代位の目的債権が譲渡され第三者に対する対抗要件が備えられた後においても、自ら目的債権を差し押さえて物上代位権を行使することができるものと解するのが相当である。

　けだし、㈠　民法304条1項の『払渡又は引渡』という言葉は当然には債権譲渡を含むものとは解されないし、物上代位の目的債権が譲渡されたことから必然的に抵当権の効力が右目的債権に及ばなくなるものと解すべき理由

もないところ、㈡　物上代位の目的債権が譲渡された後に抵当権者が物上代位権に基づき目的債権の差押えをした場合において、第三債務者は、差押命令の送達を受ける前に債権譲受人に弁済した債権についてはその消滅を抵当権者に対抗することができ、弁済をしていない債権についてはこれを供託すれば免責されるのであるから、抵当権者に目的債権の譲渡後における物上代位権の行使を認めても第三債務者の利益が害されることとはならず、㈢　抵当権の効力が物上代位の目的債権についても及ぶことは抵当権設定登記により公示されているとみることができ、㈣　対抗要件を備えた債権譲渡が物上代位に優先するものと解するならば、抵当権設定者は、抵当権者からの差押えの前に債権譲渡をすることによって容易に物上代位権の行使を免れることができるが、このことは抵当権者の利益を不当に害するものというべきだからである。

　そして、以上の理由は、物上代位の差押えの時点において債権譲渡に係る目的債権の弁済期が到来しているかどうかにかかわりなく、当てはまるものというべきである」と判示し、抵当権者優先の結論を導き出したわけである。まさに正当な論理である。

六　おわりに

　民法304条1項が定める物上代位の法的構造を正確に理解するには、その本文とただし書とを峻別しなければならない。すなわち、まず、本文規定により、担保権者保護の観点から、一定の発生事由がある場合、物上代位権（＝担保物権）が代位目的債権上に発生・成立しているのである。それゆえ、物上代位権の発生後、代位目的債権の債務者である第三債務者が、その債権者（抵当権設定者）に弁済しても、その消滅の効果を担保権者に対抗することができない。そのことは、代位目的債権が第三者に移転しても同じである。代位目的債権上には、既に物上代位権の効力が及んでいるからである。

　そのため、民法304条1項本文だけしか存在しなければ、第三債務者は、物上代位権の発生により常に二重弁済の危険という不安定な立場に置かれる。そこで、そのような第三債務者の二重弁済の危険を防止し、物上代位権者との利害調整を図る立法措置を講ずる必要がある。それが、民法304条1項た

だし書であり、「差押え」なのである。これに対し、第三債務者以外の第三
者は、原担保権の公示により、原担保権と同一性を有する物上代位権の優先
を甘受しなければならない（原担保権が公示されない先取特権の場合、それと
同一性を有する物上代位権も公示を要しないことになる）。ただし、「差押え」
により、第三債務者の二重弁済の危険が消失する結果、「差押え」前になさ
れた第三債務者の弁済は、物上代位権者に対抗することができるのであり、
第三債務者から弁済を受ける債務者（代位目的債権の債権者）や代位目的債
権の譲受人も、結果として保護されることになる。それゆえ、これらの受領
者が不当利得返還義務を負わないのは当然のことである。

　民法304条1項の法的構造をこのように理解することにより、すべての利
害関係人の利益も調整されるのであり、昨今、第三債務者保護説に対してな
されている批判は全く的外れであることが理解できよう。

(1)　清原泰司「抵当権の物上代位性をめぐる実体法上の問題点」加藤一郎・林良
　　平編代『担保法大系　第1巻』364頁（金融財政事情研究会、1984年）。
(2)　清原泰司『物上代位の法理―金融担保法の一断面―』284頁（民事法研究会、
　　1997年）。
(3)　私見に対する批判に応えたものとして、清原泰司「抵当権の物上代位に関す
　　る基礎的考察―最高裁平成10年1月30日判決を踏まえて―」損害保険研究62巻
　　3号187頁以下（2000年）参照。
(4)　塩崎勤・今中利昭ほか「〈座談会〉『差押えと相殺』の現在」銀行法務21・579
　　号23頁〔潮見佳男発言〕（2000年）。
(5)　塩崎勤・今中利昭ほか・前掲注(4)24頁〔菅原胞治発言〕。
(6)　塩崎勤・今中利昭ほか・前掲注(4)25頁〔佐久間弘道発言〕。
(7)　私は、かつて、東京最高裁平成8年9月20日判決（判例時報1583号73頁）及
　　び最判平成10年の原審である東京高裁平成8年11月6日（判例時報1591号）の
　　判例評釈を行い、賃料債権に対する抵当権の物上代位権行使と賃料債権譲渡の
　　優劣問題を解決するためには、「差押え」の意義（趣旨）の解釈が決定的に重要
　　であると述べた（清原泰司「判批」判例時報1606号178頁以下（判例評論463号
　　16頁以下）（1997年）。
(8)　民事裁判における詐害行為立証の困難性については、堀龍兒司会「《パネル
　　ディスカッション》執行妨害の具体的事例と民事・刑事上の対策」林則清・篠
　　崎芳明・今井和男『どう排除する執行妨害』91頁参照〔今井和男発言〕（金融財
　　政事情研究会、1996年）。
(9)　竹下守夫「判批」判例時報1201号204頁（判例評論332号42頁）（1986年）。

⑽　清原・前掲注⑺判例時報1606号180頁（判例評論463号18頁）。同旨、伊藤眞「判批」法学教室47号70頁（1984年）、小林秀之「動産売買先取特権の物上代位と債務者の破産宣告」ジュリスト826号98頁（1984年）。

⑾　竹下・前掲注⑼判例時報1201号204頁（判例評論332号42頁）。

⑿　『ボアソナード氏起稿再閲修正民法草案註釈　第四編全』296頁（刊行年不祥）〔以下、「ボアソナード」として引用〕。

⒀　清原・前掲注⑺判例時報1606号180頁（判例評論463号18頁）。

⒁　清原・前掲注⑺判例時報1606号179頁（判例評論463号17頁）。同旨、小林・前掲注⑽98頁。

⒂　清原・前掲注⑵73頁、同・前掲注⑺判例時報1606号180頁（判例評論463号18頁）。

⒃　同旨、竹下・前掲注⑼判例時報1201号203頁（判例評論332号41頁）。

⒄　竹下守夫教授は、「差押をすれば、手続法上定められたその効力によって、目的債権の消滅という担保権消滅原因の生ずるのを阻止しうる、というに過ぎない」（竹下・前掲注⑼判例時報1201号203頁（判例評論332号41頁）と述べる。

⒅　特定性維持説に対する批判として、「もともと代位物である請求権が特定していなければ、差押えすら不可能なのであるから、これを差押えの目的に据えるのは、これを文字どおりに理解すると、おかしなことになる（特定性の維持は差押えの結果であって、目的ではない。）」（吉野衛「物上代位における差押えの意義」加藤一郎・米倉明編『ジュリスト増刊　民法の争点Ⅰ（総則・物権・親族・相続）』162頁（有斐閣、1985年））と述べる見解や「確かに、債権に対して差押えが行われれば、それによってその特定性が維持されることにはなる。しかし、差押えが行われていなくても、債権が未だ履行されていない状態にある場合は、債権の特定性は失われていない。すなわち、価値権説は、第三者による『差押え』があった後にあっても、物上代位権の行使は可能であることの説明にはなっていても、物上代位権の行使に、なぜ、『差押え』が必要であるかの説明にはなっていない」（小林秀之・角紀代恵『手続法から見た民法』46頁（弘文堂、1993年））と述べる見解がある。いずれの見解にも賛成する。

⒆　特定性維持説に対する詳細な批判については、清原・前掲注⑵101頁以下参照。

⒇　清原・前掲注⑵56頁以下参照。

㉑　清原・前掲注⑺判例時報1606号184頁（判例評論463号22頁）。

㉒　清原・前掲注⑵14頁以下、50頁以下参照。

㉓　私見を批判する見解は、この論理を認めず、第三債務者の二重弁済の危険の存在を否定する。すなわち、「現行民法304条1項但書がなくとも、差押えがない限り、第三債務者が弁済すべき相手は、自分にとっての債権者すなわち債務者であり、その者に弁済する限り、二重払いの危険は存在しないというべきである」（高橋眞「物上代位に基づく差押えの意義―『第三債務者保護唯一説』への疑問―」銀行法務21・569号37頁（1999年））と述べるのである。しかし、差押えは、民法304条1項ただし書があって初めて存在する言葉であり、「現行民

法304条1項但書がなくとも、差押えがない限り…」とは、一体どういう意味な
のであろうか。仮にこの文言どおり、民法304条1項ただし書がなくとも差押え
が存在するとしても、「民法304条1項但書がなくとも、差押えがない限り、第
三債務者が弁済すべき相手は、自分にとっての債権者すなわち債務者であり」
という理解は、物上代位制度に対する基本的誤解である。物上代位権は、差押
えによって成立するものではないからである。

(24)　ボアソナード・前掲注(12)296頁。清原・前掲注(2)15頁、51頁参照。

(25)　高木多喜男『担保物権法［第3版］』150頁（有斐閣、2002年）。

(26)　高橋・前掲注(23)38頁。また、高橋眞教授は、「第三債務者保護説は、債権の弁
済前、特定性を維持している段階で、第三債務者が抵当権者に支払うべきか、
自己の債権者に支払うべきかという問題を扱う。この点について、抵当権者の
差押えの有無が基準となり、差押えがない限り、自己の債権者に支払えば免責
されることになる」（高橋・前掲注(23)38頁）と述べるが、これは、第三債務者保
護説に対する基本的な誤解である。第三債務者保護説は、債権の弁済前、特定
性を維持している段階での第三債務者の支払いの問題を扱わないからである。
第三債務者保護説が扱うのは、民法304条1項ただし書、つまり「差押え」が存
在しない場合における第三債務者の支払いである。その場合、物上代位権の発
生により、第三債務者は、必ず抵当権者に支払わなければならず、自己の債権
者に弁済しても免責されないと、第三債務者保護説は考えるのである。だから
こそ、その後の抵当権者からの支払請求に応じなければならず、その場合にお
いて、第三債務者は二重弁済の危険に陥るのである。そして、そのような二重
弁済の危険を防止するために、いかなる立法措置を講ずるか、というのが第三
債務者保護説の内容である。

(27)　松岡久和「判批」民商法雑誌120巻6号123頁（1999年）。

(28)　松岡・前掲注(27)124頁。

第2章　抵当権の物上代位

第1節　抵当権の物上代位権行使と代位目的債権譲渡・転付命令との優劣

一　問題の背景と所在

　民法304条1項は、「先取特権は、その目的物の売却、賃貸、滅失又は損傷によって債務者が受けるべき金銭その他の物に対しても行使することができる。ただし、先取特権者は、その払渡し又は引渡しの前に差押えをしなければならない。」と定め、同規定は、質権および抵当権にも準用されている（民法350条・372条）。

　ところで、民法304条1項の解釈については、民法典の成立（明治29年・1896年）以来、激しく見解が対立してきたが、同項の法的構造を以下のように正確に理解すれば、本来、見解が対立するような規定ではない。すなわち、同項が、担保権者に物上代位権を付与し担保権者を保護する本文規定と、そのような物上代位権を付与した結果、担保権者に対し直接の弁済義務を負うことになる第三債務者を二重弁済の危険から保護するただし書規定とから構成されている、と[1]。

　このように、民法304条1項の本文とただし書を峻別して把握すれば、物上代位権は、価値権的性質を有する担保物権の優先弁済権を確保し担保権者を保護するため、法政策的に担保権者に付与されたところの、担保物権それ自体の効力に基づく権利であって、担保目的物の「売却」、「賃貸」または「滅失・損傷」と同時に（ただし、物上代位権は、担保物権の優先弁済権を確保する為ために認められた権利なので、「賃貸」の場合には、債務不履行の発生を条件とする）、「売却代金」、「賃料」または「保険金・損害賠償金等」の代位目的物に及ぶのであり（同項本文）、物上代位権行使の要件である同項ただし書の「差押え」によって及ぶのではないということも、容易に理解できるで

あろう。ところが、従来、民法304条1項の法的構造についての理解が混迷していたため、同項本文とただし書が峻別して理解されず、そのことから、同項ただし書にいう「差押え」の趣旨に関する解釈も混乱してきたのである。

　他方、大審院連合部大正12年（1923年）4月7日判決（民集2巻209頁）［以下「大連判大正12年」という］は、「差押え」の趣旨につき優先権保全説を採り、それ以降の一連の大審院判例、さらに最高裁（一小）昭和59年（1984年）2月2日判決（民集38巻3号431頁）［以下「最判昭和59年」という］および最高裁（二小）昭和60年（1985年）7月19日判決（民集39巻5号1326頁）［以下「最判昭和60年」という］に至るまで、「差押え」の趣旨を「代位目的債権の特定性維持」と「優先権保全説」に求める二面説を採り（二面説の実質は優先権保全説ないし第三者保護説である）、結論としていずれも第三者（競合債権者）を保護し、一貫して物上代位権の行使を制限してきた[(2)]。

　そのため、1990年のバブル経済崩壊以後、債務者（抵当権設定者）が有する賃料債権に対し、抵当権に基づく物上代位権を行使して債権回収を図ろうとする債権者（抵当権者）に対して、債務者は、その賃料債権を第三者（系列会社・子会社等）に包括的に譲渡して債権執行を妨害した。これが、抵当権に基づく物上代位権行使と代位目的債権の譲渡との優劣問題である。この問題につき、下級審判例は、物上代位権（抵当権者）優先の判決と債権譲渡（債権譲受人）優先の判決に分かれたが、悪質な借り手（債務者）が横行し、債権回収問題が重大な社会的・経済的問題化していたこともあり、結論として物上代位権優先を採るものが多かった。しかし、物上代位権優先の結論を採る下級審判決の理論構成は様々であったし、同じく最判昭和59年や最判昭和60年を引用しながらも、債権譲渡優先の結論を導く判決と物上代位権優先の結論を導く判決とに分かれているものもあった。

　これらの下級審判例の理論的混乱は、大連判大正12年以降の最上級審の判例法理そのものに理論的誤謬があると考え、私は、最高裁が、「差押え」の趣旨に関する従来の見解を改め、第三債務者保護説を採るべきことを主張した[(3)]（なお、第三債務者保護説に対し、バブル経済崩壊後の執行妨害に対処するための説として理解する向きもあるが、私が第三債務者保護説を主張したのはバブル経済生成前であり[(4)]、同説は、民法304条1項の法的構造さえ正確に理解すれ

ば容易に導き出せる、理論的普遍性を有する説である）。

　そして、平成10年（1998年）1月30日、次いで2月10日、最高裁は、民法
304条1項ただし書の「差押え」の趣旨に関し第三債務者保護説を採用する
とともに、「代位目的債権の譲渡」は、同ただし書の「払渡し又は引渡し」
に含まれないと述べ、物上代位権を優先させた。最高裁（二小）平成10年1
月30日判決（民集52巻1号1頁、金融法務事情1508号67頁、金融・商事判例1037
号3頁、銀行法務21・545号72頁、判例タイムズ964号73頁、判例時報1628号3頁）
〔以下「最判平成10年」という〕および最高裁（三小）平成10年2月10日判
決（最判平成10年掲載の上記雑誌〔民集52巻1号を除く〕の同頁に掲載され、判
決理由も最判平成10年と同じである）は、明治29年（1896年）の民法典成立以
来、初めて第三債務者保護説を採用し、結論として物上代位権（抵当権）を
優先させた画期的な判決であり、当初、「債権回収逃れに歯止め」をかける
判決として高く評価された[(5)]。ところが、その後、学説から、第三債務者保
護説に対する誤解や曲解に基づく批判が噴出し、今や、最判平成10年は、極
めて不当な批判にさらされている[(6)]。

　このような状況下、最高裁（三小）平成14年3月12日判決（民集56巻3号
555頁、金融・商事判例1148号3頁、金融法務事情1648号53頁、判例時報1785号35
頁、判例タイムズ1091号68頁）〔以下「最判平成14年」という〕は、抵当権の
物上代位権行使と代位目的債権に対する転付命令との優劣問題について、民
事執行法の解釈のみに基づいて転付命令が優先すると判示した。この結論は、
「転付命令」が「払渡し又は引渡し」に含まれると述べ、転付債権者（一般
債権者）を優先させた大連判大正12年と同じである。

　私自身、かつて、民法304条1項ただし書の解釈に関し、「債権譲渡」は、
同規定の「払渡し又は引渡し」に含まれないが、「転付命令」は、それが確
定すると、被差押・転付債権は差押・転付債権者に移転し、差押・転付債権
者の債権は弁済されたものとみなされるから（民事執行法160条）、「転付命
令」は「払渡し又は引渡し」に含まれると解し、大連判大正12年を支持した
ことがある[(7)]。その意味では、最判平成10年と最判平成14年は、「払渡し又
は引渡し」の解釈につき、かつての私見と同じ結論を採ったわけである。

　しかし、その後、私は、「差押え」の趣旨に関する第三債務者保護説を正

確に理解すれば、実体法上、既に被転付債権上には物上代位権という優先権が及んでいるのであるから、民事執行法を根拠にして転付命令優先の結論を導くのは、解釈論として本末転倒であると考え、改説した[8]。すなわち、一定事由の発生と同時に、物上代位権が代位目的債権上に成立しているため、そのような優先権が付着している代位目的債権に対し転付命令がなされても、代位目的債権は転付債権者に移転するだけであり、第三債務者による現実の弁済が未だなされていないのであるから、「転付命令」は「払渡し又は引渡し」に含まれず、実体法上は、物上代位権が優先すると解すべきである一方、手続法は、実体法に奉仕すべきものであるから、手続法上の規定を根拠にして、実体法上の優先権の優先性を否定することは本末転倒の解釈である、と。

　これに対し、最判平成14年は、最判平成10年とは「事案を異にする」と述べ、最判平成10年の「転付命令」に対する射程を否定した。そして、最判平成14年に対しては、「強くなりすぎた物上代位権」に制限を加えたとして、評価する見解が多い。このような評価がなされるのは、最判平成10年の論理が誤解されているからである。そこで、本稿では、そのような誤解を解き、最判平成10年の射程距離を明確にしたい。そのためには、最判平成10年の論理の核心である第三債務者保護説（私見）に対する批判の当否を検証する必要がある。それは、同時に、物上代位の法的構造を明らかにすることでもある。

二　最判平成10年の論理

　最判平成10年を批判する見解の多くは、抵当権者と債権譲受人という第三者間の優劣問題について、最判平成10年が、なぜ、「差押え」の趣旨から説き起こし、しかも第三債務者保護説を採ったかを理解できないと述べる。この点については、最判平成10年に至る下級審判例の論理を検討することにより、「差押え」の趣旨から説き起こさなければならなかった論理的必然性を容易に理解することができる[9]。その理由は、端的に言えば、「差押え」が物上代位権行使の要件だからであり、かつ、「差押え」の趣旨に関する最高裁判決—最判昭和59年と最判昭和60年—の理解について下級審判例が混乱していたからである。

　最判平成10年は、「民法372条において準用する304条1項ただし書が抵当権者が物上代位権を行使するには払渡し又は引渡しの前に差押えをすることを要するとした趣旨目的は、主として、抵当権の効力が物上代位の目的となる債権にも及ぶことから、右債権の債務者（以下『第三債務者』という。）は、右債権の債権者である抵当不動産の所有者（以下『抵当権設定者』という。）に弁済をしても弁済による目的債権の消滅の効果を抵当権者に対抗できないという不安定な地位に置かれる可能性があるため、差押えを物上代位権行使の要件とし、第三債務者は、差押命令の送達を受ける前には抵当権設定者に弁済をすれば足り、右弁済による目的債権消滅の効果を抵当権者にも対抗することができることにして、二重弁済を強いられる危険から第三債務者を保護するという点にあると解される」と述べ、「右のような民法304条1項の趣旨目的からすると、同項の『払渡又ハ引渡』には債権譲渡は含まれず、抵当権者は、物上代位の目的債権が譲渡され第三者に対する対抗要件が備えられた後においても、自ら目的債権を差し押さえて物上代位権を行使することができるものと解するのが相当である」と判示している。

　この論理は、次のように解析することができる。すなわち、①抵当権に物上代位の効力を認めた場合、その効力は、一定事由の発生と同時に（目的物が「賃貸」された場合には、債務不履行の発生を条件とする）、代位目的債権上に及ぶことになる、つまり、物上代位権という優先権は、一定事由の発生と同時に代位目的債権上に成立している。②それゆえ、代位目的債権は、物上代位権（＝抵当権）という優先権の拘束を受けており、いわば、代位目的債権は、抵当権者に法定移転しているのであるから、物上代位権発生以後、代位目的債権の債務者（第三債務者）は、その債権者（抵当権設定者）に弁済しても、代位目的債権消滅の効果を抵当権者に対抗できず、後に抵当権者（物上代位権者）から弁済請求を受けた場合、抵当権者に弁済しなければならない。③このような二重弁済を強いられる危険から第三債務者を保護するため、抵当権者に対し物上代位権を付与するに際し（民法372条・304条1項本文）、その行使の要件として「差押え」を要求した（民法372条・304条1項ただし書）。④このようにして、民法304条1項ただし書が設けられた結果、抵当権者自ら代位目的債権を差し押さえなければならないし、他方、第三債務者は、

差押命令の送達を受ける前においては抵当権設定者に弁済すれば足り、その弁済による代位目的債権消滅の効果を抵当権者に対抗することができることになる、と。

　以上のように、「差押え」の趣旨の考察にあたっては、民法304条１項ただし書が存在しない場合において、同規定が存在しなければどのような事態が生じるかを考えれば済む問題であり、第三債務者保護説は、そのような場合の第三債務者の立場（地位）を論じているのである。そして、第三債務者保護説は、担保権者に対する物上代位権の付与について定める民法304条１項本文しか存在しなければ、物上代位権の発生により、第三債務者は必ず二重弁済の危険に陥ると考えるのであり、かかる二重弁済の危険防止のために設けられたのが、同項ただし書であると考えるわけである。したがって、民法304条１項ただし書が設けられた後のことは、第三債務者保護説の内容と何の関係もないことである。ところが、第三債務者保護説を批判し、最判平成10年を批判する見解は、この点を混同しているのである。

　例えば、高木多喜男教授は、最判平成10年の結論自体については支持するが、「確かに、差押えが第三債務者の保護のために機能しうることは認めなければならないが、差押えの趣旨をこのように解しなければ、かかる結論に到達しえないわけではない。物上代位の目的債権が、弁済されてしまえば、弁済受領者の一般財産に混入し（目的物の滅失）、もはや代位の対象となりえないのであり、このことは、弁済受領者が設定者であれ、本件のような目的債権の譲受人であれ異なることはない」[10]と述べ、第三債務者保護説を批判する。しかし、「物上代位の目的債権が、弁済されてしまえば、弁済受領者の一般財産に混入し（目的物の滅失）、もはや代位の対象となりえない」というのは、第三債務者の二重弁済の危険防止のために設けられた民法304条１項ただし書が適用された結果の説明にすぎないのであって、同項ただし書が存在しない場合の説明、つまり「差押え」の趣旨ではない。現行民法典の成立以降、この点が混同されてきたため、第三債務者の二重弁済の危険の存在が看過されてきたのである。

　したがって、高木教授が、物上代位権の対抗要件が抵当権設定登記であり、賃料債権（代位目的債権）が譲渡されても抵当権の効力が及び、債権譲渡後

も代位が可能であると述べつつ、「ただ差押えの効力発生前に第三債務者が
弁済した場合には、差押えの効力の理論から当然に物上代位することはでき
ない。差押えの効力から、第三債務者の保護を導きうるのであり、『払渡又
ハ引渡』前の差押えの必要性をこのように解しなければ、本判決の結論を導
きえないわけではない。第三債務者の保護は、『払渡又ハ引渡』前の差押え
を要求したことから生じる一つの効果である」[11]と述べているのも、まさに、
民法304条1項ただし書の存在を前提とし、同ただし書規定を適用した場合
における「差押え」の法的効果（結果）についての説明であり、「差押え」
の趣旨、つまり同項ただし書が存在しない場合における立法趣旨の説明では
ない。確かに、抵当権者優先という結論自体は、特定性維持説からも導きう
るが、後述のように、特定性維持説は、「差押え」の法的効果（結果）を説
明しているだけであり、なぜ「差押え」が必要なのかという、「差押え」の
趣旨（目的）を説明していないから不当であるし、また、そのことのゆえに、
代位目的債権の特定性さえ維持されればよく、誰が差し押さえてもよいと解
することになり、それは、民法304条1項ただし書の文理にも反する不当な
解釈である。

　民法304条1項ただし書が存在しない場合の第三債務者の立場に着目し
（それが、まさに立法趣旨である）、第三債務者とそれ以外の第三者とを峻別し
てこそ、物上代位権の対抗要件は、「第三債務者」に対しては「差押え」と
なり（同時に、「差押え」は、物上代位権の第三債務者に対する行使要件でもあ
る）、物上代位権の「第三債務者以外の第三者」に対する対抗要件は、抵当
権設定登記となるのであり、「差押え」は、物上代位権者自身が先行してな
さねばならないということも、容易に導き出すことができるのである。

三　第三債務者保護説（私見）に対する批判の検証

1　物上代位権者の不当利得返還請求権

　第三債務者保護説を批判する見解は、「第三債務者保護説を貫徹すれば、
理論上は、第三債務者が賃貸人（債権譲渡がなされた場合には債権譲受人）に
対して賃料を支払った後に、抵当権者が、賃貸人（債権譲受人）に対して不

当利得返還請求権をなすことが可能となろう。不当利得返還請求権を認めても第三債務者を害することはないし、抵当権設定登記によって物上代位がありうることは公示されていると評価できるからである」[12]と述べ、あるいは、「差押えの趣旨が第三債務者の二重払いの危険を防止するに尽きるという論理を貫徹すれば、第三債務者が債権の譲受人などの第三者に弁済した場合、物上代位権そのものは消滅するが、弁済を受領した第三者は不当利得返還義務を負うことになろう。すなわち、弁済によって免責された第三債務者にはもはや配慮する必要はない。差押えが物上代位権保全の要件ではないと考えれば、第三者の弁済受領はまさしくすでに発生している物上代位権の消滅により利益を得ており、優先順位に反する点で物上代位権者との関係では法律上の原因を欠くことになる」[13]と述べるのである。

　しかし、第三債務者保護説を「貫徹すれば」と述べ、これらの見解が述べていることは、第三債務者保護説を歪曲し、第三債務者保護説を勝手に「貫徹」しているだけであり、そこに述べられていることは、第三債務者保護説とは何の関係もない。なぜなら、民法304条1項ただし書の「差押え」の趣旨とは、なぜ、「差押え」が物上代位権行使の要件として要求されているかを説明することであり（前述したように、ある規定の立法趣旨とは、その規定が存在しなければ、どうなるかを考え、その場合に生じる問題を解決することである。それが法律の目的である）、設けられた同項ただし書を適用した後のことを説明することではないからである。

　したがって、「差押え」の趣旨に関する第三債務者保護説とは、同項ただし書が設けられる前のことを説明している説であることを理解すべきである。つまり、物上代位権の発生を認める同項本文だけが存在し、同項ただし書が存在しない場合においては、物上代位権の発生により、物上代位権者に直接の弁済義務を負担することになる第三債務者は、債務者や代位目的債権の譲受人に弁済しても、その弁済による代位目的債権消滅の効果を物上代位権者に主張できず、後に物上代位権者からの請求に応じなければならないという二重弁済の危険が発生するため、第三債務者は、物上代位権の発生をめぐる利害関係人の中で最も利益が侵害されると考えるのである。そして、第三債務者の二重弁済の危険を防止するためには、同項ただし書を設け、「差押え」

により物上代位権の存在を第三債務者に知らせればよい、つまり「差押え」を物上代位権行使の要件とすればよい、と第三債務者保護説は考えるわけである。第三債務者保護説の内容はここまでである。

　そして、同項ただし書が設けられた結果、物上代位権者は、物上代位権行使の要件として、「差押え」を行うことが要求され、結果として、「差押え」は、第三債務者以外の者に対する関係でも物上代位権保全の要件になるのである。だからこそ、第三債務者は、物上代位権者による「差押え」前においては、債務者や代位目的債権の譲受人に弁済すれば免責され、その結果、第三債務者の二重弁済の危険が消失し、第三債務者からの弁済を受領した債務者や第三者も保護されることになり、これらの者の受領が不当利得にならないのはあまりにも当然のことである。このよに、民法304条1項ただし書が設けられ、第三債務者が保護されることになった結果、すべての利害関係人の利害が調整されるのである。他方、同項ただし書が設けられた後の説明は、単に同項ただし書の法的効果（結果）を説明しているだけであり、第三債務者保護説の内容そのものではないし、「差押え」の趣旨を説明するものでもない。「差押え」の趣旨に関する第三債務者保護説とは、あくまでも、同項ただし書が立法化される前のことを述べているのであり、「差押え」の趣旨とは、そのようなことを説明すべきことを理解すべきである。

　それにもかかわらず、これらの見解は、第三債務者保護説を「貫徹すれば」、抵当権者に不当利得返還請求権を認めることになり、そのような結果は、「債権回収に不熱心な抵当権者を保護しすぎるものであって妥当とは考えられず、現にこのように考える学説も存しない」[14]と述べ、あるいは、「現に、清原教授は弁済後にすら優先弁済権の存続を認めており、清原説をそのまま採用したかにみえる本判決の論理は、最大限、ここまで及ぶ可能性を内包しているのである。しかし、第三債務者が弁済してもなお優先権が存続するのであれば、そもそも第三債務者の弁済を差し止める必要も、二重払いの危険も生じないから、差押自体が無意味になり、第三債務者保護という立論の前提が疑わしくなってしまう」[15]と述べるのである。

　しかし、第三債務者保護説は、民法304条1項ただし書が設けられる前のことを説明しているだけである（それが立法趣旨である）一方、同項ただし

書が設けられた後は、単にその規定を適用するだけのことであるから、第三
債務者が債務者や第三者に弁済する前に「差押え」をなさなかった抵当権者
に不当利得返還請求権が生じることはないし、優先弁済権が存続することも
ない。私は、民法304条１項ただし書が設けられた後も、抵当権者の優先弁
済権が存続すると一言も述べていない。要するに、これらの批判は、条文の
立法趣旨と条文の適用問題を混同しており、第三債務者保護説の内容でもな
いこと、つまり立法趣旨と無関係のことを第三債務者保護説の内容であると
して批判しており、誤解に基づく暴論というほかない。

　繰り返すように、第三債務者保護説とは、民法304条１項ただし書の「差
押え」の趣旨が何かを考えるにあたり、同項ただし書が存在しない場合、つ
まり物上代位権行使の要件として「差押え」に関する規定が存在しない場合
における第三債務者の立場を論じた説である。それゆえ、「第三債務者の二
重弁済の危険発生という発想は、たとえ価値変形物が債務者の一般財産中に
混入したとしても、つまり価値変形物の特定性が失われたとしても物上代位
権は消滅しない、ということを大前提とするものである」[16]という私見は、
民法304条１項ただし書が存在しない場合のことを述べているのである。

　同様に、ボアソナード博士が、ボアソナード民法草案1638条（フランス語
原文では1138条）１項ただし書に定める先取特権者の「異議（opposition）」
の趣旨に関し、「物ヲ代表スル価額ヘ先取特権ノ移転ハ他ノ債権者ヲ害セス。
何トナレハ、既ニ物自ラニシテ最早其〔他の債権者の―筆者注〕質物タラサ
ル上ハ他ノ債権〔フランス語原文に従い、「債権」ではなく、「債権者」と訳
すべきである―筆者注〕ハ其価額ニ付キ心算スルヲ得ヘカラサレハナリ。只
爰ニ説ク所ノ代位ニ対シ保護ス可キ者ハ、此価額ノ債務者ニシテ、其ノ債務
者ヲシテ弁済ヲ誤ルノ危険ニ陥ル可カラス」[17]（句読点、筆者）と述べ、第三
債務者の二重弁済の危険防止にあると述べているのも、同ただし書が存在し
ない場合のことであり、そのような場合、ボアソナード博士は、価値代表物
が債務者の一般財産中に混入したとしても物上代位権は消滅しない、あるい
は、そのような場合、物上代位権は消滅しないのであるから、もともと価値
代表物は債務者の一般財産に混入していない[18]、と考えているのである。

　したがって、第三債務者に二重弁済の危険が存在するということを大前提

とする第三債務者保護説は、「差押え」や「異議」について定める、ただし
書規定が存在しない場合においては、第三債務者は、物上代位権者に弁済し
なければならない一方、債務者や第三者（競合債権者）に弁済しても、その
弁済による代位目的債権消滅の効果を物上代位権者に対抗することができず、
債務者や第三者が第三債務者からの弁済を受領することは、法律上の原因を
欠き、不当利得となると解するのである[19]。かかる場合、第三債務者は、債
務者や第三者に対し不当利得返還請求権を行使しうるが、これらの者が無資
力の可能性がある一方、物上代位権者からの請求に応じなければならず、こ
こにおいて、第三債務者は二重弁済の危険に陥るのである。

　これに反し、民法304条1項ただし書が設けられた後は、その規定の法的
効果（結果）の説明の問題であり、そこで説明すべきことは「差押え」の趣
旨ではないのである。このように、同項ただし書の立法前になすべき説明と
立法後になすべき説明とが混同され、同項ただし書の立法後の説明、つまり
同項ただし書を適用した場合の法的効果（結果）までも「差押え」の趣旨と
されてきたことが、「差押え」の趣旨に関する議論を混迷に陥れてきた最大
の原因である。第三債務者保護説を批判する見解はすべて、このように、
「差押え」の趣旨についての誤った理解を前提にしているため、第三債務者
の射程を理解できないわけである。したがって、「清原説によると、第三債
務者以外に対する関係では、差押えはいかなる意味でも物上代位権行使の要
件ではないことになる」[20]という批判は完全に失当である。私は、そのよう
なことを何も述べていないからである。

　私が明確に述べていることは、次のようなことである。すなわち、第三債
務者の二重弁済の危険を防止するため、民法304条1項ただし書が設けられ、
物上代位権行使の要件として「差押え」が要求された結果、「差押え」によ
り物上代位権の存在が第三債務者に知らされることになるから、「差押え」
は、第一次的・直接的には、第三債務者に対する物上代位権行使の要件とな
るとともに、その反射的効果として、第二次的に、第三債務者から弁済を受
ける物上代位権者・債務者・第三者（競合債権者）に対する関係でも物上代
位権行使の要件となるということである[21]。この反射的効果の部分が、民法
304条1項ただし書が設けられた後の説明である。それは、「差押え」の趣旨

（立法趣旨）に関する説明の問題ではなく、単に同項ただし書を適用した場合の説明であり、その場合、「差押え」は、結果として（第二次的に）、第三債務者以外の者に対しても物上代位権行使の要件となるのである。

　私見と同趣旨のことは、以下のように、最判平成10年についての最高裁調査官コメントにおいても明確に述べられている。すなわち、「従来の判例における差押えの趣旨の説明はあいまいであった（前掲最一小判昭60・7・19は『（目的債権）の特定性が保持され、これにより、物上代位権の効力を保全せしめるとともに、他面目的債権の弁済をした第三債務者又は目的債権を譲り受け若しくは目的債権につき転付命令を得た第三者等が不測の損害を被ることを防止しようとすることにある』とし、第三債務者保護、競合債権者保護、特定性維持がいずれも差押えを必要とした趣旨に当たるかのようであった）。本件各判決は、その主要な趣旨は第三債務者の保護にあり、競合債権者の保護や特定性の維持は第三債務者を保護することによる反射的利益（せいぜい副次的な目的）にすぎないことを明らかにした」[22]（金融法務事情1508号69頁、判例時報1628号4頁、金融・商事判例1037号5頁、判例タイムズ964号74頁）と。

　以上から、民法304条1項ただし書が存在し、物上代位権行使の要件として「差押え」が要求されているにもかかわらず、抵当権者による「差押え」がないため、第三債務者が、債務者（賃貸人）や第三者（債権譲受人）に弁済した場合の問題は、単に民法304条1項ただし書を適用すれば済む問題であり、かかる場合には、物上代位権が失権し、抵当権者には何ら不当利得返還請求権が生じないことは容易に理解できよう。これに反し、「差押え」を行わなかった抵当権者に不当利得返還請求権を認めることは、民法304条1項ただし書の存在を否定することであり、同ただし書が設けられたこと自体を無意味にすることであって、第三債務者保護説とは何の関係もないのである。

　付言すれば、民法304条1項ただし書のもとで、物上代位権者による「差押え」がなかった場合、債務者や第三者（競合債権者）に対する第三債務者の弁済は有効であるし、逆に、債務者や第三者が、第三債務者からの弁済を受領することも有効であって、債務者や第三者に不当利得が生じないのは当然のことである。他方、賃料債権譲渡後に物上代位権者による「差押え」が

あったにもかかわらず、その後に、賃料債権譲受人が第三債務者から賃料を受領した場合、その受領が不当利得となるのも当然のことである（東京地裁平成10年7月30日金融・商事判例1055号20頁〔確定〕)。この場合、第三債務者は、「差押え」により、優先権者である物上代位権者の存在を知ったのであり、当然、物上代位権者に賃料を弁済すべきであるから、第三債務者が免責されないのは当然であり、逆に、賃料債権譲受人は、第三債務者から賃料を受領する法律上の原因がないからである。しかし、それは、単に民法304条1項ただし書が適用された結果であり、第三債務者保護説とは何の関係もないことなのである[23]。

2　第三債務者の二重弁済の危険の存在

　第三債務者保護説とは、民法304条1項ただし書が存在しなければ、第三債務者に二重弁済の危険が生じるということを基本的前提とする説である。それは、代位目的物が債務者の一般財産中に混入しても代位目的物の特定性が失われず、物上代位権は消滅しないということを前提とする説だからである。そして、同項ただし書が設けられた結果、第三債務者の二重弁済の危険が消失するのである。しかし、前述したように、この同項ただし書が設けられた後のことは、「差押え」の趣旨ではないし、第三債務者保護説の内容でもない。ところが、第三債務者保護説はその前提を欠くと述べ、私見を批判する見解がある[24]。しかし、この見解は、同項ただし書の立法の前と後のことを混同しており、第三債務者保護説を基本的に誤解している。

　また、第三債務者保護説は、特定性維持説とも根本的に異なる説である。特定性維持説は、次のような説だからである。すなわち、特定性維持説とは、代位目的物が債務者の一般財産に混入し、その特定性が消失すれば、担保物権の特定性の原則により物上代位権は消滅するという特定性のドグマを前提とする説であり、そうならないようにするため、つまり、物上代位権の消滅を防止し物上代位権者を保権するため、「差押え」により、代位目的物の特定性を維持する必要があると考えるのである。そこには、第三債務者の二重弁済の危険という発想が全く存在しないのである。これに対し、第三債務者保護の二重弁済の危険という発想は、特定性のドグマと決別してこそ生まれ

るものである[25]。それゆえ、第三債務者保護説は、特定性維持説と基本的に同じ考えに立つと述べる見解[26]も、第三債務者保護説を基本的に誤解していると評価せざるを得ない[27]。

　むしろ、特定性維持説と基本的に同じ考えに立つのは優先権保全説である。優先権保全説は、代位目的物が債務者の一般財産に混入した後にまで物上代位権（優先権）の存在を認めることは、担保物権の特定性の原則に反するだけでなく、第三者に不測の損害を与えることになるから、そのようなことは認められない、裏返せば、代位目的物が債務者の一般財産に混入すれば物上代位権は消滅するということを前提とする見解である。そして、優先権保全説は、そうならないようにするため、つまり、物上代位権の消滅防止と第三者保護のため、「差押え」により、代位目的物の特定性を維持するとともに、物上代位権を第三者に対し公示すると考えるのであり、ここにも第三債務者の二重弁済の危険という発想が全く存在しないのである[28]。

　そして、優先権保全説は、代位目的物の特定性維持を論理的前提とする点において、むしろ特定性維持説と共通するのであり、その意味で、特定性維持説と優先権保全説は、表裏一体の関係にあるといえる。要は、代位目的物（代位目的債権）の特定性維持を前提として第三者を保護するのか（優先権保全説）、それとも特定性維持だけを強調し、物上代位権者を保護するのか（特定性維持説）という違いにすぎず、「特定性維持」という論理的前提において両説は、同じ基盤に立つのである。

　しかも、ここで注意しなければならないことは、「代位目的債権の特定性維持」と「優先権保全」という側面は、実は、なぜ「差押え」が必要かという、「差押」の趣旨（目的）を述べているのではなく、民法304条1項ただし書が設けられ、「差押」という制度ができた後のこと、つまり「差押」の法的効果（結果）を述べているにすぎないということである[29]。だからこそ、この二つの側面の間には何ら論理矛盾がなく、大連判大正12年以降、最判昭和59年および最判昭和60年に至るまで、最上級審判例は、「差押え」の趣旨をこの二側面に求める二面説を採っていたのであり、そこには、別段、何の論理矛盾もなかったのである。

　例えば、最判昭和60年は、「差押え」の趣旨について、「先取特権者のする

右差押によって、第三債務者が金銭その他の物を債務者に払い渡し又は引き渡すことを禁止され、他方、債務者が第三債務者から債権を取り立て又はこれを第三者に譲渡することを禁止される結果、物上代位の目的となる債権（以下『目的債権』という。）の特定性が保持され、これにより、物上代位権の効力を保全せしめるとともに、他面目的債権の弁済をした第三債務者又は目的債権を譲り受け若しくは目的債権につき転付命令を得た第三者等が不測の損害を被ることを防止しようとすることにある」（傍線・傍点、筆者）と述べ、「特定性の保持」と「物上代位権の効力保全（優先権保全）」の二面を挙げているが、この二面は、いずれも「差押え」の趣旨（目的）ではなく、「差押え」の法的効果（結果）である。

　これに対し、最判昭和60年の叙述の中で、「差押え」の趣旨を述べているのは、「他面」という言葉に続く「第三債務者又は第三者の不測の損害防止」の方である。そして、そこには、「第三債務者」と「第三者」の不測の損害防止が同時・並列的に挙げられているが、「第三債務者」と「第三者」とでは不測の損害の内容が異なるため、両者の不測の損害を同時・並列的に防止することはできない。なぜなら、「第三債務者の不測の損害防止」とは、民法304条1項本文で認められた物上代位権の存続を前提としたうえで、第三債務者の二重弁済の危険を防止することであるのに対し、「第三者の不測の損害防止」とは、第三者（競合債権者）の権利を物上代位権者の優先権から保護することであって、同項本文で認められた物上代位権の存続の否定を前提としているからである。それゆえ、両者の不測の損害を同時・並列的に防止することは不可能であり、結局、「第三債務者の不測の損害防止」は死文化し、その言葉は、「第三者の不測の損害防止」に収斂するのである。それゆえ、二面説の本質は、結局、「第三者保護」に帰着するわけである[30]。

　以上のように、特定性維持説、優先権保全説ないし二面説はいずれも、民法304条1項ただし書が設けられ、「差押え」という制度が設けられた後のことを、「差押え」の趣旨として述べていたのである。これに対し、「差押え」の趣旨（立法目的）とは、同ただし書が存在せず、それゆえ「差押え」という制度も存在しない場合のことを説明すべきものであるから、「差押え」の趣旨として、特定性維持説が認識していたのは物上代位権者（担保権者）保

護であり、優先権保全説や二面説が認識しているのは第三者保護である。この部分が、「差押え」の趣旨（立法目的）に関し、本来、特定性維持説と優先権保全説（二面説）が認識していた内容である。他方、第三債務者保護説は、同ただし書が存在せず、「差押え」という制度も存在しない段階では（その段階を考えるのが立法趣旨である）、第三債務者に二重弁済の危険があると考え、第三債務者保護の必要性を認識しているのである。

　では、従来、なぜ、第三債務者の二重弁済の危険の存在が認識されなかったのであろうか。それは、前述したように、ほとんどの論者が、「差押え」の趣旨とは、民法304条１項ただし書が設けられる前のことだけを論じなければならないことを十分認識していなかったからである。そして、これらの論者は、同項ただし書が設けられた後のことの説明、つまり「差押え」の法的効果の説明を、「差押え」の趣旨であると誤解したため、同項ただし書が設けられる前の第三債務者の立場を想像できなかったのである。例えば、「支払義務者（第三債務者）が価値変形物を抵当権設定者に払渡しまたは引渡してしまえば物上代位権は消滅するから（民法304条１項但書）、あまり第三債務者の利益を考慮する必要はないであろう」[31]と述べ、「差押え」の趣旨が、第三者の利益保護にあると述べるのが、その典型例である。そこでは、民法304条１項ただし書が存在しない場合の第三債務者の立場が、完全に見落とされているわけである。したがって、第三債務者保護説は、その立論の前提・発想において、特定性維持説や優先権保全説（二面説）とは根本的に異なることを理解しなければならない[32]。

3　他の利害関係人の利益に対する配慮

　民法304条１項ただし書が立法された結果、物上代位権者による「差押え」があるまでは、第三債務者は、債務者（抵当権設定者）や第三者（代位目的債権の譲受人等の競合債権者）に弁済すれば免責され（第三債務者の二重弁済の危険が消失し、第三債務者は保護される）、他方、第三債務者から弁済を受領する債務者も保護され、さらに、物上代位権者も、第三債務者が債務者等に弁済する前に代位目的債権について「差押え」さえ行えば、第三債務者から確実に弁済を受けることができる。

　このようにして、民法304条1項ただし書が設けられ、第三債務者が保護されることになった結果として、第二次的に（反射的効果として）、物上代位権をめぐるすべての利害関係人の利益が調整されるのである。したがって、第三債務者保護説は、第三債務者以外の利害関係人の利益に配慮していないという批判[33]は完全に失当である。

　問題は、立論の出発点として、第一次的に、誰の利益に配慮するか、ということなのである。前述したように、「差押え」の趣旨に関するいかなる説も、立論の出発点として、特定の利害関係人の利益に配慮しており、特定性維持説は物上代位権者の利益に、また優先権維持説（二面説）は第三者の利益に配慮しているのである。そのため、誰が差し押さえるべきか、「払渡し又は引渡し」の意義、あるいは物上代位権の公示方法などの具体的な問題について、それぞれが第一次的に保護すべきと考える利害関係人の立場に配慮した結論が導かれるのである。

　いずれにせよ、「差押え」の趣旨に関するこれまでの諸説はすべて、第一次的に、誰の利益に配慮すべきかという価値判断を行っているのである。これに対し、すべての利害関係人の利益に、最初から同時・並列的に配慮するという立論が、はたして、「差押え」の趣旨に関する立論として可能であろうか。それは、前掲の最判昭和60年の検討から明らかなように、論理的に不可能である。すなわち、民法304条1項ただし書が存在しない場合において、第三債務者の利益は、二重弁済の危険から保護されるべき利益であるのに対し、第三者（競合債権者）の利益は、代位目的債権について物上代位権者の優先を認めない利益であり、両者の利益は根本的に異なるからである。そして、同項本文において、物上代位権の成立が認められているにもかかわらず、物上代位権者と競合する第三者の利益に配慮してその優先を認めることは、物上代位権の成立の否定、つまり同項本文の有名無実化に繋がるからである。換言すれば、第一次的に、第三者の利益に配慮するような規定を同項ただし書として設けることは、結局、同項ただし書により、同項本文の存在を否定するという論理矛盾を惹起するのである。最判平成10年は、この論理矛盾に気づき、「第三債務者」と「第三者」とを峻別し、第一次的に「第三債務者」のみの利益に着眼した判決なのである[34]。

　ところが、松岡教授は、私見に対し、「差押えは第三債務者のみに対する対抗要件ないし効力保存要件であるとし、第三者との関係での差押えの意義を認めない点で、論理一貫している。しかし、とりわけ代替的物上代位の場合に（ここでは物上代位が抵当権者の最後の拠り所となるので抵当権者が物上代位権を行使する可能性は、付加的物上代位に比して著しく高い）、抵当権の存在を知っている第三債務者に対してもなお差押えが必要だとするには、もう少し論理の補強が必要ではなかろうか」[35]と述べ、批判するのである。

　しかし、そもそも、物上代位を、代替的物上代位と付加的物上代位に分ける理由がない。現行民法は、担保目的物から生じる賃料も、担保目的物の滅失・損傷による保険金や損害賠償金も、一律に担保目的物の代替物としているからである[36]。松岡教授によれば、保険金は代替物となり、賃料は付加物となるようであるが、保険金は保険料支払の対価であり、厳密にいえば代替物ではなく、むしろ付加物なのである。仮に、保険金が代替物であるとしても、目的物の一部滅失の場合でその残存価値が被担保債権を十分に充たしているときがあるから、代替的物上代位とされる保険金への物上代位の場合であっても、必ずしも、物上代位が抵当権者の最後の拠り所となるわけではない。逆に、付加的物上代位とされる賃料への物上代位の場合であっても、バブル崩壊後の不動産不況のもとでは、付加的物上代位が抵当権者の最後の拠り所となろう。

　本来、物上代位制度は、担保権者保護による担保金融の促進のために法制化された制度であり、何を代替物とするか（物上代位の客体の範囲をどうするか）、いかなる担保物権に物上代位を認めるかは、国と時代により様々である。そして、保険金も、賃料も、純理論的には「付加物」であるにもかかわらず、現行民法では、一律に法政策的に「代替物」とみなしており、それには一定の合理性があるわけであるから、物上代位を、代替的物上代位と付加的物上代位に区別する必要がない[37]。そのように区別することは、問題を複雑化するだけである。

　他方、「代替物」の中で、別途の法規制が必要なものは、特別法が規制している。例えば、公用徴収に基づく清算金や補償金への物上代位の場合、土地改良や土地区画整理の事業施行者には、原則として清算金・補償金の「供

託義務」が課されている（土地改良法123条1項本文、土地区画整理法112条1項本文）[38]。「供託義務」が課されている理由は、第三債務者である事業施行者（官公庁）は、事業対象の土地上に抵当権等の担保物権が存在することを、その公示（登記）により知悉しているため、かかる事業施行者にとっては、それだけで物上代位権の十分な公示となるからである[39]。そして、この「供託義務」が課されていることにより、第三債務者の二重弁済の危険が消失しており、抵当権者等（物上代位権者）に対し確実に清算金・補償金が確実に支払われる結果、抵当権者等が保護されるわけである。

　しかし、第三債務者が一般私人の場合、抵当権の設定登記だけで、物上代位権の十分な公示となるであろうか。この点について、かつて、我妻榮博士は、「債権質の場合には、第三債務者に対する通知またはその承諾によって公示されているから、質権者以外の者に対する弁済はこれを質権者に対抗しえないと解しても不都合はない。これに反し、土地収用[40]や土地改良の事業施行者にとっては、前記のように、それだけで充分な公示となる。供託を命ずるのはそのためである。しかし、担保不動産を滅失・毀損して損害賠償責任を負う不法行為者はもとよりのこと、損害保険契約者（「損害保険者」が正確な表現である―筆者注）についても、目的物についての担保物権の登記だけで充分な公示とみて他の者に対する弁済の効力を制限することは、妥当を欠くであろう。そこで、先行する差押・転付または譲渡によって新債権者となった者が差押える前に弁済を受けたときは、――準占有者に対する弁済の要件を充たさなくとも、すべて有効な弁済となり――請求権は消滅し、物上代位も目的を失うと解するのが妥当であろうと思う」[41]と述べている。

　まさに、我妻博士は、松岡教授が述べる代替的物上代位の場合について、第三債務者にとっては、担保物権の登記だけでは物上代位権の公示としては不十分であり、債権質の場合のように、第三債務者に対してのみ、直接に物上代位権を公示する必要があると考え、その公示方法を、物上代位権者による「差押え」に求めているのである。これは、まさに第三債務者保護説の内容であり、我妻博士は、「差押え」の趣旨につき特定性維持説を採りながらも[42]、第三債務者とそれ以外の第三者の立場の違いを明確に認識していたわけである[43]。

　要するに、第三債務者と第三者の立場の違いさえ理解することができれば、それぞれに対して、異なった公示方法を講じる必要があるのである。すなわち、第三債務者は、いわゆる代替的物上代位であろうが、付加的物上代位であろうが、民法304条1項ただし書が存在しなければ、同項本文により物上代位権を付与された担保権者からの支払請求に応じなければならず、その場合、第三債務者は二重弁済の危険に陥るのである。もちろん、担保物権の公示（抵当権設定登記）により、第三債務者は、他の第三者と同じく、担保物権＝物上代位権の存在について悪意擬制がなされよう。しかし、第三債務者は、物上代位権に発生により、抵当権者（物上代位権者）に対し直接の弁済義務を負うことになる点で、それ以外の第三者とは決定的に異なる立場にあるため、原担保権の公示だけでは不十分であると考えられ、それに加えて、第三債務者に対し、直接、物上代位権の存在を公示すべきことが講じられたのであり、それが、同項ただし書の「差押え」である（これが「差押え」の立法趣旨である）。他方、第三債務者以外の第三者は、もともと、担保物権＝物上代位権の優先を甘受すべき立場にある。第三債務者のみに対する関係で、物上代位権者自身による「差押え」が必要な理由はこれで十分であり、これ以上、論理を補強する必要は全くないのである。

　これに対し、「第三債務者」と「第三者」を峻別しないで、「第三者」に対する関係で「差押え」の意義を認める見解は、物上代位権発生による各利害関係人の立場の違いを全く見ていない。他方、物上代位権発生による「第三債務者」と「第三者」の利害の違いを峻別し、「第三債務者」のみに対する関係で物上代位権の対抗要件および行使要件として「差押え」を要求する私見では、民法304条1項ただし書が設けられた結果、「差押え」がない限り、第三債務者は、代位目的債権の譲受人等の「第三者」に弁済すれば免責され、同時に、「第三者」の弁済受領も有効となるのであり[44]、「第三債務者」の弁済保護の結果として、その受領者である「第三者」の利益にも配慮しているのである[45]。

　物上代位権の発生により様々な利害関係人が生ずるが、そのような利害関係人の中で、誰の利益が、物上代位権の発生により直接の影響を受け、最も不安定な立場に置かれるようになるのか、それを緻密かつ論理的に考察する

のが正しい解釈である。もし、あらゆる利害関係人の利益に同時・並列的に配慮することが立論として可能であるというのなら、物上代位をめぐるすべての問題について、そのような立論に基づく解釈論を具体的に提示すべきである。

4　物上代位権の公示方法——大連判大正12年以前の学説の検証を通して

　第三債務者保護説（私見）は、「差押え」とは、第三債務者に対し物上代位権の存在を知らせ、第三債務者の二重弁済の危険を防止するための手段と解するから、同説によれば、「差押え」が、第三債務者に対する物上代位権の対抗要件となる。他方、第三債務者以外の第三者に対する物上代位権の対抗要件は、原担保権自体の公示で十分である（原担保権が公示を要しない場合には、物上代位権も公示を要しないことになる）。物上代位権とは、原担保権それ自体から生じる優先権であり、両者は、目的物が異なるだけであり、法律上は同一性を有するからである。

　この物上代位権と原担保権との関係につき、ボアソナード博士は、同草案1638条1項本文の注釈において、「先取特権ノ拡張アリトスルヲ得ス。只、物上代位ノ一種ニ因リ顕ニ旧価額ニテ代表スル新価額ヘノ移転ニ依ル其先取特権ノ保存アルノミ」[46]（句読点、筆者）と述べ、また、抵当権の消滅に関する同草案1805条6号（フランス語原文では1305条6号）の注釈において、「全部滅尽シタル不動産上抵当ノ存スルコト能ハサルヤ明カナリ。蓋シ債権者ノ権利ハ、此滅失ニ因縁シテ第三者ヨリ払フコト有ルヘキ賠償金ニ移ルト雖モ、債権者ノ該賠償上ニ行フ所ハ真個ノ抵当ニ非スシテ、寧ロ法律ノ特殊ノ嘱託ヨリ生スル優先権ナリトス」[47]（句読点、筆者）と述べ、いずれも、物上代位権とは、新たな権利の発生ではなく、法律に基づき、先取特権や抵当権が価値変形物（代位目的物）にそのまま移行する権利であり、目的物が原担保権と異なるだけであり、法律上は原担保権と同一性を有する優先権であると解している。

　また、宮城浩蔵博士は、抵当権の消滅に関する旧民法債権担保編292条6号の注釈において、「抵当不動産カ、意外若クハ不可抗ノ原因ニヨリテ全部ノ滅失ヲ来ストキハ、抵当権モ亦滅失スルコト明カナリ。但シ、抵当不動産、

第三者ノ所為ニヨリ滅失シタルトキハ、抵当債権者ノ権利ハ、其滅失ヨリ生スヘキ賠償ニ移転ス。是レ第二百一条ニ於テ規定シタル所ニシテ、抵当ノ消滅ヲ来スモ、債権者ノ此ノ権利ヲ妨ケサルナリ。蓋シ、債権者ノ賠償上ニ行フ所ノ権利ハ、真個ノ抵当ニアラスシテ、寧ロ法律ノ特ニ与ヘタル優先権ナリトイフヘシ」[48]（句読点、筆者）と述べ、同様に、物上代位権とは、法律に基づき、抵当権が代位目的物にそのまま移行する債権者の権利であり、目的物が異なるだけであり、法律上は原抵当権との同一性を有する優先権であると解している。

　さらに、現行民法典の起草者である梅謙次郎博士は、民法304条につき、「本条ハ、先取特権カ、其目的物ニ代ハルヘキ債権ノ上ニモ亦存在スヘキコトヲ定メタルモノナリ。此場合ニ於テハ、先取特権ハ、物権ナリト云フコトヲ得ス。然リト雖モ、物権ナル先取特権ト同一ノ規定ニ従フヘキハ固ヨリナリ。……以上ノ理由ニ因リ、本条ニ定メタル各種ノ場合ニ於テ、先取特権カ、其目的物ニ代ハルヘキ債権ノ上ニ存スルモノトスルハ固ヨリ至当ナリト雖モ、是レ元来便宜法ニシテ、特ニ先取特権者ヲ保護センカ為メニ設ケタル規定ナリ」[49]（句読点、筆者）と述べ、やはり、物上代位権とは、先取特権者を保護するため、法律に基づき、先取特権がそのまま代位目的債権上に存在する権利であると述べ、原担保権である先取特権との法的同一性を有すると解している。

　このように、ボアソナード民法草案、旧民法および現行民法を通じて、物上代位権とは、原担保権の拡張ではなく、原担保権それ自体の効力であり、一定事由の発生と同時に、当然に代位目的物（代位目的債権）上に成立する優先権であると解されていたわけである[50]。したがって、物上代位権＝原担保権となり、物上代位権の公示は、原担保権自体の公示で十分であり、別途、物上代位権を公示する必要がないのは当然のことであり、最判平成10年が、「抵当権の効力が物上代位の目的債権についても及ぶことは抵当権設定登記により公示されている」と述べているのも、極めて正当である[51]。

　これに対し、物上代位権と原担保権は別個の権利であるという理解を前提として、物上代位権についても、別途の公示をしなければならず、民法304条1項ただし書の「差押え」が、その公示方法であると解する見解がある[52]。

それは、大連判大正12年以降の最上級審判例の見解でもあった。問題は、このような公示必要説の妥当性である。

　ボアソナード民法草案1638条 1 項ただし書の「異議（opposition）」や旧民法債権担保編133条 1 項ただし書の「払渡差押（opposition）」[53]の趣旨が、第三債務者の二重弁済の危険防止を目的とする、第三債務者保護にあった[54]。この第三債務者保護の発想は、その前提として、物上代位権は、原担保権と同一性を有する優先権であり、担保物権が公示されていれば、物上代位権を改めて公示する必要はないと考えている。にもかかわらず、なぜ、このような公示必要説が台頭したのであろうか。それは、吉野衛判事が指摘しているように、現行民法の立法過程で、民法や民事訴訟法の起草者が、旧民法の「払渡差押」を、ドイツ法の Pfändung ないし Beschlagnahme と同一視し、現行304条 1 項ただし書では、「払渡差押」の頭二字を削除して「差押」に修正し、ドイツ法の直輸入によりできた民事訴訟法旧594条以下の債権差押えの手続きにのせてしまった立法ミスによるものであろう[55]。

　事実、梅博士は、あたかも公示必要説を採っているかのように誤解されるのである。すなわち、梅博士は、前掲のように、物上代位権＝先取特権と解しつつ、「是ニ因リテ大ニ他ノ債権者ノ利益ヲ害スルコトアラハ、本条ノ規定ハ不公平ナリト謂ハサルコトヲ得サルヘシ。而シテ、若シ一旦、債務者カ債権ノ目的物タル金銭其他ノ物ヲ受取リ後、尚ホ先取特権者ハ其上ニ先取特権ヲ行フコトヲ得ルモノトセハ、他ノ債権者ハ、何ニ由リテ其金銭其他ノ物カ先取特権ノ目的タルヲ知ルコトヲ得ンヤ。故ニ動モスレハ、意外ノ損失ヲ被ルコトナシトセス。是レ本条ニ於テ、特ニ先取特権者ハ、右ノ金銭其他ノ物ノ払渡又ハ引渡前ニ、差押ノ手続ヲ為スコトヲ要スルモノトシタル所以ナリ（民訴五九四以下）」[56]（句読点、筆者）と述べ、「差押え」の趣旨に関しては、明らかに第三者保護説を採っているからである。つまり、梅博士によれば、代位目的物が債務者の一般財産中に混入した後まで先取特権（物上代位権）の行使を認めれば（もちろん、権利行使の前提として、代位目的物の発生と同時に、先取特権がその代位目的物の上に成立しているのは当然のことである）、他の債権者（第三者）は、一般財産中のどの部分が代位目的物であるかを知り得ず、不測の損害を被ることになり、そのような結果を防止するため、つまり、

第三者を、物上代位権行使による不測の損害から保護するため、民事訴訟法旧594条以下の「債権差押」が要求されていると述べているのである。そして、その「債権差押」の結果、代位目的物（代位目的債権）の特定性が維持され、第三債務者の弁済が禁止され、物上代位権が保全されるというのである。

　同趣旨の見解は、松浪仁一郎・仁保亀松・仁井田益太郎の各博士の共著書にも述べられている。すなわち、「債務者カ、先取特権ノ目的物ノ代価、借賃又は賠償トシテ金銭其他ノ物ヲ受取リ或ハ右ノ目的物ノ上ニ設定セラレタル物権ノ対価ヲ領収シタル後ニ於テ、尚ホ先取特権者ヲシテ、此等ノ受領物ニ付キ其権利ヲ行フコトヲ得セシムルトキハ、此等ノ受領物カ先取特権ノ目的タルコトヲ知ラスシテ債務者ト取引ヲ為シタル者ハ、意外ノ損害ヲ被ルニ至ルベシ。而シテ、此弊害ヲ避ケントスルニハ、前ニ述ヘタル金銭其他ノ対価物ヲ債務者ニ払渡シ又ハ引渡スニ先チ、先取特権者ヲシテ、其差押ヲ為サシムルヲ以テ至当ノ方法ト認ムルニ因リテ、本条第一項ハ特ニ但書ノ規定ヲ設ケ、此趣旨ヲ明示スルモノニシテ、先取特権者カ此手続ヲ怠ルトキハ、終ニ其特権ヲ失フニ至ルヘキナリ」[57]（句読点、筆者）と。つまり、債務者が代位目的物（対価物）を受領した後まで先取特権の行使を認めれば、その受領物が代位目的物であることを知らずに債務者と取引した第三者は、意外の損失を被ることになり、そのような弊害を避けるために（第三者を不測の損害から保護するために）、民法304条1項ただし書が設けられたというわけである。

　また、富井政章博士も、「担保権者カ、代表物ニ付キ其権利ヲ行フニハ其物ノ払渡又ハ引渡前ニ差押ヲ為スコトヲ要ス（三〇四条一項末文）。故ニ、債務者又ハ設定者カ、既ニ其物ノ交付ヲ受ケタル後ニ於テハ、最早担保権ヲ行使スルコトヲ得サルモノトス。即チ、物上代位ノ場合ニ於ケル担保権ノ目的物ハ代表物其者ヨリモ、寧ロ之ヲ給付セシムル債権ナルコトヲ知ルベシ。蓋、代表物ニシテ、一旦債務者ニ交付セラレ他ノ財産ト混合シタル後ニアリテハ、他ノ債権者ハ、其物カ果シテ担保権ノ目的物タルコトヲ知ルニ由ナキカ故ニ、担保権ノ行使ハ、之ヲシテ意外ノ損害ヲ被ラシムルニ至ルヘケレハナリ。故ニ又、此ニ所謂差押トハ、債権差押ノ手続ヲ謂フモノトス。即チ、担保権者

ハ、第三債務者ニ対シテ、其給付スヘキ金銭其他ノ物ノ払渡又ハ引渡ヲ差止メ、以テ其物ニ付キ弁済ヲ受クル権利ヲ保全セントスルモノナリ」[58]（句読点、筆者）と述べ、代表物が債務者の一般財産に混合した後まで担保権（物上代位権）の行使を認めれば、他の債権者は意外の損失を被るため、担保権者は、「債権差押」の手続きによる「差押え」をなすことが要求され、その「差押え」により、第三債務者の弁済が禁止され、物上代位権が保全されるというのである。このほか、中島玉吉、岡松参太郎、横田秀雄の各博士によっても、同様の説明がなされている[59]。

　以上のように、これらの見解によれば、「差押え」は、民事訴訟法旧594条以下の「債権差押」と同一視されているため、代位目的物は、あくまでも「代位目的債権」でなければならず、その代位目的物が債務者の一般財産中に混入し、「代位目的債権」が消失した後にまで、債務者の一般財産中にある代位目的物の上に物上代位権の成立を認めることは、担保物権の特定性の原則に反し、第三者に不測の損害を与えることになるというわけである。そこには、第三者保護の発想はあるが、第三債務者保護の発想が生まれる余地は全くない。

　以上により、現行民法の成立当初、「差押え」の趣旨に関し第三者保護説が採られていたことは明らかである。問題は、そのことから、現行民法において、物上代位権には、原担保権とは別個の公示が必要であるという公示必要説が採られたのか、ということである。この点につき、生熊長幸教授は、現行民法では、ボアソナード民法草案や旧民法の公示不要説が捨てられ、公示必要説に転換したと述べる[60]。はたして、そうであろうか。

　前掲の論者たちはすべて、物上代位権＝原担保権と解しており、民法304条1項本文の解釈において、物上代位権について別途の公示が必要であるとは誰も述べていない。例えば、梅博士は、前掲のとおり、物上代位権＝先取特権と解しているし、松浪・仁保・仁井田の各博士は、「本条ニ指定セル各種ノ場合ニ於テハ、先取特権ヲシテ、其目的物ニ代ハルヘキ債権ヲ目的トシテ引続キ存立セシムヘキ相当ノ理由アリト雖モ、是レ固ヨリ先取特権者ノ利益ヲ保護セントスル一種ノ便宜法ニシテ」[61]（読点・傍点、筆者）と述べ、岡松参太郎博士も、「以上四個ノ場合ハ、目的物ノ価値ノ変体シタルモノ又ハ

其一部ナレハ、先取特権カ、之レニ追及スルハ当然ノコトナリトス」[62]（読点・傍点、筆者）と述べ、さらに、富井博士も、「物上代位ノ規定ハ、担保権ノ効力ヲ全カラシムル趣意ニ出テタルコト言ヲ俟タスト雖モ、是、本来一種ノ便宜法ニシテ、明文ニ基クモノト謂ハサルヘカラス」[63]（読点・傍点、筆者）と述べ、いずれも、民法304条1項本文の趣旨は担保権者保護にあり、一定事由の発生により先取特権が代位目的物に当然に及ぶと述べ、物上代位権は原担保権そのものであるが、同時に、それは法律により付与された特権であると解しているのである（このような物上代位の本質についての理解は、価値権説と特権説を融合した見解であり、正当である）。

　民法304条1項本文と同項ただし書について、以上のように解釈することは、確かに論理矛盾であると言うことができる。しかし、そのような論理矛盾が生じたのは、「差押え」が民事訴訟法旧594条以下の「債権差押」と同一視されていたため、その趣旨について第三者保護説を採らざるを得なかったからである。しかし、そのような第三者保護説から、直ちに、本文に定める物上代位権を、第三者に対する関係で制限するような解釈を採っているわけではない。実際、梅博士をはじめとする各論者は、「差押え」について、物上代位権者自身が代位目的物の「払渡又ハ引渡」前に行う必要があると述べているだけであって、「払渡又ハ引渡」とは、今日の第三者保護説（差押公示説）とは異なり、「現実の弁済」を意味すると述べていたのである[64]。

　以上のように、明治期の学説は、物上代位権の公示について公示不要説が定説である一方、「差押え」の趣旨については第三者保護説が定説であったといえる。同様のことは、大正初期の学説に、より明瞭に現れる[65]。例えば、曄道文藝博士は、「差押え」は優先権保存の条件であり、物上代位権者自身がなす必要があるという優先権保全説を採り、「差押え」の趣旨は第三者保護にあるから、第三者の転付命令取得前に、物上代位権者は、代位目的債権を差し押さえることを要すると述べるも、代位目的債権が差し押さえられただけの段階における差押債権者間の優劣は、差押えの順序ではなく、実体法上の権利の順位に従うと述べているからである[67]。また、横田秀雄博士も、「差押え」は、優先権保存の条件であり、物上代位権者自身がなす必要があり、「差押え」の趣旨は第三者保護にあるから、代位目的債権の譲渡前に、

物上代位権者は代位目的債権を差し押さえることを要すると述べるも、「差押え」が競合した場合の差押債権者間の優劣は、差押えの順序ではなく、実体法上の権利の順位に従うと述べているからである。したがって、現行民法が、公示必要説（差押公示説）に転換したとはいえないのである[68]。だからこそ、その後も、物上代位本質論につき価値権説に依拠して公示不要説を採り、「差押え」の趣旨につき特定性維持説を採る学説がある一方で、同じく価値権説・公示不要説を採りながらも、「差押え」の趣旨につき優先権保全説を採る学説[69]もあったのである。

　以上のように、明治・大正初期の学説には論理矛盾があったことは明白であるが、その原因は、吉野判事が指摘するように、民法304条 1 項ただし書の立法ミスにあったからである[70]。では、その論理矛盾を解消するにはどうすればよいか。

　その一は、大正 4 年（1915年）の二つの大審院判決や大連判大正12年以降の通説のように、民法304条 1 項本文の担保権者保護という原則を重視し、物上代位の本質につき価値権説・公示不要説を採り、同項ただし書の「差押え」の趣旨についても特定性維持説を採ることである[71]。しかし、特定性維持説によれば、「差押え」は誰が行ってもよいことになり、また、同説が「差押え」の趣旨として述べる代位目的債権の「特定性維持」は、「差押え」の法的効果を説明しているだけで、なぜ、「差押え」が必要なのかという、「差押え」の趣旨については何も説明していないから不当である。

　その二は、「差押え」の趣旨についての第三者保護説を、同項本文の解釈についても押し進め、公示必要説を採ることである。大連判大正12年以降、最判昭和60年までの最上級審判例はこの立場を採り、民法304条 1 項ただし書の「払渡し又は引渡し」には、「現実の弁済」だけでなく、「債権譲渡」や「転付命令」も含まれると解することである。しかし、その結果、同項本文により付与された物上代位権は、第三者の権利との競合関係に陥り、有名無実化するのである。実際、このような公示必要説（差押公示説＝第三者保護説）は、民法304条 1 項ただし書の解釈により同項本文の解釈を制限するという本末転倒の解釈であり、大連判大正12年に対して、当時の学説（特定性維持説）から激しい批判を浴びたとおりである。また、このような公示必要

説（第三者保護説）は、民法304条1項ただし書の立法趣旨、つまり同項ただし書が設けられていない段階での第三債務者の二重弁済の危険を認めないから、やはり不当である。

　では、どう解すべきか。まず、物上代位権は、民法304条1項本文所定の事由の発生と同時に代位目的物上に成立し、原担保権と同一性を有する優先権であるから、公示不要説を採るべきである。次に、同項ただし書の「差押え」の趣旨については、第三債務者とそれ以外の第三者とを峻別し、第三債務者保護説を採ることが、前述の論理矛盾を解消する唯一の方法である。なぜなら、民法304条1項ただし書が設けられていない段階では、同項本文に定める物上代位権の発生により、代位目的債権の債務者である第三債務者だけが、物上代位権者に対し直接の弁済義務を負うのであって、この第三債務者が二重弁済の危険に陥ることを防止するため、物上代位権の存在を第三債務者に特別に知らせ、以て、第三債務者の弁済を保護するために同項ただし書の「差押え」が設けられたと考えれば、物上代位権は第三者の権利と競合せず、同項本文の趣旨を減殺することにはならないからである。他方、第三債務者以外の第三者は、物上代位権の発生によっても物上代位権者と何ら直接の法的義務を負うわけではなく、担保物権＝物上代位権という優先権の存在を甘受すべきであり、この第三者に対しては、原担保権自体の公示が物上代位権の公示となるから、公示不要説を採るわけである。

　これに対し、「第三債務者保護説は、結果的に、第三債務者対抗要件と第三者対抗要件を分離させることとなる。……民法上は、第三者対抗要件は第三債務者対抗要件が具備されていることを前提としている」[72]と述べ、あたかも、第三債務者保護説によれば、「第三者」対抗要件は、「第三債務者」対抗要件を前提としないかのように述べ、第三債務者保護説を批判する見解がある。これも、第三債務者保護説に対する曲解である。なぜなら、第三債務者保護説は、「第三者」対抗要件と「第三債務者」対抗要件を分離することは確かであるが、それぞれが具備されていることを当然の前提としているからである。すなわち、第三債務者保護説によれば、物上代位権の「第三者」対抗要件は、原担保権の公示（抵当権設定登記）で十分であるが、物上代位権の「第三債務者」対抗要件は、それだけでは足りず、それに加えて、「差

押え」をもって、「第三債務者」対抗要件と解するのであり（その意味で、「第三者」対抗要件は、「第三債務者」に対する対抗要件とはならない）、「差押え」という「第三債務者」対抗要件は、その前提として、「第三者」対抗要件が具備されていることは当然のことだからである。そうでないと、担保権者は、代位目的債権上に物上代位権＝優先権が成立していることを第三債務者に対抗し得ず、民法304条 1 項ただし書が立法化されていない場合において、第三債務者の二重弁済の危険もあり得ないからである。

　他方、民法304条 1 項ただし書が設けられた結果、「差押え」という「第三債務者」対抗要件が具備されていない限り、物上代位権の行使は不可能であり、物上代位権の「第三者」対抗要件、つまり原担保権の公示だけが具備されていても、それは画餅にすぎない。したがって、物上代位権の「第三債務者」対抗要件が具備されていない、つまり物上代位権に基づく「差押え」が、そもそもなされていない場合には、物上代位権が行使されていないのであるから、第三債務者から競合債権者に対してなす弁済は有効であり、その弁済を受領した競合債権者に不当利得が生じないのも当然のことである。それゆえ、第三債務者保護説を批判する前掲の見解が、前掲の叙述に続けて、「だからこそ、債権譲渡登記特例法における場合と異なり、抵当権者が物上代位の差押えをなす前に、第三債務者から弁済を受けた転付命令債権者がいる場合に、その不当利得返還請求権は否定するという考え方が一般的であると考えられる」[73]と述べているが、それは、第三債務者保護説を採っても当然の結果である。ところが、前掲の見解は、第三債務者保護説を採った場合、あたかも逆の結果になるかのように述べている。第三債務者保護説に対する曲解と言うほかない。

　さらに、前掲の見解は、「もし、物上代位に基づく差押えが第三債務者に対する対抗要件であるとすれば、いまだ物上代位に基づく差押えがなされていないときでも、少なくとも被担保債権の不履行により物上代位権の行使が可能となった時点以降は、第三債務者から抵当権者に対する弁済を行うことが可能となるが、そのような結論が妥当でないことはいうまでもない」[74]と述べる。これも、第三債務者に対する曲解である。なぜ、「差押え」もなされず、「第三債務者」に対する物上代位権の対抗要件も充たされていないの

に、第三債務者保護説によれば、「被担保債権の不履行により物上代位権の行使が可能となった時点以降は、第三債務者から抵当権者に対する弁済を行うことが可能となる」のであろうか。

　既に繰り返し述べたように、第三債務者保護説は、民法304条1項ただし書が存在しない場合の第三債務者の立場を保護することが、「差押え」の立法の趣旨であると考えているのであり、同項ただし書が設けられた後のことまで論じる必要もないし、また、論じてはならないのである。同項ただし書が設けられた後のことは、「差押え」の趣旨とは関係なく、それゆえ第三債務者保護説とも何の関係もなく、単に同項ただし書の適用問題である。今や、同項ただし書が存在するのであるから、「差押え」がなければ、第三債務者は、抵当権者（物上代位権者）に弁済してはならないのである。「差押え」がなされていない、つまり物上代位権の行使がないにもかかわらず、第三債務者が、抵当権者に弁済することは、同項ただし書の存在を否定することであり、そのような結末は、第三債務者保護説と何の関係もないことである。

　以上のように、第三債務者保護説を批判する見解はすべて、第三債務者保護説が述べていないことを、同説の内容として創作して批判するものである。つまり、これらの批判説は、民法304条1項ただし書の立法趣旨を理解せず、かつ、同規定が立法化される前のことと、立法化された後に同規定を適用する場合のことを区別できない点において決定的に誤っているのである。その結果、この見解は、抵当権の物上代位権行使と代位目的債権に対する転付命令との優劣に関し、「実質的利益衡量及び第三債務者保護説を貫徹することの問題点から、転付命令優先説を採りたいと考えている。その場合、理論的な説明としては、平成10年最判との関係で、……執行手続上の時間的制約を根拠とするのが最も無難であろう」[75]と述べ、転付命令優先説を採るという誤った説に陥るのである。

5　物上代位の目的債権の譲渡

　以上のように、第三債務者保護説を批判する見解はすべて、第三債務者保護説を正確に理解しないで批判するものである。これに反し、第三債務者保護説を採る最判平成10年の論理は極めて明快であり、「右のような民法304条

1項の趣旨目的に照らすと、同項の『払渡又ハ引渡』には債権譲渡は含まれず、抵当権者は、物上代位の目的債権が譲渡され第三者に対する対抗要件が備えられた後においても、自ら目的債権を差し押さえて物上代位権を行使することができる」と述べ、抵当権者優先の結論を導き出したことも正当である。なぜなら、民法304条1項本文に定める一定事由の発生と同時に、物上代位権が代位目的債権上に及んでいるため、その代位目的債権が第三者に譲渡され債務者の帰属を離れた場合でも、同債権は、物上代位権の拘束を受けたまま第三者に移転するだけであって、未だ「現実の弁済」がなされておらず、同債権を物上代位権に基づいて差し押さえることができるからである。

　そして、最判平成10年は、「以上の理は、物上代位による差押えの時点において債権譲渡に係る目的債権の弁済期が到来しているかどうかにかかわりなく、当てはまる」と述べ、差押え時点において、代位目的債権が既発生か未発生かを問わずに、同債権に対する物上代位権行使を認めている。極めて正当な判断である。代位目的債権の弁済期如何にかかわらず、物上代位権の発生（債務不履行）と同時に、物上代位権（抵当権）は、同債権上に及び、同債権は、抵当不動産の価値変形物になっているからである（民法304条1項本文）。だから、同債権を「物上代位の目的債権」と言うのである。

　これに対し、「差押え前にすでに発生している賃料債権は、物上代位権が保全される前にすでに債務者の責任財産から逸出しており、『債務者カ受クヘキ金銭』でなくなっている」[76]と述べ、既発生債権について物上代位権行使を否定する見解がある。しかし、梅博士を始めとして、かつて多くの論者が述べてきたように、民法304条1項本文は、物上代位権の発生・成立の根拠を示す規定であって、物上代位権の行使時における代位目的債権の帰属の根拠を示す規定ではない。つまり、「先取特権」は、一定の事由により「債務者が受けるべき金銭その他の物（代位目的物）」に対しても「行使することができる」という同本文規定は、先取特権＝物上代位権が、それらの事由の発生により、債務者が取得する代位目的物（代位目的債権債権）上に及んでいることを示すところの、物上代位権の発生・成立を示す根拠規定であり、たとえ代位目的債権が債務者の帰属を離れても、同債権は、先取特権＝物上代位権が付着したまま移転するのであり、同債権は、「債務者が受けるべき

金銭その他の物」＝「代位目的物」なのである。そして、そのことを前提と
して、そのような「代位目的物」に対して先取特権＝物上代位権を行使する
ことができるわけである。したがって、物上代位権には追及効があると解す
ることが、担保権者に物上代位権付与し、担保権者を保護するという民法
304条1項本文の趣旨に沿った解釈である。

　このように解することについて、「物上代位権の強化」という批判が生じ
そうであるが、そのような批判は全く的外れである。なぜなら、第一に、賃
料債権に対して物上代位権が及ぶのは（成立するのは）債務不履行時だから
である（民法304条1項本文）。それゆえ、債務不履行がなければ、物上代位
権の行使も認められず、債務者（設定者）は、第三者に対し自由に賃料債権
を譲渡することができるからである。第二に、物上代位権行使の要件として、
代位目的債権に対する「差押え」が要求されており、物上代位権者は、第三
債務者による「払渡し又は引渡し」＝「現実の弁済」までに、「差押え」を
なさなければ物上代位権が失効するからである（民法304条1項ただし書）。
その結果、第三債務者の債務者（担保権設定者）や競合債権者に対する弁済
が有効となり、結果的に、これらの者も保護されるからである。

　また、最判平成10年によれば、「第三者対抗要件を具備した債権譲渡の後
に、一般債権者が譲渡人を債務者として当該債権の差押えをした場合には
（当該債権はもはや譲渡人には帰属していないのだから）、差押えは無効とされ
るのに、抵当権者が物上代位権に基づいて当該債権の差押えをした場合には、
未だ譲渡人に当該債権が帰属しているものとして扱われるという、何とも奇
妙な結果となってしまう」[77]と述べ、最判平成10年を批判する見解がある。

　しかし、この見解は、一般債権者と抵当権者を同視するものであり、賛成
できない。債務不履行と同時に、賃料債権に抵当権の効力（物上代位権）が
及ぶことは、民法372条・同304条1項本文により認められており、同債権が
譲渡されれば、物上代位権が付着したまま譲受人に移転するだけで、未だ同
債権は弁済されていないのであるから、抵当権者は、民法372条・同304条1
項ただし書に基づいて同債権を差し押さえることができるのである。それゆ
え、最判平成10年は奇妙ではないし、それが、担保権者を保護する物上代位
制度というものである。むしろ、物上代位権（優先権）に基づく差押えと一

般債権者の差押えを同視する方が奇妙な論理である。もっとも、抵当権者が賃料債権を差し押さえる前に、賃借人が賃料債権譲受人に賃料を弁済した場合には、その弁済は有効であり、譲受人が保護されることもあり、物上代位権者が必ず優先するのではないということを認識すべきであろう。

　さらに、最判平成10年の論理では、「債務不履行時以降、債権譲渡を事実上不可能にして、抵当権設定者の賃料債権処分の自由とそれによる経済的立ち直りの機会を完全に奪うことを意味する」[78]と述べ、最判平成10年を批判する見解がある。しかし、なぜ、債務不履行以降の賃料債権処分の自由を保障する必要があるのだろうか。それこそ、物上代位権を付与した民法304条1項本文の趣旨に反するのではないか。また、債務不履行時以降に行われる債権譲渡に、どれほど正常な取引といえるものがあるのだろうか。他方、債務不履行時以降であっても、抵当権者が物上代位権を行使するか否かは自由であるから、前述のように、物上代位権行使の要件としての「差押え」の前に、債権譲受人が弁済を受ければ、その弁済は有効となるから（これは、民法304条1項ただし書の適用の結果である）、債権譲渡が保護されることもあるのである。また、抵当権者が、賃料債権を差し押さえて債権回収を図るのは、抵当権者と抵当権設定者（債務者）との信頼関係が破綻しているときであるから、差し押さえられた賃料債権について抵当権者の優先権を認めることに経済的合理性があるのではないか。それを認めるのが担保物権制度であり、物上代位制度である。

四　最判平成14年の論理

1　事実と判旨

〔事実〕

　一般債権者X（原告・控訴人・上告人）は、平成10年3月17日、訴外A（債務者）が用地買収契約に基づきB県（第三債務者）に対して取得した土地残代金342万9,263円（甲債権）の全額及び建物移転補償金債権残金（乙債権）3,044万2,003円のうち1,057万0,737円につき、差押命令を得た。この差押命令は、同年3月19日、B県に、同月23日、Aに送達され、同年4月17日に確

定した。Ｘは、同年５月６日、上記差押えに係る甲債権の全額及び乙債権のうち1,057万0,737円について転付命令を得、同命令は、同月７日、Ｂ県及びＡにそれぞれ送達され、同月20日に確定した。

　Ｘが、上記転付命令を取得した当時、上記建物には、訴外Ｃ保証株式会社、Ｙ$_1$信用保証協会（被告、被控訴人、被上告人）およびＹ$_2$銀行（被告・被控訴人・被上告人）が、この順位で抵当権または根抵当権（以下、「抵当権」という）を有し、その旨の登記を経ていた。

　平成10年５月13日、Ｃは、乙債権のうち735万7,932円につき、Ｙ$_1$は乙債権のうち1,460万6,236円につき、Ｙ$_2$は乙債権のうち847万7,835円につき、それぞれ抵当権の物上代位権に基づいて差押え、同命令は、同月14日、Ｂ県に送達された。そのため、Ｂ県は、甲債権及び乙債権の全額3,387万1,266円を供託したところ、執行裁判所は、乙債権につき、Ｃ、Ｙ$_1$、及びＹ$_2$の物上代位権がＸに優先するという配当表を作成した。

　そこで、Ｘは、乙債権に対する抵当権の物上代位権に基づく各差押えが、Ｘへの転付命令に係る部分については効力を生じないと主張し、Ｙ$_1$に対する配当のうち209万5,405円、Ｙ$_2$に対する配当の全額847万7,835円について配当異議の訴えを提起した。

　第一審判決（松山地裁宇和島支部平成11年７月８日判決、金融・商事判例1148号12頁）および原審判決（高松高裁平成12年３月31日判決、金融・商事判例1148号９頁）は、いずれも抵当権の物上代位権行使と代位目的債権の譲渡との優劣に関する平成10年１月30日判決（民集52巻１号１頁）〔以下、「最判平成10年」という〕を引用し、抵当権の物上代位権に基づく差押えが優先すると判示し、Ｘの請求を棄却した。そのため、Ｘが上告した。

〔判旨〕

　「転付命令に係る金銭債権（以下、「被転付債権」という。）が抵当権の物上代位の目的となり得る場合においても、転付命令が第三債務者に送達される時までに抵当権者が被転付債権の差押えをしなかったときは、転付命令の効力を妨げることはできず、差押命令及び転付命令が確定したときには、転付命令が第三債務者に送達された時に被転付債権は差押債権者の債権及び執行費用の弁済に充当されたものとみなされ、抵当権者が被転付債権について抵

当権の効力を主張することはできないものと解すべきである。けだし、転付
命令は、金銭債権の実現のために差し押さえられた債権を換価するための一
方法として、被転付債権を差押債権者に移転させるという法形式を採用した
ものであって、転付命令が第三債務者に送達された時に他の債権者が民事執
行法159条 3 項に規定する差押等をしていないことを条件として、差押債権
者に独占的満足を与えるものであり（民事執行法159条 3 項、160条）、他方、
抵当権者が物上代位により被転付債権に対し抵当権の効力を及ぼすためには、
自ら被転付債権を差し押さえることを要し（最高裁平成13年（受）第91号同年
10月25日第一小法廷判決・民集55巻 6 号975頁）、この差押えは債権執行におけ
る差押えと同様の規律に服すべきものであり（同法193条 1 項後段、 2 項、194
条）、同法159条 3 項に規定する差押えに物上代位による差押えが含まれるこ
とは文理上明らかであることに照らせば、抵当権の物上代位としての差押え
について強制執行における差押えと異なる取扱いをすべき理由はなく、これ
を反対に解するときは、転付命令を規定した趣旨に反することになるからで
ある。なお、原判決に引用された当審判決は、本件とは事案を異にし、適切
ではない。」と判示し、原審判決を変更し、Xの請求を認めた。

2　物上代位の目的債権に対する転付命令

　最判平成14年は、抵当権の物上代位権行使としての「差押え」が、民事執
行法の規律に服することを理由として、抵当権の物上代位権行使と代位目的
債権に対する転付命令の優劣につき、抵当権者が物上代位権に基づいて被転
付債権を差し押さえる前に、転付命令が第三債務者に送達されたときは転付
命令が優先すると判示した。そして、原審判決が引用する最判平成10年につ
いては、「本件とは事案を異にし、適切ではない」と述べるのみである。

　この優劣問題についての先例である大連判大正12年は、「転付命令アリタ
ルトキハ民事訴訟法六百一条（現行民事執行法160条に相当―筆者注）ノ規定
ニ依リ債務者ハ差押債権者ノ債権ヲ弁済シタルモノト看做サレ、其ノ限度ニ
於テ転付債権ハ差押債権者ニ移転スルコト明白ナル所ニシテ、斯ノ如キ効力
ヲ生スルコトハ民事訴訟法ノ規定スル所ナルカ為ニ実体法上然ラサルモノト
謂フヘカラス。是ヲ以テ抵当権ノ目的物ノ滅失ニ因リ債務者カ第三者ヨリ金

銭ヲ受取ルヘキ債権ヲ有スル場合ニ於テ、其ノ債権ニ付抵当権者カ差押ヲ為
ササル間ニ他ノ債権者カ差押ヲ為シ転付命令ヲ受ケタルトキハ、該命令カ規
定ニ従ヒ送達セラルルニ因リテ差押債権者ノ債権ハ弁済セラレタルモノト看
做サレ、其ノ限度ニ於テ転付債権ハ差押債権者ニ移転シテ債務者カ第三者ヨ
リ金銭ヲ受取ルヘキ債権関係ナキニ帰スルコトハ、債務者カ其ノ債権ヲ他人
ニ譲渡シタル場合ト異ナルコトナシ」（句読点、筆者）と述べ、転付命令の優
先を認めた。つまり、大連判大正12年は、転付命令と債権譲渡を同一視し、
いずれも民法304条1項ただし書の「払渡し又は引渡し」に含まれると解し、
その場合、物上代位権は失権すると解したわけである。

　その後の一連の大審院判例は、大連判大正12年に従って債権譲渡を転付命
令と同視し、債権譲渡が「払渡し又は引渡し」に含まれると解し、債権譲渡
を優先させた[79]。また、最高裁（一小）昭和58年12月8日判決（民集37巻10号
1517頁）は、土地区画整理法112条2項に基づく清算金債権に対して一般債
権者が転付命令を得た事案に関し、転付債権者の清算金支払請求を否定した
が、その判決理由の中で転付命令と債権譲渡を同視していた[80]。さらに、最
判昭和60年は、「差押え」の趣旨についての叙述の中で、「目的債権の弁済を
した第三債務者又は目的債権を譲り受け若しくは目的債権につき転付命令を
得た第三者が不測の損害を被ることを防止しようとすることにある」と述べ、
やはり、債権譲渡と転付命令を同一視していた。

　以上のように、判例は、一貫して、「転付命令」を「債権譲渡」と同一視
してきたのであり、その論理に従えば、債権譲渡に関する最判平成10年の射
程は、転付命令にも及ぶはずである。その結果、転付命令は、民法304条1
項ただし書の「払渡し又は引渡し」には含まれず、物上代位権が優先するは
ずである。実際、本判決の第一審および原審の各判決は、そのように判示し
た。ところが、本判決は、実体法上の解釈を行うことなく、民事執行法上の
制約から物上代位権行使を制限し、転付命令を優先させたのである。では、
その結論は、民事執行法の解釈としても妥当であろうか。

　本件では、実体法上、用地買収契約の締結と同時に、建物補償金債権上に
抵当権（物上代位権）が及んでいる。このように、優先権の目的となってい
る債権が転付命令の対象となるか否かについては、従来、質権の目的となっ

ている債権の被転付適格の問題として議論されてきた。すなわち、この問題については否定説と肯定説があり、最高裁（二小）平成12年4月7日判決（民集54巻4号1355頁）は肯定説を採った。肯定説によれば、優先権が付着したまま目的債権は、転付債権者に移転すると解されるわけである[81]。その論理は、物上代位権という優先権の目的債権の被転付適格についても当てはまるであろう。

　したがって、否定説を採れば、そもそも転付命令を得ることができないため、物上代位権が優先することになり、他方、肯定説を採れば、被転付債権に物上代位権が付着しており、転付債権者は、物上代位権の負担付きのまま債権名目額を券面額とする転付命令を得るから、その後の物上代位権の行使により転付債権者の独占的満足は覆ることになる[82]。

　ところが、最判平成14年は、物上代位の目的債権の被転付適格を肯定したうえで、「転付命令が第三債務者に送達される時までに抵当権者が被転付債権の差押えをしなかったときは、転付命令の効力を妨げることはできず、差押命令及び転付命令が確定したときは、転付命令が第三債務者に送達された時に被転付債権は差押債権者の債権及び執行費用の弁済に充当されたものとみなされ、抵当権者が被転付債権について抵当権の効力を主張することはできない」と述べるのである。他方、原審判決は、転付命令の「確定によって債権の同一性を保ったままで執行債権者に移転し、右移転によってその券面額で執行債権が弁済されたものとみなされるだけで、第三債務者の債務が消滅するものではない」と述べる。

　両判決の違いは、転付命令確定の効果として、被転付債権の存続を認めるか否かであるが、民事執行法160条により「弁済されたものとみなされる」のは、転付債権者の債権（執行債権）であり、被転付債権ではない。被転付債権は、第三債務者による現実の弁済がない限り存続しているのであるから、原審判決が正当である。

　次に、最判平成14年は、被転付債権に対する物上代位権（抵当権）の効力を否定する理由として、「転付命令が第三債務者に送達された時に他の債権者が民事執行法159条3項に規定する差押等をしていないことを条件として、差押債権者に独占的満足を与えるものであり（民事執行法159条3項、160条）」

と述べる。しかし、民事執行法159条3項の趣旨は、平等主義の例外として転付債権者に独占的満足を与える制度ではあるが、転付債権者が一般債権者であるときには、他の一般債権者との関係においてそうなるのであり、優先権を有する債権者が差押・仮差押をするときには、同規定の適用はないと解すべきであるから[83]、この理由には賛成できない。

　さらに、最判平成14年は、「他方、抵当権者が物上代位により被転付債権に対し抵当権の効力を及ぼすためには、自ら被転付債権を差し押さえることを要し」と述べる。しかし、物上代位権の効力を被転付債権（代位目的債権）に及ぼすためには、被転付債権を差し押さえることを要するというこの見解は、物上代位権が、「差押え」により発生すると解しており、物上代位権の発生時期を基本的に誤解するものであるから不当である。このような発想は、物上代位権者と一般債権者を同一視するものであり、到底賛成できるものではない。被転付債権（本件の建物補償金債権）に物上代位権が及ぶのは、民法304条1項に基づき、一定事由の発生時（本件では用地買収契約時）からであり、「差押え」によるものではないからである。

　ところが、最判平成14年は、かかる解釈を基にして、物上代位権に基づく「差押えは債権執行における差押と同様の規律に服すべきものであり（同法193条1項後段、2項、194条）、同法159条3項による差押えに物上代位による差押えが含まれることは文理上明らかである」と述べ、転付命令優先の結論を導いたのである。しかし、物上代位に基づく差押えは、民事執行法上、担保権の実行であり、また債務名義も不要であるなど、通常の債権執行における差押えと同じではなく、民事執行法上の解釈に限定しても、最判平成14年は妥当ではない、ということになる[84]。

　最判平成14年の調査官コメントは、「本判決は、転付命令の効果としての目的債権の移転が民法304条1項の『払渡又ハ引渡』には当たるとしたものではなく、転付命令の制度からすれば、目的債権の債権譲渡と異なり、抵当権の効力が目的債権に及ばなくなると解すべき理由があるとしたものと理解することができるから、平成10年判決と矛盾することはないものといえよう」（金融・商事判例1148号6頁、金融法務事情1648号55頁、判例時報1785号36頁、判例タイムズ1091号69頁）と述べる。

　しかし、最判平成10年の論理に従えば、実体法上、「目的債権の譲渡と同じく、抵当権の効力が目的債権に及ぶ」と解さなければならず、転付命令の制度から、そのことを否定する理由がない。また、最判平成14年は、手続法上の解釈に終始したつもりであろうが、「抵当権者が物上代位により被転付債権に抵当権の効力を及ぼすためには」と述べ、実体法上の権利である抵当権の効力（物上代位権）についても言及しており、しかも、被転付債権（代位目的債権）に抵当権の効力を及ぼすためには、「自ら被転付債権を差し押さえることを要し」と述べ、明らかに最判平成10年の論理に抵触することを述べているのである。このように、物上代位権の発生時期さえも誤解するような判決が、なぜ、最高裁から出たのであろうか。最判平成10年に対する学説の誤った批判に、最高裁が惑わされ、配慮したと評価せざるを得ないのである。

五　結　語

　最判平成10年は、民法典施行100周年に相応しい画期的な判決であった。しかし、その後、最判平成10年および第三債務者保護説（私見）に対してなされた批判は、基本的な誤解に基づくものがほとんどであり、「差押え」の趣旨とは、同項ただし書が存在しない場合を論じなければならないことさえも十分に理解しておらず、同項ただし書立法後の法的効果までを「差押え」の趣旨として議論していたのである。そのため、本稿では、第三債務者保護説に対する批判の不当性を明らかにすることに多くの頁数を割いた。では、なぜ、第三債務者保護説でなければならないのか。そのことは既に十分述べてきたが、今一度、再確認したい。

　まず、民法304条１項が存在しなければ、どうなるか。担保目的物が滅失・損傷その他の何らかの事由により減価した場合、担保物権の優先弁済権が侵害され、あるいは優先弁済権侵害の可能性が生じる。この状態を放置すれば、担保金融は阻害されるであろう。そこで、担保権者を保護するため、担保目的物の減価と同時に、債務者・担保権設定者が、その担保目的物の減価に相当する物を取得する場合、その減価相当物（代位目的物）に担保物権の効力を及ぼしてよい。この減価相当物が何かは、国と時代により様々であ

り、立法政策の問題である。いわゆる「代替的物上代位」の典型とされる保険金への物上代位でさえ、かつて、その立法化について激しく議論されたし、アメリカでは、保険金への不動産担保権（mortgage）の物上代位は原則として否定されているからである[85]。しかし、債権者・債務者間の経済的公平と優先弁済権確保の観点から、一旦、法律により代位目的物とされたなら、その上に担保物権が成立することを認めるわけである。これが、物上代位権付与を定める民法304条1項本文の趣旨である。

次に、民法304条1項本文だけしか存在しなければ、どうなるか。その場合、担保物権（物上代位権）が代位目的物の上に及んでおり、代位目的物は、担保物権の優先的拘束を受けているため、第三債務者は、物上代位権の発生・成立と同時に、担保権者（物上代位権者）に対し代位目的物を弁済すべき義務がある。その場合、第三債務者は、担保権者の存在を知らなければ、代位目的物を債務者（設定者）に弁済してしまうであろう。しかし、第三債務者は、そのような弁済による代位目的債権の消滅を担保権者に主張できない。その代位目的債権上には担保物権が付着しており、そのことは担保物権自体の公示により悪意擬制されているからである。それゆえ、このままの状態で放置すれば、第三債務者は、その弁済後に担保権者から請求を受けることになり、ここにおいて、第三債務者は二重弁済の危険に陥るのである。問題は、この状態をどうするかである。この状態を是正することが立法趣旨となるのである。

多くの立法例は、物上代位権付与と同時に、この第三債務者の二重弁済の危険を防止するための措置を講じている。つまり、第三債務者が債務者等に弁済する前に、担保権者自身が、物上代位権の存在を第三債務者に知らせる措置である。その措置が、民法304条1項ただし書の「差押え」である。これが、「差押え」の趣旨に関する第三債務者保護説である。そして、同項ただし書が設けられた結果、担保権者による「差押え」がない間は、第三債務者は、代位目的債権の債権者である債務者や同債権の譲受人等に弁済しても、その弁済による代位目的債権の消滅を担保権者に主張できるわけである。つまり、同項ただし書規定が設けられた結果、第三債務者の二重弁済の危険が消失し、第三債務者から弁済を受ける債務者や債権譲受人も保護されるわけ

である。他方、担保権者から「差押え」があった場合、それにより代位目的債権の上に担保物権が及んでいることを知ったのであるから、第三債務者は、債務者等に現実の弁済していない限り、担保権者に弁済しなければならず、その場合には、担保権者が保護され、民法304条 1 項本文の趣旨が生かされるわけである。こうして、第三債務者を保護することにより、すべての利害関係人の利害調整が行われるわけである。

　以上のように、「差押え」の趣旨に関する第三債務者保護説は、民法304条 1 項ただし書が存在しない場合の第三債務者の立場に着眼した説であり、同項ただし書が設けられた後のことまで述べたものでないことは当然である。ところが、第三債務者保護説を批判する諸説はすべて、この点を混同し、第三債務者保護説に対し、的外れな批判を展開しているのであり、最判平成10年に対しても、「物上代位権の暴走」や「銀行の過剰保護」というレッテルを貼るわけである。

　しかし、民法304条 1 項の法的構造を正確に理解すれば、同項ただし書の「差押え」の趣旨は、第一次的・直接的には第三債務者の二重弁済の危険防止のみにあり、その趣旨を踏まえれば、抵当権者は、第三債務者が現実の弁済をなすまでは、物上代位権に基づく差押えをなすことができ、結果として、抵当権者が保護されるだけのことである（もし、抵当権者による差押え前に、第三債務者が代位目的債権の譲受人（第三者）に弁済していれば、その弁済は有効であり、結果として、第三者が保護される）。したがって、最判平成10年は、物上代位権を強化したのではなく、民法304条 1 項について、本来なすべき解釈を行っただけであることを理解すべきである。

(1)　清原泰司『物上代位の法理―金融担保法の一断面―』17頁、40頁、72頁、73頁（民事法研究会、1997年）参照。
(2)　大連判大正12年以降、最判昭和60年に至るまでの最上級審判例が、一貫して第三者保護の立場に立っていることについては、清原・前掲注(1)71頁、72頁参照。
(3)　清原泰司「判批」判例評論463号22頁（判例時報1606号184頁）（1997年）。
(4)　清原泰司「抵当権の物上代位性をめぐる実体法上の問題点」加藤一郎・林良平編『担保法大系　第 1 巻』343頁、364頁（金融財政事情研究会、1984年）。
(5)　朝日新聞・平成10年（1998年） 1 月31日朝刊第一面に、「賃料債権譲り渡し

差し押さえ逃れダメ」という大見出しの記事が掲載され、ジュリスト1129号（1998年3月1日号）103頁には、「『債権回収逃れ』に歯止めかける初判断」という司法記者の論評が掲載された。また、実務界からも、執行妨害に苦しむ多くの賃料債権差押事例が救済されることになると評価された（今井和男「物上代位と債権譲渡の画期的な最高裁判例」銀行法務21・548号1頁（1998年））。

⑹　私見および最判平成10年に対する批判への反論として、清原泰司「抵当権の物上代位に関する基礎的考察―最高裁平成10年1月30日判決を踏まえて―」損害保険研究62巻3号163頁以下（2000年）、同「物上代位の法的構造」法学新報110巻1・2号175頁以下（2003年）参照。

⑺　清原・前掲注⑷360頁。

⑻　清原・前掲注⑴32頁。

⑼　最判平成10年が物上代位権優先の結論を導くためには、「差押え」の趣旨から説き起こす論理必然性があった理由の詳細については、清原・前掲注⑹法学新報110巻1・2号177頁以下参照。

⑽　高木多喜男『担保物権法〔第3版〕』142頁（有斐閣、2002年）。

⑾　高木・前掲注⑽143頁。

⑿　阪口彰洋「抵当権の物上代位と転付命令」銀行法務21・567号50頁（1999年）。

⒀　松岡久和「判批」民商法雑誌120巻6号124頁（1999年）。山野目教授も、民法304条1項ただし書の趣旨を専ら第三債務者による二重弁済の防止に求めると、物上代位の差押えがなされるより前に目的債権を設定者が取り立て、または有償で第三者に譲渡した場合、抵当権者に不当利得返還請求権が認められることになり、そのような結果は不当であるとして第三債務者保護説を批判する（山野目章夫『物権』234頁（日本評論社、2002年）。高橋教授も同旨を述べる（高橋眞「判批」ジュリスト1157号70頁（1999年））。

　しかし、これらの批判は、第三債務者保護説が、民法304条1項ただし書が設けられていない場合について論じた説であることを全く理解していない。同ただし書が設けられた結果、物上代位権に基づく「差押え」前であれば、抵当権設定者は、代位目的債権を取り立てたり、代位目的債権を第三者に譲渡することは自由であるし、他方、第三債務者の設定者や第三者（債権譲受人）に対する弁済は有効であり、抵当権者にもその弁済を対抗しうるから、そもそも、抵当権者には、設定者や第三者に対する不当利得返還請求権が生じないことも当然であり、最判平成10年の調査官解説においても明確に指摘されていることである（野山宏「判解」法曹時報50巻6号176頁（1998年））。

⒁　阪口・前掲注⑿50頁。

⒂　松岡・前掲注⒀124頁。第三債務者保護説を批判する見解のほとんどすべては、民法304条1項ただし書の「差押え」の趣旨を考えるに際し、同ただし書の立法の前と後を峻別せず（立法後のことは、同ただし書の立法趣旨ではなく、同ただし書の法的効果である）、第三債務者保護説が、その立法前の場面を論じていることを理解していない。これらの見解は、同ただし書の立法後にまで第三債

務者保護説を勝手に貫徹し、第三債務者保護説によれば、「差押え」をしなかっ
た抵当権者に不当利得返還請求権が認められることになると述べ、第三債務者
保護説を批判するのである。したがって、松岡教授の見解について、「第三債務
者保護説との関係で言うならば、論議を噛み合わせようとする努力もなされて
いる」（山野目章夫「抵当権の賃料への物上代位と賃借人による相殺(上)」
NBL713号10頁の注7（2001年））という山野目教授の評価には同意し難い。松
岡説は、立法趣旨とは何か、ということを理解せず、第三債務者保護説の内容
を勝手に創作しているからである。

(16)　清原泰司「判批」判例評論475号27頁（判例時報1643号221頁）（1998年）。

(17)　『ボアソナード氏起稿再閲修正民法草案注釈　第四編全』296頁（司法省、訳
者・刊行年不詳）〔以下、「ボアソナード」として、この翻訳書を引用する〕。フ
ランス語原文は、G. *Boissonade, Projet Code Civil pour l'empire du Japon
accompagné, d'un commentaire*, nouvelle éd., t. Ⅳ, 1891, p.267. に拠る。
　　ボアソナード民法草案1638条1項は次のとおりである。
　　「若シ先取特権ノ負担アル物カ第三者ノ方ニテ滅失シ又ハ毀損シ第三者カ此カ
為メ債務者ニ賠償ヲ負担シタルトキハ先取特権アル債権者ハ他ノ債権者ニ先タ
チ右ノ賠償ニ於ケル債務者ノ権利ヲ行フコトヲ得但其先取特権アル債権者ハ弁
済前ニ適正ノ方式ニ従ヒ弁済ニ付キ異議（opposition）ヲ述フルコトヲ要ス」

(18)　谷口安平教授は、「ボアソナードによれば、先取特権は『物を代表する価額』
へ当然に『移転』するのであり、『異議』の目的は第三債務者の保護にあり担保
財産はもともと債務者（所有者）の一般財産に入っていなかったと見ているわ
けであるから、弁済されないかぎり追及を認める特定説がこの考えに忠実であ
り、担保権者保護のためにも妥当である」（谷口安平「物上代位と差押」奥田昌
道ほか編『民法学3《担保物権の重要問題》』115頁（1976年）と述べているの
で、現行民法の「差押え」の趣旨については特定性維持説を採っていることが
明白である。ところが、不思議なことに、この谷口説を第三債務者保護説とし
て挙げる文献が多い（野山宏「判解」前掲注(13)185頁の注20（1998年）、小杉茂
雄『新版注釈民法(9)物権(4)』176頁〔柚木馨・高木多喜男編〕（有斐閣、1998年）、
阪口・前掲注(12)50頁の注7）が、これは誤りである。
　　同様に、第三債務者保護説の論者として、吉野衛判事が挙げられる（野山・
前掲注(13)185頁の注20、阪口・前掲注(12)50頁の注7）が、これも誤りである。な
ぜなら、吉野判事は、「私は、物上代位のための差押えに関する立法の沿革から
みて、物上代位は、担保物権の価値権としての性質にかんがみ、法律がとくに
認めたものであり（その意味で『明文なければ物上代位なし』）、したがって、
民法304条は、担保物権の効力が代位物のうえに及んでいることを当然の前提と
しつつも、担保物権者自身による差押えをその効力保全の要件としていると解
する」（吉野衛「物上代位に関する基礎的考察(上)」金融法務事情968号13頁
（1981年））と述べ、その見解が、大連判大正12年と同じ優先権保全説の立場で
あることを明言しているからである（吉野衛「物上代位における差押えの意義」

加藤一郎・米倉明編『ジュリスト増刊　民法の争点Ⅰ（総則・物権・親族・相続)』160頁、161頁（1985年)。

谷口教授と吉野判事はともに、民法304条立法の沿革の研究により、同条の淵源であるボアソナード民法草案1138条（翻訳本では1638条）1項ただし書のopposition（異議）につき、ボアソナード博士が第三債務者保護説を採っていたことを指摘したが、現行民法304条1項ただし書の「差押え」の趣旨について、第三債務者保護説を主張することはなかった（吉野説に対する評価について、清原・前掲注⑴281頁参照)。

⒆　清原・前掲注⑴78頁。旧民法（明治23年・1890年）債権担保編133条1項ただし書の「払渡差押（opposition)」の趣旨も同じである（清原・前掲注⑴89頁、90頁)。

旧民法債権担保編133条1項は次のとおりである。

「先取特権ノ負担アル物カ第三者ノ方ニテ滅失シ又ハ毀損シ第三者此カ為メ債務者ニ賠償ヲ負担シタルトキハ先取特権アル債権者ハ他ノ債権者ニ先タチ此賠償ニ於ケル債務者ノ権利ヲ行フコトヲ得但先取特権アル債権者ハ弁済前ニ合式ニ払渡差押（opposition）ヲ為スコトヲ要ス」

⒇　松岡・前掲注⒀126頁の注8。

㉑　清原・前掲注⑴17頁、104頁、同・前掲注⑹損害保険研究62巻3号188頁、同・前掲注⑹法学新報110巻1・2号199頁。

㉒「差押え」の趣旨に関する最判平成10年の考え方の解説については、野山・前掲注⒀166頁、167頁参照。

㉓　最判平成10年を批判する見解は、「差押え前でも目的債権が抵当権者に帰属し、設定者に弁済さるべきでないという前提をとるときは、それが登記によって公示されている以上、論理的には、譲受人等は弁済の受領後でも不当利得としてその価値を返還すべきものでなければならない。野山調査官はこれを否定するが（野山・前掲170頁)、その理由は示されていない」(高橋・前掲注⒀70頁）と述べるが、この叙述は、民法304条1項ただし書の立法前と立法後のことを完全に混同している。同項ただし書の立法後は、同規定を適用すれば済むことであり、譲受人等に不当利得が生じないのは当然であり、野山調査官が理由を示さなかったのも、あまりにも当然のことだからである（野山・前掲注⒀170頁)。

㉔　高橋眞「物上代位に基づく差押えの意義」銀行法務21・569号37頁（1999年)、同・前掲注⒀69頁。

㉕　清原・前掲注⑴102頁、同「抵当権の物上代位に基づく差押えの意義」銀行法務21・567号35頁（1999年）など参照。

㉖　生熊長幸『物上代位と収益管理』17頁、190頁（有斐閣、2003年)。なお、生熊説に対する評価については、後掲注(60)参照。

㉗　第三債務者保護説と特定性維持説は、一定事由の発生と同時に物上代位権が代位目的債権上に及ぶとする点や、物上代位権は原担保権それ自体から生じる効力であり、両者は同一性を有するから、物上代位権の公示は原担保権の公示

で足りるとする点では同じ結論に至る。しかし、特定性維持説は、物上代位価値権説から「差押え」の趣旨を導き出している点、および「差押え」の趣旨を代位目的債権の特定性維持にのみ求めるため、誰が差押えてもよい（物上代位権者は、他の債権者に先行して差押えることを要しない）という点で、第三債務者保護説とは異なる。また、特定性維持説は、「差押え」を第三債務者に対する物上代位権の公示方法と考えず、「第三債務者」と「第三債務者以外の第三者」を峻別しない点で、第三債務者保護説とは根本的に異なるのである。

⑳　並木茂「抵当権の物上代位の目的となる債権に対する転付命令の効力(上)」金融法務時事情1162号50頁の注 6 （2002年）は、第三債務者保護説の論者として曄道文藝博士を挙げるが、これは不正確である。曄道博士は、物上代位法定債権質権説の立場に立ちつつ、「差押え」の趣旨については優先権保全説（第三者保護説）を主張し、後述の大連判大正12年の出現に影響を与えた論者だからである（清原・前掲注(1)95頁〜98頁参照）。

⑳　清原・前掲注(1)73頁、同・前掲注㉕銀行法務21・34頁。私見と同じく、代位目的債権の特定性維持を、「差押え」の趣旨目的に求めることは論理的におかしく、それは、「差押え」の結果であると述べる見解として、吉野・前掲注⑱『ジュリスト増刊　民法の争点Ⅰ』162頁（有斐閣、1985年）、角紀代恵「物上代位」小林秀之・角紀代恵『手続法から見た民法』46頁（弘文堂、1993年）、野山・前掲注⑱166頁がある。

　　これに対し、私見を批判し、「特定性維持説は、現実の弁済を阻止して債権の特定性が失われないようにするために（清原教授の言葉を借りれば、差押えの法的効果（結果）を獲得するために）、差押えが必要とするものであり、差押えの目的については説明がなされている」（高橋・前掲注㉔38頁）と述べる見解がある。高橋説は、民法304条 1 項ただし書の立法前の場面を見ず、第三債務者の二重弁済の危険の存在さえ否定する見解であるから、このように解するのである。しかし、この批判が全く失当であるのは言うまでもない（後掲の注㉜および注㊿参照）。

　　なお、私見と高橋説の対立を取り上げ、山野目教授は、「一般に『論理的段差』『目的』『結果』といった言葉に傾く論議は、穫のあるものにはならないのであり、むしろ必要なのは、右の松岡注 9 とその対応本文が提起するような法律的解決の中身をめぐる議論である」（山野目・前掲注⑮11頁上段の注 7 ）と述べる。しかし、「差押え」の趣旨について正確な説明を行うためには、その説明の前提となる場面（民法304条 1 項但書が存在しない場面）を明確にして論じなければならないのであり、逆に、誤った場面を前提にして「法律的解決の中身」議論することこそ、不毛の議論となろう。山野目教授も、松岡教授や高橋教授と同様、「差押え」をしなかった抵当権者に不当利得返還請求権を認める見解を採り、「差押え」の趣旨説明の前提を基本的に誤解しているため（前掲注⑮参照）、この提言には同意し難い。

⑳　清原・前掲注(1)72頁、同・前掲注(3)17頁、同・前掲注⑯26頁、同・前掲注(6)

法学新報110巻1・2号184頁〜185頁。私見と同じく、最判昭和59年および同昭和60年が述べる「差押え」の趣旨として、実質的に意味があるのは、第三者の不測の損害防止だけであると述べるのは、秦光昭「物上代位における『払渡』前の差押えの意義」金融法務事情1466号11頁（1996年）。

⑶　森島昭夫・宇佐美大司「物上代位と差押」法学セミナー370号105頁（1985年）。なお、清原・前掲注⑴79頁参照。

⑶　高橋教授は、民法304条1項ただし書が存在しない場合における第三債務者の二重弁済の危険の存在を論理的前提とする第三債務者保護説（私見）を批判し（高橋説の不当性については、後掲注⑸参照）、「現行法のもとで民法304条1項但書がない場合、第三債務者が抵当権者（……）に支払わなければならないとする前提には疑問があるが、かりにこの前提を認め、差押えに第三債務者保護の意義を認めたとしても、差押えがそれと同時に特定性維持の意義を有し、また、抵当権者の優先権を保全する意義を有するということは、論理的には可能である。というのは、第三債務者保護説、優先権保全説、特定性維持説は、それによって保護されるべき者の利益が相互に対立関係にあるわけではなく」（高橋・前掲注⑵銀行法務21・38頁）と述べる。

　しかし、この点において既に第三債務者保護説を根本的に誤解している。なぜなら、民法304条1項ただし書が存在しなければ、第三債務者が弁済すべき相手は抵当権者なのであり、高橋教授が、「民法304条1項但書がなくとも、差押えがない限り、第三債務者が弁済すべき相手は、自分にとっての債権者すなわち債務者であり」（高橋・前掲注⑵銀行法務21・37頁）と述べているのは、同ただし書が設けられた後の説明であり、現に存在する同ただし書を適用した場合のことを説明しているにすぎず、立法趣旨としての「差押え」の趣旨とは何の関係もない説明だからである。

　「差押え」とは、民法304条1項ただし書の中に存在する言葉であり、同ただし書が存在しなければ、そもそも「差押え」もありえないのであり、第三債務者保護説は、同ただし書が存在せず、かつ「差押え」も存在しない場合の事態を説明しているのである。これに対し、特定性維持説や優先権保全説は、第三債務者保護説とは異なり、民法304条1項ただし書が存在しない場合のことを問題とせず、それゆえに第三債務者の二重弁済の危険の存在も認めない説であり、その論理的前提が第三債務者保護説とは根本的に異なる説である。他方、第三債務者保護説は、「差押え」の趣旨として、特定性維持や優先権保全というものを第一次的には認めないのは、それらは、「差押え」の趣旨、つまり民法304条1項ただし書が存在しない場合の説明ではなく、単に同項ただし書の立法後において規定された「差押え」の法的効果（結果）の説明にすぎないと考えるのである。すなわち、それらは、「差押え」の反射的効果の説明であり、第三債務者保護説と、それ以外の説とは根本的に異なるものである。

　次に、高橋教授は、「①第三債務者保護説は、債権の弁済前、特定性を維持している段階で、第三債務者が抵当権者に支払うべきか、自己の債権者に支払う

べきかという問題を扱う。この点について、抵当権者の差押えの有無が基準となり、差押えがない限り、自己の債権者に支払えば免責されることとなる」（高橋・前掲注㉔銀行法務21・38頁）と述べる。

　この叙述も誤りである。なぜなら、この叙述は、現に存在する民法304条 1 項ただし書を適用した場合についての当然の説明であり、第三債務者保護説とは何の関係もないからである。繰り返すように、第三債務者保護説とは、民法304条 1 項ただし書が存在しない場合に生じる事態を見ているのであり、その段階では、「差押え」という制度も存在しないから、そもそも「差押え」の有無が基準となることもないからである。付言すれば、第三債務者保護説は、債権の弁済前、特定性を維持している段階で、第三債務者が抵当権者に支払うべきか、自己の債権者に支払うべきかという問題を全く扱わないからである。第三債務者保護説が論じているのは、民法304条 1 項本文だけが存在し、同項ただし書が存在しない場面であり、その場面では、物上代位権の発生により、第三債務者は、必ず抵当権者（優先権者）に支払わなければならず、自己の債権者に弁済しても免責されないのである。だからこそ、第三債務者は、二重弁済の危険に陥るのである。

　また、前掲のように、高橋教授は、「この点について、抵当権者の差押えの有無が基準となり、差押えがない限り、自己の債権者に支払えば免責される」と述べるが、これは、現に存在する民法304条 1 項但書を適用した場合の当たり前の叙述であり、第三債務者保護説とは全く関係もないものである。また、高橋教授は、「②優先権保全説は、同じく債権の弁済前、特定性を維持している段階での問題を扱う。……これに対して、③特定性維持説は、債権の弁済後、特定性を喪失した後の問題を扱う」（高橋・前掲注㉔銀行法務21・38頁～39頁）と述べるが、このような分類にも賛成できない。両説はいずれも、特定性の維持を前提とする説であり、第三者を保護するか、抵当権者を保護するかに違いがあるだけである。そして、特定性維持説は、抵当権者保護の観点から、代位目的物の特定性維持のみが「差押え」の趣旨であると解し、代位目的物が債務者等の一般財産中に混入することだけを防止すればよいと考えるため、誰が差し押さえてもよいと解するのであり、抵当権者自身の先行差押えは必ずしも要求されないのである。それゆえ、高橋教授が、特定性維持説では、「抵当権者は、混入すなわち債権の特定性の喪失を防ぐために、支払前の差押えを要求されることになる」（高橋・前掲注㉔銀行法務21・39頁）と述べるのは、本来の特定性維持説の内容ではない。抵当権者に先行差押えを要求するのは優先権保全説だからである。したがって、高橋教授は、特定性維持説自体を誤解している評価せざるを得ない。

㉝　松岡・前掲注⒀123頁、西島梅治『保険法［第三版］』232頁の注 2 （悠々社、1998年）、山野目・前掲注⒀234頁、235頁。

㉞　野山調査官は、「差押え」の趣旨につき、最判平成10年が、なぜ、第三者（競合債権者）保護を排除したか（第三者保護は、第三債務者保護による反射的利

益・副次的目的にすぎない）について解説している（野山・前掲注⒀166頁、
167頁）。

⒂ 松岡・前掲注⒀124頁の注11。

⒃ 梅謙次郎『訂正増補 民法要義 巻乃二 物権編（第参拾壱版）』329頁（有
斐閣書房、1911年）。

⒄ 清原・前掲注⑹損害保険研究62巻 3 号182頁、183頁。

⒅ 土地改良法123条は次のとおりである（土地区画整理法112条も同旨である）。

　「①土地改良事業を行う者は、換地計画若しくは交換分合計画に定める清算金
又は第119条ただし書若しくは前条の規定による補償金を支払う場合において、
当該土地、物件又は権利につき先取特権、質権又は抵当権があるときは、その
補償金又は清算金（当該権利の及ぶべき額として定められたものに限る。）を供
託しなければならない。但し、先取特権、質権又は抵当権を有する者から供託
しなくてもよい旨の申出があった場合には、この限りでない。

　②前項の先取特権、質権、抵当権を有する者は、同項の規定により供託され
た補償金又は清算金に対して、その権利を行うことができる。」

⒆ 我妻榮『新訂 担保物権法（民法講義Ⅲ）』289頁（岩波書店、1968年）。

⒇ 土地収用法104条ただし書は、民法304条 1 項ただし書と同じく「差押え」を
要求しており、土地改良法123条 1 項本文と異なり、事業施行者（第三債務者）
に「供託義務」を課していない。なお、土地収用法104条は次のとおりである。

　「先取特権、質権若しくは抵当権の目的物が収用され、又は使用された場合に
おいては、これらの権利は、その目的物の収用又は使用に因って債務者が受け
るべき補償金等又は替地に対しても行うことができる。但し、その払渡又は引
渡前に差押をしなければならない。」

⒇ 我妻・前掲注⒆291頁。

⒇ 我妻・前掲注⒆288頁。

⒇ 我妻説に対する私見の評価については、清原・前掲注⑴79頁～82頁参照。

⒇ 物上代位権自身による「差押え」は、第三債務者に対して物上代位権の存在
を知らせ、第三債務者をインフォメーション・センターとすることであり、そ
の結果、第三債務者から弁済を受ける利害関係人の利益も保護される。つまり、
「差押え」は、債権譲渡の場合に譲渡人から債務者に対してなされる「通知」
（民法467条 1 項）と同じ機能を営んでいるといえるのである（清原・前掲注⑹
188頁～189頁参照）。

⒇ 野山調査官が、「本判決は、差押えには事実上の第三者保護機能（他の債権者
との間で法律関係の紛糾を招くことをある程度防ぐという単なる事実上の機能）
があると考えれば足りるとしたものと思われる」（傍点、筆者）（野山・前掲注
⒀167頁）と述べるのは、このような意味である。

⒇ ボアソナード・前掲注⒄296頁。

⒇ ボアソナード・前掲注⒄624頁。

　ボアソナード民法草案1805条 6 号は次のとおりである。

　　「抵当ハ左ノ諸件ニ因リ消滅ス〈中　略〉

　　第六　抵当不動産ノ全部滅失但第千七百七条ニ従ヒ債権者ノ権利ノ其滅失ヨ
　　リ生ス可キ賠償ニ移転スルコトヲ妨ケス」

　　ボアソナード民法草案1707条 1 項は次のとおりである。

　　「意外若クハ不可抗ノ原由又ハ第三者ノ所為ニ出テタル抵当財産ノ滅失、減少
　　又ハ損壊ハ債権者ノ損失タリ但先取特権ニ関シ第千六百三十八条ニ記載シ
　　タル如ク賠償ヲ受クヘキ場合ニ於テハ債権者ノ賠償ヲ受クルノ権利ヲ妨ケ
　　ス」

⒆　宮城浩蔵『民法正義　債権担保編　巻之弐　第六版』354頁～355頁（新法註
　　釈会、1892年）。

　　旧民法債権担保編292条 6 号は次のとおりである。

　　「抵当ハ左ノ諸件ニ因リ消滅ス〈中　略〉

　　第六　抵当不動産ノ全部滅失但第二百一条ニ従ヒテ債権者ノ権利カ其滅失ヨ
　　リ生ス可キ賠償ニ移転スルコトヲ妨ケス」

　　また、旧民法債権担保編201条 1 項は、ボアソナード民法草案1707条 1 項とほ
　ぼ同じ文言である（詳細は、清原・前掲注⑴52頁～53頁参照）。

⒆　梅・前掲注㉞327頁～329頁。

⒇　これに対し、高橋教授は、「条文の比較だけで判断するのは危険であるが」と
　断りつつ、ボアソナード民法草案1638条 1 項、旧民法133条 1 項および現行民法
　304条 1 項を比較し、前二者では、先取特権者が行使しうるのは、「債務者の権
　利」であるのに対し、現行民法では、先取特権者は、債務者の権利を客体とし
　て、これに「先取特権」を行使しうるものとされているから、旧民法までの段
　階においては、第三債務者は、先取特権者に直接弁済しなければならず、二重
　払いの危険にさらされるが、「現行民法では、『債務者の権利』に対して先取特
　権を行使しうるというのであるから、『債務者の権利』はあくまでも先取特権行
　使の客体であるにとどまり、先取特権者は第三債務者に直接弁済を請求しうる
　ものではない。先取特権については債権質権者の直接取立権（367条）のような
　権限は与えられていないからである。したがって、現行民法304条 1 項但書がな
　くとも、差押えがない限り、第三債務者が弁済すべき相手は、自分にとっての
　債権者すなわち債務者であり、その者に弁済する限り、二重払いの危険は存し
　ないというべきである」（高橋・前掲注㉔銀行法務21・37頁）と述べ、私見を批
　判する。

　　確かに、現行民法304条 1 項本文では、「債務者の権利」に対して先取特権を
　行使しうるとなっているが、その権利行使の前提として、同規定に定める事由
　の発生により、先取特権＝物上代位権は、「債務者の権利（代替物）」の上に既
　に成立しているのであり、そのことは、梅博士が、「以上ノ理由ニ因リ本条ニ定
　メタル各種ノ場合ニ於テ先取特権カ其目的物ニ代ハルヘキ債権ノ上ニ存スルモ
　ノトスルハ固ヨリ至当ナリ」（梅・前掲注㊱329頁）（傍点、筆者）と述べている
　ことからも明白であり、その点では、ボアソナード民法草案や旧民法の場合と

全く同じである。それが、物上代位制度なのである。まさに、条文の言葉の比較だけで判断するのは危険である。

　物上代位権の成立時期は、物上代位制度立法の趣旨からを理解すべきである。それゆえ、先取特権の行使前に既に、「債務者の権利」の上に先取特権が成立し、「債務者の権利（代位目的債権）」は、先取特権という優先権の拘束を受けているのである。

　したがって、民法304条1項本文のみが存在し、同項ただし書が設けられていない段階では、どのような権利実行手続きを設けるかは別にして、先取特権者は、実体法上の優先権として、第三債務者に対する弁済請求権を有しており、他方、第三債務者は、実体法上の義務として、先取特権者に対する弁済義務を負うことになり、二重弁済の危険にさらされるのである（設定者や第三債務者が、担保物権の優先弁済権を侵害してはならない実体法上の根拠は、例えば、民法481条1項の類推に求めることができる（我妻・前掲注㊴191頁参照））。さらに、物上代位権を債権質権類似の優先権と解せば（私見は、そう解さず、物上代位権＝担保物権と解するものであるが）、物上代位権者は、債権質権の効力として直接取立権を有する（我妻・前掲注㊴290頁）から、実体法上、直接取立権を有していることになる。そのため、現行民法304条1項ただし書が設けられる前においては、第三債務者は必ず二重弁済の危険に陥るのである。これに対し、第三債務者の二重弁済の危険がなくなるのは、同項ただし書が設けられた結果である。同規定の立法化により、立法目的（趣旨）が達成されたからである。

　以上、高橋説は、物上代位権の成立時期を誤解し、第三債務者の二重弁済の危険の存否を見るにあたり、同項ただし書が設けられる前後を混同して論じているのである。

⑸　諸国の立法例も、原担保権と物上代位権との同一性を認め、物上代位権の順位は、原担保権の順位に従うことが明記されている（清原・前掲注⑴55頁～56頁参照）。

⑿　道垣内弘人「賃料債権に対する物上代位と賃料債権の譲渡」銀行法務21・12頁～15頁（1996年）、近江幸治『担保物権法〔新訂補正版〕』49頁（弘文堂、1998年）など。

⒀　ボアソナード民法草案1638条1項については前掲注⒄、旧民法債権担保編133条1項については前掲注⒆参照。

⒁　清原・前掲注⑴16頁、17頁、58頁、59頁、89頁、90頁参照。

⒂　吉野・前掲注⒅『ジュリスト増刊　民法の争点Ⅰ』162頁。

⒃　梅・前掲注㊱329頁。

⒄　松浪仁一郎・仁保亀松・仁井田益太郎『帝國民法正解　第五巻　物権編』936頁、937頁（有斐閣書房、1897年）。

⒅　富井政章「物上代位ヲ論ス」法学志林10巻6号7頁（1908年）。

⒆　清原・前掲注⑴92頁、93頁参照。

⑹　生熊・前掲注⑳17頁、18頁。

　　公示不要説か、公示必要説かという分類の基準は、物上代位権と原担保権を同一の権利とみるか、別個の権利と見るか、ということである。すなわち、物上代位権は、原担保権との拡張でもなく新たな権利の発生でもなく、原担保権そのものと考えれば、原担保権の公示が物上代位権の公示となるから、物上代位権独自の公示を必要としないという意味で公示不要説を採ることになるのであって、公示不要説によれば、物上代位権の公示が全く不要ということではない。どのような権利であれ、公示は必要だからである。（動産先取特権のように原担保権自体が公示を要しない場合には、それと同一性を有する物上代位権の公示も不要であるから、先取特権の物上代位に関するボアソナード博士の説明は、物上代位権の公示について言及しなかったものと思われる）。要するに、物上代位権の公示として、原担保権の公示とは別個の公示を要するかという意味での分類であるべきである。

　　この点に関し、生熊教授は、「旧民法制定過程におけるのと異なり、民法制定の段階では、担保権者は担保権の効力が物上代位の目的債権に及んでいることを公示なしに第三者（第三債務者を含む）に対抗しうるという考え（公示不要説）が捨てられ」（生熊・前掲注⑳16頁）と述べ、公示不要説は、物上代位権の公示を全く必要としないとする説であるかのように説明する。生熊教授のそのような理解は、「平成10年新判例は、物上代位の目的債権が譲渡され対抗要件が具備された後になお抵当権者が目的債権につき物上代位しうる理由につき、抵当権の効力が物上代位の目的債権に及ぶことは抵当権設定登記により公示されているとみることができるという点も挙げているから、平成10年新判例も公示必要説を前提としているように見えないわけではない」（生熊・前掲注⑳38頁）という説明において、より明瞭に現れている。

　　しかし、物上代位権が抵当権設定登記により公示されていると述べる最判平成10年（平成10年新判例）は、物上代位権＝抵当権と解し、原担保権である抵当権の設定登記が、第三者（第三債務者を除く）に対する物上代位権の公示となると述べ、物上代位権の公示方法として、抵当権設定登記とは別個の公示を要しないという意味において、公示不要説の立場である。生熊教授のように、最判平成10年は、「公示必要説を前提としているように見えないわけではない」と述べ、同最判が、あたかも公示必要説を前提としているかのように理解するのは、同最判の理解に無用の混乱を招くだけである。

　　最判平成10年が公示不要説の立場であることは、「差押え」の趣旨につき第三債務者保護説を採ったことにも現れている。すなわち、第三債務者保護説を採る前提として、もし、民法304条１項ただし書が存在しなければ、同項本文により発生した物上代位権＝抵当権は代位目的債権に及び、そのことは抵当権設定登記により、第三債務者を含む第三者に公示されているため、第三債務者は、債務者に弁済しても、代位目的債権の消滅を抵当権者に対抗できない結果、二重弁済の危険に陥ると解するのである。そして、最判平成10年は、かかる二重

弁済の危険から第三債務者を保護するため、同項ただし書が設けられ、「差押え」を以て、物上代位権の第三債務者のみに対する公示（対抗要件）および物上代位権の行使要件とする一方、それ以外の第三者に対する物上代位権の公示は、原担保権である抵当権の設定登記でよいと解しているのである。それゆえ、物上代位権は、抵当権設定登記により公示されていると判示する最判平成10年は、物上代位権独自の公示を必要としない公示不要説の立場である。

また、生熊教授は、「民法典制定後十数年経過してから現れた特定性維持説に立つとされる判例および学説（大正４年の二つの大審院判決および大連判大正12年以降の通説—筆者注）は、差押えの趣旨は『目的債権の特定性の維持』のみにあるのだから、物上代位権者が目的債権を差し押えるより前に目的債権が第三者に譲渡されたり転付されたりしても、第三債務者が弁済する前であればなお物上代位権を行使しうるとして、公示不要説に立っていることを明らかにしている。かかる判例・学説は、民法は公示不要説に立って制定されていると考えているようである。しかしながら、もし民法が公示不要説に立って制定されていると考えるならば、第三債務者が物上代位権者の差押え前に債務者に弁済したときは、特定性維持説を前提とする以上、物上代位権者は債務者の一般財産から優先弁済を受けることはできないが、第三債務者は本来物上代位権者に支払うべきなのであるから、第三債務者に二重の支払を求めることができるという考えも出てきうるはずであるが、特定性維持説はこのような考えを当然否定するのであろう。そうするとこのような特定性維持説に立つ判例・学説は、差押えは『目的債権の特定性の維持』と『第三債務者の保護』の二つの趣旨を併せ持つというべきだったのである。このようにみてくると、特定性維持説をとる判例・学説は、第三債務者保護説の延長にあるものであるといえよう」（生熊・前掲注⑵17頁）と述べる。

しかし、特定性維持説は、第三債務者保護説の延長にあると述べるのは、第三債務者保護説に対する基本的な誤解である。なぜなら、特定性維持説は、「差押え」の趣旨につき、代位目的債権の特定性を維持することのみにあると解するが、その理由は、代位目的物が債務者の一般財産に混入した後まで物上代位権の存続を認めることは、担保物権の特定性の原則に反し、法律関係の紛糾を招き、他の債権者を害するというものであり（柚木馨・高木多喜男『担保物権法〔第三版〕』270頁～271頁（有斐閣、1982年））、第三債務者の二重弁済を一切認めないことを前提とする説であり、第三債務者とは全く相容れないからである。また、特定性維持説が公示不要説に立つことはそのとおりであるが、それは、特定性維持説が物上代位本質論につき価値権説に依拠し、物上代位権＝原担保権と解し、物上代位権の公示は、原担保権の公示で十分であり、別段の公示を要しないという意味である。したがって、もし民法が公示不要説に立つと解するのであれば、「差押え」の趣旨につき、第三債務者保護を採るべきであるが、特定性維持説を採ることも可能なのである。つまり、公示不要説を起点とした場合、第三債務者保護説の延長に特定性維持説があるのではなく、第三債

務者保護説と特定性維持説とに枝分かれするのであるから、両説は断じて延長関係にはない。そして、正当であるのは第三債務者保護説であるのはいうまでもない。そもそも、特定性維持説は、第三債務者の二重弁済を認めない説なのであるから、たとえ公示不要説に立つとしても、「第三債務者の保護」を挙げてはならないのである。「目的債権の特定性の維持」と「第三債務者の保護」は二律背反であり、特定性維持説が、「差押え」の趣旨として「第三債務者の保護」を挙げることは理論的破綻であり、両説は相容れないのである。

(61)　松浪・仁保・仁井田・前掲注(57)936頁。

(62)　岡松参太郎『註釈民法理由　中巻　九版』345頁（有斐閣書房、1899年）。

(63)　富井・前掲注(58) 6 頁。

(64)　例えば、岡松・前掲注(62)345頁は、「差押」につき、「債権カ弁済セラレサル前（即チ債権ノ存在中ニ限ル）」になす必要があることを明言する。

(65)　大正初期から大連判大正12年までの学説の状況については、清原・前掲注(1) 95頁～101頁参照。

(66)　曄道文藝「判批」京都法学会雑誌11巻 6 号（1916年）72頁、73頁。曄道博士の見解は、大連判大正12年の登場に影響を与えたと言われる。

(67)　横田秀雄「物上代位ヲ論ス（其二）」国家及国家学 6 巻 9 号 9 頁～16頁（1918年）。

(68)　立法の沿革や学説史からも、現行民法典では、物上代位権は原担保権により公示されているという公示不要説を採っていたと見るべきであり、公示必要説に転換したとはいえないから、生熊説を根拠に私見を批判する見解（松岡・前掲注(13)124頁の注 3 ）は失当である。また、私見に対し、私見が援用するドイツ民法でも賃料債権に関する処理と保険金債権に対する規律が異なっているのであるから、保険金債権に対する物上代位制度を根拠にして、賃料債権を含む日本民法304条を解釈するのは説得的ではないという批判がある（松岡・前掲注(13)124頁の注 3 ）。しかし、担保物権の物上代位制度は、歴史的にも、比較法的にも保険金をめぐって発達したのであり、それが最も普遍的な物上代位制度であるのに対し、賃料債権に対するドイツ民法の規制は、ドイツ特有のものである。むしろ、日本民法304条 1 項は、賃料についても、保険金と同じように規制しているのであるから、保険金債権への物上代位について考察することが、物上代位の法的構造を理解するために最も有益なのである。賃料と保険金とで全く異なった解釈を行うことは、問題を複雑化し、議論を混乱させるだけである。

(69)　「差押え」の趣旨につき、第三者保護説ないし優先権保全説を採ったからといって、必ずしも公示必要説に結びつくわけではない。例えば、石田文次郎博士は、「物上代位の原則は、担保権者を特に保護するがための例外規定ではなく、担保権の本質から自然に引出される当然の規定である。……故に又、物上代位により価値の変形物の上に行使する担保権は新たなる担保権ではなく、従来の担保権であって、各担保権相互の順位も従来の順位に依るべきである」（石田文次郎『担保物権法論　上巻』63頁（有斐閣、1936年））と述べ、物上代位本質論

につき価値権説を採り、物上代位権の公示は原担保権の公示で足り、別途の公示を要しないと述べる一方、「差押え」の趣旨については、「この規定は担保権の特定の原則より生ずる当然の規定であり、物上代位を為さんとする担保権者の優先権を保全する唯一の方法を定めたものと謂はねばならぬ」（石田・前掲書80頁）と述べ、代位目的債権について「譲渡」や「転付命令」があれば、物上代位権を行使できないと述べる。しかし、「この差押は物上代位権成立の要件ではない。……この差押は担保権の物体を特定し、其上に行はるべき優先権を保全する要件にすぎない。従来の担保権は物上代位に依って其性質を変じない」（石田・前掲書81頁）と述べ、公示不要説を採るのである。同様に、末川博博士も、物上代位本質論につき価値権説に依拠しつつ、「差押え」については第三者保護説（差押公示説）を採り、代位目的債権の「譲渡」後の物上代位権行使を認めない（末川博「判批」法学論叢26巻 2 号316頁～319頁（1931年））。

(70)　吉野判事は、民法304条立法の沿革の研究により、ボアソナード博士が第三債務者保護説を採っていたことを指摘し、同条が立法ミスであると述べるが、そのことから直ちに、現行民法の「差押え」の趣旨を第三債務者保護に求めるのではなく、物上代位権者自身が先行差押えをなすべき旨を説き、優先権保全説を採った大連判大正12年を支持する。ただし、吉野判事は、「物上代位による優先的効力は差押えによって初めて生ずるのではなく、差押え前にその効力は、代位物に当然に及んでおり、優先権の順位は、本来の担保物権の順位によるものと考える」（吉野・前掲注(18)『ジュリスト増刊　民法の争点Ⅰ』161頁）と述べ、物上代位権につき公示不要説を採るが、第三債務者と第三者を峻別していない。

(71)　大審院（三民）大正 4 年 3 月 6 日（民録21輯363頁）および同（三民）大正 4 年 6 月30日（民録21輯1157頁）は、「差押え」の趣旨について特定性維持説を採り、いずれも、一般債権者が転付命令を取得した後に、抵当権者が、物上代位権に基づいて旧鉱業法や旧土地収用法による補償金債権を差押えた事案に関し、抵当権者が優先すると判示した（清原・前掲注(1)23頁、24頁、65頁、66頁）。また、大連判大正12年に対して、当時の学説は、特定性維持説を採り、大正 4 年の二つの大審院判決の方が正当であるとした（清原・前掲注(1)46頁の注47および84頁の注30の文献参照）。

(72)　阪口・前掲注(12)51頁の注16。

(73)　阪口・前掲注(12)51頁の注16。

(74)　阪口・前掲注(12)50頁。

(75)　阪口・前掲注(12)50頁。

(76)　松岡・前掲注(13)132頁。

(77)　荒木新五「『債権譲受人性悪説』？」金融・商事判例1039号 2 頁（1998年）。

(78)　松岡・前掲注(13)124頁。

(79)　清原・前掲注(16)26頁参照。

(80)　清原・前掲注(1)68頁参照。

(81)　中野貞一郎『民事執行法〔新訂四版〕』（青林書院）612頁（2000年）、上原敏
　　　夫「抵当権の物上代位の目的となる債権に対する転付命令の効力—最三小14・
　　　3・12の検討—」金融法務事情1655号11頁（2002年）、生熊・前掲注(26)199頁、
　　　並木・前掲注(28)69頁。

(82)　上原・前掲注(81)12頁、生熊・前掲注(26)199頁、並木・前掲注(28)70頁。

(83)　並木・前掲注(28)70頁。

(84)　私見と同旨の論稿として、並木・前掲注(28)73頁、片岡宏一郎「被転付債権に
　　　対する抵当権の物上代位権行使」金融法務事情1650号5頁（2001年）がある。
　　　　これに対し、最判平成14年が最判平成10年に抵触することを指摘しつつも、
　　　最判平成14年に賛成する論考として、上原・前掲注(81)12頁、生熊・前掲注(26)203
　　　頁があり、また、最判平成14年の理由付けと結論の双方に賛成する論考として、
　　　芹澤俊明「判批」銀行法務21・608号65頁（2002年）、内山衛次「判批」法学教
　　　室266号145頁（2002年）、亀井洋一「判批」銀行法務21・617号87頁（2003年）、
　　　遠藤曜子「判批」NBL759号76頁（2003年）、吉岡伸一「抵当権の物上代位の目
　　　的となる債権に対する転付命令の効力」判例タイムズ1105号84頁（2003年）が
　　　あるが、これらの見解には賛成することができない。

(85)　清原・前掲注(1)218頁。

第2節　賃料債権に対する抵当権の物上代位権行使

一　問題の背景と所在

　バブル経済が崩壊し不動産価格が大幅に下落したことにより、抵当不動産に対し抵当権を実行するよりも、抵当不動産から生じる賃料に対し抵当権の物上代位権を行使し、債権回収を図ることが積極的に行われている。このように、抵当権の物上代位権が積極的に活用されるようになったのは、①最二判平成元・10・27（民集43巻9号1070頁）が、債務不履行以後の賃料債権への抵当権の物上代位権行使を無制限に肯定したからである。

　このような債権回収策に対し、債務者側の採った対抗手段が、従来の賃貸借契約を一旦解除して第三者との間に新たに短期賃貸借契約を締結し（平成15年〔2003年〕改正前の民法395条は、短期賃貸借（民法602条）に限り、抵当権設定登記後に対抗要件を具備した場合でも抵当権に対抗することができると定めていた）、その第三者と従来の賃借人との間に新たに転貸借契約を締結させることであった。しかし、その第三者は、債務者のダミー会社や系列会社の場合がほとんどであり、「転貸」は明らかに債権回収妨害を目的としていたので、抵当権者は、転貸料債権に対し物上代位権を行使することになった。その結果、転貸料債権に対する抵当権の物上代位権行使の可否をめぐる紛争が激増したが、下級審裁判例は、原賃貸借（それが短期賃貸借であっても）が抵当権設定登記後に締結されている場合や原賃貸借に執行妨害目的のある場合に限り、物上代位権の行使を肯定した。

　そこで、次に債務者側の対抗手段が、賃料に対して抵当権の物上代位権行使がなされる前、すなわち抵当権者が物上代位権に基づいて未発生（履行期未到来）の賃料債権を差し押さえる前に、その賃料債権を第三者（ダミー会社又は系列会社等）に包括的に譲渡してしまうことであった。その結果、当該債権について、その譲受人と抵当権者（物上代位権者）のいずれが優先するのか、という問題が生じた。そして、この問題に関する従来の最高裁の見解に従えば、賃料債権の「譲渡」は、民法304条1項ただし書の「払渡し又

は引渡し」に含まれると解され、抵当権者の物上代位権行使は不可能となることから、債権譲受人が優先することになるはずであった。実際、東京高判平8・11・6（判時1951号32頁、金商1011号3頁）はそのように述べ、譲受人を優先させた。

　しかし、このような債権譲渡には、明らかに債権回収妨害の目的があり、譲受人優先という結論は、悪質な債務者の跋扈を容認することになろう。そのため、下級審判例では、抵当権者優先の結論を採るものが多かった。すなわち、大阪高判平7・12・6（判時1564号、判タ901号283頁、金法1451号41頁）、東京地判平8・9・20（判時1583号73頁、金法1464号29頁）、東京高判平9・2・20（判時1605号49頁、金法1477号45頁、金商1015号39頁、銀法533号16頁）である。しかし、抵当権者優先の理論構成はすべて異なるものであった。

　これに対し、私は、民法304条1項の法的構造につき、その本文とただし書を峻別して理解すべきであると主張してきた。すなわち、本文は、担保権者への物上代位権付与による担保権者保護の規定である一方、ただし書は、物上代位権付与により担保権者に対し直接の弁済義務を負うことになる第三債務者の二重弁済の危険防止を目的とする第三債務者保護の規定である、と（清原泰司『物上代位の法理』（民事法研究会、1997年）27頁以下、72頁以下、101頁以下）。それゆえ、物上代位権は原担保権と同一性を有することになり、その公示は、原担保権の公示で足りる一方、ただし書にいう「差押え」の趣旨は、第三債務者保護のみにあることになる。そして、この解釈に基づき、私は、「差押え」の趣旨が「代位目的債権の特定性保持」と「第三者の不測の損害防止」にあると述べた②最一判昭59・2・2（民集38巻3号431頁）および③最二判昭60・7・19（民集39巻5号1326頁）の判例理論につき、最高裁は再考すべきであると主張した（清原泰司「判批」判評463号22頁（判時1606号184頁）（1997年））。

　私のこの批判に対し、最高裁は、④最二判平10・1・30（民集52巻1号1頁、金法1508号67頁、金商1037号3頁、判時1628号3頁、判タ964号73頁）〔前掲東京高判平8・11・6の上告審〕および⑤最三判平10・2・10（民集を除き、④判決と同一雑誌の同箇所に掲載）〔前掲大阪高判平7・12・6の上告審〕において、民法304条1項ただし書の「差押え」の趣旨が第三債務者の保護に

あることを明言するとともに、賃料債権の「譲渡」は、同規定の「払渡し又は引渡し」に含まれないと述べ、抵当権者優先の結論を導いたのである。

　さらに、⑥最一判平10・３・26（民集52巻２号483頁、判時1638号74頁、金法1518号35頁、金商1044号３頁）は、賃料債権について、一般債権者の差押えと抵当権者の物上代位権に基づく差押えが競合した場合、両者の優劣は、一般債権者の申立てによる差押命令の第三債務者への送達と抵当権設定登記の先後によって決すべきであると判示した。これは、抵当権の物上代位権が、その原担保権たる抵当権の登記により公示されているとするものである。かくして、最高裁は、民法304条１項の法的構造につき、私見と同じ見解を採ったわけである。しかし、この見解は、従来の判例理論や多数の学説と根本的に異なるものであり、未だに学説からの批判も多い。そこで、本稿では、この見解の正当性を明らかにしたうえで、抵当権の賃料債権への物上代位をめぐる最近の問題について理論的解明を行う。

二　民法304条１項の法的構造に関する解釈

1　従来の学説・判例の検討

　民法304条１項は、「先取特権ハ其目的物ノ売却、賃貸、滅失又ハ毀損ニ因リテ債務者カ受クヘキ金銭其他ノ物ニ対シテモ之ヲ行フコトヲ得但先取特権者ハ其払渡又ハ引渡前ニ差押ヲ為スコトヲ要ス」（平成16年〔2004年〕民法現代語化前の民法304条１項）と規定し、本規定は、質権および抵当権にも準用されている（民法350条・372条）。

　本規定の趣旨につき、民法典の起草者である梅謙次郎博士は、次のように説明する。すなわち、「本条ニ定メタル各種ノ場合ニ於テ先取特権カ其目的物ニ代ハルヘキ債権ノ上ニ存スルモノトスルハ固ヨリ至当ナリト雖モ是元来便宜法ニシテ特ニ先取特権者ヲ保護センカ為ニ設ケタル規定ナリ故ニ是ニ因リテ大ニ他ノ債権者ノ利益ヲ害スルコトアラハ本条ノ規定ハ不公平ナリト言ハサルコトヲ得サルヘシ而シテ若シ一旦債務者カ債権ノ目的物タル金銭其他ノ物を受取リタル後尚ホ先取特権者ハ其上ニ先取特権行フコトヲ得ルモノトセハ他ノ債権者ハ何ニ由リテ其金銭其他ノ物カ先取特権ノ目的タルヲ知ルコ

トヲ得ンヤ故ニ動モスレハ意外ノ損失ヲ被ムルコトナシトセス是レ本条ニ於テ特ニ先取特権者ハ右ノ金銭其他ノ物ノ払渡又ハ引渡前ニ差押ノ手続ヲコトヲ要スルモノトシタル所以ナリ」（梅謙次郎『訂正増補民法要義巻之二物権編』（1911年）329頁）と。

　敷延すれば、民法304条1項本文の趣旨は、物上代位権付与による先取特権者保護にあるが、代位目的物である金銭等が債務者の一般財産中に混入した後も、物上代位権の行使を認めれば、他の債権者（第三者）は不測の損害を被ることになる。そこで、他の債権者の損害を防止し、金銭等が債務者の一般財産に混入しないようにするため、先取特権者自身が、第三債務者による債務者への金銭等の払渡し又は引渡しの前に代位目的債権を差し押さえるべきことを要求したのが、同項ただし書の趣旨である、というのである。つまり、このただし書の趣旨は、その本文により付与された物上代位権の行使から他の債権者を保護することにあり、その目的のためには、「差押え」により代位目的債権をあらかじめ特定するが必要があるというのである。したがって、「差押え」の趣旨は、特定性維持を論理的前提とする第三者保護にあると解していたわけであり、このような理解が、大正中期頃まで民法学上の定説でもあった（詳細は、拙著・前掲書91頁以下参照）。

　ところが、大判大4・3・6（民録21輯363頁）及び大判大4・6・30（民録21輯1157頁）は、「差押え」の趣旨が特定性維持のみにあり、代位目的債権が特定されれば誰が差し押さえてもよいと判示したのである。これらの判例は、当時の学説により激しく批判された。そこで、大審院は学説の批判を受け入れ、大連判大12・4・7（民集2巻5号209頁）において、物上代位権の付与は抵当権者保護のためであり、物上代位権者自身による代位目的債権の差押えは、物上代位権という優先権の保全に不可欠の要件であるから、その差押え前に、代位目的債権について他の債権者が「転付命令」を得れば、その「譲渡」の場合と同様、抵当権者はもはや物上代位権を保全できないと判示し、「差押え」の趣旨として優先権保全説を採ることを明言したのである。しかし、この連合部判決に対し、当時の学説は、物上代位価値権説と結び付いた特定性維持説の立場から激しく批判した。

　この特定性維持説は、物上代位権とは価値権たる担保物権の本質上当然に

認められるという物上代位価値権説を前提とし、「差押え」の趣旨は、代位目的物が債務者の一般財産中に混入しないように、その特定性を維持することのみにあるとする。それゆえ、物上代位権と原担保権とは同一性を有し、物上代位権の公示はその原担保権の公示で足り、また代位目的債権の特定性さえ維持されればよいから、誰が差し押さえても物上代位権は保全される。そして、代位目的債権について「転付命令」や「譲渡」がなされても、その特定性が維持されている限り（現実の弁済がない限り）、代位目的債権に対する差押えは可能と解するのである。したがって、この説は、担保権者の保護に資する。

　しかし、近時は、むしろ優先権保全説（第三者保護説・差押公示説）が優勢であった。この説は、物上代位権とは担保権者保護のために法律が特別に認めた優先権であるという物上代位特権説を前提とし、このような優先権付与により特別に保護される担保権者自身が、優先権の保全のために代位目的債権を差し押さえなければならないとする。それゆえ、物上代位権は、原担保権とは別に法律により特別に認められた優先権であるから、第三者保護のためには、原担保権とは別個の公示が必要であり、それが「差押え」である。そして、物上代位権者による差押え前に、代位目的債権について「転付命令」や「譲渡」がなされれば、その債権はもはや債務者には帰属しないのであるから、その債権に対する差押えも不可能と解するのである。したがって、この説は、第三者（他の債権者）保護に資する。

　このように、特定性維持説と優先権保全説は、その立論の前提とする物上代位本質論についての理解が全く異なるため、根本的に対立するものとして把握されていた。しかし、物上代位権は、価値権的性質を有する担保物権の優先弁済権を確保することにより担保権者を保護し、もって担保金融を促進するために法制化されたものであるから、物上代位の本質は、特権説と価値権説の双方によって説明すべきである。それゆえ、いずれか一方だけの物上代位本質論に基づいて「差押え」の趣旨を導き出すことは正当でない。

　他方、物上代位本質論は、民法304条１項本文のみに関する立論であり、本来、そのただし書とは論理必然的な関係にない。実際、かつて、物上代位価値権説を採りながら、物上代位権者自身の差押えを要すると主張した見解

（末川博「判批」法学論叢26巻 2 号（1931年）316頁、石田文次郎『担保物権法論上巻』（1936年）81頁以下）が存したし、さらに価値権説＝特定性維持説を採りながら、物上代位権者自身の差押えを要するという見解（我妻榮『新訂担保物権法』（岩波書店・1968年）290頁）も存した。

　では、特定性維持説と優先権保全説を、民法304条 1 項ただし書のみに関する説として理解した場合においても、両説は根本的に相対立するであろうか。否である。なぜなら、梅博士の説明からもわかるように、本来、優先権保全説は、代位目的債権の特定性維持を論理的前提としており、この両説は表裏一体の関係にあるからである。したがって、優先権保全説は、特定性維持説を論理的前提としており、両説から成る二面説と評してよいものである。実際、大正12年の大連判以降の大審院先例、すなわち大決昭 5 ・ 9 ・23（民集 9 巻918頁）、大判昭10・ 3 ・12（法律新聞3817号 9 頁）及び大判昭17・ 3 ・23（法学11巻12号100頁）はいずれも、「差押え」の趣旨が「代位目的債権の特定性保持」と「第三者の保護」にあると述べ、同様に前掲②および③の最高裁判決も、「差押え」の趣旨が「代位目的債権の特定性保持」と「第三者の不測の損害防止」にあることを明言している。

　それでは、二面説は妥当であろうか。否である。特定性維持説も、優先権保全説も、いずれも不当だからである。すなわち、代位目的債権は、差し押さえられなくても、「現実の弁済」がなされない限り特定している一方、「差押え」により、その特定性が確定するだけであって、特定性維持説は、「差押え」のこの法的効果（結果）を述べているにすぎないからである。つまり、特定性維持説は、なぜ「差押え」が必要なのか、という「差押え」の趣旨ないし目的について何も述べていないのである。他方、優先権保全説は、物上代位権を第三者の権利との競合関係にさらし、担保権者保護という物上代位制度本来の趣旨を損なっているうえ、代位目的債権の特定性維持を前提としているから、やはり不当である。

2　私　見

　民法304条 1 項の法的構造を解明するには、担保権者に物上代位権を付与した民法304条 1 項本文だけしか存在しなければ、どのような事態が生ずる

かを考えればよい。そうすれば、物上代位権の発生により、担保権者（物上代位権者）に対し、代位目的物の弁済義務を直接に負担する第三債務者だけを特に保護すべき必要性が容易に理解できよう。

　第三債務者は、物上代位権の発生前においては担保権者と何ら法的関係を有していないが、物上代位権の発生によって、代位目的物を物上代位権者に直接弁済しなければならない法的義務が発生する（民法304条１項本文）。そして、代位目的物上に物上代位権が及んでいることは、原担保権の公示により、第三債務者を含む第三者には悪意擬制がなされているものの、通常、第三債務者は、その存在を直接には知らされないため、債務者（担保権設定者）の方に弁済してしまうであろう。しかし、その弁済は、物上代位権の発生により、「弁済してはならない相手方」に対する弁済となり、「無効」である。それゆえ、その弁済後に、物上代位権の行使があれば、第三債務者は改めて担保権者の方に弁済しなければならず、ここに、第三債務者は、二重弁済の危険に陥るのである。

　これに対し、第三債務者以外の第三者は、物上代位権が発生しても担保権者に対し何ら直接の弁済義務を負担することはなく、本来、担保物権＝物上代位権という優先権の存在を甘受すべきものである。もし、ここで、第三者（他の債権者）保護を持ち出せば、物上代位権は、第三者の権利との競合関係に陥り、優先弁済権の確保による担保権者保護という民法304条１項本文の趣旨は有名無実化するであろう。

　このように、物上代位権付与の法制化に伴い保護しなければならない者は、第一次的に第三債務者だけであり、それ以外の第三者は、第一次的には特に保護する必要はなく、第三債務者の弁済保護の反射的効果として保護すれば十分である、それは、民法304条の淵源であるボアソナード民法草案1138条（日本語翻訳版では1638条）の注釈において、ボアソナード博士により既に指摘されていた（『ボアソナード氏起稿再閲修正民法草案註釈第四編全』（刊行年不詳）296頁、清原・前掲書15頁、51頁参照）。同様に外国の立法例においても、担保権者への物上代位権付与と並んで、代位目的物（保険金）の弁済義務者である第三債務者（保険者）の二重弁済の危険防止規定を定め、この者を保護している（清原・前掲書20頁、60頁参照）。そこでは、第三債務者の債務者

（被保険者）に対する弁済につき、担保権者に「異議」申立権を与え、かかる「異議」なき間になされた第三債務者の弁済を有効として第三債務者を免責する一方、「異議」があれば、第三債務者は担保権者に弁済しなければならないとして、その二重弁済の危険を防止しているのである。そして、この「異議」に相当するのが、わが民法では「差押え」である、というのが私見である。

　したがって、民法304条1項ただし書の「差押え」の趣旨が、第三債務者保護のみにあることは自明の理である。にもかかわらず、民法典制定（明治29年・1896年）以降、そのことは全く忘却されてしまったのである。なぜか。

　その理由は、梅博士の説明の中に既に存する。梅博士は、債務者が代位目的物たる金銭等を受領した後（代位目的物が債務者の一般財産に混入した後）において、なおも先取特権者がその金銭等に対し物上代位権を行使できるとすれば、他の債権者（第三者）は、その金銭等が代位目的物たることを知り得ず、不測の損害を被るため、この第三者を特に保護しなければならないと述べているからである。ここには、第三債務者の二重弁済の危険防止という視点が全く見られない。

　では、なぜ、第三債務者の二重弁済の危険を認めないで、他の債権者保護という発想が生まれたのであろうか。それは、梅博士の見解が、物上代位権発生後における、第三債務者の債務者に対する弁済そのものを「有効」と考えているからである。そのうえで、債務者の一般財産中に「有効」に混入した代位目的物に対し、物上代位権という優先権の行使を認めることは、担保物権の特定性の原則に反し、他の債権者に不測の損害を与えることになると考えたからである。そして、そうならないようにするため、つまり債務者の一般財産中に代位目的物が混入しないようにする必要があると考えたからである。つまり、この発想は、代位目的債権の特定性維持を論理的前提とするからである。

　しかし、他の債権者の保護という発想の決定的な誤解は、物上代位権という権利の名宛人が、第三債務者であることを看過している点にある。すなわち、物上代位権が第三債務者に対する権利であるからこそ、第三債務者は、物上代位権者の方に代位目的物を弁済しなければならず、もし債務者の方に

弁済した場合、その弁済は「無効」となり、第三債務者は、物上代位権者に対し、代位目的物の弁済義務の免責を主張することができないのである。この点さえ看過しなければ、第三債務者の二重弁済の危険を認めるに到るであろうし、さらに、そのような危険防止のために、物上代位権の存在を第三債務者に知らせる措置を講じる必要がある、という論理になろう。それゆえ、第三債務者保護説は、代位目的債権の特定性維持を論理的前提としない見解なのである。

　したがって、前掲④の最判平成10年１月30日が、「民法372条において準用する304条１項ただし書が抵当権者が物上代位権を行使するには払渡し又は引渡しの前に差押えをすることを要するとした趣旨目的は、主として、抵当権の効力が物上代位の目的となる債権にも及ぶことから、右債権の債務者（以下「第三債務者」という。）は、右債権の債権者である抵当不動産の所有者（以下「抵当権設定者」という。）に弁済をしても弁済による目的債権の消滅の効果を抵当権者に対抗できないという不安定な地位に置かれる可能性があるため、差押えを物上代位権行使の要件とし、第三債務者は、差押命令の送達を受ける前には抵当権設定者に弁済すれば足り、右弁済による目的債権消滅の効果を抵当権者にも対抗することができることにして、二重弁済を強いられる危険から第三債務者を保護するという点にあると解される」（⑤判決も同旨）と述べたことは、第三債務者保護説を採ることを明言する一方、かつての最上級審判例が必ず述べた「代位目的債権の特定性保持」や「第三者の不測の損害防止」と決別したことになり、正当である。

　このように、民法304条１項ただし書の趣旨が第三債務者保護にあることを理解すれば、物上代位権の「第三債務者以外の第三者」に対する公示は、原則どおり原担保権の公示となる（公示を要しない先取特権の場合、その物上代位権についても公示を要せず、先取特権の成立時点が、第三者との優劣関係の基準となろう）。したがって、④判決が、「右のような民法304条１項の趣旨目的に照らすと、同項の『払渡又ハ引渡』には債権譲渡は含まれず、抵当権者は、物上代位の目的債権が譲渡され第三者に対する対抗要件が備えられた後においても、自ら目的債権を差し押さえて物上代位権を行使することができるものと解するのが相当である。けだし、〈中　略〉㈢　抵当権の効力が物

上代位の目的債権についても及ぶことは抵当権設定登記により公示されているとみることができる」（⑤判決も同旨）と判示したことも、当然に正当である。

　したがって、前掲⑥判決が、賃料債権につき、一般債権者の差押えと根抵当権者の物上代位権に基づく差押えが競合した場合に関し、「両者の優劣は一般債権者の申立てによる差押命令の第三債務者への送達と抵当権設定登記の先後によって決せられ、右の差押命令の第三債務者への送達が抵当権者の抵当権設定登記より先であれば、抵当権者は配当を受けることができないと解すべきである」と判示したことも、当然の論理的帰結である。

三　賃料債権に対する抵当権の物上代位

1　賃料債権に対し抵当権の物上代位権は行使できるか

　賃料債権に対する抵当権の物上代位権行使を妨害するため、債務者（抵当権設定者・賃貸人）側は、賃貸借契約に「第三者」を介在させる方策を採った。そのため、この第三者（賃借人）の有する転貸料債権に対して抵当権の物上代位権を行使することができるか否かという問題が生じた。

　この問題を解明するには、その前提として、賃料債権への抵当権の物上代位権行使の可否について論じる必要がある。この前提問題については、既に前掲①判決が、抵当権設定登記と賃貸借契約の成立時期との先後を問わず、債務不履行以後、無制限に賃料債権への物上代位権行使を認めたため、実務的には決着済みである。ところが、学説の中には、抵当権の非占有担保性を根拠に、賃料の収受は、抵当権設定者の使用収益権限に属すべきであると解し、民法304条を同372条に準用することを否定し、同371条1項ただし書（平成15年改正前民法371条1項ただし書は、抵当権の効力は抵当不動産の差押え後においてのみ果実に及ぶ旨を定めていた）を適用すべきであるという見解（鈴木禄弥『物権法講義四訂版』（創文社・1994年）200頁など）が根強く主張されている。この説は、抵当権実行開始後においてのみ、抵当権者は、抵当権設定者の使用収益権に介入でき、賃料を取得できるとする。妥当であろうか。

　現行民法304条の前身であるボアソナード民法1138条や旧民法（明治23年・

1890年）債権担保編133条には、賃料が先取特権の物上代位権の客体となることについて明記していたが、それが抵当権の物上代位権の客体となることについては何ら明文規定は存しなかった。これに対し、現行民法372条は、賃料が先取特権の物上代位権の客体となることを明記する同304条1項を準用する形式を採る。そこで、この「準用」という立法形式を重視し、同372条については抵当権の特質に応じた解釈をすべきであるとして、抵当権実行開始前における物上代位権行使を否定するのが上記の見解である。しかし、梅博士は、第32回法典調査会（明治27年（1894年）12月4日）において、法定果実（借賃）については、民法304条を準用する同372条が適用されると述べ、賃料が抵当権の物上代位権の対象となることを明言している（法務大臣官房司法法制調査部監『法典調査会民法議事速記録二』（商事法務研究会・1984年）819頁以下参照）。したがって、現行民法典に至り、賃料は、抵当権の物上代位権の客体とされたと考えるべきであろう。

　実際、いかなる担保物権について、またいかなる客体について物上代位権の効力を認めるかは立法政策の問題であり、各国の立法例は様々である（清原・前掲書54頁以下参照）。そして、各国において共通する物上代位権の客体は保険金である。沿革的には、物上代位制度は、この保険金を担保権者に取得させるために法制化された制度である。ところが、その法制化は、法理論的には問題があり、いずれの国でも激しい論争がなされた（清原・前掲書44頁注(12)、202頁参照）。保険金は保険料支払の対価であり、保険金は、本来、保険契約者が取得すべきものであり、厳密には担保目的物の価値代替物とはいえないからである。にもかかわらず、各国は、保険金への物上代位権を認め、法制化したのである。

　そのような法制化を促進したのは、担保金融促進という観点である。すなわち、担保目的物が滅失・損傷した場合、担保権者の優先弁済権が侵害されるか又は侵害可能性が惹起される一方、担保権設定者は保険金を取得し、担保目的物＝保険目的物という同一の目的物の滅失・損傷を契機として、担保金融の両当事者間に経済的不公平が生じる。そして、その不公平を是正することが、法理論的には問題があるけれども、担保金融促進のためには止むを得ないと考えられたわけである。つまり、保険金は、厳密には、担保目的

物の付加物ないし派生物であって、価値代替物ではないにもかかわらず、経済的・法政策的観点から価値代替物とみなされたわけである。

　同様の理解は、賃料への抵当権の物上代位権についても妥当しよう。すなわち、抵当権の非占有担保性から、債務不履行がない限り、抵当権者は、抵当権設定者の賃料収受に介入できないものの、ひとたび債務不履行があれば、抵当権者は、優先弁済権確保のため、抵当権を実行することが可能となる。しかし、その優先弁済権の確保は未だ確実とはいえない。目的物の競落までは、優先弁済権の確保は未確定だからである。その一方で、抵当権設定者は、債務不履行後も抵当目的物から賃料を定期的に収受している。

　このように、債務不履行を契機として、抵当目的物＝賃貸目的物という同一の目的物をめぐって生じる抵当権者と抵当権設定者（賃貸人）の経済的不公平を是正することが、担保権者保護のために有益であると考えられたのであろう。つまり、賃料は、厳密には、抵当目的物の付加物ないし派生物であって、価値代替物ではないにもかかわらず、経済的・法政策的観点から価値代替物とみなされたわけである。実際、梅博士は、目的物使用の対価たる賃料が、目的物の代替物であることを明言している（梅・前掲書327頁以下）。もっとも、抵当権者は、債務不履行があった場合、抵当権実行をなしうるのであるから、それに加え、賃料への物上代位権行使を認めることには異論もあり得よう。賃料を物上代位権の客体とする諸国の立法例が、保険金に比べ少ないのはそのためであろう。

　しかし、わが民法304条1項本文および同372条は、債務不履行以後、賃料を抵当目的物の価値代替物とみなし、物上代位権の客体とする趣旨である。それゆえ、賃料債権への抵当権の物上代位権の発生時期は、あくまでも債務不履行の時点である。また、債務不履行以降、抵当権者は、物上代位権行使と抵当権実行の双方を重畳的に行使できるが、その行使の範囲は被担保債権の範囲内に限定されるので、彼に不当な利得をもたらすこともない。

2　転貸料債権に対し抵当権の物上代位権は行使できるか

　転貸料債権への抵当権の物上代位権行使の可否につき、執行実務及び下級審裁判例は、一定の場合に肯定するものの、その理論構成が異なり、限定的

肯定説（後順位賃借権限定説）と原則否定説（執行妨害等要件説）とに分かれる。

　限定的肯定説は、原賃貸借の成立時期が抵当権設定登記後の場合に限り、それが短期賃貸借（平成15年改正前の民法395条）であっても、転貸料債権への物上代位権行使を肯定する。東京地裁等の執行実務の立場である。その根拠として、①民法304条を同372条に準用する際、「債務者」は「目的不動産上の権利者」と読み替え、この権利者には目的不動産の所有者や第三取得者だけでなく、「抵当権設定登記後に目的不動産を借りた賃借人」も含むという文理解釈、②抵当権設定登記の公示力、③民法395条による短期賃借人の保護は、現実の用役の範囲に止まること、④抵当不動産に対する転貸料の価値代替物性、⑤抵当不動産の第三取得者との比較、⑥原賃料と転貸料との差額が大きい場合等の実際上の必要性を挙げる。

　一方、原則否定説は、特段の事情がない限り、転貸料債権への物上代位権行使を否定する。ただし、賃貸人と賃借人が実質的に同一視される場合や原賃貸借が執行妨害的、詐害的である場合等の特段の事情があれば、原賃貸借と抵当権設定登記の先後を問わず、転貸料債権への物上代位権行使を肯定する。大阪地裁等の執行実務の立場である。

　執行裁判所の性格からいえば、形式的基準で判断する限定的肯定説の方が妥当であろう。しかし、同説が、転貸料債権への物上代位権行使可否の問題を、原賃借権と抵当権の対抗問題として処理するのは、賃料債権への物上代位権行使につき、その効力問題として把握した前掲の①最判平成元年10月27日の論理に反する。賃料債権ないし転貸料債権への物上代位権行使可否の問題は、債務不履行が惹起されたときに、抵当目的物＝賃貸目的物＝転貸目的物という同一の目的物から生じている賃料ないし転貸料を抵当目的物の価値代替物とみなし、それを物上代位権の客体とすることが妥当か否かという問題である。実際、限定的肯定説が挙げる根拠は、転貸料に対し物上代位権の効力を及ぼすことを肯定する際に必要な根拠ばかりである。

　これに対し、原則否定説は、執行妨害等の特段の事情が存在する場合に限り、原賃貸借の成立時期を問わず、転貸料への物上代位権行使を肯定するものであり、前掲の①判決の論理に整合する。しかし、同説では、抵当権者は

特段の事情の存在を立証しなければならず、また執行裁判所もその存否を判断しなければならない点に難点がある。事実、同説の立場を採る裁判例の判断結果は様々である（清原泰司「判批」金商1077号（1999年）57頁参照）。

　ところが、最近、限定的肯定説の立場であった東京地裁は、執行実務の新しい取扱いを始めた（忠鉢孝史「東京地裁執行部における抵当権の物上代位をめぐる諸問題」銀法567号（1999年）14頁参照）。すなわち、平成10年（1998年）9月からの新しい取扱いによれば、①実行抵当権の債務者が原賃借人、つまり債務者＝原賃借人＝転貸人の場合には、原賃貸借と抵当権設定登記の先後関係、及び転貸借と抵当権設定登記との先後関係のいずれとも関係なく、抵当権者は、転貸料債権に対し物上代位権を行使できるとされたのである。その理由は、自己の債務不履行により、物上代位権の実行として所有者＝賃貸人の賃料債権が差し押さえられ、その収益権が侵害される場合に、債務者＝原賃借人のみが抵当権者に対抗でき、転貸料債権の差押えを免れ、その収益権が保護されるのは、抵当権設定契約当事者の合理的意思解釈や信義則に反するということである。②抵当権設定登記前に原賃貸借が設定された場合の取扱いは決まっておらず、長期賃借人が非正常な間接占有者である場合や執行妨害目的が認められる場合等は、担当各裁判官の判断で処理されるということである。これは、限定的肯定説から、執行妨害等要件説、しかも原則肯定説への移行である。

　一方、大阪高決平11・5・19（金商1075号24頁）〔抵当権設定登記後に原賃貸借がなされた事案〕は、「賃貸人と転貸人との関係等から両者が実質的に同一の地位にあると同視しうる場合、あるいは転貸借が抵当権の行使を詐害する目的でされたと認めうるような場合においては」、転貸料債権への物上代位権行使を肯定するとともに、かかる場合には、「民法304条1項の『債務者』は、『抵当権の目的不動産上の権利者』と読み替えることになる」と述べ、限定的肯定説と同じ文理解釈を示した。これは、大阪高裁の従来の立場とされる原則否定説というよりは、むしろ原則肯定説の立場である。

　転貸料債権への物上代位権が行使されるのは、債務不履行があった場合で、かつ原賃料が異常に廉価である一方、転貸料が適正な市場価格である等、賃貸人と賃借人（転貸人）とが執行妨害等のために結託している場合のように、

原賃料債権に対する物上代位権行使では抵当権の優先弁済権を確保できない危険性のあるときである。このような場合、実質的に賃貸目的物と転貸目的物は同一であるから、転貸目的物から発生する転貸料を、抵当目的物の価値代替物とみなし、物上代位権の客体とみなすべきである。つまり、原賃貸借に執行妨害等の目的がある場合には、原賃貸借の成立時期と抵当権設定登記の先後関係を問わず、転貸料への物上代位権行使を肯定するのである。ただし、原賃料が適正な市場価格である等、原賃貸借に執行妨害等の特段の事情が存在しなければ、物上代位権行使を否定すべきである。実際、「転貸」方式は、執行妨害を目的として利用されてきた方式であり、転貸料債権への物上代位権行使を原則的に肯定するのが妥当であろう。

　原則肯定説と原則否定説は、転貸に執行妨害等の特段の事情があることを要件として転貸料債権への物上代位権行使を肯定する点では同じであるが、その立証責任を誰が負担するかという点で異なる。つまり、原則肯定説では、転貸人の側が特段の事情が存在しないことの立証責任を負うのに対し、原則否定説では、抵当権者の側が特段の事情が存在することの立証責任を負うのである。したがって、抵当権者の権利行使の容易性において原則肯定説の方が優れ、前掲の東京地裁執行部や大阪高裁決定は、これに接近するものであった。

　しかし、つい最近、⑦最二小決平12・4・14（金商1090号32頁）は、「民法372条によって準用される同法304条1項に規定する『債務者』には、原則として、抵当不動産の賃借人（転貸人）は含まれないものと解すべきである。けだし、所有者は被担保債権の履行について抵当不動産をもって物的責任を負担するものであるのに対し、抵当不動産の賃借人は、このような責任を負担するものではなく、自己に属する債権を被担保債権の弁済に供されるべき立場にはないからである。同項の文言に照らしても、これを『債務者』に含めることはできない。また、転貸賃料債権を物上代位の目的とすることができるとすると、正常な取引により成立した抵当不動産の転貸借関係における賃借人（転貸人）の利益を不当に害することにもなる。もっとも、所有者の取得すべき賃料を減少させ、又は抵当権の行使を妨げるために、法人格を濫用し、又は賃貸借を仮装した上で、転貸借関係を作出したものであるなど、

抵当不動産の賃借人を所有者と同視することを相当とする場合には、その賃借人が取得すべき転貸賃料債権に対して抵当権に基づく物上代位権を行使することを許すべきでものある」と判示し、原則否定説を採ることを明らかにした。

⑦決定が原則否定説の立場を鮮明にした実際的な理由は、転貸料債権への物上代位権行使を肯定すると正常な転貸借が阻害されるという点である。はたして、そうであろうか。抵当権者の物上代位権が発生するのは債務不履行の時点であり、債務者が債務不履行を惹起さえしなければ、転貸借関係への抵当権者の介入はあり得ないのである。まして、東京地裁執行部の新しい取扱い①に示されているように、債務不履行を惹起した債務者本人が賃借人（転貸人）である（抵当権設定者は賃貸人）場合であっても、この者を正常な賃借人というのであろうか。このような場合、極めて執行妨害等の事情が存在する蓋然性が高いであろう（⑦決定の事案もそのような事案であった。⑦決定の原決定・東京高決平11・4・19（金商1073号35頁）の評釈については、清原・前掲「判批」金商1077号53頁以下参照）。

四 おわりに

賃料債権譲渡と抵当権の物上代位権との優劣に関する平成10年の最高裁判決、④および⑤判決の最も画期的な点は、民法304条1項ただし書の「差押え」の趣旨として、第三債務者保護説を採ったことである。そして、この第三債務者保護説を採ることにより、民法304条1項の法的構造について、その本文とただし書とを峻別して理解することが可能となり、物上代位権の公示の問題や効力範囲の問題は、本文の趣旨から導くことが可能となるのである。それゆえ、④、⑤およびび⑥の平成10年の各最高裁判決が、物上代位権の公示は抵当権設定登記で足りる、と判示したのは正当である。

他方、民法304条1項ただし書の趣旨が第三債務者保護にあることから、物上代位権者自身による「差押え」ない限り、第三債務者は、代位目的物を債務者その他の第三者（代位目的債権の譲受人等）に弁済すれば免責されるのに対し、「差押え」があれば物上代位権者に弁済しなければならない。つまり、同項ただし書が設けられていることにより、物上代位権者はもちろん、

債務者その他の第三者も結果的に保護されることになるのである。

　また、賃料債権への抵当権の物上代位権行使は肯定すべきであるが、その物上代位権の発生時期は、債務不履行の時点であることに留意しなければならない。したがって、賃料債権への物上代位権行使を肯定しても、抵当権設定者の使用収益権を侵害することにはならない。債務不履行までは、抵当権設定者の使用収益権が保障されるからである。同様に、転貸料債権への物上代位権行使が問題となるのも、債務不履行が惹起され、かつ執行妨害的な転貸の場合だけであるから、原則としてその行使を肯定すべきであろう。

　このように、債務不履行以降、抵当権実行を要件とせずに、賃料債権ないし転貸料債権への物上代位権行使を認めることにより、抵当権実行が回避され、結果的に、抵当権設定者は、目的不動産の所有権を喪失しないことになろう。その結果、当該不動産を現実に利用している賃借人や転借人も保護されることになるのである。

第 3 節　転貸料債権に対する抵当権の物上代位権行使

一　問題の所在

　バブル経済崩壊後の1990年代、抵当権者（債権者）は、債権回収の手段として、抵当権設定者（債務者・抵当不動産所有者・賃貸人）が抵当不動産賃借人に対して有する賃料債権を、物上代位権に基づいて差し押さえることを活用した（民法372条・同304条 1 項ただし書）。その原因は、バブル経済崩壊による抵当不動産価格の急激な下落により、抵当不動産自体に対する抵当権の実行によって被担保債権の満足を得ることができなくなったからであるとともに、最高裁（二小）平成元年（1989）10月27日判決（民集43巻 9 号1070頁）［以下「最判平成元年」という］が、賃料債権に対する抵当権の物上代位権行使を肯定したからである。（なお、最判平成元年は、「無条件肯定説」を採ったという評価が定着しているが、物上代位権の行使は債務不履行の発生を要件とするから（民事執行法193条 1 項後段参照）、この呼称は正確ではない。しかし、この呼称が定着しているので、議論を円滑に進めるため、本稿においても、一応、この呼称を使う）。

　他方、債務者側は、かかる債権執行（物上代位権行使）を妨害するため、賃料債権が物上代位権に基づいて差し押さえられる前に、当該賃料債権を第三者（系列会社やダミー会社等）に包括的に譲渡したため、「物上代位権の行使」と「物上代位の目的債権（以下「代位目的債権」という）の譲渡」という優劣問題が生じた。この優劣問題について、最高裁（二小）平成10年（1998年） 1 月30日判決（民集52巻 1 号 1 頁）は、民法372条に準用される民法304条 1 項ただし書にいう「差押え」の趣旨について第三債務者保護説を採用したうえで、同ただし書にいう「払渡し又は引渡し」には「代位目的債権の譲渡」は含まれず、かつ、物上代位権は抵当権設定登記により公示されると判示して抵当権者優先の結論を導き出した。

　さらに、債務者側が債権執行を妨害するために採ったもう一つの手段が、既存の賃貸借契約を一旦解除したうえで、新たに第三者との間に短期賃貸借

契約（民法602条）を締結し、その第三者と既存の賃借人との間に転貸借契約を締結させるという方法であった。この場合、その第三者（賃借人）は、債務者側（賃貸人）の系列会社やダミー会社であることがほとんどであった。実際、1996年当時の新聞では、住宅金融専門会社（いわゆる住専）からの大口借り手である某企業グループが、所有ビルの賃料債権が差し押さえられることを阻むため、当該ビルの入居者と結んでいた賃貸借契約を次々と解約し、新たにペーパー会社と賃貸借契約を結ぶ一方、従来の入居者は、そのペーパー会社と転貸借契約形を結ぶことを強要されるという方式が採られており、そのような「転貸」は、1994年（平成6年）頃から始まったということが報道されている[1]。そのため、抵当権者は、物上代位権に基づいて転貸料債権を差し押さえることを余儀なくされ、転貸料債権をめぐる抵当権者と債務者側との間の優劣をめぐる裁判例が激増した。

　転貸料債権に対する抵当権の物上代位権行使の可否についての下級審裁判例は、原賃貸借契約が抵当権設定登記後に締結されている場合や、賃貸人（抵当権設定者・債務者）と賃借人（第三債務者）が執行妨害のために結託している場合には、物上代位権の行使を肯定するものが多かったが、その理論構成は分かれていた。そのような中、最高裁（二小）平成12年（2000年）4月14日決定（民集54巻4号1552頁、金融法務事情1585号30頁、判例タイムズ1035号100頁、金融・商事判例1096号49頁、判例時報1714号61頁）〔以下「最決平成12年」という〕は、「抵当権者は、抵当不動産の賃借人を所有者と同視することを相当とする場合を除き、右賃借人が取得すべき転貸賃料債権について物上代位権を行使することはできない」と判示して原則否定説を採り、原審の東京高裁平成11年4月19日決定（金融・商事判例1073号35頁、判例時報1691号74頁）を破棄差戻した。

　私は、上記の東京高決平成11年の評釈において、転貸料債権に対する抵当権の物上代位権行使を原則的に肯定したうえで、賃貸人と賃借人（転貸人）が執行妨害等のために結託していないことが賃借人により立証される場合には、その行使を否定すべきものとする原則肯定説を主張し[2]、最決平成12年にも賛成できない旨のコメントを述べた[3]。この私見に対しては、無署名の最高裁調査官による批判があった[4]。その後、差戻審の東京高裁平成12年9

月7日決定（金融法務事情1594号99頁）〔以下「東京高決平成12年」という〕
では、本件賃貸借契約は、執行妨害のために賃貸借契約を仮装したうえで転
貸借関係を作出されたものであり、賃借人と所有者とを同視することを相当
とする事由が存するとの事実認定がなされ、転貸料債権に対する抵当権の物
上代位権行使が肯定された。

　現在、最決平成12年に対する評価は出尽くしたと思われ[5]、また最高裁調
査官による判例解説も公表されたので[6]、改めて最判平成12年の論理を検証
し、併せて私見に対する批判に応えたい。

二　賃料債権に対する抵当権の物上代位

1　民法372条の立法趣旨

　転貸料債権に対する抵当権の物上代位権行使の前提問題として、賃料債権
に対する抵当権の物上代位権行使の可否の問題があり、最判平成元年が賃料
債権に対する物上代位権行使を肯定したことにより実務的には決着していた
が、近時の学説では、むしろ賃料に対する抵当権の物上代位の効力（以下
「物上代位効」という）を否定する説が多数説であった。

　否定説は、非占有担保権という抵当権の特質に鑑み、賃料（法定果実）の
収受は抵当権設定者（目的物所有者）の使用収益権限に属すべきであるとし
て、賃料に対する「抵当権の物上代位効」については民法304条を同372条に
準用することを否定する一方、平成15年（2003年）改正前の民法371条1項
ただし書に基づいて賃料に対する「抵当権の効力」を肯定するという見解で
あり、抵当権の実行開始後（抵当不動産の差押え後）において初めて賃料債
権に抵当権の効力が及ぶことを肯定した[7]。その意味では、この否定説を限
定的肯定説と呼ぶこともできる[8]。

　ところで、現行民法304条（明治29年（1896年））立法の沿革を辿れば、同
条に相当するボアソナード民法草案1638条（フランス語原文では1138条2項本
文）[9]および旧民法（明治23年（1890年））債権担保編133条[10]はいずれも、先
取特権につき、賃料が物上代位効の客体となることを明記していた。しかし、
ボアソナード民法草案および旧民法はいずれも、抵当権については、そのよ

うな明文規定を置いていない。そして、抵当権に関する現行民法372条は、賃料に対する先取特権の物上代位効について明記する同304条を準用している。否定説は、このように、抵当権については、もともと先取特権と異なった取扱いがなされていた点や、現行民法372条における「準用」という用語を重視し、同条については、非占有担保権としての抵当権の特質に従った解釈を行うべきことを主張するのである。

　しかし、現行民法372条の解釈について、起草者の梅謙次郎博士は、第32回法典調査会（明治27年（1894年）12月４日）において、「前ノ果実ト申シマスルノハ之ハ不動産ニ附加シテ一體ヲ成シタル物デアリマスカラ此處ハ所謂天然果実シカ適用ハナイ法定果実ハ矢張リ三百六十七條（現行民法372条—筆者注）ノ適用デ其上ニ債権者ガ権利ヲ行フコトガ出來ル積リデアリマス夫レデ三百四條ハ嘗ニ二項ノミナラズ一項ノ賃貸デアレ無論逗入ル積リデアリマス矢張リ借賃抔ノ規定ニ付テモ抵当権者ガ権利ヲ行フテ宜シイ積リデアリマス」[11]と述べ、366条（平成16年改正前民法371条）にいう「果実」とは天然果実のみを指し、法定果実（借賃）については、民法304条を準用する同372条が適用される旨を明言している。それゆえ、現行民法においては、明文をもって抵当権の物上代位効の及ぶ客体の範囲を拡大し、賃料に対しても、抵当権の物上代位効が及ぶというのが起草者の見解であった。したがって、肯定説のほうが民法372条の立法趣旨に沿った解釈である。

　さらに、平成15年の民法一部改正により、「前条〔抵当権の効力は、抵当不動産の附加一体物に及ぶことを定めた370条—筆者注〕ノ規定ハ果実ニハ之ヲ適用セス但抵当不動産ノ差押アリタル後又ハ第三取得者カ第381条ノ通知ヲ受ケタル後ハ此限ニ在ラス」と定めていた改正前の371条１項は、改正後の371条では、「抵当権は、その担保する債権について不履行があったときは、その後に生じた抵当不動産の果実に及ぶ」と改正された。その結果、債務不履行後に生じた抵当不動産の「果実」には抵当権の効力が及ぶことになり、この「果実」とは、天然果実と法定果実（賃料）の双方を指すことになるとともに、「果実」に対する執行方法として「担保不動産収益執行」の制度が新設された（民事執行法180条）。それゆえ、法定果実に対する抵当権の効力を定める規定として、民法304条を準用する同372条と改正民法371条が並存す

ることになった。なお、「抵当権の物上代位効」が賃料に及ぶのは、後述の
ように、債務不履行時と解すべきであるから、民法372条・304条と改正民法
371条は整合することになった一方で、改正前民法371条１項ただし書を根拠
とした否定説（限定的肯定説）の存在根拠はもはや存在しないといってよ
い[12]。

　以上により、民法372条・同304条に基づく肯定説を正当とすべきであるが、
問題は、このような解釈が抵当権の特質と理論的にも合致するか、というこ
とである。

2　賃料の価値代替物性

　最判平成元年は、①民法372条が同304条を準用しているという文理解釈、
②抵当権の非占有担保権としての性質は、先取特権と異ならない、③賃料債
権に対する抵当権の物上代位権行使を認めても、抵当権設定者の目的物使用
の妨げにならないことを理由として、賃借権の設定時期を問わず、賃料に対
する抵当権の物上代位効を肯定した。

　最判平成元年以前の判例は、無条件肯定説、原則否定説ないし限定的肯定
説に分かれ、また執行実務においても、東京地裁をはじめ多数の裁判所は無
条件肯定説を採り、大阪地裁は原則的否定説を採っていたということであ
り[13]、これらの判例・執行実務の見解の対立に終止符を打った最判平成元年
の先例的意義は極めて大きい。しかし、最判平成元年は、賃料の「価値代替
物性」について何も触れていない。肯定説を採るのであれば、賃料の「価値
代替物性」について論じることが必要不可欠である。

　ところで、いかなる担保物権につき、またいかなる客体に物上代位効を認
めるかは、立法政策の問題であり、各国の立法例は様々である[14]。そして、
各国にほぼ共通する物上代位効の客体は、保険金、損害賠償金及び公用徴収
に基づく補償金である。これらの金銭は、現在では、担保目的物の価値代替
物（代償物）ないし価値変形物〔以下「代替物」という〕とされているもの
の、とりわけ保険金については、それが代替物に相当するかということにつ
いて、各国の立法過程において激しく議論された[15]。なぜなら、保険金は保
険料支払の対価であり、それは本来、保険契約者（被保険者）が取得すべき

ものだからである。

　ところが、各国は、担保金融の促進という法政策的観点から、担保目的物
＝保険目的物という同一の目的物における経済的実態関係を重視して、保険
目的物から生ずる保険金を、担保目的物の上に存する担保物権の効力（物上
代位効）の客体としたのである。そこでは、保険金は経済的観点から担保目
的物の代替物と観念され、「代替物」概念が拡張されているのである。この
ように、物上代位制度のもとでは、もともと、「代替物」は経済的概念なの
である。

　他方、保険金は、法理論的にはあくまでも保険料支払の対価であるという
点に固執すれば、それを担保目的物の代替物であると言うことはできない。
それゆえ、このような厳格な観点に立てば、保険金を物上代位効の客体とす
る立法は、担保目的物から発生した派生物ないし付加物〔以下「派生物」と
いう〕をも、法政策的観点から物上代位効の客体とし、その効力の及ぶ範囲
を拡張していることになろう。それゆえ、代償的（代替的）価値とされ、賃
料とは別途に考察すべきであると解される保険金も、厳密に言えば派生的
（付加的）価値なのである。それゆえ、何が代替物であり、何が派生物なの
かは、担保目的物と、そこから発生する金銭債権との関係をいかなる観点で
把握するかという問題にすぎない[16]。

　このような「代替物」の概念の拡張把握は、賃料についても、既に梅博士
によってなされ、「本条（民法304条—筆者注）ハ先取特権カ其目的物ニ代ハ
ルヘキ債権ノ上ニモ亦存在スヘキコトヲ定メタルモノナリ……債務者カ先取
特権ノ目的物ヲ賃貸シタル場合ニ於テハ其借賃ハ物ノ使用ノ對價ニシテ苟モ
先取特権カ其物ニ付テ存スル以上ハ其物ヲ使用スルヨリ生スル所ノ對價ニ付
テモ亦之ヲ行フコトヲ得ルハ実ニ至当ト謂ハサルコトヲ得ス」[17]（傍線筆者）
と述べられている。すなわち、先取特権の物上代位効は目的物の代替物に及
び、目的物使用の対価たる賃料は、まさにその「代替物」と観念されている
のである。

　このように、担保目的物＝賃貸目的物という同一の目的物の経済的実態関
係を重視して、担保目的物から派生する賃料を、その代替物とみなすのであ
る。

3　賃料債権に対する物上代位権の発生時期

　賃料は、保険金と同じく抵当目的物の代替物であるとしても、問題は、い
つの時点から代替物となり、物上代位効の客体となるか、である。その答え
は、抵当権者への物上代位権付与の根本理由の中にある。それは、抵当権者
の優先弁済受領権〔以下「優先弁済権」という〕の確保である。

　例えば、一般に典型的な代替物とされる保険金の場合、担保目的物の全部
滅失があれば、まさに優先弁済権の喪失を招き、その全部滅失により発生し
た保険金に物上代位効を認めることは、確かに優先弁済権の確保になろう。
しかし、目的物の一部滅失の場合で、その残存価値がなお十分に被担保債権
を充たしているときには、未だ優先弁済権が侵害されているとはいえない。
にもかかわらず、その場合に支払われる保険金への物上代位効が認められ、
物上代位権者は、被保険者（目的物所有者）と同じ地位に立ち、保険者から
保険金を取得できるのである。この点をどう説明するか、である。

　物上代位権付与の法制化とは、優先弁済権侵害の危険性ないし可能性があ
る場合も含めて、抵当権者保護の観点から、抵当権者に物上代位権を付与す
ることであり、物上代位権の発生後、つまり目的物の滅失・損傷によりその
残存価値が確定的（最終的）に被担保債権を充たしているか否かにかかわり
なく、目的物の滅失・損傷＝優先弁済権侵害の発生、とみなすことである。
それゆえ、物上代位権の付与は、「優先弁済権侵害」の概念の拡張把握に基
づくものである。換言すれば、物上代位権者は、目的物の滅失・損傷により
所有者と同じ地位に置かれることによって、優先弁済権の確保がなされてい
るのである（この説明は、目的物の滅失・損傷により発生する損害賠償金や補償
金にも妥当する）。

　同様に、「優先弁済権侵害」概念の拡張は、賃料に対する物上代位効の場
合にも妥当するであろう。まず、非占有担保権たる抵当権の性質から、債務
者が債務不履行を惹起していない限り、目的物所有者は賃料を収受すること
ができる。しかし、ひとたび債務不履行があれば抵当権の実行が可能となり、
抵当権者は目的物の処分権を有し、目的物所有者と同じ地位に立つことが認
められる。つまり、抵当権の非占有担保性が妥当し、抵当権設定者に目的物

の使用収益権が留保されるのは債務不履行までである。債務不履行があれば、抵当権者は、優先弁済権確保のため、いつでも抵当権を実行することが可能な地位に立つのであり、同じく優先弁済権確保のために付与された物上代位権の行使も可能となるのである。

　したがって、賃料に対する抵当権の物上代位効を否定し、抵当権実行後でなければ賃料を取得できないと解した否定説ないし限定的肯定説は、抵当権の非占有担保性を誤解するものである。その意味で、債務不履行を契機として、法定果実に対する抵当権の効力を認めた平成15年改正民法371条は、理論的にも正当である。ところが、かつての肯定説は、賃料に対する抵当権の物上代位効の発生時期を明確に論じないで、賃料について、目的物の交換価値の「なし崩し的実現」であるという理由で抵当権の物上代位効の客体とした(18)ため、抵当権の非占有担保性との関係が厳しく問われたのである。したがって、私見のように、抵当権の優先弁済性との関係から、「債務不履行時」から賃料に物上代位効が及ぶと解すればよいわけである。

　もっとも、抵当権の優先弁済権の確保のために、債務不履行時以降、賃料に対し物上代位効が及び、物上代位権の行使が可能となるという私見に対しては、債務不履行時点では、未だ「優先弁済権の侵害」が生じているとは言えないから、その時点での物上代位権行使は時期尚早であるという批判もありえよう。しかし、そのような批判は、抵当目的物本体に対する抵当権実行についても妥当するものである。すなわち、抵当権実行の前提である「優先弁済権侵害」の発生は、債務不履行の時点では未だ確定しているわけではないからである。厳密にいえば、その侵害発生の有無は、目的物が競落され、競落代金が被担保債権に充当されるまでは未確定である。にもかかわらず、債務不履行と同時に抵当権実行が認められているのである。それは、抵当権実行自体が、「優先弁済権侵害」の未確定を前提とするものであり、「優先弁済権侵害」の危険性ないし可能性があるだけで発動されるものだからである。

　それでは、このような「優先弁済権侵害」の危険性は、なぜ発生したのか。それは、債務不履行があったからである。そこで、「債務不履行」を契機とする「優先弁済権侵害の危険性」の発生を、「優先弁済権侵害」の発生とみなし、その優先弁済権確保のために抵当権者に付与されている権限が、抵当

目的物本体への抵当権実行であり、かつ抵当目的物の代替物への物上代位権である。つまり、「債務不履行」を契機として、抵当権者は、「優先弁済権確保」のために目的物の所有権者と同じ地位に立ち、目的物の処分権と収益権の双方を取得することができる地位に立つのである。そうだからこそ、優先弁済権を有する担保物権には物上代位権が認められているのである（民法304条・350条・372条）。他方、このように二つの権限を抵当権者に付与しても、それらの権利行使は被担保債権の範囲内に制限されるから、抵当権者に何ら不当な利得をもたらすものでもない。

　以上のように、賃料に対する抵当権の物上代位効を認めることは、抵当権者保護という法政策的観点から、「代替物」概念を拡張把握し、かつ「優先弁済権侵害」概念を拡張把握することである。それゆえ、債務不履行の時点以降、賃料は、抵当目的物の代替物となり、その上に抵当権の効力（物上代位効）が及ぶことになる。逆に、債務不履行がなければ、賃料は、抵当目的物の代替物とはなり得ず、当然に、賃料への物上代位権の発生もあり得ない。したがって、債務不履行がなければ、目的物所有者（賃貸人）の賃料収受権への抵当権者の介入もあり得ない。賃料に対する抵当権の物上代位をこのように法的構成すれば、抵当目的物につき、いつ賃貸借契約が成立し、いつ賃借権の対抗要件が具備されたかということは、関係がない。それゆえ、最判平成元年の結論は、理論的にも正当である。

三　転貸料債権に対する抵当権の物上代位

1　執行実務および下級審裁判例の動向

(1)　序　説

　転貸料債権に対する抵当権の物上代位権行使の可否につき、最決平成12年以前の下級審裁判例は、後順位賃借権限定説（限定的肯定説）〔以下「後順位賃借権限定説」という〕を採るものと原則否定説（執行妨害等要件説）〔以下「原則否定説」という〕を採るものに分かれていた[19]。

　後順位賃借権限定説とは、原賃貸借が抵当権設定登記の前に成立している場合には、転貸料債権に対する物上代位権行使を否定する一方で、原賃貸借

が抵当権設定登記の後に成立している場合には、たとえその原賃貸借が短期賃貸借の要件（平成15年改正前民法395条）を充たしていても、転貸料債権に対する物上代位権行使を肯定する見解である。東京地裁、名古屋地裁及び仙台地裁の執行実務も、この説に依拠していた[20]。

　後順位賃借権限定説の根拠は、①民法304条を同372条に準用する際、「債務者」は、「目的不動産上の権利者」と読み替え、この権利者には「目的不動産の所有者」および「第三取得者」だけでなく、「抵当権設定登記後に目的不動産を借りた賃借人」も含むこと、②抵当権設定登記の公示力、③民法395条（平成15年改正前）による短期賃借人保護は、現実の用益の範囲にとどまるべきこと、④抵当不動産に対する転貸料の代替物性、⑤抵当不動産の第三取得者との比較、⑥原賃料と転貸賃料との差額が大きい場合などの実際上の必要性などである。

　一方、原則否定説とは、抵当不動産の原賃借人（転貸人）の有する転貸料債権に対しては、「特段の事情」のない限り、抵当権の物上代位権行使を認めるべき根拠はないとしながらも、賃貸人と賃借人とが実質的に同一視される場合または原賃貸借が執行妨害的、詐害的なものである場合等の「特段の事情」があれば、原賃貸借と抵当権設定登記の先後にかかわらず、転貸料に対する抵当権の物上代位権行使を肯定する見解である。大阪地裁および札幌地裁の執行実務は、この説に依拠していた[21]。

　なお、大阪地裁は、かつて、「抵当権に基づく物上代位は、抵当権によって把握された価値が変形したものについても抵当権の効力を及ぼさせるのが相当であるという物上代位の本質から、物上代位の対象になるのは、あくまで賃借権設定の対価もしくは賃料自体であってそれ以外のものではないこと、もしこれを認めるとすると、理論的には物上代位の及ぶ範囲が無限に広がること、正常な転貸借が行われ、原賃料および転貸料とも存在するような場合には、いずれの賃料を差し押さえるのも自由であるということにもなりかねない等を理由にこれを認めない」[22]として、転貸料債権に対する抵当権の物上代位権行使を全面的に否定していたが、その後、後順位賃借権限定説をとった後掲④および⑤の大阪高裁決定を受けて見直しの検討を行ったうえで[23]、転貸料債権に対する物上代位権行使を例外的に認める原則否定説の立

場を採るようになったということである⁽²⁴⁾。

このほか、横浜地裁の執行実務は、限定的肯定説も原則否定説もいずれも相当の根拠が認められるとして、いずれか一方の説の要件を充たせば、転貸料債権に対する物上代位権行使を肯定していた⁽²⁵⁾。

(2)　後順位賃借権限定説

最判平成元年以降、後順位賃借権限定説を採った下級審裁判例は次のとおりである。③決定以外の決定はいずれも、民法304条を抵当権に準用する際の文理解釈として、同条の「債務者」は、「抵当権の目的たる不動産上の権利者」と読み替えるべきであり、これには所有者（抵当権設定者）および抵当不動産の第三取得者のほか、抵当不動産を後に借り受けた賃借人（転貸人）も含まれると述べ、抵当権設定登記後に原賃貸借契約が締結された場合に限り、転貸料債権に対して抵当権の物上代位権行使を肯定した。

①　大阪高裁平成4年（1992年）9月29日決定（判例時報1502号119頁）

抵当権設定登記後に原賃貸借がなされ、その後に転貸借がなされていたところ、抵当権者は、抵当不動産の競売を申立て、その競売開始決定の効力発生後、転貸料債権に対し物上代位権を行使した事案である。

——本決定は、原決定（奈良地裁平成4年7月16日決定）を支持し、転貸料債権に対する物上代位権行使を肯定した。

②　東京地裁平成4年（1992年）10月16日決定（金融法務事情1346号47頁）⁽²⁶⁾

原賃貸借は抵当権設定登記前になされる一方、転貸借は抵当権設定登記後になされていたところ、抵当権者が、抵当不動産の競売開始決定を経ずに、転貸料債権に対し物上代位権を行使した事案である（なお、実行抵当権の債務者＝原賃借人＝転貸人であった）。——本決定は、転貸料債権に対する物上代位権行使を否定した。

本決定は、競売開始決定前における賃料債権に対する物上代位権行使を認め、目的物の競売を経ずに賃料債権を差し押さえることができると述べたうえで、ⓐ「抵当権設定登記の前に原賃貸借があった場合には、原賃借権は、抵当権に対抗できるものである。したがって、抵当権者は、原賃借人が目的物を転貸して得る利益を侵害することはできない」という理由により、転貸借が抵当権設定登記後にされた場合でも、原賃貸借

が抵当権設定登記前にされたときは、転貸料債権に対する物上代位権行使を否定した。

　ただし、本決定は、ⓑ抵当権設定登記後に原賃貸借がなされた場合には、それが長期賃貸借であって抵当権に対抗できない場合は、物上代位を認めても不当に原賃借人の利益を侵害することにはならず、また原賃貸借が短期賃貸借の場合も、原賃借人が法律上抵当権者に対抗できるものとして保護される（平成15年改正前民法395条）のは、原賃借人が目的物を現実に利用する関係のみであり、転貸して差益を得ることまで法律上保護されていないから、原賃貸借が抵当権設定登記後にされたものであれば、転貸料債権に対する物上代位権行使を認めても、原賃借人の利益を不当に害するものではないと述べ、抵当権設定登記後の原賃貸借が短期賃貸借であっても、転貸料債権に対する物上代位権行使が肯定されると述べた。

　なお、抵当権者（被抗告人）が、本件事案では、<u>賃借人（転貸人）たる株式会社が債務者</u>であり、当該会社の代表取締役には、抵当建物の所有者（抗告人・賃貸人）自身が就任しているから、当該会社は法人としては形骸にすぎず、法律上、賃貸人と賃借人とを同一視すべきであると主張したことに対し、本決定は、当該会社につき、16人の従業員を雇用し、代表取締役たる賃貸人個人の会計とは区別された会計処理を行う独立した法人であるとして、その同一性を否定した。

③　仙台高裁平成 5 年（1993年） 9 月 8 日決定（判例時報1486号84頁、判例タイムズ855号273頁）[27]

　抵当権設定登記後に短期賃貸借（期間 3 年）がなされ、その直後に転貸借がなされたので、抵当権者は、抵当不動産の競売を申立て、その競売開始決定を得て、転貸料債権に対し物上代位権を行使した事案である。

　──本決定は、原決定（仙台地裁平成 5 年 7 月 1 日決定）を支持し、転貸料債権に対する物上代位権行使を<u>肯定</u>した。

　本決定は、その理由として、「抵当権設定後の短期賃貸借が保護されるのは目的物を現実に占有し利用する関係においてのみ認められるべきであって、目的物を転貸して差益を得る地位まで保護されるべきもので

はないと解するのが相当であり、抵当権設定後になされた原賃貸借が短期賃貸借の要件を満たさない場合は、転貸料債権への物上代位を認めても原賃借人に不当な不利益を与えるものではないし、同賃貸借が短期賃貸借の要件を満たす場合に転貸料債権への物上代位を認めても、それによって原賃借人が受ける不利益は、目的物を転貸して差益を取得する地位を制限されることのみであり、その地位は本来短期賃貸借によって保護されるものではない」と、前掲②決定の⑥と同趣旨を述べた。

④　大阪高裁平成 5 年10月 6 日決定（判例時報1502号119頁）

　　抵当不動産の競売開始決定後、抵当権者が転貸料債権に対し物上代位権を行使した事案である。──本決定は、少なくとも競売開始決定の効力発生時点以降においては、賃料債権に対し抵当権の物上代位効が及ぶと解すべきであり、また民法304条について前掲の文理解釈を述べたうえで、原決定が、本件原賃借人は本件不動産上の権利者か否か、本件抵当権の設定時期と原賃借権の設定時期との先後関係等を検討せずに転貸料債権に対する物上代位権行使を否定したのは審理不尽であるとして、原決定（大阪地裁平成 5 年 7 月20日決定）を取消し・差し戻した。

⑤　大阪高裁平成 5 年10月 6 日決定（判例時報1502号119頁）

　　根抵当不動産の競売開始決定後、根抵当権者が、転貸料債権に対し物上代位権を行使した事案である。──本決定は、少なくとも競売開始決定の効力発生時点以降においては、賃料債権に対し抵当権の物上代位効が及ぶと解すべきであり、また民法304条について前掲の文理解釈を述べたうえで、原決定が、本件根抵当権設定時期と原賃貸借の成立時期との先後関係を検討せずに転貸料債権に対する物上代位権行使を否定したのは審理不尽であるとして、原決定（大阪地裁平成 5 年 8 月24日決定）を取消し・差し戻した。

⑥　東京高裁平成 7 年（1995年） 3 月17日決定（判例時報1533号51頁、金融法務事情1438号36頁）[28]

　　抵当権設定登記後に原賃貸借がなされ、その後、転貸借がなされていたところ、抵当権者が、抵当不動産の競売開始決定を経ずに、転貸料債権に対し物上代位権を行使した事案である。──本決定は、原決定（東

京地裁平成7年1月17日決定）を支持し、転貸料債権に対する物上代位権行使を<u>肯定</u>した。

　本決定は、目的不動産について抵当権を実行しうる場合であっても、これとは別に、賃料債権ないし転貸料債権に対し物上代位権を行使できると述べ、また民法304条の「債務者」には抵当権設定後の賃借人も含まれると解し、転貸料債権に対する物上代位権行使を肯定した。

⑦　東京高裁平成11年（1999年）4月19日決定[29]—最決平成12年の原決定
　　根抵当権設定登記後に原賃貸借がなされ、その後、転貸借がなされたところ、抵当権者が、転貸料債権に対し物上代位権を行使したが、賃借人（転貸人）が債務者でもあった事案である。——本決定は、原決定（横浜地裁川崎支部平成10年（1998年）9月16日決定）を支持し、転貸料債権に対する物上代位権行使を<u>肯定</u>した（事実関係および決定要旨の詳細は後掲のとおりである）。

⑶　**原則否定説**

最判平成元年以降、原則否定説を採る裁判例は次のとおりであり、転貸料債権に対する物上代位権行使が肯定される「特段の事情」の事実認定如何により結論が左右されている。

⑧　大阪高裁平成7年（1995年）5月29日決定（金融法務事情1434号41頁、判例時報1551号82頁）[30]
　　（根）抵当権設定登記後、A有限会社（抵当権設定者・債務者・原賃貸人）が、B株式会社（原賃借人・転貸人）に原賃貸借をし、その後、B株式会社が多数の転借人に転貸借をしていたところ、（根）抵当権者が、B株式会社の転借人らに対する転貸料債権に対して物上代位権を行使した事案である（時間的順序は、（根）抵当権者Xの抗告理由に基づく〔判例時報1551号84頁、85頁〕）。——本決定は、原決定（大阪地裁岸和田支部平成5年（1993年）3月24日決定）を支持し、「特段の事情」が認められないとして、転貸料債権に対する物上代位権行使を<u>否定</u>した。

　本決定は、ⓐ民法304条1項を同372条に準用する場合の文理解釈として、同項の「債務者は、抵当権設定者、抵当不動産の第三取得者など当該不動産の所有者と読み替えることになるが、これら所有者からの「賃

借人」を含まないと明言し、ⓑ転貸料を抵当不動産の交換価値の済し崩し的実現と見るのは無理である、と述べる一方で、ただし、ⓒ抵当権設定者（債務者）とその賃借人（転貸人）との関係や賃貸借・転貸借成立の経緯等から、その転貸料債権が原賃料債権と同視しうるものと推認される場合には、転貸料債権について物上代位権行使を認めるのが相当であるが、本件の場合、そのような推認の根拠となるような事情や資料は見当たらないし、また、Ａ有限会社とＢ株式会社との間の原賃貸借が詐害的賃貸借あると認めるべき事情や資料も存在しないので、転貸料債権に対する物上代位権行使を認めるべきでない。

　なお、抗告人（（根）抵当権者）は、抗告理由において、ⓐ転貸借期間は 1 年ないし 2 年ということから推測するに、原賃貸借は短期賃貸借と考えられ、しかも詐害的短期賃貸借である、ⓑ原賃借人の会社設立登記日（平成元年（1989年）9 月19日）は、抵当権設定登記日（⑴及び⑵建物について昭和62年（1987年）12月25日、⑶建物について昭和63年（1988年）6 月29日）の後であるから、原賃貸借は本件抵当権に対抗できない、ⓒ⑷及び⑸建物の根抵当権設定登記日は、それぞれ平成 2 年（1980年）5 月18日および同 3 年（1991年）7 月31日であるが、原賃貸借は平成 4 年（1992年）になされたと考えられ、それは根抵当権に対抗できない、ⓓ抵当権設定登記後の原賃貸借が、短期賃貸借の要件を充たす場合であっても、現実に使用収益せず、転貸している場合の転貸料への物上代位を認めても、転貸人が失うのは、転貸料と賃料との差益を得る地位のみで、本来、短期賃貸借の保護は目的物を現実に利用する関係についてのみ認められるものであると主張した。──（根）抵当権者のこの主張は、後順位賃借権限定説である。

⑨　大阪高裁平成 7 年（1995年）6 月20日決定（金融・商事判例984号23頁、金融法務事情1434号41頁、判例時報1551号82頁）

　抵当権設定登記前に原賃貸借がなされ（時間的順序は、抗告人（原賃借人・転貸人）の抗告理由に基づく〔金融・商事判例984号25頁、判例時報1551号86頁〕）、その後に転貸借がなされた事案である（転貸借と抵当権設定登記との先後関係は不明）。──本決定は、原決定（大阪地裁平成 7 年 3 月15

日決定）を支持し、抵当建物の所有者（原賃貸人）と賃借人が実質的に同一視される場合等に該当するとして、転貸料債権に対する物上代位権行使を<u>肯定</u>した。

　本決定は、民法304条の文理解釈には触れることなく、ⓐ「所有者と賃借人とが実質的に同一視される場合、あるいは、所有者と賃借人との間の賃貸借（原賃貸借）が、賃料に対する抵当権の行使を妨害する目的でされ、詐害的なものである場合には、まず、所有者（原賃貸人）と転借人との間に直接賃貸借契約が締結されたものと評価し、転借人が支払う賃料にも抵当権者の物上代位権が及ぶものとすることが可能である。この際、実際には原賃借人と転借人との間の転貸借契約が外形的に存在することにかんがみると、物上代位に必要な差押えの目的を、転貸人（賃借人）が転借人に対して有する賃料債権（転貸料債権）とすることができると解すべきである」、ⓑ「抵当権者が転貸料債権を差し押さえることが可能な場合には、原賃貸借及び転貸借がされた時期と抵当権設定の時期の先後によって、その可否を左右すべきものではない」と述べた。

　そのうえで、本決定は、「本件抵当権の目的建物の所有者（原賃貸人）であるＡ会社の代表取締役と原賃借人兼転貸人である抗告人（Ｘ会社―筆者注）の代表取締役は、同一住所に居住している夫婦であること、両名は以前、それぞれ他方の会社の取締役に就任していたこと、両社は総合不動産企業体のＡグループに属するものとして、案内書に自社紹介していることなどの事実が認められ、これらによれば、両社は実質的に同一の会社と認められるので、所有者（原賃貸人）と原賃借人（転貸人）を同一のものと評価できるか、あるいは原賃料額を転貸料額と同一のものと認めることができる」と事実認定し、抵当権者は、抗告人（賃借人・転貸人）を債務者とし、転借人らを第三債務者として、抗告人の第三債務者らに対する転貸料債権を差し押さえることができる、と述べた。

　なお、抗告人は、ⓐ抵当権の非占有担保性、ⓑ民法304条の「債務者」の中に「賃借人」は含まれないという文理解釈、ⓒ転貸人（賃借人）と賃貸人は別個の法的人格を有するから、転貸料は、目的物の交換価値のなし崩し的具体化ではない、ⓓ本件賃貸借は、抵当権設定登記よりも先

行していると述べ、転貸料債権に対する物上代位権行使が否定されるべきことを主張した。——抗告人の@、⑥および©の主張は、原則否定説により、転貸料債権に対する物上代位権行使が否定される場合の根拠であるのに対し、@の主張は、後順位賃借権限定説により、その行使が否定される場合の根拠である。要するに、抗告人は、自己にとって都合のよい各説によって物上代位権行使が否定される根拠を列挙したのである。

⑩　大阪高裁平成 7 年10月27日判決（高裁民事判例集48巻 3 号253頁）

　　原判決（奈良地裁平成 7 年 1 月20日判決）は、根抵当権者（被控訴人）が物上代位権に基づいて賃借人（控訴人・転貸人）が有する転貸料債権を差し押さえた場合において、賃借人が当該債権差押命令の執行力を排除するためには、執行抗告の方法によるべきであり、第三者異議の訴え（民事執行法194条・38条）を提起することはできないと判示した。

　　これに対し、本判決は、「執行債務者であっても、担保権の実行として執行を受けた自己の財産がその担保権に責任を負うものでないときは、第三者異議の訴えを提起することができるところ、控訴人主張の右前提が理由があるならば、控訴人は、その有する本件転貸料につき本件抵当権に基づく差押えを受けるという侵害を受忍すべき理由はないし、被控訴人に対し、本件差押命令についてその執行力の排除を求める訴訟を提起できないとすべき理由はない」と判示し、原決定を取消し・差し戻した。

⑪　大阪高裁平成 9 年（1997年） 9 月16日決定（金融・商事判例1044号15頁）

　　Mとその長男 L は、昭和62年（1987年）、M所有土地上に建物を建て家賃収入を得ることを企画し、S 銀行から計12億5,000万円の融資を受けた（債務者はM・L）。昭和62年 2 月26日、相手方 X（S 銀行のMとLに対する貸金債権を保証した保証会社）は、M・L に対する本件求償債権を被担保債権として当該土地上に根抵当権の設定を受けた。同年 3 月10日、M一族は、抗告人 Y 株式会社（資本金500万円。L が公務員であったため、設立時の代表取締役はMの妻 J、L が公務員退職直後の同年12月30日、J に代わり L が就任）を設立した。Y 会社は、建築中の本件建物 1 棟全

体を建築主Mから賃借し、それを他に転貸するために設立された賃貸管理会社である（M死亡後の平成6年（1994年）4月頃から、Mの被相続財産に属する他の建物も賃借）。昭和62年7月31日、建築中の本件建物についてMとY会社との間に原賃貸借契約が結ばれ、同時にY会社と転借人（建築請負会社から紹介された者）との間で本件建物1棟全体について転貸借契約が結ばれた。昭和63年5月31日、本件建物が完成し、同年6月1日、MからY会社、Y会社から転借人への引渡しが行われた。同年9月9日、Xは、本件求償債権を被担保債権として本件建物に根抵当権の設定を受けた。平成7年（1995年）3月20日、Xは、S銀行に対する保証債務の履行により、M（平成4年（1992年）1月22日、M死亡のためその相続人）・Lに対する求償債権を取得し、本件建物（M死亡後の建物所有者は、債務者Lほか相続人6名）の根抵当権の物上代位権に基づき、Y会社（転貸人）の転借人に対する転貸料債権を差し押さえた。

　以上、本件は、建物の根抵当権設定前に原賃貸借と転貸借が行われたが、その原賃借人（転貸人）Y会社が原賃貸人Mの同族会社であり、その代表取締役には債務者の一人Lが就任し、M死亡後は相続人の一人であるLが原賃貸人（建物所有者）にもなっていた事案である。——本決定は、「特段の事情」を認めず、原決定（大阪地裁平成9年5月22日決定）を取消し、転貸料債権に対する物上代位権行使を否定した。

　本決定は、物上代位権行使否定の理由として、「抵当不動産の原賃借人は、抵当不動産所有者と賃貸借契約を締結し、対価（賃料）を支払って目的不動産を使用収益する者にすぎず、抵当権者に対し契約関係に立つ者ではない」（傍線、筆者）と述べた。

　また、本決定は、民法304条について⑧決定と同様の文理解釈を行ったうえで、以下の理由から、転貸料債権を原賃料債権と同視すべき「特段の事情」が存在しないと述べた。すなわち、ⓐ抵当権者Xは、Y会社がMから本件建物を賃借し、第三債務者に転貸したことを了解していた、ⓑS銀行に対するローン返済も、Y会社に振り込まれた転貸料ではなく、Y会社からMに振り込まれた原賃料等を資金としてなされた、ⓒ原賃料、転貸料は適正水準であった、ⓓ原賃料、転貸料の授受等において、Y会

社が独立の法人であることを前提として明確な会計処理が行われていた、
ⓔ税務申告等、Ｙ会社の会計処理全般についても、個人財産との混同や
不当な処理が行われているとは認められない、と。

⑫　大阪高裁平成10年（1998年）３月12日決定（金融法務事情1526号56頁）

　　Ｙ株式会社（抗告人）は、和菓子の製造販売を目的とする会社（昭和
39年（1964年）設立。設立時の代表者にはＡの母Ｂが就任し、昭和41年
（1966年）以降はＡが就任。Ａの親族が役員に就任し、同親族の株式保有は約
70パーセント）であった。平成元年（1989年）７月８日、Ａの母Ｂが、
本件建物を建て、同日、Ｙ会社に賃貸した（賃貸期間10年、賃料月額103
万円、敷金の定めなし。平成７年（1995年）10月分から賃料月額80万円に変
更）。一方、平成元年７月31日、相手方Ｘ信用金庫は、本件建物に根抵
当権の設定を受けた。平成７年、Ｙ会社が赤字のため、同年８月、９月
にその全財産を同会社のグループ企業Ｚ会社（昭和55年（1980年）設立。
代表者は平成７年８月までＡ、その後はＡの妻Ｃが就任。Ａ及びＣの親族の
株式保有は約41パーセント）に譲渡し、Ｙ会社は営業を廃止した。同年10
月１日、Ｙ会社は、本件建物をＺ会社に転貸した（賃貸期間及び敷金の
定めなし。賃料月額90万円）。平成９年（1997年）４月24日、本件建物所
有者Ｂが死亡し、Ａが相続した。

　　以上、本件は、根抵当権設定前に原賃貸借がなされ、根抵当権設定後
に転貸借なされたところ、Ｘが、根抵当権に基づき本件建物の競売を申
立て、平成８年（1996年）10月11日、競売開始決定を得るとともに、平
成９年（1997年）10月３日、Ｂ・相続人Ａを「所有者」とし、Ｙ会社を
「債務者兼賃借人兼転貸人」とし、転借人Ｚ会社を「第三債務者」とし
て、根抵当権の物上代位に基づく転貸料債権の差押命令を求める申立て
を行った事案である。――本決定は、原決定（京都地裁平成９年12月16日
決定）を支持し、「特段の事情」を認め、転貸料債権に対する物上代位
権行使を肯定した。

　　本決定は、民法304条の文理解釈には触れない一方で、Ｙ会社が主張
する後順位賃借権限定説につき、「形式は転貸借であっても実質的には
賃貸借と評価できる点に着目して物上代位を認めるものであり」と述べ、

同説が原則否定説と異ならないと指摘した。また、本決定は、「特段の事情」につき、「本件ではAが現在所有する本件建物をAが代表者であるY会社が賃借し、更にC（Aの妻）が代表者であるZ会社が転借している形態になっている。そして、Y会社及びZ会社は同族企業であること、Z会社はY会社のグループ企業であり、一旦は合併を考慮したものの、その案が不可能になったため、Z会社への財産譲渡をなし、営業を既に廃止して単に賃借人の地位を有するのみであること、賃貸借契約及び転貸借契約ではいずれも敷金は差し入れられていないこと、Aは所有者及びY会社代表者であることを総合すると、本件建物につき実質的には所有者と転借人間に直接賃貸借契約が成立しているものと評価することができる」と述べた。

　なお、Y会社（賃借人）が債務者となったのは、Y会社の主張によれば、Xが黒字のZ会社に過剰融資を行い、その融資金でZ会社が土地を購入した後、Y会社がその土地をZ会社から買い取り、Z会社の借入債務を肩代わりしたからである。また、Xが、Y会社とZ会社を別々に扱っていたというY会社の主張について、本決定は、Xが両会社を別々に取扱ったのは、Y会社が全財産をZ会社に譲渡する前だったと述べ、Y会社の主張を排斥した。

⑬　大阪高裁平成11年（1999年）5月19日決定（金融・商事判例1075号24頁）

　平成2年（1990年）2月20日、同年12月21日、A株式会社がその所有建物について被担保債務総額7億9,000万円の抵当権設定登記を経た後、本件抵当権付き債権が順次譲渡され、平成10年（1998年）10月30日、その譲受人である相手方（抵当権者）X株式会社は、本件抵当権移転の各付記登記を経由した。一方、A会社は、平成4年（1992年）3月27日、本件抵当権の被担保債務（分割金）の支払を怠り、期限の利益を失った直後の同年7月1日、本件建物を抗告人（債務者・賃借人・転貸人）であるY株式会社に賃貸し、さらにY会社は、同年12月28日、本件建物を転借人（第三債務者）に転貸し、転借人から受領した転貸料をそのままA会社に対する原賃料として支払っていた。X会社は、平成11年（1999

年）1 月 8 日、本件抵当権の物上代位権に基づき、A 会社に対する被担
保債権のうちの元本 1 億円を請求債権として、Y 会社の転貸料債権を差
し押さえた。

　以上、本件は、抵当権設定登記後に A 会社から Y 会社に原賃貸借がな
され、その後 Y 会社から転貸借がなされ、A 会社と Y 会社の実質的同一
性が問題となった事案である。——本決定は、原決定（大阪地裁平成11
年 1 月12日決定）を支持し、転貸料債権に対する物上代位権行使を肯定
した。

　本決定は、Y 会社（抗告人）は、A 会社とは形式的には別法人とされ
ているが、本件賃貸借当時、Y 会社の代表者・乙は、A 会社の代表者・
甲の妻であったうえ、A 会社の代表者・甲も Y 会社の取締役を兼任して
おり、A 会社と Y 会社との関係は実質的に同一の地位にあることを認め、
そのような場合、転貸料債権に対し抵当権の物上代位効が及ぶと述べ、
さらに、その場合、民法304条 1 項の「債務者」とは、「抵当権の目的不
動産上の権利者」と読み替えることになる旨を付言した。

⑭　大阪高裁平成12年（2000年）3 月 2 日決定（金融法務事情1590号56頁）
　A 銀行は、B に対する貸金債権を担保するため、B 所有の賃貸建物に
根抵当権の設定を受けていたが、B の債務不履行により、X 保証会社
（相手方）が代位弁済した。X が、代位取得した根抵当権の物上代位権
に基づき、B の C らに対する賃料債権を差し押さえたところ、B は債務
不履行の直後に本件建物を Y 株式会社（抗告人・賃借人・転貸人）に賃貸
し、Y が C らに本件建物を転貸していた。そこで、X は、Y の C らに対
する転貸料債権を差し押さえた。なお、Y は、各種電気通信設備・電気
設備の設計・施工、これら設備に関連する機械・器具・材料・部品等の
販売・輸出入等を目的とする株式会社であり、不動産の賃貸・管理等を
目的としていないし、本決定時には解散し、すでに清算法人となってい
た。

　以上、本件は、根抵当権設定前に原賃貸借がなされ、根抵当権設定後、
債務不履行の直後に転貸借がなされた事案である。——本決定は、原決
定（大阪地裁平成12年 1 月26日決定）を支持し、「特段の事情」を認め、

転貸料債権に対する物上代位権行使を<u>肯定した</u>。

　本決定は、民法304条の文理解釈には触れないで、「認定事実によれば、BとYは、Xが本件建物に設定されている根抵当権に基づく物上代位により賃料債権を差押えることを妨害する目的で、本件建物につき賃貸借契約を締結したものと認められ、このような場合には、Xの根抵当権に基づく物上代位はYの各賃借人（転借人）に対する転貸料債権にも及ぶものと解される」と述べた。

2　下級審裁判例の分析

(1)　序　説

　大阪高裁は、転貸料債権に対する抵当権の物上代位権行使につき、当初、後順位賃借権限定説を採っていた（①決定）が、⑧決定以降は、一貫して原則否定説の立場である。⑩判決は、直接的には第三者異議の訴え提起の許否に関するものであるが、「担保権の実行として執行を受けた自己の財産がその担保権に責任を負うものでないときは、第三者異議の訴えを提起することができる」と述べていることから、原則否定説を前提としていることは明らかである。一方、東京地裁・高裁は、一貫して後順位賃借権限定説の立場である。

　なお、大阪高裁④および⑤決定が後順位賃借権限定説を採り、原決定を取消し・差し戻したのは、大阪高裁①決定が出たにもかかわらず、大阪地裁が全面否定説を採り続けたためである。その際、④および⑤決定は、いずれもその理由中において、「少なくとも競売開始決定の効力発生時点以降においては」、原賃料債権に対し抵当権の物上代位効が及ぶと述べている。しかし、最判平成元年は、このような限定を付けずに無条件肯定説を採ったのであり、このような限定付けは、最判平成元年の論理に反しており、理論的にも妥当ではない。債務不履行以降は、原賃料債権に対し物上代位効が及ぶと解すべきである。その点、大阪地裁の執行実務は、原賃料債権に対する物上代位権行使については、最判平成元年の趣旨に従い、ⓐ抵当不動産に対する競売開始手続が開始されているどうかを問わず、ⓑ抵当権と賃借権の設定時期を問わず、ⓒ抵当権の実行（不動産競売）と物上代位権行使を重畳的に行使でき

るという取扱いを行っていたということである[31]。これは、極めて妥当な取扱いである。

　後順位賃借権限定説を採る裁判例と原則否定説を採る裁判例の第一の違いは、原賃貸借と抵当権設定登記の時間的先後という形式的基準により一律に判断するのか、原賃借人と転借人とが同一視されるような「特段の事情」の存在が認められるかということにあり、第二の違いは、民法304条の文理解釈にあった。

(2)　原賃借権と抵当権との対抗問題

　第一の違いは、一見、大きいように見えるが、抵当権設定登記後の原賃貸者は執行妨害的なものが多いことから、後順位賃借権限定説により、転貸料債権に対する物上代位権行使が肯定される場合は、原則否定説によっても肯定されよう。しかし、後順位賃借権限定説の場合、原賃貸借が抵当権設定登記前になされていれば、たとえそれが執行妨害的であっても、物上代位権行使を否定せざるを得ず（②決定）、不当な結果を招くことになる。実際、②決定の事案では、賃貸人（抵当権設定者）が、賃借人（転貸人・債務者）たる株式会社の代表取締役を兼ねているとともに、当該賃借人自身が債務者であり、執行妨害事例と認めてよいものであった[32]。しかし、②決定は、後順位賃借権限定説に基づき、転貸料債権に対する物上代位権行使を否定した。抵当権者が転貸料債権に対し物上代位権を行使するのは、債務不履行が惹起され、かつ執行妨害のため、原賃料債権に対する物上代位権行使に実効性がないからであり、②決定の結論では、債務者たる賃借人は、債務不履行の一方で、転貸料の収受が認められることになり、極めて不当である。

　以上のように、形式的基準により判断する後順位賃借権限定説は、執行裁判所の性格に適うが、実際上、不当な結果を招く場合があるほか、理論面においても難点がある。すなわち、同説は、転貸料債権に対する物上代位権行使が問題となるや、原賃貸借が抵当権設定登記の前後になされたか否かにより結論が異なり、その問題を原賃借権と抵当権の対抗問題に帰しているからである。そのような考えは、賃借権の設定時期を問わずに賃料債権に対する物上代位権行使を肯定した最判平成元年に反しよう。

　賃料債権および転貸料債権に対する物上代位権行使の可否は、単に抵当権

の効力（物上代位効）が及ぶ範囲の問題と解すべきである。すなわち、抵当
目的物＝賃貸目的物＝転貸目的物という同一の目的物が存在している一方、
債務不履行があった場合、抵当権の優先弁済権確保のため、その時点以降、
抵当目的物から派生している賃料や転貸料に対して抵当権の効力を及ぼすこ
とが妥当かという問題であり、本来的に対抗問題とは関係がないからである。

(3)　「特段の事情」の存否

　原則否定説は、「特段の事情」があれば賃借権の設定時期を問わず、転貸
料債権に対する物上代位権行使を肯定し、「対抗問題」を捨象している点で
優れているが、「特段の事情」の認定が裁判所により異なる場合があり、そ
の点で執行裁判所の性格に適さない。実際、原則否定説を採った大阪高裁決
定は、「特段の事情」を認めず転貸料債権に対する物上代位権行使を否定し
たものと（⑧、⑪決定）、肯定したもの（⑨、⑫、⑬、⑭決定）とに分かれた。
このうち、物上代位権行使を肯定した決定の結論は正当であるが、否定した
決定の事実認定には賛成しがたい。

　⑧決定は、抵当権設定登記後に原賃貸借・転貸借がなされた事案であり、
後順位賃借権限定説によれば、物上代位権行使が肯定される（抵当権者は後
順位賃借権限定説を主張した）が、⑧決定は、原則否定説に基づきその行使を
否定した。この結論につき、当時、すでに原則否定説を採るようになってい
た、「大阪地裁における実際の運用に比較すると、より否定的な立場に立っ
ているように感じられる」[33]とのコメントがなされている。実際、抵当権者
が、当該原賃貸借が短期賃貸借であり、詐害的である旨を主張していたこと
から、「特段の事情」の存在を認め、転貸料債権に対する物上代位権行使を
肯定してもよかったであろう。原則否定説は、「特段の事情」が認められる
場合として、原賃貸借が詐害的ないし執行妨害的である場合、または原賃貸
人と原賃借人との間に同一性がある場合を挙げていたからである。

　同様に、⑪決定にも賛成しがたい。⑪決定の事案は、抵当権設定登記前に
原賃貸借・転貸借がなされた事案であり、後順位賃借権限定説によれば、転
貸料債権に対する物上代位権行使が否定されることになるが、原則否定説は、
原賃貸借の設定時期を問わないため、このような事案であっても、その行使
を肯定できる場合がある。ところが、⑪決定は、原則否定説に基づき物上代

位権行使を否定した。その第一の理由は、「抵当不動産の原賃借人は、抵当不動産所有者と賃貸借契約を締結し、対価（賃料）を支払って目的不動産を使用収益する者にすぎず、抵当権者に対し契約関係に立つ者ではない」こと、第二の理由は、民法304条の文理解釈および第三の理由は、賃貸人と原賃借人との間に同一性が認められる「特段の事情」が存在しないことであった。

　これらのうち、「原賃借人は、原賃貸人に対価を支払い、抵当権者に対し契約関係に立つ者ではない」という第一の理由は、物上代位権行使否定の理由にはならない。もし、その理由が正当なら、保険金債権に対する抵当権の物上代位権行使も否定すべきである。なぜなら、保険契約者は、対価（保険料）を支払って、保険者と契約関係に立ち、抵当権者に対し契約関係に立つ者ではないからである。抵当権の物上代位とは、本来、抵当権者と契約関係に立つかどうかの問題ではなく、抵当目的物から発生（派生）する価値代替物に対し、抵当権者保護のために、いかなる範囲で抵当権の効力を及ぼすかという問題である。また、民法304条の「債務者」に「賃借人」が含まれないという理由にも賛成できない（詳細は後述）。さらに、「特段の事情」が存在しないという事実認定にも賛成できない。

　⑪決定の事案では、被担保債権の債務者はMとその長男Lであり、原賃貸人（抵当権設定者・建物所有者）はM（M死亡後はLほか相続人6名）、原賃借人（転貸人）はY株式会社（設立当事、Lが公務員だったので、代表取締役にはMの妻が就任したが、その9カ月後に公務員を退職したLが就任）で、資本金500万円の同族会社である。

　⑪決定の事案では、Lの立場をどう評価するかが重要である。Lは、主要な債務者であると同時に、原賃借人Y会社の代表取締役であり、かつM死亡後は、共同相続人として原賃貸人の一人となっている。そして、原賃借人Y会社は資本金500万円の同族会社であり、その設立後にLが代表取締役に就任した経緯から見ても、Y会社の経営は、Mの長男Lに委ねられていたことがわかる。それゆえ、原賃貸人Lと原賃借人Y会社は、別個の法的人格ではあるものの、実質的に同一性を有すると評価できる。さらに、債務者Lは、共同相続人として、抵当建物の所有者（原賃貸人）の一人であるが、実質的な所有者（原賃貸人）は長男Lであろう。つまり、Lは、債務者であると同

時に、実質的に、原賃貸人であり、かつ原賃借人なのである。このような場合、原賃料債権に対する物上代位権行使に実効性があるだろうか。

転貸料債権に対し物上代位権が行使されるのは、債務者が債務不履行を惹起し、かつ原賃料債権に対する物上代位権行使に実効性がないからである。要するに、この事案では、債務者と原賃貸人と原賃借人のすべてが、実質的にL一人である。しかも、原賃借人Y会社は、Mの死亡後、Mの被相続財産に属する他の建物も賃借しているが、Lは、共同相続人としてそれらの建物の共同所有者（実質的な所有者は、長男Lであろう）であるから、実質的にL自身であるY会社は、Lから、すべての建物を賃借しているといってよい。

⑪決定は、Y会社が独立の法人である理由として、抵当権者Xが、MとLがY会社の設立を了解していたこと、原賃料と転貸料の明確な区別がされていたこと、原賃料、転貸料が適正水準であったこと、原賃料や転貸料の授受等において適正な会計処理が行われていたこと、その他税務申告等、会計処理全般についても個人財産との混同や不当な処理が行われていなかったことを指摘するが、これらは、X（抵当権者）とM・L一族（債務者側）が正常な関係にあった場合の話であろう。

もし、これらのことが正常に行われていれば、Y会社は継続的に転貸料収入を得ていることは確実であるから、Y会社からM・L一族（原賃貸人）への原賃料支払もあり、それを原資として、Xに対する債務の支払も行われたであろうから、債務不履行も起こらず、物上代位権の行使もなかったであろう。ところが、実際にはそうでなく、原賃貸人（M・L）と原賃借人（Y会社）の関係が形骸化し、実質的に同一だったからこそ、抵当権者は、転貸料債権に対し物上代位権を行使したのであり、原決定も、それを肯定したのであろう[34]。

したがって、⑪決定の事案は、原賃貸人と原賃借人の間には同一性が認められ、「特段の事情」が存在する場合であると認定すべきであり、同決定は、形式論理に終始した不当な決定であると評価せざるを得ない[35]。

⑷　民法304条１項の文理解釈

後順位賃借権限定説と原則否定説は、民法304条を抵当権に準用する際の同条１項の文理解釈において異なる。すなわち、後順位賃借権限定説を採っ

た裁判例は、抵当権設定登記後に賃貸借がなされた場合には転貸料債権に対する物上代位権行使を肯定する必要上、民法304条1項の文理解釈に言及し、同項の「債務者」は、「抵当権の目的たる不動産上の権利者」と読み替え、これには所有者、抵当不動産の第三取得者のほか、これら所有者からの「抵当不動産設定登記後の賃借人（転貸人）」も含まれると述べる（③決定を除く①から⑦決定）。

　これに対し、原則否定説を採った裁判例は、転貸料債権に対する物上代位権行使を否定する場合には、必ず民法304条1項の文理解釈に言及し、同項の「債務者」には、抵当不動産所有者からの「賃借人」は含まれないことを明言する（⑧、⑪決定）が、肯定する場合には、同規定の文理解釈に全く言及しないもの（⑨、⑫、⑭決定）と、その文理解釈に言及し、同規定の「債務者」は、「抵当権の目的不動産上の権利者」と読み替えられると述べるものとに分かれる（⑬決定）。

　この違いとして、次のような理由が考えられるであろう。まず、民法304条1項の文理解釈に言及するのは、「特段の事情」が存在せず、転貸料債権に対する物上代位権行使を否定する場合、物上代位権の発生根拠である民法304条1項の適用を、形式上、否定する必要があるからであろう。そのため、同項の文理解釈を行った⑧および⑪決定は、併せて「転貸料」の価値代替物性にも言及し、その価値代替物性をも否定するのである。

　これに対し、「特段の事情」が存在し、例外的に物上代位権行使を肯定すべき場合とは、原賃貸人（抵当権設定者・抵当不動産所有者）と原賃借人（転貸人）との間に実質的同一性が認められ、原賃料債権＝転貸料債権となる場合であり、転貸料債権に対する物上代位権の発生根拠を改めて求める必要がない場合である。つまり、転貸料債権に対する物上代位権の発生の根拠が、原賃料債権に対する物上代位権の発生根拠になるので、改めて民法304条1項の文理解釈を行う必要性がないからであろう（⑨、⑫、⑭決定）。

　しかし、原則否定説によって、例外的に転貸料債権に対する物上代位権行使が肯定され、原賃貸人と原賃借人（転貸人）とが実質的に同一化している場合であっても、形式的には両者は別個の法的人格を有するのであり、また、原則否定説によって物上代位権行使が肯定される「特段の事情」には、原賃

貸人と原賃借人の結託による執行妨害の場合もあり、この場合には、両者は、形式的にはもちろん、実質的にも未だ同一化しているとはいえない。

　したがって、原則否定説を採る場合であっても、転貸料債権に対する物上代位権行使が例外的に肯定される場合について、その根拠規定を求めることは必要不可欠の作業であり、「抵当権の目的不動産上の権利者」とは誰か、また、「転貸料」は抵当目的物の価値代替物かについて明らかにする必要がある。その意味で、原則否定説を採った⑬決定が、民法304条1項の文理解釈に言及したことは評価されよう。すなわち、⑬決定は、例外的に転貸料債権に対する物上代位権行使が肯定される場合、「抵当権の目的不動産上の権利者」には「賃借人」が含まれると解していると考えられるからである。

　(5)　小　括

　転貸料債権に対する抵当権の物上代位権行使の可否につき、執行裁判所の性格上は、形式的基準で判断する後順位賃借権限定説のほうが合理的であるが、同説は、抵当権設定登記後に原賃貸借が成立した場合にのみ、転貸料債権に対する物上代位権行使を肯定し、本問題を原賃借権と抵当権との対抗問題として把握するから、賛成することができない。同説では、原賃貸借が抵当権設定登記前に成立している執行妨害事例（②決定）に対応することができないからである。また、同説は、本問題を対抗問題として把握しながら、原賃貸借が抵当権設定登記後の短期賃貸借の場合でも（平成15年改正前の民法395条によれば、抵当権設定登記後の短期賃貸借は抵当権に対抗しうる）、転貸料債権に対する物上代位権の行使を肯定する（③決定）が、その結論自体は正当であるものの、理論的一貫性に欠けている。なぜなら、短期賃貸借が抵当権に対抗することができるのであれば、短期賃借人（転貸人）は、転貸料を抵当権者によって取得されるべきでないというのが、素直な解釈だからである。

　これに対し、原則否定説は、原賃貸借の成立が抵当権設定登記前であっても、「特段の事情」が存在すれば、転貸料債権に対する物上代位権行使を肯定する（⑨、⑫、⑬、⑭決定）ので、後順位賃借権限定説が対応できない執行妨害事例に対応することができる点において優れている。ただし、「特段の事情」の認定に明確な形式的基準がないため、抵当権設定登記後に原賃貸

借が成立し、後順位賃借権限定説により物上代位権行使が肯定される場合で
あっても、原則否定説によれば、「特段の事情」がないとしてその行使が否
定された場合（⑧決定）や、「特段の事情」を事実認定できる場合であって
も、それが認定されずに物上代位権行使が否定された場合（⑪決定）があり、
同説は、執行実務に適さない側面がある。

　他方、大阪高裁が原則否定説に基づき、転貸料債権に対する物上代位権行
使を否定した決定（⑧、⑪決定）も、実際にはその行使を肯定してもよい場
合であり、肯定した決定（⑨、⑫、⑬、⑭決定）と合わせると、問題となっ
た事例はすべて肯定事例となる。すなわち、転貸料債権に対する物上代位権
行使が問題となる事例は、現実にはほとんど「特段の事情」が存在している
場合なのである。なぜなら、物上代位権が行使される場合とは、債務不履行
が惹起され、債権者（抵当権者）と債務者との信頼関係がもはや壊れている
場合だからである。そのような場合、「特段の事情」の立証責任を抵当権者
に課す原則否定説は、非現実的な理論である。かかる場合、より現実的で、
かつ執行実務に適する理論は、「特段の事情」の立証責任を賃借人に課す原
則肯定説である。

　さらに、原則否定説については、転貸料の価値代替物性を否定する点にお
いても賛成できない。抵当権の物上代位効とは、債務不履行時以降における
抵当目的物から生じる代替物に対する抵当権の効力範囲の問題であり、転貸
料も、抵当目的物から発生しているからである。

　以上のように、東京地裁・高裁と大阪地裁・高裁の見解が顕著に対立して
いる状況の中、東京地裁執行部は、平成10年（1998年）9月から、それまで
とは異なる新しい取扱いを始めた。すなわち、③実行抵当権の債務者が原賃
借人、つまり債務者＝原賃借人＝転貸人の場合には、原賃貸借と抵当権設定
登記の先後関係、および転貸借と抵当権設定登記との先後関係のいずれとも
関係なく、抵当権者は転貸料債権に対して物上代位権を行使できるというの
である。このような取扱いがなされる理由は、自己の債務不履行により物上
代位権の実行として所有者＝賃貸人の賃料債権が差し押さえられ、その収益
権が侵害される場合に、債務者＝原賃借人のみが抵当権者に対抗でき、転貸
料債権の差押えを免れ、その収益権が保護されるとは考えていないという抵

当権設定契約の際の当事者の合理的意思解釈と信義則の適用によるということである。また、ⓑ抵当権設定登記前に原賃貸借が設定された場合の取扱いは決まっておらず、長期賃借人が非正常な間接占有者である場合や債権回収目的が認められる場合などは、担当各裁判官の判断で処理されるということである[36]。

　後順位賃借権限定説を採った②決定により、転貸料債権に対する物上代位権行使が否定された事案は、まさに実行抵当権の債務者たる小規模会社が、原賃借人（転貸人）となっている場合である。一方、原則否定説を採った⑪決定により、同様に物上代位権行使が否定された事案は、実行抵当権の債務者が原賃借人（転貸人）たる同族会社の代表取締役に就任し、債務者と原賃借人との実質的同一性が認められる場合であるから、これも、前記ⓐの場合に相当するといえる。したがって、前記ⓐの取扱いを適用すれば、いずれの事案も、物上代位権の行使が肯定されることになろう。

　また、実行抵当権の債務者（会社）＝原賃借人であると同時に、その原賃借人（会社）の代表取締役に原賃貸人（個人）が就いている場合（②、⑫決定の事案）、あるいは、実行抵当権の債務者（個人）が実質的に原賃貸人（共有者の一人）であると同時に、原賃借人（会社）の代表取締役にその債務者・原賃貸人（個人）が就いている場合（⑪決定の事案）のように、債務者・原賃貸人・原賃借人（転貸人）が、事実上、三位一体化している事例について、前記ⓐの取扱いは定型的に対処することができ、妥当な結果を導き出すことができよう。

　さらに、前記の取扱いは、抵当権設定登記前の原賃貸借については、それが執行妨害的である場合等には担当裁判官の判断に委ねるということであり、東京地裁の執行実務では、それまでは物上代位権行使が否定された事例にも柔軟に対応することになった。

　かくして、東京地裁の新しい執行実務は、転貸料債権に対する物上代位権行使が肯定される場面を従来以上に拡大し、もはや原則肯定説の立場であると評価してよいものであった。そのような状況下において、原則否定説に立つ最決平成12年が出たわけである。

四　最決平成12年

1　事実関係

　X株式会社（相手方・根抵当権者）〔以下、Xという〕は、昭和63年（1988年）6月21日、Aとの間で、AのB銀行に対する金銭消費貸借契約に基づく債務について本件保証委託契約を締結し、同年10月21日、Aおよびその妻（以下、両名を併せて「Aら」という）との間で、本件保証委託契約に基づき発生するXのAに対する求償債権を被担保債権として、Aら共有の本件建物（昭和63年9月26日新築の3階建店舗・共同住宅用建物）に極度額1億9,800万円とする根抵当権設定を合意し、同日、その旨の登記を経た。

　AのB銀行に対する債務不履行により、Xは、平成9年（1997年）10月28日、本件保証委託契約に基づき、AのB銀行に対する債務7,216万2,812円を弁済し、Aに対して同額の求償債権を取得した。

　一方、Cは、Xが本件求償債権を取得した同年10月28日、Aらから本件建物を買い受け（同月30日所有権移転登記）、同月31日、Y（抗告人・債務者・賃借人・転貸人）に本件建物を賃貸し（同年11月17日に賃借権設定仮登記）、Yは、Dら（第三債務者・転借人）に対し、本件建物の部屋のうち7室を転貸した。

　そこで、Xは、平成10年（1998年）9月10日、横浜地裁川崎支部に、本件根抵当権に基づく物上代位権の行使として、Yらに対する転貸料債権につき債権差押命令を申立てたところ、同裁判所は右申立てを認め、同月16日、本件債権差押命令を発した（横浜地裁川崎支部平成10年9月16日決定）。

2　抗告人の抗告理由

　これに対し、Yは、本件債権差押命令に対し、以下の理由により執行抗告を行い、同決定の取消しと本件債権差押命令申立ての却下を求めた。

　ⓐ抵当権設定者が取得する賃料は、抵当不動産の交換価値のなし崩し的実現にあたるとみることができるから、抵当権者は、民法304条1項を準用する同372条に基づき、賃料債権につき抵当権を行使できると解される。しかし、賃借人は、あくまでも独自の人格として独自の計算のもとで抵当不動産

を転貸し、転貸料を取得しており、このような転貸料の性質から考えると、これを抵当不動産の価値のなし崩し的実現と見ることはできない（大阪高裁平成7年5月29日決定、金融・商事判例994号28頁、判例時報1551号82頁）──前掲⑧決定〔筆者注〕。ⓑ転貸料への物上代位までも認めるとすれば、抵当権者による賃料債権、転貸料債権の二重取りを許すことになる。ⓒ賃借人は、民法304条1項の「債務者」に該当しない（前記大阪高裁決定）。

　したがって、転貸料債権に対する物上代位を認めることを前提とした本件債権差押命令は、民法372条が準用する同法304条1項に反し違法であるから、取り消されるべきである。

3　原審・東京高決平成11年

　東京高裁平成11年4月19日決定（前掲⑦決定）〔東京高決平成11年〕は、以下のように述べ、賃借人Yの抗告を棄却した。

　「抵当権者（以下根抵当権者についても同じ）は、抵当権設定者が目的物を第三者に賃貸することによって賃料債権を取得した場合には、民法304条1項を準用する同法372条により、上記賃料債権について抵当権を行使することができる（最高裁判所平成元年10月27日第二小法廷判決・民集43巻9号1070頁参照）ところ、民法304条1項の『債務者』には、抵当不動産の所有者及び第三取得者のほか、抵当不動産を抵当権設定の後に賃借した者も含まれ、したがって、抵当権設定後の賃借人が目的不動産を転貸した場合には、その転貸料債権に対しても抵当権に基づく物上代位権が及ぶと解するのが相当である。

　これを本件についてみると、Yは、本件建物に根抵当権が設定された後、本件建物の所有者であるAから賃借したものであるから、これを転貸したことにより取得する転貸料債権には、根抵当権に基づく物上代位権が及ぶというべきである。」

4　抗告人の許可抗告理由

　そこで、この抗告棄却決定に対し、Yが、転貸料債権に対して物上代位権行使を認めた原審（東京高決平成11年）の判断に法令違反があると主張して、

民事訴訟法337条に基づき許可抗告をした。その抗告理由は、次のとおりである。

　ⓐ賃借人は、所有者とは別個の人格として別個の計算によって抵当不動産を転貸して転貸料を取得しているから、転貸料を抵当不動産の交換価値のなし崩し的実現と考えることはできない。ⓑ転貸料債権にまで物上代位権行使を認めると、抵当権者は、賃料および転貸料の二重取りが可能となる。ⓒ民法304条の「債務者」に、抵当不動産所有者からの賃借人まで含めることは文理上無理である。

5　最決平成12年

　最高裁平成12年4月14日決定〔最決平成12年〕は、次のように述べ、原決定を破棄差戻した。

　「民法372条によって準用される同法304条1項に規定する『債務者』には、原則として、抵当不動産の賃借人（転貸人）は含まれないものと解すべきである。けだし、所有者は被担保債権の履行について抵当不動産をもって物的責任を負担するものであるのに対し、抵当不動産の賃借人は、このような責任を負担するものではなく、自己に属する債権を被担保債権の弁済に供されるべき立場にはないからである。同項の文言に照らしても、これを『債務者』に含めることはできない。また、転貸賃料債権を物上代位の目的とすることができるとすると、正常な取引により成立した抵当不動産の転貸借関係における賃借人（転貸人）の利益を不当に害することにもなる。もっとも、所有者の取得すべき賃料を減少させ、又は抵当権の行使を妨げるために、法人格を濫用し、又は賃貸借を仮装した上で、転貸借関係を作出したものであるなど、抵当不動産の賃借人を所有者と同視することを相当とする場合には、その賃借人が取得すべき転貸賃料債権に対して抵当権に基づく物上代位権を行使することを許すべきものである。

　以上のとおり、抵当権者は、抵当不動産の賃借人を所有者と同視することを相当とする場合を除き、右賃借人が取得すべき転貸賃料債権について物上代位権を行使することができないと解すべきであり、これと異なる原審の判断には、原決定に影響を及ぼすことが明らかな法令の違反がある。論旨は理

由があり、原決定は破棄を免れない。そして、Yが本件建物の所有者と同視することを相当とする者であるかどうかについて更に審理を遂げさせるため、本件を原審に差し戻すこととする。」

6　差戻審・東京高決平成12年

差戻審・東京高裁平成12年9月7日決定（金融法務事情1594号99頁）〔東京高決平成12年〕は、原則否定説を採った最決平成12年を引用しつつも、以下のような事実認定を行ったうえで、賃借人Yの抗告を棄却した。

本件建物およびその敷地は、A夫妻の共有に属し、A夫妻は本件建物を第三者に賃貸していた。

昭和63年（1988年）9月30日、Aは、B銀行から1億8,000万円を借り入れ、さらに同年10月28日、同銀行から2,000万円を追加借り入れし、相手方Xとの間で、前記借入金債務についての支払保証委託契約を結び、同保証委託契約に基づき生ずるXの求償債権を担保するため、本件土地・建物に根抵当権設定の合意をし、同年7月1日および11月16日、その設定登記（最終的な極度額2億2,000万円）を経た。

Aが前記債務の支払を怠り、平成9年（1997年）10月2日、期限の利益を喪失したため、Xは、B銀行に対し元利合計1億8,308万2,975円の代位弁済を行い、その代位弁済に係る求償債権を回収するため、本件土地建物につき根抵当権に基づく競売申立てを行い、同年12月18日、競売開始決定に基づく差押登記がなされた。

平成9年10月30日、本件建物についてA夫妻からCに対する所有権移転登記が行われ（本件土地に付いても同日付で同様の仮登記が行われた）、Cを所有者、抗告人Yを賃借人とする同年10月31日付けの建物賃貸借契約書（サブリース建物賃貸借契約書）が作成され、同年10月31日頃、第三債務者6名を含む合計9名との間で転貸借契約書が作成された（Yの受領する賃料合計額は月額78万円）が、この9名はもともとAからの賃借人である。

A夫妻とCとの間の売買契約につき、売買契約書が作成されたと認めるに足る資料は存しないが、Cは、本件競売手続中の現況調査において、担当執行官に対し、同契約の存在を証する書面として、本件建物1,000万円、本件

土地を無償で譲り受け、前記売買代金から本件建物の賃借人に係る保証金等の合計750万円等を控除した残額200万円をA夫妻に支払う旨を記載した「売買代金清算書」と題する書面（平成9年10月25日付け）およびA夫妻からC宛の1,000万円の領収書（同月28日付け）を示した。

　Cは、本件建物等に係る平成10年度および同11年度分の固定資産税を滞納している。

　A夫妻の息子は、平成10年7月31日、Xの社員に電話し、「本件建物の賃借人の一人を通じてCとDを紹介され、『本件建物の所有権を移転すれば、Xから債務の弁済を催促されないようにしてやる。不動産競売手続を長引かせれば、その間、賃料を取得できる。その一部をA一家に渡す』と言われ、所有権移転に応じたが、Dらは約束を実行しない。本件建物を1,000万円で売る旨の売買契約は虚偽であり、A一家は、売買代金の支払いを一切受けていない」という趣旨の話をした。

　Dは、株式会社Eの取締役であり、Yは同社の代表取締役であり、また同社の本店所在地はYの住所地と同一である。

　以上の認定事実に基づき、本決定は、Cによる本件土地建物の取得の時期が、Xによる代位弁済が行われた直後であり、本件土地建物に係る正式な売買契約書が存在せず、売買代金の算定根拠も不明であり、Cは、A夫妻やXとの間で本件求償権債務の弁済に向けた具体的な話合い等をした形跡がないだけでなく、本件土地建物の固定資産税も滞納していることや、Aの息子の前記発言を併せれば、Cは、本件競売手続に介入し、不当な利益を得る目的で、本件土地建物を取得した疑いが極めて高いと判断し、CとYとの間の本件賃貸借契約につき、以下のように述べ、転貸料債権に対する物上代位権行使を肯定した。

　すなわち、本件賃貸借契約は、サブ・リース契約であるが、この契約には、ⓐCと本件建物の従来の入居者（賃借人）との間にYを介在させねばならない理由は見当たらない（CとYの間の本件賃貸借契約締結当時、すでに9名の入居者がおり、その賃料合計額が月額78万円にのぼっていたことを考えると、これを月額50万円でYに賃貸するのは不合理である）、ⓑ競売開始手続開始が予想される本件建物について、期間10年の長期賃貸借を締結すること自体が不自然

であるうえ、ＹがＣに対し賃料や保証金を実際に支払っていることを裏付ける資料が存しない、ⓒＣによる本件土地建物取得の経緯にも不自然な点がある、ⓓＡの息子の前記発言によれば、Ｃの行為について、Ｙの関係者Ｄが関与している疑いがあることも併せ考えると、「本件賃貸借は、正常な取引によって成立したものではなく、むしろ、ＣとＹとが、所有者が取得すべき賃料を減少させ、又は抵当権の行使を妨げるために賃貸借契約を仮装した上で、転貸借関係を作出したものと推認すべきものである。したがって、本件においては、ＹとＣとを同視することを相当とする事由が存するものというべきであり、他に右認定を左右するに足りる資料は存しない。」

五　最決平成12年の検証と私見

1　原審から差戻審までの概観

　最決平成12年の原審である東京高決平成11年（前掲⑦決定）は、後順位賃借権限定説を採り、転貸料債権に対する物上代位権行使を肯定した。当該事案では、根抵当権設定登記後に原賃貸借がなされ、さらにその後に転貸借がなされたからである。

　東京高決平成11年による事実認定では、原賃借人（転貸人）Ｙは、同時に債務者でもあった（その経緯は不明であるが）。このように、実行抵当権の債務者が原賃借人である場合には、東京地裁の平成10年9月からの新しい取扱いによっても、転貸料債権に対する物上代位権行使は、容易に肯定されたであろう。

　それでは、原則否定説によればどうなるだろうか。従来からの原則否定説は、例外的に「特段の事情」が存在する場合、すなわちⓐ賃貸人と賃借人とが実質的に同一視される場合、またはⓑ原賃貸借が執行妨害目的を有する場合に、原賃貸者と抵当権設定登記の先後を問うことなく、転貸料債権に対する物上代位権行使を肯定するものである。そして、東京高決平成11年が行った事実認定によっても、本件の転貸借は、正常な取引により成立したものとは言い難いものであった[37]。本件事案においては、Ｃは、根抵当権者Ｘが求償権を取得した当日（債務不履行時）に、根抵当権設定者Ａらから本件根抵

当建物を購入した2日後に所有権移転登記を行い、その翌日に同建物をY（抗告人・賃借人・転貸人）に賃貸し、Yは、従来からの賃借人に転貸したからである。つまり、本件は、原則否定説によっても、転貸料債権への物上代位権行使が肯定されうる事案だったのであり、その行使を否定するには全面否定説を採る以外になかった事案であった。実際、Yは、許可抗告理由において、ⓐ転貸料の価値代替物性の否定、ⓑ賃料、転貸料の二重取りは許されない、ⓒ民法304条の文理解釈上、同条の「債務者」に「賃借人」は含まれないと述べ、転貸料債権に対する物上代位権行使の全面否定を主張したわけである。

　このように、本件事案は明白な執行妨害事例であり、また、賃料債権に対する物上代位権行使を肯定した最判平成元年および賃料債権に対する物上代位権行使と同債権の包括的譲渡の優劣につき物上代位権行使を優先させた平成10年1月30日判決（以下、「最判平成10年」という）の論理からすれば、最高裁は、何らかの形での肯定説を採るものと予測されていた[38]。

　ところが、最決平成12年は、原則否定説を採り、原審・東京高決平成11年を破棄差戻したのである。最決平成12年に対し、多くの論者が全面的に賛成した[39]。例えば、「暴走する『物上代位』に歯止め」がかかった[40]とか、最決平成12年は、執行妨害を要件として転貸料債権に対する物上代位を認めるものではなく、実質上、所有者イコール賃借人である場合に転貸料債権に対する物上代位を認めるものであるから、執行妨害要件説（原則否定説）ではなく、単なる否定説と呼ぶべきものである[41]とか、「原則否定説の難点である立証の困難さは、筆者の実務経験からはかなりの程度克服可能であり、執行実務の運用に著しい支障が生ずるとまではいえない」[42]と述べ、あるいは、「本件の事案は、本件抵当建物を買い受けて甲野一郎（C─筆者、注）からサブリースの目的でその建物を賃貸し、建物のうち七室を転貸して転貸料を徴収してきたわけなのです。これが抵当権者（X─筆者注）から、抵当権に基づく物上代位権の行使によって、その転貸賃料債権が差し押えられる羽目になったらたまりませんね。それは、まさしく決定のいうとおり『（転貸人）（Y─筆者注）の利益を不当に害すること』になります」[43]と述べるのである。

　しかし、バブル崩壊後、「物上代位」は全く暴走していない。「物上代位」

は、もともと民法により付与されていた優先的効力を最判平成10年により回復しただけであり、しかも、物上代位権行使の要件としての「差押え」の趣旨が第三債務者保護説にあると解されたことにより、第三債務者から弁済を受ける債務者・競合債権権者等のすべての利害関係人の利益も、第三債務者保護の反射的効果として保護されることが明らかにされたのである⁽⁴⁴⁾。つまり、最判平成10年により、「物上代位」の法的構造が明確になっただけのことである。

これに対し、バブル崩壊後、暴走したのは、民事介入暴力であり、執行妨害である⁽⁴⁵⁾。はたして、本件事案の賃借人＝転貸人Ｙは、正常な取引により成立した抵当不動産の転貸借関係における賃借人なのであろうか。Ｙの利益は、法律による保護されるべきものであろうか。断じて否である。

原審・東京高決平成11年の事実認定において、すでに賃貸人Ｃと賃借人Ｙの悪質性は明白であったが、差戻審・東京高決平成12年における詳細な事実認定により、Ｃ、ＤおよびＹが行った執行妨害の悪質性・巧妙性・計画性は一層明白となったのである。すなわち、老夫婦Ａを欺いてその抵当不動産を乗っ取った賃貸人ＣとＤは悪人仲間であり、ＤはＥ会社の取締役であり、賃借人ＹはそのＥ会社の代表取締役という関係にあったが、差戻審・東京高決平成12年は、最決平成12年の論理に従い、かかる関係その他の執行妨害的事実から、仮装的原賃貸借および執行妨害的転貸借を推認し、賃貸人Ｃと賃借人Ｙとを同一視し、転貸料債権に対する物上代位権行使を肯定したのである。結果的に、東京高決平成11年と東京高決平成12年は、全く同じ結論を導いたわけである。しかし、かかる結論が得られたのは、抵当権者Ｘの立証によるものである。

他方、Ｙは、自己が正常な賃借人であり、かつＣとＹが別の法人格であるという形式論を一貫して主張した。この形式論を支持し、これほどの社会的不正義・不公正を擁護する法解釈論とは、一体何なのであろうか

最決平成12年の採った原則否定説は、結果として、社会的不正義・不公正を擁護・助長するものである。最決平成12年は、Ｙの主張を全面的に排斥した原審を破棄差戻したのであるから、Ｙは、差戻審では自己が格段に有利になったと予測したことであろう。多くの論者も、形式論を謳って最決平成12

年に賛成し、Ｙを正常な賃借人として保護すべきことを主張した。

　しかし、最決平成12年および論者の多くが見落としている前提問題がある。それは、転貸料債権に対する物上代位権がいつ発生し、どのような状況下でその行使がなされるかという問題である。

　原賃料債権に対する物上代位権の発生・行使は、債務不履行を要件とするのであり、物上代位権が行使される場合には、抵当権者と抵当権設定者（債務者・賃貸人）との間の信頼関係がすでに破綻しているのである。さらに、賃借人が正常な者であれば、原賃貸借も正常であり、抵当権者は、原賃料債権に対し物上代位権を行使すればよく、あえて転貸料債権に対し物上代位権を行使する必要もない(46)。逆に、転貸料債権に対して物上代位権が行使される場合には、正常な賃借人は存在しないのが通常である。したがって、転貸料債権に対する物上代位権を論じる場合に、正常な賃借人が存在することを前提に立論を行うことは、物上代位権行使が債務不履行を要件としていること（これは物上代位論の基本である）を看過するものであり、結果として、取引の実態を無視し、不正行為を助長・擁護することになるのである。

　最決平成12年は、「抵当不動産の賃借人を所有者と同視することを相当とする場合」には、例外的に転貸料債権に対する物上代位権行使を肯定するわけであるから、「例外」の立証責任は抵当権者にある。しかし、一般的に「例外」の立証は困難なものである(47)。もし、「例外」の立証が容易なものであれば、その点が、原則否定説の難点となることもない。

　本件事案においても、賃貸人Ｃと賃借人Ｙは全くの別の法人格であり、両人の同一性を認めるためには、物上代位権者Ｘの側で、Ｃ、ＤおよびＹによる一体的な執行妨害の事実を立証しなければならなかった。本件事案では、法律に無知な老人を騙すなど、Ｃ、ＤおよびＹの悪質性が極めて顕著であったため（Ｘは、その詳細な事実を立証しなければならなかった）、差戻審は、ＣとＹの同一性を認めたようなものである。他方、ＣとＤは自然人であり、かつ何の家族関係もないことを重視すれば、両人の同一性が否定される可能性もあった。実際、原則否定説を採る大阪高裁は、前述したように、執行妨害を認定してよい事案について、「特段の事情」の存在を認めず、転貸料債権への物上代位権行使を否定しているのである。したがって、「例外」の立証

責任を抵当権者に課すことは、抵当権者に過大な負担を強いることになり、結果として、悪質・巧妙・計画的な執行妨害に対処することができないのである。

2　最決平成12年の論理

最決平成12年が原審決定を破棄差戻したのは、以下の理由による。

ⓐ抵当不動産の賃借人は、抵当不動産の所有者と異なり、抵当不動産をもって物的責任を負担するものではなく、自己に属する債権（転貸料債権）を被担保債権の弁済に供されるべき立場にないから、民法372条により準用される同304条1項に定める「債務者」には、原則として、賃借人は含まれない。ⓑ同項の文言に照らしても、賃借人を「債務者」に含めることはできない。ⓒ転貸料債権に対する物上代位権行使を認めると、正常な取引により成立した抵当不動産の転貸借関係における賃借人（転貸人）を不当に害する。ⓓただし、抵当不動産の賃借人を所有者と同視することを相当とする場合には、転貸料債権に対する物上代位権行使を許すべきである。

このうち、ⓐ、ⓑおよびⓒは、転貸料債権に対する物上代位権行使を否定するための理由を述べ、ⓓは、例外的にその行使を肯定すべき場合を述べており、無署名の調査官コメントは、それぞれについて次のような解説を行っている[48]。

第一に、ⓐについて、「所有者は被担保債権の弁済につき物的責任を負担し、自己が受領すべき賃料が被担保債権の弁済に充てられれば、その限度で物的責任も縮小し、物上代位により賃料から弁済を得た抵当権者への不動産売却代金からの配当減少分は、所有者が物的責任を負う後順位担保権者又は所有者の一般債権者への配当原資となり、更に残余があれば所有者に交付される。これに対して、抵当不動産の賃借人は、その賃借権が抵当権に劣後するときでも、競売までは不動産を使用収益する権利を有し、賃借人の受領すべき賃料から被担保債権の一部を弁済してもそのことで経済的利益を得るものではなく、また、被担保債権の弁済を強制される立場にもない。抵当不動産の第三取得者と賃借人とは、抵当権実行による売却まで不動産を使用収益することができること、抵当権の実行により当該権利を消失することといっ

た点で共通するが、被担保債権の弁済という面では、責任の有無及び弁済による効果において異なる。このことからすれば、所有者の受領すべき賃料を物上代位の目的とすることには、政策的合理性が認められるが、転貸賃料への物上代位を許容すべき政策的合理性は認められない」という理由である。

　第二に、ⓑについて、「賃料への物上代位を肯定した最判の理論的根拠は、賃料が抵当不動産の元本価値（交換価値）の代位物であることにではなく、担保権の対象の政策的拡大にあると解されるから、条文の文言自体の検討が必要となるが、担保権が所有者に物的責任を負担させるものであることからすれば、ここでの『債務者』は所有者（設定者、第三取得者）の意と解され、抵当不動産の賃借人がこの所有者に該当しないことは明らかであり、また、被担保債権の債務者に該当しないことも明らかである」と述べる。

　第三に、ⓒについて、「この点は、実質論ということになるが、物上代位は賃料の全額に及ぶ結果、転貸賃料の物上代位を認めるときは、正常な転貸借（サブ・リース）の転貸管理・手数料を含む賃料全額が抵当権者により取り立てられることになり、その不都合は看過し得ない」と述べる。

　第四に、例外的に転貸料債権への物上代位権行使が許容されるとするⓓについて、「このように、抵当不動産の賃借人・転貸人は民法304条の『債務者』に含まれないとの原則論の下に、物上代位による賃料差押を回避し、あるいは抵当権の実行を害するために転貸関係を仮装している場合など、抵当不動産の賃借人を所有者と同視することを相当とする場合には、その賃借人が受領すべき転貸賃料への物上代位が許される」と述べるのである。

　そして、上記の調査官コメントは、最決平成12年が採った原則否定説の問題点として、次の五点を指摘する[49]。

　「第一に、物上代位の手続は民事執行法による債権差押えの手続により画一的に処理されることになるから、転貸賃料への物上代位が許される『抵当不動産の賃借人を所有者と同視することを相当とする』場合の認定基準の作成が必要となろう。この点は、担保権実行の実務を担当する執行裁判所において、転貸関係の社会実態に即して行われることになろう。その場合には、抵当不動産の性質（自用物件か賃貸用物件か）、転貸関係の成立過程（抵当権設定当時からか、所有者の信用危機発生後か、賃借人と所有者、債務者との関係）、

賃料額と転貸賃料額との対比等の要素が考えられる。」

　「第二に、本決定の指摘する例外事由は法人格の完全な同一性の証明を要求するものではないが、例外事由該当性を肯定することは、実質的に所有者と賃借人（転貸人）の法人格を否認することに通じる。そこで、法人格否認は執行手続に馴染まないこと（強制執行につき、最一小判昭53・9・14判時906号88頁）との関係が問題となる。もっとも、担保権実行は、債務名義の形式的執行力に基づくものではなく担保権の実体的効力に基づくものであり、担保権の効力が及ぶ限りその実行を許容することが担保権実行の制度構成に反するものとも思われない。そして、転貸賃料への物上代位を許すべき例外事由に該当しないというのであれば、執行抗告（民事執行法193条2項、182条）又は第三者異議の訴え（同法194条、38条）により執行を排除することが可能である。」

　「第三に、賃借人を所有者と同視することを相当とする場合でも、転貸賃料物上代位による差押手続上の執行債務者は賃借人（転貸人）であって所有者ではない。被担保債権との関係では、賃借人（転貸人）は物上保証人と同様の地位に立つ。また、賃借人（転貸人）の一般債権者による強制執行との競合が生ずる場合には、抵当物上の物権的優先者としての物上代位が賃借人（転貸人）の一般債権者に優先することになろう。」

　「第四に、被担保債権の債務者自身が賃借人である場合には、債務者として被担保債権の弁済責任（人的責任）を負担し、その受領すべき賃料が一般債権者の強制執行の対象となることはいうまでもないが、その受領すべき賃料が当然に抵当権の目的となるものではないと解される。これを反対に解するときは、不動産転貸業を営む者の事業用資金の融資のために不動産所有者が抵当権を設定した場合には、転貸業収益の全部が抵当権者の管理下に入ることとなるが、これは価値権としての抵当権の予想するところではあるまい。ただし、転貸の経緯、事情とともに、債務者自身が賃借人・転貸人となったことは、例外判断の一要素となろう。」

　「第五に、制限肯定説（後順位賃借権限定説―筆者注）に基づき既に発せられ、確定した差押命令は、本決定が原則否定説を採用したことにより、効力を害されるものではない。したがって、この差押命令に基づく転貸賃料の取

立訴訟において、原則否定説によれば差押えが許容すべきであったか否かを争点とすることはできない。」

　さらに、最決平成12年を批判した私見[50]、すなわち、第一に、原則否定説によれば例外的であれ、転貸料への物上代位を肯定するために債務者概念を拡大する必要があること、第二に、転貸人が債務者であるときは一定の責任を負担させる方が合理的であること、第三に、物上代位が問題となる事案では正常な転貸が稀であるから、正常な転貸人の利益保護を理由とすることは、転貸の実態に対する無理解があると述べる私見に対し、調査官コメントは、次のような批判を行うのである[51]。

　すなわち、「第一に、本決定は、賃借人を所有者（民法304条にいう債務者）と同視することを相当とする場合には例外を肯定するものであり、債務者概念を拡大する必要はなく」、「第二に、既に説明したとおり、転貸人（賃借人）である債務者が人的責任を負担することが、直ちに物的責任を甘受すべしとする理由にはならず、物権法定主義（民法175条）により明確化が求められる抵当権の効力を論ずる場面に、明晰な区別を欠くまま、人的債務による利益衡量を持ち込むことこそ慎重にされるべきであり」、「第三の批判は、法規範が正常取引における行為規範として機能することを閑却するものとの反論を免れない」と。しかし、とりわけ、この第三の批判に対しては、物上代位権の行使の前提が、債務不履行の発生であることを看過するものであると再批判できよう。

3　検証と私見

(1)　転貸料の価値代替物性

　まず、学説分類は、正確に行うべきである。私見を全面肯定説とする論稿が見受けられる[52]が、私見は全面的肯定説ではない。私見は、転貸料債権に対する抵当権の物上代位権行使を原則肯定しつつ、原賃貸借に執行妨害等の特段の事情が存在しなければ、例外的にその行使を否定すべきであるという原則肯定説である[53]。

　では、最決平成12年の論理を検証しよう。

　最決平成12年は、前掲ⓐにおいて述べるように、賃借人は、抵当不動産の

所有者と異なり、物的責任を負担するものではないから、民法304条の「債務者」に含まれないとする。調査官コメントによれば、賃料への物上代位を認める政策的合理性が認められるが、転貸料への物上代位を許容すべき政策的合理性が認められないからである。つまり、最決平成12年は、賃料については、抵当目的物の価値代替物であることを肯定するが、転貸料については、抵当目的物の価値代替物ではないというのが、その基本的立場である。

　そして、転貸料の価値代替物性を否定すれば、最決平成12年が前掲ⓑにおいて述べるように、民法304条 1 項の文理解釈として、同項の「債務者」に賃借人を含める必要がないのは当然である。また、逆に転貸料の価値代替物性を肯定すると、転貸料債権に対する物上代位権行使を肯定することになり、それは、前掲ⓒにおいて述べているように、正常な賃借人の利益を不当に害するというわけである。結局、最決平成12年の立論の出発点は、転貸料の価値代替物性の否定に尽きる。したがって、転貸料の価値代替物性を否定することが正当か否かを論じることが、最決平成12年の論理の検証となるわけである。

　ところで、賃料の価値代替物性を肯定することについては、最判平成元年と同様、最決平成12年も認める。では、賃料が抵当目的物の価値代替物となり、その賃料債権上に物上代位権が成立する時期は、いつであろうか。それは、債務不履行発生時である。したがって、賃料債権に対し物上代位権が行使される場合には、抵当権者と抵当権設定者（債務者）の間の信頼関係がすでに破綻しているのが通常である。それが社会的実態である。

　これに対し、最決平成12年のように、一般論的・形式論的に、「転貸料は、抵当目的物の価値代替物か」を論じることは、非現実的である。一般論的・形式論的には、原賃料と転貸料は別物であり、しかも、賃料の価値代替物性が肯定されているのであるから、それに加えて転貸料の価値代替物性をも肯定し、転貸料債権に対する物上代位権行使を認めることは、抵当権者に二重取りを許すことになるというのは当然のことである。これは、本件の賃借人Ｙが一貫して主張した論理である。

　しかし、転貸料の価値代替物性について論じる場合には、その前提として、なぜ、抵当権者は、原賃料債権に対してではなく、転貸料債権に対して物上

代位権を行使しようとするのか、という問題を考えなければならない。

　まず、債務者が債務不履行を惹起していない場合、そもそも、賃料に対する物上代位権自体が発生していない。つまり、物上代位権が発生していない場合、抵当権者と抵当権設定者（債務者・賃貸人）との関係は良好であり、仮に抵当目的物が賃貸借され、さらには転貸借がされていても、抵当権者は、それに介入することができないのは当然である。抵当権は、非占有担保権であり、抵当目的物の使用収益権は、抵当権設定者にあるからである。また、その場合の原賃貸借も、通常、正常な取引に基づくものであろう。要するに、賃料（原賃料）債権に対する物上代位権が発生・成立していない場合こそが、保護すべき正常な賃借人が存在する場合なのである。

　これに対し、原賃料債権に対する物上代位権が発生している場合とは、債務不履行が惹起され、抵当権者と債務者（賃貸人）の間の信頼関係が破綻している場合である。かかる場合において、抵当権者は、民法372条・304条1項本文により、賃料債権に対する物上代位権を付与されたのであり、その物上代位権を行使するとは、抵当目的物の所有者（抵当権設定者・債務者・賃貸人）に代わって、目的物から生じる賃料を取得することであるのである。

　そして、かかる場合、賃貸人が原賃料債権に対する物上代位権行使を甘受するのではなく、これを妨害するために原賃貸借を仮装し、転貸借を作出したときにおいて、抵当権者は、原賃料債権に対する物上代位権行使の実効性を確保するため、転貸料債権に対し物上代位権を行使する必要が生ずるのである。そして、かかる物上代位権の行使を理論的に肯定するためには、転貸料は、抵当目的物自体から発生（派生）するところの、抵当目的物の価値代替物とみなすべきであり、かつ、その根拠を民法304条1項本文に求めることになり、その場合には、同規定の「債務者」の中に賃借人（転貸人）を含めることになるのである。

　要するに、原賃料債権に対して物上代位権が発生する場合とは、債務不履行が惹起されている場合であり、そのような場合に、抵当権者は発生した物上代位権を行使するのである。次に、抵当権者が転貸料債権に対して物上代位権を行使する場合とは、債務不履行を惹起した債務者（抵当権設定者・原賃貸人）が、原賃料債権に対する物上代位権行使を妨害するため、賃借人と

結託する場合である。それゆえ、転貸料債権に対する物上代位権が行使される場合には、正常な原賃貸借が存在しない場合である。すなわち、その場合には、正常な賃借人（転貸人）は存在しないのである。これが、転貸料債権に対する物上代位権行使の常態である。他方、正常な原賃貸借、つまり正常な賃貸人と賃借人が存在する場合には、抵当権者は、原賃料債権に対し物上代位権を行使すれば済むことであり、その場合には、転貸料債権に対する物上代位権行使は原則的にあり得ないのである。

　したがって、転貸料債権に対する物上代位権行使が問題となる場合でも、保護に値する正常な賃借人がいるのが原則であるという見解[54]は、転貸料債権に対する物上代位権行使の前提要件を看過するものであり、結果的に、社会的正義に反する行為を助長・擁護することになろう。最決平成12年および調査官コメントが、前掲ⓑにおいて、転貸料債権に対する物上代位権行使を認めると、正常な取引により成立した転貸借関係における転貸人（賃借人）を不当に害すると述べるのは、転貸料債権に対する物上代位権行使の前提要件を閑却しているのではないか。

　よって、ⓐ転貸料の価値代替物性を否定し、ⓑ民法304条１項の「債務者」の中に賃借人を含めないという文理解釈、およびⓒ転貸料債権に対する物上代位権行使を肯定すると、正常な賃借人を不当に害するという最決平成12年が述べる理由はすべて不当であり、最高裁調査官による私見に対する批判も、すべて失当ということになる。

　それでは、理論的に、転貸料の価値代替物性をどのようにして原則肯定すべきであろうか。賃料債権に対する抵当権の物上代位権行使が肯定されるのは、一方で債務不履行を惹起している抵当権設定者（債務者）が、他方で、抵当目的物＝賃貸目的物という同一の目的物から賃料を収受していることが、抵当権者と抵当権設定者の間の経済的公平の観点から不合理だからである。

　次に、転貸料債権に対し抵当権の物上代位権が行使される場合とは、一方で債務不履行を惹起している抵当権設定者（債務者・賃貸人）が、原賃料債権に対する物上代位権行使を妨害するために賃借人と結託し、他方で、その賃借人（転貸人）が抵当目的物＝転貸目的物という同一の目的物から転貸料を収受している場合である。この場合の賃借人を、正常な賃借人として認め、

転貸料の収受を認めることは、抵当権者と賃借人の間の経済的公平の観点か
ら不合理である。なぜなら、賃貸人と賃借人の執行妨害を目的とした結託に
より、原賃貸借が形骸化していると同時に、法律により付与された抵当権者
の権利（物上代位権）が侵害されているからである。そこで、解釈論として、
転貸料に対する抵当権の効力（＝物上代位効）を認め、抵当権の優先弁済権
を確保するという、政策的合理性が認められるのである。

　そして、転貸料債権に対する物上代位権行使が現実化するのは、債務不履
行の惹起と原賃料債権に対する物上代位権行使の実質的不能という要件が存
する場合に限られるから、抵当権者の二重取りが生じないことも当然である。
このように、転貸料の価値代替物性を問題にする場合、転借人が転貸料を誰
に支払っているかではなく、賃貸人の所有物を誰が現実に利用し、その転貸
料が賃貸人の所有物（抵当目的物）自体から発生（派生）している点を直視
するのである[55]。結局、転貸料債権に対する抵当権の物上代位権行使可否の
問題とは、端的に抵当権の効力（＝物上代位の効力）範囲の問題と解すべき
であり[56]、転貸料の価値代替物性の根拠規定は、民法372条が準用する同304
条 1 項本文となるわけである。

　最決平成12年の不当性は、最判平成10年と比較すれば一層明白となる。最
判平成10年は、賃料債権に対する物上代位権行使と同債権譲渡の優劣問題に
関し、「対抗要件を備えた債権譲渡が物上代位に優先するものと解するなら
ば、抵当権設定者は、抵当権者からの差押えの前に債権譲渡をすることに
よって容易に物上代位権の行使を免れることができるが、このことは、抵当
権者の利益を不当に害するものというべきだからである」（民集52巻 1 号 6 頁、
金融法務事情1508号72頁）と述べ、物上代位権行使を賃料債権譲渡に優先さ
せた。

　最判平成10年は、賃料債権に対する抵当権の物上代位の発生時点、つま
り債務不履行時以降に賃料債権譲渡が行われた事案（すでに抵当権者と抵当
権設定者の間の信頼関係の破綻後になされた賃料債権が譲渡された）であり、ま
さに賃料債権譲渡という取引が正常でないことを前提とする法解釈がなされ
ている。この場合の「賃料債権譲渡」と「転貸」の間に、どれほどの違いが
あるのだろうか。実際、賃料債権譲渡と転貸は、バブル崩壊後の執行妨害の

双璧だったのである⒄。賃貸人と既存の賃借人との間に第三者を介在させ、その第三者と既存の賃借人との間に転貸借契約を締結させれば、まさに、それは賃料債権譲渡の代用として機能するのであり、転貸方式は、賃料債権譲渡と実質的に同じなのである⒅。にもかかわらず、最決平成12年は、「転貸」が問題となるや、物上代位権行使を原則否定するのであるから、その論理は、実態無視の形式論であると評価せざるを得ないのである⒆。

　なお、転借人の賃貸人に対する直接義務を定めた民法613条を根拠として、転貸料債権に対する物上代位権を肯定することもできよう。民法613条の趣旨は、賃借人が賃貸人に義務を尽くさない一方で、転借人が賃借人に義務を尽くしている場合に、賃貸人と賃借人の間の公平を図るため、転借人に対する直接請求権を賃貸人に認め、賃貸人を保護する規定である。すなわち、賃貸人の所有物を転借人が使用・収益することにより、賃貸人が損害を被る一方で、賃借人のみが利益を専有するのは公平ではないという考えに基づくものである⒇。このように、直接の契約関係にない者に対する直接請求権を認めるのは、賃貸人の所有物に対する利用関係の実態、すなわち賃貸人の所有物を誰が利用しているのかを直視しているからである。

　そこで、賃貸人の直接請求権に対する物上代位権行使が認められるのであれば、転貸料債権に対する物上代位権も認めることができるはずだとして、最決平成12年を批判する見解がある(61)。しかし、転貸料債権に対し物上代位権行使がされる場合には原賃貸借が仮装され、原賃料が転貸料に比し極めて低廉であることが多く、その場合には転貸料債権に対する物上代位権行使を肯定しても実効性に乏しい(62)。なぜなら、民法613条は、原賃貸借も、転貸借もともに正常な取引により成立したことを前提とするから、同条に基づく転借人の賃貸人に対する賃料支払義務は、原賃料の範囲内だからである。では、どう解すべきか。

　債務不履行により、抵当権の優先弁済権確保のため、原賃料債権に対する物上代位権の発生した時点で、抵当権者は、抵当目的物所有者（賃貸人）と同じ地位に立つ。債務不履行発生後は、いつでも、抵当権実行も、物上代位権行使も可能となり、抵当権者は、目的物の処分権と収益権を取得するからである。そして、抵当権者は、物上代位権の行使により原賃料の取得を試み

るが、仮装的・妨害的な原賃貸借によりその行使が妨害される一方で、転借人が賃借人（転貸人）に転貸料支払義務を履行している場合には、その転貸料額こそが原賃料額であるとみなし（原賃料額＝転貸料額）、原賃料債権に対する物上代位権行使があった場合には民法613条を類推適用し、転貸料の範囲内で転貸料債権に対する権利行使を認めるのである。

⑵　「例外」の立証責任

　最決平成12年は、転貸料の価値代替物性を否定し、転貸料債権に対する物上代位権行使を否定したうえで、例外的に、「抵当不動産の賃借人を所有者と同視することを相当とする場合には」、その行使を肯定した。それゆえ、最決平成12年によれば、「例外」の立証責任は抵当権者の方に存することになる。最高裁調査官コメントは、前掲のように、最決平成12年の問題点を五点列挙するが、制限肯定説（後順位賃借権限定説）に基づきすでに発せられた差押命令の効力は最決平成12年により左右されないとする第五点を除き、すべて「例外」の立証に関係するものであり、いずれも大きな問題はないとする。

　すなわち、第一点として、賃貸人と賃借人（転貸人）を同視することを相当とする場合の認定基準の作成が必要となるが、執行裁判所において転貸関係の社会実態に即して行われること、第二点として、賃貸人と賃借人の同視とは、法人格の完全な同一性の証明までは要求するものではないが、実質的に法人格否認に通じることになり、それは執行手続に馴染まないこととの関係が問題となること、第三点として、賃貸人と賃借人を同視しうる場合でも、転貸料債権に対する物上代位権行使の執行債務者は、賃借人であること、第四点として、賃借人が実行抵当権の債務者である場合、同人が受領する賃料＝転貸料に当然に物上代位権は及ばないと解する理由として、もし反対に解すると、「不動産転貸業を営む者の事業用資金の融資のために不動産所有者が抵当権を設定した場合には、転貸業収益の全部が抵当権者の管理下に入ることとなるが、これは価値権としての抵当権の予想するところではあるまい」と述べるのである。

　しかし、抵当権者に「例外」の立証責任を課すことは、後順位賃借権限定説に比べると、転貸料債権に対する物上代位権行使を制限することになろう。

形式的・画一的な執行手続の処理を行わなければならない執行裁判所に、
「例外」に該当するか否かの具体的事実の認定を求めることになるからであ
る。この問題点は最高裁調査官も認め、かかる観点からすれば、理論的には
全面否定説が優れているとする[63]。その一方で、同調査官は、全面否定説で
は、法的な権利である物上代位権行使の潜脱、回避に対して法的対応ができ
なくなるため、執行妨害等要件説（原則否定説）にも相当の根拠があると述
べ、「執行妨害等要件」の認定については執行の画一性に馴染まない面があ
るとしても、第三者異議による訴訟的解決も可能である上、現に大阪地裁で
は執行妨害要件説を採って運用しているところからすると、実務的にもそれ
ほどの支障はないと述べ、結論として、同説を採るべきことを主張するので
ある[64]。

　しかし、大阪地裁の執行実務に問題がないとはいえない。なぜなら、前掲
⑧決定の原決定である大阪地裁決定は原則否定説（執行妨害要件説）を採り、
抵当権者（抗告人）の転貸料債権に対する物上代位権行使を否定したが、抵
当権者が抗告理由に述べる事実関係を見ると、その物上代位権行使が肯定さ
れてもよい事案であったし、抵当権設定登記後に原賃貸借がなされていたか
ら、後順位賃借権限定説によれば、まさに転貸料債権に対する物上代位権行
使が肯定された事案だったからである。

　さらに、原則否定説を採る最高裁調査官の見解は、物上代位に関する、よ
り根源的な問題について誤解しているようである。同調査官は、「賃料債権
に対する物上代位は、前記のとおり政策的に認められたものであって、抵当
権の性質から当然に効力が及ぶものではない」[65]と述べ、あるいは、「賃料債
権に対する物上代位の妨害といっても抵当権が把握した交換価値を侵害する
ものではなく、抵当権者としては本来の元本執行をすればその権利の実現を
図ることができ、抵当権に基づく賃料に対する物上代位は元本執行までの過
渡的かつ付随的な抵当権の拡張と考えれば、様々な問題を派生する転貸賃料
に対する物上代位を肯定するまでもない」[66]（傍点、筆者）と述べているから
である。

　賃料に対する抵当権の物上代位効は、例外的・過度的・付随的な効力では
ないし、抵当権の拡張でもない。賃料に対する物上代位効は、政策的に法制

化されたものではあるが、それのみに尽きるものではなく、同時に、それは、抵当権の優先弁済効に由来するところの、抵当権の本質的な効力である。それゆえ、売買代金、保険金、損害賠償金、賃料など、物上代位効の客体が何であれ、いったん法律により代位目的物（価値代替物）とされれば（民法372条・304条1項本文）、それは、抵当目的物本体と並んで等しく抵当権の「優先弁済権」の確保に奉仕するものである。

　だからこそ、ボアソナード博士は、民法304条の淵源であるボアソナード民法草案1638条（フランス語原文では1138条）の註釈において、「先取特権ノ拡張アリトスルヲ得。只、物上代位ノ一種ニ因リ顕ニ旧価額ニテ代表スル新価額ヘノ移転ニ依ル其先取特権ノ保存アルノミ」[67]（句読点、筆者）と述べ、物上代位権は、先取特権の拡張ではなく、原担保権である先取特権そのものの保存であると述べ、また、抵当権の消滅に関するボアソナード民法草案1805条6号（フランス語原文では1305条6号）の注釈において、「全部滅尽シタル不動産上抵当ノ存スルコト能ハサルヤ明カナリ。蓋シ債権者ノ権利ハ、此滅失ニ因縁シテ第三者ヨリ払フコト有ルヘキ賠償金ニ移ルト雖モ、債権者ノ該賠償上ニ行フ所ハ真個ノ（à proprement parler）抵当ニ非スシテ、寧ロ法律ノ特殊ノ嘱託ヨリ生スル優先権ナリトス」[68]（句読点、筆者）と述べ、物上代位権の目的物（賠償金）は、原抵当権の目的物（抵当不動産）と異なるという意味で真の（固有の）抵当権ではないが、法律の特別な嘱託に基づく優先権（原抵当権に由来する）であると述べるのである。同様のことは、宮城浩蔵博士も、抵当権の消滅に関する旧民法債権担保編292条6号の解説において述べている[69]。

　また、現行民法の起草者である梅謙次郎博士も、民法304条につき、「本条ニ定メタル各種ノ場合ニ於テ、先取特権カ、其目的物ニ代ハルヘキ債権ノ上ニ存スルモノトスルハ固ヨリ至当ナリト雖モ、是レ元来便宜法ニシテ、特ニ先取特権者ヲ保護センカ為メニ設ケタル規定ナリ」[70]（句読点・傍点、筆者）と述べ、物上代位権の特権的性質を述べると同時に、物上代位権とは、原担保権である先取特権そのものの効力であると述べ、物上代位権と原担保権との同一性を認めているのである。

　その後、大審院（民事連合部）大正12年（1923年）4月7日判決（民集2巻

209頁）連合部判決に至るまでの諸学説も、代位目的債権について「差押え」
が競合した場合の差押債権者間の優劣は、「差押え」の時間的順序に従うの
ではなく、実体法上の権利の順位に従うと述べ、物上代位権と原担保権の同
一性を認めている[71]。さらに、イタリア・ドイツ・スイス・フランスなど諸
国の立法例も、物上代位権と原担保権の同一性を認めているのである[72]。

　以上のように、物上代位権とは、「過度的かつ付随的な抵当権の拡張」で
はなく、価値権たる抵当権の優先弁済権確保のための特権なのである[73]。そ
れゆえ、物上代位の本質を特権説だけで説明する見解は正当ではない。した
がって、最高裁調査官の見解は、抵当権の物上代位本質論に対する基本的な
誤解を犯しているばかりか、債務不履行後の賃料への物上代位効を認め、か
つ抵当不動産本体に対する抵当権実行および賃料債権に対する物上代位権行
使の重畳的併存を認めた最判平成元年にも反することにもなる。

　ところで、前掲のように、最高裁調査官は、「様々な問題を派生する転貸
賃料債権に対する物上代位を肯定するまでもない」と述べるが、ここに述べ
る「様々な問題」とは、利害関係者、つまり①抵当権者、②賃借人および③
物件所有者の利益衡量を検討した結果生ずる様々な問題のことを指すわけで
ある[74]が、転貸料債権に対する物上代位権行使の前提問題を正確に把握すれ
ば、すべて生じない問題ばかりである。

　すなわち、同調査官は、①抵当権者の利益衡量を検討し、執行妨害の態様
として、ⓐ賃貸用の抵当不動産を賃貸せず、または安価に賃貸する場合、ⓑ
抵当権者に劣後する債権者に安価に賃貸して、特定の債権者に優先的満足を
与える場合、ⓒ債務者の傀儡というべき者に賃貸し、物上代位を回避する場
合を挙げる。そして、抵当権は元本価値から優先弁済権を受ける権利であり、
抵当不動産の利用関係に介入するものではないから、ⓐおよびⓑを問題とす
る理由はない一方、抵当権者の「時」の利益を侵害する執行妨害として対応
すべき転貸借は、転貸借を隠れみのとして本来の賃料を隠蔽するⓒのダミー
型のものということになると述べるのである[75]。結局、調査官は、執行妨害
には様々な態様があるが、問題とすべきものは限られるから、抵当権者の利
益はあまり重視する必要がないと言うのであろう。

　しかし、貸料債権に対する物上代位権の発生は、債務不履行の発生を要件

とするから、同調査官に指摘されるまでもなく、前掲の@およびⓑのように債務不履行が発生していない場合を問題とすべきでないのは当然である。これに対し、ⓒにいう「物上代位を回避する場合」とは、その前提として、賃料債権に対し物上代位権が行使されている場合であり、さらにその物上代位権行使の前提として、債務不履行の発生とそれに起因する物上代位権が発生しているのである。それゆえ、転貸料債権に対する物上代位権行使が問題となる場合には、常に原賃貸人（債務者）の債務不履行が発生している場合である。

　にもかかわらず、同調査官が、わざわざ@およびⓑを執行妨害の態様として挙げ、また、前掲のように、「抵当権は元本価値から優先弁済を受ける権利であり、抵当不動産の利用関係に介入するものではない」と述べているところをみると、賃料債権に対する物上代位権の発生要件は何かという問題を忘却しているのではないだろうか。債務不履行があれば、賃料債権に対する物上代位権が発生し、抵当権者は、いつでも抵当不動産本体と利用関係の双方に介入することができ、被担保債権の範囲内で双方から優先弁済を受けることができるのである。

　次に、同調査官は、②賃借人の利益衡量を検討し、正常な賃借人が存在する場合もあることを指摘するが、債務不履行が惹起され、原賃料債権に対する物上代位権行使が妨害される場合には、賃借人は賃貸人と結託し、賃貸人に対し適正価格の賃料を支払わないとか、賃貸人の地位の譲渡を受けるなどしている場合であり、当該賃借人は、そもそも、法律による保護に値しない不正常な賃借人である場合がほとんどである。それは、従来の下級審裁判例の事案を見れば一目瞭然である。これに対し、賃借人が正常であり、同人が賃借人としての履行義務を尽くしているのであれば、原賃料債権に対する物上代位権を行使できるのであるから、わざわざ転貸料債権に対し物上代位権を行使する必要もないのである。

　要するに、転貸料債権に対する物上代位権行使に関し、正常な賃借人の存在を原則的形態として論じる同調査官や多くの学説は、原賃貸借の一方の当事者が賃借人であり、原賃料の支払義務者がその賃借人であることを看過しているのではないか。実際、同調査官は、「物上代位権が行使されても、第

三債務者（転借人）は、本来果たすべき義務を履行するにすぎないから、二重弁済の危険を除けば、利害がない。したがって、ここでは、第三債務者（転借人）については問題にしない」[76]と述べ、検討対象の利害関係人の中から転借人を除くのであるが、賃借人も、賃貸人に対し、本来果たすべき義務を履行していれば、自己の有する転貸料債権に対してまで物上代位権が行使されることはないのである。自己の義務（原賃料の支払義務）を履行しない者の権利（転貸料債権）を擁護する解釈論は不当である。

　最後に、同調査官は、③物件所有者の利益衡量の観点から、ⓐ賃料債権に対する物上代位は元本執行までの過渡的かつ付随的な抵当権の拡張と考えるのが相当である、ⓑ転貸賃料債権に対する物上代位を許容し、賃借人による抵当不動産からの収益が不能となった場合には、所有者（賃貸人）は賃借人からの賃料不払いという紛争に巻き込まれることにもなると述べるのである[77]。

　しかし、ⓐの見解は、物上代位効の本質に関する誤解であり、最判平成元年にも反することは前述したとおりである。また、ⓑの見解も、実際には起こり得ないことを述べるものである。なぜなら、賃借人（転貸人）は、転貸料債権に対し物上代位権を行使される場合、両人は仮装の原賃貸借を行い、もともとその原賃貸借には実体がないからである。一方、転貸料債権に対し物上代位権を行使され、転貸料を収取できなくなったことに伴い、賃借人が賃貸人に対し賃料不払いを起こす場合とは、それまでの原賃貸借が正常な場合である。だからこそ、原賃料の不払いをするのである。しかし、その場合には、抵当権者は、原賃料債権に対して物上代位権を行使すればよいのであり、手続き的にも煩瑣な転貸料債権への物上代位権行使をわざわざする必要もない。

　ところで、前掲のように、最高裁調査官コメントは、原則否定説を採った場合の問題点の第四点として、実行抵当権の債務者（被担保債権の債務者）自身が賃借人である場合について述べ、かかる場合であっても、「例外」判断の一要素にはなるが、その受領すべき賃料（転貸料）が当然に抵当権の目的となるものではないと述べ、その理由として、「不動産転貸業を営む者の事業用資金の融資のために不動産所有者が抵当権を設定した場合には、転貸

業収益の全部が抵当権者の管理下に入ることとなるが、これは価値権として
の抵当権の予想するところではあるまい」と述べる。すなわち、このコメン
トによれば、「不動産転貸業を営む者の事業用資金の融資のために不動産所
有者が抵当権を設定した場合」とは、債務者と賃借人（転貸人）が同一人の
場合のことであるが、その場合、債務者は債務不履行を惹起する一方で、転
貸人としての転貸料の収受が原則的に認められることになるわけである。

　しかし、これこそ形式論理の極みである。抵当権者に対し債務不履行を惹
起する債務者＝賃借人は、賃貸人に対し賃借人としての義務を誠実に履行す
ることは稀であり、それゆえ、この場合、原賃貸借も不正常となっており、
原賃料債権に対する物上代位権行使の実効性を確保できなくなっているであ
ろう。このような場合でも、転貸料債権に対する物上代位権行使を認めず、
「例外」の立証を抵当権者に求めるというのが調査官コメントである。

　かかる不合理な結論が当然のように導き出されるのは、調査官コメントが、
「転貸賃料への物上代位を許容すべき政策的合理性は認められない」として、
転貸料の抵当不動産に対する価値代替物性を否定しているからである。しか
し、第一に、原賃料も、転貸料も、いずれも抵当不動産から派生（発生）し
ているという点を直視し、第二に、原賃料債権に対する物上代位権の発生は、
債務不履行の発生を要件とすること、第三に、実行抵当権の債務者が、当該
抵当不動産の賃借人（転貸人）となる場合には、賃貸人（抵当不動産所有者）
との間に特殊な人的関係がある場合（法人代表者所有の不動産を抵当に法人が
融資を受け、法人代表者が賃貸人、法人が賃借人となる場合）がほとんどであり、
これらのことを考慮すれば、転貸料は、当然に価値権としての抵当権の目的
となると解すべきである。

　すでに述べたように、後順位賃借権限定説を採っていた東京地裁執行部は、
平成10年（1998年）9月からの取扱いにより、実行抵当権の債務者＝原賃借
人＝転貸人の場合には、原賃貸借と抵当権設定登記の先後関係および転貸借
と抵当権設定登記の先後関係に関係なく、転貸料債権に対する物上代位権行
使を肯定し、より公正・妥当な執行実務の運用を行っていた。しかし、調査
官コメントは、かかる場合に転貸料債権に対する物上代位権行使を肯定する
ことは、「転貸業収益の全部が抵当権者の管理下に入ることとなる」と述べ、

原則的に反対するのである。

　しかし、債務者＝賃借人（転貸人）が債務不履行を惹起しなければ、つまり賃借人が正常であれば、原賃料債権、転貸料債権のいずれに対しても物上代位権は行使されない。また、賃借人が抵当権者に対し債務不履行を惹起しても、原賃貸借上の義務を履行している限り、原賃貸借は正常であり、物上代位権の行使は原賃料債権に止まるから、転貸料債権にまで行使されることもない。したがって、転貸業収益の全部が抵当権者の管理下に入るというのは、賃借人が債務不履行を惹起し、かつ原賃貸借上の義務も履行しないというように、賃借人が二重に不正常な場合だけであり、このような二重に債務を履行しない賃借人は、保護する必要がないのではないか。

　このように、調査官コメントは、実行抵当権の債務者が賃借人の場合であっても、最決平成12年は、原則として、転貸料債権に対する物上代位権行使を否定するということである。それゆえ、東京地裁執行部の取扱いは、かかる場合の「例外」の立証責任に関し、最決平成12年による変更を受けることになろう。これに対し、かかる場合の東京地裁執行部の取扱いは、最決平成12年の許容するものであるとする見解がある[78]が、論理的に無理である。かかる場合、転貸料債権に対する物上代位権行使を肯定するには、やはり、原則肯定説が最も論理整合的である。

　以上のように、転貸料債権に対する物上代位権を原則的に肯定するほうが、「様々な問題」は派生しないのである。逆に、最決平成12年のような原則否定説を採ると、「様々な問題」が派生するのである。次に述べるように、原則否定説を採った場合に例外的に転貸料債権に対する物上代位権行使を肯定する場合の根拠規定は何か、という問題についても、論理的かつ実際的な難点が生ずるのである。

　この問題について、原則否定説を採る場合、「例外」の根拠は、一般条項である信義則や権利濫用に求めるのが素直な解釈である[79]。しかし、最高裁調査官は、最決平成12年は「例外」の根拠を民法304条とするのであり、信義則等の一般条項を根拠とするものではないと述べる[80]。「所有者と同視することを相当とする場合」は、民法304条の「債務者」に準ずる場合であるというのがその理由である。つまり、同条を抵当権に準用する場合、同条の

「債務者」は、「所有者（抵当権設定者・第三取得者）」と読み替えるが、「所有者と同視することを相当とする者」も、「債務者に準ずる者」であるというわけである。しかし、同調査官は、「『所有者と同視することを相当とする場合』とは、『所有者と同視することができる場合』よりは広く物上代位を認めようとしたものと思われるが、所有者と同視することができなければ、『債務者』にはならないであろうから、それほどの相違はないものと思われる」[81]と述べ、「所有者と同視することを相当する場合」について厳格解釈を示唆するのである。

このような厳格解釈が示唆されるのは、民法304条1項についての文理解釈に基づく。すなわち、最決平成12年は、転貸料債権に対する物上代位権行使を原則的に否定する理由として民法372条により準用される304条1項本文にいう「債務者」とは、物的責任を負担する抵当不動産の所有者を意味し、物的責任を負担しない賃借人は含まれないと解したからである。そのため、従来、執行実務や下級審裁判例において採られていた従来の原則否定説（執行妨害等要件説）が、ⓐ抵当不動産所有者（賃貸人）と賃借人とが実質的に同一視され、またはⓑ原賃貸借が執行妨害的、詐害的なものである等の「特段の事情」がある場合に転貸料債権に対する物上代位権行使を肯定していたのとは異なり、最決平成12年は、物上代位権行使が肯定される場合の「例外」の基準をⓐの基準に一本化し、ⓑは、ⓐの判断要素にすぎないとしたわけである。

このように、最決平成12年が「例外」の基準を一本化したのは、ⓑの基準では、所有者と同視できない執行妨害的賃借人も「債務者」に含まれることになり、最決平成12年が行う民法304条の文理解釈に反することになると考えたからであろう。その意味で、民法304条の文理解釈が重要性を帯びるわけであり、最決平成12年は、従来の原則否定説に比し、「例外」をより厳格に解釈していると言うことができる[82]。しかし、このように「例外」を厳格解釈し、「例外」を肯定する根拠を、原則的文理解釈により否定した規定に求めることが論理的矛盾を含むことに変わりはない。「例外的」に肯定する場合であるから、民法304条の「債務者」に賃借人が含まれると解することに何の問題もないと強弁しても、原則的に、「債務者」には賃借人が含まれ

ないと解しているからである。そして、そのような「例外」の厳格解釈は、結局、多様な執行妨害に弾力的に対応することができないことになろう。

　実際、執行妨害の類型として、ⓐ人格同視型（抵当不動産所有者と賃借人が同視される場合）、ⓑ執行妨害目的型（原賃貸借に執行妨害の目的がある場合）、ⓒ債権回収型（原賃貸借に抵当不動産所有者に対する債権を回収する目的がある場合）およびⓓ債務者型（実行抵当権の債務者が賃借人である場合）が考えられる[83]が、最決平成12年の論理では、ⓐの人格同視型に対応できても、それ以外の類型には必ずしも対応することができない[84]。最高裁調査官コメントも、ⓓの債務者型には原則的に対応しない旨を明言していることは前述のとおりである。したがって、より現実的な結果を得るためにも、民法304条の「債務者」は、「抵当不動産上の権利者」と読み替え、賃借人も「債務者」に含まれると解すべきである[85]。

六　結　語

　転貸料債権に対する抵当権の物上代位権行使の可否の問題は、端的に、債務不履行発生時以降における抵当権の効力範囲の問題である。私は、債務不履行時以降、抵当目的物＝賃貸目的物という同一目的物の経済的実態関係を重視し、賃貸目的物から発生する賃料を、抵当目的物の価値代替物とみなし、賃料に対する物上代位効を肯定するものである。同様に、抵当目的物＝転貸目的物という同一目的物の経済的実態関係を重視し、転貸目的物から発生する転貸料も、債務不履行時以降、抵当目的物の価値代替物とみなすべきであると考える。

　このように、債務不履行の時点以降、抵当目的物（＝賃貸目的物＝転貸目的物）から発生する原賃料も、転貸料も、いずれも抵当目的物の価値代替物となり、抵当権の効力（物上代位効）の客体となるため、原賃貸借の成立時期を問題にしないのは当然である。ただし、原賃料が適正な市場価格であり、原賃貸借に執行妨害等の「特段の事情」が存在しないなど、転貸料債権に対する物上代位権行使を認める必要性が存在しない場合には、その行使を否定すべきであり、その立証責任は、原賃借人の負担とするわけである。すなわち、原則肯定説が正当であり、民法304条1項を同372条に準用する場合には、

同項の「債務者」は、「抵当権の目的不動産上の権利者」と読み替え、その中に「賃借人」も含まれると解すべきである。

　これに対し、最決平成12年は、民法304条の「債務者」には、原則として賃借人は含まれないとして、転貸料債権に対する物上代位権行使を原則的に否定した。その根拠は、転貸料の価値代替物性の否定であり、正常な原賃借人（転貸人）の保護であった。

　しかし、繰り返し述べているように、まず、原賃料債権に対する物上代位権の発生は、債務者（抵当権設定者・賃貸人）の債務不履行の発生を要件とするのであり、これが大前提である。そして、原賃料債権に対して物上代位権が行使される場合、原賃貸人（債務者）が不正常であるものの（債務不履行を惹起）、原賃借人（転貸人）が正常であれば（原賃借人が適正な市場価格の賃料を原賃貸人に支払っているとき）、原賃借人を保護すべきであり、原賃借人の転借人に対する転貸料債権に対する物上代位権行使を認めるべきではなく、その場合には、抵当権者は、原賃貸人の原賃借人（第三債務者）に対する原賃料債権に対して物上代位権行使を行えばよい。実際、原賃料が適正であるから、抵当権者は、原賃料債権に対する物上代位権行使で満足すべきであり、あえて転貸料債権にまで物上代位権を行使する必要性もない。

　ところが、原賃借人が不正常である場合、つまり原賃料が適正な市場価格でないとか、原賃料が原賃貸人に支払われていないなど原賃料債権が形骸化している場合には、原賃料債権に対する物上代位権の行使を認めても、実効性がない。その一方で、その不正常な原賃借人（転貸人）が、正常な転借人から転貸料を収受している場合には、原賃借人が有する転貸料債権に対して物上代位権を行使することを肯定すべきである、というのが私見である。なぜなら、転貸料は、抵当目的物の価値代替物であり、そのような不正常な原賃借人が原賃貸人とは別個の法的人格であることを理由に保護する必要はないからである。要するに、転貸料債権に対し物上代位権が行使を肯定するのは、原賃貸借が不正常であり、原賃借人（転貸人）が不正常な場合であり、これが原則である。

　実際、下級審裁判例を見ても、転貸料債権に対する物上代位権行使が否定された場合であっても、事実認定の仕方によっては肯定してもよい場合がほ

とんどであった。したがって、転貸料債権に対して物上代位権行使の可否の
問題を考える場合、立論の出発点として、正常な原賃貸借・原賃借人（転貸
人）という極めて稀なケースを前提にするのは、取引実態を無視し、不公正
な行為を擁護することになろう。ところが、最決平成12年は、原則と例外を
逆に把握したため、理論的にも様々な問題を有し、最判平成元年および最判
平成10年ともバランスを欠くのであり、賛成できないのである。

(1)　朝日新聞1996年3月3日朝刊。
(2)　清原泰司「判批」金融・商事判例1077号59頁（1999年）。
(3)　清原泰司「転貸は得する？」銀行法務21・577号44頁以下（2000年）。なお、
　　最判平成12年に賛成するコメントとして、荒木新五「暴走する『物上代位』に
　　歯止め」銀行法務21・577号42頁以下（2000年）、佐久間弘道「法解釈論、執行
　　実務、抵当権者の立証の難易等からもバランスのとれた判例」銀行法務21・577
　　号46頁以下（2000年）がある。
(4)　民事法情報166号16頁以下（2000年）。
(5)　最決平成12年について以下の評釈がある。吉田光碩「転貸料債権に対する物
　　上代位を原則的に否定した最高裁判例の実務への影響」金融法務事情1582号4
　　頁以下（2000年）、松本明敏「転貸料債権に対する物上代位権の行使について」
　　金融法務事情1585号6頁以下（2000年）、野口恵三「判批」NBL695号56頁以下
　　（2000年）、平井一雄「判批」金融・商事判例1102号55頁以下（2000年）、荒木新
　　五「判批」判例タイムズ1039号51頁以下（2000年）、占部洋之「判批」法学教室
　　242号154頁以下（2000年）、古積健三郎「判批」法学教室246号別冊付録『判例
　　セレクト'00』19頁（2001年）、西牧正義「判批」法律のひろば54巻4号56頁以
　　下（2001年）、松岡久和「批判」民商法雑誌124巻2号64頁以下（2001年）、大西
　　武士「判批」NBL713号63頁以下（2001年）、鎌田薫「判批」ジュリスト1202号
　　59頁以下（2001年）、安永正昭「判批」金融法務事情1620号29頁以下（2001年）、
　　富田一彦「判解」判例タイムズ1065号60頁以下（2001年）、能登真規子「判批」
　　名古屋大学法政論集190号377頁以下（2001年）、門間秀夫「転借料に対する抵当
　　権者の物上代位」占部洋之ほか編『現代民法学の理論と実務の交錯　高木多喜
　　男先生古稀記念』61頁以下（成文堂、2001年）、内田貴「判批」法学協会雑誌
　　119巻6号199頁以下（2002年）。
(6)　春日通良「判解」法曹時報55巻6号107頁以下（2003年）
(7)　西沢修『注釈民法(9)物権(4)』48頁、54頁、58頁〔柚木馨編〕（有斐閣、1982
　　年）、鈴木禄弥『物権法講義　四訂版』200頁、206頁（創文社、1994年）、道垣
　　内弘人『担保物権法』119頁（三省堂、1990年）、近江幸治『担保物権法〔新訂
　　補正版〕』139頁（弘文堂、1998年）など。
(8)　小田原満知子「判解」ジュリスト952号81頁（1990年）

(9)　G. Boissonade, *Projet Code Civil pour l'empire du Japon accompagné d'un commentaire,* nouvelle éd., t. Ⅳ, 1891, p.267.

　　ボアソナード民法草案1638条は、次のとおりである（『ボアソナード氏起稿再閲修正民法草案註釈　第四編全』295頁（司法省、訳者・刊行年不詳））。

　　「①若シ先取特権ノ負担アル物カ第三者ノ方ニテ滅失シ又ハ毀損シ第三者カ此カ為メ債務者ニ賠償ヲ負担シタルトキハ先取特権アル債権者ハ他ノ債権者ニ先立チ右ノ賠償ニ於ケル債務者ノ権利ヲ行フコトヲ得但其先取特権アル債権者ハ弁済前ニ適正ノ方式ニ従ヒ弁済ニ付キ異議ヲ述フルコトヲ要ス」「②先取特権ニ属シタル物ノ売却又ハ賃貸アル場合及ヒ其物ニ関スル法律上又ハ合意上ノ権利ノ行用ノ為メ債務者ニ金額又ハ有価物ヲ弁済ス可キ総テノ場合ニ於イテモ亦同シ但災害ノ場合ニ於テ保険者ノ負担スル賠償ニ関シ第千三百三十九条〔建物賃借人が建物につき締結する保険契約―筆者注〕ニ記載シタルモノヲ妨ケス」

(10)　旧民法債権担保編133条は、次のとおりである。

　　「①先取特権ノ負担アル物カ第三者ノ方ニテ滅失シ又ハ毀損シ第三者此カ為メ債務者ニ賠償ヲ負担シタルトキハ先取特権アル債権者ハ他ノ債権者ニ先タチ此賠償ニ於ケル債務者ノ権利ヲ行フコトヲ得但其先取特権アル債権者ハ弁済前ニ合式ニ払渡差押ヲ為スコトヲ要ス」「②先取特権ノ負担アル物ヲ売却シ又ハ賃貸シタル場合及ヒ其物ニ関シ権利ノ行使ノ為メ債務者ニ金額又ハ有価物ヲ弁済ス可キ総テノ場合ニ於テモ亦同シ」

(11)　大臣官房司法法制調査部監修『法典調査会　民法議事速記録　二』819頁以下（商事法務研究会、1984年）。

(12)　平成15年（2003年）の民法一部改正による同371条改正の結果、否定説の論者も、「抵当権の性質を根拠にして賃料債権に対する物上代位権を否定することはもはや素直でないであろう」（道垣内弘人『担保物権法』145頁（有斐閣、2004年）と述べ、賃料への抵当権の物上代位権を否定する根拠を、抵当権の非占有担保性に求める根拠が失われたことを認める。しかし、本来、抵当権の非占有担保性とは、否定説が説くように抵当権の実行（抵当不動産の差押え）〔改正前民法371条1項ただし書〕時までと解するのではなく、債務不履行時までと解すべきであり、そう解すれば、改正民法371条は当然のことを規定しただけのものということになる。抵当権の非占有担保性とは債務不履行時までであるからこそ、その時点以降、いつでも抵当権実行が可能となるのである。要するに、否定説は、抵当権の非占有担保性についての理解を本来的に誤解していた説である。

(13)　小田原・前掲注(8)82頁。

(14)　清原泰司『物上代位の法理』54頁以下（民事法研究会、1997年）参照。

(15)　わが国における議論については、清原・前掲（注14）44頁の注(12)、ドイツにおける議論については、清原・前掲注(14)202頁参照。なお、アメリカでは、不動産抵当権（mortgage）の物上代位効は原則として認められていないが、抵当権設定者（mortgagor）が締結する保険契約の中に、目的物滅損の場合に保険金

を抵当権者（mortgagee）に譲渡する抵当条項を挿入することが広く行われている（清原・前掲注⑭218頁、220頁）。

⒃　物上代位を代替型（代償型）と付加型（派生型）とに分離する見解として、松岡久和「物上代位権の成否と限界⑴」金融法務事情1504号（1998年）12頁、高橋眞「賃料債権に対する物上代位の構造について」金融法務事情1516号（1998年）6頁。

　　最近、このような分類に従い、物上代位を代替的物上代位と付加的物上代位に分け、保険金を代替的物上代位の客体とし、賃料を付加的物上代位の客体とする見解が多い（内田貴『民法Ⅲ〔第2版〕債権総論・担保物権』401頁（東京大学出版会、2004年）、道垣内・前掲注⑿141頁など）。

　　しかし、このような分類は、保険金に対する物上代位の法制化の歴史を看過するものであるし、現行民法304条が、担保目的物から派生する賃料も、担保目的物の滅失・損傷により発生する保険金や損害賠償金も、一律に代替物としたことにも反する。確かに、現在では、保険金は代替物というのが定説となっているけれども、目的物が一部滅失し、なお目的物の残存価値が十分に被担保債権を充たしている場合、つまり厳密には損害が発生していない場合でも具体的保険金債権が発生し、その保険金への物上代位効が認められているのである。すなわち、この場合の物上代位は、厳密には、付加的物上代位というべきものであって、その場合に物上代位の対象となる保険金は、代替物ではなく、まさに付加物というべきものであり、その点では賃料と同じである。このように、現行民法は、厳密には「付加物」というべき物を、担保権者保護という法政策的観点から拡大し、それらを「代替物」概念に包摂しているのである。したがって、物上代位について、あえて代替型と付加型に分ける実際的・理論的根拠を見出し難い（清原泰司「物上代位論」桃山法学2号19頁（2003年）参照）。

⒄　梅謙次郎『訂正増補　民法要義　巻之二　物権編（第三十一版)』（1911年）327頁以下。

⒅　我妻榮『新訂担保物権法』275頁、281頁（岩波書店、1968年）。

⒆　山﨑敏充「抵当権の物上代位に基づく賃料債権の差押えをめぐる執行実務上の諸問題」民事訴訟雑誌42号114頁以下（1996年）、松岡久和「物上代位権の成否と限界⑵」金融法務事情1505号13頁以下（1998年）など参照。

⒇　忠鉢孝史「東京地裁執行部における抵当権の物上代位をめぐる諸問題」銀行法務21・567号14頁（1999年）、原道子「名古屋地裁（本庁）における概況と特徴」債権管理85号59頁（1999年）、合田悦三「仙台地裁（本庁）における最近の民事執行事件の処理状況」金融法務事情1378号41頁（1994年）。

(21)　松島敏明「大阪地裁における民事執行の現状と課題」金融法務事情1454号17頁（1996年）、井上稔・伊藤彰「札幌地裁（本庁）における概況と特徴」債権管理85号77頁の注(1)（1999年）。

(22)　最上侃二「大阪地裁（本庁）における最近の民事執行事件の処理状況」金融法務事情1378号28頁（1994年）。

⑵3 　最上・前掲注⑵228頁。

⑵4 　原村憲司「転貸料への物上代位」金融法務事情1439号71頁（1996年）。

⑵5 　吉田徹「民事執行事件処理の現場から　横浜地裁（本庁）における概況と特
　　徴」債権管理85号70頁（1999年）。

⑵6 　評釈については、高橋眞「判批」私法判例リマークス 8 号28頁以下（1994年）
　　参照。

⑵7 　評釈については、清原・前掲注⑴4261頁以下、萩澤達彦「判批」私法判例リ
　　マークス11号（法律時報別冊）150頁以下（1995年）参照。

⑵8 　評釈については、鎌田薫「判批」私法判例リマークス13号（法律時報別冊）
　　23頁以下（1996年）、新美育文「判批」判例タイムズ901号48頁以下（1996年）、
　　山野目章夫「判批」金融法務事情1460号51頁以下（1996年）参照。

⑵9 　評釈については、清原泰司「判批」金融・商事判例1077号53頁（1999年）参
　　照。

⑶0 　⑧決定および⑨決定の評釈については、徳田和幸「判批」判例評論456号38頁
　　以下（判例時報1585号200頁以下）（1996年）、田原睦夫「抵当権の物上代位に基
　　づく転貸賃料の差押えの可否」金融法務事情1441号 4 頁以下（1996年）、鎌田・
　　前掲注⑵823頁以下、新美・前掲注⑵848頁以下、吉田光碩「抵当不動産の転貸料
　　に対する物上代位について」判例タイムズ907号72頁以下（1996年）、宮川不可
　　止「判批」法律時報69巻 6 号108頁以下（1997年）参照。

⑶1 　最上・前掲注⑵226頁、原村・前掲注⑵468頁。

⑶2 　清原・前掲注⑴4273頁。

⑶3 　原村・前掲注⑵471頁。

⑶4 　⑩決定のコメントは、「本決定が認定していない事実関係いかんによっては判
　　断が微妙であると思われ、転貸料に対して物上代位が許されるか否かの基準設
　　定は困難なことがうかがわれる」（金融・商事判例1044号16頁）と述べる。

⑶5 　私見と異なり、⑩決定を正当であると述べるのは、松岡・前掲注⑸85頁。

⑶6 　忠鉢・前掲注⑵014頁。

⑶7 　平井・前掲注⑸58頁。

⑶8 　宮崎裕二「転貸料に対する抵当権者の物上代位の可否」法律時報66巻 4 号99
　　頁（1994年）、門間・前掲注⑸71頁参照。

⑶9 　荒木・前掲注⑶42頁、同・前掲注⑸53頁、佐久間・前掲注⑶46頁、吉田・前
　　掲注⑸ 5 頁、野口・前掲注⑸59頁、古積・前掲注⑸19頁、松岡・前掲注⑸80頁。

⑷0 　荒木・前掲注⑶42頁。

⑷1 　荒木・前掲注⑶43頁、同・前掲注⑸53頁。

⑷2 　佐久間・前掲⑶46頁。

⑷3 　野口・前掲注⑸59頁。

⑷4 　清原泰司「抵当権の物上代位に関する基礎的考察」損害保険研究62巻 3 号187
　　頁以下（2000年）、同・前掲注⑴617頁以下参照。

⑷5 　今井和男「執行妨害の実態と排除策」林則清・篠崎芳明・今井一雄編著『ど

う排除する執行妨害』30頁以下（金融財政事情研究会、1996年）、古賀政治「執行妨害の現状」東京弁護士会弁護士研修委員会編『民事執行妨害と弁護士業務』98頁以下（商事法務研究会、1997年）参照。

⒆　この点を明言するのは、内田・前掲注⑸203頁、205頁、207頁、208頁。

⒇　最決平成12年により、転貸料債権に対する物上代位権行使が困難になったことについては、今井和男「転貸賃料への物上代位の否定と執行妨害対策」金融法務事情1597号１頁（2000年）参照。内田教授も、差戻審においてなされた事実認定をみて、「一般に、執行過程でこのような背景事実を探るのは、場合によっては容易ではないであろうし、抵当権者に過重な立証の負担となることもあろう」（内田・前掲注⑸207頁）と述べる。これに対し、立証の困難さを否定するのは、佐久間・前掲注⑶46頁、松岡・前掲注⑸80頁。そして、松岡教授は、差戻審の結果を見て、「結局、本件は、典型的な執行妨害だったことが明らかであるが、執行妨害の認定には、これほどの事情が揃わなければならないものではない」（松岡・前掲注⑸91頁）と述べるが、最決平成12年が原則否定説を採ったことにより、抵当権者は、これほどの事情の立証をせざるを得なかったことを認識とすべきであろう。

⒅　前掲注⑷17頁以下。

⒆　前掲注⑷18頁以下。

⒇　清原・前掲注⑶45頁。

(51)　前掲注⑷19頁。

(52)　春日・前掲注⑹136頁の注(23)、大西・前掲注⑶65頁。このほか、最高裁調査官コメントは、私見を全面肯定説であるとする（判例時報1714号62頁、判例タイムズ1035号101頁、金融法務事情1585号31頁、金融・商事判例1096号51頁）が、全く不正確である。

(53)　清原・前掲注⑵59頁、同・前掲注⑶45頁、同・前掲注(14)275頁。

(54)　松岡・前掲注⑸77頁、安永・前掲注⑸32頁、春日・前掲注⑹129頁。

(55)　松本・前掲注⑸８頁も、「転貸賃料も抵当不動産の使用の対価であるという客観的性質においては、原賃料と何ら異なるものではないから、その価値代替物性を肯定するのが素直であろう」と述べる。後順位賃借権限定説を採っていた東京地裁等は、転貸料が抵当物件から派生するという物上代位の本質論から転貸料の価値代替物性を肯定していた（今井・林ほか・前掲注(53)84頁〔今井発言〕）。もっとも、後順位賃借権限定説は、原賃貸借が抵当権設定登記前に成立していた場合に、一律に転貸料の価値代替物性を否定し、転貸料債権に対する物上代位権行使を否定した点において問題がある。

(56)　清原・前掲注⑵59頁。占部・前掲注⑸155頁は、「転貸賃料債権に対する物上の可否は、抵当権者が優先弁済を受けられる目的物の範囲の問題であり、抵当不動産の所有者・賃借人が負担する責任の内容は、むしろその範囲によって決定される」と述べるのは、正当である

(57)　今井・前掲注(44)40頁、古賀・前掲注(44)100頁、今井和男・林則清ほか「《パネ

ルディスカッション》執行妨害の具体的事例と民事・刑事上の対策」林則清・
篠崎芳明・今井和男編著『どう排除する執行妨害』83頁〔今井和男発言〕（金融
財政事情研究会、1996年）。

⒅　前掲⑥の東京高裁平成 7 年 3 月17日決定（判例時報1533号51頁、金融法務事
　　情1438号36頁）は、抵当権設定登記後に原賃貸借がなされ、その後、転貸借が
　　なされていたところ、抵当権者が、抵当不動産の競売開始決定を経ずに、転貸
　　料債権に対し物上代位権を行使した事案について、原決定を支持し、物上代位
　　権行使を肯定した（本書138頁参照）が、その事案のより詳細な内容は次のよう
　　なものであった。
　　　本件建物の所有権は、平成元年（1989年）12月22日、AからBへ、平成 2 年
　　（1990年） 1 月26日、BからCへ移転し、Cは、本件建物につき、Xのために根
　　抵当権を設定した。本件建物には、上記の根抵当権設定登記前からの賃借人が
　　15名いるほか、根抵当権設定登記後に 3 名がCまたはYと賃貸借契約を締結し
　　た。平成 6 年（1994年）、CとYは、本件建物 1 棟全体について、Yを賃借人と
　　する賃貸借契約を締結し、従前の賃借人とC（本件建物所有者・根抵当権設定
　　者・賃貸人）との間にYを転貸人として介入させるため、従前の各賃借人に対
　　して貸主の地位の譲渡通知がなされ、Yと従前の賃借人との間に賃貸借契約
　　（転貸借契約）を締結させた。その契約の内容は、従前の賃借人とCとの賃貸借
　　契約上の権利義務をYに承継させるものであった。Xは、根抵当権の物上代位
　　権に基づき、Yの転貸料債権を差し押さえ、原審は、平成 7 年（1995年） 1 月
　　17日、全転借人を第三債務者として転貸料債権の差押えを認めた。これに対し、
　　Y（賃借人・転貸人）は、ⓐ本件建物についての差押えも、競売開始決定もな
　　されていない、ⓑ根抵当権設定登記前からの賃借人15名から賃借権の譲渡を受
　　けた上で、改めてこの15名に転貸したから、転貸料債権に対し物上代位権行使
　　をすることができない旨を主張し、執行抗告をしたという事案である。なお、
　　原賃料と転貸料は同額であった。
　　　⑥決定は、Yのⓐの主張につき、「民法372条、304条に基づく抵当権者の物上
　　代位権の行使は、目的不動産についての抵当権を実行し得る場合であっても、
　　これとは別に行使し得るものと解され、したがって、抵当権に基づく物上代位
　　権の行使に、競売開始決定や差押えの効力が生じていることを要するものでな
　　いことは明らかであり、このことは、抵当不動産の所有者の有する賃料債権に
　　ついての物上代位であるか、抵当不動産の所有者から賃借した者の転貸料債権
　　についての物上代位であるかによって異なるものではない」と述べて排斥した。
　　また、⑥決定は、Yのⓑの主張についても、Cは、本件根抵当権設定登記後の
　　平成 6 年に、Yに対し、賃貸人たる地位を譲渡したことが認められる一方、15
　　名の者からYへの賃借権譲渡はなかったとし、「民法304条を抵当権に準用する
　　に当たっては、同条の『債務者』中には、抵当不動産の所有者及び第三取得者
　　のほか、少なくとも、抵当不動産を抵当権設定の後に賃借した者も含まれ、し
　　たがって、抵当権設定後の賃借人が目的不動産を転貸した場合には、その転貸

料債権に対しても抵当権に基づく物上代位権が及ぶと解するのが相当である」
と述べ、このことは、Ｙと転貸借契約を締結した15名の転借人の転借権が、本
件抵当権設定前の賃貸借に由来するか否かとは無関係であると述べて排斥した。

　Ｙの行為は、後順位賃借権限定説によれば、原賃貸借が抵当権設定登記前で
さえあれば、転貸借が抵当権設定登記後になされた場合でも、転貸料債権に対
する物上代位権行使が否定される（前掲②東京地裁平成４年10月16日決定（本
書136頁参照））ことに着眼し、抵当権設定登記前の原賃貸借に割り込んだ形式
を採るが、⑥決定は、Ｙの行為を、実質は抵当権設定登記後の原賃貸人たる地
位の譲渡であると認定したわけである。そして、このような賃貸人たる地位の
譲渡は、賃料債権譲渡と実質的に同じである。占部・前掲注(5)155頁もこの点を
指摘し、最決平成12年は、最判平成10年とバランスを欠くとする。

⑸　佐久間教授は、最決平成12年が例外的な場合にのみ物上代位を肯定したのに
対し、最判平成10年は、例外を設けずに物上代位を肯定した理由について、執
行妨害に対する抵当権者の立証の困難さを考慮したためではないかと推測され
ると述べる（佐久間・前掲注(3)47頁）。

　しかし、この見解は、最判平成10年を基本的に誤解するものである。最判平
成10年は、もっと原理的な観点から物上代位制度を考察し、「差押え」の趣旨に
ついて第三債務者保護説を採り、抵当権者を優先させたからである。すなわち、
物上代位権は、「差押え」によって成立するのではなく、「差押え」前、つまり
債務不履行により既に成立していることを前提として、物上代位権＝抵当権
（原担保権）と、物上代位権の付着した賃料債権譲渡との優劣問題（対抗問題）
として当該事案を把握し、第三者間の優劣問題はそれぞれの第三者対抗要件具
備の先後で決すべしとしたのである。そして、当該事案では、債務不履行によ
り物上代位権が発生した後に（物上代位権＝抵当権であるから、物上代位権は
抵当権設定登記により公示されている）、その物上代位権という優先権の付着し
た賃料債権譲渡がなされたのであるから、抵当権者が優先すると判示したので
ある。そもそも、債務不履行発生後の賃料債権譲渡が執行妨害性を有するのは
当然であり、執行妨害の立証の困難さについて、最判平成10年は一言も触れて
いない。他方、転貸も、巧妙・計画的な執行妨害の場合、常に立証の困難さが
伴う。だからこそ、原賃貸借が抵当権設定登記後の場合、一律に転貸料債権に
対する物上代位権行使を肯定した後順位賃借権限定説を採る下級審裁判例が多
数存したのである（例えば、前掲注⒇参照）。

　また、佐久間教授は、「差押えでなく登記を基準として譲渡との優劣を例外を
設けずに決するとすると、従来差押えを基準として優劣を決することになじん
でいた他の判例理論との間で整合性を欠くという問題を生じさせる」（佐久間・
前掲注(3)47頁）と述べ、第一は、第三債務者をインフォメーションセンターと
する指名債権譲渡に関する判例法理（最一判昭和49・３・７民集28巻２号174
頁）であり、第二は、差押えと相殺に関する判例法理（最大判昭和45・６・24
民集24巻６号587頁、金融・商事判例215号２頁）を挙げるが、いずれの判例も、

物上代位権という優先権の付着していない債権が問題となっている事案であるから、最判平成10年と整合性を欠くことはない。

(60)　梅博士は、「賃借人ハ賃貸人ニ対シテ其義務ヲ尽サス、而モ転借人ハ賃借人ニ対シテ其義務ヲ履行スルコト稀ナリトセサルヘシ。此場合ニ於テハ、賃借人唯リ利益ヲ専ニシテ、賃貸人ハ大ニ損害ヲ被ムルノ虞アリ。而シテ其所有物ハ、転借人之カ使用、収益ヲ為シ、以テ其物ニ関スル利益ヲ収ムルモノナリ。是レ豈ニ公平ト謂フヘケンヤ。是ニ於テカ、本条ハ賃貸人ニ與フルニ、転借人ニ対スル直接ノ権利ヲ以テセリ」（句読点、筆者）（梅謙次郎『民法要義　巻之三　債権編』656頁（有斐閣、1912年））と述べる。

(61)　能登・前掲注(5)385頁以下は、民法613条の存在を根拠として最決平成12年の原則否定説を批判するが、むしろ全面否定説に好意的である。しかし、民法613条の存在を根拠に最決平成12年を批判するのであれば、むしろ原則肯定説を採る方が、より論理整合的である。

(62)　同旨、平井・前掲注(5)58頁。

(63)　春日・前掲注(6)130頁。

(64)　春日・前掲注(6)131頁。

(65)　春日・前掲注(6)127頁。

(66)　春日・前掲注(6)130頁。

(67)　前掲注(9)『ボアソナード氏起稿再閲修正民法草案註釈　第四編全』296頁（以下、「ボアソナード」として引用。

(68)　ボアソナード・前掲注(9)624頁。

(69)　清原・前掲注(16)23頁参照。

(70)　梅謙次郎『訂正増補　民法要義　巻之二　物権編』329頁（有斐閣、1911年）。

(71)　清原・前掲注(14)100頁、同・前掲注(16)26頁以下参照。

(72)　清原・前掲注(14)55頁以下参照。

(73)　清原・前掲注(14)22頁、28頁。

(74)　春日・前掲注(6)128頁以下。

(75)　春日・前掲注(6)128頁。

(76)　春日・前掲注(6)138頁の（注34）。

(77)　春日・前掲注(6)129頁。

(78)　松本・前掲注(5) 9 頁、松岡・前掲注(5)94頁。

(79)　松本・前掲注(5) 7 頁。

(80)　春日・前掲注(6)131頁。同旨、松岡・前掲注(5)79頁。

(81)　春日・前掲注(6)131頁以下。

(82)　この点について、最決平成12年は、従来の原則否定説の二本立ての要件について表現を変えて盛り込んだものとみることも可能であり、その実質的内容は、従来の原則否定説とさほど変わらないと評価しうるのではないかという見解がある（松本・前掲注(5) 8 頁）が、むしろ、「例外」の幅を狭くする方向に変わったとみるべきであろう。

⒅ 執行妨害の類型については、松岡・前掲注(5)86頁以下、松本・前掲注(5) 9 頁
以下、鎌田・前掲注(5)61頁参照。

⒅ とりわけ、前掲⑥決定の事案（前掲注⒅参照）のように、一般債権者などが
転貸人として既存の賃貸借関係に割り込む債権回収型には対応できないとされ
る（占部・前掲注(5)155頁、鎌田・前掲注(5)61頁、松岡・前掲注(5)91頁以下、安
永・前掲注(5)32頁、内田・前掲注(5)209頁）。

⒅ 鎌田・前掲注(5)61頁。

第4節　保険金請求権に対する抵当権の物上代位権と質権との優劣

一　はじめに

　保険金請求権に対する抵当権の物上代位権と質権との優劣問題は、かつて下級審判例および学説において激しく議論された古典的テーマの一つである。すなわち、火災保険金請求権の上に質権が設定（保険金請求権の質入れ）されていたところ、火災保険の目的物である建物に火災が発生（保険事故の発生）した場合、質権者は、発生した火災保険金請求権を取得できるが、他方で当該建物に抵当権が設定されていた場合には、同保険金請求権の上に抵当権の効力（物上代位権）が及ぶため、同保険金請求権の取得をめぐって質権者と抵当権者との優劣関係が問題となったのである。

　この問題について最高裁判決は存しないが、唯一の高裁判決として、福岡高裁（宮崎支部）昭和32年8月30日判決（下民集8巻8号1619頁）［本稿の後掲②判決］がある。同判決は、抵当権の物上代位権行使の要件としての「差押え」（民法372条・同304条1項ただし書）の趣旨に関し優先権保全説（第三者保護説・差押公示説）を採り、その差押えと債権質権の第三者対抗要件の具備（民法364条・同467条2項）の先後により優劣を決すべきであるとし、債権質権の第三者対抗要件を先に具備していた質権者を優先させた。

　しかし、当時の通説は、この福岡高裁判決とは異なり、「差押え」の趣旨に関し特定性維持説を採り、この優劣問題について抵当権者（物上代位権者）優先の結論を導き出していた。そのため、同判決は金融実務界に衝撃を与えた。そこで、実務界では、抵当権者（金融機関）の保護を図るため、抵当権者自身が、抵当権設定者から火災保険金請求権につき予め質権の設定を受けておく、いわゆる「質権設定方式」なる保険担保の慣行が普及することになった。この方式により、抵当権者は、同時に火災保険金請求権についての質権者にもなるため、同保険金請求権を確実に優先取得できることになったのである。

　その結果、上記の優劣問題について若干の下級審判例はあるが、以後、実

務上大きな争点となることはなくなった。とりわけ、民法学説上、昭和50年
（1975年）代以降、「差押え」の趣旨につき、特定性維持説の賛同者が減少す
る一方、前掲の福岡高裁判決が採った優先権保全説が多数説となるに至った
ため、質権者優先の結論は当然視され、同高裁判決に対する批判もほとんど
なくなり、この優劣問題は決着しているかのようであった。

　そのような状況下、最高裁（二小）平成10年（1998年）１月30日（民集52巻
１号１頁）〔以下、「最判平成10年」という〕は、「差押え」の趣旨に関し第
三債務者保護説を採り、賃料債権に対する抵当権の物上代位権と物上代位権
の目的債権（以下、「代位目的債権」という）である賃料債権の譲渡との優劣
問題につき、抵当権設定登記と債権譲渡の第三者対抗要件の具備の先後によ
り決すべきであると述べ、抵当権設定登記を先に経由した抵当権者（物上代
位権者）を優先させた(1)。

　最判平成10年の理論構成および結論は、多数の論者に衝撃を与えただけで
なく、上記の「保険金請求権に対する抵当権の物上代位権と質権との優劣問
題」についても、最判平成10年の射程が及ぶか否かが議論されることになっ
た。もし、最判平成10年の射程が及ぶとすれば、前掲の福岡高裁判決とは異
なり、抵当権者（物上代位権者）優先の結論が予測されるからである。

　最判平成10年の射程につき、大多数の論者は、「第三債務者保護説を採用
した判例の論理からは、単なる質権設定は『払渡し』に当たらないとする方
が一貫しており、従来の実務の変更を迫る判決がなされる可能性がある」(2)
とか、「保険金請求権への質権設定と物上代位の優劣にも大きな影響が出そ
うである」(3)などと述べ、その射程が、上記の優劣問題に及ぶことを肯定し
ている(4)。

　これに対し、私は、この優劣問題に関し、「物上代位権発生前の保険金請
求権の質入れ」と「物上代位権発生後の保険金請求権の質入れ」とを峻別す
べきことを主張した(5)。そして、最判平成10年の事案は、物上代位権発生後
の賃料債権（代位目的債権）の譲渡であるのに対し、前掲の福岡高裁判決の
事案は、物上代位権発生前の保険金請求権の質入れであり、それぞれの事案
が異なるから、前者の射程は後者には及ばない、つまり、「質権設定方式」
なる保険担保の実務慣行に影響を与えるものではない、と主張してきた(6)。

　ところが、私見は、未だにほとんど理解されていないのが現状である[7]。

　そこで、本稿では、「保険金請求権に対する抵当権の物上代位権と同請求権に対する質権との優劣」について争われた下級審判例および学説を再検証することにより、あるべき法解釈論を提示したい[8]。

二　下級審判決の検証

　保険金請求権に対する質権と物上代位権との優劣問題に関する下級審判決を時系列順に検証する。

1　鹿児島地裁昭和32年1月25日判決

　鹿児島地裁昭和32年（1957年）1月25日判決（下民集8巻1号114頁）〔以下、①判決という〕は、次のとおりである。

〔事実〕

　Y₂会社（被告・被控訴人）〔以下、Y₂という〕は、昭和30年（1955年）9月9日、Y₁会社（被告・被控訴人）〔以下、Y₁という〕に対する売掛代金債務を担保するため、自己所有の建物（以下「本件建物」という）につき、債権極度額200万円、期限昭和35年（1960年）12月31日、第2順位の根抵当権設定契約をし、同月20日、その旨の登記を経た。次いで、Y₂は、同年11月27日、Y₃保険会社（被告・被控訴人）と本件建物およびその建物内の機械設備を目的とする保険金額200万円の火災保険契約を締結するとともに、同日、X銀行（原告）に対し現在負担しまたは将来負担することがある一切の借入金債務の担保として、上記保険契約に基づく保険金請求権の上に質権を設定し、同日、Y₃保険会社からその質権設定の承諾を得た。X銀行は、上記保険契約に基づく保険証券の交付を受け、同年12月13日、確定日付のある証書とした。

　ところが、昭和31年（1956年）5月17日、本件建物が全焼し、同建物内の機械設備の一部が火災により損傷したため、Y₃保険会社は、50万円の保険金を支払うことになった。

　これに対し、X銀行は、当時、Y₂に対し、弁済期が到来した120万円の債権を有し、上記の質権設定契約において期限の到来により質権を実行できる

ことになっていたし、仮にそうなっていなかったとしても、上記の質権設定
契約において、保険事故が発生したときは、Y_3保険会社が支払う保険金の
額を限度として被担保債権の期限の利益を失うことを定めていたので、民法
367条1項（現行民法366条1項）により上記保険金の取立権を有するに至っ
たとして、同年6月20日、Y_3保険会社に保険金50万円の支払を請求した。

　一方、Y_1は、Y_2に対する売掛代金債権122万5,755円を回収するため、根
抵当権の物上代位権の行使として（民法372条・304条）、50万円の上記保険金
請求権につき、昭和31年6月27日、債権差押・転付命令を得た。ところが、
Y_3保険会社は、債権者不確定であるとして、同年8月31日、上記の保険金
50万円を弁済供託した。

　そこで、X銀行（質権者）は以下のように主張した。

　「抵当物件が火災保険契約の目的となっているとき、その抵当物件に損害
が生ずれば、抵当権者は火災保険金請求権に対し物上代位権を有することは、
民法第372条、第304条に規定するところであるが、さらに、右規定によれば、
抵当権者は、火災保険金の払渡前に差押をしなくてはならないことになって
いる。この場合右保険請求権に民法第364条により第三者に対し対抗できる
質権が設定されているとき、右抵当権者と質権者とはいずれが優先するか。
抵当権は、本来その目的物の滅失によって消滅し、その目的物の滅失によっ
て債務者が受ける金銭については存しまいが、民法が特別に規定を設けたこ
とによって、抵当権者は物上代位権を有するに至ったものである、そして、
抵当権者が物上代位権を行使するには前記のとおり差押をすることが要件で
あり、差押によって始めて物上代位権が効力を生ずるものであるから、抵当
権に基いて物上代位権を行使したとき、その抵当権と他の担保物権との優先
順位も、右差押の時と他の担保物権が第三者に対する対抗力を備えた時との
前後によって定めなければならないことは、当然である。したがって、右に
より前記のような本件のY_1の物上代位権による差押をした抵当権とX銀行
の質権を比較するとき、Y_1の抵当権の設定登記がX銀行の質権設定より以
前であったとしても、X銀行の質権が優先することは明らかである」（下線、
筆者）と。

　そのうえで、X銀行は、本件建物内の機械設備についてY_1の抵当権の設

定のないことは明らかであるから、同設備について、Y_1の物上代位権は存しないと述べ、Y_1の債権差押・転付命令は無効であり、自己が上記供託金に対し還付請求権を有すると主張した。

〔判旨〕　X銀行の請求棄却

「本件の争点である前記のようなY_1の物上代位権による差押をした抵当権者とX銀行の右抵当物件の火災保険金請求権に対する質権とのいずれが優先するかについて考察する。X銀行主張のように、<u>抵当権に基く物上代位権の行使の要件とされている差押によって始めて物上代位権が効力を生ずるとし、右差押をもって物上代位権の公示方法であると解するのは、相当でない。右差押が要件とされているのは、物上代位権の行使の対象となる金銭その他の物が債務者の他の財産と混同し権利関係が混乱するのを防ぐために外ならないのであって、その公示方法としては、抵当権の登記で十分である。</u>したがって、<u>両者の優先順位は、抵当権の登記の時と質権の第三者に対する対抗要件を備えた時との前後によって定めるべきものと解する。</u>すると、先に認定したとおり、Y_1が抵当権の登記をしたのは昭和30年9月20日であり、X銀行の質権が第三者に対する対抗要件を備えたのは同年12月13日であるから、Y_1の物上代位権による差押をした抵当権がX銀行の質権に優先することになる。」（下線、筆者）。

　もっとも、①判決は、本件建物内の機械設備については、Y_1の抵当権の設定がない一方、X銀行が同設備の保険金請求権に対し質権を有しているから、X銀行は、同設備の保険金30万円につき優先権を有していると述べ、供託金50万円の内30万円に対し還付請求権を有するというX銀行の主張を認めた。

〔検証〕

　①判決の事案では、本件建物の根抵当権の設定登記がなされたのは、昭和30年9月20日であり、保険金請求権上に質権が設定され対抗要件が具備されたのは、同年12月13日である。また、本件建物が全焼したのは、その後の同31年5月17日であるから、同日、根抵当権に基づく物上代位権が発生している。そして、その物上代位権に基づく差押えは、同年6月27日に行われている。したがって、本件では、債権質権者であるX銀行は、物上代位権発生

（火災の発生）の前に、弁済期が到来していない将来債権たる抽象的保険金請求権について質権の設定を受け、第三者対抗要件を具備しているが、Y_1の根抵当権の設定登記は、その債権質権の対抗要件具備より先になされている一方で、Y_1の物上代位権行使は、その債権質権の対抗要件具備の後である。

このように、同一の具体的保険金請求権の上に、Y_1の根抵当権（物上代位権）とX銀行の債権質権が存在し競合しているため、両者の優劣問題が生じたのであるが、それは、ひとえに、Y_1が、根抵当権に基づく物上代位権を行使したからである。すなわち、本件建物の火災という保険事故の発生により、弁済期が到来し具体的に発生した保険金請求権の上にY_1の物上代位権が及ぶことになっても（民法372条・304条1項本文）、同請求権に対する物上代位権の行使＝同請求権に対する差押え（民法372条・304条1項ただし書）がなければ、Y_1の物上代位権は単なる画餅であり、何ら具現化しない。それゆえ、Y_1の物上代位権行使がなかった場合には、確定日付ある証書により、第三債務者であるY_3保険会社に知らされている優先権はX銀行の債権質権の方であるから（民法364条・467条1項）、Y_3保険会社は、X銀行に保険金を弁済すれば免責され、X銀行による弁済受領も当然に有効となる。ところが、本件では、Y_1が物上代位権を行使し、物上代位権と債権質権が競合したため、その行使要件である「差押え」の趣旨の解釈が、その優劣判断に関係することになる。

X銀行の主張は、物上代位本質論につき、物上代位権は法律によって特別に担保権者に付与された特権であるとする特権説に依拠しつつ、「差押え」の趣旨につき、物上代位権は差押えによって効力を生じ、かつ、その「差押え」により、物上代位権の第三者対抗要件も具備されるという優先権保全説（差押公示説・第三者保護説・競合債権者保護説）の立場である。これに基づき、X銀行は、Y_1の物上代位権に基づく差押えとX銀行の債権質権の第三者対抗要件具備の先後により優劣を決すべきであるとする。

これに対し、①判決は、物上代位本質論について、物上代位権は担保目的物の交換価値を把握する担保物権の価値権的性質から当然に認められるという価値権説に依拠しているため、物上代位権と原担保権の同一性を認めることになる。そのことから、①判決は、物上代位権の公示方法として抵当権

設定登記で十分であると解する一方、「差押え」の趣旨については、物上代
位権行使の対象となる金銭その他の物が債務者の他の財産と混同し、権利関
係が混乱するのを防ぐために外ならないとする特定性維持説の立場に立つ。
これにより、①判決は、Y₁の抵当権設定登記とX銀行の債権質権の対抗要
件具備の先後により優劣を決するべきであると判示したのである。

　いずれの見解が妥当であるかを考える前に、本件の事実関係を正確に把握
する必要がある。それは、本件抵当建物についての火災発生前、つまり物上
代位権の発生前に、すでに抽象的保険金請求権が質入れされ、債権質権者が
登場し、第三者対抗要件も具備されているということである。換言すれば、
本件では、物上代位権という優先権が付着していない債権＝「代位目的債権
ではない債権」が質入れされ、その後、抵当建物＝保険目的物に火災が起
こったことにより物上代位権が発生し、その効力が、当該建物の代替物であ
る具体的保険金請求権＝「質権が付着している具体的保険金請求権」の上に
及んでいるのである（民法304条1項本文）。すなわち、抵当建物の火災によ
り、同一の具体的保険金請求権の上に、物上代位権と債権質権という相異な
る担保物権が成立したのである。

　この段階における物上代位権と債権質権との優劣は、一応、それぞれの担
保物権の第三者対抗要件具備の先後で決すべきである。物上代位権は原担保
権の効力そのものであり、両者は同一性を有すると考えるからである。そう
すると、本件では、根抵当権の設定登記が債権質権の第三者対抗要件具備よ
りも先であるから、物上代位権の行使がない段階では、一応、潜在的には、
Y₁の根抵当権（物上代位権）が優先していることになる。

　ところが、本件では、その後においてY₁が物上代位権を行使し、代位目
的債権（物上代位権の付着した債権）を差し押さえたため（民法304条1項ただ
し書）、同債権上の物上代位権が、第三者および第三債務者との関係におい
て顕在化するのである。そのため、物上代位権の行使要件である「差押え」
の趣旨が問題となり、①判決は特定性維持説を主張する一方、X銀行は優先
権保全説を主張しているのである。以上が、民法304条1項本文と同項ただ
し書の関係を正確に理解したうえでの本件事実関係の把握である。

　したがって、原告・X銀行の、「差押えによって始めて物上代位権が効力

を生ずる」という主張は、物上代位権の発生要件を定める民法304条1項本文の存在を無視するものであり、到底賛成できない。物上代位権は、差押えによって発生するものではなく、目的物の火災によって既に発生しているからである。まず、権利の発生（成立）についての規定があり（民法304条1項本文）、その本文規定を踏まえて、発生した権利についての行使要件を定めている（同項ただし書）というのが、民法304条1項の法的構造である。

　では、①判決が根拠とする特定性維持説は妥当か。特定性維持説が、物上代位権＝根抵当権（原担保権）と考え、物上代位権の公示＝根抵当権の設定登記と解する点では正当である。この点については、最判平成10年が採った第三債務者保護説（私見）も、同じ結論となる。第三債務者保護説は、「差押え」を、第三債務者に対する物上代位権の対抗要件ないし効力保存要件と解し、物上代位権＝原担保権と考えるので、物上代位権の「第三債務者以外の第三者」に対する公示は、抵当権設定登記で十分であると考えるからである。

　このように、①判決が導き出した結論自体は正当であるが、同判決が、「差押え」の趣旨につき、「物上代位権の行使の対象となる金銭その他の物が債務者の他の財産と混同し権利関係が混乱するのを防ぐために外ならない」と述べた特定性維持説には賛成し難い。「差押え」の趣旨が、代位目的債権の特定性維持にのみあると言うのなら、誰が差し押さえてもよいことになり、そのことは、物上代位権者自身の「差押え」を要求する民法304条1項ただし書の文言に反するからである。また、代位目的債権の「差押え」がなくとも、現実の弁済がなく同債権が存続している限り同債権は特定しているから、「特定性維持」を、「差押え」の趣旨（目的）とすることは本末転倒である。「特定性維持」は、「差押え」の法的効果（結果）にすぎないからである。以上から、①判決の理論構成には賛成できない。

2　福岡高裁昭和32年8月30日判決

　福岡高裁（宮崎支部）昭和32年（1957年）8月30日判決（下民集8巻8号1619頁）—①判決の控訴審判決〔以下、②判決という〕は、次のとおりである。

〔事案〕

　①判決において敗訴したX銀行が控訴し、以下のように主張した。

　「保険金請求権に対する質権と物上代位権による差押をした抵当権とは、そのいずれが優先するかの両者の優先順位は、抵当権に基く物上代位権による差押の時と質権の第三者に対する対抗要件を具備した時との前後によって定められるべきである。してみれば抵当権の客体たる物の変形若しくは延長とみられる金銭その他の物に対する請求権が抵当権者により差押えられる以前に第三者に譲渡されたときは、物上代位権はこれを行使することを得ない筋合である。しかして、民法第304条第1項但書にいわゆる払渡又は引渡は債権の譲渡又は質入のように、債権をそのまま処分する行為をも包含するものと解すべきであるから、本件のように、差押以前に保険金請求権につき対抗要件を具備した質権設定のある場合には抵当権者はその請求権に対し物上代位権を行使し得ないものといわざるを得ない」（下線・傍点、筆者）と。

〔判旨〕 X銀行の請求認容

　「民法第372条、第304条第1項によれば抵当権は債務者が抵当不動産の売却滅失等により、他人より金銭その他の物を受くべき債権に対してもこれを行うことができる旨規定し、他に何等の制限規定もないから、保険金に対しても右物上代位権の法則の適用があるものと解するのが相当である。ところで、物上代位は金銭その他の物に対する請求権が差押前に第三者に譲渡せられたときは、最早これを行使することを得ないものといわざるを得ないし（昭和5年(ク)第844号、同年9月23日大審院第二民事部決定参照）、しかも民法第304条第1項但書にいわゆる払渡又は引渡は債権の譲渡又は質入のように債権をそのまま処分する行為をも包含するものと解すべきであるから、保険金請求権に対する質権と物上代位権による差押をした抵当権がある場合には、その優先順位は質権設定の第三者に対する対抗要件を具備した時と、抵当権の場合にはその抵当権の登記をした時ではなく抵当権に基く物上代位権による差押の時との前後により決すべきであるとみるのが相当である。そこで本件質権設定の第三者に対する対抗要件を具備した時如何について按ずるに、……元来、火災保険契約は、保険期間を一箇年として契約証を作成し質権設定もこれを基礎としてなされているが、実際は右期間は永年継続し、ただそ

の保険料を年々更新しているのが一般取引の通例となっていることが認められる。かような取引の通例の場合は、最初に火災保険契約を締結した際になされた質権設定の時、即ち、質権設定の第三者に対する対抗要件を具備した時であると解するのが取引の通念に照らし、相当であるといわなくてはならない。しかして、これを本件についてみれば、Y₂とY₃保険会社との間の本件火災保険契約は、前掲証拠によれば、前叙一般の通例に従って締結されたものと認め得るところ、前叙認定の事実に徴すると、X銀行が本件保険金請求権の上に質権を設定しY₃保険会社がそれに承認を与えた時期は、昭和30年11月27日であり、保険証券の交付を受け確定日付ある証書とした時期は同年12月13日が対抗要件を具備した時であるとみるべきである。しかるに、Y₁が物上代位権の行使として、本件保険金に対する仮差押をした時期は昭和31年5月23日であり、更に差押及び転付命令による債権差押をし転付命令を受けた時期は同年6月27日であることが認められる。してみれば、前記X銀行の質権設定の第三者に対する対抗要件を具備した時期は、Y₁が物上代位権の行使として、本件保険金に対する仮差押をした時期に先立つことが明らかであるから、前叙判断したところにより、Y₁はこれに対し物上代位権の行使をすることを得ない筋合いである。従って本件差押及び転付命令は実質的効力を生ずる余地はなく、無効であるというべきである。さすれば、X銀行は本件保険金50万円全部につき他の債権者に優先してこれが請求をすることができる」（下線、筆者）と述べ、X銀行が50万円の供託金につき還付請求権を有する、と判示した。

〔検証〕

　②判決は、まず、保険金請求権が物上代位権の対象となることを肯定する。民法304条立法の沿革および法政策的観点から肯定すべきであり、この点には異論がない。

　問題があるのは、X銀行が新たに述べている主張である。すなわち、X銀行は、民法304条1項ただし書にいう「払渡し又は引渡し」の文理解釈を行い、「抵当権の客体たる物の変形もしくは延長とみられる金銭その他の物に対する請求権」、つまり、「代位物請求権」についての「譲渡又は質入れのように、債権をそのまま処分する行為」も、「払渡し又は引渡し」に含まれる

と主張しているからである。

　②判決も、Ｘ銀行の主張を全面的に認容し、「民法第304条第 1 項但書にいわゆる払渡又は引渡は債権の譲渡又は質入のように債権をそのまま処分する行為をも包含するものと解すべきであるから、保険金請求権に対する質権と物上代位権による差押をした抵当権がある場合には、その優先順位は質権設定の第三者に対する対抗要件を具備した時と、抵当権に基く物上代位権による差押の時との前後により決すべきである」と説示するのである。

　これは、「差押え」の趣旨に関する優先権保全説（差押公示説・第三者保護説・競合債権者保護説）が常々述べていることである。すなわち、優先権保全説によれば、「差押え」の趣旨は、物上代位権という優先権を保全し、第三者（競合債権者）に対し物上代位権を公示することにあるから、代位物請求権（代位目的債権）の譲受人や同請求権に対する質権者のような「第三者（競合債権者）」が出現するまでに同請求権を差し押さえなければ、もはや物上代位権を保全できない、ということになる。換言すれば、優先権保全説によれば、「払渡し又は引渡し」の中に、代位目的債権についての「現実の弁済」という処分行為に加えて、代位目的債権の「譲渡」や「質入れ」のような処分行為も含まれることになると解されるのである。また、②判決は、代位目的債権が「譲渡」された場合、物上代位権を行使できないことを判示した根拠判例として、大審院昭和 5 年（1930年） 9 月23日決定（民集 9 巻11号918頁）を引用する。はたして、このような解釈は妥当であろうか。

　まず、注意しなければならないことは、①判決の「検証」においても述べたように、本件事案は、代位目的債権＝「物上代位権が付着した保険金請求権」が質入れされたのではなく、物上代位権の発生前の債権＝「物上代位権が付着していない保険金請求権」が質入れされた事案である、ということである。物上代位権が付着していない債権＝代位目的債権ではない債権は、本来、民法304条 1 項ただし書の「払渡し又は引渡し」の対象にはならないのである。

　他方、「払渡し又は引渡し」の対象となる債権とは、同項本文により発生した物上代位権が付着した債権＝代位目的債権であり、それは、同項ただし書の文理解釈から自明のことである。だからこそ、「差押え」の対象とな

る債権を、代位目的債権や代位物請求権と称するのである。それゆえ、「代位目的債権ではない債権」を「質入れ」し、同債権を処分したとしても、そのような処分行為は、同項ただし書の「払渡し又は引渡し」とは何の関係もない行為となる。ところが、X銀行および②判決は、物上代位権の付着していない債権の質入れにつき、それが「払渡し又は引渡し」に含まれると述べ、物上代位権の行使を完全に否定し、債権質権の優先を結論付けたのである。②判決は、このような単純な文理解釈においてさえも難点のある判決である。

　また、②判決が引用する大審院（第二民事部）昭和5年9月23日決定は、抵当権に基づく物上代位権の付着した債権（旧耕地整理法25条〔現行の土地改良法123条に相当〕に基づき、抵当権の物上代位権が及ぶ補償金債権）の「譲渡」に関する事案であるから、本件のように、物上代位権の付着していない債権の「質入れ」の根拠とするのは不適切である[(9)]。

　さらに、原抵当権が、債権質権よりも先に第三者対抗要件を具備し、第三債務者による保険金の弁済前に、抵当権者が適正に物上代位権の行使を行ったにもかかわらず、債権質権を優先させるという結論は、債権質権者（第三者）の過剰保護であろう。

　もっとも、逆に、②判決を支持する見解からは、特定性維持説を採った①判決や第三債務者保護説に対し、抵当権者の過剰保護の結果を招くという批判があろう。しかし、(1)抵当権設定登記具備が債権質権の対抗要件具備より先であっても、物上代位権の行使前に、保険者（第三債務者）が債権質権者に保険金を弁済すれば、その弁済も、債権質権者による受領も有効である。民法304条1項ただし書に基づく物上代位権行使がないからである。したがって、そのときには、債権質権者の不当利得の問題も全く生じないから[(10)]、債権質権が優先する。また、(2)債権質権の対抗要件具備が抵当権設定登記よりも先であれば、たとえ物上代位権の行使があっても債権質権が優先するから、保険者は、債権質権者の方に弁済しければならない。よって、抵当権者の過剰保護になることはない。

　以上のように、②判決は、本来、民法304条1項ただし書の「払渡し又は引渡し」とは何の関係もない事案であり[(11)]、単純に、同一請求権をめぐる物上代位権（原抵当権）と債権質権との対抗問題である[(12)]。

3 高知地裁昭和43年3月26日判決

高知地裁昭和43年（1968年）3月26日判決（判例時報526号78頁）〔以下、③判決という〕は、次のとおりである。

〔事実〕

訴外Aは、昭和37年（1962年）6月7日、訴外Bに対する195万円の借受金債務を担保するため、自己所有の船舶について抵当権を設定し、同38年（1983年）4月30日、その旨の登記を経た。その後、X（原告）は、Bから、その貸金債権と抵当権を譲り受け、同年8月13日、抵当権移転登記を経由した。

昭和38年10月3日、上記の船舶が座礁により滅失したので、Xは、抵当権の物上代位権に基づき、AのY保険組合（被告）に対する2口の損害保険金請求権について差押命令・取立命令を得、同命令は、同年11月29日と同年12月26日、Y保険組合に送達された。

他方、Aは、C（補助参加人）に対する借受金180万円のうち160万円の債務を担保するため、同年10月14日、AのY保険組合に対する2口の損害保険金請求権の一部（それぞれ127万円と33万円の各保険金請求権）についてCのために質権を設定し、Y保険組合は、同年11月5日、確定日付ある証書によりこれを承諾した。そして、Y保険組合は、Xの物上代位権に基づく差押え前である同月27日、質権者Cに対し保険金33万円を支払ったが、保険金127万円については、まだCに支払っていなかった。そこで、Xは、Cの質権の目的となっている127万円の保険金請求権について自己が優先すると主張し、Y保険組合にその支払を請求した。

〔判旨〕Xの請求棄却

「本件のように、抵当権の目的船舶の滅失などにより、当該抵当権設定者の受くべき保険金等について当該抵当権者の物上代位による差押と他の債権者の質権（又はその債権譲渡）とが競合した場合には、その基準時を当該抵当権の登記の時と差押の時とのいずれにするか、又は民法第304条但書をいかに解するかによって、当該抵当権と質権との優先順位が既往の取扱と転倒されることともなり、ときには、保険会社等（第三債務者）の利害関係とも

関連して重大な結果を招来する。ところが、この点については、前示法条の規定からは必ずしも明らかでないため、その取扱に差異を来たし、又は各権利者の主張が対立することともなり、古くから議論されているところであるが、本来、抵当権は、その目的物の滅失によって当然に消滅し、その代価等については、抵当権の効力が当然に及ぶことはなく、その物上代位は、抵当権者による差押を要件として、法律上特に認められた効力であると考えられること、そして、一般に抵当権の目的物とその代価等の請求権とは、別個に処分することが可能であって、これに対する取引の安全を保護する必要があること、などを綜合すれば、右両者の優先順位については、当該抵当権の登記を基準とすべきでなく、抵当権者による差押時と質権設定の第三者に対する対抗要件を具備した時との前後によって決すべきものとするのが相当である」（下線、筆者）と述べ、「そうすると、本件について、原告Xは、Cが質権の目的とした前記保険金請求権の一部については、本件差押および取立命令をもって、その質権者であるCに対抗できない」として、Xの請求を棄却した。

〔検証〕

　③判決の事案では、昭和33年10月3日、抵当目的物＝保険目的物である船舶の滅失により発生した具体的保険請求権の上に、Xの抵当権に基づく物上代位権が発生（成立）している（商法848条、民法372条・304条1項本文）。その後、同月14日、A（抵当権設定者＝債務者＝被保険者）は、C（貸付債権者）に対し、上記の具体的保険金請求権を質入れし、同年11月5日、確定日付ある証書により第三者対抗要件を具備している（民法364条・467条2項）。そして、X（抵当権者）が、未だ支払われていない127万円の具体的保険金請求権を、物上代位権に基づいて差し押さえ、その差押命令が、第三債務者であるY保険組合に送達されたのが、同月29日と同年12月26日である。それゆえ、物上代位権の行使は、Cの債権質権の第三者対抗要件具備の後である。

　このように、③判決の事案では、物上代位権の発生後において、「物上代位権の付着した債権＝代位目的債権（具体的保険金請求権）」が「質入れ」され、その後に、物上代位権に基づき当該代位目的債権について「差押え」がなされているから、まさに、代位目的債権の処分行為が問題となり、そのよ

うな処分行為が、民法304条 1 項ただし書にいう「払渡し又は引渡し」に含まれるのか否かが問題となった。さらに、物上代位権者が、当該代位目的債権を差し押さえているから、「差押え」の趣旨についての解釈も問題となる。したがって、③判決の事案は、抽象的保険金請求権が質入れされ、物上代位権の発生前から第三者（債権質権者）が登場している①および②判決の事案と異なることに注意しなければならない⁽¹³⁾。

　以上のように、本件事案では、「差押え」の趣旨と「払渡し又は引渡し」の意味の双方が問題となるが、後者の意味は、前者の「差押え」の趣旨についての解釈から論理必然的に導き出される。そして、③判決は、②判決と同様、物上代位本質論については特権説に依拠し、「差押え」の趣旨については優先権保全説に依拠し、取引の安全の観点から、第三者たる債権質権者の優先を導き出すため、「抵当権者による差押時と質権設定の第三者に対する対抗要件を具備した時との前後によって決すべきものとするのが相当である」と判示したのである。しかし、以下の理由から、③判決は完全に失当である。

　第一に、③判決は、「本来、抵当権は、その目的物の滅失によって当然に消滅し、その代価等については、抵当権の効力が当然に及ぶことはなく、その物上代位は、抵当権者による差押を要件として、法律上特に認められた効力である」と述べている点で失当である。これは、物上代位本質論についての特権説の立場である。確かに、物上代位権は、法律上特に認められた効力であるという側面は認めるべきであるが、だからと言って、物上代位権は、「抵当権者による差押を要件として、法律上特に認められた効力である」と言うのは短絡的である。なぜなら、物上代位権は、まず、民法304条 1 項本文所定の発生事由に基づいて目的債権上に成立し（だからこそ、そのような債権を、物上代位の目的債権＝代位目的債権＝物上代位権の付着した債権という）、そのうえで、そのような代位目的債権について「差押え」を行うことにより、物上代位権の効力が、第三債務者および第三者に対する関係において具現化するのである。すなわち、「差押え」は、物上代位権「行使」の要件であって、すでに成立している物上代位権を具現化するだけであり、物上代位権の「発生（成立）」要件ではないのである。

　第二に、③判決は、「一般に抵当権の目的物とその代価等の請求権とは、別個に処分することが可能であって、これに対する取引の安全を保護する必要がある」と述べ、代価等請求権＝具体的保険金請求権（代位目的債権）が処分された場合における取引安全、つまり、当該代価等請求権について利害を有するに至った第三者（譲受人や質権者）の利益保護の必要性を強調する点で失当である。当該代価請求権の上には、すでに物上代位権＝抵当権という優先権が成立しており（だから、代価等請求権を、物上代位の目的債権＝代位目的債権ともいうのである）、しかも、第三債務者（保険者）が保険金を当該第三者に支払う（弁済する）前に、抵当権者は、物上代位権という優先権を「行使」しているのであるから、保護されるべき取引の安全とは、抵当権の方である。③判決のように、物上代位権が「行使」されたにもかかわらず、代位目的債権上の質権者を保護することは、民法304条1項本文規定により付与された物上代位権という特権の存在を、同項ただし書により否定するものであり、かえって抵当金融取引の安全を阻害するものである。

　民法304条1項本文と同項ただし書の関係を正確に理解するならば、物上代位権は、原担保権である抵当権それ自体の効力であり（民法304条1項本文）、その権利行使により（民法304条1項ただし書）、物上代位権の効力が具現化した場合の第三者対抗要件は、抵当権設定登記で十分である。したがって、物上代位権が「行使」された場合の抵当権者と質権者との優劣は、抵当権の設定登記と質権の第三者対抗要件具備の前後により決すべきことになる。本件では、Xの抵当権設定登記は、Cの質権の第三者対抗要件具備よりも前であり、かつ、Xは、Y保険組合から未だCに支払われていない127万円の保険金請求権について物上代位権に基づき差し押さえているから、Xが同請求権を優先取得することになり、裁判所は、Xの請求を認容すべきであったというのが、正しい解釈である。

4　福岡地裁昭和55年9月11日判決

　福岡地裁（小倉支部）昭和55年（1980年）9月11日判決（金融法務事情961号34頁）〔以下、④判決という〕は、次のとおりである。

〔事実〕

　X（原告）は、訴外A所有の建物につき第一順位に抵当権を有し、その旨の登記を経ていた。一方、Y₁（被告）は、上記建物につき第二順位の根抵当権を有し、その旨の登記を経ていた。

　昭和53年（1978年）4月7日、上記建物が焼失し、AのB保険会社に対する火災保険金請求権（3459万余円）が発生した。そこで、Y₁は、その火災保険金請求権に対し、根抵当権に基づく物上代位権の行使として仮差押えの申立てを行い（請求債権額6000万円）、同命令は、同月13日、第三債務者であるB保険会社に送達された。また、Xも、抵当権に基づく物上代位権の行使として、上記の保険金請求権に対し、差押えの申立てを行った（請求債権額3564万余円）が、同命令は、同月15日、B保険会社に送達された。

　ところが、上記建物に抵当権を有しないY₂相銀（被告）は、本件建物が焼失するや同保険金請求権について根質権の設定を受け、昭和53年4月14日、B保険会社の承認を得たうえ、同日、その承認書に確定日付を付した。その後、Y₁の仮差押えは本執行に移行し、差押・転付命令は、同年9月28日にB保険会社に送達された。

　そのため、B保険会社は、昭和55年（1980年）1月31日、火災保険金を法務局に供託し、かつ、その頃、執行裁判所に事情届出をした。そこで、執行裁判所による配当手続きが開始され、その配当手続において、X（第一順位の抵当権者）は4406万円余円、Y₁（第二順位の抵当権者）は7000万円、Y₂相銀（債権質権者）は4510万余円の債権を届け出たが、Y₂相銀は、配当要求の手続きを履践しなかった。

　執行裁判所は、火災保険金から費用を控除した後の金3462万余円につき、Y₁を第一順位、Y₂相銀を第二順位、Xを第三順位とし、Y₁に前記全額を配当し、Y₂相銀およびXには配当額を0円とする配当表を作成した。これに対し、Xは、その配当表に異議を述べたが、Y₁およびY₂相銀は、Xの異議を承認しなかった。そこで、Xは本件訴訟を提起し、自己が第一順位で配当を受けるべき旨を主張した。

〔**判旨**〕Xの請求棄却

　「まず抵当権の物上代位が焼失した目的物の火災保険金請求権に及ぶか否かにつき検討すると、被告Y₂相銀が主張するとおり、確かに火災保険金請

求権は目的物の焼失によって法律上当然に生ずる保険契約の存在及びこれに基づく保険料の支払を必要とするものではあるが、しかしながら民法304条、372条は、抵当権の物上代位の客体について『目的物ノ売却、賃貸、滅失又ハ毀損ニ因リテ債務者カ受クヘキ金銭其他ノ物』と規定し、債務者の権利が法の規定に基づくか契約に基づくかを区別していないのであり、また火災保険金請求権は実質的、経済的にみて目的物に代わるもの、ないしその変形物とみることができるから、本件においても原告X及び被告Y₁の各抵当権に基づく物上代位権が本件火災保険金に及ぶことは肯定し得るところである。

　次に抵当権に基づく物上代位の要件を検討すると、民法304条、372条は、抵当権者において代位物である債務者の権利の『払渡又ハ引渡前ニ差押ヲ為スコトヲ要ス』と規定しているところ、そもそも抵当権は本来目的物の滅失によって消滅すべきはずのものであって、例えその滅失によって価値代替物が生じたとしても当然には抵当権の効力が及ぶものではないのであり、物上代位権は法が特に抵当権者を保護するために設けたものと解するのが相当である。そうであれば、抵当権者がその物上代位権を行使するためには、自ら代位物を差押えることが要件となり、他の債権者がなした差押は当該抵当権者の優先的権利を保全する効力がないと解すべきであり（大審院大正12年4月7日民事連合部判決・民集2巻5号209頁参照）、また前記規定にいう『払渡又ハ引渡』とは債権の譲渡、質権の設定等処分行為をも包含するものと解するのが相当であるから（福岡高裁宮崎支部昭和32年8月30日判決・下民集8巻8号1619頁参照）、抵当権者は、その優先権を保全するためには、代位物につきこれらの処分行為がなされるより先に差押をなすことが必要である（なお、物上代位による差押は抵当権の優先的効力の保全を目的とするものであるから、強制執行手続における差押のみならず、仮差押の手続によってもその目的を達成することができると解せられる）。

　そこで以上のことを前提にして、本件における各当事者の優先順位を検討すると、前記のとおり本件火災保険金については、最初に被告Y₁がその抵当権に基づく物上代位権の行使として金6000万円の請求債権により仮差押をなし、次いで被告Y₂相銀が質権を設定したうえ対抗要件を具備し、更にその後原告Xがその抵当権に基づく物上代位権の行使として金3564万9073円の

請求債権により差押をなしたという事実経過であるところ、被告Y_1が被告Y_2相銀の質権設定及びその対抗要件の具備に先立ち本件火災保険金につき仮差押をなしたことにより、Y_1は自らの優先権を保全し得たものということができるが、一方原告Xの差押は被告Y_2相銀の質権設定及びその対抗要件の具備より遅れてなされているから、少なくとも被告Y_2相銀との関係で原告Xは本件火災保険金に対する優先権を対抗し得ないし、ひいては被告Y_2相銀に優先する地位にある被告Y_1に対しても優先権を対抗できない結果となる。

　もっとも原告Xは右の点に関し、被告Y_1のなした仮差押が処分行為禁止の効力を有するから、被告Y_2相銀が右仮差押ののちに設定した質権は右仮差押手続が存続する限り全ての債権者との関係で無効である旨主張する。なるほど、一般の差押（仮差押）の効力についてはいわゆる個別相対効とみる見解と、手続相対効とみる見解の対立があり、前者は差押後の処分行為は、当該差押債権者との関係では無効であるが差押をしていない一般債権者には対抗し得ることの見解に立つものであり、後者は債権者平等の原則等に鑑みて差押後の処分行為は差押債権者はもちろん全ての一般債権者との関係で無効となるとの見解に立つもので、原告Xの指摘するとおり民事執行法（昭和54年法律第4号、昭和55年10月1日施行）は差押（仮差押）の効力に関して後者の見解を採用している（同法87条）。しかし、現行民事訴訟法の解釈としては、少なくとも仮差押に関する限り、最高裁判所は前者の見解を採ることを明らかにしているのであり（昭和39年9月29日第三小法廷判決・民集18巻7号1541頁）、当裁判所もこの見解に従うのが相当であると考える。そうすると、被告Y_1がなした仮差押の効力を原告Xが援用することはできず、従ってY_2相銀の質権設定は被告Y_1との関係では無効であるが、原告Xに対しては対抗し得るものである」（下線、筆者）と述べ、本件火災保険金に係る配当金3462万9488円につき、Y_1が仮差押における請求債権額6000万円の範囲内で第一順位の配当順位となり、その配当金全額を受け得るのであり、Y_2銀行は第二順位、Xは第三順位の配当順位にあり、いずれも配当額は0円となると判示した。

〔**検証**〕

　④判決の事案の事実関係を時系列で並べると、以下のようになる。すなわち、ⓐ昭和53年４月７日に抵当建物が焼失し、同日、抵当権に基づく物上代位権が、具体的保険金請求権の上に成立した後、ⓑ第二順位の根抵当権者Y₁が物上代位権に基づいて同保険金請求権に対して行った仮差押えの命令が、同月13日、B保険会社（第三債務者）に送達され、ⓒY₂相銀が、同保険金請求権について設定を受けた根質権の第三者対抗要件が、同月14日に具備され、ⓓ第一順位の抵当権者Xが物上代位権に基づいて同保険金請求権に対して行った差押えの命令が、同月15日、B保険会社に送達された。

　以上の事実から、本件では、③判決の事案と同様、物上代位権発生後に、具体的保険金請求権がY₂銀行に質入れされている、つまり、物上代位権の付着した債権＝代位目的債権が質入れされている。また、本件では、XおよびY₁という抵当権者がいずれも、物上代位権の付着した債権＝代位目的債権に対し、物上代位権を行使していることも明白である。したがって、本件事案を解決するためには、民法304条１項ただし書の「払渡し又は引渡し」の意味と「差押え」の趣旨についての解釈を行う必要があるが、決定的に重要なのは「差押え」の趣旨についての解釈である。「差押え」の趣旨の解釈によって、「払渡し又は引渡し」の意味が自動的に決まるからである。

　④判決は、抵当権に基づく物上代位権が、火災保険金請求権に及ぶことを肯定しているが、前述したように、それは当然のことである。問題は、物上代位権行使の要件としての「差押え」の趣旨についての叙述である。④判決は、まず、「差押え」の前提問題として、物上代位本質論に言及し、「そもそも抵当権は本来目的物の滅失によって消滅すべきはずのものであって、例えその滅失によって価値代替物が生じたとしても当然には抵当権の効力が及ぶものではないのであり、物上代位権は法が特に抵当権者を保護するために設けたものと解するのが相当である」と述べ、特権説の立場を明言する。

　そして、特権説の立場から、民法304条１項ただし書の「差押え」について、「抵当権者がその物上代位権を行使するためには、自ら代位物を差押えることが要件となり、他の債権者がなした差押は当該抵当権者の優先的権利を保全する効力がないと解すべきであり（大審院大正12年４月７日民事連合部判決・民集２巻５号209頁参照）」と述べ、また、「前記規定にいう『払渡又ハ

引渡』とは債権の譲渡、質権の設定等処分行為をも包含するものと解するのが相当であるから（福岡高裁宮崎支部昭和32年 8 月30日判決・下民集 8 巻 8 号1619頁参照）、抵当権者は、その優先権を保全するためには、代位物につきこれらの処分行為がなされるより先に差押をなすことが必要である」と述べるのである。

　これらの叙述は、「差押え」の趣旨についての優先権保全説（差押公示説・第三者保護説・競合債権保護説）のものである。同説は、特定性維持説とは異なり、物上代位権者自身が代位目的債権を差し押さえるべきことを要求する。④判決が引用する大審院（民事連合部）大正12年 4 月 7 日判決は、同説を採り、物上代位権者が保険金請求権（代位目的債権）を差し押さえるよりも先に、同請求権について差押・転付命令を取得した一般債権者を優先させた。物上代位権者自身が「差押え」をなすことを要するという結論自体は、物上代位権行使の主体を明記する民法304条 1 項ただし書の文理解釈、および価値権的性質を有する担保物権に物上代位権という特権を認め、担保権者を法政策的に特に保護した同項本文の趣旨からも、当該特権を有する担保権者自身が行使すべきであり、正当である。誰が、代位目的債権の「差押え」を行うべきかについて、第三債務者保護説（私見）も、このように考える（この点が、第三債務者保護説と特定性維持説との大きな違いである）。

　問題は、優先権保全説による「払渡し又は引渡し」の解釈である。物上代位権が付着した債権＝代位目的債権についての「払渡し又は引渡し」とは、文理解釈上、当該代位目的債権の消滅をもたらす「現実の弁済」を指すのが素直な解釈である。これに加え、未だ当該代位目的債権が消滅していない「譲渡」や「質権設定」をも、「払渡し又は引渡し」に含めることは、物上代位権者よりも債権譲受人や債権質権者を保護する結果になるが、そのような解釈は、民法304条 1 項本文の存在を、同項ただし書により否定する異常な解釈であり、到底賛成できない。この点につき、最判平成10年は、「民法304条 1 項の『払渡又は引渡』という言葉には債権譲渡を含むものとは解されないし、物上代位の目的債権が譲渡されたことから必然的に抵当権の効力が右目的債権に及ばなくなるものと解すべき理由もない」と述べている。これが正しい解釈である。

　さらに、④判決は、「払渡し又は引渡し」に債権譲渡や質権設定等の処分行為が包含されるとした判決として、前掲の②判決（福岡高裁宮崎支部昭和32年8月30日）を引用するが、同判決の事案は、「物上代位権の付着していない債権」についての質権設定であり、民法304条1項ただし書の「払渡し又は引渡し」とは無関係の事案であったから、その引用は失当である。よって、④判決は不当である。では、本件をどう解決すべきか。

　本件では、第一順位の抵当権者Xも、第二順位の抵当権者Y_1も、物上代位権に基づき保険金請求権を差し押さえ、その命令がB保険会社（第三債務者）に送達されているから、両者の優劣は、原担保権である抵当権の順位で決まる。それゆえ、XがY_1に優先する。また、Y_2相銀の債権質権の第三者対抗要件具備は、XとY_1の抵当権設定登記の後であるから、Y_2相銀が最も劣後する。よって、本件における配当順位は、Xが第一順位、Y_1が第二順位、Y_2相銀が第三順位となり、3564万余円の請求債権を有するXが、火災保険金全額の配当を受けるべきであり、Y_1とY_2相銀に対する配当額は0円とすべきである。

　これに対し、④判決は、Y_1、Y_2相銀、Xの順に配当を行い、Y_1に保険金を全額配当し、Y_2およびXには0円配当とした。しかし、本件事案では、第二順位抵当権者Y_1の物上代位権行使の翌日に、Aが、Y_2相銀に対し、具体的保険請求権を質入れし、第三者対抗要件を具備していることから、A、Y_1およびY_2相銀の三者間で、第一順位の抵当権者Xを害するために結託したことが推認される。実際、Y_2相銀は、抵当建物の焼失後、発生した具体的保険金請求権につき、Aから質権の設定を受け、4510万余円の債権を有しながら、0円という配当額を承認しているのである。他方、最先順位の抵当権者が、適正に物上代位権を行使したにもかかわらず、配当額0円となっている。このような不公正な結果を導く優先権保全説は執行妨害を助長するものであり、実際的な結果の妥当性という観点からも強く反対せざるを得ない。

5　福岡高裁平成元年12月21日判決

　福岡高裁平成元年（1989年）12月21日判決[14]（判例時報1356号139頁、判例タイムズ731号176頁）〔以下、⑤判決という〕は、次のとおりである。

〔事案〕

　訴外A海運会社（以下、Aという）所有の船舶・甲丸（総トン数46.79トン、鋼鉄製の曳船、北九州市を船籍港とする）は、昭和61年（1986年）11月7日午前7時30分頃、定係地の門司港西海岸を出港し、8時頃、対岸のM造船所の岸壁近くにある船島（巌流島）に到着、13時15分頃、クレーン船を曳航してM造船所の岸壁に向かい、14時頃、同造船所第16岸壁に着岸すべく同付近で回頭中、船底を浅瀬に接触させた。甲丸の船長は衝撃を感じたものの曳船中で避航できず、そのまま航過し、前記クレーン船を同岸壁に係船したうえで船内を調査したが、浸水等の異常もなかったので航海に支障がないと判断し、16時頃、さらに前記クレーン船を曳航し、16時50分頃、最終目的のM造船所第12岸壁（定係地の門司港西海岸まで約2.5キロメートルの距離）に係船し、同日の作業を終了した。

　その後、甲丸は航海中において異常が発生したので、修繕のため、自力で、X造船鉄工会社（控訴人）（以下、Xという）のドックまで約20キロメートル航行し、同月17日、Xのドックに入渠した。甲丸の船底・プロペラ等に損傷が発見されたので、Xは、その修繕工事を行い、同月30日、同工事が完了した。その結果、Xは、Aに対し522万円の修繕代金債権（以下、「本件修繕代金債権」という）を取得した。

　Aは、甲丸につき、訴外B保険会社との間で、沈没・座礁等の海上危険により生ずる損害を保険する船舶保険契約を毎年締結していた。他方、Y信用保証協会（被控訴人）（以下、Yという）は、Aに対する求償債権（昭和59年（1984年）7月20日、Yが、訴外C信用金庫に対するAの債務923万余円を代位弁済したことにより取得した求償債権）を担保するため、Aから、前記保険契約に基づく保険金請求権について第一順位の質権設定を受けていた。本件事故が発生した昭和61年度においても、同年8月14日、Aは、期間1年・保険金額2000万円の前記保険契約をB保険会社との間で締結していた。そして、同年11月10日、Yは、Aから前記保険金請求権について質権の設定を受け、同62年（1987年）1月19日、その質権設定についてB保険会社から確定日付のある承諾通知書を受領した。

　これに対し、Xは、甲丸は曳船作業中に事故を起こしたが、作業中のため

直ちに帰港できず、作業終了後、門司港への帰港のため航海中に異常が生じたので、本件修繕代金債権は、「航海継続の必要のため」に生じた債権であり、同債権は、商法842条6号にいう船舶先取特権により担保される債権に該当するから、本件事故により発生する前記保険金請求権の上に、船舶先取特権に基づく物上代位権が及んでいるとして、前記保険金請求権に対し債権差押えの申立てをなし、昭和62年1月27日、差押命令を得た。他方、Yも、債権質権に基づき、前記保険金請求権に対し債権差押えの申立てをなし、同年3月9日、差押命令を得た。このため、B保険会社は、確定保険金470万9500円を供託した。

　執行裁判所は、Yの質権に優先順位があるとし、供託金全額をYに配当する旨の配当表を作成した。そこで、Xは、「Xの船舶先取特権による物上代位権は、Yの質権に優先する。即ち、Yの本件質権は権利質であるから、動産質に関する規定が準用される結果（民法362条2項）、民法334条により動産先取特権と同一の権利を有するに過ぎず、他方、船舶先取特権は、動産先取特権に優先するから（商法845条）、これと同一の権利である権利質に優先することになるところ、Xの本件船舶先取特権による物上代位権は右先取特権の代表物であるから、Yの本件質権に優先する」と述べるとともに、予備的に民法321条1項にいう動産保存先取特権に基づく物上代位権行使により、自己に優先順位があると主張した。

　第一審判決（福岡地裁小倉支部平成元年6月29日判決）は、まず、本件修繕代金債権が商法842条6号にいう船舶先取特権によって担保される債権であると述べ、次に、本件保険金請求権に対し船舶先取特権の物上代位権が及ぶことを肯定したうえで、その物上代位権と保険金請求権に対する質権との優劣は、物上代位権に基づく差押えと質権の対抗要件具備との先後によって決すると判示し、Xの請求を棄却した。そこで、Xが控訴した。

〔判旨〕Xの控訴棄却

・船舶先取特権の成否について

「船舶先取特権は、何等の公示方法をとることなくして船舶抵当権に優先する強い効力を有する担保権であるから（商法849条）、これを広く認めることは船舶抵当権者の利益を害するだけでなく、船舶所有者の金融をも困難にし、

ことに、同法842条 6 号による船舶先取特権に関していえば、これが同条 7
号の船員の給料債権等による先取特権にも優先する強力なものであることや、
通信、送金制度、支店、代理店制度の発達した今日の状況下においては、同
号の先取特権を認めて債権者の保護を図る必要性が減少したことに鑑みて、
船舶先取特権が認められる債権の範囲は厳格に解釈すべきとされる（最高裁
昭和59年 3 月27日第三小判決・判例時報1116号133頁参照）。

　こうして、同条 6 号にいう『航海継続ノ必要ニ因リテ生シタル債権』とは、
既に開始された航海を継続するに必要、不可欠な費用について生じた債権を
いうのであって、新たな航海の開始に必要な債権はこれに含まれるものでは
ないし、まして航海を終了し、当該船籍港に帰港後に発生した債権までも含
むものではないと解される。

　これを本件についてみると、前記認定のとおり、甲丸の本件事故発生時の
航海は、曳航作業のため、概略定係地の門司港西海岸から数キロ先の対岸ま
での往復であったこと（同船の日常的航海の態様である。）、同船は、本件事故
の発生後船体を調査するも、航行に支障なしとして航行を継続のうえ予定の
作業を終了し、その発生地点付近から定係地まで帰港中、事故による損傷が
認識されたが、航行に支障はなく、自力で容易に定係地の港に帰港できたも
のであること、その数日ないし10日経過後、同船は修繕のため定係地を出港
し、同船の船籍港と同じ北九州市に所在するＸのドックに入渠したこと、以
上のとおりの事情にある。従って、本件修繕工事は、甲丸のその後の新たな
航海の必要のためになされたもので、同条号にいう『航海継続ノ必要』のた
めのものではないと解するのが相当である。」

　「従って、本件修繕代金債権は商法842条 6 号の船舶先取特権で担保される
債権に該当しないものと解すべきであるから、右先取特権の存在を前提とす
るその余の主張部分はいずれも失当であり、判断するまでもない。」

・動産保存の先取特権の成否について

「前項に認定の事実に照らせば、本件修繕が甲丸の保存、維持のためになさ
れたこと、従って、本件修繕代金債権がＸの予備的主張である動産保存の先
取特権（民法321条 1 項〔平成15年改正前民法。現行民法320条に相当する。―筆
者、注〕）により担保される債権に該当するものであることは明らかであ

る。」

・配当異議事由の存否について

「1　以上によれば、本件修繕代金債権が船舶先取特権で担保される債権であることを前提とするXの異議事由は、その前提自体失当として理由がない。

2　そこで、Yの求償金債権を担保する本件質権と、Xの本件修繕工事によって取得した修繕代金債権を被担保債権として、その物上代位権により差押えをした動産保存の先取特権との優劣について検討すべきことになる（なお、Xは船舶先取特権の物上代位権に基づいて本件債権差押をしたものであるが、修繕費に関しては商法842条6号の船舶先取特権を特別法上のものとし、その一般法上の先取特権というべき動産保存の先取特権による代位行使に必要な差押えについて、本件債権差押えをもってこれと同一ないし同視しうべきものとし、動産保存先取特権の物上代位権の行使に必要な差押えがあったものと解する。）。」

「(二)　ところで、Yは、本件のように、対象とされた船舶の毀損によって生じた損害保険金請求権には、先取特権による物上代位権は行使できない旨を主張する。確かに右主張にも一理あるが、保険金が実質上右毀損の対価に相当し、修理等に際しても、その対価として担保され、取扱われているという現状にあること、先取特権の実効性や実質的公平等の観点から、これを肯定すべきものと解する。」

「(三)　そこで、本件各担保権相互間の優先順位の主張について検討するに、……本件修繕代金債権は動産保存の先取特権により担保される債権であるところ、本件修繕工事は本件質権が設定された日（昭和61年11月10日）の後である同月30日ころ完了し、Xの本件修繕代金債権はそのころ取得したことが明らかである。ところで、本件質権と同じ権利質に関しては動産質の規定が準用され（民法362条2項）、右質権と動産保存先取特権とが競合する場合は、質権者は、同法334条、330条1項により、第一順位の先取特権者と同順位とされるのに対し、動産保存の先取特権者は同条項で第二順位であり、従って質権者の後順位とされるところ、その担保目的物に対する保存行為が、第一順位者の先取特権ないし質権発生後に、それらの者のためになされた場合には、その順位は入れ替わり、保存行為者優先することになると解される（同

条2項)。

　これを本件についてみるに、Xは、本件質権設定後に、甲丸の保存のための本件修繕工事を行ったものであり、これは、ひいては甲丸の損傷に関する本件保険金請求権を目的として設定された本件質権者であるYのための保存行為ともみることができる。従って、一見、Xの物上代位権によって差押えされた動産保存の先取特権が本件質権に優先するかのごとくである。

　㈣　しかしながら、前記のとおり本件は、船舶それ自体の差押え、配当等の執行それ自体の事案ではなく、保険金請求権を差押債権としての執行手続であり、その配当手続におけるYの保険金請求権に対する質権と、Xの物上代位権により同請求権に差押えをした動産保存の先取特権との間の優先順位を問題とすべき事案である。

　ところで、民法304条但書で、先取特権者が物上代位権を行使するためには物上代位の対象となる金銭その他の物の払渡又は引渡前に差押えしなければならない旨規定している。これは、差押えの対象である目的債権の特定性を保持して物上代位権の効力を保全するほか、目的債権を譲り受けるなどした第三者等が不測の損害を被ることを防止しようとする趣旨にでたものである（最高裁昭和60年7月19日第二小判決・民集39巻5号1326頁）。従って、先取特権者が物上代位権の行使によって目的債権を保全し、これに権利を有する他の第三者らに優先して該債権から弁済を受けるためには、該債権に対する差押えを必要とし、右差押えが他の債権者に対する優先効取得の要件であり、他の債権者への対抗要件としての機能を併有するものと解することができる。右に反するXのこの点に関する主張は採用できない。

　他方、権利質は、債権をそのまま処分する債権譲渡に類似し、同法304条1項但書にいう払渡又は引渡に該当するものであり、その第三者に対する対抗要件は、民法364条、467条2項により確定日付ある通知書または承諾書の具備であることは明らかである。

　㈤　そうすると、本件においては、Xの動産保存の先取特権とYの本件質権の優先順位は、その相互の対抗要件の問題、即ち、Xの先取特権の物上代位権行使としての本件債権差押え時期と、Yの本件質権の確定日付ある承諾証書が具備された時期との先後によって解決すべきことになる。しかるとこ

ろ、≪証拠略≫によれば、Ｘの本件差押命令が第三債務者である訴外Ｂ保険会社に送達されたのは昭和62年１月28日であることが認められ、他方、前記判示のとおり、Ｙの本件質権設定についての同会社の確定日付ある承諾証書は、右送達に先立つ同月19日に具備されているのである。

　従って、本件配当手続においては、先に第三者対抗要件を備えたＹの本件質権が、Ｘの代位権行使として差押をした動産保存の先取特権に優先すべきものであり、これに従ってＹの債権を先順位として作成された本件配当表は適法であって、この点に関するＹの抗弁は理由がある。」（以上の下線、筆者）

〔検証〕

　⑤判決の事案の争点は、第一に、本件修繕代金債権を担保するのは、商法842条６号にいう船舶先取特権であるか否か、第二に、本件保険金請求権が、上記の船舶先取特権に基づく物上代位権、または民法321条１項（現行民法320条）にいう動産保存先取特権に基づく物上代位権の対象となるか否か、第三に、本件保険金請求権に質権と同保険金請求権対する船舶先取特権または動産保存先取特権の物上代位権との優劣についての解釈である。

　⑤判決が述べるように、第一の争点については、本件修繕代金債権が担保されるのは、商法842条６号の船舶先取特権ではなく、Ｘが予備的に主張した民法321条１項（現行民法320条）の動産保存先取特権であると解すべきである。船舶先取特権は、何らの公示方法を採ることなく、船舶抵当権に優先する効力を与えられるため（商法849条）、その成立範囲を厳格に解釈すべきであり、甲丸の損傷・修理の事実の経緯から、本件修繕は、甲丸の「航海継続の必要」のためになされたものではなく、その後の新たな航海の必要のためになされたものと解すべきだからである。それゆえ、⑤判決が述べる第二の争点、すなわち、本件保険金請求権が、動産保存先取特権に基づく物上代位権の対象になるか否かについて検討する。

　これにつき、⑤判決は、第一審と同様、「Ｙは、本件のように、対象とされた船舶の毀損によって生じた損害保険金請求権には、先取特権による物上代位権は行使できない旨を主張する。確かに右主張にも一理あるが、保険金が実質上右毀損の対価に相当し、修理等に際しても、その対価として担保され、取扱われているという現状にあること、先取特権の実効性や実質的平等

　の観点から、これを肯定すべきものと解する」と述べ、この点に関するＹの主張を排斥し、Ｘの主張を認めた。保険金は、保険料支払いの対価であり、厳密に言えば、保険金請求権が物上代位権の対象となることを否定すべきであろうが、民法304条立法の沿革およびか法政策的観点から、一般論としては、保険金請求権が、動産保存先取特権の物上代位権の対象となることを肯定すべきであり、⑤判決の説示は正当である。

　問題は、昭和61年11月７日に発生した本件の具体的保険金請求権が、はたして、Ｘの動産保存先取特権の物上代位権の対象になるのか、ということである。これを肯定するためには、その前提として、座礁・損傷した甲丸が、本件修繕代金債権を被担保債権とする動産保存先取特権の対象となっていたか否かを問う必要がある。本件修繕代金債権が成立したのは同月30日であり、同修繕代金債権を被担保債権とする動産保存先取特権が甲丸に及ぶのも同日である（現行民法320条）。しかし、この場合、動産保存先取特権の効力が及ぶ対象は、修繕が完了した新装の甲丸でなければならない。そのうえで、新装甲丸を保険目的物とする保険契約が締結され、かつ、同船が、座礁するなどして損傷したときに初めて、同契約に基づいて具体的保険金請求権が発生し、同保険金請求権上に動産保存先取特権の効力、すなわち動産保存先取特権の物上代位権の効力が及ぶのである。まさに、この場合、同保険金請求権は、保険目的物（被保険物）＝動産保存先取特権の目的物である新装甲丸の価値変形物だからである。

　ところが、ＸとＹの間で優先取得が争われている本件保険金請求権は、甲丸が座礁した昭和61年11月７日に発生しており、動産保存先取特権が成立する以前にすでに発生していたものである。それゆえ、本件保険金請求権は、同月30日の修繕完了により新装なった甲丸の上に成立したＸの動産保存先取特権の物上代位権の対象にはなり得ないものである。

　他方、昭和61年11月10日、Ｙに質入れされた本件保険請求権とは、同月７日の保険事故により発生した具体的保険請求権であり、その時点では、動産保存先取特権は未だ成立していないし、その動産保存先取特権に基づく物上代位権も発生していないから、同保険金請求権は、動産保存先取特権の目的物である新装・甲丸の価値変形物ではない。それゆえ、本件保険金請求権に

ついて、Ⅹの動産保存先取特権に基づく物上代位権とⅤの債権質権が競合することはあり得ず、前掲の第三の争点は存在しないことになる。

　以上から、本件保険金請求権の上に成立している優先権は、Ⅴの債権質権だけであり、翌年１月19日、第三者対抗要件を具備したⅤの債権質権が優先するのは、当然のことである。したがって、Ⅴを優先させた⑤判決の結論は正当であるが、事実関係の把握および理論構成において重大な誤りを犯しているのである。ところが、⑤判決のこの重大な誤りに気付いている論者は極めて少ない[15]。

　なお、百歩譲って、仮にⅩとⅤが本件保険請求権をめぐり競合関係にあると仮定した場合、両者の優劣を、「動産保存先取特権の物上代位権に基づく差押え」と「債権質権の第三対抗要件具備」の先後で決すると解する⑤判決は正当であろうか。⑤判決は、この優劣基準を導き出すにあたり、民法304条１項ただし書の「差押え」の趣旨について、「差押えの対象である目的債権の特定性を保持して物上代位権の効力を保全するほか、目的債権を譲り受けるなどした第三者等が不測の損害を被ることを防止しようとする趣旨にでたものである（最高裁昭和60年７月19日第二小判決・民集39巻５号1326頁）」と述べる。すなわち、「差押え」の趣旨として、目的債権の「特定性の保持」と「第三者等の不測の損害防止」を挙げるのである。

　しかし、「特定性の保持」は、すでに述べたように、「差押え」の結果（効果）であり、「差押え」の目的（趣旨）ではないから、この叙述の核心は、「第三者等の不測の損害防止」、すなわち第三者（競合債権者）の保護にある。だからこそ、上記の叙述に続いて、「先取特権者が物上代位権の行使によって目的債権を保全し、これに権利を有する他の第三者らに優先して該債権から弁済を受けるためには、該債権に対する差押えを必要とし、右差押えが他の債権者に対する優先効取得の要件であり、他の債権者への対抗要件としての機能を併有するものと解することができる」と述べ、「差押え」が、物上代位権の第三者に対する対抗要件として機能すると述べるのである。

　以上、⑤判決は、明確に優先権保全説（差押公示説・第三者保護説・競合債権者保護説）の立場を採るものであり、そこに引用する最高裁（二小）昭和60年７月19日判決も同説を採るものである。したがって、前掲最判昭和60年

7月19日およびそれと同旨の最高裁（一小）昭和59年2月2日（民集38巻3号431頁）につき、特定性維持説と優先権保全説を包摂した二面説であると解する見解[16]もあるが、問題の核心を見誤るだけであり、賛成することができない。

　また、②〜④判決の「検証」において述べたように、優先権保全説の本質は、第三者（競合債権者）の保護にあり、担保権者に対し物上代位権を付与した民法304条1項本文を、同項ただし書により有名無実化する説であり、到底賛成できない。さらに、⑤判決は、「権利質は、債権をそのまま処分する債権譲渡に類似し、民法304条1項但書にいう払渡又は引渡に該当する」と述べるが、同項ただし書の「払渡し又は引渡し」の対象となる債権は、物上代位権の付着した債権＝代位目的債権であり、当該代位目的債権に質権が設定されたとしても、同債権は消滅せずに存続しているのであるから、権利質（債権質）の設定は、「払渡し又は引渡し」に該当せず、同債権は、依然として物上代位権行使の対象となり得るのである。

　にもかかわらず、⑤判決は、本件事案について優先権保全説を当てはめ、債権質権の第三者対抗要件を先に具備したYの優先を導き出すのである。しかし、本件事案では、Xの動産保存先取特権に基づく物上代位権も発生していないし、物上代位権の対象となる保険金請求権も存在していないのであるから、「差押え」についての議論をする必要が全くなかったのであり、単純にYが優先する事案だったのである。したがって、⑤判決は、結論自体は妥当であるが、事実関係の把握および理論構成の双方において完全に失当である。

　なお、「差押え」の趣旨についての第三債務者保護説を採った場合、本件において、仮に動産保存先取特権の物上代位権と質権が、代位目的債権たる保険金請求権をめぐって競合し、かつ、物上代位権の行使がなされたのであれば、それぞれの担保物権の対抗要件具備の先後で優劣を決することになる。そして、動産保存先取特権は、公示方法がなくても、その成立時から第三者に対抗できる担保物権であり、かつ、物上代位権＝動産保存先取特権（原担保権）であるから、動産保存先取特権の成立時と債権質権の第三者対抗要件の具備との先後により両者の優劣を決することになる。しかし、本件では、

そもそも動産保存先取特権の物上代位権も発生していないし、その物上代位権の対象となる保険金請求権も存在していなかった事案であるから、このようなことを考える必要は全くなかったわけである。

6　小　括

保険金請求権に対する質権と同請求権に対する物上代位権の優劣をめぐる下級審判例を検証した結果、①判決（鹿児島地裁）を除き、②判決（福岡高裁）、③判決（高知地裁）、④（福岡地裁）および⑤判決（福岡高裁）は、すべて、民法304条1項ただし書の「差押え」の趣旨について優先権保全説を採り、第三者である質権者優先の結論を導き出した。また、②、④および⑤判決は、債権の「質入れ」が、「債権譲渡」と同様、同項ただし書にいう「払渡し又は引渡し」に含まれると明示している。

しかし、民法304条1項ただし書の「払渡し又は引渡し」の対象となる債権は、物上代位権が付着した債権＝代位目的債権であり、そのような代位目的債権が「質入れ」された場合についてのみ、同項ただし書の「払渡し又は引渡し」に該当するか否かが問題となるのである。にもかかわらず、②および⑤の福岡高裁判決は、「物上代位権が付着していない債権」、つまり、代位目的債権ではない債権（一般債権）の「質入れ」が、「払渡し又は引渡し」に該当すると述べている。さらに、⑤判決は、未だ動産保存先取特権の物上代位権が発生しいていない事案であるにもかかわらず、すでに質入れされていた具体的保険金請求権が動産保存先取特権の物上代位権の対象となり、同保険金請求権をめぐり、債権質と物上代位権が競合すると論じていた。このように、②および⑤判決の高裁判決はいずれも、事実関係の把握および理論構成の双方において基本的な過ちを犯しているのである。

他方、③および④の地裁判決は、物上代位権が付着した具体的保険金請求権の「質入れ」が、民法304条1項ただし書の「払渡し又は引渡し」に該当するとし、同保険金請求権に対する物上代位権行使を否定し、債権質権優先を判示した。同条1項ただし書は、その本文規定を受けているのであるから、「払渡し又は引渡し」の対象となる債権は、物上代位権が付着した債権＝代位目的債権だけである。その意味では、③および④判決は、民法304条1項

本文とただし書との形式論理的な関係については正しく把握しているということはできる。しかし、それぞれの規定の趣旨から、両規定の関係を実質的かつ論理的に把握しなければならない点において、基本的に間違っている。なぜなら、民法304条1項ただし書の「払渡し又は引渡し」に、代位目的債権の「譲渡」・「質入れ」を含ませることは、同項本文の趣旨を抹殺するからである。物上代位権者（原担保権者）保護という趣旨から設けられた本文が存在するにもかかわらず、そのただし書において、本文の保護対象である物上代位権者と競合関係にある第三者（代位目的債権の譲受人・同債権の質権者）を保護するという解釈は、非論理的・不当な解釈であり、結論においても不合理な結果をもたらすからである。

　以上の②〜⑤判決に対し、唯一、抵当権者（物上代位権者）優先の結論を導き出した①判決の結論は正当である。また、①判決は、控訴審の②判決とは異なり、物上代位権が付着していない債権（一般債権）の「質入れ」が、民法304条1項ただし書の「払渡し又は引渡し」に含まれるか否かを論じていない点において正当である。前述したように、「物上代位権が付着していない債権」の処分行為は、「払渡し又は引渡し」とは関係のない処分行為だからである。もっとも、①判決が、「差押え」の趣旨につき、特定性維持説を採っているのは正当ではない（当時は、特定性維持説と優先権保全説の対立の時代だったので、止むを得ないが）。

　以上から、「保険金請求権に対する抵当権の物上代位権と同請求権に対する質権との優劣問題」に関する下級審判例のすべてが、理論的に難点があったと評価することができよう（結論のみが妥当な判例は、①と⑤判決である）。とりわけ、優先権保全説を採った②〜⑤判決の迷走は甚だしい。

　では、なぜ、このような迷走と誤りを繰り返してきたのであろうか。それは、ひとえに、民法304条1項の法的構造を正確に理解していなかったからである。そのため、第一に、物上代位権の発生時期について明確に認識しないことになり、第二に、「差押え」の趣旨についても正確な理解が得られないことになるのである。逆に、同条1項の法的構造を正確に理解すれば、第一に、優先取得が争われている、「質入れ」された当該保険金請求権が、物上代位権の付着した債権＝代位目的債権なのか否か、すなわち、同条1項た

だし書の「払渡し又は引渡し」の対象となる債権であるのか否かについても明白となるし、第二に、物上代位権が付着した保険金請求権＝代位目的債権が発生したことにより、同債権について優先権を有するに至った者（物上代位権者）に対し、直接の弁済義務を負うことになるのは誰なのか、すなわち、誰が、物上代位権の発生に最も利害関係を有することになるのか、ということが容易に理解することができるのである。

　そこで、上記の優劣問題の解釈についての正しい理論構築のために踏むべき理論的ステップに従い、私見を展開する。

三　私見の展開

1　序　説

　従来から、実務界では、抵当権設定者（保険契約者・被保険者）が、抵当権者に対し、抽象的火災保険金請求権を「質入れ」する、いわゆる「質権設定方式」を利用し、確定日付（民法364条・467条2項）を具備するという保険担保の慣行が行われてきた[17]。これにより、抵当権者は、確実に保険金を優先取得できるからである。ところが、抵当権者が「質権設定方式」を利用しない一方、他の債権者がこの方式を利用した場合、保険目的物＝抵当目的物が火災により滅失・損傷すると、発生した具体的保険金請求権の上に債権質権の効力が及ぶと同時に、同保険請求権の上に抵当権の効力（物上代位権）も及ぶ（民法372条・304条1項本文）。さらに、その後、抵当権者が、物上代位権に基づいて同保険金請求権を差し押さえたときには（民法372条・304条1項ただし書）、同一の保険金請求権の上に、債権質権と物上代位権が付着していることになり、両担保物権の競合問題が生じる。これが、①および②判決の事案であった。

　これに対し、抵当権者が「質権設定方式」を利用しない一方、抵当権設定者が抵当目的物につき火災保険契約を締結していたところ、抵当目的物が火災により滅失・損傷した場合、その損傷と同時に発生した具体的保険金請求権上に抵当権の効力（物上代位権）が及ぶ（民法372条・304条1項本文）が、抵当権者が、同保険金請求権を物上代位権に基づいて差し押さえる前に、同

保険金請求権が「質入れ」されると、同保険金請求権には物上代位権と債権質権が付着しているため、やはり、両担保物権の競合問題が生じる。これが、③および④判決の事案であった。この事案では、代位目的債権たる保険金請求権が、物上代位権の行使（差押え）の前に「質入れ」されているため、その「質入れ」が、民法304条１項ただし書の「払渡し又は引渡し」に該当するか否かという解釈問題が生じ、その解釈は、「差押え」の趣旨についての解釈と結び付くのである。

　このように、物上代位権発生前の抽象的保険金請求権の質入れと、物上代位権発生後の具体的保険金請求権（代位目的債権）の質入れは、本来、異なる解釈問題である。しかし、従来、この点に関し、明確な区別がなされずに議論されてきた。その理由は、保険金請求権の「質入れ」とは、通常、「質権設定方式」を利用した事例、つまり、物上代位権発生前の質入れと物上代位権との優劣事例のことであり、保険金請求権を担保に取るということは、未発生の保険金請求権（抽象的保険金請求権）の「質入れ」のことであると理解されている一方、物上代位権の発生から、物上代位権の行使までの短期間に具体的保険金請求権（代位目的債権）を「質入れ」することは極めて稀であったからであろう。さらに、②判決が、物上代位権発生前の「質入れ」につき、本来、無関係であるはずの民法304条１項ただし書の「払渡し又は引渡し」に該当するという解釈を行ったことも一因であろう。しかし、現実には、③および④判決の事案のように、物上代位権発生後の保険金請求権の「質入れ」と物上代位権との優劣問題の事例も存したのであるから、なおのこと、物上代位権の発生の前後を峻別して論じなければならないのである。

2　物上代位権発生前の債権質入れとは代位目的債権の質入れではない

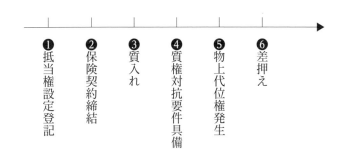

❶建物に抵当権が設定され、その旨の登記がなされた後に、❷抵当権設定者が保険者との間で当該建物につき火災保険契約を締結した後、❸抵当権設定者（被保険者）が抽象的保険金請求権を他の債権者に「質入れ」して融資を受け、❹第三者対抗要件が具備された段階では、「質入れ」された同保険金請求権上に、当然のことであるが、物上代位権は付着していない（物上代位権が発生していない）から、同保険請求権の「質入れ」という処分行為は、民法304条 1 項ただし書とは何の関係もなく、単なる一般債権の「質入れ」に過ぎず、同項ただし書の「払渡し又は引渡し」の対象でないことも明白である。ところが、保険金請求権に対する抵当権の物上代位権と同請求権に対する質権との優劣問題に関するリーディングケースとされる②判決は、このような物上代位権発生前の「質入れ」を、「払渡し又は引渡し」に該当するとしたのである。

　さて、❺当該抵当建物（被保険建物）に火災が起こると、保険契約に基づき具体的保険金請求権が発生するとともに、同保険金請求権上に物上代位権が及ぶことになる（民法304条 1 項本文）。しかし、他方で、同時に同保険金請求権上には債権質権の効力がすでに及んでいるため、同一の保険金請求権をめぐり、物上代位権と債権質権が競合することになる。この場合、物上代位権は、原抵当権の効力そのものであり、物上代位権と原抵当権は同一性を有する。なぜなら、物上代位権は、法政策的に付与されたものであるが、それは、優先弁済効を有し、価値権的性質を有する抵当権の効力からも当然に認められるものだからである。物上代位本質論に関する特権説も、価値権説

も、いずれも物上代位の本質の一側面を述べているものと見るべきであるから、このように考えることになる⒅。

　それゆえ、同一の保険金請求権上に成立する物上代位権（抵当権）と債権質権の優劣は、それぞれの第三者対抗要件具備の先後で決まり、結局、❺の物上代位権が発生した段階では、一応、物上代位権が優先していることになる。

　ところが、❺の段階では、物上代位権は未だ行使されていないから、第三債務者（保険者）にはその存在が知れていない一方、債権質権設定の通知・承諾により、債権質権を対抗されている第三債務者は、債権質権者からの保険金支払請求があれば応じなければならない（民法366条1項）。それゆえ、この支払により、債権質権者が優先するのである。物上代位権の行使がない（具体的保険金請求権の「差押え」がなされていない）❺の段階では、一応、物上代位権が優先するとはいうものの、物上代位権は未だ行使されていないのであるから、その権利が具現化していないのであるから、これは当然の結果である。とにかく、物上代位権の行使がない間、保険者は、保険金を債権質権者に弁済すればよく、それでもって免責される。また、債権質権者の受領は、法律上原因がある受領なので、その受領も有効であり、不当利得の問題が生じることも全くない。それゆえ、物上代位権の行使がなく、かつ、保険者の債権質権者に対する弁済があれば、債権質権者の優先が確定するのである。

　これに対し、❻第三債務者による弁済前に、ひとたび物上代位権の行使（具体的保険金請求権＝代位目的債権についての「差押え」）がなされると、物上代位権（抵当権）の優先が具現化するのであり、この場合、第三債務者たる保険者は、抵当権者の方に保険金を弁済しなければならない。これは、潜在的に優先していた権利を行使しただけのことであり、単純に、民法304条1項本文に基づき発生した物上代位権という優先権が、同条1項ただし書に基づいて行使されたことにより、その優先が具現化し、確定するだけのことである。それゆえ、この優劣問題は、単に同条1項ただし書を適用すればよいだけのことであり、同規定の「差押え」の趣旨についての解釈も、本来、行うまでもない。換言すれば、同条1項本文の趣旨を正確に捉え、かつ、その

ことから必然的に物上代位権の第三者対抗要件を正確に理解すれば、同項ただし書の「差押え」の趣旨について解釈する必要はなく、単純な条文適用問題に帰着することができるのである。

　もっとも、この立場に立っても、債権質権の第三者対抗要件具備が抵当権設定登記より先であれば、債権質権が優先するから、たとえ物上代位権の行使があっても、第三債務者たる保険者は、債権質権者に保険金を弁済しなければならないから（民法364条・467条2項）、物上代位権者が優先するわけではない。そして、その場合には、物上代位権者の債権質権者に対する不当利得請求権も生じないことは当然のことである。第三債務者は、先に第三者対抗要件を備え、優先する債権質権者に弁済しなければならず、その受領は、法律上原因を有するものだからである。

3　物上代位権は「差押え」により発生するのではない

　以上に対し、物上代位権の発生時期を、民法304条1項本文に求めるのではなく、同項ただし書、すなわち、「差押え」の時点に求めるのは、①以外のすべての下級審判決②〜⑤であった。なぜ、このような見解が生ずるのであろうか。

　この見解は、物上代位権の発生と行使を峻別せず、物上代位権の行使により、物上代位権も発生すると考えるのである。その理由として、民法304条1項が、「先取特権は、その目的物の売却、賃貸、滅失又は損傷によって債務者が受けるべき金銭その他の物に対しても、行使することができる。ただし、先取特権者は、その払渡し又は引渡しの前に差押えをしなければならない」と規定し、同項本文において「……行使することができる」と書いていることを挙げる。しかし、権利というものは、その行使の前提として、すでに成立していなければならない。

　例えば、民法333条は、「先取特権者は、債務者がその目的である動産をその第三取得者に引渡した後は、その動産について行使することができない」と規定する。動産先取特権には公示方法がないため、第三取得者に引き渡された場合、当該動産上にそれまで成立していた動産先取特権が消滅する（成立しないことになる）ことを定め、動産取引（動産所有権取引）の安全を確保

しているのである。そのことを、同条は、「その動産について行使することができない」と表現しており、この表現は、当該動産上の先取特権が「成立しなくなった」ことを当然の前提としているのである。すなわち、動産が第三取得者の引渡されるまでは、当該動産上に先取特権が成立していたのであり、第三取得者への引渡しにより当該動産上の動産先取特権が不成立となった結果、当該動産に対し動産先取特権を行使することができなくなるという結論の方を表現しているのである。条文の趣旨内容を理解しないで文言だけを見て、権利の成立と行使を同時のものとみる見解は、文理解釈としても非論理的である。

　このように、権利の成立と行使が同時に存在すると考え、民法304条1項ただし書の「差押え」により物上代位権が発生すると考える見解が、「差押え」の趣旨に関する優先権保全説であり、物上代位権の成立要件と行使要件を一体化する。本来、権利の成立要件と行使要件とは異なるものであり、別個に各要件について考えるべきものであるが、優先権保全説は、物上代位権の行使要件である「差押え」（❻の段階）を行うことによって物上代位権が発生すると考えるため、当該「差押え」自体が、発生した物上代位権という権利の公示方法（第三者対抗要件）となると解することになる。その結果、「差押え」よりも先に第三者対抗要件を具備している債権質権者（❹の段階）が優先すると考えるのであり、結局、優先権保全説によれば、抵当権設定登記が、債権質権の第三者対抗要件具備より先に経由され、かつ、物上代位権行使＝差押えがあったとしても、常に債権質権が優先する結果となる。このような結果は、物上代位権を抹殺するものであり、解釈論として賛成できないし、実際上、執行妨害の助長を惹起するであろう。

　次に、優先権保全説は、論理関係および用語の使い方においても矛盾がある。なぜなら、民法304条1項ただし書の「差押え」という行為を行うためには、その行為を法的に裏付ける実体法上の根拠が必要だからである。すなわち、「差押え」行うためには、それを法的に根拠づける権利＝物上代位権が発生（成立）していなければならいのである。だからこそ、抵当権者は、民法304条1項本文により取得した物上代位権に基づいて、その物上代位権の対象となっている保険金請求権（代位目的債権）に対して「差押え」を行

うのである。このように、「差押え」という行為の前提として、「差押え」の対象となる債権、つまり保険金請求権上には必ず物上代位権が付着している必要がある、すなわち、すでに物上代位権が発生していなければならないのである。だからこそ、「差押え」の対象となる債権のことを、物上代位の目的債権＝「代位目的債権」と称するのである。

これに反し、優先権保全説のように、物上代位権が、「差押え」によって発生すると解するのであれば、「差押え」の時点では、その法的根拠となる権利（物上代位権）が存在していないことになる。つまり、「差押え」の対象となる債権には物上代位権が付着していないということである。一体、どんな権利に基づいて「差押え」を行うのであろうか。このような解釈は、民法304条1項本文を不要とするものである。「差押え」の目的債権（対象債権）には物上代位権（担保権）が付着しているからこそ、同債権に対する担保権の実行が認められる（民事執行法193条）こととも矛盾しよう。このように、物上代位権は、「差押え」により発生するという優先権保全説は、民事執行法にも抵触するものであり、基本的な法的論理思考を欠いていると評価せざるを得ないのである。

したがって、「差押え」により物上代位権が発生すると解し、第三債務者の二重弁済の危険を否定する見解[19]が全く不当であることも言うまでもない。

4　物上代位権発生後の債権質入れとは代位目的債権の質入れである

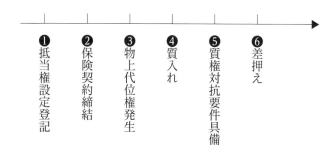

❶建物に抵当権が設定され、その旨の登記がなされた後に、**❷**抵当権設定者が保険者との間で当該建物につき火災保険契約を結んでいたところ、**❸**当該抵当建物＝被保険建物に火災が起こると、具体的保険金請求権が発生する

と同時に、当該保険金請求権の上に物上代位権が及んでいる。ところが、❻物上代位権の行使＝具体的保険金請求権の差押えが行われる前に、❹抵当権設定者＝被保険者が、当該保険金請求権を他の債権者に「質入れ」し、❺質権の第三者対抗要件が具備されると、物上代位権が付着した具体的保険金請求権の上に債権質権も付着しているため、同一の具体的保険金請求権をめぐって物上代位権と債権質権が競合することになる。

　この場合、「質入れ」された具体的保険金請求権にはすでに物上代位権が付着しているため、まさに代位目的債権の「質入れ」であり、代位目的債権の「質入れ」という処分行為が、民法304条1項ただし書にいう「払渡し又は引渡し」に該当するか否かが問題となる。③および④の各地裁判決は、この競合事案であり、このような物上代位権発生後の「質入れ」が「払渡し又は引渡し」に該当すると解し、債権質権者を優先させ、その文理解釈の前提として、「差押え」の趣旨について優先権保全説を採ったのである。

　しかし、優先権保全説に賛成できないことは、前述のとおりである。また、実際上も、優先権保全説は、常に、質権者を優先させることになり、不公正な結果を招来する。なぜなら、物上代位権発生後の「質入れ」は、本来、正常な取引としての質入れではなく（通常、保険会社が行っている「質権設定方式」という「質入れ」は、物上代位権発生前、すなわち債務不履行前に行われる）、執行妨害の意図が推認されるからである。実際、④判決の事案では、「質入れ」は、保険事故発生の7日後で、しかも第一順位の抵当権者の「差押え」の前日になされ、対抗要件も即日に具備されたが、同判決が優先権保全説を採ったため、債権質権者が、第一順位の抵当権者よりも優先した。さらに、同説によれば、複数の抵当権者間の優劣も、「差押え」の先後によるから、原抵当権の順位において劣後する抵当権者が優先する結果にもなる。④判決の事案では、第二順位の抵当権者による保険金請求権の差押えが、第一順位の抵当権者の差押えの2日前であったため、第一順位の抵当権者は、物上代位権に基づいて「差押え」を行ったにもかかわらず、最劣後の配当順位に置かれたのである。

　これに対し、特定性維持説や第三債務者保護説によれば、物上代位権＝原担保権であるから、物上代位権の第三者対抗要件は抵当権設定登記で十分で

あり、物上代位権発生後に「質入れ」がなされ、かつ、第三者対抗要件が具備された場合には、第三債務者（保険者）の保険金（代位目的物）支払前に、物上代位権者が当該保険金請求権を差し押さえる限り、物上代位権者が優先する。他方、物上代位権者が債権質権者に劣後するのは、「差押え」前に、第三債務者が、代位目的物たる保険金を債権質権者に支払ったときだけである。特定維持説および第三債務者保護説においては、民法304条１項ただし書の「払渡し又は引渡し」とは「現実の弁済」のみを指すからである。もっとも、特定性維持説の結論自体は妥当であるが、その理論構成には難点があるので、賛成できないことは前述のとおりである。

5　物上代位権発生後の債権譲渡とは代位目的債権の譲渡である

❶抵当権設定登記　❷賃貸借契約締結　❸物上代位権発生 債務不履行　❹賃料債権譲渡　❺債権譲渡対抗要件具備　❻差押え

最判平成10年の事案は、以下のようなものである。❶X会社（上告人）が、平成２年（1990年）９月28日、A会社に対し、30億円を貸し付け（弁済期、平成５年（1993年）９月28日）、B会社が、Aの上記債務を担保するため、自己所有の建物（以下、「本件建物」という）につき、抵当権設定契約を締結し、その旨の登記を経た（民法177条）。❷B会社は、本件建物を複数の賃借人に賃貸していたところ（月額の賃料合計額707万余円）、❸A会社が、同３年（1991年）３月28日、上記債務について債務不履行に陥り（民法372条・304条１項本文）、同４年（1992年）12月に倒産した。A会社の倒産直後の同５年（1993年）１月12日、B会社は、Y会社（被上告人）に対し本件建物を一括して賃貸し（賃料月額：200万円、敷金１億円、譲渡転貸自由）、従来の賃借人らに対しては、Y会社から本件建物が転貸された。他方、❹B会社は、平成５

年4月19日、C会社から7000万円の貸付けを受けるとともに、その翌日、上記貸金債務の代物弁済として、本件建物につきB会社がY会社に対して有する将来の賃料債権をC会社に譲渡し、❺同日、Y会社は、その賃料債権譲渡を確定日付ある証書により承諾した（民法467条2項）。これに対し、❻X会社は、同年5月10日、抵当権の物上代位権に基づき、本件建物についてB会社がY会社に対して有する将来の賃料債権を差し押さえ、その差押命令は、同年6月10日、Y会社に送達された（民法372条・304条1項ただし書）。そこで、X会社は、Y会社に対し、同年7月分から同6年3月分までの9カ月分の賃料の支払を求めた。なお、A会社、B会社、C会社およびY会社は、すべて関係会社である。

　第一審・東京地裁平成7年（1995年）5月30日判決（金融・商事判例1011号9頁）および原審・東京高裁平成8年（1996年）11月6日判決（判例時報1591号32頁）[20]は、いずれも、民法304条1項ただし書の「差押え」の趣旨が、「代位目的債権の特定性維持」と「第三者の保護」にあるとし、抵当権者が物上代位権に基づき賃料債権を差し押さえる前に同債権が譲渡され、第三者対抗要件が具備された場合には、抵当権者X会社は、もはや物上代位権を主張できないと解したうえで、第一審は、本件の債権譲渡は債権回収妨害の目的でなされたものと推認しうるとし、権利濫用法理（民法1条3項）の適用により抵当権者の優先を認めた。しかし、原審はその適用を否定し、X会社の主張を排斥した。

　これに対し、最判平成10年[21]は、次のように、「差押え」の趣旨につき第三債務者保護説を採り、抵当権者の優先を判示した。

　「1　民法372条において準用する304条1項ただし書が抵当権者が物上代位権を行使するには払渡し又は引渡しの前に差押えをすることを要するとした趣旨目的は、主として、抵当権の効力が物上代位の目的となる債権にも及ぶことから、右債権の債務者（以下『第三債務者』という。）は、右債権の債権者である抵当不動産の所有者（以下『抵当権設定者』という。）に弁済をしても弁済による目的債権の消滅の効果を抵当権者に対抗できないという不安定な地位に置かれる可能性があるため、差押えを物上代位権行使の要件とし、第三債務者は、差押命令の送達を受ける前には抵当権設定者に弁済すれば足

り、右弁済による目的債権消滅の効果を抵当権者にも対抗することができることにして、二重弁済を強いられる危険から第三債務者を保護するという点にあると解される。

　2　右のような民法304条1項の趣旨目的に照らすと、同項の『払渡し又ハ引渡し』には債権譲渡は含まれず、抵当権者は、物上代位の目的債権が譲渡され第三者に対する対抗要件が備えられた後においても、自ら目的債権を差し押さえて物上代位権を行使することができるものと解するのが相当である。

　けだし、(1)民法304条1項の『払渡し又ハ引渡し』という言葉は当然には債権譲渡を含むものとは解されないし、物上代位の目的債権が譲渡されたことから必然的に抵当権の効力が右目的債権に及ばなくなるものと解すべき理由もないところ、(2)物上代位の目的債権が譲渡された後に抵当権者が物上代位権に基づき目的債権の差押えをした場合において、第三債務者は、差押命令の送達を受ける前に債権譲受人に弁済した債権についてはその消滅を抵当権者に対抗することができ、弁済をしていない債権についてはこれを供託すれば免責されるのであるから、抵当権者に目的債権の譲渡後における物上代位権の行使を認めても第三債務者の利益が害されることとはならず、(3)抵当権の効力が物上代位の目的債権についても及ぶことは抵当権設定登記により公示されているとみることができ、(4)対抗要件を備えた債権譲渡が物上代位に優先するものと解するならば、抵当権設定者は、抵当権者からの差押えの前に債権譲渡をすることによって容易に物上代位権の行使を免れることができるが、このことは抵当権者の利益を不当に害するものというべきだからである。

　そして、以上の理は物上代位による差押えの時点において債権譲渡に係る目的債権の弁済期が到来しているかどうかにかかわりなく、当てはまるものというべきである。」（下線、筆者）。

　まず、本件は、物上代位権の発生後の、代位目的債権たる賃料債権譲渡の事案であることに留意しなければならない。では、なぜ、本件事案は、物上代位権発生後の債権譲渡なのか。

　それは、民法304条1項本文に基づき、賃料債権上に抵当権の効力（物上

代位権）が及ぶのは、債務者Ａ会社の債務不履行時と解すべきだからである。同条 1 項本文は、物上代位権の発生事由として目的物の「賃貸」を掲げ、「賃料」が物上代位権の対象となることを定めるが、抵当権は非占有担保権であり、債務不履行が惹起されていない限り、抵当権設定者の使用・収益には干渉できない。しかし、一旦、債務不履行が惹起され、抵当権の優先弁済効を侵害する可能性がある（抵当目的物の換価により被担保債権の回収不能が生じる可能性がある）一方で、抵当権設定者が当該目的物から定期的に賃料収受ができるとするのは、抵当権者・抵当権設定者間の経済的公平に反する[22]ので、賃料を目的物の価値代替物（代償物）とみなし、これを物上代位権の対象とすることが抵当金融の促進にも資するであろう。したがって、賃料債権が抵当権の効力（物上代位権）に服するのは、債務不履行時となるのである（このような解釈は、債務不履行時以降の「果実」に抵当権の効力が及ぶと規定する現行民法371条とも整合的である）。

　本件においても、債務不履行（前掲図❸の段階）と同時に、抵当権の物上代位権が賃料債権上に及んでいると考える。そして、物上代位権の発生後に、物上代位権の付着した賃料債権（代位目的債権たる賃料債権）が譲渡され（❹の段階）、第三者対抗要件が具備された（❺の段階）後、物上代位権の行使＝物上代位権に基づく「差押え」がなされた（❻の段階）から、同一の賃料債権につき、物上代位権を有する抵当権者と当該賃料債権の新たな債権者となった譲受人とが競合している状態になる。そして、民法304条 1 項本文により物上代位権が付与された趣旨から、物上代位権＝原抵当権と解すべきであり、その第三者対抗要件は抵当権設定登記となるから、両者の優劣は、それぞれの権利の第三者対抗要件具備の先後で決まると解することになるので、一応、抵当権者が優先する。そして、その後、物上代位権の行使＝差押えがなされたので、抵当権者の優先が確定するのである。

　本件では、現実に物上代位権が行使されたので、物上代位権が付着した賃料債権（代位目的債権）の「譲渡」が、民法304条 1 項ただし書の「払渡し又は引渡し」に含まれるのか否かが問題となるし、それに答えるためには、「差押え」の趣旨について解釈することが必要不可欠となる。最判平成10年は、この点に関し第三債務者保護説を採り、私が1984年以来、主張してきた

ことを説示している⑵。すなわち、第三債務者保護説を前提とすれば、ⓐ物
上代位制度において民法304条１項本文だけしか存在しなければ、第三債務
者の二重弁済の危険が必ず生じるのであり（そこで、第三債務者と抵当権者と
の利害調整規定として、同項ただし書が設けられたのであり、この段階では、第
三者（競合債権者）の利益保護の観点は一切入り込む余地はない。この段階で第
三者保護の観点を視野に入れることは、同項本文の有名無実化をもたらすからで
ある。第三者の保護は、第三債務者の弁済を有効とすることにより十分に確保す
ることができるのである）、そのことから、ⓑ同項ただし書の「払渡し又は引
渡し」に「債権譲渡」は含まれないことになる。また、代位目的債の譲渡と
は、物上代位権の付着した債権の移転であるから、ⓒ物上代位権は抵当権設
定登記により公示されるのであり、ⓓ代位目的債権をめぐる第三者間の優劣
は、それぞれの権利の第三者対抗要件具備の先後で決まる。そして、結果と
して、ⓔ本件のＢ会社、Ｃ会社およびＹ会社のような執行妨害のために結託
した悪質な事例にも対処できるわけである⑵。実際、債務不履行が生じてい
ることを知り、物上代位権行使がなされる前に、債務者（抵当権設定者）か
ら代位目的債権を譲り受ける者は、執行妨害を目的としてその譲渡人（債務
者）と結託していることがほとんどであり、バブル経済崩壊時に頻繁に利用
された執行妨害事例である。

　最判平成10年の法理によれば、「保険金請求権に対する抵当権の物上代位
権と同請求権に対する質権との優劣問題」についても、それぞれの第三者対
抗要件具備の先後で優劣を決することになり、抵当権（物上代位権）が優先
することになりそうである。しかし、抵当権が優先するのは、物上代位権発
生後に保険金請求権（代位目的債権）が「質入れ」され、かつ、物上代位権
の行使があった場合である。それゆえ、第三債務者保護説を採ったとしても、
物上代位権行使の前に、第三債務者（保険者）が、保険金を債権質権者に弁
済すればその弁済は有効であり、債権質権が優先する。したがって、最判平
成10年の論理によると、「抵当目的物に代わる火災保険金請求権についても、
物上代位権者が、保険金請求権を譲り受けた者や質権設定者（「質権者」のミ
スであろう―筆者注）に常に優先することになるはずであり、実務に与える
影響は小さくない」⑵という評価は正しくない。物上代位権者が、常に優先

するわけではないからである。

　他方、物上代位権発生前の「質入れ」は、物上代位権が付着していない債権（無担保債権）の「質入れ」であり、当該「質入れ」の第三者対抗要件具備が、抵当権設定登記後の場合で、かつ、物上代位権行使があった場合には、抵当権（物上代位権）が優先するが、逆に、物上代位権の行使がない場合や、当該「質入れ」の第三者対抗要件具備が抵当権設定登記よりも先である場合には、たとえ物上代位権の行使があったとしても、優先権者は債権質権者の方なので、第三債務者（保険者）は、価値代替物たる保険金を債権質権者に弁済しなければならない。これらの場合に第三債務者保護説を採ったとしても、必ずしも物上代位権者が優先するわけではないのである。

　以上のように、「質入れ」の場合には、下級審判例の事案においても、物上代位権発生の前後を峻別すべき必要性があり、「保険金請求権に対する抵当権の物上代位権と同請求権に対する質権との優劣問題」に関するリーディングケースとされる②判決およびその原審の①判決は、物上代位権発生前の「質入れ」であった。そして、優先権保全説を採らず、特定性維持説を採って抵当権設定登記と債権質権の対抗要件具備の先後により優劣を決すべきであるとし、下級審判例の中で唯一、抵当権者優先の結論を出したのが1957年に出た①判決である。確かに、最判平成10年（1997年）の論理をもってすれば、①判決の事案では、抵当権者優先が導き出されよう。しかし、最判平成10年は、物上代位権発生後の賃料債権譲渡の事案であり、かつ、「差押え」の趣旨に関し、特定性維持説ではなく、第三債務者保護説を採ったのであり、①判決とは理論構成が根本的に異なるものである。特定性維持説と第三債務者保護説とでは、発想が根本的に異なるし、特定性維持説の発想は、根本において優先権保全説と同じだからである[26]。したがって、①判決につき、「40年後の最高裁判例法理を先取りしたものであったことになる」[27]と述べるのは、誤った評価である。

　四　結　語

　従来の判例・学説のほとんどすべては、保険金請求権に対する抵当権の物上代位権と質権との優劣問題につき、物上代位権発生前の「質入れ」と、物

上代位権発生後の「質入れ」とを区別しないで[28]、一般に行われている通常の「質入れ」＝「質権設定方式」、すなわち前者の未必の保険金請求権（抽象的保険金請求権＝無担保債権）の「質入れ」についても、それが、民法304条1項ただし書の「払渡し又は引渡し」に含まれると解し（その前提として、「差押え」の趣旨につき優先権保全説を採る）、常に債権質権者優先の結論を導き出してきた（②判決）。しかし、これにより物上代位権が弱化し、抵当権者の優先権確保が困難を来たしたので、その対抗手段として、すなわち物上代位権の補完手段として利用されてきたのが、抵当権者自身が抽象的保険金請求権の「質入れ」を受け、債権質権者となることであった。

このような状況下、最判平成10年が、民法304条1項ただし書の「差押え」の趣旨につき第三債務者保護説を採ったことにより、同一の保険金請求権をめぐる相異なる担保権者間の優劣は、それぞれの権利の第三者対抗要件具備の先後により決定することになったので、抵当権設定登記が先の場合で、かつ、物上代位権の行使があったときには、抵当権者（物上代位権者）優先の結論が導き出される。しかし、繰り返すように、最判平成10年は、物上代位権発生後の、代位目的債権たる賃料債権「譲渡」の事案であるから、もしその射程が及ぶとすれば、物上代位権発生後の、代位目的債権たる具体的保険金請求権の「質入れ」事案であって、物上代位権発生前の、抽象的保険金請求権の「質入れ」事案には及ばないのであり、その事案である②判決（福岡高判昭和32年8月30日）に直接的には及ばないと考えるべきである。

しかし、最判平成10年が、民法304条1項ただし書の「差押え」の趣旨について第三債務者保護説を採ったので、②判決の事案のように、物上代位権発生前の抽象的保険金請求権の「質入れ」の場合であっても、その後に発生した具体的保険金請求権をめぐって物上代位権と債権質権が競合し、かつ、抵当権に基づく物上代位権の行使があったとき、その優劣は、やはり各担保物権の第三者対抗要件具備の先後で決まることになる。すなわち、②判決や優先権保全説によれば常に債権質権の優先の結論だったのに対し、最判平成10年および第三債務者保護説によれば、抵当権優先権の可能性があるというだけである。

ここで、注意しなければならないのは、最判平成10年・第三債務者保護説

を採ったとしても、必ずしも抵当権優先となるわけではない、ということである。抵当権優先の結論が出るのは、抵当権設定登記が債権質権の第三者対抗要件具備よりも早く、かつ、第三債務者（保険者）による保険金の債権質権者に対する弁済前に、抵当権者自身が物上代位権を行使し、代位目的債権たる具体的保険金請求権を差し押さえたときである。逆に、債権質の第三者対抗要件具備の方が早い場合には、物上代位権の行使がないときはもちろん、その行使があったときでも、債権質権優先の結論が導き出されるよう。このことから、物上代位権発生前の、抽象的保険金請求権（代位目的債権ではない一般債権＝無担保債権）の「質入れ」の場合であっても、抵当権者は、抵当建物の価値代替物である保険金を確実に優先取得するには、やはり、「質権設定方式」を利用し、予め、その抽象的同保険金請求権の「質入れ」を受けておく必要がある。したがって、最判平成10年の登場は、これまでの保険実務を何等変更するものではないのである。

　他方、最判平成10年の論理が直接適用される、物上代位権発生後の代位目的債権たる具体的保険金請求権の「質入れ」の場合はどうであろうか。この場合も、発生した具体的保険金請求権に物上代位権（抵当権）と債権質権が付着しているから、それぞれの権利の第三者対抗要件具備の先後で優劣を決することになる。そして、この場合には常に抵当権設定登記の経由が先であるから、常に抵当権優先の結論が出ると考えがちである。しかし、そのためには、抵当権者は、物上代位権に基づいて具体的保険金請求権を差し押さえなければならないのであり、もし、その「差押え」前に、第三債務者（保険者）が保険金を債権質権者に弁済すれば、債権質権が優先するのである。すなわち、この場合でも、債権質権者が優先する可能性があり、やはり、抵当権者は、予め抽象的保険金請求権の「質入れ」を受けておくことが万全の対策なのである。それゆえ、最判平成10年の射程が直接及ぶ、物上代位権発生後の具体的保険金請求権の「質入れ」の事案であっても、抵当権優先は万全ではなく、「質権設定方式」という保険担保は、これまでと同様、必要なのである[29]。

　結局、最判平成10年および第三債務者保護説（私見）に対する不当な批判や誤解が、「保険金請求権に対する抵当権の物上代位権と同請求権に対する

質権との優劣問題」についての誤解の拡大に繋がり、この問題についての議論を一層混迷させているというのがわが学界の現状である。民法304条1項の法的構造についての正確な理解を期待する所以である。

(1)　同じ結論は、特定性維持説によっても導き出せるが、特定性維持説と第三債務者保護説とは、発想においても、理論構成においても根本的に異なるものである。両説の差異の詳細については、清原泰司「抵当権の物上代位に基づく差押えの意義」銀行法務21・567号34頁以下（1999年）、同「抵当権の賃料債権への物上代位権の行使」市民と法4号36頁以下（2000年）、同「動産売買先取特権の物上代位権行使と代位目的債権譲渡の優劣」南山法学29巻2号14頁以下（2006年）など参照。したがって、「特定性維持説をとる判例・学説は、第三債務者保護説の延長にあるものである」（生熊長幸『物上代位と収益管理』17頁（有斐閣、2003年）という見解は、第三債務者保護説を基本的に誤解しているものである（清原泰司「物上代位論—二つの最高裁判決を素材として—」桃山法学2号54頁の注(60)（2003年）参照）。

(2)　内田貴『民法Ⅲ〔第3版〕債権総論・担保物権』415頁（東京大学出版会、2005年）。

(3)　松岡久和「物上代位権の成否と限界(3)—包括的債権譲渡と抵当権の物上代位の優劣」金融法務事情1506号26頁（1998年）。

(4)　最判平成10年が上記の優劣問題に影響を与え、「質権設定方式」という保険担保の実務慣行にも影響を与えると解する論稿として、石井眞司・伊藤進・上野隆司「鼎談　金融法務を語る　抵当権にもとづく物上代位（その2）＝賃料債権の譲渡と抵当権にもとづく物上代位の優劣」銀行法務21・547号43頁〔上野発言〕、〔石井発言〕（1998年）、佐久間弘道「賃料債権の包括的譲渡と抵当権にもとづく物上代位の優劣—最高裁平成10年1月30日判決を踏まえて—」銀行法務21・548号13頁（1998年）、佐々木修「火災保険金に対する抵当権の物上代位と質権の優劣」銀行法務21・551号36頁以下（1998年）、生熊長幸「民法三〇四条・三七二条（先取特権・抵当権の物上代位）広中俊雄・星野英一編『民法典の百年Ⅱ』589頁（有斐閣、1998年）、小杉茂雄『新版注釈民法9　物権(4)』165頁、177頁〔柚木馨・高木多喜男編〕（有斐閣、1998年）、田中秀明「抵当権物上代位判決と火災保険質」安田火災ほうむ46号85頁以下（1998年）、小磯武男「抵当権者による物上代位権の行使と目的債権の譲渡」金融法務事情1536号34頁（1999年）、北秀昭「抵当権者の賃料債権に対する物上代位」銀行法務21・560号12頁（1999年）、鎌田薫ほか「＜座談会＞抵当権についてとくに解決すべき問題」金融法務事情1546号84頁〔菅原胞治発言〕、〔鎌田薫発言〕（1999年）、平野裕之「抵当権の物上代位と債権質権との関係」銀行法務21・567号52頁（1999年）など。

(5)　清原泰司『物上代位の法理—金融担保法の一断面—』33頁以下（民事法研究

会、1997年）。

(6)　清原泰司「判批」判例評論475号29頁（判例時報1643号229頁）の注⒄（1998年）、同「抵当権の物上代位に関する基礎的考察—最高裁平成10年 1 月30日判決を踏まえて—」損害保険研究62巻 3 号195頁（2000年）。このほか、最判平成10年の射程が上記の優劣問題に及ばない旨を明言する論稿として、野山宏「判解」ジュリスト103頁（1998年）、加藤新太郎「抵当権による物上代位権の行使と目的債権の譲渡」NBL658号75頁（1999年）がある。

(7)　前掲の福岡高裁昭和32年 8 月30日判決の評釈において、最近、道垣内教授は、最判平成10年の理由付けが「質権設定」についても妥当する旨を述べ、かつ、同最判の射程が「質権設定」にも及ぶことを肯定している（道垣内弘人「判批」山下友信・洲崎博史編『別冊ジュリスト202号　保険法判例百選』57頁（有斐閣、2010年）。これに対し、唯一、私見の存在に言及するのは、山下友信『保険法』600頁の注 5 ）（有斐閣、2005年）である。

(8)　かつて、この優劣問題に関する下級審判例について検討したことがある（清原・前掲注(5)33頁以下、246頁以下）が、これらの判例に対する学説の評価が不正確であることや最判平成10年との関係を論じる必要があるため、再検証する。

(9)　大審院大正 5 年 9 月23日決定の位置づけについては、清原・前掲注(5)67頁、71頁以下参照。なお同決定の事案では、抵当権設定者が、具体的に発生した補償金請求権を譲渡し、事業施行者（第三債務者）が補償金を供託した後、抵当権者が供託金還付請求権につき差押・転付命令を得た事案であり、補償金請求権が発生すると同時に、補償の対象となった土地上の抵当権の効力（物上代位権）が同請求権上に及ぶのである。その場合、事業施行者は、補償金の「供託義務」を課されている。現行の土地改良法123条や土地区画整理法112条も同様の規定である。他方、土地収用法104条は、民法304条 1 項と同様の規定であり、同条ただし書は、民法304条 1 項と同じく、事業施行者の補償金「払渡又は引渡前に差押しなければならない」と定める。

(10)　私見に対し、物上代位権者の「差押え」前に、債権譲受人等の第三者が、第三債務者からの弁済を受領することは不当利得であり、物上代位権者の不当利得返還請求権が発生し、問題を複雑化するだけであるとして批判するが、そのような問題は全く生じない。物上代位権行使（差押え）前の段階では、第三債務者の第三者に対する弁済は、民法304条 1 項ただし書の反対解釈により100パーセント保護されるからである（清原泰司「物上代位論—二つの最高裁判決を素材として—」桃山法学 2 号 8 頁以下（2003年）参照）。

(11)　②判決についての最新の判例評釈である道垣内・前掲注(7)57頁も、本件事案の質入れが、物上代位権の発生前の質入れであることには全く触れていない。

(12)　私見に賛同する見解として、平野裕之「抵当権の物上代位と債権質権との関係」銀行法務21・53頁（1999年）がある。

(13)　私は、③および④判決について、物上代位権発生前の質入れの事案であると書いた（清原・前掲注(5)35頁）が、③および④の両地裁判決は、物上代位権発

生後の事案である。これは明らかなミスなので、ここに訂正する。

⑭　⑤判決についての判例評釈として、清原・前掲注⑸246頁以下、清原泰司「判批」判例評論385号59頁以下（判例時報1370号221頁以下）（1991年）、中村真澄「判批」私法判例リマークス（法律時報別冊）3号95頁以下（1991年）、櫻井玲二「判批」商事法務1320号82頁以下（1993年）、中田明「判批」ジュリスト1036号127頁以下（1993年）がある。

⑮　わずかに、櫻井・前掲注⑭85頁が、「本件保険金は、先取特権発生前に生じた毀損に関するものであって、修繕後の甲丸の価値変形物とは考えられない」と記述し、その見解として、同頁の注⑱において、清原・前掲注⑭62頁を引用するのみである。

⑯　近江幸治『民法講義Ⅲ　担保物権〔第2版補訂〕』64頁（弘文堂、2007年）。

⑰　「質権設定方式」がよく利用される理由は、抵当権者であれ、その他の一般債権者であれ、保険金からの優先弁済受領を確保するためである。それゆえ、融資の条件として、債務者に保険契約を締結させるとともに、その未必の保険金請求権（抽象的保険金請求権）を質入れさせるということであり、これが、正常な保険金請求権の「質入れ」である。その反面、保険事故発生後、すなわち物上代位権発生後の質入れは極めて稀であった。実際、各保険会社・各金融機関の制定に係る質権設定承認請求書のフォームの多くは、将来の（未必の）保険金について質権を設定する趣旨の文言であり、保険事故発生後の質権設定の場合にそのまま使用すると、すでに発生した保険金を含むか否かの疑問があり、紛争の原因となる恐れがあるということであった（東京海上火災株式会社『損害保険質権設定の実務相談〔第3版〕』134頁（保険毎日新聞社、1980年）。なお、質権設定方式の有用性は、日本民法の物上代位制度の特殊性にあることについて、清原・前掲注⑸33頁参照。

⑱　清原・前掲注⑸56頁以下。

⑲　高橋眞「物上代位に基づく差押えの意義―『第三債務者保護唯一論』への疑問―」銀行法務21・569号37頁（1999年）において、高橋教授は、ボアソナード民法草案1638条と旧民法133条では、「先取特権者が行使し得るのは、『債務者の権利』である」とし、「先取特権者が自己の名で『債務者の権利』自体を行使する権限を有するとすれば、弁済を請求しかつ受領する権限も有し、したがって第三債務者は先取特権者に直接弁済しなければならないことになりうる。その場合に、第三債務者が自分にとっての債権者、すなわち債務者に弁済した場合には、弁済すべきでない相手に支払ったものとして、二重払いの危険にさらされる」と述べる（この点は正当である）一方、現行民法304条1項では、「先取特権者は債務者の権利を客体として、これに『先取特権』を行使しうるものとされている」から、「『債務者の権利』はあくまでも先取特権行使の客体であるにとどまり、先取特権者は第三債務者に直接弁済を請求しうるものではない。先取特権については債権質権者の直接取立権（367条―現行民法366条、筆者注）のような権限は与えられていないからである。したがって、民法304条1項ただ

し書がなくとも、差押えがない限り、第三債務者が弁済すべき相手は、自分にとっての債権者すなわち債務者であり、その者に弁済する限り、二重払いの危険は存在しないというべきである」と述べ、私見を批判する。しかし、この批判に対しては、高橋教授自身が、上記の条文比較の際に述べている言葉、すなわち、「条文の比較だけで判断するのは危険である」（高橋・前掲37頁）という言葉をもって反論できる。

　「債務者の権利」が、先取特権の「行使」の客体となるということは、その論理的前提として、「債務者の権利」の上に、先取特権という優先権が「成立」しているのであり、「差押え」がなくても、民法304条1項本に定める事由により、先取特権の目的物の価値変形物（それが、「債務者が受けるべき金銭その他の物」、つまり「債務者の権利」である）が発生し、当該価値変形物＝「債務者の第三債務者に対する権利」の上に、すでに先取特権の効力が及んでいるのである。だからこそ、この「債務者の権利」のことを、物上代位の目的債権（代位目的債権）とか、代位物請求権と称するのである。つまり、条文上、「先取特権は……行使することができる」と表現されていても、その前提として、「債務者の権利」の上にすでに先取特権という担保物権が付着しているのである。これが、物上代位制度というものである。それゆえ、「債務者の権利」とは、第三債務者に対する無担保債権ではなく、物上代位権（先取特権）付きの第三債務者に対する債権なのである。差押えにより物上代位権が発生すると解し、第三債務者の二重弁済の危険を否定する見解は、この点を見落としているのである。だから、第三債務者は、債権質権のような直接取立権が明定されていなくても、そのようなことに関係なく、物上代位権の優先弁済効の拘束を受けている債権（代位目的債権）の債務者として、必ず物上代位権者（優先権者）の方に弁済しなければならないのである（民法481条参照）。これが、物上代位制度というものであり、物上代位権の発生により第三債務者は必ず二重弁済の危険に陥るのである。

　結局、第三債務者の二重弁済の危険を否定する高橋説および優先権保全説は、物上代位制度の基本を理解していない見解であり、それは比較法的には存在しない、特殊日本的な見解である（比較法的にみて、第三者を保護する立法が存在しないことについて、清原・前掲注(5)18頁以下、54頁以下参照）。しかし、それは、もはや、物上代位制度ではない。高橋教授に対する批判の詳細については、清原・前掲注(1)「物上代位論」桃山法学2号48頁の注(32)、52頁の注(50)参照。

　なお、民法304条の沿革および比較法的考察から、私見と同様、物上代位権は差押えによって成立するものではない、ということを強く主張する見解として、吉野衛「物上代位に関する基礎的考察」金融法務事情972号6頁以下（1981年）がある。

　ボアソナード民法草案1638条1項、旧法133条1項、現行法304条1項は、以下のとおりである。

　　○ボアソナード民法1638条（フランス語原文では1138条）1項

　　「若シ先取特権ノ負担アル物カ第三者ノ方ニテ滅失シ又ハ毀損シ第三者カ
此カ為メ債務者ニ賠償ヲ負担シタルトキハ先取特権アル債権者ハ他ノ債権
者ニ先タチ右ノ賠償ニ於ケル<u>債務者ノ権利ヲ行コトヲ得</u>但先取特権アル債
権者ハ弁済前ニ適正ノ方式ニ従ヒ弁済ニ付キ異議（opposition）ヲ述フル
コトヲ要ス」

　○旧民法債権担保編133条1項

　　「先取特権ノ負担アル物カ第三者ノ方ニテ滅失シ又ハ毀損シ第三者此カ為
メ債務者ニ賠償ヲ負担シタルトキハ先取特権アル債権者ハ他ノ債権者ニ先
タチ此賠償ニ於ケル<u>債務者ノ権利ヲ行フコトヲ得</u>但先取特権アル債権者ハ
弁済前ニ合式ニ払渡差押（opposition）ヲ為スコトヲ要ス」

　○現行民法304条1項

　　「先取特権は、その目的物の売却、賃貸、滅失又は損傷によって<u>債務者が
受けるべき金銭その他の物に対しても、行使することができる。</u>ただし、
先取特権者は、その払渡し又は引渡しの前に差押えをしなければならな
い。」（以上の下線、筆者）

⑳　評釈については、清原泰司「判批」判例評論463号13頁以下（判例時報1606号
175頁以下（1997年）参照。

㉑　評釈については、清原・前掲注(6)判例評論475号22頁以下（判例時報1643号
216頁以下）参照。

㉒　同様のことは、保険金への物上代位についても言える。保険金は、保険料支
払の対価であり、本来、目的物の価値代償物ではなく、付加物であって、厳密
には物上代位権の対象とすべきではないが、目的物が滅損し抵当権の優先弁済
効が侵害される可能性（目的物が損傷しても残存価値が被担保債権額を上回る
ことがある）がある一方で、抵当権設定者（被保険者）に保険金の受取りを認
めることは、抵当権者・抵当権設定者間の経済的公平に反するから、法政策的
に物上代位権の対象とすることが肯定されているだけである。すなわち、保険
金や賃料は、本来、目的物の付加物であり、代償物とはいえないが、経済的実
質的観点から、法政策的に広く代償物として、物上代位権の対象としているの
が民法304条1項本文である。それゆえ、物上代位権の対象を、付加的物上代位
と代償的物上代位に区別する必要はないのであり、これを区別する見解（松岡
久和「物上代位権の成否ト限界(1)」金融法務事情1504号12頁（1998年）、同・前
掲注(3)18頁、高橋眞「賃料債権に対する物上代位の法的構造について」金融法
務事情1516号6頁（1998年）、内田・前掲注(2)407頁、道垣内弘人『担保物権法』
141頁以下（有斐閣、2004年）には賛成できない（清原・前掲注(6)損害保険研究
62巻3号182頁以下）。

㉓　清原泰司「抵当権の物上代位性をめぐる実体法上の問題点」加藤一郎・林良
平編代『担保法大系第1巻』338頁以下（金融財政事情研究会、1984年）。また、
私は、最判平成10年の原審の評釈において、優先権保全説および特定性維持説
を強く批判し、第三債務者保護説を採るべきことを主張していた（清原・前掲

注⒇判例評論463号22頁（判例時報606号184頁）。

㉔　優先権保全説の論者は、執行妨害事例に対し、「一般条項を通じた例外ルールの定立など、それなりの手法が存在する。果たして、このような濫用事例で物上代位の一般理論を定立する必要があったのか、疑問をぬぐえない」（内田・前掲注⑵414頁）と述べる。確かに、本件の第一審は、優先権保全説を採る一方で権利濫用法理を適用することによって、抵当権者優先の結論を導き出したが、第二審でそれは認められなかった。また、一般条項の適用は、「被害者」たる抵当権者に過大な立証責任を課すことになる。法解釈論としては、一般条項を適用しないのが常道である。

㉕　松岡久和「判批」民商法雑誌120巻 6 号134頁（1999年）。なお、保険法学では、未だに第三債務者保護説の存在が知られておらず、特定性維持説と優先権保全説だけを取り上げる教科書がほとんどである。中には、第三債務者保護説に言及するものもあるが、「この説は、抵当権者保護による不動産金融の促進という法政策のみに絶対的価値をおき他の利害関係者の利益を無視するものであって妥当とはいえない」（西島梅治『保険法［第三版］』232頁の注⑵（悠々社、1998年））と述べ、第三債務者保護説の内容を基本的に理解していないようである。第三債務者保護説を採っても、「第三者」が保護される場合もあることを看過しているからである。例えば、抵当権者が物上代位権行使しない場合や、抵当権設定登記が第三者の対抗要件具備に後れる場合には抵当権者は保護されない一方、その場合には、第三債務者からの弁済受領者である第三者が保護されるのである。第三債務者保護説とそれ以外の説との違いは、要するに、法解釈論として、物上代位権の付着している保険金請求権に対し最も利害関係を有するのは誰かということを発見し、その者の利害に着眼できるか、ということにある。

㉖　清原泰司「抵当権の物上代位に基づく差押えの意義」銀行法務21・567号34頁以下（1999年）参照。

㉗　道垣内・前掲注⑺57頁。

㉘　吉野・前掲注⒆ 5 頁以下は、「保険金請求権に対する抵当権の物上代位権と質権との優劣」について論じ、前掲②判決を批判する（その点では正当である）が、同判決が、物上代位権発生前の抽象的保険金請求権の「質入れ」の事案であるにもかかわらず、物上代位権発生後の代位目的債権たる賃料債権「譲渡」の事案と同列に論じ、後者の「譲渡」は、民法304条 1 項ただし書の「払渡し又は引渡し」に該当するが、前者の「質入れ」は、「払渡し又は引渡し」に該当しないと主張する。しかし、物上代位権発生前の「質入れ」は代位目的債権の質入れではなく、本来、「払渡し又は引渡し」とは無関係の行為である。また、物上代位権発生後の賃料債権の「譲渡」は、「払渡し又は引渡し」に該当しないと解すべきであり、譲受人は、物上代位権が付着した債権（代位目的債権）を取得するだけであると解すべきである。

㉙　内田教授は、「第三債務者保護説を採用した判例の論理からは、単なる質権設定は『払渡し』に当たらないとする方が一貫しており、従来の実務の変更を迫

る判決がなされる可能性がある」（内田・前掲(2)451頁）と述べる。第三債務者
保護説に立った場合、代位目的債権に対する質権設定は、民法304条１項ただし
書の「払渡し」に当たらないことは確かであるが、同説に立っても、抵当権者
が優先しない場合があるので、従来の保険実務慣行である「質権設定方式」は
依然として有用である。したがって、従来の実務の変更を迫る判決が出ること
はないであろう。

第 5 節　抵当権の物上代位権行使と相殺との優劣

一　はじめに

　抵当権は、抵当不動産の使用・収益を抵当権設定者（債務者）に認める非占有担保権であり、目的不動産の使用収益の対価である賃料（法定果実）に対し物上代位権を行使しうるか否かは、法理論的には問題のあるところである。しかし、民法起草者はそれを肯定していたし（法務大臣官房司法法制調査部監修『法典調査会民法議事速記録二』（商事法務研究会、1984年）819頁以下参照）、かつての通説も同様に解していた（我妻榮『新訂担保物権法（民法講義Ⅲ）』（岩波書店、1968年）275頁、281頁）。私も、債務不履行の時点以降、賃料を抵当不動産（＝賃貸不動産）の価値代替物とみなし、賃料債権に対する物上代位権行使を肯定してよいと考えている（拙稿「抵当権の賃料債権への物上代位権の行使」市民と法 4 号（2000年）40頁以下）。もっとも、近時は、抵当権の非占有担保性を重視し、このような肯定説に疑問を呈する見解が多数を占めつつあった。

　ところが、学説の趨勢とは異なり、①最㈡判平元・10・27民集43巻 9 号1070頁は、抵当権と賃貸借の設定時期の先後関係を問わずに、賃料債権に対する抵当権の物上代位権行使を肯定した。この判決により、その後、賃料債権の優先掴取をめぐる抵当権者と債務者・第三者側との間の裁判例が激増し、平成10年（1998年）以降、最高裁は、抵当権の物上代位権行使をめぐる解釈上の諸問題について相次いで新しい判断を示した。すなわち、②最㈡判平10・1・30民集52巻 1 号 1 頁、③最㈢判平10・2・10金融・商事判例1037号 3 頁、④最㈠判平成10・3・26民集52巻 2 号483頁及び⑤最㈡決平成12・4・14金融・商事判例1090号32頁である（以下、各判決は、①判決、②判決、③判決、④判決、⑤決定という。また、②判決と③判決は同種事案で、同じ判決理由である）。なお、私はこれらの最高裁判例についてコメントしている（拙稿「判批」判例時報1643号（1997年）216頁以下（判例評論475号22頁以下）、拙稿・市民と法 4 号35頁以下、拙稿「転貸は得する？」銀行法務21・577号（2000

年）44頁以下参照）。

　そして、このたび、最㈢判平13・3・13金融・商事判例1116号3頁〔以下
「本判決」という〕が、賃料債権に対する抵当権の物上代位権と同債権を受
働債権とする相殺との優劣問題について初めての判断を下したのである。

　私は、本判決の原審である大阪高判平11・7・23金融・商事判例1091号3
頁について評釈を行い、物上代位権優先の結論には賛成するが、その理由付
けには賛成できないと述べた（拙稿「判批」金融・商事判例1098号57頁以下参
照）。本判決も、原審と同様、物上代位権優先の結論を採るものである。ま
た、すでに多くの論者によりコメントもなされている（金融法務事情1607号
（2001年）6頁以下、銀行法務21・590号（2001年）55頁以下参照）。しかし、い
ずれのコメントにも納得できないものがある。そこで、本稿では、本判決を
分析し、あるべき解釈を提示したい。

二　本判決の概要

1　事　実

　X（根抵当権者）は、訴外K株式会社（以下、Kという）に対し貸金債権を
有し、K所有の建物ににつき、その貸金債権を被担保債権とする根抵当権の
設定を受けた（設定登記は昭和60年9月27日）。Kがその貸金債務を履行しな
いため、Xは、根抵当権の物上代位権に基づき、K（根抵当権設定者・賃貸
人）のY（賃借人）に対する賃料債権（賃料月額30万円）について債権差押命
令の申立てをした。平成10年1月23日、差押命令がなされ、その正本は、K
に対して1月28日、Yに対して1月24日にそれぞれ送達されたので、Xは、
Yに対し、同債権差押命令による取立権に基づき、同年2月1日から同年6
月30日までの本件建物の賃料合計150万円の支払を求めたのが本件取立訴訟
である。

　これに対し、Yは、Kとの間の相殺合意の抗弁を主張した。すなわち、Y
は、Kとの間に本件建物について賃貸借契約を締結していた（昭和60年11月
14日に締結、YはKに保証金3,150万円を預託）が、平成9年8月31日限りその
賃貸借契約を解消し、同年9月1日、あらためて本件建物について新賃貸借

契約を締結した（賃料月額33万円、保証金330万円は従前の賃貸借契約の保証金から充当）。ところが、Ｋが従前の賃貸借契約の保証金返還債務（2,820万円）を同年 8 月31日までに履行しなかったため、同年 9 月27日、ＹとＫとの間で、次のような合意がなされた。すなわち、保証金返還債務のうち1,651万3,500円を平成 9 年12月31日限りＫが支払うことを約するとともに、賃料月額を30万円とし、ＫのＹに対する保証金返還債務（残額1,168万6,500円）とＹのＫに対する平成 9 年10月分から平成12年 9 月分までの賃料支払債務とを対当額で相殺する、と。

　第一審（京都地判平11・ 2 ・15金融・商事判例1091号10頁）および原審（大阪高判平11・ 7 ・23金融・商事判例1091号 3 頁）はいずれも、物上代位権が、Ｙに対しては抵当権設定登記により公示されており、抵当権設定登記後に賃貸借契約を締結したＹは、賃貸借をＸに対抗できないため、Ｘの物上代位権に基づく差押えが、Ｙによる相殺合意に優先すると判示し、Ｘの請求を認容した。

　これに対するＹの上告受理申立ての主な理由は、以下のとおりである。

① 　第三者による債権差押えと第三債務者の有する反対債権との相殺について、最大判昭45・ 6 ・24民集24巻 6 号587頁は、相殺の担保的機能を重視し、第三債務者の相殺権を広く認めるいわゆる無制限説を採った。

② 　第三債務者（賃借人）に対する関係では、抵当権設定登記は物上代位権の公示方法として不十分である。少なくとも、第三債務者との関係では、差押えこそが物上代位権の公示方法とみるべきである。

③ 　一般債権者による差押えと抵当権者による差押えに何ら違いはないから、後者の差押えにも民法511条が適用され、前掲最大判昭45・ 6 ・24が妥当する。

④ 　相殺は、弁済と同視できるから、相殺の合意は「払渡」にあたり、民法372条・304条に照らせば、相殺合意後の差押えは効力を有しない。したがって、第三債務者からする相殺権の方を優先すべきであり、原判決には理論的妥当性がない。

2　判　旨

Ｙの上告棄却。

「抵当権者が物上代位権を行使して賃料債権の差押えをした後は、抵当不動産の賃借人は、抵当権設定登記の後に賃貸人に対して取得した債権を自働債権とする賃料債権との相殺をもって、抵当権者に対抗することはできないと解するのが相当である。けだし、物上代位権の行使としての差押えのされる前においては、賃借人のする相殺は何ら制限されるものではないが、上記の差押えがされた後においては、抵当権の効力が物上代位の目的となった賃料債権にも及ぶところ、物上代位により抵当権の効力が及ぶことは抵当権設定登記により公示されているとみることができるから、抵当権設定登記の後に取得した賃貸人に対する債権と物上代位の目的となった賃料債権とを相殺することに対する賃借人の期待を物上代位権の行使により賃料債権に及んでいる抵当権の効力に優先させる理由はないというべきである。

そして、上記に説示したところによれば、抵当不動産の賃借人が賃貸人に対して有する債権と賃料債権とを対当額で相殺する旨を上記両名があらかじめ合意していた場合においても、賃借人が上記の賃貸人に対する債権を抵当権設定登記の後に取得したものであるときは、物上代位権の行使としての差押えがされた後に発生する賃料債権については、物上代位をした抵当権者に対して相殺合意の効力を対抗することができないと解するのが相当である。

以上と同旨の見解に基づき、本件建物について賃貸借契約を締結したＹとＫ株式会社との間においてＹが本件根抵当権設定登記の後に取得した同社に対する債権と同社のＹに対する賃料債権とを対当額で相殺する旨を合意していたとしても、Ｘによる物上代位権の行使としての差押えがされた後に発生した賃料債権については、上記合意に基づく相殺をもってＸに対抗することができないとした原審の判断は、正当として是認することができ、原判決に所論の違法はない。論旨は、採用することができない。」

三　問題解決のポイントは何か

本件事案は、結局、賃料債権の掴取をめぐる抵当権者と賃借人の競合問題

である。したがって、この問題解決のためには、第一に、賃料債権に対する抵当権の物上代位権は、第三債務者（賃借人）に対し、どのような方法により公示されるのか、第二に、物上代位権に基づく差押えに民法511条の適用があるのか、第三に、第三債務者と債務者（賃貸人）との間の相殺合意は、民法372条が準用する同304条1項ただし書の「払渡し又は引渡し」に当てはまるのか、という論点に答えなければならない。

　これらに関するYの見解は、①抵当権の物上代位権は、第三債務者に対しては、抵当権設定登記ではなく、それに基づく差押えにより公示される、②物上代位権に基づく差押えと一般債権者の差押えは同じ差押えであり、前者の差押えにも民法511条が適用され、同条の解釈について無制限説を採った最大判昭45・6・24が妥当する、③相殺合意は、民法304条1項ただし書の「払渡し」に該当し、XとKの相殺合意が優先する、というものである。

　これに対し、本判決は、「物上代位により抵当権の効力が賃料債権に及ぶことは抵当権設定登記により公示されている」と述べ、そのことを前提として、賃借人（第三債務者）が自働債権を抵当権設定登記後に取得した場合には、物上代位権に基づく差押え後に発生する賃料債権については、相殺合意の効力を抵当権者に対抗できないと判示し、Xの主張をすべて排斥した。したがって、本問題解決の決定的なポイントは、第三債務者に対する物上代位権の公示方法をどのように解するかに尽きよう。

四　第三債務者（賃借人）に対する物上代位権の公示は何か

　第一審、原審および本判決を通じて一貫しているのは、第三債務者（賃借人）に対する抵当権の物上代位権の公示は、抵当権設定登記である、という理解である。そこでは、「第三債務者」に対する公示と「第三債務者以外の第三者」に対する公示が峻別されていない。しかし、このような理解は、民法304条1項の法的構造の不理解によるものである。

　民法372条が準用する同304条1項は、担保権者への物上代位権付与による担保権者保護を目的とする本文と、その本文規定を受け、担保権者に対し代位目的物の直接の支払義務を負うことになる第三債務者の二重弁済の危険を防止する、第三債務者保護を目的とするただし書とから成ると解すべきであ

る。それゆえ、ただし書にいう「差押え」の趣旨は、第三債務者の二重弁済の危険防止にあり、この「差押え」こそが、「第三債務者」に対する物上代位権の公示（対抗要件）である一方、「第三債務者以外の第三者」に対する物上代位権の公示は、抵当権設定登記である、というのが従来からの私の理解である。

　ところで、前掲の②および③判決は、民法304条１項ただし書の「差押え」の趣旨に関し、「二重弁済を強いられる危険から第三債務者を保護するという点にある」と述べ、第三債務者保護説を初めて採用した。にもかかわらず、本判決は、第三債務者に対する物上代位権の公示を抵当権設定登記と解している。なぜだろうか。

　②および③判決はいずれも、抵当権者と賃料債権譲受人（第三者）の優劣という第三者間の優劣に関する事案であり、当該事案を解決するため、以下のように述べている。すなわち、「民法304条１項の趣旨目的に照らすと、同項の『払渡又ハ引渡』には債権譲渡は含まれず、抵当権者は、物上代位の目的債権が譲渡され第三者に対する対抗要件が備えられた後においても物上代位権を行使することができる」と述べ、第三者たる債権譲受人との関係において、抵当権者はいつまでに物上代位権を行使しうるかを述べるとともに、その債権譲受人に対する関係で、「抵当権の効力が物上代位の目的債権に及ぶことは抵当権設定登記により公示されている」と判示したのである。その後の多くの下級審判決と同様、本判決もこの判示部分を見て、すべての第三者に対する関係で、物上代位権は、抵当権設定登記により公示されていると解したのであろう。しかし、このような解釈は、「差押え」の趣旨に関する第三債務者保護説とは全く相容れないものである。

　確かに、物上代位権者と第三者が競合している場合には、その第三者に対する物上代位権の公示は何かということが問題となり、しかも、物上代位権は、抵当権と同一性を有する権利であるから（拙著『物上代位の法理』（民事法研究会、1997年）56頁以下参照）、第三者一般に対しては、物上代位権は、抵当権設定登記により公示されていると解することは正当である。前掲④判決も、賃料債権について抵当権者の物上代位権に基づく差押えと一般債権者の差押えが競合した事案について、一般債権者（第三者）との関係では、物

上代位権は抵当権設定登記により公示されると判示しており、その判断は全く正当である。

　しかし、本判決事案の賃借人は、物上代位権の発生により、物上代位権者に直接の弁済義務を負うべき第三債務者であり、一般的な第三者とは明らかに異なる。そして、「差押え」の趣旨について第三債務者保護説を採った前掲②および③判決を正確に読み取れば、物上代位権の賃借人（第三債務者）に対する公示は、抵当権設定登記ではなく、物上代位権者自身による「差押え」であることは容易に理解できよう。なぜなら、第三債務者保護説の真髄は、物上代位権の公示を、「第三債務者」に対する公示と「第三債務者以外の第三者」に対する公示とに峻別し、前者は「差押え」（民法304条1項ただし書）、後者は抵当権設定登記（民法177条）と解するからである。その意味で、Xが、上告申立て理由②において、第三債務者との関係では、物上代位権に基づく差押えこそが、物上代位権の公示方法であると主張したのは全く正当である。

　問題は、相殺権者Ｙが、上告申立て理由③で述べているように、物上代位権に基づく差押えと一般債権者の差押えとを同視し、本件事案に民法511条が適用されると解したことである。この点については本判決の方が正当である。なぜなら、債務者の債務不履行と同時に、抵当権の優先弁済効を確保するため、抵当権の効力（物上代位効）が賃料債権に及んでおり（民法372条・同304条1項本文）、賃料債権は抵当権（物上代位権）という優先権の拘束を受けており、物上代位権に基づく差押え（民法372条・同304条1項ただし書）は、そのような優先権行使の要件であり、一般債権者の差押えとは異質のものだからである。民事執行法が、物上代位権行使について、債権に対する担保権の実行と規定している所以である（民事執行法193条1項後段）。

　したがって、第三債務者に対する抵当権の物上代位権の公示は、抵当権設定登記ではなく、物上代位権に基づく差押えということになる。

五　抵当権者の物上代位権と第三債務者の相殺との優劣基準は何か

1　抵当権設定登記後に自働債権が取得された場合の優劣基準

　本判決は、第三債務者（賃借人）に対する物上代位権の公示を抵当権設定登記とする一方で、「抵当権者が物上代位権を行使して賃料債権の差押えをした後は、抵当不動産の賃借人は、抵当権設定登記の後に賃貸人に対して取得した債権を自働債権とする相殺をもって、抵当権者に対抗することはできない」（下線、筆者）と判示する。つまり、賃借人は、抵当権設定登記後に自働債権を取得した場合であっても、物上代位権に基づく差押え前に相殺すれば、抵当権者に対抗できることになるわけである。実際、本判決は、「物上代位権の行使としての差押えのされる前においては、賃借人のする相殺は何ら制限されるものではない」と述べている。

　しかし、このように、第三債務者が抵当権設定登記後に自働債権を取得した場合にだけ、物上代位権に基づく差押えが、第三債務者に対する対抗要件（公示）として機能するというのは、第三債務者に対する物上代位権の公示を抵当権設定登記と解した本判決の見解と矛盾することになろう。

　この点につき、本判決の調査官コメントは、「抵当権設定登記によって公示された権利（法的地位）は、物上代位の目的となる賃料債権の移転・流出ではなく、『差押えにより抵当権設定登記時に対抗要件を備えた質権となるような権利』であるから、抵当権設定登記の時をもって、債権質権の設定通知の時と同視することはできない」と述べている（「コメント7」金融・商事判例1116号5頁）。つまり、抵当権設定登記は、「第三債務者」に対する債権質権の対抗要件たる設定通知（民法364条1項・同467条1項）と同視できないとする反面、その設定通知と同視できるのは、物上代位権に基づく差押えの方であるというのである。しかし、このことは、逆に、「第三債務者」に対する物上代位権の対抗要件を、抵当権設定登記と解する本判決の論理的破綻を示すものである。

　これに対し、私見のように、物上代位権の対抗要件を、「第三債務者」に

対するものと「第三債務者以外の第三者」に対するものとに峻別し、前者は
物上代位権に基づく差押えであり、後者は抵当権設定登記であると考えれば、
債権質権の設定通知と同視されるのは、物上代位権に基づく差押えであるの
は当然であり、他方、抵当権設定登記と同視すべきは、債権質権の「第三債
務者以外の第三者」に対する対抗要件、つまり確定日付ある証書による設定
通知（民法364条・同467条2項）となるのである。したがって、抵当権設定登
記後に第三債務者が自働債権を取得した場合には、物上代位権と相殺との優
劣基準は、物上代位権に基づく差押えになるという本判決の見解は、「第三
債務者」に対する物上代位権の対抗要件を、物上代位権に基づく差押えと解
してこそ、矛盾なく説明できるのである。

2　抵当権設定登記前に自働債権が取得された場合の優劣基準

　次に、本判決によれば、抵当権設定登記前に第三債務者（賃借人）が自働
債権を取得した場合には、相殺権が絶対的に優先し、抵当権者の物上代位権
に基づく差押え後に相殺がなされた場合であっても、相殺が優先するという
ことである（本判決の調査官コメント7・8（金融・商事判例5頁以下）参照）。
それゆえ、この見解によれば、物上代位権に基づく差押えは、第三債務者に
対する物上代位権の対抗要件ではなく、抵当権設定登記ということになる。

　しかし、この見解は、抵当権設定登記後に自働債権が取得された場合の優
劣基準に関する本判決の見解と明らかに矛盾している。このような矛盾が生
じるのは、本判決が、もともと、「第三債務者」に対する物上代位権の対抗
要件を抵当権設定登記と解しているからである。つまり、抵当権設定登記前
に自働債権を取得した第三債務者は、物上代位権の対抗を受けない結果、第
三債務者の相殺権が絶対的に優先すると解しているのである。

　しかし、この見解は、賃貸借の設定時期と抵当権設定登記の前後を問わず、
賃料債権に対する抵当権の物上代位権行使を肯定した前掲①判決や、抵当不
動産の所有者と賃借人を同視しうる場合には、原賃貸借の設定時期と抵当権
設定登記の先後を問わず、転貸料債権に対する抵当権の物上代位権行使を肯
定した前掲⑤決定と抵触するものである。

　本判決がこのような論理矛盾を犯しているのは、民法304条1項の法的構

造を誤解し、第三債務者（賃借人）に対する物上代位権の対抗要件を抵当権設定登記と解したからである。しかし、たとえ自働債権が抵当権設定登記前に取得されていても、第三債務者が相殺権を行使しない間に債務者（賃貸人）が債務不履行を惹起すれば、その時点以降、代位目的債権（賃料債権・受働債権）上に抵当権の効力（物上代位効）が及び、代位目的債権は物上代位権という優先権の拘束を受けており（代位目的債権には物上代位権という優先権が付着している）、第三債務者は、物上代位権者に対する代位目的物（賃料）の直接の支払義務を負うことになるのである（民法304条1項本文）。

ただし、第三債務者に対し物上代位権の存在を直接知らせないでその支払義務を課すことは、第三債務者の二重弁済の危険を招き、酷であるから、物上代位権者自身による代位目的債権の差押えが要求されているのである（民法304条1項ただし書）。つまり、その「差押え」の趣旨は、債権譲渡における債務者に対する「通知」（民法467条1項）や債権質権設定における第三債務者に対する「通知」（民法364条1項）と同じである（拙稿「抵当権の物上代位に関する基礎的考察」損害保険研究62巻3号（2000年）189頁参照）。

それゆえ、たとえ自働債権が<u>抵当権設定登記前</u>に取得されていても、物上代位権が発生し、代位目的債権（賃料債権・受働債権）に対し物上代位権に基づく差押えがあれば、第三債務者は、その差押え前に相殺しない限り、代位目的物（賃料）の支払義務を免れることはできない、つまり、その<u>差押え後は相殺権を行使できない</u>のである。

以上から、抵当権設定登記前に自働債権が取得された場合においても、物上代位権と相殺の優劣基準となるのは、物上代位権に基づく差押えだけであるということが理解できよう。

六 結 語

本件では、賃借人（第三債務者）Ｙは抵当権設定登記後に保証金返還請求権（自働債権）を取得したため、本判決は、物上代位権と相殺の優劣基準を物上代位権に基づく差押えに求め、その差押え前にＹによる相殺がないことから（相殺合意では足りない）、Ｙの上告を棄却し、Ｘの物上代位権を優先させた。しかし、本判決は、「第三債務者」に対する物上代位権の公示を抵当

権設定登記と解したため、自働債権の取得時期が抵当権設定登記の前か後かにより、物上代位権と相殺の優劣について異なった基準を示しており、そのような基準には賛成できない。

　本件は、結局、賃料債権という物上代位権の目的債権（受働債権）の優先的掴取をめぐる抵当権者と第三債務者（賃借人）との競合事案であり、第三債務者に対する物上代位権の公示は、物上代位権に基づく差押え（民法304条1項ただし書）であると解すれば、論理矛盾なく解決することができるものである。

〔図〕　本判決と私見の結論の差異

[本判決]
1　①の後に自働債権が取得された場合（▽）
　　②の前に相殺したときは、相殺優先
　　②の後に相殺したときは、物上代位権優先
2　①の前に自働債権が取得された場合（▼）
　　②の前に相殺したときは、相殺優先
　　②の後に相殺したときでも、相殺優先

[私見]
1　①の後に自働債権が取得された場合（▽）
　　②の前に相殺したときは、相殺優先
　　②の後に相殺したときは、物上代位権優先
2　①の前に自働債権が取得された場合（▼）
　　②の前に相殺したときは、相殺優先
　　②の後に相殺したときは、物上代位権優先

第6節　担保不動産収益執行と相殺との優劣

一　はじめに

　平成15年（2003年）の民法一部改正により改正された民法371条は、「抵当権は、その担保する債権について不履行があったときは、その後に生じた抵当不動産の果実に及ぶ」と規定し、被担保債権の債務不履行後に生じた「果実」に対し抵当権の効力が及ぶことを定めたものであり、この「果実」には、「天然果実」のみならず、「法定果実」も含まれる。そして、この「果実＝収益」に対する抵当権の実行方法として、民事執行法に担保不動産収益執行の制度が設けられた（民事執行法180条）。

　他方、「法定果実＝賃料」に対する抵当権の効力については、民法372条により準用される同304条1項本文があり、「先取特権は、その目的物の売却、賃貸、滅失又は損傷によって債務者が受けるべき金銭その他の物に対しても、行使することができる」と規定し、賃貸目的物から生ずる「賃料」に対し抵当権の効力が及ぶことを定めている。同規定の文言から、抵当目的物の「賃貸」以後に、債務者（抵当権設定者）が受けるべき賃料に対し、抵当権の効力（この効力を「抵当権の物上代位権の効力」という）が及ぶように読めるが、後述のように、「債務不履行」以後において、抵当権の効力、すなわち物上代位権の効力が賃料に及ぶと解すべきである。民法304条1項本文は、「先取特権は……金銭その他の物に対しても行使することができる」と規定しているが、この本文規定は、「目的物の売却、賃貸、滅失又は損傷」を原因として、目的物の価値変形物たる金銭等に物上代位権の効力がすでに発生・成立している」ことを当然の前提とする趣旨である。権利（＝物上代位権）が発生・成立していなければ、その権利を行使することができないからである[1]。

　したがって、現在、民法上、法定果実＝賃料に対する抵当権の効力に関する規定として民法371条と同372条の2カ条があり、これらの条文は、いずれも、抵当権の効力が、「債務不履行」以後、「法定果実（賃料）」に及ぶことを定めた規定であり、ただ、その行使要件・執行手続が異なるだけである。

このような状況下、最高裁（二小）平成21年（2009年）7月3日判決（民集63巻6号1047頁・金融・商事判例1340号54頁）〔以下、「最判平成21年」という〕は、抵当権に基づく収益執行の開始決定の効力が生じた後に、抵当不動産の賃借人（第三債務者）が、抵当権設定登記前に取得した賃貸人に対する保証金返還請求権を自働債権とし、賃料債権を受働債権とする相殺をもって、抵当不動産の管理人に対抗することができるかという事案に関し初めての判断を下し、賃借人は管理人に対抗することができると判示し、賃借人優先の結論を導き出した。その判決理由において、最判平成21年は、抵当権の物上代位権と相殺の優劣に関する最高裁（三小）平成13年（2001年）3月13日判決（民集55巻2号363頁）〔以下、「最判平成13年」という）を引用した。

　最判平成13年は、抵当権設定登記後に取得した賃貸人に対する保証金返還請求権を自働債権とし、賃料債権を受働債権とする相殺をもって、抵当権者（物上代位権者）に対抗することができるかという事案に関し、賃借人（第三債務者）は抵当権者に対抗できないと判示し、抵当権者優先の結論を導き出したものである。しかし、私は、最判平成13年の結論自体には賛成するが、その判決理由に反対の立場である[2]から、最判平成21年の判決理由には当然反対である[3]。そして、今回はその結論にも反対である。本稿では、そう考える理由を敷衍・補足するとともに、あるべき解釈論を提示したい。

二　民法371条の改正趣旨

1　改正前の議論

　まず、担保不動産収益執行制度の実体法上の根拠規定である民法371条の改正趣旨に触れておかなければならない。

　平成15年改正前の民法371条1項は、「前条ノ規定ハ果実ニハ之ヲ適用セス但抵当不動産ノ差押アリタル後又ハ第三取得者カ第381条ノ通知ヲ受ケタル後ハ此限ニ在ラス」と規定していた。そのため、同規定にいう「果実」の中に「法定果実」が含まれるか否かについて見解が分かれていた。

　民法起草者[4]、判例（最判〔一小〕平成元年〔1989年〕10月27日判決・民集43巻9号1070頁）〔以下、「最判平成元年」という〕および通説[5]は、平成15年

改正前の民法371条は、抵当権の効力が抵当不動産の「付加一体物」に及ぶと定めた民法370条を受けた例外規定であるため、「果実」とは有体物である「天然果実」のみを指す一方、抵当不動産使用の対価である「法定果実」は、抵当不動産の価値代替物ないし価値変形物とみなし、民法372条・同304条1項に基づき、抵当権の効力（抵当権に基づく物上代位権の効力）の目的となると解していた（民法304条適用説）。

　これに対し、近時の多数説は、抵当権の非占有担保性を重視し、抵当権の効力が「果実」に及ぶのは、改正前民法371条に基づき、抵当不動産の差押え後＝抵当権実行後においてのみであり、その場合、「天然果実」も「法定果実」もともに「元物」である抵当不動産利用の結果に他ならないから、「果実」には、「天然果実」と「法定果実」の双方が含まれると解していた[6]（民法371条1項ただし書適用説）。すなわち、この説は、「賃料」が抵当権の物上代位権の目的となることを否定し（民法304条の適用を否定）、改正前の民法371条1項ただし書に基づく抵当権実行後においてのみ、「法定果実」である「賃料」に対し抵当権の効力が及ぶと解したのである。もっとも、この説によっても、「法定果実」に対する抵当権の実行方法は、平成15年改正前の民法および民事執行法のもとでは物上代位の手続に拠るほかなかった[7]（民事執行法193条1項後段参照）。いずれの説が正当であろうか。

　民法起草者の梅謙次郎博士が述べるように、「賃料」を抵当目的物の価値代表物（価値代替物・価値変形物。以下、「価値代替物」という）とみなし、「賃料＝法定果実」に対し抵当権の効力（＝物上代位権の効力）が及ぶことを定め、「法定果実」の問題を処理していたこと、他方、改正前民法371条は、付加一体物に対する抵当権の効力を定めた民法370条を受けた規定であり、同条の「果実」とは有体物である「天然果実」のみを指すと解すべきであるから、民法304条適用説の方が正当である。もっとも、同説の論者は、物上代位権の効力発生時期について、「賃料」を抵当目的物の交換価値の済し崩し的実現とみて、あたかも「賃貸」と同時に「賃料」が抵当目的物の価値代替物になり、抵当権の効力＝物上代位権の効力がその上に及ぶと解していた[8]。

　しかし、この物上代位権の効力の発生時期については賛成できない。抵当権は非占有担保権であり、また、物上代位権は抵当権の本質である優先弁済

権確保という観点から法制化された権利であり、「債務不履行」前においては、「賃料」は抵当不動産の価値代替物になることはあり得ないからである。換言すれば、「債務不履行」前においては、抵当不動産から「賃料」が発生していても、当該「賃料」を、抵当不動産の価値代替物ということはできないから、それは、抵当権の効力＝物上代位権の効力の対象となることもあり得ないのである。

　これに対し、ひとたび「債務不履行」が惹起されれば、被担保債権の優先的回収のため抵当権の実行は可能となるが、抵当目的物の担保価値が抵当権設定時に比し減少し、抵当権の優先弁済権が侵害されるおそれがある。ところが、その一方で、抵当権設定者が「債務不履行」の前と同様、当該抵当不動産から引き続き賃料を収受できるというのは、抵当権者と抵当権設定者の間の経済的公平に反することになる。そこで、抵当権の優先弁済権を確保し、抵当金融を促進するという目的のため、「債務不履行」時以後、「賃料」を抵当不動産の価値代替物（価値代表物・価値変形物）とみなし、「賃料」を抵当権の効力＝物上代位権の効力の客体としたのが物上代位制度である。これは、経済的公平の観点から「価値代替物」概念を拡張したものである[9]。そして、このような抵当権者の保護は、抵当権者の過剰保護にはなることはない。抵当目的物本体に対する抵当権実行と「賃料」に対する物上代位権行使を併用したとしても、その優先弁済権は、被担保債権の範囲内に限られるからである。

　よって、「賃料」は、「債務不履行」時以後、抵当不動産の価値代替物となり、それが抵当権の効力＝物上代位権の効力の客体となる。換言すれば、「賃料」に対する物上代位権の効力発生時期は、「債務不履行」時以後と解すべきことになる[10]（この問題は、本稿の五において詳論する）。そう解することが、債務不履行を要件とする物上代位権の手続規定（民事執行法193条）とも整合する。そして、このように、「債務不履行」時から、「賃料」に対し物上代位権を行使できるという解釈は、むしろ、抵当権の本質である非占有担保性にも合致するのである。なぜなら、「債務不履行」が惹起されれば、抵当権者はいつでも抵当権を実行し、抵当目的物本体に対する抵当権設定者の使用・収益権に介入できるからである。

　これに対し、近時の多数説（前掲の371条１項ただし書適用説）は、抵当権の非占有担保性は、「抵当権実行」時まで確保されなければならないとし、抵当不動産の差押え（抵当権実行）後においてのみ「法定果実＝賃料」に対し抵当権の効力を及ぼすことができると主張してきた。しかし、「債務不履行」があれば、いつでも抵当権の実行が可能であるから、抵当権の非占有担保性は、本来、「債務不履行」時までと考えるべきであり、その時点から「賃料」に対しても、抵当権＝物上代位権の効力が及ぶと解することが可能である。したがって、「債務不履行」時以後、「賃料」が物上代位権の客体となることは、何ら抵当権の非占有担保性に何ら抵触しないし、むしろ非占有担保性に合致するのである。

　一方、執行実務も、近所の学説の多数説とは異なり、「賃料」に対する抵当権＝物上代位権の行使を肯定していた。賃料債権に対する抵当権の物上代位権行使を肯定した最判平成元年が出現したことや、手続法上は物上代位権の実行手続（民事執行法193条）しか存在しないからである。

2　改正趣旨

　「賃料」に対する抵当権の物上代位権行使を肯定することは、以上のように、理論的に問題がないし、実務上もそのように運用されていた（本来、抵当権の非占有担保性が妥当するのは「債務不履行」時までであるにもかかわらず、多数説が、それを「抵当権実行」時まで引き延ばし、問題を複雑化していただけである）。しかし、平成２年（1990年）のバブル経済崩壊後、低迷する不動産市場のもとにおいて不動産担保権の実行方法の多様化を求める声が高まった。例えば、大規模のテナントビル等が抵当不動産の場合、その売却には時間を要するが、賃料等の収益が継続的かつ確実に見込まれるため、その収益から優先弁済を受けることが要望されたからである。

　そこで、担保不動産の「収益価値」からの優先的債権回収の多様化が検討され、担保不動産の「交換価値」からの債権回収方法である「担保不動産競売」（民事執行法180条１号）に加えて、強制管理（民事執行法93条以下）類似の手続を採る「担保不動産収益執行」（民事執行法180条２号）の制度が新たに創設された[11]。その際、実体法上、抵当権の効力が担保不動産の「収益

（果実）」に及ぶことを明文で規定する必要が生じたので、同時に改正されたのが現行民法371条であり、同条は、「抵当権は、その担保する債権について不履行があったときは、その後に生じた抵当不動産の果実に及ぶ」と規定された。

　このような改正経緯から、民法371条の「果実」には、担保不動産の収益価値である「天然果実」と「法定果実」の双方が含まれることが明確となり、また、抵当権の効力が、被担保債権の「債務不履行」後に生じた「果実」に及ぶことも明記された。これにより、「法定果実」に対し抵当権の効力が及ぶ時期は、「債務不履行」時以後となり、「賃料」に対し物上代位権の効力が及ぶ時期とも整合することになったのであり[12]、同条が、抵当権の本質に何ら反するものでない[13]ことは前述のとおりである。なお、担保不動産収益執行は、担保不動産競売（民事執行法180条1号）と同じく、担保権の存在を証する文書が提出されたときに開始し、執行裁判所が債務者または所有者の有する担保不動産を差し押さえ、管理人を選任し、管理人に当該不動産の管理・収益の収取をさせ、その収益を抵当権者等の債権者に分配して債権回収を図ることになる。その手続は、強制管理手続に類似するので、強制管理の規定（民事執行法93条以下）が全面的に準用されている（民事執行法188条後段）。

　他方、平成15年民法改正後も物上代位制度は変更されなかったので、民法上、「賃料」に対する抵当権の効力を定めた規定として、民法371条と並んで同372条が準用する同304条が併存することになった。したがって、抵当権者は、事案に応じていずれの方法を選択してもよく、仮に両手続が競合した場合には、その調整規定（民事執行法188条・同93条の4）に従えばよい。すなわち、物上代位権に基づく差押え後に、担保不動産収益執行の開始決定がなされた場合には、物上代位権に基づく差押えの効力は停止するのである。

　このように、物上代位と担保不動産収益執行は、その執行手続が異なるため、以下のような利用上の差異がある[14]。すなわち、抵当権の物上代位権に基づく「賃料」の差押え手続では、担保不動産収益執行の手続に比べ、抵当不動産の管理人を選任しないため、手続の申立てに要する費用が低額であり、また差押債権者に直接の取立権が認められるなど、簡易かつ迅速な債権回収

が可能であるという利点がある。そのため、賃借人の数が少なく、賃料額も低い小規模の不動産において有用性が高い。

　これに対し、担保不動産収益執行の手続では、申立てに要する費用が比較的高額となる（申立て手数料のほかに、差押えの登記に係る登録免許税（債権額または極度額の1000分の4）と管理人の報酬等の額を見込んだ予納金の納付が必要となる）が、①担保不動産に多数の賃借人がいる場合でも、不動産単位で手続を行えば足り、賃借人を特定して各賃借人ごとに賃料債権を差し押さえる必要がないこと、②管理人が収受した収益から不動産の維持管理に要する費用を支出できること、③管理人が、不法占有者を排除し、賃料不払いや用法違反を理由に既存の賃貸借契約を解除し、あるいは新規の賃貸借契約を締結できる等の利点があるため、大規模なテナントビル等に利用が見込まれるということである。

　しかし、前述したように、両制度における実体法上の抵当権の効力自体は、いずれも「債務不履行」時に発生すると解すれば、実体法上の解釈に差異はないから、民法371条および担保不動産収益執行をめぐる解釈に際しては、民法372条が準用する同304条1項について正確に解釈することが必要不可欠である。

三　最高裁（二小）平成21年7月3日判決

1　事実関係

　最判平成21年[15]の事案は、以下のとおりである。

　平成9年（1997年）11月20日、本件建物の過半数の共有持分を有するＡ株式会社（賃貸人）［以下、Ａという］は、Ｙ株式会社（賃借人・被告・被控訴人・上告人）［以下、Ｙという］との間で本件建物の1区画について次の約定でＹに賃貸する契約を締結し、同区画をＹに引き渡した。

①　期間：20年間

②　賃料：月額700万円（他に消費税相当額35万円）。毎月末日までに翌月分を支払う。

③　保証金：3億1,500万円（以下、「本件保証金」という）。Ａは、Ｙに対

し、賃貸開始日から10年経過後の11年目から10年間にわたり均等に分割して返還する。

④　敷金：1億3,500万円。上記区画の明渡し時に返還する。

Aは、上記契約の締結に際し、Yから本件保証金および敷金として合計4億5,000万円を受領した。

平成10年（1998年）2月27日、Aは、本件建物の他の共有持分権者とともに、株式会社B銀行のために、本件建物につき、債務者A、債権額5億5,000万円とする抵当権を設定しその登記を経た。

平成11年（1999年）6月22日、Aは、Yとの間で、Aが他の債権者から仮差押え、仮処分、強制執行、競売または滞納処分による仮差押えを受けたときは、本件保証金等の返還につき当然に期限の利益を喪失する旨合意した。

平成18年（2006年）2月14日、Aは、本件建物の同社持分につき、C市から固定資産税の滞納処分による差押えを受け、同月16日、その旨の差押登記により、本件保証金の返還につき期限の利益を喪失した。

平成18年5月19日、本件建物について、抵当権に基づく担保不動産収益執行（以下、「本件担保不動産収益執行」という）の開始決定があり、X（原告・控訴人・被上告人）がその管理人に選任され、同月23日、本件担保不動産収益執行開始決定に基づく差押えの登記がされ、そのころ、上告人Yに対し、本件収益執行開始決定の送達がされた。

Yは、平成18年7月から同19年2月までの間、毎月末日までに、各翌月分である同18年8月分から同19年3月分までの8か月分の賃料の一部弁済として各367万5,000円の合計2,940万円（消費税相当額140万円を含む額）をXに支払った。

平成18年7月5日、Yは、Aに対し、本件保証金返還残債権2億9,295万円を自働債権とし、同年7月分の賃料債権735万円（消費税相当額35万円を含む額）を受働債権として、対当額で相殺する旨の意思表示をした。さらに、控訴審口頭弁論終結直前の同19年4月2日、本件保証金返還残債権2億8,560万円を自働債権とし、同18年8月分から同19年3月分までの8か月分の賃料残債権各367万5,000円の合計2,940万円（消費税相当額140万円を含む額）を受働債権として、対当額で相殺する旨の意思表示（以上、「個別の相

殺」という）をした。なお、Ｙは、第一審では、平成18年4月12日に行った「包括的相殺」のみ、すなわち、本件保証金返還請求権を自働債権とし、同年4月末日以降に発生する同19年3月分までの将来の賃料債権を受働債権として対当額で相殺する旨の主張のみをした。

　第一審において、管理人Ｘは、本件賃貸借契約に基づく平成18年7月分から同19年3月分までの賃料債権（ただし、消費税相当額を含まない）は、本件包括的相殺によって消滅していないと主張した。これに対し、賃借人Ｙは、本件建物の抵当権設定登記（平成10年2月27日）前の平成9年11月20日年に本件保証金返還請求権を取得しているから、本件賃料債権は、同保証金返還請求権を自働債権とする本件包括的相殺によって消滅したと主張した。

　第一審・甲府地裁平成18年12月20日判決（金融・商事判例1340号62頁）は、Ｙの相殺の主張を認め、Ｘの請求を棄却した。そこで、Ｘが控訴した。

　原審において、Ｘは以下のように主張した。

①　管理人は、民事執行法95条1項に基づき、不動産の管理収益権を原始的に取得し、賃貸借契約そのものの関係、更にはこれに付随する敷金関係は、不動産所有者と賃借人との関係として残存し、管理人には管理権限だけが帰属するので、Ｘは保証金返還債務を負わない。

②　本件担保不動産収益執行開始決定後の賃料債権は、管理人Ｘが原始的に取得しており、賃貸人Ａには生じていないから、賃借人Ｙが本件相殺の意思表示をしても、Ａには本件担保不動産収益執行開始決定後の賃料債権が帰属していないから、その部分について受働債権が存在しない。

これに対し、Ｙは以下のように主張した。

①　担保不動産収益執行は、執行の一つの方法にすぎず、単に抵当権の権利の発動として、またはその延長として認められているものであるから、担保不動産収益執行の管理人が、賃貸人や抵当権者の地位、権限を超えた地位、権限を取得するわけではない。

②　Ｙは、Ｘの賃料請求に対して、平成18年4月11日付け、翌12日到達の内容証明郵便において、本件保証金返還請求権と賃料債務の包括的相殺により賃料債務が消滅していることを主張し、その効力を執行法上の管理人に主張しているだけである。また、Ｙは、上記の個別の相殺も追加

主張した。

③　担保不動産収益執行制度の法的性格は、賃料に対する差押えと同じと
解されるから、最判平成13年の理論は、担保不動産収益執行の場合にも
当てはまる。

原審・東京高裁平成19年 6 月28日判決（金融・商事判例1340号58頁）は、以
下の理由により、Yの請求を認容した第一審判決を取り消す一方、平成18年
7 月分の賃料700万円（以下、いずれも消費税相当額を含まない額）および同年
8 月分から同19年 3 月分までの 8 か月分の賃料の本件弁済後の残額2,800万
円の合計3,500万円並びに同18年 7 月分の賃料700万円に対する遅延損害金の
支払を認める限度で、控訴人Xの請求を認容した。

・本件相殺（包括的相殺）の効力について

賃借人Yは、平成 9 年11月20日、Aとの間で本件賃貸借契約を締結し、 3
億1,500万円の本件保証金返還請求権を取得し、C市が同18年 2 月16日にA
に対し行った滞納処分により、本件保証金返還請求権の全額について弁済期
が到来したことから、Yが本件相殺をした同年 4 月12日より前の同年 2 月16
日の時点において、自働債権である本件保証金返還請求権の弁済期が到来し
たことが認められる。しかし、本件相殺において受働債権とされた、本件賃
貸借契約に基づく平成18年 5 月分以降の賃料請求権は、本件相殺の時点にお
いて未だ発生していない。賃貸借契約における賃料は、目的物が使用可能な
状態に置かれたことに対する対価として発生するものであり、本件賃貸借契
約に基づく同年 5 月分の賃料債権が発生するのは同年 4 月末日であり、以後
毎月末日に翌月分の賃料債権が発生し、本件相殺の時点では未だ受働債権は
発生していないからである。したがって、本件相殺は、受働債権が発生して
いないから、その効力は生じない。

・当審における相殺の主張について

賃借人Yは、賃貸人Aに対し、平成18年 4 月11日付け、翌12日到達の内容
証明郵便において、本件保証金返還請求権残金 3 億0,765万円を自働債権と
し、本件賃貸借契約に基づく平成18年 4 月末日以降に発生する月額735万円
の賃料を受働債権として、対当額で相殺する旨の意思表示をしたと主張する
（包括的相殺の主張）が、同主張は、結局、本件相殺に期限が付されていたと

の主張と解され、そのような相殺の意思表示は無効である（民法506条1項後段）。

　Yは、個別の相殺として、Aに対し、①平成18年7月3日付け内容証明郵便において、本件保証金返還請求権残金2億9,295万円を自働債権とし、本件賃貸借契約に基づく同18年7月分の賃料債権735万円を受働債権として、対当額で相殺する旨の意思表示をし、②同19年3月30日付け内容証明郵便において、本件保証金返還請求権残金を自働債権とし、本件賃貸借契約に基づく同18年8月分から同19年4月分までの月額735万円のうち既払分を控除した月額367万5,000円を受働債権として、それぞれ対当額で相殺する旨の意思表示をし、③その結果、平成18年7月分から同19年4月分までの賃料債権は消滅した旨主張する。しかし、上記相殺で受働債権とされている賃料は、いずれも本件担保不動産収益執行開始決定の効力が生じた後の賃料であって、本件物件の管理、収益の収取の権限（管理収益権）がAにはなくなり、管理人Xに属する（民事執行法188条、95条1項）ようになってから発生したものである。その一方、本件保証金に関する関係は、本件物件の管理収益権とは無関係であるから、管理人にその権限はない。よって、上記各賃料債権と本件保証金返還請求権との関係は、同一当事者間において互いに同種の目的を有する債務を負担する関係にあるとは言い難いから、民法505条1項の要件を充たさず、相殺の効力を生じない。

　そこで、賃借人Yが上告受理の申立てをした。

2　判　旨

　最判平成21年は、原審を破棄自判し、Yの請求を認めた

　「原審の上記判断はいずれも是認することができない。その理由は次のとおりである。

　(1)　担保不動産収益執行は、担保不動産から生ずる賃料等の収益を被担保債権の優先弁済に充てることを目的として設けられた不動産担保権の実行手続の一つであり、執行裁判所が、担保不動産収益執行の開始決定により担保不動産を差し押さえて所有者から管理収益権を奪い、これを執行裁判所の選任した管理人にゆだねることをその内容としている（民事執行法188条、93条

1項、95条1項）。管理人が担保不動産の管理収益権を取得するため、担保不動産の収益に係る給付の目的物は、所有者ではなく管理人が受領権限を有することになり、本件のように担保不動産の所有者が賃貸借契約を締結していた場合は、賃借人は、所有者ではなく管理人に対して賃料を支払う義務を負うことになるが（同法188条、93条1項）、このような規律がされたのは、担保不動産から生ずる収益を確実に被担保債権の優先弁済に充てるためであり、管理人に担保不動産の処分権限まで与えるものではない（同法188条、95条2項）。

このような担保不動産収益執行の趣旨及び管理人の権限にかんがみると、管理人が取得するのは、賃料債権等の担保不動産の収益に係る給付を求める権利（以下「賃料債権等」という。）自体ではなく、その権利を行使する権限にとどまり、賃料債権等は、担保不動産収益執行の開始決定が効力を生じた後も、所有者に帰属しているものと解するのが相当であり、このことは、担保不動産収益執行の開始決定が効力を生じた後に弁済期の到来する賃料債権等についても変わるところはない。

そうすると、担保不動産収益執行の開始決定が効力を生じた後も、担保不動産の所有者は賃料債権等を受働債権とする相殺の意思表示を受領する資格を失うものではないというべきであるから（最高裁昭和37年㈹第743号同40年7月20日第三小法廷判決・裁判集民事79号893頁参照）、本件において、本件建物の共有持分権者であり賃貸人であるAは、本件開始決定の効力が生じた後も、本件賃料債権の債権者として本件相殺の意思表示を受領する資格を有していたというべきである。

(2)　そこで、次に、抵当権に基づく担保不動産収益執行の開始決定の効力が生じた後において、担保不動産の賃借人が、抵当権設定登記の前に取得した賃貸人に対する債権を自働債権とし、賃料債権を受働債権とする相殺をもって管理人に対抗することができるかという点について検討する。被担保債権について不履行があったときは抵当権の効力は担保不動産の収益に及ぶが、そのことは抵当権設定登記によって公示されていると解される。そうすると、賃借人が抵当権設定登記の前に取得した賃貸人に対する債権については、賃料債権と相殺することに対する賃借人の期待が抵当権の効力に優先し

て保護されるべきであるから（最高裁平成11年（受）第1345号同13年3月13日第三小法廷判決・民集55巻2号363頁参照）、担保不動産の賃借人は、抵当権に基づく担保不動産収益執行の開始決定の効力が生じた後においても、抵当権設定登記の前に取得した賃貸人に対する債権を自働債権とし、賃料債権を受働債権とする相殺をもって管理人に対抗することができるというべきである。本件において、上告人Yは、Aに対する本件保証金返還債権を本件抵当権設定登記の前に取得したものであり、本件相殺の意思表示がされた時点で自働債権であるYのAに対する本件保証金返還残債権と受働債権であるAのYに対する本件賃料債権は相殺適状にあったものであるから、Yは本件相殺をもって管理人であるXに対抗することができるというべきである。

　(3)　以上によれば、Xの請求に係る平成18年7月分から平成19年3月分までの9か月の賃料債権6,300万円は、本件弁済によりその一部が消滅し、その残額3,500万円は本件相殺により本件保証金返還残債権と対当額で消滅したことになる。」（下線、筆者）。

3　争　点

　本件の争点は、①抵当不動産の賃借人Yが行った本件相殺の効力が生じているか、②本件相殺の効力が生じているとして、その効力を当該不動産の管理人に対抗することができるか、である。そして、上記①のYが行った本件相殺の効力が生じているか、という争点の前提として、ⓐ本件担保不動産収益執行開始決定の効力が生じた後の賃料債権は誰に帰属しているのか、ⓑ本件相殺の意思表示の受領資格は誰にあるのか、という問題がある。

　まず、①本件相殺の効力の前提問題であるⓐの問題について、原審は、本件収益執行開始決定の効力が生じた後の賃料債権は担保不動産の管理人Xに帰属すると述べたのに対し、最判平成21年は、当該不動産の所有者（過半数の共有持分権者）Aに帰属すると述べた。そして、最判平成21年は、ⓑの問題についても、抵当不動産の所有者Aに、本件相殺の意思表示の受領資格があることを認めた。結局、最判平成21年の論理によれば、上記の争点①Yが行った本件相殺の効力は生じている、ということになる。

　担保不動産収益執行は、担保不動産の収益を被担保債権の優先弁済に充て

るための不動産担保権の実行手続であるから、担保不動産の管理人に与えられる管理および使用収益権限は、収益執行の目的に照らして必要な範囲にとどまると解される[16]。つまり、管理人は、不動産所有者（債務者）に帰属している管理収益権の移転を受けただけであり、賃貸借契約関係自体は、所有者と賃借人との関係として残存しているのである[17]。したがって、最判平成21年が、「管理人が取得するのは、賃料債権等の担保不動産の収益に係る給付を求める権利自体ではなく、その権利を行使する権限にとどまり、賃料債権等は、担保不動産収益執行の開始決定の効力が生じた後も、所有者に帰属している」と述べているのは妥当であり、民事執行法188条により準用される同法93条の文言にも符合する[18]。

　そう解すれば、当然、最判平成21年が述べているように、「担保不動産収益執行の開始決定の効力が生じた後も、担保不動産の所有者は賃料債権等を受働債権とする相殺の意思表示を受領する資格を失うものではない」ということになる。同所で引用されている最判（三小）昭和40年（1965年）7月20日が、受働債権について第三債務者が相殺の意思表示をする相手方について、「債権の差押債権者が被差押債権について取立権を有する場合には、第三債務者が債務者に対して有する反対債権をもって被差押債権を相殺するには、差押債権者に対して相殺の意思表示をすることもできるが（昭和37年(オ)第212号、同39年10月27日第三小法廷判決）、差押債務者に対する意思表示によってもこれをすることができると解すべきである。けだし、民法506条1項の『相手方』は、普通には、相殺によって消滅すべき債権関係の帰属者を指称するのであり、受働債権について差押債権者が取立権を有する場合でも、債権そのものは差押債務者に帰属しているのであるから、当該債務者は相殺の意思表示を受領する資格を失うものではないからである」と判示していることからも妥当である。したがって、賃借人Ｙが、抵当不動産所有者Ａに対して行った本件相殺の意思表示は有効であるのは当然であり、それについて異論は存しない。

　これに対し、議論すべきは、上記争点の②ＹがＡに対して行った相殺の効力を、抵当不動産管理人Ｘに対抗することができるか、ということであり、最判平成21年は、最判平成13年を引用し、これを肯定した。それゆえ、最判

平成13年を検証しなければならない。

四　最高裁（三小）平成13年3月13日判決

1　事実関係

　最判平成13年（民集55巻2号363頁）の事案の概略は、以下のとおりである。

　XがKに対し貸金債権を有し、K所有の建物（本件建物）につき根抵当権の設定を受け、その旨の登記を経た後、KがYに本件建物を賃貸し、Yから保証金の預託を受けた。その後、賃貸人Kと賃借人Yの間で従前の賃貸借を解消し、改めて新しい賃貸借契約を締結するとともに、新賃貸借の保証金には、従前YがKに預託した保証金の一部を充当し、残額をKがYに返還することを約した。ところが、Kがその保証金返還債務を期限までに履行しなかったため、<u>YとKの間で、YのKに対する保証金残返還請求権と、KのYに対する賃料債権とを対当額で相殺する旨の合意</u>がなされた。ところが、<u>その後、KがXに対する貸金返還債務を履行しなかったため、Xが根抵当権の物上代位権に基づき、KのYに対する賃料債権を差し押さえ、同差押命令による取立権に基づき、Yに対し賃料の支払を求めたところ</u>、Yが相殺合意の抗弁を提出し、Xに対する賃料支払いを拒絶した。

　第一審（京都地判平成11年［1999年］2月15日・民集55巻2号387頁、金融・商事判例1091号10頁）は、「保証金を支払った賃借人としては、保証金支払の時点において右抵当権（根抵当権）の存在を認識し得たものであり、かつこれに基づき賃料に対して物上代位権が行使されることも十分に予想し得たものというべきであるから、登記という公示方法を前提として排他性を具備するに至った抵当権（根抵当権）に基づく物上代位権の行使が右保証金返還請求権を自働債権、賃料債権を受働債権とする相殺権の行使に優先すると解するのが相当である」と述べ、根抵当権者Xの請求を認めた。Yが控訴。

　また、原審（大阪高判平成11年7月23日・民集55巻2号391頁、金融・商事判例1091号3頁）も、第一審を支持し、「抵当権に基づく物上代位は、抵当権の効力から生じるものであり、抵当権設定登記がされていることによって物上代位も公示されているとみることができ、相殺が物上代位に優先するものと

解するならば、抵当権設定者は、抵当権者からの差押えの前に相殺をすることによって容易に物上代位権の行使を免れることができるが、このことは抵当権者の利益を不当に害するものというべきであり、また、債務者と第三債務者の賃貸借契約が抵当権設定の前になされ、賃貸借が抵当権に対抗することができる場合であればともかく、抵当権設定後に賃貸借が締結され、抵当権に対抗できない本件においては、控訴人が種々述べる理由を考慮に入れても、被控訴人の物上代位に基づく差押えが控訴人による相殺に優先するというべきである」と述べ、控訴人Ｙの主張を排斥した。そこで、Ｙが上告。

2　判　旨

　最判平成13年は、以下のように判示し、Ｙの上告を棄却した。

　「抵当権者が物上代位権を行使して賃料債権の差押えをした後は、抵当不動産の賃借人は、抵当権設定登記の後に賃貸人に対して取得した債権を自働債権とする賃料債権との相殺をもって、抵当権者に対抗することはできないと解するのが相当である。けだし、<u>物上代位権の行使としての差押えのされる前においては、賃借人のする相殺は何ら制限されるものではない</u>が、<u>上記の差押えがされた後においては、抵当権の効力が物上代位の目的となった賃料債権にも及ぶところ、物上代位により抵当権の効力が賃料債権に及ぶことは抵当権設定登記により公示されているとみることができる</u>から、抵当権設定登記の後に取得した賃貸人に対する債権と物上代位の目的となった賃料債権とを相殺することに対する賃借人の期待を物上代位権の行使により賃料債権に及んでいる抵当権の効力に優先させる理由はないというべきであるからである。

　そして、上記に説示したところによれば、抵当不動産の賃借人が賃貸人に対して有する債権と賃料債権とを対当額で相殺する旨を上記両名があらかじめ合意していた場合においても、賃借人が上記の賃貸人に対する債権を抵当権設定登記の後に取得したものであるときは、物上代位権の行使としての<u>差押えがされた後に発生する賃料債権については、物上代位をした抵当権者に対して相殺合意の効力を対抗することができない</u>と解するのが相当である。」
（下線、筆者）。

3　分　析

　最判平成13年の第一審および原審はいずれも、本件事案を、抵当権と賃借権の対抗力の優劣問題として解決した。これらの下級審判決は、最高裁（二小）平成10年（1998年）1月30日判決（民集52巻1号1頁）〔以下、「最判平成10年」という〕が、「抵当権の効力が物上代位の目的債権に及ぶことは抵当権設定登記により公示されている」と述べ、抵当権の物上代位権の公示を抵当権設定登記に求めた見解の影響を受けたのであろう。すなわち、物上代位権が抵当権設定登記により公示されているため、その登記後に設定された賃借権は、物上代位権に対抗することができないと考えたものと思われる。

　しかし、本件事案は、抵当権と賃借権という、相異なる権利自体の対抗力の優劣という問題ではなく、「賃料債権」という同一の債権の優先的摑取をめぐる抵当権の物上代位権の効力と相殺権行使との優劣問題である。すなわち、①物上代位権の効力は、当該「賃料債権」上にいつから及んでいるのか、②物上代位権の賃借人（第三債務者）に対する公示方法は何か、逆に③賃借人は、いつまでに相殺権を行使すれば、物上代位権者（抵当権者）に相殺の優先を主張できるか、という問題である。したがって、これらの下級審判決が抵当権者優先の結論を導き出したことは正当であるとしても、その結論に至る理論構成には賛成できない。その意味で、最判平成13年が、物上代位権の効力に言及した論理自体は正当であるが、問題はその中身である。同最判の論理の骨子は、以下のとおりである。

　①まず、一般論としての結論として、「抵当権者が物上代位権を行使して賃料債権の差押えをした後は、抵当不動産の賃借人は、抵当権設定登記の後に賃貸人に対して取得した債権を自働債権とする賃料債権との相殺をもって、抵当権者に対抗することはできない」＝抵当権の物上代位権に基づく差押え後は、賃借人は、抵当権設定登記後に取得した債権を自働債権として、賃料債権を受働債権とする相殺をもって抵当権者に対抗できないと述べ、その理由として次の2点を挙げている。すなわち、②ⓐ差押えがされた後においては、抵当権の効力が物上代位の目的となった賃料債権にも及ぶ」＝抵当権の効力は、物上代位権に基づく差押え後に、代位目的債権である賃料債権に及

ぶ、ⓑ物上代位により抵当権の効力が賃料債権に及ぶことは、抵当権設定登記により公示されている」＝物上代位権は、抵当権設定登記により公示されている。そして、以上の論理を本件事案に当てはめ、③「物上代位権の行使としての差押えの後に発生する賃料債権については、抵当権者に対し相殺合意の効力を対抗できない」と結論付けるのである。

　本事案では、賃借人（第三債務者）Yと賃貸人Kとの間で、予め相殺の合意がなされてはいたが、Yが相殺の意思表示を行わないでいたところ、抵当権者Xが物上代位権を行使し、代位目的債権（物上代位権の付着した賃料債権）を差し押さえた。すなわち、Yによる代位目的債権（賃料債権）の消滅行為の前に、Xが物上代位権という権利を適正に行使をしたのであるから、Xが優先するのであり、上記の①と③が正当であるのは当然である。

　また、最判平成13年が、「物上代位権の行使としての差押えのされる前においては、賃借人のする相殺は何ら制限されるものではない」と述べていることも正当である。なぜなら、「物上代位権の行使としての差押え」の前においては、物上代位権という権利が未だ行使されていないのであり、その間、差押えにより物上代位権の存在を直接知らされていない第三債務者（賃借人）は、「物上代位権の付着した債権（賃料債権）」を弁済等により自由に消滅させることができ、それでもって完全に免責されるからである（民法372条・同304条1項ただし書）。つまり、最判平成13年は、民法304条1項ただし書が物上代位権の行使要件であり、物上代位権が行使されない限り（＝同項ただし書の定める「差押え」がなされない限り）、第三債務者は、自己が直接知る債権者に弁済して代位目的債権（賃料債権）を消滅させればよく、相殺も、そのような債権消滅行為の一つであるという当然のことを述べているのである(19)。

　しかし、最判平成13年が述べる上記②ⓐとⓑの理由付けには賛成できない。前述したように、同最判が、物上代位権の効力に言及したこと自体は正当であるが、問題はその内容である。同最判は、上記②ⓐにおいて、「抵当権の効力（物上代位権の効力）は、物上代位権に基づく差押え後に、代位目的債権である賃料債権に及ぶ」と述べているが、そのような理解は、民法304条1項本文に反し、到底認めることはできない。物上代位権は、「差押え」に

より賃料債権に及ぶのではなく、「差押え」の前に、抵当権の効力＝物上代位権の効力は、同項本文に基づき、すでに賃料債権に及んでいるのであり（だからこそ、当該賃料債権を「代位目的債権」と称するのである）、「差押え」は、そのようにしてすでに発生した物上代位権の行使要件にすぎないからである。

　「差押え」により、物上代位権がはじめて賃料債権に及ぶ（賃料債権に物上代位権が付着する）のであれば、「差押え」の時点では、その対象となる賃料債権は、物上代位権の付着していない無担保債権であり、これを「物上代位の目的債権」と称することはできない（ところが、民法304条1項ただし書に基づく「差押え」の対象となる債権を「物上代位の目的債権」と称するのは定説である）。また、物上代位権に基づく「差押え」は、担保権の実行、つまり担保権（物上代位権）の付着した債権（＝物上代位の目的債権）の「差押え」である（民事執行法193条1項後段・2項）ことにも反する。さらに、民法304条1項ただし書に基づいて「差押え」がされたとしても、それは、無担保債権者（一般債権者）としての「差押え」であるから、競合する第三者に優先することもない。このような解釈は、物上代位権を担保権者に付与した民法304条1項本文を否定し、物上代位制度を有名無実化することになる。以上、文理解釈から言っても、「差押えがされた後においては、抵当権の効力が物上代位の目的となった賃料債権にも及ぶ」という見解には到底賛成できないのである。

　次に、最判平成13年は、上記②ⓑにおいて、「抵当権の効力（物上代位権の効力）が賃料債権に及ぶことは、抵当権設定登記により公示されている」と述べている。抵当権設定登記が、「第三者」一般に対する物上代位権の公示であることは、そのとおりであるが、本件事案において、根抵当権者Ｘと賃料債権を優先的摑取を争っている賃借人Ｙは、単なる「第三者」ではなく、当該賃料債権の債務者たる「第三債務者」であり、この「第三債務者」に対する物上代位権の公示を、抵当権設定登記と解することは正当ではない。民法304条1項ただし書にいう「差押え」の趣旨が、「第三債務者」の二重弁済の危険からの保護にあると解するならば、「第三債務者」と「第三債務者を除く第三者」とを峻別し、「第三債務者」に対する物上代位権の公示は、抵

当権設定登記では足りず、別途、「第三債務者」に対する直接の公示方法を
考えなければならない。その公示方法が、同項ただし書にいう「差押え」で
あるというのが、「差押え」の趣旨に関する第三債務者保護説である。最判
平成10年が採った、「差押え」の趣旨に関する第三債務者保護説を正確に理
解するのであれば、このように、物上代位権の「第三債務者」に対する公示
と、「第三者」に対する公示とを峻別するのは当然の論理である。ところが、
最判平成13年は、このような峻別を全くしていない。

　以上の 2 点はいずれも、民法304条 1 項本文とただし書が定める物上代位
制度の根幹の理解に関わる問題であり、これらの問題を正確に理解しなけれ
ば、たまたま、最判平成13年の事案において妥当な結論に至っても、最判平
成21年の事案では、極めて不当な結論に至ろう。それゆえ、最判平成21年の
評釈のためには、この 2 点を徹底的に検証しなければならない。

五　賃料債権に対する物上代位権の発生時期

1　賃料債権に対し物上代位権は及ぶか

　まず、基本的な前提問題として、賃料債権に対し抵当権の物上代位権の効
力が及ぶか否か、すなわち「賃料」が物上代位権の客体となるか否かという
問題があり、これに関し、従来、肯定説と否定説があった。近時は、抵当権
の非占有担保性に鑑み、賃料（＝法定果実）の収受は抵当権設定者の使用収
益権限に属するべきであるとして、民法372条・同304条の適用を否定しつつ、
平成15年改正前の民法371条 1 項ただし書に基づき、抵当権実行後において
のみ抵当権の効力が賃料に及ぶとする否定説が多数説であった。

　しかし、学説の趨勢とは異なり、前掲の最判平成元年は、抵当権の非占有
担保性は先取特権と異ならないし、また、「抵当権設定者が目的物を第三者
に使用させることによって対価を取得した場合に、右対価について抵当権を
行使することができるものと解したとしても、抵当権設定者の目的物に対す
る使用を妨げることにはならない」と説示し、民法372条・同304条に基づい
て賃料に対し物上代位権を行使できると解することが、抵当権の非占有担保
性に反しないと判示した。

　民法372条が準用する同304条の沿革を辿れば、同条に相当するボアソナード民法草案1638条（フランス語原文では1138条）2項本文および旧民法（明治23年〔1890年〕4月21日法律28号）債権担保編133条2項は共に、先取特権につき、賃料が物上代位権の客体となることを肯定し、現行民法304条1項本文も同様に肯定していた。他方、抵当権については、ボアソナード民法草案および旧民法では、賃料への物上代位を認める明文規定は存在しなかったが、現行民法では、同372条が同304条を準用する。この「準用」に関し、民法起草者の梅博士は、民法304条がそのまま適用される旨を明言する[20]。

　本来、どのような担保物権について、また、どのような範囲で物上代位権を認めるべきかの問題は、立法政策の問題である[21]。民法は、先取特権と同様、抵当権についても、「賃料」を物上代位権の客体として認めたのであり、ボアソナード民法草案や旧民法に比し、物上代位権（優先弁済権）の客体の範囲を拡大したといえる。すなわち、抵当不動産自体に物理的滅失・損傷がなくても、債務不履行が惹起し、抵当権の優先弁済権のリスクが生じる一方で、当該抵当権が設定されている不動産について、従前どおりの使用収益を抵当権設定者に認めることは、抵当権者と抵当権設定者間に経済的な不公平が生じていると考え、当該抵当不動産から生じる「賃料」を抵当不動産の価値代替物（価値変形物）と法政策的にみなし、それを抵当権の効力の客体とするということが、「賃料」を対して物上代位権を認めた趣旨である。それゆえ、肯定説を採ることに全く問題がない。

　ところで、近時の学説の多数は、「賃料」に対する物上代位を付加型物上代位（派生的物上代位）とする一方、抵当不動産の滅失・損傷により発生する「保険金」に対する物上代位を代償型物上代位（代替的物上代位）として両者を区別する[22]。しかし、「保険金」は、保険料支払いの対価であり、本来、厳密な意味での価値代償物（価値代替物）ではない。わが民法の起草過程や大陸法系の諸国において、「保険金」に対する物上代位の可否について議論され、英米法系では「保険金」に対する抵当権（mortgage）の物上代位が否定されていることは、このことを物語っている[23]。

　そして、わが民法や大陸法系の諸国の法制はいずれも、現在、「保険金」に対する物上代位を肯定しているが、それは、基本的には法政策的観点から

の肯定である。すなわち、「保険金は」、厳密に言えば「付加物」であるが、担保権者保護という法政策的観点から、それを目的不動産の「代償物（代替物）」とみなし、物上代位権の客体としているのである。わが民法の「賃料」についても、同様である[24]。要は、担保権者保護のために、合理的な範囲において、代償物概念を法的にも拡張しているだけである。したがって、わざわざ「賃料」を目的物の「付加物（派生物）」として、「代償物」から区別をすることに実益はない[25]。手続法上も、物上代位権の行使は、客体が何であれ、すべて「債務不履行」の発生が条件である（民事執行法193条）。逆に、区別することにより、「賃料」に対する物上代位権を否定し、「賃料」に対し抵当権の効力が及ぶ根拠を民法371条にのみ求める見解[26]が生まれるなど、かえって無用な混乱が生じているだけである。

2　賃料債権に対する物上代位権はいつ発生するか

　賃料債権に対する物上代位権の効力を肯定すべきであるが、それは、無制限ではなく、抵当権の非占有担保性に鑑み、「債務不履行」の発生を条件とすべきである。

　この問題につき、かつての通説は、抵当不動産の賃料が交換価値の済し崩し的な具体化とみていた[27]ことから、民法304条 1 項本文の文言通り、抵当目的物の賃貸と同時に、賃料が価値代替物（価値変形物）となるというのが一般的な理解であった。しかし、抵当権は、非占有担保権であるから、「債務不履行」が生じていない限り、法定果実である賃料の収受権限は抵当権設定者にあり、これを物上代位権の客体とすることはできない。手続法上も、債務不履行が生じていない限り、賃料債権に対する物上代位権の行使はできない（民執193条 1 項後段・ 2 項）。それは、物上代位権が、抵当権の優先弁済権確保の手段であり、「債務不履行」が生ずることが前提だからである。抵当不動産自体に対する抵当権実行が、「債務不履行」の発生を条件とするのと同じことである。したがって、「債務不履行」前においては、「賃料」が、抵当目的物の価値代替物となることは論理的にあり得ない。

　他方、一旦、「債務不履行」が惹起されれば、抵当権者は抵当権を実行することができ、抵当権設定者の使用収益権が制限されるのであるから、「債

務不履行」時を起点として、抵当目的物から生じる「賃料」にも抵当権の効力が及ぶ、つまり、「賃料」は、「債務不履行」時に抵当目的物の「価値代替物」となり、賃料債権に対する物上代位権が発生すると解するのである。このような解釈は、改正民法371条が、「債務不履行」後、抵当権は抵当不動産の「果実」に及ぶと規定していることとも整合する[28]。

　それでは、判例の見解はどうであろうか。前述のように、前掲の最判平成元年は、競売開始後売却までに供託された賃料、つまり債務不履行後の賃料の還付請求権に対し、抵当権に基づく物上代位権の行使を肯定した。そして、同最判は、「賃料」に対する抵当権の物上代位権行使を無条件に肯定し、無条件肯定説を採ったと評価されている。しかし、権利行使の前提として、権利が成立していなければならないのであるから、この無条件肯定説の中身をもっと緻密に分析する必要がある。ところが、最判平成元年は、無条件肯定の前提となる、賃料に対する物上代位権の成立（発生）時期については何も言及していないのである。それは、なぜか。

　実際、これまで、賃料債権に対する物上代位権の行使が争われた事案は、すべて、「債務不履行」以後の物上代位権行使であった。が、それは当然であろう。「債務不履行」が発生していなければ、抵当権者が、抵当権設定者の使用収益権限に介入することはあり得ないし、手続法上も「債務不履行」が発生していなければ、抵当権実行（民執180条1号）も、物上代位権行使（民執193条1項後段）もあり得ないからである。つまり、「債務不履行」前の物上代位権行使の事案はあり得ず、判例としては、物上代位権自体の効力発生時期＝成立時期に言及する必要性がなく、「債務不履行」時以降は、賃料上に物上代位権がすでに成立していることを前提として、その行使の可否を論ずれば良かったからである。

　したがって、「賃料」に対する物上代位権は、「債務不履行」時に発生し、その時点から、「賃料」は抵当不動産の「価値代替物（価値変形物）」となるのである。また、そのような価値代替物たる「賃料」は、抵当不動産の価値の一部が具現化したものであるから（そのように考えて、抵当権者を保護するのが物上代位制度である）、「価値代替物」に対する抵当権の公示、すなわち「価値代替物」に対する物上代位権の公示は、抵当権の公示である「抵当権

設定登記」で十分なのである⁽²⁹⁾。抵当権の物上代位権は、抵当権と別個の権利の発生ではなく、抵当権それ自体の効力なのである。

　よって、賃料債権上に物上代位権が成立する「債務不履行」時において、当該賃料債権上には物上代位権（抵当権）という優先権が付着していることになる（それゆえ、当該賃料債権を、「物上代位の目的債権（代位目的債権）」と称するのである）。これが、民法372条が準用する同304条1項本文が定めている内容である。そして、賃料債権という「代位目的債権」上に成立した物上代位権の行使方法について定めているのが同項ただし書である。換言すれば、民法304条1項本文に基づき、賃料債権上にはすでに物上代位権が潜在的に成立しており、そのようにして潜在的に成立している物上代位権が、その行使要件たる「差押え」がなされることにより具現化するだけのことである⁽³⁰⁾。

　ところが、最判平成13年は、「抵当権の効力は、物上代位に基づく差押え後に、代位目的債権である賃料債権に及ぶ」と述べるのである。つまり、賃料債権は、「差押え」により、抵当権（物上代位権）の付着した債権となるのである。同最判の調査官も、物上代位権につき、「物上代位による差押えを条件として担保権がその上（代位物の上―筆者注）に存していることになる」⁽³¹⁾、「自ら差押えをすることにより、抵当権設定登記時に設定され、かつ、対抗要件を備えた質権となるような権利」⁽³²⁾と述べる。逆に言えば、「差押え」がなければ、物上代位権は発生していないと解しているのである。

　しかし、「差押え」がなければ、物上代位権が賃料債権上に及ばないというのであれば、「差押え」の対象となる賃料債権を、「代位目的債権（＝物上代位権の付着した債権）」と称することはできないし、「差押え」前においては、賃料債権には物上代位権が及んでいない（付着していない）ため、当該賃料債権（受働債権）は無担保債権であるはずである。そうであれば、当該賃料債権の債務者である賃借人（第三債務者）にとって、優先権者（物上代位権者）は存在せず、その優先権者に対し、賃料を弁済する義務もない（当該賃料は抵当不動産の価値代替物ではない）から、そのような賃借人には二重弁済の危険も存しない。第三債務者の二重弁済の危険を否定することは、最判平成10年にも反する論理である。その意味では、この物上代位権の効力発生時期に関し、最判平成13年と同10年は、論理的に全く整合していないと評

価できる。また、最判平成13年によれば、「差押え」の趣旨目的は、その対象である一般債権（物上代位権が付着していない債権）を特定するだけであり（民事執行法145条）、優先権保全の意味もないことになる。なぜなら、「差押え」の時点では、優先権（物上代位権）は未だ発生していないと解されるからである。

　結局、物上代位権の効力発生時期に関する最判平成13年の論理に従えば、抵当権者により差し押さえられた賃料債権（受働債権）は、「差押え」の時点では、単なる一般債権（無担保債権）ということになる。そして、一般債権の差押えと第三債務者の相殺との優劣については民法511条が適用されるというのが、最高裁（大法廷）昭和45年（1970年）6月24日判決（民集24巻6号587頁）〔以下、「最大判昭和45年」という〕の見解である。ところが、最判平成13年は、同条の適用を排斥しているのである[33]。明らかに論理矛盾である。

　本件事案が、物上代位権という優先権に基づく差押えであり、民法511条の適用を排除するためには、「差押え」の対象となる賃料債権に対し、物上代位権の効力＝抵当権の効力が、「差押え」の前にすでに及んでいることを前提としなければならない。すなわち、その「差押え」は、「一般債権」に対する差押えではなく、「代位目的債権」に対する差押えでなければならない。だからこそ、民事執行法193条1項後段は、物上代位権の行使を、債権に対する担保権の実行と規定しているのである。つまり、当該債権には、物上代位権が付着しているのである。

　以上から、最判平成13年は、賃料債権上に物上代位権が及ぶ時期について基本的に誤っているのである。

六　賃借人（第三債務者）に対する物上代位権の公示方法は何か

　最判平成10年の事案では、抵当権の被担保債権の債務不履行後、「物上代位権の付着した賃料債権（代位目的債権）」が包括譲渡された後、抵当権者（物上代位権者）が、同債権を物上代位権に基づき差し押さえたため、同債権の債権譲受人（第三者・競合債権者）と抵当権者が同債権の優先的掴取をめ

ぐって争い、同最判は、物上代位権が抵当権設定登記により公示されていることを理由に、抵当権者優先を判示した。抵当権設定登記が、債権譲渡の第三者対抗要件具備の日付に先行していたからである。

　これに対し、最判平成13年の事案では、抵当権者（物上代位権者）と第三債務者（賃借人）が、代位目的債権たる賃料債権の優先的摑取をめぐって争っており、事案が異なることに注意しなければならない。すなわち、最判平成13年では、抵当権の被担保債権の債務不履行後、代位目的債権となった賃料債権を物上代位権に基づき差し押さえる一方、当該賃料債権の債務者である賃借人（第三債務者）が、同債権を受働債権とする相殺の合意を主張した事案だからである。

　この点に関し、最判平成13年事案の賃借人Yは、第三債務者であると同時に、賃貸人（抵当権設定者）に対する債権者でもあり、しかも相殺への期待権という一種の担保権を有する債権者であることから、単なる「第三債務者」として理解するだけでは不十分であり、「第三者」とみるべきであるという見解がある[34]。

　しかし、抵当権者（物上代位権者）と競合する「第三者」（競合債権者）とは、物上代位権が付着した代位目的債権（賃料債権）についての権利者（債権者）であり、同債権の債務者ではない。つまり、物上代位権者と競合する「第三者」とは、弁済受領権者であり、代位目的債権の弁済義務者ではない。これに対し、当該代位目的債権の債務者たる「第三債務者」である賃借人は、同債権について物上代位権者との間で単純に優先取得を争っているのではなく、相殺による同債権の消滅を通した優先取得を争っているのである。他方、本件事案の賃借人は、保証金返還請求権（自働債権）の債権者であるが、抵当権者は、この保証金返還請求権については何ら優先取得を主張していない。いわゆる「差押えと相殺の優劣」問題に関し、学説・判例が一致して、相殺権者を「第三者」と称さず、「第三債務者」と称しているのは、そのためである。よって、本件事案の賃借人Yは、「第三債務者」であって、「第三者」でないことが明らかである。

　このように、「第三債務者」と「第三者」は、その法的立場が明白に異なるのであるから、両者を明確に峻別しなければならない。にもかかわらず、

「第三債務者」を「第三者」の中に包摂することは、民法304条1項ただし書の「差押え」の趣旨に関し、民法典施行後100年間、「第三債務者保護」の視点を全く見出し得なかったのと同様、不当な解釈論の跋扈を許すことになるだけである。

　なお、本件の賃借人（第三債務者）を「第三者」の中に包摂する見解は、賃借人が相殺への期待権を有する債権者であると述べるが、相殺は、事実上の担保にすぎず、本来、法律が定める優先権（物上代位権）の優先を甘受すべきである。したがって、賃借人の「第三者」性を強調することは、結局、賃借人が、代位目的債権（賃料債権）の債務者＝第三債務者であることを看過し、本件事案が、代位目的債権の優先取得を主張する抵当権者と、同債権の消滅を主張する賃借人（相殺権者）との争いの事案であることを見失わせるだけである。

　以上から、最判平成13年の前掲②ⓑ「物上代位権は、抵当権設定登記により公示されている」（本書278頁）という説示は、最判平成10年事案における第三者間の優劣基準としては正当であっても、物上代位権者（抵当権者）と「第三債務者」間の優劣基準としては正当ではない。そして、「差押え」の趣旨について第三債務者保護説を採った最判平成10年の論理に従えば、「第三債務者」である賃借人に対する物上代位権の公示は「差押え」であり、抵当権設定登記は、「第三債務者以外の第三者」に対する公示と解さなければならない。それゆえ、最判平成13年事案の賃借人Yに対する物上代位権の公示方法は、「差押え」であると解することになる。この点につき、同最判には認められなかったけれども、賃借人Yが上告受理申立て理由において主張していることは、極めて正当であるので、以下に紹介する。

　①「第三債務者（賃借人）に対する関係では、抵当権設定登記のみでは物上代位権の公示方法としては不十分であると考える。なぜなら、社会的にみて、第三債務者（賃借人）は、賃借目的物件の登記を調査しないのがむしろ一般的であるし、さらに、賃借人は、賃料債権が抵当権者によって差し押さえられるまでは、賃貸人に賃料を支払わなければならず、差押え後は抵当権者に賃料を支払わなくてはならないという立場にある。つまり、賃借人は、差押えの有無・時期にきわめて大きな利害関係を持っているのであるから、

少なくとも賃借人との関係では、<u>差押えこそが、物上代位権の公示方法とみるべきである</u>」、②「物上代位と機能的に類似する債権譲渡の場合でも、第三債務者に対する通知又は承諾が第三債務者に対する対抗要件となっている。このことからも、<u>第三債務者に通知がなされる差押えこそ第三債務者に対する関係では公示方法と見るべきことを示しているといえよう</u>」、③最判平成10年および同年 2 月10日（金商1037号 3 頁）は、「いずれも、『抵当権の効力が物上代位の目的債権についても及ぶことは抵当権設定登記により公示されているとみることができ』と判示したが、<u>これらの判決はいずれも、物上代位と債権譲渡の優劣が問題となった事例であり、公示の対象として主に予定されているのは債権の譲受人すなわち第三者である</u>」（以上の下線、筆者）と。

　もっとも、賃借人 Y が、上記の主張と並んで、本件事案には民法511条が適用されると述べ、「差押えと相殺」の優劣に関し無制限説を採った前掲の最大判昭和45年を引用し、相殺合意の優先を主張した点には賛成できない。民法511条は、一般債権に基づく差押えによる処分禁止効と相殺の可否に関する規定であり、実体法上の特別優先権の行使としての被担保債権の優先性と相殺との調整について規定するものではないからであり、最判平成13年の調査官解説も、この点を正当に指摘している[35]。物上代位権に基づく差押えは、優先権に基づく差押えであることを直視すべきであり、最判平成13年が民法511条の適用を否定したことは高く評価できる。

　しかし、前述したように、最判平成13年が、物上代位権の効力発生時期および物上代位権の公示について行った解釈については全く評価できない。同最判の調査官は、物上代位権につき、「自ら差押えをすることにより、抵当権設定登記時に設定され、かつ、対抗要件を備えた質権となるような権利」[36]と述べているが、これが、「第三者一般」に対する公示であるなら正当である。しかし、同最判の事案において物上代位権者 X と賃料債権（代位目的債権）の優先的摑取を争ったのは第三債務者たる賃借人なのである。もし、物上代位権を債権質権類似の権利と考えるのならば、物上代位権の公示（対抗要件）についても、債権質権の場合と同様、「第三債務者」に対する対抗要件（民法364条・同467条 1 項）と「第三債務者以外の第三者」に対する対抗要件（民法364条・同467条 2 項）とに峻別しなければならないのに、調査官は、

両者を峻別せず、「第三債務者」に対する対抗要件を、「第三債務者以外の第三者」に対する対抗要件である「抵当権設定登記」（民法177条）の中に埋没させているのである。

　結局、物上代位権の「第三債務者」に対する対抗要件（公示）も、抵当権設定登記（民法177条）であると解する最判平成13年は、「第三債務者」に対する対抗要件と「第三債務者以外の第三者」に対する対抗要件を峻別していない点において、最判平成10年が「差押え」の趣旨に関し採った第三債務者保護説を基本的に理解していないし、物上代位制度の基本構造も理解していないと評価せざるを得ない。仮に最判平成13年のように、物上代位権を債権質権類似の権利と考えるのならば、「第三債務者」に対する対抗要件と「第三債務者以外の第三者」に対する対抗要件とを峻別し、物上代位権の前者に対する対抗要件は「差押え」（民法304条1項ただし書）、後者に対する対抗要件は「抵当権設定登記」（民法177条）と解しなければならない。

　したがって、最判平成13年が、「抵当権者が物上代位権を行使して賃料債権の差押えをした後は、抵当不動産の賃借人は、抵当権設定登記の後に賃貸人に対して取得した債権を自働債権とする賃料債権との相殺をもって、抵当権者に対抗することはできない」と述べ、抵当権者優先を導き出した結論自体は正当であるものの、同最判が、「抵当権設定登記」を基準とし、第三債務者たる賃借人が抵当権設定登記前に自働債権を取得した場合には、相殺権行使＝相殺の意思表示（民法506条）をしなくても、常に賃借人が優先するという解釈には賛成できない。「抵当権設定登記」は、物上代位権の「第三債務者」に対する公示にはなり得ないからである。物上代位権の「第三債務者（賃借人）」に対する公示は、「差押え」（民法304条1項ただし書）であり、❶たとえ、第三債務者が抵当権設定登記前に自働債権を取得したとしても、相殺権を行使する前に抵当権者が物上代位権を行使し、代位目的債権（賃料債権）を差し押さえた場合には、抵当権者が優先する一方、❷たとえ、第三債務者が抵当権設定登記後に自働債権を取得したとしても、抵当権者が物上代位権に基づく差押えを行う前に、第三債務者が相殺権を行使すれば、第三債務者たる賃借人の相殺が優先するのである。

　以上、私見と最判平成13年は、上記❷については同じ結論となるが、上記

❶については決定的に異なる。この差異は、物上代位権の公示方法について考えるに際し、私見が、債権質権（民法364条・467条）の場合と同様、「第三債務者」に対する公示と「第三債務者以外の第三者」に対する公示を峻別するのに対し、最判平成13年が、この峻別をしていな点にある。しかるに、最判平成21年は、担保不動産収益執行と相殺との優劣に関し、同13年の論理を当然の前提としたのである。よって、最判平成21年の論理を批判しなければならない。

七　担保不動産収益執行と相殺との優劣

　前述のように、最判平成13年の事案は、結局、賃料債権の優先的掴取をめぐる抵当権者（物上代位権者）と第三債務者（賃借人）との競合問題であり、事案解決のためには、①賃料債権に対する物上代位権の発生時期はいつか、②賃借人に対する物上代位権の公示は何か、を明確にする必要があった。そして、同13年は、①につき、物上代位権は、「差押え」を条件として、「抵当権設定登記時に設定され、かつ、対抗要件を備えた質権となるような権利」であり、②につき、賃借人という第三債務者に対しても、物上代位権の公示は抵当権設定登記であるとしたのである。

　すなわち、最判平成13年は、物上代位権につき、「差押え」がなければ発生しない一方、「差押え」がなされると、抵当権設定登記時に発生（成立）し、同時に「第三債務者を含むすべての第三者」に対する対抗要件を具備した質権のような権利となる、と考えているため、「抵当権設定登記」が、物上代位権と相殺権との優劣基準となると解したのである。それゆえ、自働債権が抵当権設定登記前に取得されている場合には、第三債務者が相殺の意思表示をする前に、たとえ物上代位権に基づく差押えがなされても、差押え前においては、もともと物上代位権は発生しておらず、その効力が生じていなかったと解するから、第三債務者の相殺権の期待こそが保護されるべきであると考えているのである[37]。

　このように、自働債権の取得時期が抵当権設定登記前であれば、相殺権者は、相殺権を行使しなくとも、相殺が完全に優先する、換言すれば、賃借人は、抵当権設定登記前に自働債権を取得してさえいれば、たとえ物上代位権

者が代位目的債権（賃料債権）を差し押さえたとしても、相殺権者が優先するというのが最判平成13年であり、この最判を引用したのが最判平成21年である。すなわち、最判平成21年は、抵当権設定登記の前に、第三債務者たる賃借人が自働債権（保証金返還請求権）を取得していた事案について、賃借人の相殺優先を判示したのである。その論理は、以下のとおりである。

　ⓐ「被担保債権について不履行があったときは、抵当権の効力は担保不動産の収益（賃料）に及ぶ（民法371条・民事執行法188条・同93条2項）」、ⓑ「抵当権の効力が賃料に及ぶことは、抵当権設定登記によって公示されている」と述べ、以上の2点を理由として、ⓒ「賃借人が抵当権設定登記の前に取得した自働債権については、賃料債権（受働債権）と相殺することに対する賃借人の期待が、抵当権の効力に優先して保護されるべきである（最判平成13年を引用）」と述べ、ⓓ「担保不動産の賃借人は、抵当権に基づく担保不動産収益執行の開始決定の効力が生じた後においても、抵当権設定登記の前に取得した賃貸人に対する債権を自働債権とし、賃料債権を受働債権とする相殺をもって管理人に対抗することができる」と結論付けたわけである。

　担保不動産収益執行による場合、抵当権の効力が賃料債権に及ぶのは、債務不履行時であり、これは民法371条が明定するところであるから、上記ⓐについて異論は存しないであろう。

　問題は上記ⓑである。賃料という法定果実は、抵当目的物の価値の一部が具現化したものであるから、抵当権の効力が賃料に及ぶことは、抵当権設定登記により公示されているのは確かであるが、その公示の対象はあくまでも、「第三債務者を除いた第三者一般」と考えるべきである。他方、物上代位権に基づく「差押え」に相当するのは、「担保不動産収益執行の開始決定」であり、執行裁判所により「担保不動産収益執行の開始決定」（民事執行法188条・同93条1項）がなされると、その効力は、第三債務者に送達された時に生じ（民事執行法188条・同93条4項）、これにより、「第三債務者」たる賃借人は、法定果実である賃料債権上に、優先権たる抵当権の効力が及んでいることを直接知らされるのである。したがって、担保不動産収益執行における抵当権の「第三債務者」に対する公示は、「担保不動産収益執行の開始決定」と解しなければならない。このように解すれば、最判平成21年が上記ⓑにお

いて述べる「抵当権設定登記」は、抵当権の「第三者」に対する公示になり得ても、「第三債務者」に対する公示にはなり得ないのである。

　したがって、上記ⓓの「担保不動産の賃借人は、抵当権に基づく担保不動産収益執行の開始決定の効力が生じた後においても、抵当権設定登記の前に取得した賃貸人に対する債権を自働債権とし、賃料債権を受働債権とする相殺をもって管理人に対抗することができる」という結論付けは極めて不当ということになる。むしろ、上記ⓓの結論は、「担保不動産の賃借人は、抵当権に基づく担保不動産収益執行の開始決定の効力が生じた後においては、その効力が生じる前に相殺の意思表示を行った場合を除き、抵当権設定登記の前に取得した賃貸人に対する債権を自働債権とし、賃料債権を受働債権とする相殺をもって管理人に対抗することができない」と結論付けるべきであった。なぜなら、担保不動産収益執行開始決定の送達（物上代位権に基づく差押えに相当）によって、賃借人（第三債務者）は、賃料債権上に抵当権という優先権が付着していることを直接公示されるので、その送達の前に受働債権たる賃料債権を相殺により消滅させた場合（賃料の弁済に相当）を除き、たとえ自働債権の取得時期が抵当権設定登記の前であっても、同債権と受働債権（賃料債権）を相殺することはできないからである。つまり、賃借人は、担保不動産収益執行開始決定の送達により賃料債権上に抵当権（優先権）が存在することを知った後は、同債権の消滅をもたらすような相殺を行うことは、優先権の侵害となるからである（民法481条参照）。

　さらに、最判平成21年が同13年を引用していることも不当である。なぜなら、最判平成13年は、物上代位権＝抵当権の効力について、「差押え」を条件としてその効力が賃料債権上に及ぶと解しているからである。その見解を最判平成21年に当てはめると、担保不動産収益執行の開始決定（物上代位権に基づく差押えに相当）を条件として、抵当権の効力が賃料債権に及ぶ、つまり、担保不動産収益執行の開始決定がなければ、抵当権の効力は賃料債権には及ばないということになるからである。しかし、このような解釈は、抵当権の効力が、「債務不履行」時から賃料債権上に抵当権の効力が及ぶことを定めた民法371条に抵触する。民法371条によれば、担保不動産収益執行の開始決定がなくとも、それ以前の「債務不履行」時から抵当権の効力は、賃

料債権（法定果実）に及んでいるからである。本来、最判平成13年において
も、物上代位権は「差押え」を条件として賃料債権上に及ぶのではなく、民
法304条1項本文に基づき、「債務不履行」時からすでに物上代位権＝抵当権
の効力が潜在的に及んでおり、同304条1項ただし書に基づく「差押え」に
より、その効力が「債務不履行」時に遡及的に具現化すると解すべきだった
のである。

　以上から、最判平成21年の事案では、賃借人は、自働債権を抵当権設定登
記前に取得しているが、「担保不動産収益執行開始決定」の後に相殺の意思
表示をしているため、その相殺をもって抵当権者に対抗することはできない
のであり、担保不動産収益執行の管理人にも対抗することはできないのであ
る。賃借人が優先するのは、「担保不動産収益執行開始決定」の前に相殺の
意思表示をしていた場合に限られる、というのが正確な解釈である。

八　結　語

　最判平成21年の事案は、賃料債権の優先的掴取をめぐり、担保不動産収益
執行の管理人と賃借人が争ったものであり、抵当権者と賃借人が賃料債権の
優先的掴取を争った同13年の事案と紛争の基本的枠組みは同じである。いず
れも、第三債務者たる賃借人が、抵当権（物上代位権）の効力が及んでいる
賃料債権を受働債権とする相殺を主張しているからである。かかる事案を解
決するためには、①賃料債権上にいつから抵当権（物上代位権）の効力が及
んでいるのか、②賃料債権に付着した抵当権（物上代位権）の賃借人（第三
債務者）に対する公示は何なのか、という問題を正確に理解することが必要
である。

　最判平成13年は、①差押えにより、抵当権（物上代位権）の効力は賃料債
権に及ぶとし、②物上代位権の賃借人に対する公示は、抵当権設定登記であ
ると判示した。そのため、③賃借人が、抵当権設定登記後に自働債権を取得
した場合には、物上代位権の行使としての差押えのされる前を除き（民法
304条1項ただし書）、相殺をもって抵当権者に対抗できないと解した。そし
て、この反対解釈として、④抵当権設定登記前に自働債権を取得した場合に
は、抵当権者が物上代位権に基づく差押えを行ったとしても、賃借人が優先

すると解した。そして、最判平成21年は、まさに賃借人が、抵当権設定登記
前に自働債権を取得し、担保不動産収益執行開始決定の後に相殺の意思表示
をした事案であり、同13年をそのまま引用し、賃借人優先を判示したのであ
る。

　しかし、担保不動産収益執行の場合、その開始決定がなくても、賃貸人の
「債務不履行」時から賃料債権にすでに抵当権の効力が及んでいるから（民
法371条）、最判平成13年が述べる上記①「差押えにより物上代位権が賃料債
権に及ぶ」という説示とは整合しない。前述したように、物上代位権は、
「債務不履行」時から賃料債権にすでに及んでおり（民法304条 1 項本文）、
「差押え」は、物上代位権の付着した賃料債権（代位目的債権）に対する権利
行使の要件にすぎないと解すべきである。このように解すれば、民法372
条・304条 1 項本文に定める物上代位権と民法371条に定める抵当権の効力発
生時期が整合するのである。

　次に、最判平成13年が述べる上記②「物上代位権の賃借人に対する公示は、
抵当権設定登記である」という説示は、「第三者」と「第三債務者」を峻別
していない点において決定的な誤りを犯している。なぜなら、物上代位権を
抵当権者に付与した場合（民法304条 1 項本文）、抵当目的物の価値代替物と
して発生した債権（代位目的債権）の債務者である「第三債務者」は、物上
代位権者に直接の弁済義務を負うことになり、この「第三債務者」の二重弁
済の危険を防止するために設けられたのが、民法304条 1 項ただし書の「差
押え」であり、それゆえ、物上代位権の「第三債務者」に対する公示は、
「差押え」でなければならないからである。

　そして、この「差押え」に相当するのが、担保不動産収益執行の場合、
「担保不動産収益執行開始決定」である。したがって、最判平成21年が、同
13年の上記②と同様、「抵当権の効力が賃料債権に及ぶことは、抵当権設定
登記によって公示されている」と説示したことは、「第三者」についての説
示としては妥当であっても、「第三債務者」（賃借人）についての説示として
は不当である。そのため、物上代位権の賃借人に対する公示が「抵当権設定
登記」であることを前提とする、最判平成13年の上記③および④の解釈も
誤っており、これらの解釈を前提とする同21年の説示も誤っていることにな

る。

最判平成21年の事案では、第三債務者である賃借人に対する抵当権の公示
は、「担保不動産収益執行開始決定」であり、この開始決定の送達（民事執
行法188条・同93条４項）により、抵当権の存在を知った賃借人は、もはや相
殺をもって抵当権者（担保不動産管理人）に対抗できないことになろう。受
働債権たる賃料債権上に、「債務不履行」時から抵当権が付着しているから
である（民法371条・民事執行法93条２項）。ただし、賃借人は、「担保不動産
収益執行開始決定」の送達前に、相殺の意思表示を行っていれば、物上代位
権に基づく「差押え」の送達前の相殺と同様、賃借人が優先することになる。

結局、最判平成21年は、同13年の誤った論理を前提としたため、担保不動
産収益執行を弱化する結論を導き出したのである。他方、最判平成13年の論
理の誤りは、①物上代位権の発生時期と②物上代位権の「第三債務者」に対
する公示についての解釈を誤ったことにある。その原因は、民法304条１項
本文と同ただし書の関係を正確に理解しなかったことにある。

賃料債権に対する抵当権の物上代位権は、「差押え」により発生するので
はなく、「債務不履行」時からすでに潜在的に発生（成立）しており（民法
304条１項本文。だから、その賃料債権を「物上代位の目的債権」と称するのであ
る）、そのような物上代位権の付着した債権（代位目的債権）に対する「差押
え」が物上代位権の行使である（民法304条１項ただし書）。これが、民法304
条１項の基本構造である。そして、この「差押え」の趣旨は、物上代位権の
発生により物上代位権者に直接の弁済義務を負う「第三債務者」の二重弁済
の危険を防止することにあり（民法467条１項の「通知・承諾」と同趣旨であ
る）、民法304条１項ただし書が存在するため、今や、第三債務者の二重弁済
の危険は完全に消失している、と考えるのが第三債務者保護説である。この
ような解釈視点に立てば、物上代位権の公示方法についても、「第三債務者」
と「第三債務者以外の第三者」を峻別すべきことを見い出すことができ、物
上代位をめぐる諸問題を容易に解決することができよう。

⑴　民法304条１項本文所定の事由に基づき、物上代位の目的債権（代位目的債
　権）上に抵当権の効力（＝物上代位権の効力）が及ぶことになり、同債権上に

抵当権（＝物上代位権）という優先権が付着しているため、第三債務者は、本来、抵当権者（＝物上代位権者）に代位目的物たる金銭を支払わなければならない。この段階において、第三債務者は二重弁済の危険に陥るのである。そこで、このような二重弁済の危険を防止するために設けられたのが、民法304条1項ただし書であり、同項ただし書に定める「差押え」である（その趣旨は、指名債権譲渡の債務者に対する対抗要件について規定する民法467条1項の「通知・承諾」と同じであり、この「通知・承諾」の趣旨が、債務者の二重弁済の危険の防止であることに異論は存しない）。すなわち、担保権者に物上代位権を付与し、担保権者を保護する304条1項本文だけしか存在しなければ、第三債務者は必ず二重弁済の危険に陥るのであり、そのような二重弁済の危険から第三債務者を保護しているのが、同項ただし書である。以上が、民法304条1項が定める物上代位制度の基本構造である。したがって、第三債務者の二重弁済の危険を否定する見解は、物上代位の基本構造を理解していない見解である（清原泰司「保険金請求権に対する質権と抵当権に基づく物上代位権の優劣」南山法学35巻1号57頁の注19）〔2011年〕参照）。

(2)　清原泰司「抵当権の物上代位と相殺の優劣―最高裁平成13年3月13日判決をめぐって―」市民と法10号7頁（2001年）、同「判批」銀行法務21・592号81頁（2001年）、同「動産売買先取特権の物上代位論―相殺との優劣を通して―」南山法学32巻3・4号70頁以下（2009年）。

(3)　清原泰司「担保不動産収益執行開始決定後の賃料債権と保証金返還請求権との相殺」清水元ほか編『財産法の新動向』141頁以下（信山社、2012年）。

(4)　梅謙次郎博士は、民法371条について、「前条（抵当不動産の付加一体物に対する抵当権の効力について定めた民法370条―筆者注）ノ規定ハ通常ノ場合ニハ極メテ穏当ナリト雖モ若シ之ヲ果実ニ適用スルトキハ頗ル不当ナル結果ヲ生スヘシ他ナシ抵当権ハ素ト所有者カ不動産ノ使用、収益ヲ為スコトヲ妨ケサルモノナリ然ルニ抵当権カ果実ニモ及フモノトセハ所有者ハ到底不動産ノ収益ヲ為スコト能ハス故ニ本条ニ於テハ前条ノ規定ヲ果実ニ適用セサルコトヲ定メタリ」（梅謙次郎『訂正増補　民法要義　巻之二物権編』513頁〔1911年〕）と述べ、民法371条が同370条を受けた規定であることを述べ、また、民法304条について、「本条ハ先取特権カ其目的物ニ代ハルヘキ債権ノ上ニモ存在スヘキコトヲ定メタルモノナリ……先取特権ノ目的物ヲ賃貸シタル場合ニ於テハ其借賃ハ物ノ使用ノ対価ニシテ苟モ先取特権カ其物ニ付テ存スル以上ハ其物ヲ使用スルヨリ生スル所ノ対価ニ付テモ亦之ヲ行フコトヲ得ルハ實ニ至当ト謂ハサルコトヲ得ス」（梅・前掲書327頁以下）と述べ、「賃料」が先取特権の目的物の価値代表物であることを述べる。さらに、民法372条について、「先取特権ニ関スル第三百四条ハ担保カ其目的物ヲ代表スヘキ金銭其他ノ物ニ及フヘキコトヲ定メ……是等ノ規定ハ抵当権ニ付テモ亦同シカラサルコトヲ得サル所ナリ」（梅・前掲書513頁）と述べ、抵当目的物の価値代表物である「賃料」が、物上代位権の客体となることを明言している。

(5) 我妻榮『新訂 担保物権法（民法講義Ⅲ）』275頁（岩波書店、1968年）、柚木馨・高木多喜男『担保物権法〔新版〕』271頁（有斐閣、1973年）。

(6) 柚木馨編『注釈民法(9)〔増補補訂版〕』48頁〔西沢修〕（有斐閣、1982年）、鈴木禄弥『物権法講義〔四訂版〕』200頁（創文社、1994年）、高木多喜男『担保物権法』121頁（有斐閣、1984年）など。

(7) 鈴木・前掲注(6)200頁、高木・前掲注(6)121頁。

(8) 我妻・前掲注(5)281頁。

(9) 「価値代替物」という概念は、担保目的物の物理的滅失・損傷の場合だけでなく、経済的公平の観点からも認められる広い概念であることについて、清原泰司「転貸料債権に対する抵当権の物上代位(1)」桃山法学4号6頁以下（2004年）参照。

(10) 賃料債権に対する物上代位権の発生時期については、清原・前掲注(9)7頁以下も参照。

(11) 「担保不動産収益執行」制度創設の経緯については、谷口園恵・筒井健夫ほか「担保物権及び民事執行制度の改善のための民法等の一部を改正する法律の解説(4)」NBL772号44頁以下（2003年）、谷口園恵・筒井健夫編著『改正 担保・執行法の解説』51頁以下（商事法務、2004年）、道垣内弘人・山本和彦ほか『新しい担保・執行制度〔補訂版〕』35頁以下〔道垣内弘人〕（有斐閣、2004年）、小林秀之編『Q&A改正担保・執行法の徹底解説』42頁以下〔原強〕（中央経済社、2004年）、山野目章夫「要項の概要―主として担保法性に関する事項―」金融法務事情1667号7頁以下（2003年）、松岡久和「担保・執行法改正の概要と問題点(上)―担保法に関わる部分を中心に―」金融法務事情1687号19頁以下（2003年）、近江幸治「新しい担保法制の意義と展望」金融・商事判例1186号10頁以下（2004年）、進士肇・稲田博志「担保不動産収益執行制度の概要とその問題点」金融・商事判例1186号38頁以下（2004年）など参照。

(12) 道垣内教授は、平成15年の民法371条の改正について、「同改正は、直接には後に述べる担保不動産収益執行に対して実体法上の根拠を与えることを目的とするものであり、物上代位の肯否には影響を与えるものではないともいえる。しかし、抵当権の性質を根拠にして賃料債権に対する物上代位権を否定することはもはや素直ではないであろう」（道垣内弘人『担保物権法〔第3版〕』147頁以下（有斐閣、2008年）と述べる。

　民法371条は、その改正経緯からも担保不動産収益執行の実体法上の根拠にすぎず、「賃料」に対する抵当権の物上代位権の肯否とは何ら関係がないとする点には賛成するが、「賃料」に対する抵当権の物上代位権を否定することは素直ではない、という見解には賛成できない。むしろ、「賃料」に対する抵当権の物上代位権を肯定することが抵当権の本質に合致すると考えるべきである。

(13) 改正民法371条につき、「抵当権の本質が変容したと見るべきかどうかは、これから学説が丁寧に検討するべき学理的論点である」（山野目・前掲注(11)7頁～8頁）とか、「抵当権が価値権ないし、非占有担保権であるという伝統的な考え

方から改正法が一歩踏み出したことは事実である」（松岡・前掲注⑾21頁、同旨、
進士・稲田・前掲注⑾40頁）という評価がなされている。

　　しかし、債務不履行があれば、抵当権の実行が可能となり、抵当権設定者の
抵当目的物に対する使用・収益権限が制限されるのであるから、抵当権の非占
有担保性は、債務不履行時までであり、その時点以降は、「果実」に対し抵当権
の効力が及ぶと解することは、むしろ、抵当権の本質にも合致すると考えるべ
きである。

⑷　谷口ほか・前掲注⑾ NBL45頁、同『改正　担保・執行法の解説』54頁、進
　士・稲田・前掲注⑾44頁、小池一利「改正民事執行法・規則と東京地方裁判所
　執行部の運用イメージ」判例タイムズ1135号38頁の※34および※35（2004年）。

⑸　最判平成21年の評釈として、以下の論考がある。生熊長幸「判批」民商法雑
　誌141巻4・5号485頁（2010年）、同・ジュリスト1398号87頁（2010年）、藤澤
　治奈「判批」法学教室353号別冊「判例セレクト」2009〔1〕16頁（2010年）、
　同「判批」立教法務研究3号133頁（2010年）、吉永一行「判批」法学セミナー
　663号120頁（2010年）、石毛和夫「判批」銀行法務21・59頁（2010年）、上河内
　千香子「判批」金融・商事判例1341号8頁（2010年）、西杉英将・鈴木尚太「判
　批」民事研修（みんけん）640号17頁（2010年）、菱田雄郷「判批」判例評論617
　号188頁（2010年）、深川裕佳「判批」法例時報82巻8号114頁（2010年）、内山
　衛次「判批」法律時報別冊「私法判例リマークス」41号126頁（2010年）、松岡
　久和「判批」現代民事判例研究会編『民事判例Ⅰ—2010年前期』168頁（日本評
　論社、2010年）、渡辺森児「判批」法学研究83巻6号97頁（2010年）、新井剛
　「判批」独協ロー・ジャーナル6号31頁（2011年）、田中秀幸「判解」法曹時報
　64巻8号111頁（2012年）。これらの論考のほとんどが、残念ながら、最判平成
　21年の結論に賛成している。

⑹　中村隆次・野田恵司ほか「担保不動産の収益執行の諸問題」判タ1319号7頁、
　9頁（2010年）。

⑺　道垣内弘人・山本和彦ほか・前掲注⑾46頁〔道垣内〕（有斐閣、2004年）。

⑻　西杉・鈴木・前掲注⑸29頁。

⑼　最判平成13年が、物上代位権に基づく差押え前の賃借人の相殺は何ら制限さ
　れないと述べたことについて、「最高裁は、差押え前の賃料債権処分は物上代位
　に対抗できないとした前掲最判平10・1・30（債権譲渡の事例）とは異なり、
　差押え前の賃料債権処分の有効性を認める点で、登記時基準説のバリーエー
　ションである二段階基準説を採用するものとも解されるが、平成10年判決との
　整合性に問題を残す」（松岡久和「物上代位」鎌田薫ほか編『民事法Ⅱ〔第2
　版〕』80頁（日本評論社、2010年）という見解がある。

　　しかし、この見解には賛成できない。なぜなら、最判平成13年は、物上代位
権に基づく差押えの前＝物上代位権行使の前に、相殺により受働債権たる代位
目的債権（賃料債権）が消滅すれば、それは民法304条1項ただし書の「払渡し
又は引渡し」に該当するから、「相殺の効力は何ら制限されない」と当然の事理

を述べているだけだからである。したがって、最判平成10年は、松岡教授の提
唱する二段階基準説を採用したわけではく、単に民法304条1項ただし書を適用
しているだけである。また、最判平成10年の事案では、物上代位権に基づく差
押え前において、代位目的債権（賃料債権）が譲渡されただけなので、その譲
渡は、同項ただし書の「払渡し又は引渡し」には該当せず、未だ代位目的債権
が消滅していないため、最判平成10年は、債権譲渡が物上代位権に対抗できな
いと判示したのである。最判平成10年も、第三債務者が「現実の弁済」をして
いれば、民法304条1項ただし書の適用により代位目的債権が消滅し、抵当権者
は、もはや物上代位権を行使できないということを明言している。すなわち、
最判平成13年も最判平成10年もともに、物上代位権の行使前＝代位目的債権の
差押え前に、第三債務者が代位目的債権を消滅させれば、その債権消滅行為は
有効であり、物上代位権に対抗できると述べており、この問題に関し、両最高
裁判決は完全に整合しているのである。

　　また、松岡教授は、最判平成13年につき、「差押え前の賃料債権処分の有効性
を認める点で」、二段階基準説を採用したと述べているが、相殺は、第三債務者
（賃借人）がその一方的意思表示をもってする第三債務者の権利であり、債務者
（賃貸人）が行う処分ではない（杉原則彦「判解」『最高裁判所判例解説　民事
篇　平成13年度(上)』265頁［法曹会、2004年］）から、二段階基準説を採用して
いるのではない。最判平成13年は、単純に、物上代位権を行使していない抵当
権者に対して、第三債務者は相殺をもって対抗することができる、という当然
の事理を述べているにすぎない。

⑳　民法372条立法の沿革と趣旨については、清原・前掲注(9)4頁以下（2004年）。

㉑　清原泰司『物上代位の法理』56頁（民事法研究会、1997年）。

㉒　高木多喜男『担保物権法［第4版］』138頁以下（有斐閣、2005年）、内田貴
　『民法Ⅲ［第2版］債権総論・担保物権』407頁（東京大学出版会、2005年）、道
　垣内弘人『担保物権法［第3版］』143頁以下（有斐閣、2008年）、安永正昭『講
　義　物権・担保物権法』260頁（有斐閣、2009年）など。

㉓　日本民法の起草過程において、独仏両国では法理論的には問題があるとされ、
　実際上の便宜から、保険金に対する物上代位が肯定されており、日本民法もそ
　れと同趣旨から肯定する旨が議論されている（清原・前掲注㉑13頁、43頁の注
　(10)および44頁の注(12)参照）。また、ドイツにおいては、物上代位について種々の
　理論構成がなされたが、法理論的な説明は困難であり、結局、抵当権者保護の
　法政策的要請に基づいて認められたということである（清原・前掲注㉑202頁参
　照）。他方、アメリカでは、原則として抵当権（mortgage）の物上代位は認め
　られていないが、抵当権者保護（mortgagee）保護のための種々の保険契約が
　発達している（清原・前掲注㉑218頁以下参照）。

㉔　梅博士は、民法304条に定める価値代表物（価値代替物）ついて次のように説
　明する。

　　「債務者カ先取特権ノ目的物ヲ売却シタル場合ニ於テハ其代金ハ其物ヲ代表ス

ルモノト云フモ可ナリ……又債務者カ先取特権ノ目的物ヲ賃貸シタル場合ニ於テハ其借賃ハ物ノ使用ノ対価ニシテ苟モ先取特権カ其物ニ付テ存スル以上ハ其物ヲ使用スルヨリ生スル所ノ対価ニ付テモ亦之ヲ行フコトヲ得ルハ實ニ至当ト謂ハサルコトヲ得ス其物ニ付キ地上権、永小作権等ヲ設定シタルトキ亦同シ（二項）又第三者カ先取特権ノ目的物ヲ毀滅シ若クハ損傷シタルニ因リ債務者ニ対シテ損害賠償ヲ払フヘキ場合ニ於テハ其賠償ハ主トシテ滅失シタル物又ハ毀損シタル部分ノ代表スルモノニシテ其上ニ先取特権ヲ行フコトヲ得ルハ亦当然ナルカ如シ亦先取特権ノ目的物ヲ保険ニ付シタル場合ニ於テ其物ノ滅失シタルニ因リ債務者カ保険者ヨリ保険金ヲ受取ルヘキトキハ其保険金モ亦主トシテ保険物ヲ代表スルモノナルカ故ニ其上ニ先取特権ヲ行フコトヲ得ルハ亦当然ナリトス以上ノ理由ニ因リ本条ニ定メタル各種ノ場合ニ於テ先取特権カ其目的物ニ代ハル債権ノ上ニ存スルモノトスルハ固ヨリ至当ナリト雖モ是元来便宜法ニシテ特ニ先取特権者ヲ保護センカ為メニ設ケタル規定ナリ」（梅・前掲注(4)327頁以下）と述べ、「賃料」も、「保険金」も、先取特権者（物上代位権者）保護のために価値代表物として認められているとする。

(25)　清原泰司「物上代位論―二つの最高裁判決を素材として―」桃山法学 2 号19頁（2003年）、同・前掲注(9)35頁の注(16)。

(26)　例えば、高木多喜男教授は、「最近、物上代位にも、二種類のものがあることが指摘されるようになった」（高木・前掲注22）138頁）と述べ、民法304は「代替的ないし代償的物上代位については、抵当物件以外の価値に抵当権が及ぶとする実体法的な性格を有する根拠規定としての性格を持っている。これに対して、……平成15年改正法により、賃料（法定果実）について、債務不履行後は、抵当権の効力が及ぶと、明文（371条）で定められ、その結果、304条は、賃料については、抵当物件自体以外の価値（法定果実）に抵当権の効力が及ぶとする根拠規定の性格を失ってしまった。その結果として、賃料（法定果実）に対する物上代位規定は、物上代位規定が定める債権差押えによる簡易な回収方法（担保不動産収益執行とは別に）の途をこれまで通り認めるという執行手続規定としての性格を帯びることになった。実体法の次元では、371条と304条を統一的に体系づけることはできないことになった。また、代替的ないし代償的物上代位については、抵当債務者の債務不履行前にも、また304条 1 項ただし書の差押え前にも代替物ないし代償物に抵当権の効力が及んでいるのに対し、賃料債権については、差押え後に抵当権の効力が及ぶとするのが最高裁判例（最判平13・ 3 ・13民集55巻 2 号363頁）であり、既に両者の相違は、この点において、示されていた。しかし、平成15年改正法後の371条は、抵当債務者の債務不履行後は抵当権の効力は賃料（法定果実）に及ぶとしており、両者の相違は、法文によって明確になった」（高木・前掲注22）139頁）と述べている。

　　しかし、私見のように、「賃料」も代替的ないし代償的物上代位の一つであり、抵当権の非占有担保性から、代替物（代償物）になるのが「債務不履行」時と考えれば、民法304条と民法371条を統一的に体系づけることができ、「賃料」に

対する物上代位権の実体法上の根拠規定は、依然として民法304条のままである
と考えることができる。また、保険金等の価値代替物に対する物上代位権は、
債務不履行前、つまり民法304条 1 項本文所定の事由により発生しているが、
「賃料」については、抵当権の非占有担保性に鑑み、「債務不履行」時から抵当
不動産の価値代替物となるから、それに対する物上代位権も、「債務不履行」時
に発生する（効力を生ずる）と解すべきことになる。要は、「賃料」が、いつ、
抵当目的物の価値代替物となるか、という問題である。

　したがって、高木教授や最判平成13年が述べるように、「賃料債権については、
差押え後に抵当権の効力が及ぶ」ということにはならない。そのような理解は、
同じく賃料債権に対する抵当権の物上代位が問題となった最判平成10年にも反
するからである。最判平成10年は、「差押え」前に物上代位権がすでに発生して
いることを前提として、つまり「債務不履行」時に物上代位権が賃料債権上に
付着していることを前提として（最判平成10年の事案は、債務者の倒産後、賃
料債権譲渡が行われた事案である）、抵当権者が、適正に物上代位権を行使し、
当該賃料債権を差し押さえたからこそ、その「差押え」前に第三者対抗要件を
具備した賃料債権譲受人に優先すると判示したのである。

(27)　我妻榮『新訂　担保物権法（民法講義Ⅲ）』281頁（岩波書店、1968年）。

(28)　民法372条・同304条の解釈として、債務不履行前に発生している未払賃料債
　　権について、物上代位権行使が許されると解する一方、それは、担保収益執行
　　の対象とならないとして、民法372条と同371条が規律する抵当権の効力の差異
　　を指摘する見解が多い（中野貞一郎『民事執行法［増補新訂五版］』658頁の注
　　(20)（青林書院、2006年）、松岡・前掲注(19)75頁、遠藤功「不動産およびその付加
　　一体物・代位物」佐藤歳二・山野目章夫・山本和彦編『新担保・執行法講座
　　〈第 3 巻〉』23頁（民事法研究会、2010年））。

　　　しかし、抵当権の非占有担保性に鑑み、債務不履行前に発生した賃料債権に
　　対しては抵当権の効力（物上代位権）は及ばないのであり、民法372条と同371
　　条はともに、債務不履行後の賃料に対し抵当権の効力が及ぶことを規定してお
　　り、両条の間には差異がないと解すべきである。

(29)　「差押え」の趣旨に関する優先権保全説の論者は、「不動産上の抵当権の公示
　　方法（抵当権設定登記）が、債権の上の優先権の公示方法となるという点や、
　　物上代位の目的債権が火災保険金請求権の場合のように、抵当権の目的不動産
　　が滅失し、実体的に無効となった登記をなお債権の上の優先権の公示方法とし
　　て認めようとする点など、理論的に問題が多い」（生熊長幸『わかりやすい民事
　　執行法・民事保全法』267頁（成文堂、2006年））として、第三債務者保護説を
　　批判する。しかし、物上代位権の目的債権、すなわち物上代位権（抵当権）が
　　付着した賃料債権や火災保険金請求権は、抵当不動産の価値代替物であり、抵
　　当不動産の価値そのものを体現しており、抵当不動産と同視すべきものである
　　と考えるから、抵当不動産自体の公示により物上代位権も公示されると考える
　　のである。このように考え、法制化されたのが物上代位制度であり、理論的な

問題は、すでに法律によって克服され、解決されているのである。だからこそ、諸国の立法例では、物上代位権が目的物に及ぶ場合の優先順位は、担保権本来の順位に従うとされているのである（清原・前掲注(21)55頁以下参照）。

(30)　民法304条立法の沿革を検証し、ボアソナード博士が、同条の淵源であるボアソナード民法草案1638条（フランス語原文では1138条）1項ただし書にいう「異議（opposition）」の趣旨が第三債務者保護にあることを指摘した吉野衛判事（当時）は、「物上代位権は、差押えによって、その時にはじめて成立するわけではない」（吉野衛「物上代位に関する基礎的考察(下)」金法971号7頁（1981年）と実に正当に指摘している。もっとも、吉野判事は、抵当権の物上代位権行使と債権譲渡との優劣問題に関し、債権譲渡が、民法304条1項ただし書の「払渡し又は引渡し」に含まれると解し、債権譲受人優先の結論を支持する。しかし、最判平成10年も指摘しているように、債権譲渡は、「払渡し又は引渡し」に含まれないと解すべきである（私見と吉野説との差異については、清原・前掲注(21)281頁、同・前掲注(1)60頁の注(28)参照）。

(31)　杉原・前掲注(19)263頁。

(32)　杉原・前掲注(19)267頁。杉原調査官は、同様のことを随所で述べている（杉原・前掲注(19)269頁）。

しかし、物上代位権は、差押えを条件として代位物の上に及ぶのではなく、差押え前から、代位物の上にすでに及んでいるのである。だからこそ、「代位物」＝「物上代位権の目的物」と称するのである。すなわち、「差押え」は、民法304条1項本文の所定の事由にすでに潜在的に成立している物上代位権の行使要件であり、第三債務者に対する物上代位権の効力保存要件である。

(33)　杉原・前掲注(19)266頁。

(34)　生熊長幸『物上代位と収益管理』281頁（有斐閣、2003年）、内山・前掲注(15)129頁。

(35)　杉原・前掲注(19)266頁。

(36)　杉原・前掲注(19)267頁。

(37)　杉原・前掲注(19)269頁以下。

第3章　先取特権の物上代位

第1節　動産売買先取特権の物上代位権行使と代位目的債権譲渡との優劣

一　問題の背景と所在

バブル経済崩壊後の20世紀末から21世紀初頭にかけて、最高裁は、抵当権の物上代位に関し相次いで新しい判断を示した。

① 　賃料債権に対する抵当権の物上代位権行使と同債権譲渡の優劣に関する最高裁（第二小法廷）平成10年1月30日判決（民集52巻1号1頁）——抵当権設定登記が賃料債権譲渡の対抗要件具備に先行しているとして、抵当権者優先を判示した。

② 　同上の優劣に関する最高裁（第三小法廷）平成10年2月10日判決（裁判集民事187号47頁）——①判決と同様、抵当権者優先を判示した。

③ 　賃料債権に対する抵当権の物上代位権行使と同債権に対する一般債権者の差押えの優劣に関する最高裁（第一小法廷）平成10年3月26日判決（民集52巻2号483頁）——一般債権者の差押えが抵当権設定登記に先行しているとして、一般債権者優先を判示した。

④ 　転貸料債権に対する抵当権の物上代位権行使の可否に関する最高裁（第二小法廷）平成12年4月14日決定（民集54巻4号1552頁）——転貸料債権に対する抵当権の物上代位権行使を原則的に否定した。ただし、差戻審の東京高裁平成12年9月7日決定（金融法務事情1594号99頁）において、賃借人と賃貸人の同一性が認定され、物上代位権行使が肯定された。

⑤ 　賃料債権に対する抵当権の物上代位権行使と賃借人の保証金返還請求権を自働債権とする相殺の優劣に関する最高裁（第三小法廷）平成13年3月13日判決（民集55巻2号363頁）——抵当権設定登記後に取得した債権（保証金返還請求権）を自働債権とする賃料債権（受働債権）との相殺

は、抵当権者に対抗できないとして、抵当権者優先を判示した。

⑥　建物移転補償金債権に対する抵当権の物上代位権行使と同債権に対する一般債権者の転付命令取得の優劣に関する最高裁（第三小法廷）平成14年3月12日判決（民集56巻3号555頁）——抵当権の物上代位権に基づく差押え前に、一般債権者が建物移転補償金債権に対する転付命令が取得したとして、一般債権者優先を判示した。

⑦　賃料債権に対する抵当権の物上代位権行使と賃借人の敷金返還請求権との相殺の優劣に関する最高裁（第一小法廷）平成14年3月28日判決（民集56巻3号689頁）——賃料債権に対する抵当権の物上代位権行使後に、賃貸借契約が解約され目的物が明渡された場合、敷金は未払い賃料に充当され、その限度で賃料債権は消滅するとして、賃借人優先を判示した。

　これらの最高裁判例により、抵当権の物上代位に関する解釈論点は、ほぼ出尽くしたようであり、最高裁の見解は、以下のように集約することができる。

㈠　抵当権の物上代位権は、抵当権設定登記により公示される（①、②、③および⑤判決）。

㈡　民法304条1項ただし書にいう「差押え」の趣旨は、第三債務者の二重弁済の危険を防止し、もって第三債務者を保護することにある（①および②判決）。

㈢　代位目的債権の譲渡は、民法304条1項ただし書にいう「払渡し又は引渡し」に該当しない（①および②判決）。

㈣　転貸料債権には原則として物上代位権は及ばない（④決定）、

㈤　代位目的に対する転付命令の場合、実体法上の解釈を行わないで、手続法（民事執行法）上の解釈のみを行い、㈢の場合とは異なる解釈を行う（⑥判決）。

㈥　賃借人（第三債務者）が行う相殺については、自働債権が保証金返還請求権の場合（⑤判決）と敷金返還請求権の場合（⑦判決）とで異なる解釈を行う。

　前掲の㈠～㈢の見解を打ち出した①および②判決（②判決は、①判決と同

じ判決理由を述べているので、以下では①判決のみを引用し、同判決を「最判平成10年」という）が出る直前、私は、民法304条1項の法的構造を正確に把握し、同項ただし書の「差押え」の趣旨に関し第三債務者保護説を採るべきこと、これとは逆に、「第三者」と「第三債務者」とを峻別しない第三者保護説（優先権保全説・差押公示説・競合債権者保護説）を徹底的に批判しなければならないことを主張した[1]。

私のこの主張に応え、民法典施行（明治31年〔1898年〕）後100年を経て、初めて民法304条1項の法的構造を正確に把握し、同項ただし書の「差押え」の趣旨について第三債務者保護説を採ったのが最判平成10年であり、同最判が述べる前掲㈠～㈢の見解は、執行妨害にも有効に対処することができるものである。これに対し、前掲㈣の見解を述べる④決定は、執行妨害についての立証責任を抵当権者に負わせ、結果的に悪質な執行妨害に好意的な決定である[2]。また、前掲㈤の見解を述べる⑥判決は、転付命令と債権譲渡を同視してきた従来の判例理論に反するだけでなく、㈠～㈢の見解にも反する不当な判決である[3]。さらに、自働債権の種類により異なる解釈を行う前掲㈥の見解は、⑤判決と⑦判決の間に理論的齟齬をもたらすものである[4]。

このように、前掲の㈠～㈢と㈣～㈥は理論的整合性に欠け、最高裁の見解自体が、今や、かえって混乱している感がある。したがって、今一度、㈠～㈢の見解を打ち出した①および②判決の解釈原点を想起すべきである

最判平成10年の核心は、民法304条1項ただし書の「差押え」の趣旨につき、第三債務者保護説を採ったことにある。第三債務者保護説を採ることは、民法304条1項の「本文」と「ただし書」とを峻別するということであり、その場合、「本文」は、担保権者に物上代位権を付与することによる担保権者保護の規定であることを前提とするということである。つまり、民法304条1項本文に基づき、担保権者に物上代位権が付与された結果、原担保権と物上代位権は同一性を有するのであり、それゆえ、抵当権の物上代位権は、原（基本）担保権である抵当権と同様、抵当権設定登記により公示されることになるのである（前掲㈠の見解）。

そして、民法304条1項本文だけが存在する場合、代位目的債権の債務者である第三債務者は、物上代位権（優先権）を有する担保権者に弁済しなけ

ればならない一方、担保権設定者（債務者）や代位目的債権の譲受人に弁済しても、弁済による代位目的債権の消滅を担保権者に対抗できない。そのため、第三債務者は、物上代位権者（担保権者）からの請求に改めて応じなければならず、ここにおいて第三債務者は、二重弁済の危険にさらされるのである。この二重弁済の危険を防止するためには、第三債務者に対し、物上代位権の存在を直接知らしめる手段を講ずればよい。それが、民法304条1項ただし書にいう「差押え」なのである（前掲㈡の見解）。したがって、民法304条1項の中に「ただし書」が設けられた結果、もはや第三債務者の二重弁済の危険が全く存在しなくなったのである。

　他方、民法304条1項本文に基づき発生した物上代位権は、代位目的債権上に成立しているため、同債権が第三者に譲渡されたとしても、同債権に付着したまま移転するだけであり、同項ただし書に基づき代位目的債権が差し押さえられ、第三債務者に物上代位権の存在が知らされたのであれば、第三債務者は、物上代位権を有する優先権者（担保権者）に弁済しなければならない。それゆえ、代位目的債権の譲渡が、民法304条1項ただし書にいう「払渡し又は引渡し」に該当しないのは当然の論理的帰結である（前掲㈢の見解）。

　以上のように、最判平成10年については、民法典施行（明治31年・1898年）後100年を経て初めて民法304条1項の法的構造を正確に把握した判決として、高く評価することができる。ところが、第三債務者保護説に対する基本的な誤解が多く、最判平成10年に対しても不当な批判がなされているのが現状である[5]。

　そのような折、最高裁（第三小法廷）平成17年2月22日判決（金融・商事判例1215号24頁［以下「最判平成17年」という］は、動産売買先取特権の物上代位権行使と代位目的債権（転売代金債権）譲渡の優劣問題に関し、㈠公示方法が存在しない先取特権の場合、「差押え」の趣旨には、第三者の利益保護も含むこと、㈡最判平成10年とは事案を異にすることを理由として、債権譲受人優先の結論を導いたのである。

　最判平成17年は、民法304条1項ただし書の「差押え」の趣旨について、抵当権と先取特権とで全く異なる解釈を行うものであり、最判平成10年の論

理との矛盾も甚だしく、到底賛成することができない。本稿では、最判平成17年の論理を検証し、その理論的誤謬を明らかにしたい。

二　最高裁平成17年2月22日判決に至る経緯

1　事実の概要

　平成14年1月～2月、A会社（第1審・第2審独立当事者参加人）は、B会社に対しエスカロン等の商品を売り渡し、B会社は、Y₁会社（被告・被控訴人）、Y₂会社（被告・被控訴人・上告人）およびY₃会社（被告・被控訴人）に対し上記商品を転売した。

　平成14年3月1日、B会社は破産宣告を受け、C弁護士（原審脱退原告）が破産管財人に選任された。

　A会社は、①平成14年3月11日、Y₃会社から32万8,598円を、②同月20日、Y₁会社から26万2,112円を、③同月25日、Y₂会社から123万8,464円をいずれも任意に受領した。

　A会社は、平成14年4月5日、C弁護士に対し、C（B会社）のY₁会社～Y₃会社（以下「Yら」という）に対する売買代金（転売代金債権）に対し、動産売買先取特権の物上代位権を有すること、これらの実行によって不足する見込みの破産債権が2,695万8789円であることを内容とする債権届出書を提出した。

　Cは、平成14年10月31日、Y₁会社およびY₂会社に対し、同年11月1日、Y₃会社に対し、B会社との間の売買契約に基づく各売買代金（転売代金）の支払を求めて訴えを提起した。

　Cは、平成15年1月28日、破産裁判所の許可を得て、X（B会社の元経理部長、原告引受参加人・控訴人・被上告人）に対し、B会社のYらに対する上記転売代金債権を譲渡し、同年2月4日、Yらに内容証明郵便によりその旨を通知した。

　A会社は、①平成15年1月20日、動産売買先取特権に基づく物上代位権の行使として、B会社のY₁会社に対する転売代金債権について債権差押命令を得、同差押命令は、同月22日、Y₁会社に送達され、②平成15年4月30日、

B会社のY₂会社に対する転売代金債権について債権差押命令を得、同差押命令は、同年 5 月 1 日、Y₂会社に送達された。さらに、③B会社のY₃会社に対する売買代金債権について債権差押命令を申立てたが、同申立は却下された。

　以上の事実関係のもとで、Xは、A会社がYらから任意弁済を受けた後に債権差押命令を得たとしても、それは民法304条の要件を欠き、執行の余地がない無効なものであるから、Yらの各弁済は無効であり、YらにはXに対する売買代金の支払義務があると主張した。

　これに対し、A会社とYらは、YらのA会社に対する任意弁済は、債権差押命令があるまでは「預かり金」として処理され、A会社が同命令を得た段階で売買代金の支払として扱う旨の合意があり、その後、A会社は、Y₁会社およびY₂会社に対する同命令を取得し、またY₃会社については、申立却下決定を支持した執行抗告棄却決定に対し即時抗告が認められ、同命令を得る可能性があり、動産売買先取特権に基づく実体要件がある以上、同命令がなされるべきであるから、A会社は、同命令後にYらから弁済を受けたものと評価することができ、Yらの各弁済は有効であると主張した。

2　第一審・東京地裁平成15年10月 2 日判決

　第一審・東京地裁平成15年10月 2 日判決[6]（金融法務事情1708号53頁、金融・商事判例1204号38頁）は、以下のように判示し、Xの請求をすべて棄却した。

　「破産者に対する動産先取特権に基づく物上代位権（優先弁済権）は、破産宣告によって影響を受けないから、動産先取特権者である参加人は、破産会社の破産宣告後においても、民法304条に基づき、破産会社の第三債務者である被告らに対する売買代金請求権に対する債権差押命令を得て、被告らからその支払を受けることができる。

　ところが、参加人は、以上とは異なり、まず、被告らから売買代金の支払を受けた後、債権差押命令を得、又はその申立をしたものである。しかしながら、民法304条が『払渡又は引渡』前の差押えを要求した趣旨は、主として二重弁済を強いられる危険から第三債務者を保護することにあると考えら

れているから、破産者に対する動産先取特権に基づく物上代位権についての実体要件が存在している本件において、第三債務者である被告らが債権差押命令を要求せずに任意に参加人に売買代金を支払ってものである以上、参加人がその後に債権差押命令を得ることによって民法304条の要件が充足（追完）されるものと解するのが相当である。そして、この債権差押命令がなされるか否かは、民事執行手続によって審理されるから、必ずしも動産先取特権に基づく物上代位権の実体要件の有無に即した判断がなされるとは限らないが、本件においては、破産会社の売買代金請求権について、破産管財人と動産先取特権に基づく物上代位権との優劣が問題とされていて、双方の攻撃防御により物上代位権に関する実体要件が判断しやすくなっている（実際には、この実体要件があることは、当事者間に争いがない。）から、債権差押命令については、その申立がなされており、かつ、その実体要件が認められれば、必ずしも発令されていなくても、上記追完を認めて差し支えないものと解される。

　本件において、参加人A会社は、被告Yらから売買代金の支払を受けた後、被告Y_1会社及び被告Y_2会社に対する債権差押命令を得ており、また、被告Y_3会社に対する債権差押命令の申立をしていて、かつ、同被告Y_3会社に対する動産先取特権に基づく物上代位権の実体要件が存在しているから、参加人が被告らに対する物上代位権の行使として被告らから受けた売買代金の弁済は有効であり、これによっては破産会社Bの売買代金請求権は消滅したものというべきである」と。

　これに対し、Xは、上記の主張に加え、Cから、B会社のYらに対する売買代金（転売代金）債権の譲渡を受け対抗要件を具備しているから、A会社に対抗できると主張し、控訴した。

3　原審・東京高裁平成16年 4 月14日判決

　原審・東京高裁平成16年 4 月14日判決[7]（金融・商事判例1204号33頁）は、A会社の独立当事者参加について、確認の利益を欠く上、民事訴訟法47条所定の参加の要件を欠く不適法なものであるとしてA会社の請求を却下する一方、まず以下のように述べた。

　「まず、債権者の破産者（債務者）に対する動産先取特権に基づく物上代位権（優先弁済権）は、破産宣告によって影響を受けないから、参加人は、破産会社の破産宣告後においても、破産会社の第三債務者に対する売買代金債権について差押命令を得て、第三債務者からその支払を受けることができる（最高裁第一小法廷昭和59年2月2日判決・民集38巻3号431頁）。

　次に、民法304条1ただし書の趣旨・目的等の本件に関連する問題について検討するに、同項ただし書において、先取特権者が物上代位権を行使するためには、物上代位の対象となる金銭その他の物の払渡し又は引渡し前に差押えをしなければならないものと規定されている趣旨・目的は、先取特権者のする差押えによって、第三債務者が金銭その他の目的物を債務者に払い渡し又は引き渡すことが禁止され、他方、債務者が第三債務者から債権を取り立て又はこれを第三者に譲渡することを禁止される結果、物上代位の目的となる債権（目的債権）の特定性が保持され、これにより物上代位権の効力を保全せしめるとともに、他面二重弁済を強いられる危険から第三債務者を保護し、又は目的債権を譲り受けた第三者等が不測の損害を被ることを防止しようとすることにあると解される（最高裁第二小法廷昭和60年7月19日判決・民集39巻5号13頁、平成10年1月30日判決・民集52巻1号1頁参照）。

　そして、抵当権設定登記によりその存在及びその効力が物上代位の目的債権に及ぶことが公示される抵当権と異なり、動産売買先取特権は、権利が存在すること及びその効力が物上代位の目的債権に及ぶことが対外的に明らかにされているわけではないから、債権譲渡の対抗要件を具備した目的債権の譲渡よりも動産売買先取特権に基づく物上代位権の行使による差押えが優先するとすれば、債権譲渡により確定的に債権譲受人に目的債権が帰属したとの第三債務者の信頼を害することになることは明らかである。

　また、動産売買先取特権者は、目的物が売却等された場合に当該売買代金債権等に対して物上代位に基づく差押えをすることができるという点で、当該売買代金債権等の譲受人とは、債権が二重に譲渡された場合の第一譲受人と第二譲受人と類似する関係に立つから、動産売買先取特権に基づく物上代位権の行使と目的債権の譲渡とは、物上代位に基づく差押命令の第三債務者に対する送達と債権譲渡の対抗要件の具備との前後関係によってその優劣を

決すべき関係に立つと解するのが相当である。

　以上の民法304条1項の趣旨・目的及び動産売買先取特権の性質並びに関
係者の利益状況を総合すれば、先取特権者が差押えを得ないまま、第三債務
者から物上代位権の行使として債権の支払を受けることはできず、第三債務
者は、目的債権消滅を債務者（目的債権の債権者）又は目的債権を譲り受け
た第三者に主張することができず、先取特権者も物上代位権の優先権を主張
することができないものと解される」（下線・傍点、筆者）と。

　そして、原審は、本件事案について以下のように判断し、XのY₁会社に
対する請求は棄却したが、XのY₂会社およびY₃会社に対する請求を認容し
た。

①　Y₁会社およびY₂会社のA会社に対する任意弁済は預入金であり、差
　　押命令が発せられた時点でこの預入金をもって売買代金の支払として処
　　理する旨の合意が成立していたと認めるが相当であり、その後、Y₁会
　　社およびY₂会社に対する債権については差押命令がなされたから、こ
　　れらの債権は、民法304条1項ただし書の要件を充たす。しかし、Y₃会
　　社に対する債権は、同ただし書の要件を欠く。

②　債権譲受人Xの債権譲渡対抗要件具備は平成15年2月4日であり、A
　　会社の物上代位権に基づく差押命令のY₁会社への送達は同年1月22日、
　　Y₂会社への送達は同年5月1日であるから、Xは、Y₁会社に対する債
　　権についてはA会社に劣後するが、Y₂会社に対する債権についてはA
　　会社に優先する。

これに対し、Y₂会社のみが上告受理の申立てを行った。

4　最高裁平成17年2月22日判決

　最高裁平成17年2月22日判決[8]（金融・商事判例1215号24頁）は、以下のよ
うに判示し、Y₂会社の上告を棄却した。

　「民法304条1項ただし書は、先取特権者が物上代位権を行使するには払渡
し又は引渡しの前に差押えをすることを要する旨を規定しているところ、こ
の規定は、抵当権とは異なり公示方法が存在しない動産売買の先取特権につ
いては、物上代位の目的債権の譲受人等の第三者の利益を保護する趣旨を含

むものというべきである。そうすると、動産売買の先取特権者は、物上代位の目的債権が譲渡され、第三者に対する対抗要件が備えられた後においては、目的債権を差し押さえて物上代位権を行使することはできないものと解するのが相当である。

　前記事実関係によれば、A会社は、被上告人Xが本件転売代金債権を譲り受けて第三者に対する対抗要件を備えた後に、動産売買の先取特権に基づく物上代位権の行使として、本件転売代金債権を差し押さえたというのであるから、上告人Y₂会社は、被上告人Xに対し、本件転売代金債権について支払義務を負うものというべきである。以上と同旨の原審の判断は正当として是認することができる。所論引用の判例（最高裁平成9年(オ)第419号同10年1月30日第二小法廷判決・民集52巻1号1頁、最高裁平成8年(オ)第673号同10年2月10日第三小法廷判決・裁判集民事187号47頁）は、事案を異にし、本件に適切ではない。論旨は、採用することができない」（下線・傍点、筆者）。

三　「差押え」の趣旨とは何か

1　序　説

　第一審と原審とでは、本件事案解決の論理が全く異なる。本件事案は、直接的には、C（破産管財人）から、B会社（買主・破産会社）のYらに対する売買代金債権（転売代金債権）の譲渡を受けたXが、Yら（転買主・第三債務者）に対し転売代金の支払を求めた訴訟である。しかし、本件事案を解決する前提問題として、A会社（売主・動産売買先取特権者）が物上代位権に基づき転売代金債権を差し押さえる前に、YらがA会社に対して行った「任意弁済」の有効性が争点となった。すなわち、第三債務者が、物上代位権者に行った「任意弁済」とその後の物上代位権行使との関係が問題となったわけである。それゆえ、本件事案を解決するためには、まず、この「任意弁済」の有効性の問題を検討しなければならない。

　第一審は、民法304条1項ただし書の「差押え」の趣旨が第三債務者保護にあり、動産売買先取特権に基づく物上代位権の実体要件が存在する以上、その後にA会社が差押命令を得ることにより同規定の要件が追完されるとし

て、Ａ会社およびＹらの主張を全面的に認容した。これに対し、原審は、Ｙ₁会社およびＹ₂会社のＡ会社に対する「任意弁済」を「預入金」であると認め、物上代位権に基づく差押命令が発せられた時点で、この預入金をもって売買代金（転売代金）の支払として処理する旨の合意が成立していたと認定したうえで、その後において、Ｙ₁会社およびＹ₂会社に対する債権について物上代位権行使がなされ差押命令が発せられたことから、本件事案を、転売代金債権に対する動産売買先取特権の物上代位権行使と同債権譲渡の優劣問題として把握したのである。いずれの論理を正当とすべきであろうか。

　民法304条１項ただし書の「差押え」の趣旨は、第三債務者の二重弁済の危険防止にあり、それ以外の趣旨はあり得ない。その点では、第一審は正当である。問題は、「差押え」の趣旨とは何か、すなわち「差押え」の趣旨とは、いかなる段階・場面に着目して、「差押え」が物上代位権行使の要件とされたかについて説明することであり、それは、民法304条１項本文だけが存在し、同項ただし書が存在しない場面である。

　ところが、これまでの多くの学説は、「差押え」の趣旨を述べるに際し、民法304条１項ただし書が設けられた後のこと、つまり「差押え」の機能ないし法的効果を、「差押え」の趣旨として説明しているのである[9]。しかし、「差押え」の趣旨として、同項ただし書が設けられた後のことは、なぜ、「差押え」が要求され、同項ただし書が設けられたかという、「差押え」の趣旨とは無関係である。このように、「差押え」の趣旨とは何か、という問題を論じるに際し、多くの学説は、立論の出発点において基本的な誤りを犯し、「差押え」の目的（＝趣旨）と結果（＝法的効果）を混同してきたと言わざるをえない。そこで、「差押え」の趣旨に関する説とされる代表的な二つの説を検討する。

2　物上代位権者保護説

　特定性維持説は、「差押え」の趣旨が代位目的債権の特定性維持のためにあると解し（この点を重視するため、特定性維持説と呼ばれる）、特定性さえ維持されれば物上代位権は保全されるから、誰が代位目的債権を差し押えてもよく、必ずしも物上代位権者自身の差押えを要しないとしたが、民事執行法

の制定（昭和54年・1979年）後は、物上代位権者自身の差押えは要するが、他の債権者に先行する差押えを要しないとする。また、同説は、代位目的債権の特定性さえ維持されれば物上代位権が保全されると解するため、現実の弁済により代位目的債権が消滅しない限り、物上代位権の行使は可能であるとするため、物上代位権者は最大限に保護される。

しかし、特定性維持説が力説する「代位目的債権の特定性維持」というのは、「差押え」の法的効果であり、なぜ「差押え」が必要なのかという、「差押え」の趣旨について実は何も述べていないのである[10]。もし、「差押え」の趣旨が特定性維持にあるのなら、なぜ、特定性維持が「差押え」の趣旨なのかを説明すべきであるが、その点について、特定性維持説は、債務者の一般財産への代位目的物の混入防止を指摘するのみである。では、なぜ、代位目的物の債務者の一般財産への混入防止が必要なのか。この点について、特定性維持説は、原担保権が特定の担保目的物の価値支配権であることから、物上代位本質論について、価値権としての担保物権の性質から当然に認められるという価値権説に依拠して、代位目的物（代位目的債権）についても特定の必要性を強調し、この特定を「差押え」の趣旨と解するのである。しかし、この特定は、結局、「差押え」の法的効果（結果）であり、「差押え」の趣旨とは言えない。

むしろ、特定性維持説は、物上代位権と原担保権の同一視による代位目的物の「特定性維持」を強調することにより、結局、担保権者を最大限に保護し、民法304条 1 項本文により付与された物上代位権の確保を第一の視野に入れている説である。そして、同項本文を生かし、物上代位権者を可能な限り保護することこそ、「差押え」の趣旨であると考えるのが特定性維持説である。その意味で、特定性維持説は、物上代位権者保護説あるいは担保権者保護説と呼ぶべきものである。

3　第三者保護説

これに対し、優先権保全説は、物上代位本質論については特権説に依拠し、物上代位権（特権）を原担保権とは別個の権利と把握し、「差押え」の趣旨は、そのような優先権（物上代位権）の保全にあると解し、（この点を重視す

るため、優先権保全説と呼ばれる）、そのような原担保権とは別個の特権（優先権）を付与された物上代位権者自身が代位目的債権を差し押さえることにより、物上代位権は保全されると解するのである。

　しかし、この「差押え」による「物上代位権の保全」は、「差押え」の法的効果であり、なぜ「差押え」が必要なのかという、「差押え」の趣旨について実は何も説明していないのである[11]。一方、優先権保全説は、「差押え」前に第三者が代位目的債権に対して権利を取得すれば、もはや物上代位権は保全されないと解し、「差押え」に物上代位権の公示機能を認める。そのため、優先権保全説は、別名、差押公示説とも呼ばれるが、結局、同説の第一の視野に入っているのは第三者（競合債権者）の保護である。つまり、物上代位権という原担保権とは別個の権利の発生により最も不測の損害を被るのは、代位目的債権に対する権利者たる競合債権者であると考え、代位目的物（代位目的債権）の「差押え」により、その特定性を維持するとともに競合債権者に対して物上代位権を公示すると解するわけである。しかし、「差押え」による代位目的債権の特定性維持と物上代位権の公示機能は、「差押え」の趣旨ではなく、法的効果（結果）にすぎない。

　従来、特定性維持説と優先権保全説は対立的に把握されてきたが、両説が力説する「差押え」の趣旨とは、このように、いずれも、「差押え」の法的効果・機能にすぎないため、この点において両説は全く対立していないのである。そこで、「差押え」に特定性維持と優先権保全（優先権公示）の二つの機能があることに着目し、二面説を主張する見解もあるが、この二面を「差押え」の趣旨と解することはできない[12]。むしろ、優先権保全説にしろ、二面説にしろ、その説の本質は、これらの「差押え」の法的効果・機能を力説する背後に競合債権者（第三者）保護を念頭に置いているのである。

　一方、特定性維持説は、特定性維持という「差押え」の法的効果を力説する背後に物上代位権者保護を念頭に置いているわけである。つまり、両説は、立論の出発点として、それぞれの立脚する物上代位本質論や価値観に基づいて対立しているのであり、この点こそが、「差押え」の趣旨についての立論の出発点なのである。つまり、両説の本質は、民法304条1項ただし書が存在しなければ、どのような事態が生じ、誰の利益を保護すべきかを問うわけ

である。

　この点は、最高裁（第二小法廷）昭和59年2月2日判決（民集38巻3号431頁）〔以下「最判昭和59年」という〕および最高裁（第二小法廷）昭和60年7月19日判決（民集39巻5号1326頁）〔以下「最判昭和60年」という〕が明確に言及しているところである。すなわち、最判昭和59年は、「差押え」の趣旨について次のように述べるのである。

　「民法304条1項但書において、先取特権者が物上代位権を行使するためには金銭その他の払渡又は引渡前に差押をしなければならないものと規定されている趣旨は、先取特権者のする右差押によって、第三債務者が金銭その他の目的物を債務者に払渡し又は引渡すことが禁止され、他方、債務者が第三債務者から債権を取立て又はこれを第三者に譲渡することを禁止される結果、物上代位の対象である債権の特定性が保持せられ、これにより物上代位権の効力を保全せしめるとともに、他面第三者が不測の損害を被ることを防止しようすることにある」（下線・傍点、筆者）と。

　この判決理由が述べている「物上代位の対象である債権の特定性の保持」および「物上代位権の効力保全」は、「差押え」の趣旨ではなく、「差押え」の法的効果にすぎない。これに対し、「他面第三者が不測の損害を被ることを防止しようとすることにある」という点こそが、最判昭和59年が述べる真の「差押え」の趣旨である。なぜなら、「差押え」の趣旨とは、民法304条1項本文だけが存在し、同項ただし書が存在しなければ、誰の利益が最も害されるのか、つまり、「差押え」は、同項本文が定める物上代位権の発生から、誰の利益を保護しなければならないか、という問題だからである。

　したがって、最判昭和59年は、第三者（競合債権者）の不測の損害防止、すなわち第三者保護説を採っているのであり、優先権保全説、差押公示説および二面説は、むしろ第三者保護説と呼ぶべき説である。しかし、第三者保護説は不当な説である[13]。同説は、民法304条1項本文により担保権者に付与された物上代位権（原担保権と同一性を有する）を、第三者の権利との競合関係に置き、物上代位権を有名無実化するからである。

　それでは、担保権者保護を視野に入れた物上代位権者保護説（従来、特定性維持説と呼ばれている説）を採るべきであろうか。否である。同説により、

担保権者は最大限に保護される（同説は、差押えの主体を物上代位権者に限定しないので、第三債務者保護説よりも担保権者を保護する）が、担保権者は、民法304条1項本文により既に十分保護されているのである。そのうえ、物上代位権行使の要件に関しても、代位目的債権の特定性維持のみを重視し、そのため、第三者（競合債権者）が行った差押えさえも、自己の差押えとして援用できるという解釈は、逆に、第三者の立場を無視する不当な解釈であるだけでなく、「差押え」の主体を明記する同項ただし書の文理解釈にも反する[14]。

　以上から、民法304条1項ただし書が存在しない場合に保護すべき者は、同項本文に定める物上代位権の発生により、担保権者に対し直接の弁済義務を負うことになる第三債務者以外にはあり得ない。この第三債務者の二重弁済の危険を防止するため、同項ただし書が設けられ、物上代位権者は代位目的債権を差し押さえなければならないとされたのである。これにより、第三債務者の二重弁済の危険が完全に消失するのである。そのため、第三債務者を保護する必要はないという見解も登場する[15]が、この見解は、第三債務者の二重弁済の危険が消失したのは、民法304条1項ただし書が設けられ、同規定が適用された結果であることを見落としている。民法典施行以来、100年近くにわたり、第三債務者保護説が無視されていたのは、同項ただし書が設けられる前と後のことが混同されていた所以である。

　そして、物上代位権者の「差押え」がない場合、第三債務者からの、債務者や第三者に対する弁済は有効とされ、結果的に（反射的効果として）、その受領者である債務者や第三者も保護されることになるのである[16]。したがって、第三債務者保護説は、第三債務者以外の利害関係人の利益を考慮していないという批判は全く不当であると強く言わなければならない[17]。

4　第三債務者保護説（私見）の射程

　前述のように、「差押え」の趣旨とは、民法304条1項ただし書が設けられる前の段階の利害関係人の立場（地位）を見るべきであり、第三債務者保護説は、同項ただし書が存在しない場合のことを述べているにすぎないことは、論を俟たない。したがって、同項ただし書が設けられた後についてまで、そ

の趣旨を貫徹・徹底する必要はなく、そのような貫徹・徹底された内容は、第三債務者保護説とは何の関係もない。

　ところが、第三債務者保護説を批判する見解は、第三債務者保護説を勝手に貫徹し、第三債務者の射程範囲外のことを、第三債務者の内容として把握し、批判するのである。その典型例は、物上代位権者の「差押え」前に、第三債務者が債務者や第三者に弁済した場合、第三債務者保護説によれば、物上代位権者は、これらの受領者に対し不当利得返還請求権を取得することになり、それは不当であるという批判である。

　例えば、道垣内教授は、「第三債務者の保護が唯一の意味であるならば、第三債務者が債権の譲受人などの第三者に弁済した場合、弁済を受領した第三者は、抵当権者に対して不当利得返還義務を負うことになろう。第三債務者を保護するためには弁済を有効であるとすればたりるのであり、そして、抵当権者が第三債務者を除く第三者との関係では実体上優先権を有していると考える限り、第三者の弁済受領権は、物上代位権者との関係では法律上の原因を欠くことになるからである。しかし、この結論は妥当でない。抵当権者は必ずしも物上代位権を行使するとは限らないのであり、にもかかわらず、その後の不当利得返還義務の発生まで認めると、当該第三者を不当な地位に置くことになるからである。同様に、物上保証人や抵当不動産の第三取得者が、代償物である債権について債権者として弁済を受けた後にも、もはや不当利得の問題は生じないと解すべきである」[18]と述べ、第三債務者保護説を批判する。

　しかし、この批判は、第三債務者保護説を基本的に誤解している。最判平成10年も、第三債務者保護説も、民法304条1項ただし書が存在しない場合のことを述べているのであり（「差押え」の趣旨の説明は、それに尽きる）、同項ただし書きが設けられた後のことは何も述べていないからである。同項ただし書が設けられ、物上代位権行使の要件として「差押え」が要求された以上、物上代位権者の「差押え」前における第三債務者の債務者や第三者に対する弁済は有効となるのは当然であり、物上代位権者に不当利得返還請求権が発生することがあり得ないのは当然のことである。そのような第三債務者の弁済が有効であるのは、存在する民法304条1項ただし書が適用されたた

めであり、まさに、その弁済には法律上の原因があるからである。逆に、「差押え」をしていない物上代位権者に対する第三者等の不当利得返還義務を認めれば、民法304条1項ただし書は、存在しないことと同じになるではないか。そのような結果を第三債務者保護説は言っているのであろうか。断じて否である。

　ところが、第三債務者に対する誤解は後を絶たない。例えば、最判平成10年について、「この平成10年1月・2月の最高裁判決については、抵当権設定登記後、抵当権者が物上代位権を実行して差押えをする前に、目的債権が第三者に譲渡され、その第三者対抗要件が具備され、かつ、第三債務者（目的債権の債務者）が譲渡人〔ママ・譲受人の誤字―筆者注〕に対して弁済した場合に、抵当権者が譲渡人〔ママ・譲受人の誤字―筆者注〕に対して弁済額に相当する金銭の支払いを求めることができるかどうか（物上代位権に追及効があるかどうか）という点については、理解が分かれ得るところである」[19]という見解が存するからである。

　「差押え」をしていない物上代位権者に、代位目的物の受領者に対する不当利得返還請求権が認められないことは当然のことであり、「理解が分かれる」ことは全くない。ここでも、最判平成10年および第三債務者保護説は基本的な誤解を受けているのである[20]。もし、物上代位権者に不当利得返還請求権を肯定するような解釈があり得るのなら、それは、現存する民法304条1項ただし書の存在を否定することになろう。しかし、現存する規定の存在を否定するような、自己矛盾に満ちた解釈は、第三債務者保護説とは何の関係もない。

　繰り返すように、第三債務者保護説とは、民法304条1項本文だけが存在し、同項ただし書が存在しない場合における第三債務者の立場に着目した説であり、同項ただし書が設けられた後のことについては一言も述べていない。第三債務者保護説を採用した最判平成10年も、同項ただし書が存在しない場合の第三債務者の地位について述べているだけである。

　これに対し、民法304条1項ただし書が設けられた結果、物上代位権者は、物上代位権を有していても、その行使要件としての「差押え」をしない限り、第三債務者からの弁済受領権限がない。その意味で、同項本文により発生し

た物上代位権は、「差押え」がない段階では、未だ潜在的な権利であるということができる[21]。

それゆえ、第三債務者保護説を採った場合、民法304条1項ただし書が設けられた結果、第三債務者は、「差押え」をしていない物上代位権者に弁済する義務は全く存在しないのであり、そのような実体要件としての義務の存在を前提として、第三債務者の物上代位権者に対する「任意弁済」を有効と解することはできないのである。すなわち、物上代位権者は、民法304条1項ただし書および民事執行法193条1項後段に従い「差押え」をしなければ、物上代位権を保全できないのである。

5　第三債務者の物上代位権者に対する任意弁済の有効性

第一審は、多くの学説と同様、「差押え」の趣旨に関する第三債務者保護説を基本的に誤解し、民法304条1項ただし書が設けられた後にまで第三債務者の二重弁済の危険が存在すると考え、物上代位権者（先取特権者）による「差押え」がなくとも、物上代位権者に弁済受領権限があると解した。

しかし、第三債務者の二重弁済の危険を防止するために同項ただし書が設けられた後は、物上代位権者は、同項ただし書に基づいて「差押え」をしない限り、代位目的債権についての受領権限がないのであり、「差押え」前における第三債務者の物上代位権者に対する「任意弁済」は受領権限なき者に対する弁済であって、無効と解すべきである。したがって、物上代位権者が、その後の差押命令の取得により、物上代位権行使の手続が「追完」されると解すべき余地もない[22]。その意味で、原審が、第一審の「追完」法理を否定したことは正当である。

また、原審が、YらのA会社に対する「任意弁済」を、単なる「預入金」と認定し、弁済とはみなさなかった点も、物上代位権者と第三債務者間の取引実務の実態を考慮した妥当な判断である。実務上、動産売買先取特権者（物上代位権者）は、物上代位権に基づく「差押え」前において、実体法上の優先権を有することを理由に、転買主（第三債務者）に対し転売代金の支払請求を行い、これに対し転買主は、転売代金を預け入れることが多く、この預け入れを有効な弁済とみなすことは、民法304条1項ただし書の有名無実

化につながろう。よって、「差押え」前においては、物上代位者には弁済受領権限はなく、物上代位者に対する任意弁済は無効であり、せいぜい単なる「預入金」とみなすべきであり、同項ただし書に基づく「差押え」がなければ、物上代位権は保全されないと解すべきである。

　以上から、本件は、動産売買先取特権に基づく物上代位権行使と転売代金債権譲渡（代位目的債権）との優劣問題として把握すべきであり、このように把握することが本件事案解決の出発点である。

四　動産売買先取特権の物上代位権行使と代位目的債権譲渡との優劣

1　第三者保護説と第三債務者保護説は両立するか

　原審・東京高裁平成16年4月14日判決は、前掲したように、民法304条1項ただし書の「差押え」の趣旨について、代位目的債権の特定性保持、物上代位権保全（優先権保全）、「第三債務者の二重弁済の危険防止」および「第三者の不測の損害防止」を列挙し、最判昭和60年および最判平成10年を引用している。この二つの最高裁判決の同時引用は可能であろうか。断じて否である。

　最判昭和60年が述べた「差押え」の趣旨は、最判平成59年とほぼ同じであるが、若干表現が異なるところもあるので、以下に紹介する。すなわち、「民法304条1項但書において、先取特権者が物上代位権を行使するためには物上代位の対象となる金銭その他の物の払渡又は引渡前に差押をしなければならないものと規定されている趣旨は、先取特権者のする右差押えによって、第三債務者が金銭その他の物を債務者に払い渡し又は引き渡すことを禁止され、他方、債務者が第三債務者から債権を取り立て又はこれを第三者に譲渡することを禁止される結果、物上代位の目的となる債権（以下『目的債権』という。）の特定性が保持され、これにより、物上代位権の効力を保全せしめるとともに、他面目的債権の弁済をした第三債務者又は目的債権を譲り受け若しくは目的債権につき転付命令を得た第三者等が不測の損害を被ることを防止しようとすることにあるから、目的債権について一般債権者が差押又

は仮差押の執行をしたにすぎないときは、その後に先取特権者が目的債権に対し物上代位権を行使することを妨げられるものではないと解すべきである（最高裁昭和56年(オ)第927号同59年2月2日第一小法廷判決・民集38巻3号431頁参照）」（下線・傍点、筆者）と。

　最判昭和60年が述べる「差押え」の趣旨は、「他面」という言葉以下の叙述にある。すなわち、最判昭和60年は、「差押え」の趣旨を「第三債務者又は第三者等の不測の損害防止」に求めており、「第三者の不測の損害防止」のみを指摘した最判昭和59年と一見異なるように見える。原審は、最判昭和60年が「第三者の不測の損害防止」と並んで「第三債務者の不測の損害防止」にも言及していることに着目し、第三債務者保護説を採った最判平成10年と最判昭和60年との間に論理的整合性があると考えたのであろう。しかし、最判昭和60年は、最判昭和59年を引用している点から、「差押え」の趣旨に関し、新しい見解を打ち出したわけではないし、「第三債務者の不測の損害防止」と「第三者の不測の損害防止」は理論的に両立し得ないことは、最判平成10年を仔細に見れば、容易に理解できることである。

　そこで、以下に、最判平成10年の「差押え」の趣旨に関する叙述を紹介しよう。すなわち、「民法372条において準用する304条1項ただし書が抵当権者物上代位権を行使するには払渡し又は引渡しの前に差押えをすることを要するとした趣旨目的は、主として、抵当権の効力が物上代位の目的となる債権にも及ぶことから、右債権の債務者（以下「第三債務者」という。）は、右債権の債権者である抵当不動産の所有者（以下「抵当権設定者」という。）に弁済しても弁済による目的債権の消滅の効果を抵当権者に対抗できないという不安定な地位に置かれる可能性があるため、差押えを物上代位権行使の要件とし、第三債務者は、差押命令の送達を受ける前には抵当権設定者に弁済すれば足り、右弁済による目的債権消滅の効果を抵当権者にも対抗することができることにして、二重弁済を強いられる危険から第三債務者を保護するという点にあると解せられる」と。

　以上のように、最判平成10年は、民法304条1項ただし書が設けられていなければ、第三債務者に二重弁済の危険が生ずると考えているが、そう考える前提として、同項本文に基づいて物上代位権が抵当権者に付与された結果、

第三債務者の弁済相手は、抵当権者（物上代位権者）であると考えているのである[23]。この最判平成10年の説示の中には、第三者（競合債権者）保護の発想は全く存在しない。なぜなら、第三者は、本来、抵当権およびそれと同一性を有する物上代位権という優先権の存在を甘受すべきであり、しかも、物上代位権は、抵当権設定登記により公示されているからである。

　実際、担保権者に物上代位権を付与した規定（民法304条1項本文）だけしか存在しなければ、物上代位権の付着した債権（代位目的債権）の弁済義務者（第三債務者）の弁済を保護する必要性がある。第三債務者は、物上代位権者に対し直接の弁済義務を負うことになる一方、通常、直接の契約関係にない物上代位権者の存在を知らないからである。これに対し、物上代位権の発生により、代位目的債権上には物上代位権（原担保権）が付着しているため、第三者たる競合債権者（代位目的債権の譲受人）は、その物上代位権の優先を甘受しなければならず（これが、民法304条1項本文の趣旨である）、この第三者を保護する必要性は全く存しない。

　その理は、抵当権のように公示方法のある担保物権であろうと、先取特権のように公示方法のない担保物権であろうと、全く同じである。先取特権は、公示方法なしに第三者に対抗できることに、担保物権としての存在意義があるからである。そのゆえにこそ、100年以上も前に、既にボアソナード博士は、公示方法のない先取特権の物上代位に関し、「物ヲ代表スル価額ヘ先取特権ノ移転ハ他ノ債権者ヲ害セス　何トナレハ既ニ物自ラニシテ最早其質物タラサル上ハ他債権（者―筆者注）ハ其価額ニ付キ心算スルヲ得ヘカラサレハナリ　只爰ニ説ク所ノ代位ニ対シテ保護ス可キ者ハ此価額ノ債務者（第三債務者―筆者注）ニシテ　其債務者ヲシテ弁済ヲ誤ルノ危険ニ陥ル可カラス」[24]と述べ、第三者（他の債権者）保護の必要性を完全否定する一方、第三債務者の二重弁済の危険を指摘し、第三債務者保護を強調したのである。

　これに対し、物上代位権の発生にもかかわらず、第三者保護の必要性を謳い、立法化された民法304条1項ただし書の「差押え」の趣旨を第三者保護に求めることは、物上代位権行使の要件としての「差押え」に、物上代位権の第三者に対する公示機能を与えることである。そのため、この説によれば、物上代位権者が、第三債務者の弁済前に代位目的債権の「差押え」を行い、

民法304条1項ただし書の要件を充たしたとしても、第三者（しかも、この第三者は債務不履行後に登場する競合債権者である）との優劣基準は、「差押え」と第三者の権利対抗要件具備の先後になり、たとえ原担保権が第三者の権利に優先していたとしても、「差押え」前に代位目的債権譲渡の対抗要件を具備した第三者に必ず劣後し、結果的に民法304条1項本文により担保権者に付与された物上代位権も保全されないことになる。それゆえ、第三者（競合債権者）は、「差押え」前に弁済を受ければ保護されるだけでなく、「差押え」後においても物上代位権者に優先することになるわけである。このような解釈は、民法304条1項本文の有名無実化であり、物上代位権と原担保権の同一性の否定であり、何ら執行妨害に対処し得なかったことは、最判平成10年以前の下級審判例が証明しているところである[25]。

　これに対し、「差押え」の趣旨が、物上代位権の発生による第三債務者の二重弁済の危険防止にあると考える第三債務者保護説は、物上代位権行使の要件としての「差押え」に、第三債務者のみに対する公示機能しか与えず、第三債務者以外の第三者に対しては、原担保権の公示（公示方法のない先取特権の場合、原担保権自体の成立時）で十分だと解する。そのため、物上代位権者は、第三債務者の弁済前に代位目的債権の「差押え」を行えば、第三者との優劣基準は、原担保権の対抗要件具備と第三者の権利対抗要件具備の先後によるから、物上代位権が優先する場合が多くなる一方、「差押え」前に第三債務者が債務者または第三者に弁済すれば、第三債務者は免責され、その弁済が有効とされる結果、これらの弁済受領者も保護される。

　このように、第三債務者保護説によれば、「差押え」がなされれば、物上代位権者がほとんど優先することになり、民法304条1項本文の趣旨が生きるわけである（なお、第三債務者保護説以上に物上代位権者を保護する説として、物上代位権者保護説（特定性維持説）があるが、同説を採り得ないことは前述のとおりである）。

　以上のように、第三債務者保護説は、第三債務者の二重弁済の危険の存在を前提とする点で、第三者保護説とは根本的に異なるとともに、第三債務者保護による反射的効果として、第三者（競合債権者）だけでなく物上代位権者をも保護するのであり、専ら第三者のみしか保護しない第三者保護説とは

根本的に異なるのであり、最判昭和60年と最判平成10年の同時引用は、理論的にあり得ないのである。よって、原審は、議論の出発点において既に誤っているわけである。

2　「第三債務者の信頼」保護は第三債務者保護となるか

　原審は、動産売買先取特権およびその物上代位権が公示されていないため、物上代位権に基づく差押えが、対抗要件を具備した代位目的債権譲渡に優先するとすれば、債権譲受人に確定的に同債権が帰属したという<u>第三債務者の信頼を害する</u>と述べる。

　この原審と同様の判旨を述べるのが、東京地裁平成14年5月17日判決[26]（金融法務事情1674号116頁）〔以下「東京地判平成14年」という〕である。すなわち、東京地判平成14年とは、動産売買先取特権の物上代位権行使と代位目的債権譲渡との優劣について、代位目的債権譲渡の第三者対抗要件が具備された後においては、物上代位権を行使して優先権を主張することができないと判示したが、結論として、当該債権譲渡は詐害行為に当たると判断し、動産売買先取特権者の請求を認容した判決である。

　東京地判平成14年は、民法304条1項ただし書の趣旨目的について、最判平成10年を引用し、第三債務者の二重弁済の危険からの保護にあると明言する一方、「設定登記によりその存在が公示される抵当権と異なり、動産の先取特権は、権利が存在すること及びその効力が物上代位の目的債権に及ぶことが対外的に明らかにされているわけではないから、債権譲渡の対抗要件を具備した目的債権の譲渡よりも動産の先取特権に基づく物上代位による差押えが優先するとすると、債権譲渡により確定的に債権譲受人に目的債権が帰属したとの<u>第三債務者の信頼を害する</u>ことになる」（下線、筆者）と述べたのである。

　原審および東京地判平成14年が、「第三債務者の信頼」を持ち出し、あたかも第三債務者保護説を採っているかのような論理を述べるのは、その論理が、第三債務者保護説を採った最判平成10年と抵触していないことを示すためであろう。

　しかし、物上代位権に基づく差押えが、対抗要件を具備した代位目的債権

譲渡に優先するとすれば、債権譲受人に確定的に同債権が帰属したという「第三債務者の信頼」を害するということはあり得ない。第三債務者保護説とは、民法304条1項本文だけが存在し、同ただし書が存在しない段階の第三債務者の立場に着目した説であり、この段階の第三債務者を保護すべき理由とは、物上代位権の発生にもかかわらず、第三債務者が、債務者や代位目的債権譲受人に行った弁済を有効とし、免責するということであり、同ただし書が設けられた後においては、第三債務者の二重弁済の危険は完全に消失し、最判平成10年が述べるように、第三債務者は「不安定な地位」から完全に解放されたのであり、誰に弁済するべきかというような「第三債務者の信頼」は全く問題とならないのである。

　換言すれば、民法304条1項ただし書が設けられた後は、物上代位権に基づく「差押え」があり、第三債務者は、その「差押え」により物上代位権の存在を知った以上、物上代位権者の方に弁済しなければならない一方、「差押え」がなければ、第三債務者は、物上代位権者に弁済する必要がないというだけのことである。

　ところが、原審および東京地判平成14年と同様、民法304条1項ただし書が設けられる前の「第三債務者の不安定な地位」を、同規定が設けられた後の「第三債務者は誰に弁済すべきか」と同視する見解が存在する。例えば、「仮に、本判決（東京地判平成14年—筆者注）に平成10年1月判決がそのまま妥当するとすれば、右の指摘のごとく、確定日付ある証書による債権譲渡通知の到達後に物上代位による差押えがなされたとき、第三債務者は、差押命令送達後は債権譲受人に対して弁済しても免責されず、事実上供託（民事執行法156条2項）せざるを得ないことになる。本来であれば、物上代位の差押以前に債権譲渡の通知を受領すれば、債権譲受人に弁済すれば足りるところ、その後物上代位の差押えがなされるかによって、第三債務者は、きわめて不安定な地位に置かれる」[27]と述べるのである。

　しかし、第三債務者は、全く不安定な地位に置かれることはない。この見解も、第三債務者保護説が、民法304条1項ただし書が設けられていない場合における第三債務者の地位を論じた説であることを理解していない。最判平成10年が述べる「第三債務者の不安定な地位」とは、民法304条1項ただ

し書が存在しない場合において、第三債務者が、「その債権者である抵当不動産の所有者に弁済しても弁済による目的債権の消滅の効果を抵当権者に対抗できない」ということであり、そのことは、同最判の判決理由に明確に書かれていることではないか。

　これに対し、民法304条1項ただし書が存在する現在、「差押え」がなければ、第三債務者は、債権譲受人に弁済すればよく、「不安定な地位」から完全に解放されており、もはや、誰に弁済するべきかという「第三債務者の信頼」を問題にする必要は全く存在しないのである。他方、「差押え」により、第三債務者は、物上代位権という優先権の存在を直接知らされたのであり、たとえ転売代金債権（代位目的債権）譲渡の通知があっても、その通知前に既に物上代位権という優先権が成立しているのであるから、物上代位権者の方に弁済する必要がある。それは、原担保権に公示方法があろうとなかろうと同じことである。だからこそ、ボアソナード博士は、公示方法なき先取特権の物上代位について第三債務者保護説を唱えたのである[28]。また、諸国の立法例も、公示方法の有無にかかわらず、原担保権の順位に従い物上代位権の順位が決まると定め、第三債務者保護規定を設けているのである[29]。

　これに対し、原審や東京地判平成14年のように、代位目的債権譲渡の通知により債権譲受人に確定的に債権が帰属したという「第三債務者の信頼」を問題にすることは、最判平成10年が採った第三債務者保護説とは何の関係もなく、最判昭和59年・同60年が採った第三者保護説（差押え公示説・競合債権者保護説・二面説）の立場である[30]。

3　動産売買先取特権に基づく物上代位権の第三者対抗とは何か

　原審は、「動産の先取特権者は、目的物が売却等された場合に当該売買代金債権等に対して物上代位に基づく差押えをすることができるという点で、当該売買代金債権等の譲受人とは、債権が二重に譲渡された場合の第一譲受人と第二譲受人と類似する関係に立つ」と述べ、動産売買先取特権に基づく物上代位権行使と転売代位債権（代位目的債権）譲渡との優劣につき、物上代位権に基づく差押命令の第三債務者に対する送達と転売代金債権譲渡の対抗要件具備の前後関係によってその優劣を決すべきであると述べる。前掲の

東京地判平成14年も、原審と全く同様の論理を述べる。

　原審の論理は、動産売買先取特権の物上代位権と代位目的債権譲渡の優劣を、債権譲渡の二重譲渡の優劣と同視するものであり、物上代位権を一般債権と同視するものである。原審がそう考えるのは、「差押え」の趣旨に関し第三者保護説を採る論者と同様、動産売買先取特権の物上代位権は、「差押え」前においては潜在的な権利であり、「差押え」時から、第三者に対抗しうる権利となると考えているからである。しかし、この考えは、物上代位権が、「差押え」前から成立しており（「差押え」を停止条件として）、転売代金債権譲受人が譲り受けた債権が、物上代位権の付着した債権であることを見落としている。

　権利の成立要件と行使要件は厳格に区別すべきである。動産売買先取特権の物上代位権は、動産の転売と同時に転売代金債権上に成立しており（民法304条1項本文）、最判昭和59年および原審が引用する最判昭和60年でさえ、動産の転売と同時に、転売代金債権上に物上代位権が成立している、つまり、転売代金債権上に先取特権（＝物上代位権）が既に付着していることを前提として、買主の破産宣告や一般債権者による転売代金債権の差押えがあった場合でも、物上代位権の行使を肯定したのである[31]。このようにして成立した物上代位権行使の要件が、代位目的債権の「差押え」であり（民法304条1項ただし書）、この「差押え」により、物上代位権は、その成立時に遡及して顕在化すると考えるべきである。それが、原則規定である民法304条1項本文を生かす法解釈である。

　ところが、「差押え」の趣旨に関する第三者保護説の論者は、権利の成立要件と行使要件を一体化し、つまり同項の本文とただし書を一体化し、物上代位権は、「差押え」時から将来に向かって顕在化すると考えるわけである。しかし、そのような解釈は、最判平成10年により否定されたものである。最判平成10年は、物上代位権は抵当権設定登記により公示されていることを理由に（それは、物上代位権と抵当権の同一性を前提とする）、「差押え」時からではなく、抵当権設定登記時から第三者に対抗できると判示したからである。

　そこで、第三者保護説の論者は、最判平成10年の射程を公示方法のある抵当権に限定し、先取特権については最判昭和59年・同60年の見解が維持され

ると解し[32]、「第三債務者保護説を先取特権にも及ぼし、先取特権がもともと公示のない法定担保物権であることを強調して、債権譲渡があってもなお先取特権による物上代位ができるとすると、公示のない担保権の効力があまりにも強すぎるとの批判を招くことになろう」[33]と述べるのである。

　しかし、第三債務者保護説（私見）は、物上代位性を有する担保物権一般についての理論であり[34]、公示方法のない先取特権に限定する理由がない。公示方法があろうとなかろうと、物上代位権が原担保権と同一性を有することは、ボアソナード博士が認識していたことであり[35]、「差押え」の趣旨について第三者保護説（優先権保全説・差押公示説）を採っていた明治から大正期の学説でさえ、そう理解し、「差押え」が競合した場合の差押債権者間の優劣は、実体法上の権利の順位に従うと解していたのである[36]。比較法的にもそうである[37]。

　よって、動産売買先取特権の物上代位権に基づく「差押え」を、転売代金債権譲受人との競合関係にさらす原審は、最判平成10年を引用しながら、同最判に抵触するという矛盾した論理を述べているのである。

　ところが、原審は、引用する最判平成10年に抵触しないように巧妙な論理を展開する（東京地判平成14年も全く同様である）。前述の「第三債務者の信頼」もそうであるが、本件事案を、物上代位権の基づく「差押え」と転売代金債権譲渡の対抗要件具備の前後関係により決するとし、代位目的債権たる転売代金債権の「譲渡」が、民法304条１項ただし書の「払渡し又は引渡し」には含まれないとしているからである。これは、最判平成10年が、「民法304条１項の『払渡し又は引渡し』という用語は当然には債権譲渡を含むものとは解されない」という文理解釈を述べていることに対応させたのであろう。民法304条１項は、公示方法なき先取特権に関する規定であり、この文理解釈を回避できないからである。

　しかし、「差押え」の趣旨に関し第三者保護説を採るのであれば、代位目的債権譲渡により同債権が債務者の帰属を離れ、第三者に帰属することになれば、その譲渡は、「払渡し又は引渡し」に含まれ、もはや物上代位権の行使ができないと解すべきであり、そうすれば、対抗問題を持ち出す必要もなかったわけである[38]。このように、原審の論理は矛盾に満ちているのである。

4　第三者は第三取得者と同視できるか

　動産売買先取特権は法定担保物権であり、それは、動産売買と同時に買主
が取得した動産上に成立し（民法311条5号・322条）、動産売買先取特権者
（売主）は、その成立時から、動産売買先取特権を公示方法なしにすべての
第三者に対抗できる。第三者は、公示なき動産売買先取特権の優先を甘受し
なければならないが、動産が第三取得者（転買主）に引き渡されると動産売
買先取特権は失効する（民法333条）。動産取引の安全のために、動産売買先
取特権の追及効を制限し、転買主の所有権取得を保護するためである。ただ
し、動産売買先取特権は、動産の転売と同時に転売代金債権上にそのまま移
行する（民法304条1項本文）。これが、動産売買先取特権の物上代位権であ
る。

　そして、転売代金債権上に成立した物上代位権も、原担保権である動産売
買先取特権と同様、公示方法なしにすべての第三者に対抗できる法定の優先
権である。この物上代位権は、動産売買先取特権（原担保権）と同一性を有
するからである。ただし、この物上代位権の行使は、「差押え」（民法304条
1項ただし書）を要件とするから、「差押え」により、物上代位権は、原担保
権である動産売買先取特権の成立時に遡及して顕在化し、第三者（第三債務
者を除く）に対抗できることになる。原担保権たる動産売買先取特権自体が、
公示方法なしに第三者に対抗できるからである（これに対し、公示方法のある
抵当権の物上代位権は、「差押え」により抵当権設定登記時から第三者（第三債務
者を除く）に対抗できる）。他方、物上代位権は、転買主（第三債務者）に対
しては、「差押え」時から将来に向かって対抗できるにすぎない。このよう
に、物上代位権の対抗要件を、「第三債務者」に対する対抗要件と「第三債
務者を除く第三者」に対する対抗要件とに峻別することが、第三債務者保護
説の真髄なのである。

　ところが、代位目的債権たる転売代金債権が譲渡されると、抵当権の物上
代位権と異なり、動産売買先取特権の物上代位権が公示されていないことを
理由に、債権譲受人（第三者）保護を持ち出す第三者保護説は、「第三債務
者」と「第三債務者を除く第三者」を峻別しない。さらに、第三者保護説は、

最判平成10年の射程を抵当権に限定し、公示方法のない先取特権については最判昭和59年・同60年が維持されると解し、民法304条1項ただし書という同一の規定について、公示方法の有無を理由に異なる解釈を行うのである。その解釈の根拠となるのが、公示方法がないことを理由に動産売買先取特権の追及効を制限している民法333条である。

　しかし、民法333条が保護しているのは、第三者一般ではなく、動産の転買主という「第三取得者（第三債務者）」であり、そこで保護されている権利は、第三取得者の所有権である。すなわち、公示なき動産売買先取特権の優先から保護されるのは、当該動産の転買主（第三取得者）だけであり、第三者（競合債権者）を保護していない。他方、動産売買先取特権の失効の代償として、公示方法なき物上代位権が転売代金債権上に成立するが、その物上代位権行使から保護されるのも、物上代位権者（動産売買先取特権者）に対する直接の弁済義務者である転買主（第三債務者）である（民法304条1項ただし書）。なぜなら、物上代位権行使の要件として「差押え」を要求することにより、物上代位権の発生による直接の弁済義務者の二重弁済の危険さえ防止すればよいからである。第三債務者保護説は、こう解するのである。

　これに対して、動産転売の場合における「第三取得者を除く第三者（競合債権者）」は、動産売買先取特権の優先を甘受すべきであるし、同様に、物上代位権発生の場合における「第三債務者を除く第三者（競合債権者）」も、物上代位権の優先を甘受すべきである。前者の場合について異論は全くないであろう。他方、議論されてきたのが後者の場合であり、転売代金債権の譲受人等の第三者（競合債権者）は保護する必要があると考え、その結論を導くために、「差押え」は、物上代位権の第三者に対する対抗要件であると考えるのが第三者保護説であり、原審の判断もそうである。

　しかし、動産売買先取特権（原担保権）およびそれと同一性を有する物上代位権の優先性を前提とした場合、保護すべき対象は、物上代位権者（動産売買先取特権者）に対する直接の弁済義務者である「第三債務者」だけでよい。「第三債務者」にとって、「誰に弁済すべきか」という問題は大きな問題ではなく、これに対し、死活的な問題は、誰に弁済しようと、自己の行った弁済が有効となり、「免責」されることである。他方、「差押え」前に、「第

三債務者」（転買主）が債務者（買主）や転売代金債権譲受人（第三者）に対して行う弁済は有効であるから、結果的に、債務者や債権譲受人も保護されるのである。つまり、第三者の保護は、第三債務者の保護による反射的効果によって確保すればよいわけである。それゆえ、第三債務者保護説を先取特権に及ぼしても、公示なき担保物権の効力が強くなり過ぎることはあり得ないのである[39]。

　動産売買先取特権に基づく物上代位権の追及効を否定し、「第三者」を保護すべきであるとする見解は、民法333条の「第三取得者」と「第三者」を同視し、公示なき動産売買先取特権の追及効を制限した考えを、物上代位権発生の場合に短絡的に持ち込んでいると言わざるを得ない。しかし、「第三取得者」とは、「第三債務者」のことであり、「第三者」ではないのである。この点について再論しよう。

　公示なき動産売買先取特権の追及効を認めた場合、その追及効を直接受けるのは、動産の転買主たる「第三取得者」である。よって、動産取引安全のため、公示なき動産売買先取特権の追及効を制限する必要がある（民法333条）。他方、公示なき動産売買先取特権の物上代位権の発生により、直接、物上代位権者に弁済義務を負うのは転買主たる「第三取得者（第三債務者）」である。よって、この転買主の二重弁済の危険を防止し、その弁済を保護すればよいのである（民法304条1項ただし書）。

　ここで、原担保権（動産売買先取特権）の追及効制限と同じく、その物上代位権の追及効まで制限すれば、民法304条1項本文の趣旨を大幅に減殺することになろう。それよりも、特定の権利に対して直接の利害関係を有する者を見つけ出し、その者を保護するにはどうすればよいかを探究するのが、あるべき法解釈論である。転売代金債権の譲受人保護は、この者に弁済する転買主の弁済を有効にすれば済む問題である。要するに、動産の転売において、動産売買先取特権者（売主）から保護すべき者は、転買主（第三取得者＝第三債務者）だけでよく、それ以外の第三者は、動産売買先取特権およびその物上代位権の優先を甘受しなければならないのである。

5　原審事案の解決

　先取特権者が差押命令を得ないまま、第三債務者から物上代位権行使としての任意弁済を受けることはできないとする原審の結論が、正当であることは前述したとおりである。しかし、その理由として、「以上の民法304条1項の趣旨・目的及び動産売買先取特権の性質並びに関係者の利益状況を総合すれば」と述べていることには賛成できない。民法304条1項ただし書が設けられた結果、第三債務者の二重弁済の危険が消失し、「差押え」がなければ、第三債務者は、たとえ物上代位権の発生・成立について悪意であっても、物上代位権者に弁済することを要しないからである。つまり、同ただし書の立法化により、物上代位権者は、「差押え」なしには第三債務者に対し弁済請求をすることができなくなったのであるから、「差押え」前の第三債務者の物上代位権者に対する任意弁済が無効である理由は、端的に、「民法304条1項の趣旨・目的により」と述べれば十分であり、残りの曖昧な文言は不必要である。

　原審の事案では、動産売買先取特権の物上代位権者A会社と代位目的債権（転売代金債権）譲受人Xが、結局、同債権の優先的攫取をめぐって争っており（訴訟自体は、XのYら（転買主・第三債務者）に対する転売代金債権の支払請求である）、このような第三者間の優劣は、それぞれの権利の第三者対抗力具備の先後により決すべきである。

　原審は、A会社とXの優劣について、A会社の動産売買先取特権の物上代位権に基づく差押えとXの転売代金債権譲渡の対抗要件具備の先後で決すべきであるとしたが、私見では、動産売買先取特権の物上代位権の第三者対抗力具備（それは動産売買先取特権の成立時（平成14年1月～2月））と転売代金債権譲渡の対抗要件具備（平成15年2月4日）の先後により決することになる。ただし、物上代位権の第三者対抗力は、差押命令を得ることが条件であり、A会社が同命令を取得し、それが送達されたのは、Y$_1$会社およびY$_2$会社に対する債権についてであるから、この両債権についてはA会社が優先する。しかし、A会社は、Y$_3$会社に対する債権について差押命令を得ていないから、同債権についてはXが優先する。

　以上から、XのY₃会社に対する支払請求は認容すべきであるが、Y₂会社に対する請求は認容すべきではない。それゆえ、XのY₂会社およびY₃会社の双方に対する請求を認容した原審には賛成できない。また、A会社およびYらの主張によれば、Xは、B破産会社の元経理部長であり、A会社の物上代位に関する実体関係をすべて承知の上で当該転売代金債権を譲り受けた第三者である。「差押え」を第三者対抗要件として把握し、このような第三者を保護することは、執行妨害を助長することにもなろう。原審と同様、前掲の東京地判平成14年は、「差押え」を第三者対抗要件と解し、動産売買先取特権者の物上代位権行使を否定しながら、結論として当該債権譲渡を詐害行為と判断し、取り消した事案であった。そのような判断をせざるを得ないところにも、第三者（競合債権者）保護説の理論的誤謬があるわけである。

五　最高裁平成17年 2 月22日判決の論理の検証

1　最高裁平成17年 2 月22日判決の論理

　最判平成17年は、Y₂会社の上告を棄却したが、その判決理由は極めて簡単である。すなわち、民法304条 1 項ただし書は、抵当権とは異なり、公示方法が存在しない動産売買先取特権については、代位目的債権の譲受人等の第三者の利益保護の趣旨を含むと述べ、「そうすると、動産売買の先取特権者は、物上代位の目的債権が譲渡され、第三者に対する対抗要件が備えられた後においては、目的債権を差し押さえて物上代位権を行使することはできない」と。

　要するに、民法304条 1 項ただし書という同一条文について、公示方法のない先取特権と公示方法のある抵当権とで異なる解釈を行うことであり、先取特権の物上代位権行使の要件として「差押え」には、代位目的債権の譲受人等の第三者の利益が含まれるというのであり、「差押え」の趣旨について第三者保護説を採ったわけである。最判平成17年の判決理由があまりにも短いため、最判平成17年についての調査官コメントを以下に紹介する[(40)]。

　①　抵当権は、登記により公示されるから、第三者に対する追及効を認めても、第三者に不測の損害を与えるおそれがないから、追及効を認めて

もよい。

② 抵当権の物上代位権は、抵当権設定登記により公示されているから、その物上代位権に追及効を認めてもよい。最判平成10年はこの立場を採る。

③ もともと実体法上は、抵当権者が優先すると考えられることから、債権譲渡後の物上代位権行使を認めても、債権譲受人の立場は害されない。

④ 動産売買先取特権は、債務者（買主）が動産を「第三者」に引き渡すと、その動産に先取特権の効力は及ばない（民法333条）。その理由は、先取特権は非占有担保権であり、目的物が動産の場合には公示方法が存在せず、追及効を制限することにより動産取引の「第三者」を保護しようとした。そうとすれば、動産売買先取特権に基づく物上代位権も、目的債権が譲渡され、債権が債務者から「第三者」に移転すると、もはや追及効がなくなるものと解すべきである。このような場合にも追及効があるとすれば、抵当権とは異なり、動産売買先取特権には公示方法がないことから、「第三者（債権譲受人）」の立場を不当に害するおそれがあるものと考えられる。

⑤ 民法304条１項ただし書は、抵当権とは異なり、公示方法が存在しない動産売買先取特権については、「第三者」の利益を保護する趣旨を含むものというべきである。

2　検　証

上記の①～③は、抵当権の物上代位権の追及効を認めることの妥当性を説明し、最判平成10年を引用するのであるが、同最判の核心であり、かつ抵当権の物上代位権の追及効を認めるための前提理論である第三債務者保護説に全く言及していないのは不可解としか言いようがなく、この点は強く批判すべきである。

抵当権の物上代位権の追及効を認めることが、抵当権に公示方法があることに尽きるのであれば、最判平成10年は、「差押え」の趣旨について第三債務者保護説を採る必要がなかったではないか。なぜ、最判平成10年が、第三者保護説を採った原審・東京高裁平成８年11月６日（判例時報1591号32頁）

を破棄し、第三債務者保護説を採ったかについて、最判平成17年は探究すべきであった。それは、第三者保護説が、民法304条1項の法的構造を理解せず、理論的にも、実際的にも不当な結果を招くからである[41]。

　上記の④において、調査官コメントは、動産売買先取特権の追及効が制限される理由を、動産売買先取特権の非占有担保性と公示方法がないことに求める。抵当権との違いは、公示方法の有無だけである。しかし、動産売買先取特権の追及効制限の対象は、直接的には「第三取得者」、つまり転買主の所有権保護であり、その追及効制限の結果として、当該動産上の動産売買先取特権が失効することである。すなわち、動産売買先取特権の追及効制限により保護されるのは、調査官コメントが述べている「第三者」ではなく、「第三取得者（第三債務者）」である。そして、当該動産上の動産売買先取特権が失効する代わりに、当該動産の価値代替物である転売代金債権上に動産売買先取特権が成立するのであり（民法304条1項本文）、この動産売買先取特権が、動産売買先取特権に基づく物上代位権である。それゆえ、物上代位権とは、動産売買先取特権そのものであり、もともと公示方法なしに第三者に対抗しうる法定の優先権である。

　この物上代位権（＝動産売買先取特権）という優先権が転売代金債権に付着しているため、その債権の債務者たる第三債務者（転買主・第三取得者）は、物上代位権者に弁済しなければならず、二重弁済の危険という不安定な地位に陥るのである。これに対し、第三債務者を除く「第三者」を直接保護する規定は存在せず、かかる「第三者」は、「第三債務者」の保護による反射的効果として保護されるだけである。かかる第三者は、本来、実体法上の優先権者である動産売買先取特権＝物上代位権を甘受すべきものだからである。つまり、もともと実体法上、動産売買先取特権者が優先するのであるから、転売代金債権（代位目的債権）譲渡後の物上代位権行使を認めても、第三者（債権譲受人）の立場が害されることはないのである。

　ところが、物上代位権の追及効を否定する見解は、調査官コメントと同様、必ず民法333条を持ち出し、債権取引の安全を強調するのである[42]。しかし、このような見解は、同条が保護しているのが、代位目的債権の取引安全ではなく、動産取引の安全（動産所有権の保護）であることを理解していないし、

動産の代替物である転売代金債権に対し物上代位権が行使されるのが、動産買主（債務者）が、動産売買の代金債務を履行せず、売主と買主の間の信頼関係が破綻しているという極めて限定された場合であることを看過している。実際、動産売買先取特権に基づく物上代位権が行使されるのは、買主破産の場合である。本件もそうである。

　これに対し、売主と買主の関係が破綻した後の転売代金債権譲渡の優先を認める見解は、不正義・不公正を助長するだけである。本件では、動産売買先取特権者Ａ会社は、Ｂ会社の破産宣告後、債権届出書を提出しており、破産管財人Ｃおよび債権譲受人Ｘ（Ｂ会社の元経理部長）は、動産売買先取特権の存在を認識し、その後に物上代位権行使としての「差押え」もあった事案である。このような場合に転売代金債権譲渡の優先を認めることは、動産売買先取特権（物上代位権）が別除権（破産法65条）であることを否定するだけでなく、結託した悪質な買主と債権譲受人を利することは明白である。その意味で、本件の債権譲渡につき、信義則違反・権利濫用であるとして、第一審判決を支持する見解にもそれなりの理由があると言えよう[43]。

　これに対し、債権譲渡優先を認め、最判平成17年を支持する見解は、昨今の銀行が様々な場面で債権譲渡取引に関与していることを指摘し、「もし万が一、第一審のような結論が取られていたとすれば、債権を譲り受ける場合には、それが先取特権の物上代位の対象となっていないかを確認（事実上不可能に近い）しなければ安心できないということになり、今後ますます活発化するであろう債権譲渡取引への影響を考えると、ヒヤリとさせられるところであった」[44]と述べる。

　しかし、この見解は、物上代位権行使の要件について全く看過しており、極めて不当である。動産の売主と買主の間の関係が正常・良好な間、つまり債務不履行がなければ、買主が転売代金債権を譲渡した場合でも、売主は、物上代位権を行使できないのである。つまり、物上代位権の行使は、買主の債務不履行があって初めて行使できるのであり（民事執行法193条1項後段・2項）、通常、物上代位権が行使されることはないから、物上代位権の存在が債権譲渡取引に影響することはほとんどないのである。また、仮に買主の債務不履行があっても、物上代位権行使（＝差押え）の前であれば、転買主

（＝第三債務者）は債権譲受人に弁済すればよく、その場合には、譲渡された転売代位目的債権（代位目的債権）は消滅し、物上代位自体が失効する（民法304条1項ただし書）。それゆえ、債権譲受人は、譲り受ける債権が物上代位の目的となっているか否かをいちいち確認する必要もないのである。

　以上により、公示方法の有無に関係なく、抵当権の物上代位に関する最判平成10年の法理は、そのまま動産売買先取特権の物上代位にも妥当するのであり、「差押え」の趣旨には、「第三者」の利益は含まれないのである。したがって、「第三者」と「第三取得者（第三債務者）」を区別しないで、後者のために用意された民法333条を根拠に前者を保護するという最判平成17年には到底賛成することができない。

六　結　語

　民法304条1項ただし書の「差押え」の趣旨について、民法典施行以来、多くの議論が交わされてきた。民法典施行当初から大正初期にかけての学説は、「差押え」の趣旨について、代位目的債権の特定性維持、優先権保全および第三者保護のすべてを謳ったが、その本質は第三者保護説（優先権保全説・差押公示説）であった。他方、判例は、大審院民事連合部大正12年（1923年）4月7日判決（民集2巻209頁）以降、最判昭和60年（1985年）に至るまで、一貫して第三者保護説（優先権保全説・差押公示説・二面説）を採っていた[45]。戦前の判例は、抵当権に関するものであり、最判昭和59年および同60年は動産売買先取特権に関するものであったが、判例は、公示方法の有無を問わず、いずれも同じ論理を展開していた。

　これに対し、学説は、前掲の大正12年の大審院民事連合部判決以降、同判決を批判する物上代位権者保護説（特定性維持説）が主流となり、通説となっていたが、昭和50年（1975年）頃からは第三者保護説が多数説となった。いずれにせよ、学説も、公示方法の有無を問題としないで、抵当権と先取特権について同じ解釈がなされていた。

　ところが、1990年のバブル経済崩壊後の執行妨害に対して第三者保護説は全く無力であった。抵当権の物上代位権行使と賃料債権譲渡の優劣をめぐる下級審判例においては、動産売買先取特権の物上代位権行使に関する最判昭

和59年および同60年が足枷となり、第三者（賃料債権譲受人）を優先させる判決がある一方、権利濫用禁止の法理や苦肉の論理構成により、結論として抵当権者優先の結論を導く判決もあった。このような、下級審判決の混乱に終止符を打ったのが、「差押え」の趣旨に関し第三債務者保護説を採った最判平成10年である。

　従来、「差押え」の趣旨に関する議論が混迷した原因は、「差押え」とは、民法304条１項ただし書が設けられる前の利害関係人の立場を論じるべきであるのに、同規定が設けられた後の「差押え」の法的効果・機能を論じていたことにある。特定性維持、優先権保全（優先権の公示）は、まさに「差押え」の法的効果にすぎず、それら自体は対立するはずがない法的効果である（だから二面説という説も主張されるわけである）。対立するのは、これらの法的効果の一面のみを強調した場合の説である。

　ではなぜ、その法的効果の一面のみが強調され、特定性維持説と優先権保全説は対立したのであろう。それは、それぞれの説は、その背後に、民法304条１項が設けられる前の段階において保護すべき利害関係人を認識していたからである。それゆえ、本来、「差押え」の趣旨に関する学説は、保護対象となる利害関係人によって区別すべきであり（従来、第三債務者保護説のみがこの点を明確に論じていたので、「差押え」の保護対象である「第三債務者」を説の名称としていた）、特定性維持説は物上代位権者保護説と称し、優先権保全説（二面説）は第三者（競合債権者）保護説と称すべきものである。そうすれば、「差押え」の趣旨とは、第一次的に（主として）、いかなる段階の、いかなる利害関係人の立場に着目すべきかが明確になり、同一の次元における議論が可能となり、議論が噛み合うことになろう。

　そうすれば、民法304条１項本文に定める物上代位権の発生により、物上代位権者に直接の弁済義務を負うことになる第三債務者を第一次的に保護すべき必要性が容易に理解できよう。

　これに対し、第三債務者以外の第三者は、もともと、物上代位権の優先を甘受しなければならないから、第一次的に保護する必要性がないことも理解できよう。しかし、「差押え」前の第三債務者の弁済が有効とされ、第三債務者が保護されるため、「差押え」前に第三債務者から弁済受領した第三者

（債務者の場合もある）は、その反射的効果として有効に弁済受領することができ、結果的に保護されるわけである。この場合の第三者の弁済受領が不当利得にならないことはあまりにも当然のことである。まさに、民法304条1項ただし書が設けられたことによって、第三債務者の二重弁済の危険が完全に消失し、その結果として、その弁済受領者たる第三者（競合債権者）も保護されるのである。他方、物上代位権者は、第三債務者が債務者や第三者に弁済する前に「差押え」をすれば、物上代位権を保全することができ、結果的に、民法304条1項本文どおりに保護されるのである。

　要するに、「差押え」の趣旨は、第一次的に第三債務者の保護だけであり、それ以外の利害関係人の保護は反射的効果ないし副次的なものである。最判平成10年が、「差押え」の趣旨について、「主として」第三債務者保護にあると述べているのは、このように、論理的に「第一次的に」という意味である。この理は、最判平成10年の調査官コメントにおいても明確に言及されている(46)。

　ところが、第三債務者保護説を誤解する見解は、最判平成10年が述べる、「主として」とは、「主たる」意味であるとしても、唯一の意味ではないと説明する(47)。しかし、この「主として」という意味は、そのようなパーセンテージの問題ではない。なぜなら、物上代位権発生の場合における第三債務者の保護利益と第三者の保護利益とは異なり、両者を同時並列的に保護することはできず、「第一次的に」保護すべき者は第三債務者だけであり、第三者保護は、第三債務者保護による反射的効果にすぎないからである。

　このように、第三債務者を第一次的に（主として）保護することは、何も特異な解釈ではなく、指名債権譲渡の場合の「債務者」に対する譲渡通知・承諾（民法467条1項）や指名債権質の場合の「第三債務者」に対する通知・承諾（民法364条・467条1項）と同じ理である。それらの「通知・承諾」の趣旨は、債務者や第三債務者の二重弁済の防止であり、その点について異論が存しない所である。

　法解釈は、正義・公正を実現するものでなければならない。これに反し、最判平成17年が判示した第三者保護説は、弱小債権者を保護するために法政策的に認められた法定担保物権の効力を弱化し、執行妨害を助長することに

なろう。

(1)　清原泰司『物上代位の法理―金融担保法の一断面―』281頁（民事法研究会、1997年）。

(2)　④決定に対する批判については、清原泰司「転貸料債権に対する抵当権の物上代位（2・完）」桃山法学5号15頁以下（2005年）参照。④決定の差戻審・東京高裁平成12年9月7日決定は、原則否定説を採った④決定から推測される結論とは異なり、執行妨害の事実認定がなされ、転貸料債権に対する物上代位権行使が肯定された。このことは、原則否定説が、物上代位権者に対し執行妨害について過大な立証責任を課し、場合によっては極めて悪質な執行妨害を容認する可能性の大きいことを示すものである。

(3)　⑥判決に対する批判については、清原泰司「物上代位論―二つの最高裁判決を素材として―」桃山法学2号35頁以下（2003年）、同「判批」銀行法務21・86頁以下（2003年）参照。

(4)　⑤判決は、抵当権の物上代位権の公示を抵当権設定登記と解し、抵当権者優先の結論を導いた点では評価できるが、物上代位権の公示を「第三者に対する公示」と「第三債務者に対する公示」とに峻別しなかった点において、「差押え」の趣旨に関する第三債務者保護説を十分に理解していないことを示している（清原泰司「抵当権の物上代位と相殺の優劣―最高裁平成13年3月13日判決をめぐって―」市民と法10号2頁以下（2001年）、同「判批」銀行法務21・592号76頁以下（2001年）参照）。

(5)　私見や最判平成10年に対する批判に対しては、清原・前掲注(2)桃山法学2号1頁以下、同「抵当権の物上代位に関する基礎的考察―最高裁平成10年1月30日判決を踏まえて―」損害保険研究62巻3号163頁以下（2000年）、同「物上代位の法的構造」法学新報110巻1・2号175頁以下（2003年）において逐一反論している。

(6)　第一審判決の解説・批判として、石毛和夫「判批」銀行法務21・634号68頁（2004年）、高橋眞「物上代位と任意弁済」銀行法務21・636号1頁（2004年）がある。

(7)　原審の評釈として、平井一雄「判批」銀行法務21・643号79頁以下（2005年）、清原泰司「判批」金融・商事判例1212号59頁以下（2005年）、国分貴之「判批」銀行法務21・646号46頁以下（2005年）、堀龍兒「判批」私法判例リマークス31号（法律時報別冊）30頁以下（2005年）がある。

(8)　最高裁平成17年2月22日判決の評釈として、山本克己「判批」NBL809号12頁以下（2005年）、渡辺隆生「先取特権に基づく物上代位と債権譲渡の優劣」金融法務事情1740号4頁以下（2005年）、渡部晃「動産売買先取特権に基づく物上代位権の行使と目的債権の譲渡―最三小判平17・2・22を契機として―(上)・(下)」金融法務事情1745号20頁以下・1746号118頁以下（2005年）、山野目章夫「判批」金融法務事情1748号49頁以下（2005年）、遠藤研一郎「判批」銀行法務21・650

号72頁以下（2005年）がある。

(9)　例えば、担保物権法の著名な教科書である近江幸治『民法講義Ⅲ　担保物権』
65頁（成文堂、2004年）は、「『差押え』の機能は、物上代位の目的物である債
権を特定する意味をもつと同時に、優先権を公示して保全する意味の二面性が
ある」と述べ、あるいは、「物上代位で『差押え』が要求されるのは、その代償
物が債務者の一般財産を構成する前に特定（＝担保目的物との接合）する意義
があることは疑いない。しかし、『差押え』の実際的機能に着目するならば、請
求権等に変じた目的物につき、第三債務者に対する処分の禁止・弁済の制限と
いう形で、その優先性を公示・保全する機能を営んでいることもできない」と
述べ、二面説を主張する一方、「最判平成10・1・30がいう『第三債務者の保
護』というのは、差押えによって弁済禁止効がかかるからであって、差押えが
された場合にその効果が生じるのは当たり前のことである（民執145条1項）。
ここで問題なのは、『物上代位が機能するために差押えがなぜ必要なのか』とい
う実体法的目的なのであって、手続法的に、差押えの効力としての弁済禁止効
により第三債務者が保護されるためだという問題ではないのである。〔Ｄ〕説
（第三債務者保護説―筆者注）は問題の次元をすりかえているといわざるをえな
い」と述べ、第三債務者保護説を批判するのである。

　　しかし、最判平成10年および第三債務者保護説（私見）が、第三債務者保護
の必要性を謳っているのは、民法304条1項ただし書が存在しない場合の第三債
務者の立場であり、手続法的に、差押えの効力として第三債務者保護の必要を
述べたことは一切ない。民法304条1項ただし書が設けられ、同規定を受けた民
事執行法所定の「差押え」の法的効果が第三債務者保護にあるのは当然のこと
である。まさに、第三債務者保護を目的として、実体法的目的として、同規定
が設けられたからである。つまり、近江教授が明言する、「物上代位が機能する
ために差押えがなぜ必要なのか」という実体法的目的こそ、第三債務者保護に
あるからである。付言すれば、同項ただし書が存在しなければ、第三債務者に
二重弁済の危険が発生するからである（最判平成10年は、このことを明言して
いる）。これに対し、二面説が考える「差押え」の趣旨は、本来の趣旨（目的）
ではなく、まさに近江教授が明言するように、「差押え」の機能・法的効果であ
る。したがって、問題の次元をすりかえているのは、二面説のほうであると言
わざるを得ない。

　　このように、「差押え」の趣旨（目的）を説明するに際して、結果（機能・法
的効果）と目的を混同することは、多くの学説によりなされてきた。例えば、
内田貴『民法Ⅲ〔第2版〕債権総論・担保物権』408頁（東京大学出版会、2004
年）は、「仮に物上代位制度の沿革が第三債務者保護説の言うとおりであったと
しても、単に第三債務者に物上代位権行使の意思に知らせるためなら差押えで
ある必要ない（イタリア法やボワソナード草案がそうであったように）。しか
し、現行法は差押えを要求しており、民事執行法はそれを前提とした規定を置
いた（民執法193条）。したがって、現行法の解釈論としては、差押えには執行

手続上の意味を与える必要がある。そしてその限りでは、競合する債権者との関係でも抵当権者の物上代位権を保全する手続としての意味を持たざるを得ず、第三債務者の保護に限定する見方は貫けないのではないかと思われる。本書の筆者自身は、従来の多数説の理解してきた優先権保全説が妥当であると考えている」と述べるのである。

　しかし、内田教授の見解も、第三債務者保護説がどの場面を論じているかを基本的に誤解している。第三債務者保護説は、民法304条1項ただし書が設けられた後のことや、同規定を受けた民事執行法193条をについて論じていないからである。民事執行法193条は、まさに、第三債務者保護を唯一の目的として（第一次的な目的として）設けられた民法304条1項ただし書を受けた手続規定であるから、同条に基づく「差押え」がなければ、競合債権者が保護される一方、「差押え」があれば、物上代位権が保全されるという法的効果が生じるのは当然であり、これらの法的効果が生じる点だけを見て、第三債務者保護説を批判するのは筋違いである。これらの法的効果は、現行の民法304条1項ただし書適用の結果によるものであり、「差押え」の趣旨として位置づけるべきではないからである。

　また、ボアソナード民法草案や諸外国では、物上代位権者は第三債務者の弁済に対して、実体法上の「異議（opposition; opposizione; Widerspruch）」をなすことが、物上代位権行使の要件として要求されており、「単に第三債務者に物上代位権行使の意思を知らせるためなら差押えである必要ない」のは確かである。

　しかし、これらの「異議」の趣旨が、第三債務者の保護にあることは諸外国では定説である。それは、「異議」という措置が立法化される前の利害関係人の立場を見れば、第三債務者（保険者）保護は当然到達する普遍的な考えだからである。よって、現行民法において「差押え」という用語になったからといって、別の解釈を行う必要性はない。実際、ボアソナード民法草案1168条（日本語翻訳版）1項ただし書の「異議（opposition）」や旧民法（明治23年・1890年）債権担保編133条1項ただし書の「払渡差押（opposition）」が、現行民法304条1項ただし書の「差押え」になった経緯は不明であり、当時の民法や民事訴訟法の起草者が、opposition という用語をドイツ法の Pfändung ないし Beschlagnahme と同一視し、旧民法の「払渡差押」の頭二字である「払渡」を削除し、民事訴訟法旧594条以下の債権差押えの手続に乗せてしまった立法ミスであるという指摘もあり（吉野衛「物上代位における差押えの意義」加藤一郎・米倉明編『ジュリスト増刊　民法の争点』141頁（有斐閣、1978年））、ボアソナード民法草案の「異議」や旧民法の「払渡差押」の趣旨が第三債務者の弁済保護にあったことを想起すべきである（民法304条1項ただし書立法の沿革や比較法的な考察については、清原・前掲注(1)58頁以下参照）。

　他方、現行民法304条1項ただし書において「差押え」という用語になったことが影響したからであろうが、民法起草者や明治期から大正期にかけての学説

は、「差押え」の趣旨がは、第三者の不測の損害防止（第三者保護）にあると述べる一方で、現在のような優先権保全説ではないのである。すなわち、これらの学説は、物上代位権と原担保権の同一性を認め、物上代位権は、「差押え」ではなく、原担保権により公示され、「差押え」が競合した場合の差押債権者間の優劣は、「差押え」の時間的順序ではなく、実体法上の権利の順位に従って決まると解し、民法304条1項ただし書の「払渡し又は引渡し」とは「現実の弁済」であると解していたのである。つまり、理論的な矛盾は存するが、担保権者に物上代位権を付与した同項本文の趣旨を損なわないような解釈を行っていたのである（清原・前掲注(1)100頁、同・注(3)桃山法学2号22頁以下参照）。

(10)　私見と同じく、代位目的債権の特定性維持を、「差押え」の趣旨目的に求めることは論理的におかしく、特定性維持は、「差押え」の結果であると指摘するのは、吉野衛「物上代位における差押えの意義」加藤一郎・米倉明編『ジュリスト　民法の争点Ⅰ（総則・物権・親族・相続）』162頁（有斐閣、1985年）である。すなわち、「折衷説（民事執行法制定後の特定性維持説―筆者注）は、特定性ということを重視しているようであるが、もともと代位物である請求権が特定していなければ、差押えすら不可能なのであるから、これを差押えの目的に据えるのは、これを文字どおりに理解すると、おかしなことになる（特定性維持は差押えの結果であって、目的ではない。）」と述べている。

また、角紀代恵「物上代位」小林秀之・角紀代恵『手続法から見た民法』46頁（弘文堂、1993年）も、「価値権説によれば、『差押え』は債権の特定性を維持するためにのみ必要とされる。確かに、債権に対して差押えが行われれば、それによってその特定性が維持されることにはなる。しかし、差押えが行われていなくても、債権が未だ履行されていない状態にある場合は、債権の特定性は失われていない。すなわち、価値権説は、第三者による『差押え』があった後にあっても、物上代位権の行使は可能であることの説明にはなっていても、物上代位権の行使に、なぜ、『差押え』が必要であるかの説明にはなっていない」と述べるのである。

さらに、最判平成10年を解説した野山宏「判解」法曹時報50巻6号166頁以下（1998年）は、次のように述べている。

「(1)　本判決は、差押えの主要な趣旨は第三債務者の保護にあり、競合債権者の保護や特定性の維持は第三債務者を保護することによる反射的利益（せいぜい副次的な目的）にすぎないことを明らかにした。これは沿革的研究の成果を取り入れたものであるといえよう。

(2)　差押えの主要な趣旨を特定性維持にあるとみることは、何人の差押えによっても抵当権者による物上代位権の行使が可能とする考え方に容易に繋がり、民法304条1項本文（ママ・「ただし書」である―筆者注）の文理に反することから、採用し難いであろう。

(3)　差押えの主要な趣旨を債務者の一般財産への混入防止による第三者の保護にあるとみる説は、差押えを要件とすることによる結果の説明をしているに

すぎないものであって、採用し難いであろう。

(4) 差押えの主要な趣旨を競合債権者との間の優劣を定める対抗要件とみる説は、抵当権者の利益を軽視しすぎるものであって、採用し難いであろう。殊に、一般債権者が単に差し押さえたにすぎない場合であってももはや物上代位権を行使することができないとすることは、抵当権者に収用補償金、火災保険金、損害賠償金等についての物上代位を認めた趣旨に照らすと、抵当権者の利益保護について薄きに過ぎるものであろう。本判決は、差押えには事実上の第三者保護機能（他の債権者との間で法律関係の紛糾を招くことをある程度防ぐという単なる事実上の機能）があると考えれば足りるとしたものと思われる」と述べ、第三債務者保護説を正当に評価し、特定性維持説および第三者保護説を批判しているのである。

⑾ 野山・前掲注⑽166頁の⑶に記述する第三者（競合債権者）保護説に対する批判を参照。

⑿ 前掲注⑼に述べた私見の近江説（二面説）に対する批判を参照。

⒀ 野山・前掲注⑽166頁の⑷参照。

⒁ 野山・前掲注⑽166頁の⑵参照。

⒂ 例えば、「第三債務者の利益については、抵当目的物に対する補償金、買取対価、保険金などの支払義務者は、抵当目的物の登記を閲覧すれば容易に抵当権の存在を知りうるから、物上代位を予期すべきだという考え方と、価値変形物の支払義務者にそのような調査義務を課すのは行き過ぎだという考え方とが対立しているが、いずれにせよ、支払義務者（第三債務者）が価値変形物を抵当権設定者（債務者）に払渡しまたは引渡してしまえば物上代位権は消滅するから（民法304条１項但書)、あまり第三債務者の利益を考慮する必要はないであろう」（森島昭夫・宇佐美大司「物上代位と差押」法学セミナー370号105頁(1985年）という見解である。

⒃ 野山・前掲注⑽166頁の⑴参照。

⒄ 清原・前掲注⑶桃山法学２号17頁以下、同・前掲注⑸損害保険研究62巻３号188頁以下、同前掲注⑸法学新報110巻１・２号199頁参照。

⒅ 道垣内弘人『担保物権法〔第３版〕』151頁（有斐閣、2008年)。

⒆ 山本・前掲注⑻14頁。

⒇ 第三債務者保護説は、「差押え」を行っていない物上代位権者に不当利得返還請求権の発生を認めることになるという批判に対する反論については、清原・前掲注⑶桃山法学２号８頁以下。

(21) 道垣内教授は、「差押え」をしていない物上代位権者に、弁済受領者に対する不当利得返還請求権を認めるべきではないという結論を導くためには、「物上代位権者による目的債権の差押え以前はいまだ浮動的な権利であり、差押えによって効力を保全させると考えるべきことになる。これも、払渡しまたは引渡し前の差押えの意義となるわけであり、目的債権の債権者（被担保債権の債務者である場合を除く）の立場からいえば、払渡しまたは引渡しの段階にまで至

れば、自ら得た利益を、その後の物上代位権行使によって覆されることはないという保護を受けるわけである」（道垣内・前掲注(18)151頁）と述べる。

　しかし、この叙述は、民法304条1項ただし書が設けられた結果の説明である。まさに、第三債務者保護説は、このような結果を導くために、「差押え」の趣旨が第三債務者保護にあると言っているのである。

　また、道垣内教授は、「差押えによって（物上代位権の）効力を保全させる」ことを、「差押え」の意義（趣旨）となると述べているが、「差押え」による物上代位権の効力保全は、「差押え」の法的効力（結果）であって、目的ではない（前掲注(10)の文献参照）。

　さらに、「目的債権の債権者（被担保債権の債務者である場合を除く）」は、「差押え」前に自ら得た利益を覆されることはないと述べ、「被担保債権の債務者」を除いているが、この点にも同意できない。なぜなら、被担保債権の債務者（抵当権設定者）も、「差押え」前に払渡しを受けた場合、目的債権の債権者（債権譲受人）と同じく、不当利得返還請求権を行使されることなく、自ら得た利益を覆されることはないからである。つまり、「差押え」前においては（目的債権が賃料債権の場合、債務不履行が発生しない限り、物上代位権は発生していないため、物上代位権者は「差押え」をすることもできない）、被担保債権の債務者も、目的債権の譲受人も、いずれも代償物処分の自由を有しているのである。

　以上から、道垣内教授の第三債務者保護説に対する批判はすべて失当である。

(22)　同旨、高橋・前掲注(6)1頁、国分・前掲注(6)49頁。ただし、高橋教授が、「当該債権の譲受人等の第三者との優先関係については、『任意弁済』は意味を有せず、あくまでも差押時が基準とされる」と述べていることには同意できない。「差押え」は、第三債務者に対する公示機能しか有さず、物上代位権の第三者との優先関係は、「差押え」時ではなく、原担保権の対抗力具備時を基準とすべきだからである。

(23)　民法304条1項ただし書が設けられていなければ（存在しなければ）、第三債務者に二重弁済の危険が存在するというのが、最判平成10年および第三債務者保護説（私見）の核心である。ところが、第三債務者保護説を批判する見解は、同規定が設けられる前と後を峻別せず、あるいは「差押え」の趣旨（目的）と結果を混同しているため、この二重弁済の危険の存在を認めないし、不可解な論理を展開するのである。この点に関する私見の反論の詳細については、清原・前掲注(3)桃山法学2号14頁以下参照。

　例えば、道垣内教授は、「物上代位権の存在によって代償物である債権に当然に抵当権の効力が及ぶと考えるならば、第三債務者（代償物である債権の債務者）は、債権質権の目的債権の債務者と同様の地位に立ち、弁済等について制約を受けることになりそうである。しかし——第1に、債権質権の場合に、当該質権の対抗を受ける第三債務者は直接に質権設定の通知を受け、または、そのことを承諾しているのであり、質権が設定されていることを確実に知りう

る立場にある。これに対して、抵当権の物上代位の場合には、抵当不動産に抵当権設定登記が存するものの、第三債務者は自らの負う債務について抵当権者が物上代位権を有することを直接に知らされるわけではない」（道垣内・前掲注⑱150頁）と述べる。

しかし、だからこそ、第三債務者に物上代位権の存在を直接知らせるために民法304条1項ただし書が設けられたのであり、「差押え」は、債権質権の設定通知（民法467条1項）と同様の機能を果たしているというのが、私見の説明である。

また、道垣内教授は、「第2に、とりわけ、付加的物上代位が問題となる局面では、抵当権者はなお抵当不動産について権利を行使することができるから、必ずしも物上代位権を行使するとは限らない。また、代替的物上代位が問題となる場合でも、それが根抵当権に基づくときには、物上代位権の行使は被担保債権の元本確定をもたらすため（民398条ノ20第1項1号）、あえて物上代位権を行使しないこともある」（道垣内・前掲注⑱150頁）と述べる。

しかし、最判平成10年も、私見も、民法304条1項ただし書が存在しない場合の第三債務者の立場（地位）を問題にしているのであり、同規定が設けられた結果、第三債務者は二重弁済の危険から完全に解放され、物上代位権の行使がなければ、第三債務者は安心して債務者や目的債権譲受人に弁済すれば免責されるのである。よって、物上代位権が行使されないことは、第三債務者にとって何の問題もない。

さらに、道垣内教授は、「以上から、第三債務者が弁済等について当然に制約を受けるとするのは妥当ではなく、抵当権者が、物上代位権の存在を第三債務者に知らせるとともに、その行使の意思を明確に表示する以前に、第三債務者が物上代位の目的債権について弁済等をしたときには、それにより物上代位権の対象は消滅し、もはや物上代位権は行使できなくなるとすべきことになる。つまり、物上代位の目的債権について払渡しまたは引渡しがある前に差押えによって上記の通知・表示をすることが、物上代位権行使の要件となるというわけである」（道垣内・前掲注⑱150頁）と説明する。

しかし、この説明は、民法304条1項ただし書を適用した場合の説明であり、同ただし書がなぜ設けられたのかという趣旨の説明ではない。同ただし書が設けられた結果、第三債務者は、弁済について全く制約を受けなくなったのである。すなわち、物上代位権者による同ただし書の「差押え」があれば、直接、物上代位権の存在が第三債務者に知らされることになったのであり、その反面、「差押え」がない場合には、第三債務者の債務者・目的債権譲受人に対する弁済が有効とされ、第三債務者を免責することにしたのが同規定である。つまり、同規定が設けられた結果、「差押え」がなされない間に第三債務者が他の債権者に行った弁済が有効となる結果、第三債務者の二重弁済の危険は完全に消失するのである。そして、その反射的効果として、第三債務者からの弁済受領も保護されるというのが、同規定の適用結果である。したがって、これらの弁済受

領者に不当利得返還義務が発生しないことも当然の事理である（前掲注⑳およ
び㉑参照）。道垣内教授の説明を、同規定が設けられる前のものとして理解すれ
ば、それは第三債務者保護説そのものであり、裏を返せば、道垣内教授は、第
三債務者保護説の正当性を証明しているようなものである。

⑭　『ボアソナード氏起稿再閲修正民法草案註釈　第四編全』296頁（司法省、訳
者・刊行年不詳）。以下、『ボアソナード』として引用。

⑮　内田教授は、第三債務者保護説を採った最判平成10年が、執行妨害を目的と
した賃料債権の詐害的な譲渡の事案であり、その第一審が債権譲渡を権利濫用
と判断したことから、「抵当権に基づく物上代位に非常に強い優先権を認める第
三債務者保護説は、結果的に、抵当権者に対してこのような濫用行為に対する
武器を与えることにはなる。しかし、濫用行為に対処するには、一般条項を通
じた例外ルールの定立など、それなりの手法が存在する。果たして、このよう
な濫用事例で物上代位の一般理論を定立する必要があったのか、疑問をぬぐえ
ない」（内田・前掲注(8)408頁）と述べ、第三債務者保護説を批判する。

　　しかし、第三債務者保護説は、物上代位に非常に強い優先権を認める説では
ない。第三債務者保護説は、担保権者保護規定である民法304条1項本文を原則
規定と解しつつ、同規定により担保権者に直接の弁済義務を負うことになる第
三債務者の弁済を、同項ただし書規定により第一次的に保護する結果、その副
次的効果（反射的効果）として、その弁済受領者である債務者・第三者（競合
債権者）を保護する説だからである（野山・前掲注⑩166頁の(1)参照）。また、
内田教授は、執行妨害に対しては権利濫用法理のような一般条項を通じた例外
ルールの定立を主張するが、一般条項の使用は問題の解決にならない。事実、
最判平成10年の第一審は当該事案の債権譲渡を権利濫用と認定し、抵当権者は
勝訴したが、第二審はそれを否定し、抵当権者は敗訴したからである。そして、
内田教授の見解には、賃料債権に対する抵当権の物上代位権の発生は、債務不
履行の発生を要件としていることを看過しているのではないかという疑問がぬ
ぐえない。賃料債権に対し物上代位権が行使される場合、債務不履行が既に惹
起され、債権者と債務者間の信頼関係が損なわれ、異常な関係が発生している
のである。債務者側は、そのうえで、代位目的債権たる賃料債権を譲渡してい
るのであり、このような場合に、抵当権者側に濫用の立証責任を課し、場合に
よっては債権譲受人を優先させる結論を導く例外ルールにより対処することは
妥当な法解釈なのだろうか。はたして、債務不履行に陥った債務者に、賃料債
権処分の自由を認める必要があるのだろうか。もっとも、第三債務者保護説に
よっても、抵当権者による「差押え」前に賃借人が債権譲受人に対して行う弁
済は有効であるから、その限りで、債務不履行後であっても、債務者に賃料債
権処分の自由があり、債権譲受人も保護されるのである。したがって、「抵当権
に基づく物上代位に非常に強い優先権を認める第三債務者保護説」という内田
教授の指摘は、第三債務者保護説を基本的に理解していないと評価せざるを得
ない。

⑳　この判決の評釈として、小山泰史「判批」銀行法務21・625号86頁（2003年）
がある。

㉗　小山・前掲注㉖88頁。

㉘　前掲注㉔『ボアソナード』296頁。

㉙　清原・前掲注(1)52頁以下参照。

㉚　原審は、「第三債務者の信頼」を問題にし、一見、第三債務者を保護している
かのように見えるが、「第三債務者にとっては、仮に債権譲渡の対抗要件を信頼
したとしても、債権譲受人に弁済した債権についてはその消滅を先取特権者に
対抗することができ、弁済をしていない債権についてはこれを供託すれば免責
されるのであるから、第三債務者の信頼を害するとはいえない。むしろ、先取
特権が公示されていないことにより、不利益を被るのは、目的債権の債権譲受
人であって、保護すべき対象として考えられるべきものは、『債権』の取引で
あって、本判決の判示には、疑問がないとはいえない」（国分・前掲注(6)50頁）
という指摘は正当である。

㉛　最判昭和59年・同60年は、破産者や差押えをしただけの一般債権者が「第三
者」に該当せず、破産宣告や差押えは、代位目的債権の「払渡し又は引渡し」
（民法304条１項ただし書）に該当しないと判断し、物上代位権者の優先を肯定
した。このような結論の前提として、この両最判は、民法304条１項ただし書の
「差押え」により物上代位権が成立するのではなく、民法304条１項本文に基づ
き、動産の転売と同時に物上代位権（先取特権）という優先権が転売代金債権
上に成立していることを正確に理解していたと思われる。しかし、その一方で、
両最判は、「差押え」の趣旨が第三者保護にあるという矛盾した見解を説示して
いると評価できよう。

㉜　道垣内弘人「判批」平井宜雄編『民法の基本判例〔第二版〕』87頁（有斐閣、
1999年）、同・前掲注⑱65頁、山本克己「動産担保権に基づく物上代位の問題
点」自由と正義50巻11号138頁以下（1999年）、内田・前掲注(9)511頁、小林秀
之・山本浩美『担保物権法〔第３版〕』104頁（弘文堂、2004年）、小山・前掲注
㉖89頁。

㉝　内田・前掲注(9)511頁。

㉞　私見は、先取特権、質権および抵当権すべてに通ずる理論である。先取特権
について清原・前掲注(1)246頁以下、質権（株式質）については、清原・前掲注
(1)）174頁以下参照。

㉟　清原・前掲注(1)52頁以下。

㊱　清原・前掲注(1)90頁以下。

㊲　清原・前掲注(1)54頁以下。

㊳　国分・前掲注(7)50頁は、「公示性を重視して、第三者（債権譲受人）を保護す
るのであれば、『払渡又ハ引渡』の意義について、抵当権に基づく物上代位と同
様に解する必要はなく、端的に先取特権に基づく物上代位の場合には、『払渡又
ハ引渡』に債権譲渡が含まれるとする構成の方が、条文解釈としては素直であ

るともいえる」と正当に指摘している。

(39)　国分・前掲注(6)51頁以下が、「民法上、動産先取特権という、そもそも公示性
　　のない担保物権が認められ、一般債権者に対して優先権が認められているので
　　あり、物上代位の場合においてのみ公示性を問題にする意義に乏しいこと、『債
　　権』の取引の安全を保護する必要があるとしても、『債権』そのものの公示性も
　　低いものであり、債権譲受人にはある程度のリスクを負担させてもやむを得な
　　いことからすれば、実体法上の優先権が認められている先取特権を尊重すべき
　　とも考えられ、民法304条1項但書の『払渡又ハ引渡』には債権譲渡は含まれず、
　　『差押え』は、そもそも先取特権の効力が及んでいる目的債権に対して、物上代
　　位権を保全するためのものと解することもできる」と述べているのは正当であ
　　る。

(40)　金融・商事判例1215号25頁右段。

(41)　私は、最判平成10年の原審・東京高裁平成8年11月6日を批判し、最高裁は、
　　特定性維持と第三者保護の視点を再考すべきであると主張し（清原泰司「判批」
　　判例時報1606号184頁（判例評論463号22頁）(1997年)）、その5ヵ月後に、第三
　　債務者保護説を採用した最判平成10年が出たわけである。

(42)　渡辺隆生・前掲注(8)金融法務事情1740号5頁中段。

(43)　堀・前掲注(7)33頁下段。また、渡部晃弁護士は、最判平成17年について、本
　　件の債権譲渡は濫用行為であるとして、債権譲受人の請求を棄却すべきであっ
　　たと述べる（渡部晃・前掲注(8)金融法務事情1746号122頁）。同旨、遠藤・前掲
　　注(8)75頁。しかし、一般条項に依拠する見解には賛成できない（その理由につ
　　いては、前掲注(25)掲記の私見の内田説に対する批判を参照）。

(44)　渡辺隆生・前掲注(8)金融法務事情1740号5頁下段。

(45)　清原・前掲注(1)71頁以下参照。

(46)　野山・前掲注(10)166頁。また、最判平成10年の調査官コメントには、「従来の
　　判例における差押えの趣旨の説明はあいまいであった（前掲最一小判昭60・7・
　　19は『(目的債権)』の特定性が保持され、これにより、物上代位権の効力を保全
　　せしめるとともに、他面目的債権の弁済をした第三債務者又は目的債権を譲り
　　受け若しくは目的債権につき転付命令を得た第三者等が不測の損害を被ること
　　を防止しようとすることにある」とし、第三債務者保護、競合債権者保護、特
　　定性維持がいずれも差押えを必要とした趣旨に当たるかのようであった）。本件
　　各判決は、その主要な趣旨は第三債務者の保護にあり、競合債権者の保護や特
　　定性の維持は第三債務者を保護することによる反射的利益（せいぜい副次的な
　　目的）にすぎないことを明らかにした」（金融法務事情1508号69頁上段、判例時
　　報1628号4頁2段、金融・商事判例1037号5頁上段）と述べられている。

(47)　道垣内・前掲注(18)148頁、山野目章夫『物権法〔第2版〕』241頁（日本評論社、
　　2004年）。

第2節 動産売買先取特権の物上代位権行使と相殺との優劣

一 はじめに

　動産の信用売買がなされると、売主は、売買代金債権を被担保債権として、買主所有の動産上に動産売買先取特権を有する（民法311条5号・同321条）が、その動産が第三者（転買主）に転売され引き渡されると、当該動産上の動産売買先取特権の追及効は制限されて失効する（民法333条）。しかし、動産売買先取特権の効力は、転売と当時に買主が転買主（第三取得者）に対して取得する転売代金債権上に移行する（民法304条1項本文）。これが、動産売買先取特権に基づく物上代位権である。転売代金債権上への動産売買先取特権（物上代位権）の成立（発生）は、動産転売による動産上の動産売買先取特権（原担保権）の失効から売主を保護するものであるが、その権利行使のためには、売主は、転買主（第三債務者）が転売代金債権について「払渡し又は引渡し」をする前に、当該債権を差し押さえなければならない（民法304条1項ただし書）。このため、売主は、その「差押え」前に物上代位権の目的債権（以下「代位目的債権」という）を取得した第三者との間に、その優先的摑取をめぐる争いが起こるわけである。

　この優劣問題を判示した最高裁判例として、❶最高裁（二小）昭和59年（1984年）2月2日判決（民集38巻3号431頁）[以下、❶判決という]および❷最高裁（二小）昭和60年（1985年）7月19日判決（民集39巻5号1326頁）[以下、❷判決という]があったが、近年、❸最高裁平成17年（2005年）2月22日判決（民集59巻2号314頁）[以下、❸判決という]が下された。

　❶判決は、動産買主の破産宣告後に、売主たる動産売買先取特権者が転売代金債権を差し押さえた事案であり、❷判決は、一般債権者が転売代金債権を差し押さえた後、売主たる動産売買先取特者が同債権を差し押さえた事案であり、当時の大方の予想を裏切り、いずれの事案においても、動産売買先取特権者の優先という結論が導き出された。その後、1998年（平成10年）から2002年（平成14年）にかけて、抵当権に基づく物上代位権行使に関し、最

高裁は相次いで新しい判断を示した[(1)]。これらの一連の最高裁判決の端緒となったのが、最高裁（二小）平成10年（1998年）1月30日判決（民集52巻1号1頁）〔以下「**最判平成10年**」という〕であり、代位目的債権である賃料債権が譲渡され、第三者対抗要件が具備された後に、同債権を差し押さえた抵当権者（物上代位権者）との優劣問題に関し、抵当権者の優先という結論が導き出されたのである。

　最判平成10年の論理を前提とすれば、代位目的債権である転売代金債権が譲渡され、第三者対抗要件が具備された後に、動産売買先取特権者が同債権を差し押さえた場合、動産売買先取特権者（物上代位権者）優先の結論が導き出されることも予測された。しかし、❸判決は、債権譲受人優先の結論を判示した。❸判決は、かかる結論を導き出す理由として、抵当権と異なり、動産売買先取特権には公示方法がないことを挙げ、❶および❷判決の判決理由傍論において説示されたことを正面から承認し、転売代金債権の「譲渡」後は、物上代位権を行使できないと判示したのである。したがって、最高裁は、担保物権の「物上代位」の基本条文である民法304条1項に関し、抵当権と先取特権とで全く異なる解釈を行ったわけである[(2)]。

　ところで、代位目的債権の優先的摑取をめぐっては、物上代位権者と第三者（競合債権者）が争う事案以外に、物上代位権者と第三債務者（賃借人）が争うこともありうる。それが、賃料債権に対する抵当権の物上代位権行使と相殺との優劣問題であり、最高裁（三小）平成13年3月13日判決（民集55巻2号363頁）〔以下「**最判平成13年**」という〕は、抵当権者優先の結論を判示した（この結論自体は妥当であるが、その理論構成には基本的な問題がある[(3)]）。同様の問題は、先取特権についても起こりうる。それが、転売代金債権に対する動産売買先取特権者（動産売主）の物上代位権行使と第三債務者（転買主）の相殺との優劣問題である。そして、この問題が現実になったのが、大阪地裁平成17年（2005年）1月27日判決（金融・商事判例1210号4頁）〔以下「**大阪地判平成17年**」という〕であり、動産売買先取特権者の転売代金債権に対する物上代位権行使と、転買主の買主に対する売買代金債権を自働債権とし、買主の転買主に対する転売代金債権（代位目的債権）を受働債権とする相殺との優劣が争われたのである。

　私は、大阪地判平成17年の直前、原告代理人の要請を受け、原告の見解を
支持する意見書を提出したが、同判決は、原告の請求を棄却した。これに対
し、原告は控訴したが、同判決の直後、上記❸判決が下されたこともあり、
結局、控訴を取り下げたため、同判決は確定した。私は、同判決を批判する
論考[4]を公表したが、逆に、同判決を支持する論考[5]が現れ、また、同判決
と基本的に同じ立場に立つ❸判決を歓迎する実務家の論考[6]も現れた。

　❸判決および大阪地判平成17年はいずれも、公示方法が存しないという理
由で、動産売買先取特権を一般債権と同視したうえ、動産売買先取特権に基
づく物上代位権行使の要件としての「差押え」の趣旨についても、最判平成
10年が採った第三債務者保護説ではなく、第三者保護説（優先権保全説）を
採るのである。しかし、かかる解釈は、公示方法が存しなくても、法律の規
定そのものが一種の公示方法[7]ともいえる法定担保物権の存在を有名無実化
するものであり、到底賛成することはできない。そこで、大阪地判平成17年
を素材として動産売買先取特の物上代位権行使と相殺との優劣問題の考察を
通して、動産売買先取特権の物上代位について、あるべき解釈論を提示した
い。

二　大阪地裁平成17年1月27日判決（大阪地判平成17年）

〔事実〕

　原告Ｘ株式会社（以下、Ｘという）は、平成15年6月25日、訴外Ａ株式会
社（以下、Ａという）に対して溶融装置燃焼用空気予熱器1台（本件商品①）
を939万7,500円（消費税込み）で売却した。同日、Ａは、被告Ｙ株式会社
（以下、Ｙという）に対し、本件商品①を945万円（消費税別途）で転売し（本
件転売代金債権①）、同日、引き渡した。

　さらに、Ｘは、同年7月4日、Ａに対し、水砕水熱交換器1台（本件商品
②）を498万7,500円（消費税込み）で売却した。同日、Ａは、Ｙに対し、本
件商品②を495万円（消費税別途）で転売し（本件転売代金債権②）、同日、引
き渡した。

　他方、Ｙは、昭和42年4月1日、Ａとの間に商取引基本契約を締結し、そ
の取引基本契約には、Ａの資産状態の著しい悪化等の事由があるときは、Ａ

がYに対して負担しているすべての債務につき期限の利益を失う旨の特約が
あった。

　Yは、平成15年2月19日、Aに対し、検収（納品）月末締め翌々月末4ヵ
月手形払の約定で、コンダクターロール4本を997万5,000円（消費税込み）
で売却し（本件売買代金債権①）、同年5月29日、引き渡した。さらに、Yは、
同年5月22日、Aに対し、検収（納品）月末締め翌々月末4ヵ月手形払の約
定で、ラジアントチューブ1式を661万5,000円（消費税込み）で売却し（本
件売買代金債権②）、同日、引き渡した。

　ところが、Aは、平成15年8月6日、破産宣告を受け、破産管財人が選任
された。Aは、同日、上記期限の利益喪失約定に基づき、本件売買代金債権
①および②（以下、併せて「本件各売買代金債権」という）についての期限の
利益を喪失した。

　そこで、Xは、同月15日、本件商品①および②の売買代金債権を回収する
ため、動産売買先取特権の物上代位権に基づき、本件転売代金債権①および
②（以下、併せて「本件各転売代金債権」という）のうち、1,438万5,000円に
満つるまでの部分について債権差押命令および転付命令（以下、「本件差押・
転付命令」という）を取得し、本件差押・転付命令は、同月18日、Y（第三債
務者）に、同月20日、破産管財人に送達された。

　これに対し、Yは、平成15年9月1日到達の内容証明郵便で、Xに対し、
本件各売買代金債権を自働債権とし、本件各転売代金債権を受働債権として、
対当額で相殺する旨の意思表示をした（以下「本件相殺」という）。

　原告Xおよび被告Yの主張は、以下のとおりである。

〔原告の主張〕

ア　動産売買先取特権に基づく物上代位と一般債権者による相殺との優劣は、
　　物上代位権の行使としての差押えと相殺の意思表示の先後により決すべき
　　であり、動産売買先取特権者が物上代位権を行使して債務者の第三債務者
　　に対する債権の差押えをした後は、第三債務者は債務者に対して反対債権
　　を有していたとしても、その反対債権を自働債権として、物上代位の目的
　　債権を受働債権とする相殺をもって、動産売買先取特権者に対抗すること
　　はできないと解すべきである。その理由の要旨は、以下のとおりである。

(ｱ) 法定担保物権である動産売買先取特権を有する動産売買先取特権と事実上担保的機能に対する期待を抱くだけの相殺権者とを比較した場合、実体法上、動産売買先取特権者の方が要保護性が高い。

　すなわち、動産売買先取特権の立法趣旨は、動産売主は買主の信用をあらかじめ確かめることができない場合が多いため、先取特権を与えることによって、売主を保護し、動産売買を容易かつ安全ならしめようとした点及び動産売買先取特権の対象となる動産は買主の一般財産に組み込まれて総債権者の共同担保となるが、売主の債権はまさにこの共同担保増加の原因であるから、その動産によって担保されるのが公平の原則にかなうという点にある。

　このように２つの趣旨が複合的に絡み合いながら、動産の売主を優先的に保護しようという法政策が決定されたものである。また、動産の売主の有する売買代金債権を強く保護して、動産取引の促進を図る必要性は、現代においても何ら変わるものではない。

　次に、動産売買先取特権は法定担保物権であるから、動産を購入する者は常に動産売買先取特権を行使される可能性にさらされており、この意味においては、動産売買先取特権には公示がないのではなく、常に公示されているということもできる。

　したがって、動産の購入者は常に動産売買先取特権に基づく物上代位権を行使される可能性を甘受しなければならない地位にあり、この限りにおいて、その者が抱く相殺への期待を過度に重視すべきではなく、相殺の自働債権と物上代位権の目的債権である受働債権が共に発生した時点では、受働債権に動産売買先取特権という法定担保物権が付着していることは相殺権者にも明らかなのであるから、相殺権者の相殺への期待を物上代位権の行使により優先弁済を受けられるという動産売買先取特権者の期待に優先して保護すべき理由はない。

(ｲ) 動産売買先取特権に基づく物上代位権も相殺権も共に公示なき権利であり、差押えと相殺の意思表示のみがそれぞれ唯一の対外的な権利の表明方法であること、民法304条１項ただし書が、物上代位権を行使するには払渡し又は引渡しの前に差押えをすることを要するとした趣旨は、

第三債務者に対し物上代位権の存在を知らせ、その目的債権の二重弁済を強いられる危険から第三債務者を保護するという点にあることからすれば、差押えと相殺の優劣を判断する基準は、差押えと相殺の意思表示の先後とすることが最も明快であり、かつ、平等である。

イ　そして、本件相殺は、本件差押・転付命令の送達後に後にされたものであるから、Yは、本件相殺による本件各転売代金債権の消滅の効果を本件差押・転付命令を取得したXに対抗できないというべきである。

　　したがって、Yは、Xに対し、本件各転売代金債権のうち、本件差押・転付命令に係る1,438万5,000円及び内金939万7,500円に対する平成15年6月26日（AのYに対する請求の日の翌日）から、内金495万円に対する同年7月5日（AのYに対する請求の日の翌日）から各支払済みまで商事法定利率年6分の割合に対する遅延損害金の支払義務がある。

〔被告の主張〕

ア　動産売買先取特権に基づく物上代位による目的債権に対する優先弁済請求権と相殺の担保的機能に対する期待との調整をいかに図るかという観点からすれば、動産売買先取特権には、抵当権の登記のような公示方法が存在せず、公示方法は、差押え以外に存しないのであるから、動産売買先取特権の物上代位による差押えまでに発生し、弁済期が到来した債権又は弁済期が未到来でも受働債権の弁済期に先行する債権については、上記債権を自働債権とし、動産売買先取特権の物上代位の目的債権を受働債権として相殺することができると解すべきである。

イ　本件においては、YのAに対する本件売買代金債権①は平成15年2月19日に、本件売買代金債権②は同年5月22日にそれぞれ発生した後、同年8月6日、Aが破産宣告を受けたことにより、本件期限の利益喪失約定に基づいて、本件各売買代金債権についての期限の利益を喪失し、その弁済期が到来し、その後、同月18日、Xの本件各商品の動産売買先取特権の物上代位権の行使としての本件差押・転付命令がYに送達された。

　　したがって、本件各売買代金債権は、本件差押・転付命令の送達前に発生し、その弁済期が到来していたのであるから、Yは、本件各売買代金債権を自働債権とする本件相殺による本件各転売代金債権の消滅の効果を本

件差押・転付命令を取得したＸに対抗できるというべきである。

〔**判旨**〕原告の請求棄却

「前提となる事実を総合すれば、⑴Ｘは、Ａに対し、平成15年6月25日に本件商品①を、同年7月4日に本件商品②を売却したことにより、本件各商品についてその売買代金債権を被担保債権とする動産売買先取特権を取得し、更にＡが上記各売却の日と同じ日までに本件各商品を転売したことにより、Ｘは、本件各転売代金債権に対し動産売買先取特権に基づく物上代位権を取得したこと、⑵Ｘは、同年8月15日、上記物上代位権の行使として本件各転売代金債権のうち、1,438万5,000円に満つるまでの部分につき本件差押・転付命令を取得し、本差押件・転付命令は、同月18日、Ｙに送達されたこと、⑶Ｙは、Ａに対し、Ｘが上記動産売買先取特権を取得する前である同年2月19日に本件売買債権①を、同年5月25日までに本件売買代金債権②を取得し、同年8月6日、Ａが破産宣告を受けたことにより、本件期限の利益喪失約定に基づき、本件各売買代金債権の弁済期が到来したこと、⑷Ｙは、本件差押・転付命令の送達後の同年9月1日、Ｘに対し、本件各売買代金債権を自働債権とし、本件各転売代金債権を受働債権として本件相殺をしたことが認められる。

以上の事実関係を前提に検討するに、2人互いに同種の目的を有する債務を負担する場合には、各債務者は、自己の債務につき弁済期の到来するのを待ち、これと相手方に対する反対債権とをその対当額において相殺すべきことを期待するのが通常であり、また、相手方の資力が不十分な場合においても、相殺によって反対債権について弁済を受けたのと同様な利益を受けることができるものであって、このような相殺の担保的機能に対する期待は保護すべきであり、一方で、動産売買先取特権の制度趣旨は、売買された動産は買主の一般財産に組み込まれて総債権者の共同担保となるが、売主の売買代金債権はこの共同担保増加の縁由をなすものであるから、その動産によって担保されるのが公平の原則にかなうという点にあり、動産売買先取特権に基づく物上代位の趣旨は、目的物である動産が転売された場合には、差押えを条件として目的物の転売代金債権に対して動産売買先取特権の優先弁済請求権を及ぼすのを妥当とするというものであるところ、本件においては、Ｘの

本件各転売代金債権に対する<u>物上代位権が成立する前に</u>、<u>本件各売買代金債権が成立し</u>、その時点において、Ｙは、既に本件各売買代金債権を自働債権とする<u>相殺の担保的機能に対する期待</u>を有し、しかも、Ｘの上記物上代位権の行使としての本件各転売代金債権に対する<u>本件差押・転付命令の送達前に</u>、本件各売買代金債権の弁済期が到来し、<u>相殺適状が生じている</u>のであるから（甲１及び弁論の全趣旨によれば、原告Ｘ（ママ・「被告Ｙ」に修正するのが正しい―筆者注）のＡに対する本件各商品の売買代金債権の弁済期は、Ａの破産宣告により到来したものと認められる。）、Ｙの相殺の担保的機能に対する上記期待は、その後成立したＸの動産売買先取特権に基づく物上代位による本件各転売代金債権に対する優先弁済請求権よりも優先して保護するのが相当である。

　したがって、Ｙは、本件相殺による本件各転売代金債権の消滅の効果を本件差押・転付命令を取得したＸに対抗できるというべきである。

　これと異なるＸの主張は、動産売買先取特権が法定担保物権であるのに対し、相殺の担保的機能は事実上のものにすぎないこと及び動産売買先取特権の要保護性などから、動産売買先取特権を優先すべきであるという価値判断に基づくものであるが、上記主張は、互いに同種の債権を有する当事者間において、相対立する債権債務を簡易な方法によって決済し、もって両者の債権関係を円滑かつ公平に処理しようする相殺制度の目的及び担保的機能並びにこれらが経済社会における取引の助長にも役立っていることを軽視するものとして、採用することができない」（下線・傍点、筆者）と。

三　大阪地判平成17年事案の解決方法

1　事案の整理

　大阪地判平成17年の争点は、ＡのＹに対する転売代金債権を優先取得するのは、Ｘ（動産売主・動産売買先取特権者）なのか、それともＹ（相殺権者・転買主・第三債務者）なのかということである。本件事案を整理すれば、以下のようになる。

　Ｘは、平成15年６月25日、Ａに本件商品①を売却し、同日、Ａは、Ｙに本件商品①を転売して引渡したので、ＡのＹに対する本件転売代金債権①上に

動産売買先取特権に基づく物上代位権を有し、さらに、Ｘは、同年7月4日、
Ａに本件商品②を売却し、同日、Ａは、Ｙに本件商品を引渡したので、Ａの
Ｙに対する本件転売代金債権②上に動産売買先取特権に基づく物上代位権を
有していた。

　他方、Ｙは、平成15年2月19日、Ａに商品を売却し、Ａに対し本件売買代
金債権①を取得し、さらに、同年5月22日、Ａに商品を売却し、Ａに対し本
件売買代金債権②を取得した。同年8月6日、Ａが破産宣告を受けたので、
Ｙは、Ｘに対し、同年9月1日到達の内容証明郵便で、Ａとの間の商取引基
本契約における期限の利益喪失約定に基づき、本件売買代金債権①②を自働
債権とし、本件転売代金債権①②を受働債権とする相殺の意思表示を行った。
これに対し、Ｘは、同年8月15日、上記の物上代位権に基づき、本件転売代
金債権①②を差押え、差押・転付命令を取得し、同命令は、同月18日、Ｙに、
同月20日、Ａの破産管財人に送達された。

　Ｘは、動産売買先取特権に基づく物上代位権と一般債権者による相殺との
優劣は、物上代位権行使としての差押えと相殺の意思表示の先後により決す
べきであると主張する。Ｘの主張に従えば、Ｘの差押・転付命令のＹへの送
達は、平成15年8月18日であり、Ｙの内容証明郵便による相殺の意思表示は、
同年9月1日であるから、Ｘの物上代位権が優先することになる。

　これに対し、Ｙは、動産売買先取特権には「差押え」以外に公示方法が存
しないという考えを前提として、その「差押え」までに発生し弁済期が到来
した債権または弁済期未到来でも受働債権の弁済期に先行する債権を自働債
権とし、代位目的債権である転売代金債権を受働債権とする相殺は可能であ
ると主張する。Ｙの主張に従えば、Ｙの自働債権はそれぞれ、同年2月19日
と同年5月22日に発生し、Ａが破産宣告を受けた同年8月6日にそれぞれ弁
済期が到来し、相殺適状に達しているため、Ｙによる9月1日の相殺の意思
表示により、8月6日に遡及して相殺の効果が生じており、8月18日にＸか
らＹになされた差押・転付命令の送達は空振りということになり、Ｙが優先
することになる。

　以上のＸ、Ｙの主張に対し、大阪地判平成17年は、Ｘの物上代位権が成立
する（平成15年6月25日、同年7月4日）前に、すでにＹのＡに対する自働債

権が成立している（同年2月19日、同年5月22日）ので、その時点で、Yは、相殺の担保的機能に対する期待を有していること、しかも、Xの物上代位権に基づく差押・転付命がYに送達された同年8月18日の前である同月6日に自働債権の弁済期が到来し相殺適状に達していることを理由に、「Yの相殺の担保的機能に対する上記期待は、その後成立したXの動産売買先取特権に基づく物上代位による本件各転売代金債権に対する優先弁済請求権よりも優先して保護するのが相当である」と判示し、Xの請求を棄却したわけである。

2　基本的論点

本件について考えられる処理として、松岡久和教授は、以下の3通りが成り立つだろうと述べ、Yの主張を全面的に認容し、②の考え方を採った大阪地判平成17年が基本的には妥当であるとする[8]。

①　先取特権に公示のないことを重視せず、その要保護性を強調して、先取特権成立時と反対債権成立時の先後を基準とする。

②　公示のない先取特権に基づく物上代位では、物上代位に基づく差押え時と反対債権の成立時期を基準とする。

③　物上代位に基づく差押え時と相殺の意思表示がなされた時の先後基準とする。

しかし、②の考え方を採るYおよび大阪地判平成17年には全く賛成できない。なぜなら、②の考え方は、動産売買先取特権が法定担保物権であることを看過し、公示方法がないことを理由に一般債権と同視しているだけでなく、事実上の担保にすぎず、しかも公示方法の存しない相殺を、法定担保物権である動産売買先取特権との競合にさらしたうえ、相殺権者を最大限に保護した最高裁（大法廷）昭和45年（1970年）6月24日（民集24巻6号587頁）〔以下「最大判昭和45年」という〕の論理に依拠しており、ほとんど相殺万能の結果をもたらす論理だからである。

動産売買先取特権は、公示方法がなくとも、第三者に対抗できる法定の担保物権であり、その要保護性は、事実上の担保的機能を有するにすぎない相殺よりも高いことは、Xがアの(ア)において正当に主張しているとおりであり、一般債権者の差押えと相殺の優劣が争われた最大判昭和45年の射程は及ばな

いと解すべきである。

　では、動産売買先取特権の要保護性を考慮し、①の考え方を採るべきであろうか。否である。本件では、転売代金債権の優先的摑取をめぐって争っているのは、物上代位権者と第三債務者だからである。❸判決（最判平成17年）の事案のように、物上代位権者と転売代金債権譲受人のような第三者が争っているのであれば、動産売買先取特権の成立時を第三者対抗要件具備時とし、①の考え方を採ることも可能である。しかし、❸判決はこのような考えを採らず、動産売買先取債権を一般債権と同視し、「差押え」と債権譲渡の対抗要件具備の先後で事件を解決した点において基本的な過ちを犯している。本件事案のように、物上代位権者と第三債務者が争っている場合には、物上代位権の「第三債務者」に対する対抗を問わなければならないからである。そして、物上代位権の第三債務者に対する公示は、原担保権の公示ではなく、物上代位権に基づく「差押え」である（なお、最判平成13年は、抵当権の物上代位と相殺の優劣に関する事案において、抵当権に基づく物上代位権の「第三債務者」に対する公示を、原担保権の公示方法である抵当権設定登記と解した点で基本的な過ちを犯している）。この点についても、Ｘがアの(イ)において主張していることが正当である。したがって、本件を処理する最も正しい考え方は、③ということになろう。

　③の考え方について、松岡教授は、相殺の遡及効（民法506条2項）と調和しないとして批判する[9]。しかし、遡及効があるといっても、相殺の意思表示の時点においても相殺適状にあることが前提である。本件では、Ａが破産宣告を受けた8月6日に相殺適状が生じた後、相殺の意思表示が行われた9月1日の前である8月18日に、物上代位権に基づいて受働債権（転売代金債権）に対する差押・転付命令が第三債務者Ｙに送達されている。受働債権上には、相殺適状が生じる以前の6月25日および7月4日に物上代位権という優先権が付着しており、しかも、Ｙが相殺の意思表示を行う前に、Ｘが物上代位権を行使しているのであるから、相殺の遡及効は問題とならない。Ｘの物上代位権行使は、民法304条1項ただし書の要件を充たした正当なものである。

　さらに、松岡教授は、③の考え方について、「Ｙのβ債権もＡに対する売

掛代金債権であった本件では、物上代位を絶対的に優先する結果は利益衡量的にも問題があろう」[10]と述べる。しかし、③の考え方は、ＸとＹの優劣につき、物上代位権に基づく差押えの時と相殺の意思表示の時の先後を基準とするだけのものであるから、Ｘの物上代位権に基づく差押えよりも先に、Ｙが相殺の意思表示をしていれば、Ｙが優先したのであるから、「物上代位を絶対的に優先する」ことにもならない。すなわち、③の考え方を採った場合でも、Ｙは、差押・転付命令が送達された８月18日よりも前に相殺の意思表示をしていれば、Ｘに優先していたのであるから、松岡教授の批判は当たらない。

　以上のように、私は、Ｘが主張する③の考え方が正当と考え、Ｘがアの(ア)および(イ)において主張していることを全面的に支持するものである[11]。では、本件を解決する考え方として、なぜ、③の考え方が正当なのか。以下、これについて論証する。

　ところで、本件のＸは、動産売買先取特権の物上代位権に基づき、転売代金債権を差し押さえているので、以下の論点が存する。

　ⓐ　動産売買先取特権に基づく物上代位権は、いつ成立（発生）するのか（民法304条１項本文の解釈問題）

　ⓑ　成立した物上代位権の公示（第三者対抗要件および第三債務者対抗要件）とは何か（民法304条１項本文の解釈問題）

　ⓒ　成立した物上代位権行使の要件としての「差押え」の趣旨は何か（民法304条１項ただし書の解釈問題）

　これらの３点は、相互に密接不可分の関係にあるが、ⓐおよびⓑの論点も、結局、権利実現の方法であるⓒの「差押え」の趣旨の解釈に集約される。なぜなら、「差押え」の趣旨についての解釈は、ⓐ物上代位権はいつ成立するのか、ⓑ成立した物上代位権は、第三者および第三債務者に対して、どのような方法により対抗（公示）できるのかという論点を、前提とするからである。そこで、「差押え」の趣旨に関する最高裁のこれまでの論理を検証する。

四　「差押え」の趣旨に関する最高裁判例の検証

1　動産売買先取特権に基づく物上代位権行使と破産宣告・一般債権者の差押えとの優劣の場合

⑴　最高裁（一小）昭和59年2月2日判決（❶判決）・最高裁（二小）昭和60年判決7月19日判決（❷判決）

❶判決は、民法304条1項ただし書にいう「差押え」の趣旨について、「先取特権者のする<u>右差押によって</u>、第三債務者が金銭その他の目的物を債務者に払渡し又は引渡することが禁止され、他方、債務者が第三債務者から債権を取立て又はこれを第三者に譲渡することを<u>禁止される結果</u>、<u>物上代位の対象</u>である債権の特定性が保持せられ、これにより物上代位権の効力を保全せしめるとともに、他面第三者が不測の損害を被ることを防止しようとすることにあるから、<u>第三債務者による弁済又は債務者による債権の第三者への譲渡</u>の場合と異なり、単に一般債権者が債務者に対する債務名義をもって目的債権につき差押命令を取得したにとどまる場合には、これによりもはや先取特権者が物上代位権を行使することを妨げられる理由はないというべきである。そして、債務者が破産宣告を受けた場合においても、その実質的内容は、破産者の所有財産に対する管理処分権能が剥奪されて破産管財人に帰属せしめられるとともに、破産債権者による個別的な権利行使を禁止されることになるというにとどまり、これにより破産者の財産の所有権が破産財団又は破産管財人に譲渡されたことになるものではなく、これを前記一般債権者による差押の場合と区別すべき積極的理由はない」（下線、筆者）と述べ、先取特権者は、債務者が破産宣告（現行破産法の破産手続開始）を受けた後においても、物上代位権を行使することができると判示した。

次に、❷判決は、❶判決を引用して、「先取特権者のする<u>右差押によって</u>、第三債務者が金銭そのたの物を債務者に払い渡し又は引き渡すことを禁止され、他方、債務者が第三債務者から債権を取り立て又はこれを第三者に譲渡することを<u>禁止される結果</u>、<u>物上代位の目的となる債権（以下「目的債権」という。）</u>の特定性が保持され、これにより、<u>物上代位権の効力を保全せし</u>

めるとともに、他面目的債権の弁済をした第三債務者又は目的債権を譲り受け若しくは目的債権につき転付命令を得た第三者等が不測の損害を被ることを防止しようとすることにあるから、目的債権について一般債権者が差押又は仮差押の執行をしたにすぎないときは、その後に先取特権者が目的債権に対し物上代位権を行使することを妨げられない」（下線、筆者）と判示した。

　❶および❷判決によれば、先取特権者は、債務者の「破産宣告」や代位目的債権について一般債権者の「差押え」があっても、なお物上代位権を行使することができるとする反面、代位目的債権（転売代金債権）について「譲渡」や「転付命令」がなされ、同債権が債務者の帰属を離れれば、もはや物上代位権を行使することができないということになる。したがって、代位目的債権が債務者に帰属している限り、たとえ債務者の破産宣告や一般債権者の差押えが先行していても、物上代位権者が優先すると解しているわけである。ということは、少なくとも、かかる解釈の前提として、物上代位権が、転売代金債権の発生と同時に同債権上に成立している（民法304条 1 項本文）ことを前提としているのである。つまり、物上代位権は、「差押え」（民法304条 1 項ただし書）によって成立するのではない、ということである。このように、両判決は、物上代位権の第三者（競合債権者）に対する関係についての解釈はともかくとして、物上代位権の成立時期については、極めて正当な解釈を行っていたことに留意する必要がある。

　では、成立した物上代位権の行使要件である「差押え」の趣旨について、これらの判決は、どう解しているのであろうか。

　❶判決は、「差押え」の趣旨につき、「代位目的債権の特定性保持による物上代位権の効力保全」および「第三者の不測の損害防止」を挙げ、❷判決は、この 2 点以外に「第三債務者の不測の損害防止」をも挙げる。このように、❶判決は、「差押え」の趣旨として、従来の特定性維持説および第三者保護説を包含するかのような説示を行い、❷判決は、それに加えて、第三債務者保護説をも包含するかのようなことを述べている。このことから、❶および❷判決は、特定性維持説と優先権保全説（第三者保護説）を融合した二面説を採ったという評価も生まれる[(12)]。実際、最判平成10年の調査官コメントも、❷判決が述べる「差押え」の趣旨の説明が「あいまい」であったことを指摘

している(13)。

(2)　❶および❷判決に対する評価

　私は、①および②判決の見解の本質は、第三者保護説（優先権保全説）であると評価する。なぜなら、「代位目的債権の特定性保持」に言及していても、「第三者の不測の損害防止」を説示している限り、「差押え」の趣旨は、結局、「第三者の不測の損害防止（第三者保護）」との関係においての「特定性保持」となり、「物上代位権（優先権）保全」となるのであり、「差押え」によって第一次的に保護されるのは、「第三者」だからである。

　また、❷判決が、❶判決とは異なり、「差押え」の趣旨として、「第三者の不測の損害防止」に加え、「第三債務者の不測の損害防止」に言及していても、「第三債務者」は代位目的債権の弁済義務者であり、他方、「第三者」は代位目的債権の受領者であり、物上代位権者に対する関係において、それぞれの立場は全く異なる。つまり、「第三者」は、物上代位権者の競合債権者であるのに対し、「第三債務者」は、誰に対する弁済であろうと、その弁済が有効とされ免責されることに真の利益を有するからである。それゆえ、両者のそれぞれの「真の利益」を同時並列的に保護することは論理的には不可能であり、❷判決のように両者を並列した場合、「第三債務者」の利益は、結局、「第三者」に弁済した場合に免責となり、それは、「第三者」の利益に収斂されるのである。よって、❷判決は、「差押え」の趣旨について様々なことを述べているが、二面説ではなく、紛れもなく第三者保護説（競合債権者保護説）である。

　もっとも、❶および❷判決が第三者保護説であるなら、物上代位権の行使前における債務者の破産宣告による破産管財人の選任や代位目的債権に対する一般債権者の差押えがあった場合、これらの「第三者」保護のため、物上代位権行使の不可という結論が予測されよう。しかし、両判決は、いずれの場合についても物上代位権の行使を肯定した(14)。その理由は、「破産宣告」や一般債権者の「差押え」が民法304条１項ただし書の「払渡し又は引渡し」に含まれず（代位目的債権が債務者の帰属を離れていない）、破産管財人や代位目的債権を差し押さえたにすぎない一般債権者は、物上代位権者と競合関係に立つ「第三者」に該当しないと判断されたからである（「第三者」概念の厳

密化である）。

この両判決の判断は、その前提として、物上代位権者による「差押え」が

なくても、動産の転売と同時に転売代金債権上に物上代位権（＝動産売買先

取特権）という実体法上の優先権が既に成立し付着している、と考えている。

もし、大阪地判平成17年のように、あたかも物上代位権に基づく「差押え」

によって初めて物上代位権が成立すると考えるのであれば、物上代位権者に

よる「差押え」前の段階では、転売代金債権上にはそもそも物上代位権が成

立していないため（当該転売代金債権は代位目的債権ではなく、単なる一般債権

である）、破産宣告（破産手続開始決定）があれば、同債権は破産財団に組み

込まれてしまい、別除権の対象にはならないし、また、一般債権者により同

債権が差し押さえられた場合にも、単に一般債権（無担保債権）が差し押さ

えられただけであり、いずれの場合にも破産宣告や一般債権者が優先するこ

とになり、そもそも物上代位権者との競合は生じない。つまり、物上代位権

者による「差押え」によって初めて、あるいは「差押え」を条件として、物

上代位権が成立すると考えると、両判決が採った物上代位権者優先の結論は

導き出し得ないのである。したがって、物上代位権の成立時期を正確に理解

することは、「物上代位」制度を理解するために不可欠の基本的論点であり、

両判決は、物上代位権の成立時期については妥当な判断を行っていたと言え

よう。

他方、両判決が傍論で言及しているように、代位目的債権についての「譲

渡」や「転付命令」があれば、それらは民法304条１項ただし書の「払渡し

又は引渡し」に含まれ、代位目的債権の譲受人や転付命令を取得した一般債

権者は、まさに物上代位権者と競合関係に立つ「第三者」と解されており、

これらの「第三者」が現れる前に、物上代位権を行使せず、代位目的債権に

ついて差押えをしなかった物上代位権者は劣後するという結論が導き出され

る。それは、両判決が「差押え」の趣旨についてまさに第三者保護説を採っ

ているからである。

しかし、第三者保護説は、物上代位権を第三者との競合関係に置くもので

あり、担保権者に物上代位権を付与して担保権者を保護する民法304条１項

本文の趣旨を損ない、「物上代位」制度の原則規定を有名無実化するもので

あり、到底賛成することはできない。

2　抵当権に基づく物上代位権行使と代位目的債権譲渡との優劣の場合

⑴　最高裁（二小）平成10年１月30日判決（最判平成10年）

　最判平成10年は、「差押え」の趣旨について、「民法372条において準用する304条１項ただし書が抵当権者が物上代位権を行使するには払渡し又は引渡しの前に差押えをすることを要するとした趣旨目的は、主として、抵当権の効力が物上代位の目的となる債権に及ぶことから、右債権の債務者（以下「第三債務者」という。）は、右債権の債権者である抵当不動産の所有者（以下「抵当権設定者」という。）に弁済しても弁済による目的債権の消滅の効果を抵当権者に対抗できないという不安定な地位に置かれる可能性があるため、差押えを物上代位権行使の要件とし、第三債務者は、差押命令の送達を受ける前には抵当権設定者に弁済をすれば足り、右弁済による目的債権消滅の効果を抵当権者にも対抗することができることにして、二重弁済を強いられる危険から第三債務者を保護するという点にある」（下線、筆者）と述べ、民法典施行後、初めて第三債務者保護を採ったのである。

⑵　最判平成10年に対する評価

　「差押え」の趣旨に関し第三債務者保護説を採るということは、物上代位権者による「差押え」前において、すでに物上代位権が賃料債権上に成立していると考えるのである。すなわち、賃料債権に対する抵当権の物上代位の場合には、債務者の債務不履行と同時に、同債権上に物上代位権が成立していることを前提とするのである（だから、物上代位権の付着した賃料債権のことを代位目的債権と称するのである）。この物上代位権の成立時期の解釈について、最高裁は、前掲の❶および❷判決と同様、最判平成10年においても、民法304条１項本文の解釈問題として捉えており、同項ただし書きの「差押え」によって発生するという考えを採っていない。

　このように、物上代位権の成立時期を正しく理解した場合には、民法304条１項本文のみしか存在しなければ、物上代位権の発生により、自己の債務に物上代位権が付着する結果、物上代位権者に直接の弁済義務を負うことになる第三債務者には二重弁済の危険が生じることは容易に理解できよう。そ

こで、第三債務者の二重弁済の危険を防止する必要があり、そのために設けられた規定が、民法304条1項ただし書であり、同規定の「差押え」である。最判平成10年は、このような論理に従い、第三債務者保護説を採ったわけであり、前掲の判決理由中にその旨を明確に説示している。したがって、第三債務者保護説は、民法304条1項ただし書が設けられる前の第三債務者の立場・地位に着眼しているのである(15)。そして、同ただし書が設けられた結果、物上代位権者による「差押え」前に、第三債務者が債務者や対抗要件を具備した代位目的債権譲受人に弁済しても、その弁済は有効であり、それゆえ、かかる受領は不当利得とはならず、「差押え」をしなかった物上代位権者に不当利得返還請求権も発生しないのも当然のことである。

　前述のように、第三債務者保護説は、民法304条1項本文に基づき物上代位権が発生した場合、物上代位権者に対する直接の弁済義務を負うことになり、物上代位権者への弁済を強いられる第三債務者の地位に着眼し、その二重弁済の危険を防止するため、民法304条1項ただし書が設けられたと考え、それゆえ、同ただし書の「差押え」の趣旨は、第一次的に（最判平成10年の言葉を借りれば、「主として」）第三債務者の保護に尽きる。そして、同項ただし書が設けられた結果、物上代位権者の「差押え」があるまでは、第三債務者は、自己の直接の債権者、つまり代位目的債権における債権者（物上代位権から見ると債務者）や同債権譲受人に弁済すれば免責される一方、未だ代位目的債権の弁済がなされていない段階で物上代位権者による「差押え」があれば、物上代位権者に弁済しなければならないのである。かくして、同項ただし書が設けられた結果、第三債務者は、今や100パーセント保護されている一方、第三債務者からの弁済を受ける債務者・競合債権者・物上代位権者も、第三債務者保護による反射的効果として第二次的に保護されるのである。

　このように、第三債務者保護説は、第三者保護説が競合債権者（第三者）を第一次的に保護し、民法304条1項本文により認められた物上代位権を有名無実化するのとは異なり、同項本文の定める物上代位権付与の原則規定を生かしつつ、代位目的債権の弁済義務者（第三債務者）の弁済保護を通じて、その受領者をも保護するのであり、同債権をめぐるすべての利害関係者の利

益を公正に配慮する説である。したがって、第三債務者保護説は、第三債務者以外の利害関係人の利益に配慮していないという批判[16]や特定性維持説と同様に非常に強力な物上代位権を導いたという批判[17]は、全く失当である。

　また、第三債務者保護説によれば、「差押え」は、物上代位権の「第三債務者」に対する対抗要件であり、物上代位権の「第三債務者以外の第三者」に対する対抗要件は、原担保権の対抗要件（抵当権の場合は抵当権設定登記、先取特権の場合は公示なしに対抗可能）である。このように、物上代位権の対抗要件を、「第三債務者」に対する対抗要件と「第三債務者以外の第三者」に対する対抗要件とに分離することが、第三債務者保護説の神髄である。したがって、最判平成10年が、抵当権者（物上代位権者）と代位目的債権譲受人という第三者間の優劣につき、物上代位権は抵当権設定登記により公示されると述べ、抵当権設定登記と債権譲渡の対抗要件具備の先後を基準として判断したことも、極めて正当である。

　ところが、❸判決（最判平成17年）は、「差押え」の趣旨につき、❶および❷判決よりももっと明確に第三者保護説を説示し、転売代金債権譲受人（競合債権者）保護を導くのである。

3　動産売買先取特権に基づく物上代位権行使と代位目的債権譲渡との優劣の場合

⑴　最高裁（三小）平成17年2月22日判決（❸判決）

　❸判決は、「民法304条1項ただし書は、先取特権者が物上代位権を行使するには払渡し又は引渡しの前に差押えをすることを要する旨を規定しているところ、この規定は、<u>抵当権とは異なり公示方法が存在しない動産売買の先取特権については、物上代位の目的債権の譲受人等の第三者の利益を保護する趣旨を含むもの</u>というべきである。そうすると、動産売買の先取特権者は、物上代位の目的債権が譲渡され、第三者に対する対抗要件が備えられた後においては、目的債権を差し押さえて物上代位権を行使することはできないものと解するのが相当である。……所論引用の判例（最高裁平成9年(オ)第419号同10年1月30日第二小法廷判決・民集52巻1号1頁、最高裁平成8年(オ)第673号同10年2月10日第三小法廷判決・裁判集民事187号47頁）は、事案を異にし、本件

に適切ではない」（下線、筆者）と判示した。

このように、❸判決は、動産売買先取特権の場合、「差押え」の趣旨について、❶および❷判決の「あいまいさ」を棄て、正面から第三者保護説を採ったわけであるが、その判決理由があまりにも簡単であるため、調査官のコメント[18]および解説[19]から、その趣旨を理解するほかない。調査官によれば、❸判決と最判平成10年の違いは、基本担保権が（原担保権）が動産売買先取特権か抵当権かという点のみであり、本件のポイントは、最判平成10年の示した法理が動産売買先取特権にも及ぶか否かにある[20]と述べたうえ、最判平成10年の法理については、その調査官解説を引用し、以下のように説明する[21]。

① 抵当権は、登記により公示されるから、第三者に対する追及効を認めても、第三者に不測の損害を与えるおそれがないから、追及効を認めてもよい。

② 抵当権の物上代位権は、抵当権設定登記により公示されているから、その物上代位権に追及効を認めてもよい。

③ 債権譲渡の対抗要件具備が抵当権設定登記に後れる場合には、もともと実体法上は抵当権者が優先すると考えられることから、債権譲渡後の物上代位権行使を認めても、債権譲受人の立場は害されない。

④ 抵当権者は、自ら差押えをする前には、第三者に対抗すべき実体法上の権利としての物上代位権（目的債権についての優先弁済権）を行使できないのであるから、右の対抗要件の具備を第三者に対して主張するためには抵当権者自身による「払渡又ハ引渡」の前に差押えを要すると解すべきことになり、物上代位権については、いわば差押えを条件として、抵当権設定登記の対抗力が認められていることになる。つまり、物上代位による差押えをした際に競合債権者が存在する場合には、抵当権設定登記の時期と競合債権者の対抗要件具備が具備された時期の先後により、両者の優劣が決せられる、と。（下線、筆者）

そして、❸判決の調査官は、最判平成10年につき、抵当権設定登記の存在により、抵当権者の差押えが、債権譲受人の対抗要件具備に後れたとしても、第三者（債権譲受人）の立場が不当に害されることはないものと考えている

ものとみられると評する[22]。最判平成10年に対するこの評価自体は正当である。問題は、動産売買先取特権の物上代位権の第三者対抗（公示）についての説明である。同調査官は以下のように述べている[23]。

① 　動産売買先取特権は、債務者（買主）が動産を「第三者」に引き渡すと、その動産に先取特権の効力は及ばない（民法333条）。その理由は、先取特権は非占有担保権であり、目的物が動産の場合には公示方法が存在せず、追及効を制限することにより動産取引の「第三者」を保護しようとした。そうとすれば、動産売買先取特権に基づく物上代位権も、目的債権が譲渡され、債権が債務者から「第三者」に移転すると、もはや追及効がなくなるものと解すべきである。このような場合にも追及効があるとすれば、抵当権とは異なり、動産売買先取特権には公示方法がないことから、「第三者（債権譲受人）」の立場を不当に害するおそれがあるものと考えられる。（下線、筆者）

② 　動産売買先取特権は、目的物が第三者に譲渡され引き渡されたときに行使できないにもかかわらず、その効力の一つにすぎない物上代位権は、目的債権が譲渡され第三者対抗要件が備えられた後も行使できるというのではバランスを欠くように思われる。したがって、動産売買先取特権に基づく物上代位権行使による差押えが、債権譲渡の第三者対抗要件具備に後れる場合には、先取特権者はもはや物上代位権を行使できない。（下線、筆者）

そして、❸判決の調査官は、上記の解釈が最判平成10年の法理と抵触するか否かについて検討し、以下のように、抵触しないと述べるわけである。

① 　最判平成10年が、民法304条１項ただし書の「払渡又ハ引渡」という言葉は当然には債権譲渡を含むものとは解されないと説示したことに抵触しない。最判平成10年は、あえて「当然には」と慎重な言い回しをしていることなどからすると、他の事情の存在いかんによっては、債権譲渡が「払渡又ハ引渡」と同列に位置付けられることがあり得ることを暗に示唆するものということができるからである。

② 　最判平成10年は、抵当権者に目的債権譲渡後における物上代位権行使を認めても、第三債務者の利益が害されることはないという。しかし、

　　動産売買先取特権者に目的債権譲渡後における物上代位権行使を認めた
　　場合には、競合債権者の利益が害されることがあるので、抵当権の場合
　　と異なる配慮が必要である。したがって、第三債務者の利益が害されな
　　いからといって、動産売買先取特権者に目的債権譲渡後における物上代
　　位権行使を認めてよいということにはならない。

③　最判平成10年は、第三者対抗要件を備えた債権譲渡が物上代位に優先
　　するものと解するならば、抵当権設定者は、抵当権者からの差押え前に
　　債権譲渡をすることによって容易に物上代位権行使を免れることができ、
　　抵当権者を害するというが、<u>抵当権設定後の債権譲渡</u>、とりわけ賃料債
　　権の譲渡は執行妨害である事案が少なくなく、また、将来にわたる包括
　　的な賃料債権の譲渡を有効と認めるならば、賃料債権に対する抵当権者
　　の物上代位の余地を奪うことになりかねない。<u>しかし</u>、動産売買先取特
　　権の場合には、必ずしも上記のような問題を含むものとはいえないし、
　　問題事案については個別的に権利濫用法理等を適用して処理すればよい、
　　と。（下線、筆者）

　以上から、同調査官は、動産売買先取特権に基づく物上代位権行使と債権
譲渡との優劣は、差押命令の第三債務者に対する送達と債権譲渡の第三者対
抗要件の具備との先後により決すべきであると結論付ける。また、民法304
条１項ただし書の「差押え」の趣旨は、動産先取特権の場合には、債権譲受
人等の第三者の保護を主たる目的とし、副次的目的（反射的効果）として、
特定性の保持にあることも否定されないとし、結局、代位目的債権譲渡後の
先取特権者の物上代位権行使を否定すべきものとした❶（最判昭和59年）お
よび❷判決（最判昭和60年）の傍論説示は、最判平成10年によって変更され
てはいないと考えるのである[24]。

⑵　調査官コメントの問題点

　❸判決の調査官コメントには、以下のような問題点がある。

①　動産売買先取特権は、公示方法が存在しなくても、もともと「第三
　　者」（代位目的債権の譲受人）に対抗できる法定担保物権ではないのか？
　　逆に、「第三者」は、もともと、法定担保物権たる動産売買先取特権そ
　　れ自体の対抗を受け、その優先を甘受しなければならない立場にいる者

ではないのか？

②　動産売買先取特権に基づく物上代位権は、原担保権である動産売買先取特権それ自体の効力であり、それと同一性を有する優先権であるから、動産売買先取特権それ自体と同様、公示方法が存在しなくても、「第三者」に対抗できる優先権ではないのか？　逆に、「第三者」は、物上代位権の優先を甘受しなければならないのではないか？

③　動産売買先取特権に基づく物上代位権の追及効が制限される根拠が、なぜ、民法333条なのか？　動産取引の安全のため、公示方法の存しない動産売買先取特権の追及効の制限により保護されるのは、動産所有権の取得者（転買主＝第三債務者）である一方、代位目的債権の譲受人は、「第三者」（競合債権者）であり、この「第三者」は、民法333条の「第三取得者」とはいえないのではないか？

④　動産売買先取特権に基づく物上代位権行使の要件としての「差押え」の趣旨に、なぜ、「第三者」の利益が含まれるのか？

⑶　調査官コメントに対する批判

㋐　❸判決は最判平成10年に抵触しないとする調査官コメントに対する批判

❸判決の調査官は、前掲⑴の①～③において、最判平成10年と❸判決が抵触しないと述べる。しかし、以下の理由により、その見解には賛成できない。

最判平成10年が、民法304条１項ただし書の「払渡又ハ引渡」という言葉には「当然には」債権譲渡を含むものとは解されないと説示したのは、当然の文理解釈を述べたものであり、「当然には」という言葉を使ったのは、調査官が前掲⑴①に述べるような、「他の事情の存在いかんによっては、債権譲渡が『払渡又ハ引渡』と同列に位置付けられることがあり得ることを暗に示唆する」というものではない。そのような言葉を使ったのは、債権譲渡が当然に「払渡又ハ引渡」に含まれると説示していた❶および❷判決とは違った文理解釈を採ることを明言するためであり、調査官の解釈には無理があり、言葉遊びの謗りを免れない。

転売代金債権の上には、「転売」と同時に動産売買先取特権の物上代位権が既に成立しており（民法304条１項本文）、しかも、その物上代位権は、公

示方法がなくても、「第三者」に対抗できる優先権である。原担保権たる動産売買先取特権それ自体が「第三者」に対抗できる法定担保物権であり、動産売買先取特権に基づく物上代位権も、動産売買先取特権それ自体から生じる効力であり、それと同一性を有する優先権である。

　したがって、動産売買先取特権者に、代位目的債権の譲渡後における物上代位権行使を認めても、第三者たる競合債権者は、もともとその優先を甘受しなければならない立場にあり、かかる第三者の利益が害されることは一切なく、調査官が前掲(1)②において述べるような、抵当権の場合と異なる配慮は全く不必要である。

　また、調査官は、前掲(1)②において、第三債務者の利益が害されないからといって、動産売買先取特権者に目的債権の譲渡後における物上代位権行使を認めてよいということにはならないと述べる。

　しかし、第三債務者の利益が害されないのは、民法304条1項ただし書が存在するからであり、同ただし書を適用すれば、目的債権（目的債権とは、物上代位の目的債権のことであり、同債権には物上代位権が付着しているのである）の譲渡後であっても（代位目的債権の「譲渡」は、「払渡し又は引渡し」に該当しない）、第三債務者が第三者（競合債権者）に弁済していない限り、同債権は消滅していないので、物上代位権の行使を認めなければならない。これが、最判平成10年の法理である。それゆえ、❸判決は、最判平成10年と明白に抵触する。

　第三者の保護は、第三債務者の弁済を保護することにより確保するというのが、諸国の立法例であり[25]、民法304条1項ただし書である。それゆえ、第三債務者が未だ第三者に弁済していない限り、物上代位権者は、優先権者として、物上代位権の付着している債権（目的債権）に対し物上代位権を行使できる、というのが、正しい法解釈である。結局、調査官の解説は、物上代位制度の基本構造を破壊する論理である。

　調査官は、前掲(1)③において、抵当権設定後の債権譲渡、とりわけ賃料債権の譲渡は執行妨害である事案が少なくなく、また、将来にわたる包括的な賃料債権の譲渡を有効と認めるならば、賃料債権に対する抵当権者の物上代位の余地を奪うことになりかねないと述べる。

　しかし、この記述は失当である。なぜなら、賃料債権に対する抵当権の物
上代位権が成立（発生）するのは債務不履行時であり、そのような債務不履
行後、抵当権設定者が行う賃料債権（その賃料債権上には物上代位権が付着し
ている）譲渡が執行妨害となり、抵当権者（物上代位権者）を害することに
なるのは、実際には極めて少ないからである。調査官が、「抵当権設定後の
債権譲渡、とりわけ賃料債権の譲渡は執行妨害である事案が少なくない」と
述べるのは、バブル経済崩壊後の1990年代に横行した執行妨害を想定してい
るようであるが、それを助長したのは、前掲❶および❷判決の傍論説示や多
数説（優先権保全説・第三者保護説・差押公示説）であり、それに歯止めをか
けたのが最判平成10年であり、第三債務者保護説である。したがって、第三
者保護説に立つ❸判決は、最判平成10年と明白に抵触する。

　繰り返すが、債務不履行が生じていなければ、当該賃料債権上に物上代位
権も付着しておらず（それは代位目的債権ではない）、物上代位権も行使でき
ないから（民事執行193条１項後段）、物上代位権の行使は、現実には極めて
稀な事例である。つまり、債務不履行が生じていなければ、債権譲渡は、抵
当権設定者（債務者）の財産処分権自由の範囲内の問題であり、その場合に
は、物上代位権との競合すら生じていないのである。調査官は、賃料債権に
対する物上代位権の成立時期や行使時期を看過していると評価せざるを得な
い。

　さらに、調査官は、前掲(1)③において、動産売買先取特権の場合には、必
ずしも上記のような問題（執行妨害の問題）を含むものとはいえないと述べ、
問題事案については個別的に権利濫用法理等を適用して処理すればよいと述
べる。

　しかし、調査官は、動産売買先取特権の場合には、なぜ、抵当権のような
執行妨害事例を含むものとはいえないのかについて一切説明していないので
ある。

　動産売買先取特権に基づく物上代位権は、動産の転売と同時に転売代金債
権の上に成立しているが、信用売買では、買主に信用不安がなく、売主・買
主間の関係が良好で、買主の債務不履行が生じていない場合、売主（物上代
位権者）は物上代位権を行使できない（民事執行法193条１項後段）のである。

その場合には、買主は、物上代位権の付着した転売代金債権を自由に第三者に譲渡することができるし、転買主（第三債務者）も、売主の物上代位権行使に基づく「差押え」がない限り、転売代金債権譲受人に対し弁済するであろう。その弁済はすべて有効であり、受領者である譲受人の債権取引は保護される一方、第三債務者の弁済により、物上代位権の付着した転売代金債権はすべて消滅し、物上代位権者と債権譲受人の間の優劣問題は全く起こらないのである。

これに対し、転売代金債権に対する物上代位権が行使されるのは、動産の売主と買主の間の信頼関係が破綻した場合、つまり倒産するなど買主に信用不安が生じた場合である。それゆえ、転売代金債権に対して物上代位権が行使されるのは、買主の売主に対する債務不履行が惹起している場合である。そして、買主は、売主に対する債務不履行を惹起しながら、他方で、代位目的債権たる転売代金債権を譲渡するのであり、債権譲受人も、そのような事情を知って、買主と債権取引を行うわけである。このような債権譲渡に、なぜ、執行妨害の問題が含まれないのであろうか？

動産売買先取特権に基づく物上代位権自体は、動産の転売という早い時期に成立するが、その物上代位権が行使されるのは、買主（債務者）の債務不履行時であり、物上代位権行使と債権譲渡が競合するのは、買主の債務不履行時以後であるから、極めて執行妨害の可能性が高い。❸判決事案の転売代金債権譲受人も、買主（破産会社）の元経理部長であった。❸判決調査官は、物上代位権行使の要件について全く認識を欠いていると評さざるを得ない[26]。

以上のように、実際的な理由からも、債務不履行後、物上代位権行使の前に登場する債権譲受人を保護する必要性は全くない。債権譲受人は、物上代位権の付着した債権を譲り受けただけであり、しかも、同債権について第三債務者による弁済がなされていない段階で、物上代位権者が物上代位権に基づく「差押え」＝物上代位権の行使をすれば、それは物上代位権の適正な行使であり（民法304条1項ただし書）、物上代位権者が優先するのは当然である。したがって、❸判決は、最判平成10年と明白に抵触するのである。

㈡　調査官コメントの問題点の検証

前掲(2)の①～④に掲記の調査官コメントの問題点（本書372頁～373頁）に

ついては、次の２点から検証した結果、問題があると言うことができる。

〔動産売買先取特権制度の趣旨〕

　法定担保物権としての動産売買先取特権が認められる趣旨は、動産の売買においては、売主は買主の信用を予め確かめることができない場合が多いから、この先取特権を与えて売主を保護し、動産売買を容易かつ安全にするためである。敷衍すれば、民法311条５号が、動産の売主に対し、動産売買代金債権を被担保債権とする法定担保物権としての先取特権を付与したのは、動産は、買主の一般財産に組み込まれて総債権者の共同担保となるが、売主の債権は、まさにこの共同担保増加の縁由をなすものであるから、その動産によって担保されるのが公平の原則に適うという理由からである。

　したがって、買主の一般債権者（第三者）は、買主が所有する当該動産上の動産売買先取特権の成立を甘受し、動産売買先取特権の成立時（動産の売買時）から、公示なき動産売買先取特権の対抗を受けることになる。もっとも、当該動産が第三者に転売された場合、公示なき動産売買先取特権の追及効を認めることは、動産取引の安全を害するため、その追及効が制限され、当該動産に対する売主の先取特権は失効する（民法333条）。

　以上により、前掲(2)の調査官コメントの問題点①に対して、「第三者」は、公示方法のない動産売買先取特権の優先を甘受しなければならず、同問題点③に対しては、民法333条により動産売買先取特権の追及効が制限され、保護されるのは、動産の「転買主（第三取得者＝第三債務者）」だけであると反論することができる。

〔動産売買先取特権に基づく物上代位権の追及効の制限の可否〕

　民法333条により、動産上の動産売買先取特権は失効する。しかし、動産売買先取特権は、買主（転売主）の転買主に対する転売代金債権上に移行する（民法304条１項本文）。これが、動産売買先取特権に基づく物上代位権であり、原担保権である動産売買先取特権それ自体の効力であるから、原担保権の場合と同様、「第三者」は、公示方法のない物上代位権の優先を甘受しなければならない。そして、転売代金債権が譲渡された場合、譲受人（第三者）は、動産売買先取特権（物上代位権）という優先権の付着した債権を譲り受けただけであり、やはり、動産売買先取特権者の優先を甘受しなければ

ならない。したがって、前掲(2)の調査官コメントの問題点②に対して、「第三者」は、物上代位権の優先を甘受しなければならず、問題点③に対しては、民法333条は、物上代位権の追及効と無関係であると反論することになる。

　これに対し、転売代金債権（代位目的債権）が譲渡された場合、動産売買先取特権に基づく物上代位権の追及効が制限され、その行使を認めない見解は、物上代位権が公示されていないため、債権譲受人等の「第三者」保護が必要であるとし、「差押え」（民法304条１項ただし書）にその役割を求める。これが❸判決である。そして、「仮に、第三債務者保護説を先取特権にも及ぼし、先取特権がもともと公示のない法定担保物権であることを強調して、債権譲渡があってもなお先取特権による物上代位ができるとすると、公示のない担保権の効力が余りに強すぎるとの批判を招くことになろう」[27]と述べるのである。

　しかし、この見解は、第三債務者保護説を基本的に誤解している。民法304条１項本文により発生した物上代位権は、公示があろうとなかろうと、第三者は、その優先的効力の対抗を受けている一方、第三者の保護は、同項ただし書により第三債務者を保護することにより確保できるというのが、民法304条１項の法的構造である。つまり、物上代位権が認められたとしても、その行使要件として「差押え」が要求され、「差押え」前の第三債務者の弁済が保護されており、その結果として、弁済受領者である第三者も保護されているのであり、先取特権者だけが保護されているのではない。また、動産売買先取特権の物上代位権が行使されるのは、前述のように、買主に債務不履行が惹起した場合であり、極めて特殊な場合だけであり、公示のない担保権の効力が余りに強すぎるという批判は全く失当である。したがって、前掲(2)の調査官コメントの問題点④に対しては、「差押え」の趣旨に第三者の利益を含むべきではない、と反論することができる。

(ウ)　調査官による第三債務者保護説「曲解」に対する批判

　調査官は、「差押え」の趣旨につき第三債務者保護説を主張する私の論考を引用し、「民法304条１項ただし書の『差押え』の趣旨における第三債務者の保護を上記第三債務者保護説が説くように理解するならば、そもそも動産売買の先取特権の場合には、その存在が公示されていないから、物上代位権

者は、第三債務者に対し、物上代位権の存在を対抗することができず、第三債務者は、債務者に代位目的債権を弁済したとしても、物上代位権者に二重弁済を強いられることはあり得ないとみる余地もある。したがって、動産売買の先取特権に基づく物上代位における差押えには『第三債務者の保護』は含まれないものということもできるであろう」[28]と述べる。

しかし、調査官コメントは、第三債務者保護説の内容を全く理解していない。抵当権のように公示方法がある担保物権は公示（抵当権設定登記）により、また先取特権のように公示方法がない担保物権は公示がなくとも、いずれの担保物権も、第三債務者を含むすべての第三者に対抗し、その優先性を主張できる権利である。したがって、動産売買先取特権の場合、その存在が公示されていなくても、民法304条1項本文により物上代位権を取得した<u>物上代位権者は、第三債務者に対し、物上代位権の存在を公示なくして対抗することができる</u>から、同項ただし書が存在しない場合には、第三債務者は、債務者に代位目的債権を弁済したとしても、物上代位権者への二重弁済を強いられることになるのである。したがって、動産売買先取特権の物上代位に基づく差押えの趣旨には、抵当権の場合と同様、「第三債務者の保護」が含まれるのである。

これに対し、その他の第三者は、もともと担保物権＝物上代位権の優先を甘受しなければならないし、物上代位権の発生によって物上代位権者に何ら弁済義務を負わないから、「第三者」を「差押え」の趣旨に含めてはならないし、そのような「第三者」の地位を考慮に入れる分析の必要もない[29]。

　(4) 小　括

❸判決の見解は、物上代位の基本条文である民法304条1項について、先取特権と抵当権で異なる解釈を行っているが、動産売買先取特権および物上代位権の基本的な制度趣旨を曲解したものであり、不当な解釈である。さらに、想起すべきは、ボアソナード博士が、「第三者」保護を厳しく排斥し、「第三債務者」の保護を唱えたのは、まさに先取特権についてである、ということである[30]。したがって、「差押え」の趣旨について、抵当権と動産売買先取特権とで別異の解釈を行う必要は全くなく、最判平成10年の射程は、先取特権にも及ぶと解すべきである。

次に、本稿の課題である、動産売買先取特権に基づく物上代位権行使と相殺の優劣問題を解決するためには、公示方法のある抵当権についての同様の問題を判示した最判平成13年の論理を検証しなければならない。

五　抵当権に基づく物上代位権行使と相殺との優劣

1　最高裁（三小）平成13年 3 月13日判決（最判平成13年）

最判平成13年は、「抵当権者が物上代位権を行使して賃料債権の<u>差押えをした後</u>は、抵当不動産の賃借人は、<u>抵当権設定登記の後に取得した債権を自働債権とする賃料債権との相殺をもって、抵当権者に対抗することはできない</u>と解するのが相当である。けだし、<u>物上代位権の行使としての差押えのされる前</u>においては、賃借人のする相殺は何ら制限されるものではないが、<u>上記の差押えがされた後</u>においては、<u>抵当権の効力が物上代位の目的となった賃料債権にも及ぶところ</u>、<u>物上代位により抵当権の効力が賃料債権に及ぶことは抵当権設定登記により公示されている</u>とみることができるから、抵当権設定登記の後に取得した賃貸人に対する債権と物上代位の目的となった賃料債権とを相殺することに対する賃借人の期待を物上代位権の行使により賃料債権に及んでいる抵当権の効力に優先させる理由はないというべきである。

そして、上記に説示したところによれば、抵当不動産の賃借人が賃貸人に対して有する債権と賃料債権とを対当額で相殺する旨を上記両名があらかじめ合意していた場合においても、<u>賃借人が上記の賃貸人に対する債権を抵当権設定登記の後に取得したものであるときは、物上代位権の行使としての差押えがされた後に発生する賃料債権については</u>、物上代位をした抵当権者に対して相殺合意の効力を対抗することができない」（下線、筆者）と判示した。

2　最判平成13年に対する評価

最判平成13年の骨子は以下のとおりである。

①抵当権の物上代位権に基づく差押え後は、賃借人（第三債務者）は、抵当権設定登記後に取得した債権を自働債権とし、賃料債権を受働債権とする相殺をもって抵当権者に対抗できないという結論を述べる。その理由として、

②抵当権の効力（物上代位権）が賃料債権に及ぶのは、物上代位権に基づく差押え後である。③物上代位権は、抵当権設定登記により公示されている。最後に、再度、結論として、④賃借人が、抵当権設定登記後に自働債権を取得したときは、物上代位権に基づく差押え後に発生する（弁済期が到来する）賃料債権については、相殺合意の効力を抵当権者に対抗できない、と。

　上記の①と④に述べる結論自体は正当である。問題は、それらの理由として述べる②および③である。最判平成13年の事案は、結局、抵当権者（物上代位権者）と賃借人（第三債務者）の賃料債権（代位目的債権）に対する優先的摑取をめぐる争いであり、最判平成10年のような、抵当権者と賃料債権（代位目的債権）譲受人という第三者間の優劣問題の事案ではない。したがって、上記③が述べる、「物上代位権は、抵当権設定登記により公示されている」という説示は、第三者間の優劣問題を解決する基準としては正当であっても、抵当権者と第三債務者の優劣問題を解決する基準としては正当ではない。

　これに対し、物上代位権行使と賃借人（第三債務者）の相殺との優劣が問題となっている事案では、「差押え」の趣旨についての第三債務者保護説を前提とするならば、「差押え」こそが、第三債務者たる賃借人に対する物上代位権の対抗要件である。それゆえ、最判平成13年が、物上代位権の公示に関し、「第三債務者」に対する公示と「第三債務者以外の第三者」に対する公示を峻別せず、第三債務者（賃借人）に対しても、抵当権設定登記が物上代位権の公示であると説示したのは不当なのである。

　次に、最判平成13年が、前掲②の基準において、「抵当権の効力（物上代位権）が賃料債権に及ぶのは、物上代位権に基づく差押え後である」と述べていることも正確ではない。賃料債権に対する物上代位権は、債務者（抵当権設定者・賃貸人）の債務不履行と同時に、債務者が第三債務者（賃借人）に対して有する賃料債権上に及んでおり（だから、この賃料債権のことを代位目的債権というのである）、「差押え」によって初めて及ぶものではない。物上代位権は、「差押え」によって初めて代位目的債権に及ぶものでなく、「差押え」前において、民法304条1項本文所定の事由により当然に及ぶのであり、賃料債権に物上代位権が及ぶのは、抵当権の非占有担保性と優先弁済権確保

との関係から、債務不履行時と解さなければならない。

　これに対し、「差押え」によって初めて物上代位権が賃料債権に及ぶというのであれば、「差押え」前においては物上代位権が発生しておらず、当該賃料債権を物上代位の目的債権（代位目的債権）ということもできず、無担保債権たる当該賃料債権を受働債権とする相殺の期待を保護すべきことになる。また、かかる場合、抵当権者は無担保債権を差し押さえたにすぎないから、相殺権者との優劣関係については民法511条の適用が問題となり、論理的には賃借人優先が予測されよう。ところが、最判平成13年は、同条の適用を排斥し、抵当権者（物上代位権者）優先の結論を導き出したのである。論理矛盾というほかない。

　抵当権者優先を導き出すためには、少なくとも最判平成10年の立場に立つ必要がある。すなわち、「差押え」の趣旨について第三債務者保護説を採るのであれば、物上代位権は、「差押え」前の債務不履行時において既に成立していると解さなければならないのである。公示方法のない動産売買先取特権の物上代位権行使が問題となった前掲❶および❷判決でさえ、物上代位権は、「差押え」前に成立していることを当然の前提としていたことは、前述のとおりである。もっとも、最判平成13年は、前掲の基準③において「物上代位権は、抵当権設定登記により公示されている」と述べているので、物上代位権と原担保権の同一性をついては正確に理解しているともいえる。

　しかし、物上代位権は、「差押え」によってその効力を生ずるという解釈は、公示方法のない担保物権の場合については、「差押え」によって物上代位権が公示されるという第三者保護説（優先権保全説・差押公示説）に転化するであろう。しかし、より厳密・正確に考えれば、❶判決や❷判決と同様、優先権保全説や差押公示説も、本来、「差押え」の前に既に物上代位権が成立していることを前提としているのである。「差押え」により物上代位（優先権）が保全・公示されるということは、その「差押え」の前に物上代位権が成立している必要があるからである。したがって、物上代位権の成立時期に関する最判平成13年の見解には賛成できない。

　結局、最判平成13年によれば、抵当権者の物上代位権行使と賃借人（第三債務者）との相殺の優劣は、以下の基準の順により定まる。

　①第一に、抵当権設定登記と自働債権の取得時期の先後、②第二に、物上代位権に基づく差押命令の第三債務者への送達と相殺の意思表示の先後、③第三に、物上代位権に基づく差押命令の第三債務者への送達と第三債務者により相殺される受働債権（賃料債権）の弁済期の先後により決する。

　しかし、①の基準と②の基準は、論理的に矛盾するものである。なぜなら、最判平成13年は、第三債務者（賃借人）に対して、物上代位権は抵当権設定登記により公示されると解し、「抵当権設定登記の後に取得した賃貸人に対する債権と物上代位の目的となった賃料債権とを相殺することに対する賃借人の期待を物上代位権の行使により賃料債権に及んでいる抵当権の効力に優先させる理由はない」として①の基準を示しておきながら、自働債権の取得時期が抵当権設定登記後の場合であっても、「差押え」前に相殺の意思表示をすれば、相殺が優先するという②の基準を適用しているからである。つまり、同判決は、「差押え」前に相殺の意思表示があれば、自働債権の取得時期にかかわらず、相殺優先を導くからである。

　しかし、賃借人に対する物上代位権の公示が抵当権設定登記であるなら、自働債権の取得時期が抵当権設定登記後の場合には物上代位権優先の結論を導く方が、論理的に一貫している。最判平成13年の論理では、「差押え」前に相殺の意思表示があった場合、なぜ、相殺が優先するのかということが説明されていないのである。この点につき、①の基準だけを強調すると、差押え前の相殺を保護する実質的理由の説明が困難になるという指摘が、東京地裁平成16年3月25日判決（金融法務事情1715号98頁）のコメントにおいて指摘されている。

　このような論理矛盾が生ずるのは、最判平成13年が、「第三債務者（賃借人）」に対しても、物上代位権の公示を抵当権設定登記と解しているからである。物上代位権の「第三者」に対する公示は抵当権設定登記であるが、「第三債務者」に対する公示は「差押え」と解するのが、「差押え」の趣旨に関する第三債務者保護説の立場である。債権質権の公示が、「第三者」に対する公示（民法364条・467条2項）と「第三債務者」に対する公示（民法364条・467条1項）とに峻別されていることを想起すれば、その正当性が容易に理解できるであろう。

　次に問題となるのは、最判平成13年の前掲①の基準によれば、自働債権の取得時期が抵当権設定登記前の場合には、たとえ、物上代位権に基づく差押え後に相殺の意思表示がなされたときであっても、常に相殺が優先するとされる。この基準によれば、物上代位権者は、相殺の意思表示前に賃料債権（受働債権）を差し押さえたとしても、自働債権が抵当権設定登記の前に取得されていれば、絶対的に相殺が優先することになるのであり、かかる解釈は、民法304条1項ただし書の文言に抵触する上、法律により認められた優先権（物上代位権）が事実上の担保（相殺）に劣後するという極めて不当な結果にもなる。この点についても、前掲の東京地裁平成16年3月25日のコメントは、「抵当権設定登記以前に取得した自働債権による相殺であれば、差押命令送達後に本来の支払時期が到来する将来賃料債権についても無制限に相殺が優先するのかという問題があるが、賃借人が有する自働債権については何ら公示がされていないことを考えると、この結論については検討の必要がある」と指摘している。正当な指摘であろう。

　以上のように、最判平成13年の論理が不合理である理由は、第一に、物上代位権と相殺との優劣問題が、物上代位権者と「第三債務者」との間の優劣問題であるにもかかわらず、これを物上代位権者と「第三者」との間の優劣問題であると解したことにある。すなわち、物上代位権の「第三債務者」に対する対抗要件——最判平成10年が採った「差押え」に関する第三債務者保護説によれば、それは「差押え」である——のみを問題にし、債権消滅行為である「相殺の意思表示」（民法506条）が、同304条1項ただしの「払渡し又は引渡し」に該当するか否かだけを検討すればよかったにもかかわらず、物上代位権の「第三者」に対する対抗要件である抵当権設定登記を、「第三債務者（賃借人）」に対する基準としたからである。

　第二に、賃料債権に対して物上代位権の効力が及ぶ時期、つまり物上代位権の成立時期を「差押え」時と解する一方で、物上代位権は抵当権設定登記により公示されているという論理矛盾を犯しているということである。物上代位権の公示が抵当権設定登記であるなら、物上代位権と原担保権（抵当権）とは同一性を有し、「差押え」前に物上代位権はすでに成立しているのに対し、「差押え」は、物上代位権の発生・成立と無関係であり、発生・成

立した物上代位権を行使するための要件であり、代位目的債権（物上代位権
の効力が及んでいる債権）の債務者たる「第三債務者」に対する公示と解す
るのが、論理的解釈である。この点において、最判平成13年は、これまでの
最高裁判例である❶判決、❷判決および最判平成10年のいずれにも抵触して
いるのである。

六　動産売買先取特権の物上代位権行使と相殺との優劣―大阪地判平成17年事案の解決

　動産売買先取特権の物上代位権行使と相殺との優劣問題は、抵当権の物上
代位権行使と相殺との問題と同様、物上代位権者と第三債務者との優劣問題
と解すべきである。そのことを確認した上で、大阪地判平成17年の事案にお
いては、まず、動産売主Ｘの物上代位権の成立時期を見なければならない。
Ｘの物上代位権が、買主Ａの転買主（第三債務者）Ｙに対する転売代金債権
（受働債権）上に成立したのは、平成15年6月25日および7月4日であり、
この点については、同判決も正しく認定している。

　問題は、そのようにして成立した物上代位権は、何をもって「第三債務
者」に対抗できるかということである。民法304条1項本文と同項ただし書
の関係を正確に理解すれば、物上代位権行使の要件としての「差押え」の趣
旨は、第三債務者に物上代位権の存在を知らせ、以て、その二重弁済の危険
を防止することのみにあるから、「差押え」がそのまま「第三債務者」に対
する対抗要件となる。そして、本件のＸの差押・転付命令がＹに送達された
のは、同年8月18日であり、Ｙの相殺の意思表示が行われた同年9月1日よ
りも早いため、Ｘが優先することになる。以上が、私見による解決である。
Ｘは、適正に物上代位権を行使した一方、Ｙは、Ｘの物上代位権に基づく差
押え前に、代位目的債権を消滅させなかった、つまり民法304条1項ただし
書の「払渡し又は引渡し」をしなかったことによる結果である。

　これに対し、最判平成13年のように、物上代位権と相殺との優劣問題を、
物上代位権者と第三者との優劣問題と理解し、同最判の論理に従うならば、
次のようになろう。すなわち、動産売買先取特権およびその物上代位権の成
立時期（平成15年6月25日、同年7月4日）は同日であり、いずれも公示を要

せず、原担保権である動産売買先取特権の成立時からＹを含む第三者一般に対抗している一方、Ｙの自働債権の取得時期（同年２月19日、同年５月22日）は、Ｘの動産売買先取特権の成立時期（同年６月25日、同年７月４日）より早いため、たとえ、Ｙの相殺の意思表示（同年９月１日）が、Ｘの物上代位権に基づく差押・転付命令のＹへの送達（同年８月18日）の後であっても、Ｙの相殺が優先することになる。この結論に対しては、受働債権（転売代金債権）の上には、Ｙの相殺の前に、既に物上代位権という法定の優先権が付着しており、Ｙは、「差押え」によりその優先権の存在を知ったのであり、それにもかかわらず、その後の相殺が優先するというのは、法定担保よりも事実上の担保を優先させることになり、賛成できない。このような結論が出るのは、転買主が「第三債務者」であるにもかかわらず、「第三者」と理解したからである。

他方、大阪地判平成17年は、Ｙの相殺の担保的機能に対する期待を重視するという基本的立場に立ちつつ、以下のように説示した。

①動産売買先取特権に基づく物上代位権は、差押えを条件として、転売代金債権に対して優先弁済請求権を及ぼすものであると述べ、本件では、Ｙの自働債権の成立時期（平成15年２月19日、同年５月25日）が、Ｘの物上代位権の成立時期（同年６月25日、同年７月４日）より早い、②Ｘの物上代位権に基づく差押・転付命令のＹへの送達（同年８月18日）前に、Ａが破産宣告を受けたことにより相殺適状が生じている（同年８月６日）ことを挙げ、Ｙの相殺の担保的機能に対する期待を保護すべきである、と述べ、相殺権者Ｙの優先を判示したわけである。

しかし、同判決は、①に述べるように、物上代位権が、「差押え」を条件として、転売代金債権に対して及ぶ、つまり物上代位権の発生時期を「差押え」時と解しているのであり、それは、物上代位権の成立時期に関する基本的誤解であり、到底賛成できない。物上代位権は、動産の転売、つまり転売代金債権の発生と同時に同債権上に及んでいるのであり、「差押え」がなされることによって、転売代金債権発生時に遡及して物上代位権の効力が顕在化するのである。そして、同判決が①に述べるように、Ｙの自働債権の成立時期は、Ｘの物上代位権の成立時期の前であることは確かであるが、Ｘの物

上代位権が、相殺適状が生じた平成15年8月6日の前である同年6月25日および7月4日において既に各転売代金債権（受働債権）上に付着しているのである。しかも、Xの物上代位権行使は、Yの相殺の意思表示より先に行われているのであるから、Xを優先すべきである。

このように、大阪地判平成17年は、物上代位権の成立時期を理解せず、動産売買先取特権者を一般債権者と同視する判決であり、相殺と差押えの優劣に関し無制限説を採った最高裁（大）昭和45年6月24日判決（民集24巻6号587頁）に依拠しているだけである。だからこそ、同判決は、上記②において、Xによる差押・転付命令のYに対する送達前に相殺適状が生じていたことだけを理由に、Yの相殺の担保的機能の期待を保護すべきであると説示するのである。

しかし、相殺適状が生じる前に、すでに受働債権上に物上代位権が成立しているのであり、しかも、Xの差押えにより物上代位権が既に受働債権上に付着していることを直接知った第三債務者Yの、相殺の担保的機能に対する期待だけを一方的に保護することは、事実上の担保による法定担保物権の無力化であり、到底賛成することができない。

実際的にも、動産売主を保護することが、わが国の取引社会の実態に合っている。わが国では、本件のように、商品の売主が零細メーカー、買主が大手商社、転買主が巨大メーカーという場合が多く、転買主（第三債務者）である巨大メーカーは、商社を通じて、多数の下請け零細メーカーから機械・材料等の商品を購入する一方で、その商社を通じて自社製品を国内外に販売しているのが実情である。

本件においても、Xの商品は、Aに売却された即日にYに転売されている一方で、巨大メーカーYは、商品の継続的・安定的な購入・販売のため、古くからAとの間に商取引基本契約を結び、さらに反対債権（自働債権）を確保するため所有権留保特約を付するなどしており、巨大企業は、売買代金債権確保のために容易に自己防衛の手段を講じている。他方、零細メーカーXは、売買代金債権確保のための自己防衛手段を講じることができず、動産売買先取特権に頼るほかないというのが実情である。

したがって、動産売買先取特権が公示されていないことを理由に、その物

上代位権行使を排斥し、転買主の相殺優先の結論を導くのは、動産売買先取特権が法定担保物権であることを看過するものである。

七　おわりに

　物上代位権行使をめぐる諸問題を解決するためには、民法304条 1 項本文とただし書の関係を正確に理解することが必要不可欠である。すなわち、まず、同条 1 項本文所定の事由により「債務者が受けるべき金銭その他の物」の上に担保物権（物上代位権）が成立するのであり、その成立を前提として、同本文規定は、「債務者が受けるべき金銭その他の物に対しても、行使することができる」と規定しているのである。これが、担保権者に物上代位権を付与し、担保権者を保護するという物上代位制度の原則規定である。

　そして、物上代位権を付与され、代位目的債権に対する優先権者となった担保権者は、第三債務者に対し弁済を請求できる地位を取得し、第三債務者は、自己の債権者ではなく、物上代位権者に金銭等の代位物を弁済しなければならないのであり、第三債務者は、二重弁済の危険に陥るのである。他方、第三債務者以外の第三者は、物上代位権の優先を甘受しなければならない。本来、物上代位制度の中には、第三者保護の発想は存在しないのである。以上が、民法304条 1 項本文に基づく解釈である。それゆえ、第三債務者の二重弁済の危険の存在を理解することは、物上代位制度理解のための基本である。

　次に、もし上記の民法304条 1 項本文だけしか存在しないのであれば、第三債務者は常に二重弁済の危険を強いられ、不安定な地位にさらされる（これは、最判平成10年が判決文の中で明確に説示していることである）。そこで、第三債務者の二重弁済の危険を防止するために設けられたのが同項ただし書であり、物上代位権付与に伴う第三債務者の保護を図っているのである。このように、物上代位制度の中には、担保権者に対する物上代位権付与に伴う第三債務者の二重弁済防止規定が必ず存在する。例えば、公用徴収関係の法律では、第三債務者たる事業施行者に対し、物上代位権の及んでいる補償金・清算金等の「供託義務」を課し、その二重弁済の危険を完全に防止しているのである[31]（例えば、土地区画整理法112条 1 項本文・土地改良法123条 1 項

本文)。したがって、民法304条1項ただし書の「差押え」の趣旨は、第三債務者の保護しかあり得ず、第三債務者以外の第三者の保護は、第三債務者の保護の反射的効果として確保すればよいのである。

ところが、❸判決（最判平成17年）は、動産売買先取特権に公示方法がないことを理由に、「差押え」の趣旨として、「第三者」の利益保護を挙げ、「第三者」との関係において動産売買先取特権の劣後を招来し、また、大阪地判平成17年は、「第三債務者」との関係において、同様の結果を招来したのである。

他方、最判平成13年は、抵当権の物上代位権行使と「第三債務者」の相殺との優劣に関し、物上代位権の「第三者」に対する公示（抵当権設定登記）を基準としたため、物上代位権の「第三債務者」に対する公示（差押え）が無意味化し、物上代位権に基づく「差押え」を行っても、物上代位権者は「第三債務者」たる相殺権者に劣後することを可能にした。また、物上代位権の成立時期についても、これらの判例は、「差押え」時と解し、❶（最判昭和59年）および❷判決（最判昭和60年）にも反する解釈を行っている。これらの判例の迷走は、「第三者」保護を強調する多数学説の影響によるものであり、今や判例理論はますます混乱していると言ってよい。今一度、物上代位制度の原点に立ち返り、最判平成10年が到達した法理を想起すべきである。

(1) 一連の判決の概略について、清原泰司「動産売買先取特権の物上代位権行使と代位目的債権譲渡の優劣」南山法学29巻2号2頁以下（2006年）。

(2) ❸判決に対する批判として、清原・前掲注(1)6頁以下、特に37頁以下参照。

(3) 清原泰司「判批」銀行法務21・592号78頁以下（2001年）、同「抵当権の物上代位と相殺の優劣」市民と法10号4頁以下（2001年）。

(4) 清原泰司「動産売買先取特権の物上代位と相殺との優劣」田邊光政編代『今中利昭先生古稀記念　最新倒産法・会社法をめぐる実務上の諸問題』122頁以下（民事法研究会、2005年）。

(5) 松岡久和「動産売買先取特権に基づく物上代位の差押えと相殺の優劣」金融・商事判例1215号1頁（2005年）、荒木新五「動産売買先取特権の現状と課題」堀龍兒ほか編『担保制度の現代的展開（伊藤進先生記念古稀論文集）』132頁（日本評論社、2006年）。

(6) 渡辺隆生「先取特権に基づく物上代位と債権譲渡の優劣」金融法務事情1740号4頁以下（2005年）、平野英則「動産売買の先取特権に基づく物上代位と目的

債権の譲渡」銀行法務21・679号55頁以下（2007年）。

(7)　今中利昭『動産売買先取特権に基づく物上代位論』14頁（民事法研究会、2008年）。

(8)　松岡・前掲注(5) 1 頁。

(9)　松岡・前掲注(5) 1 頁。

(10)　松岡・前掲注(5) 1 頁。

(11)　今中利昭弁護士も、私見と同じ見解である（今中・前掲注(7)191頁、192頁の注（145））。もっとも、今中弁護士は、物上代位権行使の「差押え」時を基準とすることに加え、物上代位権の存在およびその行使は、確定日付ある通知または承諾によって第三債務者および第三者に対抗しうると考え、そのような「通知・承諾」時も基準になるとし、相殺がそれより前に完了した場合には相殺が優先し、そうでない場合には物上代位権が優先すると解する（今中・前掲注(7)189頁、191頁）。しかし、物上代位権行使の要件として認められているのは「差押え」だけなので、そのような解釈には賛成できない。

(12)　近江幸治『民法講義Ⅲ　担保物権法〔第 2 版補訂〕』64頁～65頁（弘文堂、2007年)

(13)　調査官コメント・金融法務事情1508号69頁、ジュリスト1137号103頁。

(14)　❶判決が下される前、学説、実務家および下級審判例においては物上代位権の行使を否定する立場が大勢であったにもかかわらず、動産売主（物上代位権者）の優先を主張し、物上代位権行使肯定の論陣を張ったのは、今中利昭弁護士である。当時の「動産売買先取特権の物上代位と破産宣告」に関する議論の状況については、今中・前掲注(7) 5 頁～11頁に興味深く述べられている。また、❶判決が物上代位権行使を肯定した衝撃の大きさと実務的に画期的な判決であったことについては、鎌田薫ほか「債務者の破産宣告と動産売買先取特権の物上代位—最高裁昭和59年 2 月 2 日第一小法廷判決をめぐって」判例タイムズ529号61頁〔堀龍兒発言〕（1984年）参照。

(15)　高橋眞教授は、「372条・304条は、一定の原因により債務者の受けるべき金銭等に対し、抵当権を『行使することができる』と規定しているだけであって、抵当権の設定ないし履行期の到来の時点から、右金銭等の受領権限が抵当権者に移転することを規定するものではなく、また差押えがされる以前に弁済を禁ずる根拠もない。したがって抵当権者が物上代位権を行使するまでは、第三債務者は自己の債権者に弁済すればよく、二重弁済の危険は存しない。したがって第三債務者保護説は、その前提を欠く」（高橋眞『担保物権法』134頁（成文堂、2007年)）と述べる。

　　しかし、「抵当権を行使することができる」と規定しているのは、その前提として、物上代位権が、一定の原因により債務者の受けるべき金銭等の上に成立しているのであり（民法304条 1 項本)、物上代位権が成立していなければ、その行使もできないのである。民法304条 1 項本文と同様、権利の「成立」を前提として、「行使」という文言を使っている同様の文言は、民法333条にも規定さ

れている。すなわち、同条は、先取特権の追及効を制限し、動産が第三取得者に引き渡された後は、「その動産について行使することができない」と規定されているが、そのような行使不可の前提として、第三取得者に引き渡された動産上に先取特権は成立していないことを当然の前提としているのである。つまり、権利が成立していないから、行使もできないのである。さらに、物上代位制度を定める公用徴収関係の法律においても、「前項に規定する先取特権、質権又は抵当権を有する債権者は、同項の規定により供託された清算金又は減価補償金についてその権利を行うことができる」（土地区画整理法112条2項）と定めているが、物上代位権を「行うことができる」前提として、物上代位権が清算金等の上に成立しているのであり、第三債務者たる事業施行者の二重弁済の危険を防止するため、その清算金等の「供託義務」を課しているのである（同法112条1項本文）。

　法解釈とは、文言だけを見るのではなく、その制度趣旨を理解した上で行うべきものである。物上代位権は、民法304条1項本文所定の一定の原因により債務者の受けるべき金銭等の上に成立しているのであり、物上代位権という優先権の付着した債権の債務者（第三債務者）は、もし同304条1項ただし書が存在しなければ、優先権者たる物上代位権者に弁済しなければならないのであり、自己の債権者に弁済してはならないのである。このことは、最判平成10年の判決文に明確に書かれていることである。

　また、高橋教授は、「差押えがされる以前に弁済を禁ずる根拠もない」と述べるが、それは、民法304条1項ただし書が存在しているからであり、この記述は、単に同ただし書を適用した場合のことを述べているだけであり、同ただし書の趣旨とは何の関係もない。同ただし書の趣旨、つまり立法趣旨とは、その規定が存在しなければどうなるかを考える者である。そして、民法304条1項本文だけが存在し、同ただし書が存在しなければ、優先権者（物上代位権者）に弁済しなければならないのは当然のことであり、その根拠は、物上代位権付与（行使ではない）を定めている民法304条1項本文自体にあるのである。高橋説の誤解は、民法304条1項本文の立法趣旨を理解しないで、その文言だけから、同本文を物上代位権行使の根拠規定と解したことにある。しかし、物上代位権行使の要件を定めているのは、同ただし書の方である。

　また、高橋教授は、「抵当権者が物上代位権を行使するまでは、第三債務者は自己の債権者に弁済すればよく、二重弁済の危険は存しない」と述べるが、これも、現に存在する民法304条1項ただし書を適用した場合のことを述べているだけであり、同ただし書の立法趣旨とは何の関係もない記述である。同ただし書が存在せず、同本文だけが存在する場合、物上代位権の発生により、第三債務者は物上代位権者（優先権者）に弁済しなければならないのである。第三債務者が債務者に負う債務には、物上代位権という優先権が付着しているからであり、その場合、第三債務者に二重弁済の危険が生じるからである（これも、最判平成10年の判決文に明確に書かれていることである）。

　　結局、高橋教授は、第三債務者保護説が、どの段階における第三債務者の立
場を問題にしているかを基本的に理解していないようである。だからこそ、同
教授は、「論理的には、譲受人等は弁済の受領後でも不当利得としてその価値を
返還すべきものでなければならない。野山調査官はこれを否定するが、その理
由は示されていない」（高橋眞「判批」ジュリスト1157号70頁（1999年））と述
べるのであろう。しかし、第三債務者保護説を正確に理解すれば、そのような
論理にならないことは当然であり、野山宏調査官が譲受人等の弁済受領者の不
当利得返還義務を否定しているのも当たり前のことである。

(16)　松岡久和「判批」民商法雑誌120巻6号124頁（1999年）、山野目章夫『物権法
　　［第2版］』240頁、241頁（日本評論社、2004年）、平野・前掲注(6)60頁など。

(17)　内田貴『民法Ⅲ　第3版　債権総論・担保物権』413頁（東京大学出版会、
　　2005年）。

(18)　金融・商事法務1215号25頁（2005年）

(19)　志田原信三「判解」法曹時報58巻6号157頁以下（2006年）

(20)　志田原・前掲注(19)161頁。

(21)　志田原・前掲注(19)167頁～168頁。

(22)　志田原・前掲注(19)168頁。

(23)　志田原・前掲注(19)168頁～170頁

(24)　志田原・前掲注(19)170頁。

(25)　清原泰司『物上代位の法理』58頁以下（民事法研究会、1997年）。

(26)　❸判決に賛成する実務家は、調査官と同じく、正常な状態で行われる債権取
　　引と物上代位権行使が行われる時の債権取引とを区別していない（渡邊・前掲
　　注(6)5頁、平野・前掲注(6)61頁）。

(27)　内田・前掲注(17)517頁。

(28)　志田原・前傾注(18)174頁の注(14)（2006年）

(29)　第三者の地位をも考慮に入れた分析の必要性を主張する見解として、高橋眞
　　「物上代位と債権譲渡―『公示』の背後にあるもの―」金融法務事情1775号25頁
　　（2006年）がある。
　　　しかし、この見解は、物上代位制度を第三者との競合にさらし、物上代位制
　　度を骨抜きにし、問題を複雑化するだけである。この見解に対する批判として、
　　「物上代位制度の本質は担保物権の効力の及ぶ限界線は何かということを明らか
　　にすることであるはずである」（今中・前掲注(7)141頁）という今中弁護士の指
　　摘は示唆的である。今中弁護士の解釈視点は、物上代位権の対象債権は「物上
　　代位権付債権」であるということであり、「物上代位」制度に対する基本的立場
　　は私見と同じであり、民法333条による物上代位権の追及効制限に反対する（今
　　中・前掲注(7)142頁）。

(30)　清原・前掲注(25)15頁、52頁参照。

(31)　土地区画整理法112条2項に基づく清算金請求権上の物上代位権と一般債権者
　　の転付命令の優劣が問題となった最高裁（一小）昭和58年12月8日（民集37巻

10号1517頁）の評価については、清原・前掲注(25)69頁参照。

第3節　動産売買先取特権の物上代位をめぐる最高裁判例の誤謬

一　はじめに

　先取特権の物上代位権は、目的物の交換価値を把握する先取特権の優先弁済的効力を確保するため、目的物の価値代替物に対し法律が特別に認めた優先権である（民法304条1項本文）。それゆえ、同じく目的物の交換価値を把握し優先弁済的効力を有する質権および抵当権にも準用されている（民法350条・372条）。したがって、担保物権の物上代位権は、優先弁済的効力を有する価値権たる担保物権について、担保権者保護という法政策的観点から認められた特権であると解すべきであり、いわゆる物上代位本質論は、担保物権の価値権的性質から当然に認められたものであるとする価値権説と担保権者保護のために法律が特別に認めたものであるとする特権説の双方により裏付けられるべきである。

　民法304条1項本文の立法趣旨をこのように解すると、同項ただし書の「差押え」の趣旨についても、価値権説を前提とする特定性維持説や特権説を前提とする優先権保全説とは全く異なった発想が必要だと考え、沿革的研究と比較法的研究を踏まえて導き出したのが私見（第三債務者保護説）である[1]。すなわち、民法304条1項本文に基づく物上代位権だけを認めた場合、その発生により目的物の価値代替物（売買代金、賃料、保険金等）の弁済義務者（第三債務者）は、物上代位権者（担保権者）に弁済義務を負うことになる一方、この弁済義務者は、物上代位権者の存在を直接には知らないため、従来からの債権者（担保権設定者、物上代位の目的債権譲受人等）に弁済する可能性があり、もしこれらの債権者に弁済した場合には、その弁済を物上代位権者に対抗できないため（これが、担保物権の優先弁済的効力の効果である。民法481条参照）、二重弁済の危険に陥る。そこで、物上代位権を認める場合には、必ず第三債務者の二重弁済の危険を防止する措置を講じる必要があり、その措置を定めたのが民法304条1項ただし書であり、諸国の立法例における第三債務者保護の規定なのである[2]。

　そして、最高裁は、民法典施行100年という記念すべき年に、抵当権の物上代位権行使と代位目的債権（賃料債権）との優劣に関し、二つの小法廷判決―最高裁（第二小定）平成10年〔1998年〕１月30日判決（民集52巻１号１頁）〔以下「最判平成10年」という〕および最高裁（第三小法廷）平成10年２月10日判決（判例時報1628号３頁）（最判平成10年と同旨）―において第三債務者保護説を採用するという画期的な判決を下した[3]。

　この両判決は、抵当権に関する事案であったけれども、最高裁は、従来から、抵当権と先取特権で異なる解釈を行っていなかったこともあり（例えば、最二判平成元年10月27日民集43巻９号1070頁は、賃料債権に対する先取特権の物上代位権を認める民法304条１項本文をそのまま抵当権に準用し、賃料債権に対する抵当権の物上代位権を肯定した）、私は、先取特権についても当然に第三債務者保護説を採るものと予測していた。

　ところが、最高裁（第三小法廷）平成17年２月22日判決（民集59巻２号314頁）〔以下「最判平成17年」という〕は、動産売買先取特権の物上代位権行使と代位目的債権（転売代金債権）譲渡の優劣問題に関し、公示方法が存在しない先取特権の場合は、「差押え」の趣旨に第三者の利益保護が含まれると判示し、債権譲受人優先の判決を下した。この解釈は、動産売買先取特権とその物上代位権が法定担保物権であることを否定するものであり、かつて、私は同最判を厳しく批判した[4]。しかし、同最判の法理を認める見解は依然として圧倒的多数であり[5]、その法理や結論の問題点を指摘する見解も散見される[6]けれども、その法理自体の誤謬を明確に指摘する見解は皆無に近い[7]。このように、わが国では、立法の沿革および比較法的に見ても極めて特異な説が跋扈しており、最判平成10年が第三債務保護説を採用した後、かえって物上代位論は混迷しているのが現状である。

　そこで、改めて最判平成17年の法理の誤謬を明らかにし、物上代位制度の原点に立ち返った解釈論を提示したい。

二　動産売買における第三取得者保護の法的構造

1　民法333条と民法304条１項ただし書の関係

　動産の信用売買が行われると、売買代金債権を被担保債権とする先取特権が当該動産上に成立し、売主（動産売買先取特権者）は、売買代金債権につき、買主（債務者）所有の当該動産に優先弁済権を有する（民法311条５号・321条）。この動産売買先取特権は、動産売買の売主・買主間の公平の原理に基づいて認められた法定担保物権であるため、公示方法なしに第三者に対抗することができる。したがって、第三者は、公示されていない動産売買先取特権の優先を甘受しなければならない。

　しかし、買主が動産売買先取特権の目的動産を転売し第三取得者に引き渡した場合、売主は、当該動産上の動産売買先取特権を行使することができない（民法333条。「行使することができない」ということの前提として、当該動産上に動産売買先取特権は「成立していない」）。その理由は、動産売買先取特権が公示されていないので、動産取引安全の観点から、当該動産の第三取得者に完全な所有権の取得を認めるためである。それゆえ、第三取得者が登場した時点で、当該動産上の先取特権も消滅するので、当該動産上の先取特権自体の公示について語る必要もなくなる。もっともこのままでは、動産売主（動産売買先取特権者）は、動産の転売により不測の損害を被る。

　そこで、民法304条１項本文は、「先取特権は、その目的物の売却、賃貸、滅失又は損傷によって債務者が受けるべき金銭その他の物に対しても、行使することができる」と定め、動産上に成立していた動産売買先取特権は、当該動産の価値変形物である「転売代金債権」について行使することができるとするのである（「行使することができる」ということの前提として、当該転売代金債権上に動産売買先取特権は「成立している」）。すなわち、動産が第三取得者に転売されると、当該動産上の先取特権は、その価値変形物である「転売代金債権」上に移行して存続・成立するから、売主は、同転売代金債権に対して動産売買先取特権を行使することができるのである。これが、動産売買先取特権の物上代位権である。

　このように、動産売買先取特権の物上代位権とは、動産売買先取特権それ自体の効力であり（別個の権利の発生でない）、その対象が、「動産」から「転売代金債権」に移行しただけであるから、動産上の動産売買先取特権と同様、本来、公示方法なしに第三者に対抗することができるものである。したがって、動産の転売により、「動産」上の動産売買先取特権（原担保権）の公示の問題については語る必要はなくなるが、「転売代金債」上の動産売買先取特権の公示の問題が新たに浮上する。そして、物上代位権とは、原担保権である動産売買先取特権それ自体の効力であり、その対象が「動産」から「転売代金債権」に移行しただけの優先権であるから、公示の問題も、原担保権の公示と同様に考えればよく、公示方法なしに第三者に対抗することができるのである（抵当権に基づく物上代位権の公示が、原担保権である抵当権の設定登記で十分であると解するのと同様である）。

　このように、「転売代金債権」上に物上代位権という優先権が付着しているため、転売代金債権の債務者（第三取得者・第三債務者）は、優先権者である物上代位権者に転売代金を弁済する義務がある。しかし、動産売買先取特権に基づく物上代位権が公示されていないため、転売代金債権の債務者は、従来からの債権者に弁済する危険性がある。そこで、転売代金債権の債務者（第三債務者）を二重弁済の危険から解放するため、民法304条1項ただし書は、「先取特権者は、その払渡し又は引渡しの前に差押えをしなければならない」と定め、先取特権者（物上代位権者）自身に対し、転売代金債権を差し押さえることを求めたのである。

　以上から、民法333条は、動産の第三取得者（転買主）に完全な動産所有権を認めることで動産取引の安全を保護しているけれども、第三取得者をより完全に保護するためには、転売により発生した転売代金債権の「弁済」についても保護する必要がある。そうしなければ、民法304条1項本文により転売代金債権上に動産売買先取特権が付着しているため、第三取得者（第三債務者）は、二重弁済の危険に陥るからである。

　そこで、第三債務者の「弁済」を保護するために立法化されたのが、民法304条1項ただし書である。その結果、物上代位権を有する動産売買先取特権者（動産売主）の「差押え」がなければ、第三債務者は、従来からの債権

者（動産買主や転売代金債権譲受人）に弁済すればよく、「差押え」があれば、動産売買先取特権者に対する弁済義務を負うことになり、ここにおいて、第三債務者の二重弁済の危険は100パーセント消失したのである。

2　民法304条 1 項本文と民法304条 1 項ただし書の関係

　民法304条 1 項ただし書が設けられたことにより、動産の第三取得者（第三債務者）は、動産所有権と転売代金債務の「弁済」の双方で保護され、完全に保護される。他方、同項本文により付与された物上代位権者（動産売買先取特権者）は、同項ただし書により、その権利が制限される。すなわち、物上代位権者は、転売代金債権を優先取得したければ、第三債務者の「弁済＝払渡し又は引渡し」前に当該債権の「差押え」をしなければならず、第三債務者の「弁済」が先であれば、もはや物上代位権を行使することができないからである。第三債務者の「弁済」前に「差押え」をしなかった動産売買先取特権者は、自己の権利を行使しておらず、民法304条 1 項ただし書の要件を充足していないからである。

　その結果、物上代位権者は、弁済受領者（設定者や競合債権者）に対し不当利得返還請求権を有しないことは自明の理であり、一方、その弁済は有効であるから、弁済受領者は動産売買先取特権者（物上代位権者）に対し不当利得返還義務を負わないことも自明の理である。以上のことは、民法304条 1 項本文とただし書から当然に導き出される結論である。そして、この結論は、「差押え」の趣旨についていかなる説に依拠しても、同じである。なぜなら、「差押え」の趣旨とは、民法304条 1 項ただし書が設けられていない場合に生じる問題解決のための説明であり、同項ただし書が設けられた後は、もはや「差押え」の趣旨内容について論じる必要がないからである。

　ところが、最判平成10年が「差押え」の趣旨について第三債務者保護説を採ったことを理解できない多数学説や私見を批判する見解は、第三債務者保護説を徹底すれば（貫徹すれば）、物上代位権者の不当利得返還請求権を認めることになるから、第三債務者保護説は理論的に間違っていると主張するのである[8][9]。しかし、第三債務者保護説（私見）は、そのようなことを一言も言っていないし、第三債務者保護説をどんなに徹底・貫徹しても、そのよ

うな結論は出てこない。第三債務者保護説を批判するのであれば、第三債務者保護説を正確に理解するように努めるべきであるし、最低限、最判平成10年の調査官解説や私の論考を徹底的に読み、その内容を正確に読み取ることに努めるべきであろう。

　第三債務者保護説が考える「差押え」の趣旨とは、民法304条１項本文だけが設けられ、同項ただし書が設けられていない場合に生じる事態に着眼し、同項本文により物上代位権を取得した担保権者に弁済義務を負うことになる第三債務者の二重弁済の危険防止のために同項ただし書が設けられたと解する説であるから、同説の内容は、それで終わりである。それ以上のことを説明するために、同説を徹底・貫徹する必要はないのであり、もしそれ以上のことを説明しようとするのなら、それは「差押え」の趣旨や第三債務者保護説とは何の関係もない説明である。第三債務者保護説を徹底・貫徹すれば、物上代位権者に不当利得返還請求権が生じると考える論者は、「差押え」の趣旨とは、民法304条１項本文だけが設けられ、同項ただし書が設けられていなければ生じる問題（第三債務者の二重弁済の危険）を解決するための説明であることを理解することができず、同項ただし書設けられた後の問題についても、「差押え」の趣旨や第三債務者保護説の射程であると考えているのである。

　しかし、本来、ある条項の趣旨は、当該条項が存在しなければ生じる問題を解決するために設けられるのであり、当該条項が設けられれば、問題は解決済みである。民法304条１項ただし書も同様であり、同項ただし書が設けられた結果、あとは単純に同項ただし書を適用すれば済む問題であり、それで終わりである。すなわち、第三債務者の「弁済」＝「払渡し又は引渡し」前に、物上代位権行使の要件である「差押え」をしなかった担保権者の物上代位権は失効する反面、第三債務者の「弁済」は有効であるから、その弁済受領も法律上有効であり、受領者には物上代位権者に対する不当利得返還義務が発生することはあり得ないのである。これは、理論的な問題ではなく、単なる条文適用の問題に過ぎない。だから、最判平成10年の野山調査官は、「本判決は、債権譲渡契約と対抗要件の具備だけでは民法304条１項ただし書の『払渡又ハ引渡』に当たらないと判示しただけであって、債権譲受人に対

する弁済が右の『払渡又ハ引渡』に当たると解するときには、第三債務者が
債権譲受人に弁済した後には物上代位権を行使することはできないと解すべ
きことは、本判決の当然の前提であろう。このように考えるときには、代位
の目的となる債権が債権譲受人に対して弁済される前に物上代位による差押
えをしなかった抵当権者は、物上代位権者としての優先権の満足を得られな
かった損失のてん補を求めて弁済を受けた債権譲受人に対する不当利得返還
請求（前掲大判大4・3・6、前掲大判大4・6・30が認めていた返還請求）を
することもできないと解されよう」[10]と述べるわけである。

　ところが、最判平成10年を批判する論者は、野山調査官のこの解説を無視
し、第三債務者保護説を徹底・貫徹すれば、物上代位権者に不当利得返還請
求権が発生するとして、同説を批判するのである。物上代位権者に不当利得
返還請求権が生じないことはあまりにも当然のことであるが、誤解を解くた
めの努力を惜しんではならないと思い、私は13年前から反論している[11]。し
かし、私見を批判する論者は、私の反論を全く読んでいないばかりか、私が
書いていないことを創作してまで批判するのである[12]。

3　小　括

　以上のように、民法304条1項ただし書は、動産の転買主（第三取得者＝第
三債務者）の「弁済」を保護することにより、同333条と相俟って、動産取
引の安全を保護している。したがって、民法304条1項ただし書き「差押え」
の趣旨は、第一的には（主として）、「第三債務者」の二重弁済の危険防止の
みにあり、「第三債務者以外の第三者」の利益保護は存在しない。すなわち、
「第三債務者以外の第三者」は、公示方法のない先取特権および物上代位権
の対抗を受け、その優先を甘受しなければならず、主たる（第一次的な）保
護対象から除かなければならない。このことをボアソナード博士が明言した
のであり[13]、諸国の立法例における第三債務者保護規定なのである[14]。

　また、このような解釈は、動産取引における第三取得者（第三債務者）の
地位を定めた民法333条と同304条1項との関係から容易に導き出すことがで
きるものである。にもかかわらず、最判平成17年は、「差押え」の趣旨に
「第三債務者以外の第三者」の利益保護を含め、その根拠を民法333条に求め

たのである。しかし、民法333条によって保護されるのは、動産を取得した第三取得者（第三債務者）の所有権であり、競合債権者たる第三者ではないのである。よって、最判平成17年の誤謬はすでに明らかであるが、同最判の法理は、それまでの最高裁判例—最高裁（第一小法廷）昭和59年［1984年］2月2日判決（民集38巻3号431頁）［以下「最判昭和59年」という］および最高裁（第二小法廷）昭和60年［1985年］7月19日判決（民集39巻5号1326頁）［以下「最判昭和60年」という］—を基本的に継承しているので、次にそれらを検証する。

三　動産売買先取特権の物上代位をめぐる従来の最高裁判例の検証

1　最判昭和59年・最判昭和60年以前の下級審裁判例の状況

最判昭和59年および同60年の第一審および原審はすべて、動産売買先取特権者（物上代位権者）の請求を棄却した。これは、当時の下級審裁判例の大勢でもあった。実際、最判昭和59年が出るまでの10年間で、動産買主が破産宣告後における物上代位権行使の可否が争われた下級審の公表裁判例15件のうち、物上代位権行使を否定したものが12件である[15]。

そして、これらの物上代位権行使を否定する裁判例の理論的根拠となったのが、民法304条1項ただし書の「差押え」の趣旨に関する優先権保全説である。優先権保全説とは、大審院（民事連合部）大正12年［1923年］4月7日判決（民集2巻5号209頁）[16]が、「差押え」の趣旨に関し特定性維持説を採った大正4年［1915年］の二つの大審院判例（大審院（第三民事部）大正4年3月6日判決・民録21輯363頁）および大審院（第三民事部）大正4年6月30日判決・民録21輯1157頁）[17]を変更して採用した見解であり、その後の先例となったものである。

しかし、このような確定した上級審先例の存在にもかかわらず、昭和50年［1975年］前後から、動産買主の破産事案において物上代位行使の可否が争われた。なぜなら、売主は、買主に売却した動産に対し動産売買先取特権を有し、買主が破産した場合には破産財団に対し別除権（平成16年改正前の破

産法92条、現行破産法2条9号・65条）を有しているにもかかわらず、それが転売されるや否や、破産宣告前にその転売代金債権について「差押え」をしておかないと別除権でなくなり、優先権を失うというのは、法的常識に反した不合理な結論だからである[18]。

　では、物上代位権行使を肯定するには、「差押え」の趣旨に関する、いかなる説に立脚すればよいか。一つは、特定性維持説を採ることである。物上代位権行使を肯定した上記の三つの下級審裁判例のうち、唯一、名古屋高決昭和55〔1980〕年6月30日ジュリスト737号6頁・判例カード136は、明白な特定性維持説を採った。すなわち、「民法304条1項但書にいう差押えの意味は、担保目的物の価値代表物が債務者の一般財産に混入して、その特定性を失わしめないようにするための措置、すなわち、価値代表物の特定性維持を目的としたものであるというべきである。従って、仮に、価値代表物について、他から差押えがあったとしても、これによって特定性が損なわれておらないから、先取特権者は、さらに差押えによって代位物に対しその効力を及ぼすことができる。債務者は、本件申請以前に破産宣告を受けているが、これによって債務者の第三債務者に対する本件売買代金請求権は、破産財団を構成し、管理処分権が破産管財人に移行するのみであって、特定性が失われるものではない」と判示し、破産宣告後の物上代位権行使を肯定した。

　これに対し、残る二つの下級審裁判例（大阪高決昭和54・7・27判タ398号110頁および名古屋高決昭和56・8・4判タ459号70頁）は特定性維持説を採っていない。そして、この二つの下級審裁判例の判決理由は、最判昭和59年のそれとほぼ同旨である。では、最判昭和59年と前掲の二つの下級審裁判例は、「差押え」の趣旨に関するいかなる説に基づいて破産宣告後の物上代位権行使を肯定したのか。以下、最判昭和59年を紹介し、その法理を検証する。

2　最判昭和59年の事実と判旨

〔事実〕

　Y会社は、昭和51年5月31日、A会社に工作機械3台を1億3,300万円で売り渡し、同年6月10日、A会社はこれをB会社に転売した。同52年10月3日、A会社は破産宣告の決定を受け、Xが破産管財人に選任された。Y会社

は、上記転売代金債権のうち665万円につき、動産売買先取特権の物上代位権を行使し、Ｘを債務者、Ｂ会社を第三債務者とする差押・転付命令を取得し、同54年４月11日、同命令はＸおよびＢ会社に送達された。Ｂ会社は、同年８月８日、債権者不確知を理由に665万円を供託したので、Ｘは、Ｙ会社に対し供託金還付請求権存在の確認の訴えを提起し、Ｙ会社も同趣旨の反訴を提起した。第一審、原審ともにＸ（破産管財人）の請求を認容した。

　原審は、先取特権者は、物上代位権の対象となる債権が他から差押えを受けたり、又は他に譲渡若しくは転付される前にこれを差し押さえない限り、右差押債権者の第三者に対し物上代位権に基づく優先権を対抗することができないと解すべきであるとしたうえ、破産宣告は、破産者の財産につき破産財団を成立させ、右財産に対する破産者の管理処分権を剥奪し、これを第三者たる破産財団の代表機関の破産管財人に帰属させるものであるから、物上代位の対象となる債権についての他からの差押え、又は譲渡若しくは転付と同様、民法304条の「払渡」に該当すると判示した。Ｙ会社が上告した。

〔**判旨**〕破棄自判

　「民法304条１項但書において、先取特権者が物上代位権を行使するためには金銭その他の払渡又は引渡前に差押をしなければならないものと規定されている趣旨は、先取特権者のする右差押によって、第三債務者が金銭その他の目的物を債務者に払渡し又は引渡すことが禁止され、他方、債務者が第三債務者から債権を取立て又はこれを第三者に譲渡することを禁止される結果、物上代位の対象である債権の特定性が保持され、これにより物上代位権の効力を保全せしめるとともに、他面第三者が不測の損害を被ることを防止しようとすることにあるから、第三債務者による弁済又は債務者による債権の第三者への譲渡の場合とは異なり、単に一般債権者が債務者に対する債務名義をもって目的債権につき差押命令を取得したにとどまる場合には、これによりもはや先取特権者が物上代位権を行使することを妨げられるとすべき理由はないというべきである。そして、債務者が破産宣告決定を受けた場合おいても、その効果の実質的内容は、破産者の所有財産に対する管理処分権能が剥奪されて破産管財人に帰属せしめられるとともに、破産債権者による個別的な権利行使が禁止されることになるというにとどまり、これにより破産者

の財産の所有権が破産財団又は破産管財人に譲渡されることになるものではなく、これを前記一般債権者による差押の場合と区別すべき積極的理由はない。したがって、先取特権者は、債務者が破産宣告決定を受けた後においても、物上代位権を行使することができるものと解するのが相当である。」と述べ、Ｙ会社（動産売買先取特権者）の優先を判示した。

3　最判昭和59年の法理の検証

　最判昭和59年も、破産宣告後の物上代位権行使を肯定したが、民法304条1項ただし書の「差押え」の趣旨に関し、上記のように、①「先取特権者のする右差押によって、第三債務者が金銭その他の物を債務者に払い渡し又は引き渡すことを禁止され、他方、債務者が第三債務者から債権を取立て又はこれを第三者に譲渡することを禁止される」と述べる。そして、②その結果、「物上代位の対象である債権の特定性が保持され、これにより物上代位権の効力を保全せしめるとともに、③他面「第三者が不測の損害を被ることを防止しようとすることにある」と述べる。このことから、④「第三債務者による弁済」又は⑤「債務者による債権の第三者への譲渡の場合」とは異なり、⑥「単に一般債権者が債務者に対する債務名義をもって目的債権につき差押命令を取得したにとどまる場合には、これによりもはや先取特権者が物上代位権を行使することを妨げられるとすべき理由はない」と述べ、⑦「債務者が破産宣告決定を受けた場合おいても、その効果の実質的内容は、破産者の所有財産に対する管理処分権能が剥奪されて破産管財人に帰属せしめられるとともに、破産債権者による個別的な権利行使が禁止されることになるというにとどまり、これにより破産者の財産の所有権が破産財団又は破産管財人に譲渡されることになるものではなく、これを前記一般債権者による差押の場合と区別すべき積極的理由はない」と判示する。

　以上の叙述のうち、上記①および②は、「差押え」の法的効果（結果）を述べているにすぎない（民事執行法145条参照）。つまり、特定性維持説が挙げる「物上代位の目的債権の特定性維持」や優先権保全説が挙げる「物上代位権（優先権）の効力保全」は、「差押え」の趣旨・目的ではなく、「差押え」による法的効果を表現しているにすぎないのである。

　これに対し、最判昭和59年の「差押え」の趣旨に関する見解の核心は、③の「第三者の不測の損害防止」である。同最判は、この「第三者の不測の損害防止」の観点から、⑥および⑦を述べ、これらの場合には、第三者の不測の損害防止が未だ惹起されていないとして、物上代位権行使を肯定しているのである。

　したがって、最判昭和59年は、競合債権者を保護する優先権保全説の立場であり、「第三者」の範囲を物上代位権者と厳密に競合する範囲に限定解釈し、破産管財人を「第三者」から除外するとともに、「破産宣告」を民法304条1項ただし書の「払渡し又は引渡し」から除外しただけである。それゆえ、最判昭和59年は、優先権保全説と特定性維持説との折衷説（融合説）や二面説などではなく、その本質は、「第三者（競合債権者）保護」にある。それは、上記⑤の「第三者への債権の譲渡の場合」には、物上代位権行使が否定されるという記述に明白に表現されているからである。もっとも、最判昭和59年は、「第三者」保護を言いながら、物上代位権行使を肯定した背景には、動産の「転売」と同時に転売代金債権上に動産売買先取特権の物上代位権という優先権が成立していることも理解していたのであろう。そのために、「第三者」の範囲を限定解釈したのであろう。

4　最判昭和60年の事実と判旨

〔事実〕

　X会社がAに溶接用材等を売り渡し、213万8,310円の売掛代金債権を有していたところ、AがこれをB会社に転売した。AがX会社に上記売買代金を支払わないので、X会社は、昭和57年3月10日、動産売買先取特権の物上代位権に基づき、AのB会社に対する転売代金債権について差押・転付命令を得、同月11日、B会社に送達された。ところが、その直前の同年3月4日、Aの一般債権者Y₁会社が、上記転売代金債権について仮差押命令を得、同命令は、同月5日、B会社に送達されていた。また、Aの一般債権者Y₂信用金庫も、同月4日、上記転売代金債権について仮差押命令を得、同命令は、同日、B会社に送達された。B会社は、転売代金債務全額を供託したが、執行裁判所がXの優先権を認めなかったので、X会社が配当異議の訴えを提起

した。第一審、原審ともにX会社（動産売買先取特権者）の請求を棄却した。

　原審は、民法304条1項ただし書の差押えは、先取特権の物上代位権についての対抗要件と解すべきであり、また、同項ただし書の「払渡又は引渡」には、一般債権者による差押え、仮差押えの執行も含まれると述べ、X会社は、Y₁会社、Y₂信用金庫会社に対し、物上代位権に基づく優先権を主張することができないと判示した。X会社が上告した。

〔判旨〕破棄自判

　「民法304条1項但書において、先取特権者が物上代位権を行使するためには物上代位の対象となる金銭その他の物の払渡又は引渡前に差押をしなければならないものと規定されている趣旨は、先取特権者のする右差押によって、第三債務者が金銭その他の物を債務者に払い渡し又は引き渡すことを禁止され、他方、債務者が第三債務者から債権を取り立て又はこれを第三者に譲渡することを禁止される結果、物上代位の目的となる債権（以下「目的債権」という。）の特定性が保持され、これにより、物上代位権の効力を保全せしめるとともに、他面目的債権の弁済をした第三債務者又は目的債権を譲り受け若しくは目的債権につき転付命令を得た第三者等が不測の損害を被ることを防止しようとすることにあるから、目的債権について一般債権者が差押又は仮差押の執行をしたにすぎないときは、その後に先取特権者が目的債権に対し物上代位権を行使することを妨げられるものではないと解すべきである（最高裁昭和56年(オ)第927号同59年2月2日第一小法廷判決・民集第38巻3号431頁参照）。」と述べ、X会社（動産売買先取特権者）の優先を判示した。

5　最判昭和60年の法理の検証

　最判昭和59年が、判決理由の傍論として、前掲の⑥のように、一般債権者による差押えの場合には物上代位権行使は妨げられないと述べていたことにより、最判昭和60年の判決理由と結論は当然予想された。

　最判昭和60年は、「差押え」の趣旨に関し、基本的に最判昭和59年と同様のことを述べている。すなわち、①「先取特権者のする右差押によって、第三債務者が金銭その他の物を債務者に払い渡し又は引き渡すことを禁止され、他方、債務者が第三債務者から債権を取り立て又はこれを第三者に譲渡する

ことを禁止される」と述べ、②その結果、「物上代位の目的となる債権（以
下「目的債権」という。）の特定性が保持され、これにより、物上代位権の効
力を保全せしめるとともに、③他面「目的債権の弁済をした第三債務者又は
目的債権を譲り受け若しくは目的債権につき転付命令を得た第三者等が不測
の損害を被ることを防止しようとすることにある」と述べ、このことから、
④「目的債権について一般債権者が差押又は仮差押の執行をしたにすぎない
ときは、その後に先取特権者が目的債権に対し物上代位権を行使することを
妨げられるものではない」として物上代位権行使を肯定したのである。

　最判昭和60年と最判昭和59年との表現上の差異は、同60年の③においては、
「目的債権を弁済した第三債務者の不測の損害防止」という言葉が新たに挿
入されていることである。これは、最判昭和59年の④にいう「第三債務者に
よる弁済」および⑤にいう「債務者による債権の第三者への譲渡の場合」を
合わせた記述が、最判昭和60年の③においてまとめられ、一本化されただけ
のことである。

　それゆえ、最判昭和60年が、上記③において「第三債務者」の不測の損害
防止を挙げていても、それに続け、同じ③の中で、「目的債権を譲り受け若
しくは目的債権につき転付命令を得た第三者等が不測の損害防止」を挙げて
いることから、同最判は、「第三者（競合債権者）」の不測の損害防止にある
と解していることは明らかである。なぜなら、「第三債務者」と「第三債務
者以外の第三者（競合債権者）」の利益は根本的に異なるため、両者を同時並
列的に保護することは不可能だからである⁽¹⁹⁾。すなわち、「第三債務者」の
利益は、物上代位権の発生により物上代位権者に弁済する義務があるが、そ
の存在を直接的には知らないことから生じる二重弁済の危険防止からの解放
であるのに対し、「競合債権者（第三者）」の利益は、物上代位権者に優先す
るという利益だからである。このように異なる両者の利益を同時並列的に保
護すると、結局、「第三債務者の」の利益は、「第三者」の利益に吸収され、
残るのは後者の「第三者」の利益だけになるのである。その結果、「第三債
務者」は、「第三者（競合債権者）」への弁済を強制され、物上代位権の発生
を認めた民法304条1項本文は有名無実化するのである。

　したがって、最判昭和60年も、同59年と同様、物上代位権に基づく「差押

え」と対抗関係にある「第三者」の範囲を限定解釈し、「差押え」をしただけの一般債権者を「第三者」から除外するとともに、そのような一般債権者の「差押え」を民法304条1項ただし書の「払渡し又は引渡し」から除外しただけのことである。他方、この両最高裁判決は、物上代位権の目的債権の譲受人を、物上代位権者と競合する「第三者」に含め、「物上代位の目的債権の譲渡」を民法304条1項の「払渡し又は引渡し」に含めていることも明白であり、目的債権譲渡後の物上代位権行使を否定するのである。もっとも、最判昭和60年も、同59年と同様、「第三者」保護を言いながら、物上代位権行使を肯定したのは、動産の「転売」と同時に転売代金債権上に動産売買先取特権の物上代位権という優先権が成立していることを正確に理解していたからであろう。そのために、「第三者」の範囲を限定解釈したものと思われる。

　この両最高裁判決が採った優先権保全説は、最判平成17年の原審である東京高裁平成16年〔2004年〕4月14日判決（金商1204号33頁）〔以下「東京高判平成16年」という〕にほとんどそのまま継承されている。そこで、まず、東京高判平成16年の法理を検証する[20]。

四　動産売買先取特権の物上代位権行使と代位目的債権譲渡との優劣

1　東京高判平成16年の事実と判旨

〔事実〕

　平成14年1月～2月、A会社（第一審・第二審独立当事者参加人）は、B会社にエスカロン等の商品を売り渡し、B会社は、Y₁会社（被告・被控訴人）、Y₂会社（被告・被控訴人・上告人）およびY₃会社（被告・被控訴人）に上記商品を転売した。

　平成14年3月1日、B会社は、東京地裁において破産宣告を受け、C弁護士が（原審脱退原告）が破産管財人に選任された。

　平成14年10月31日、Cは、Y₁会社およびY₂会社に対し、同年11月1日、Y₃会社に対し、B会社との間の売買契約に基づく各転売代金の支払を求め

て訴えを提起した。

　平成15年1月20日、A会社は、動産売買先取特権の物上代位権行使として、B会社のY₁会社に対する転売代金債権について差押命令を得、同命令は、同月22日、Y₁会社に送達された。

　平成15年1月28日、Cは、破産裁判所の許可を得て、X（B会社の元経理部長。原告引受参加人・控訴人・被上告人）に対し、B会社のY会社らに対する上記の各転売代金債権を譲渡し、同年2月4日、Y会社らに内容証明郵便によりその旨の通知を行った。

　平成15年4月30日、A会社は、B会社のY₂会社に対する転売代金債権につき差押命令を得、同命令は、同年5月1日、Y₂会社に送達された。さらにA会社は、B会社のY₃会社に対する転売代金債権について債権差押命令を申し立てたが、同申立ては却下された。

　第一審（東京地判平成15・10・2 金法1708号53頁、金商1204号38頁）は、Y会社らの主張を認容し、Xの請求を棄却した。Xが控訴。

　原審・東京高判平成16年において、Xは、B会社のY会社らに対する転売代金債権をCから譲り受け対抗要件を具備しているから、A会社の物上代位権に対抗できるという主張を追加した。

〔判旨〕Xの請求一部認容

　「債権者の破産者（債務者）に対する動産先取特権に基づく物上代位権（優先弁済権）は、破産宣告によって影響を受けないから、参加人は、破産会社の破産宣告後においても、破産会社の第三債務者に対する売買代金債権について差押命令を得て、第三債務者からその支払を受けることができる（最高裁第一小法廷昭和59年2月2日判決・民集38巻3号431頁）。

　次に、民法304条1項ただし書の趣旨・目的等の本件に関連する問題について検討するに、同項ただし書において、先取特権者が物上代位権を行使するためには物上代位の対象となる金銭その他の物の払渡し又は引渡し前に差押えをしなければならないと規定されている趣旨・目的は、先取特権者のする差押えによって、第三債務者が金銭その他の目的物を債務者に払い渡し又は引き渡すことが禁止され、他方、債務者が第三債務者から債権を取りたて又はこれを第三者に譲渡することを禁止される結果、物上代位の目的となる

債権（目的債権）の特定性が保持され、これにより物上代位権の効力を保全せしめるとともに、他面二重弁済を強いられる危険から第三債務者を保護し、又は目的債権を譲り受けた第三者等が不測の損害を被ることを防止しようとすることにあると解される（最高裁第二小法廷昭和60年7月19日判決・民集39巻5号13頁、平成10年1月30日判決・民集52巻1号1頁）。

　そして、抵当権設定登記によりその存在及びその効力が物上代位の目的債権に及ぶことが公示される抵当権と異なり、動産売買先取特権は、権利が存在すること及びその効力が目的債権に及ぶことが対外的に明らかにされているわけではないから、債権譲渡の対抗要件を具備した目的債権の譲渡よりも動産売買先取特権に基づく物上代位権の行使による差押えが優先するとすれば、債権譲渡により確定的に債権譲受人に目的債権が帰属したとの第三債務者の信頼を害することになることは明らかである。

　また、動産売買先取特権者は、目的物が売却された場合に当該売買代金債権等に対して物上代位に基づく差押えをすることができるという点で、当該売買代金債権等の譲受人とは、債権が二重に譲渡された場合の第一譲受人と第二譲受人と類似する関係に立つから、動産先取特権に基づく物上代位権の行使と目的債権の譲渡とは、物上代位に基づく差押命令の第三債務者に対する送達と債権譲渡の対抗要件の具備との前後関係によってその優劣を決すべき関係に立つと解するのが相当である。

　以上の民法304条1項の趣旨・目的及び動産売買先取特権の性質並びに関係者の利益状況を総合すれば、先取特権者が差押えを得ないまま、第三債務者から物上代位権の行使として債権の支払を受けることはできず、第三債務者は、目的債権消滅を債務者（目的債権の債権者）又は目的債権を譲り受けた第三者に主張することができず、先取特権者も物上代位権の優先権を主張することができないものと解される」（下線・傍点、筆者）と述べたうえ、Xの債権譲渡対抗要件具備は平成15年2月4日、Aの物上代位権に基づく差押命令のY_1に対する送達が同年1月22日、Y_2に対する送達が同年5月1日であるから、Xは、Y_1に対する債権につきAに劣後するが、Y_2に対する債権についてはAに優先するとした。

　これに対し、Y_2（第三債務者）のみが上告受理の申立てを行った。

2　東京高判平成16年の法理の検証

(1)　「差押え」は物上代位権の公示方法か

　東京高判平成16年は、本件事案を解決するため、「差押え」の趣旨に関し優先権保全説を採り、「差押え」が物上代位権の第三者対抗要件（公示方法）であると解した。そうであれば、抵当権に基づく物上代位権も、「差押え」により公示されると解するのが自然な論理である。優先権保全説によれば、先取特権であろうと抵当権であろうと、物上代位権が目的債権に及ぶことは、「差押え」により公示されると解されるからである。

　ところが、同高判は、「抵当権設定登記によりその存在及びその効力が物上代位の目的債権に及ぶことが公示される抵当権」と述べ、抵当権については、第三債務者保護説や特定性維持説の見解に従うことを述べる。その一方で、同高判は、動産売買先取特権については、公示方法が存在しないことを理由に優先権保全説を採るのである。その理由として、同高判は、「動産売買先取特権は、権利が存在すること及びその効力が目的債権に及ぶことが対外的に明らかにされているわけではないから」と述べ、動産売買先取特権も、その物上代位権も公示方法が存在しないことを挙げるわけである。

　しかし、動産売買先取特権は、本来、公示方法なしに第三者に対抗できる法定担保物権であり、また、その物上代位権も、公示方法なしに第三者に対抗できる優先権である。それゆえ、物上代位権が目的債権に及ぶことは対外的に明らかにする必要はなく、物上代位権の付着した債権（だから、その債権を「物上代位（権）の目的債権」と称するのである）の譲渡を受けた譲受人は、本来、物上代位権者の優先を甘受しなければならない（民法304条１項本文）。他方、民法304条１項ただし書により、第三債務者は、物上代位権者による「差押え」がなければ、目的債権譲受人に弁済すれば免責されるのである。これに対し、物上代位権者による「差押え」があった場合には、第三債務者は、物上代位権者に弁済する義務があり、物上代位権者が優先する。これが、民法304条１項本文とただし書の定める物上代位制度の法的構造である。

　この点に関し、東京高判平成16年は、「債権譲渡の対抗要件を具備した目

的債権の譲渡よりも動産売買先取特権に基づく<u>物上代位権の行使による差押</u><u>えが優先するとすれば、債権譲渡により確定的に債権譲受人に目的債権が帰</u><u>属したとの第三債務者の信頼を害する</u>ことになることは明らかである」と述べる。

　しかし、そのような第三債務者の信頼を害することは全く起こらない。<u>第</u><u>三債務者の利益</u>とは、弁済した相手が誰であろうと、自己の弁済が有効となり、弁済義務から解放されることであり、第三債務者は、目的債権譲受人に弁済する前に、「差押え」により物上代位権者の存在を知った場合には、優先権者たる物上代位権者に弁済する義務があるからである。したがって、物上代位権の行使による差押えが優先すると解しても、債権譲受人に目的債権が帰属したという第三債務者の信頼を害することは全くない。「第三債務者の信頼を害する」という上記の叙述は、債権譲渡の前に民法304条 1 項本文により当該債権に物上代位権が付着している（だから同債権を「代位目的債権」と称するのである）ことを否定し、債務者は、優先権者に弁済しなければならないという民法の基本を否定するものであり、到底賛成できない。

　また、優先権保全説は、「差押え」が第三者に対する物上代位権の対抗要件であり、効力保存要件であると解している点においても誤りである。物上代位権の行使とは、債権についての担保権の実行であり（民事執行法193条 1 項後段）、「差押え」の前に、すでに当該債権が物上代位権の目的債権となり、物上代位権が付着していることが大前提だからである。

⑵　物上代位権者と目的債権譲受人との関係は債権の二重譲渡類似の関係か

　東京高判平成16年の次なる誤謬は、「動産売買先取特権者は、目的物が売却された場合に当該売買代金債権等に対して物上代位に基づく差押えをすることができるという点で、当該売買代金債権等の譲受人とは、<u>債権が二重に</u><u>譲渡された場合の第一譲受人と第二譲受人と類似する関係に立つから、動産</u><u>先取特権に基づく物上代位権の行使と目的債権の譲渡とは、物上代位に基づ</u><u>く差押命令の第三債務者に対する送達と債権譲渡の対抗要件の具備との前後</u><u>関係によってその優劣を決すべき関係に立つと解するのが相当である</u>」と述べていることである。この見解は、物上代位権に基づく差押え前の転売代金

債権を単なる一般債権と考え、前述のように、差押え前の債権に未だ物上代位権（先取特権）が付着していないことを前提とするものである。だから、物上代位権者と物上代位権の目的債権の譲受人との関係を二重譲渡類似の関係と把握しているのである。

　しかし、繰り返すように、物上代位権に基づく「差押え」の前、すなわち動産売買と同時に、民法304条1項本文によりすでに物上代位権（先取特権）が同債権上に成立しているのであり、差押えの対象となる目的債権上には優先権が付着しているのであるから、一般債権が二重譲渡された場合と類似の関係は全く生じていない。物上代位権の目的債権（転売代金債権）には、「差押え」の前にすでに物上代位権が付着しているからこそ、同債権を「物上代位権の目的債権」と称し、その執行方法は、債権についての担保権の実行方法によるのである（民事執行法193条1項後段）。仮に、「差押え」の対象となる債権が一般債権であるなら、担保権の実行方法という執行方法を執ることはできない。

　したがって、東京高判平成16年は、民法304条1項本文および民事執行法193条1項後段の存在を看過しているだけでなく、最判昭和59年・同60年が正確に理解していた物上代位権の発生（成立）時期についても基本的に誤っているのである。

⑶　「差押え」をしない物上代位権者に対する第三債務者の任意弁済は無効か

　最後に、東京高判平成16年は、「以上の民法304条1項の趣旨・目的及び動産売買先取特権の性質並びに関係者の利益状況を総合すれば、先取特権者が差押えを得ないまま、第三債務者から物上代位権の行使として債権の支払を受けることはできず、第三債務者は、目的債権消滅を債務者（目的債権の債権者）又は目的債権を譲り受けた第三者に主張することができず、先取特権者も物上代位権の優先権を主張することができない」と述べる。

　これは、第一審の争点となった問題についての判示であり、結論自体は正当である。しかし、この結論を導くために、「民法304条1項の趣旨・目的及び動産売買先取特権の性質並びに関係者の利益状況を総合すれば」と述べる必要はない。民法304条1項ただし書が設けられた結果、物上代位権者は、

同ただし書規定に則り、物上代位権を行使しなければならず、逆に、第三債務者は、物上代位権者による目的債権の「差押え」がない間は物上代位権者に弁済してはならず、そのことは、第三債務者が、物上代位権者の存在を知っている場合でも同じである。

　したがって、その後の差押命令の取得により物上代位権行使の手続きが「追完」され、「差押え」のないままに先になされた第三債務者の弁済が有効になると解すべきではない[21]。「差押え」（権利行使）をしなかった物上代位権者への弁済が、後に行われた「差押え」により「追加」され、有効になるとすることは、第三債務者の二重弁済の危険防止のために制定された民法304条1項ただし書の存在を有名無実化するからである。付言すると、上記のような場合、第三債務者自身の二重弁済の危険がないことは確かであるが、同項ただし書が設けられた結果、物上代位権者は、このただし書規定に従い権利行使をしなければならないのである。すなわち、第三債務者の二重弁済の危険防止は、あくまでも、同項ただし書規定に拠るべきであり、もし、第三債務者の物上代位権者に対する事前弁済の有効を認めると、「差押え」＝物上代位権行使がなければ、第三債務者からの弁済を受領できた第三者の権利を害することにもなるからである。同項ただし書の「差押え」の趣旨は、第三債務者の二重弁済の危険を防止することに主眼があるが、その反射的効果として、「差押え」がない場合に第三債務者から弁済を受ける第三者の保護が実現するのである。

　以上から、私見（第三者保護説）は、民法304条1項ただし書が設けられる前の第三債務者の地位を論じ、同項ただし書が設けられた後のことを何も論じていないことが容易にわかるであろう。同項ただし書が設けられた後は、同規定を適用すれば済むことであり、その適用結果が「差押え」の法的効果なのである。

　この点に関し、私見を激しく批判していた高橋教授[22]が、「第三債務者保護説において、第三債務者に二重弁済の危険があるとするのは、担保権者が弁済受領権限を有しているためではなく、被代位債権についても原担保権と同様の拘束が存するためであり、担保権の行使である以上、担保権者が弁済を受領するためには実行の手続をとらなければならないという趣旨であろう

か。そうであれば、確かに一審判決は（また筆者も含めて第三債務者保護説に対する批判も）誤解に基づくものであるということができる」[23]と述べ、自身の誤解にようやく気付かれたことに敬意を表したい。もっとも、高橋教授は、それに続けて、「ボアソナードが参照したイタリア旧民法1951条のような明文規定（保険金請求権につき担保権による一定期間の拘束を認めたもの。吉野衛「物上代位における差押えの意義」『民法の争点Ｉ』161頁〈1985年〉参照）なくして、被代位債権につき、二重弁済の危険を招くような拘束力を認めうるかということ自体が、やはり疑問である」（高橋・前掲注(5)25頁）と述べているのは、物上代位権の発生時期を基本的に理解していないからであろう。

　イタリア旧民法1951条2項およびイタリア現行民法2742条2項1文は、いずれも保険金請求権につき、30日間の原担保権の優先的拘束を認め、その後に保険者（第三債務者）が担保権者の異議（opposizione）を受けることなく、（被保険者）に弁済すれば免責されると定め、第三債務者の二重弁済の危険を防止するが、これらの規定に相当するのが、日本民法304条1項ただし書である。他方、イタリア旧民法1951条およびイタリア現行民法2742条1項は、原担保権（物上代位権）の優先的拘束を明文で定めているが、これらの規定に相当するのが、日本民法304条1項本文であり、日本民法も、明文で原担保権の代位目的債権に対する優先的拘束を認めているのである[24]。

　イタリア民法、ドイツ民法、フランス保険契約法（現行フランス保険典）との違いは、物上代位権者の権利行使期間を数字で明記しなかった点や、ボアソナード民法草案では「異議（opposition）」だった言葉が民法304条1項本文では「差押え」となっただけである。また、民法304条1項本文の「先取特権は……債務者が受けるべき金銭その他の物に対しても、行使することができる」という文言も混迷の一因と思われるが、「行使することができる」ということの前提として、先取特権が金銭その他の物の上に既に「成立」し、被代位債権（代位目的債権）は物上代位権の優先的拘束下にあるのである。これが、民法304条の沿革的考察や比較法的考察から得られた私見である。

　したがって、先取特権者による目的債権の「差押え」がなければ、第三債務者は、たとえ先取特権者の存在を知っていたとしても、債権差押命令が自己に送達されない限り、債権譲渡通知により知った目的債権の譲受人に弁済

しなければならないのである。それが、民法304条1項ただし書の趣旨であり、仮に、未だ「差押え」をしていない先取特権者に弁済したしても、その弁済は無効であると解するのは当然のことである。よって、上記の結論を導き出すためには、単純に民法304条1項ただし書を適用すれば済むことであり、「民法304条1項の趣旨・目的及び動産売買先取特権の性質並びに関係者の利益状況を総合」する必要は全くないのである。

　以上のように、東京高判平成16年は、物上代位制度の基本構造を全く理解していない。ところが、同高判は、最判平成10年を引用し、「差押え」の趣旨が第三債務者の二重弁済の危険防止にあるとも述べている。はたして、優先権保全説と第三債務者保護説は整合するのか。そこで、最判平成17年の法理を改めて分析する必要がある。

五　抵当権の物上代位権行使と代位目的債権譲渡との優劣

1　最判平成10年の事実と判旨

〔事実〕

　平成2年9月28日、X会社は、A会社に30億円を融資し、B会社所有の建物に抵当権の設定を受け、その旨の登記を経た。平成4年12月、A会社は倒産したが、その直後の同5年1月12日、B会社は上記建物をY会社に賃貸し、従来からの賃借人は、Y会社から転借する形式がとられた。続いて、平成5年4月19日、C会社がB会社に7000万円を融資し、その翌日、B会社のY会社に対する賃料債権3年分が代物弁済として包括的にC会社に譲渡され、Y会社は確定日付ある証書による承諾を行った。

　そこで、平成5年5月10日、X会社は、抵当権の物上代位権に基づき、B会社のY会社に対する将来の（弁済期未到来の）賃料債権を差し押さえ、Y会社に支払を求めた。

　第一審は、「差押え」に趣旨につき優先権保全説を採り、物上代位権に基づく差押えの前に債権譲渡の第三者対抗要件が具備されたことを理由に債権譲渡が優先するとする一方、当該債権譲渡は権利濫用であると判示し、結論として、X会社の物上代位権優先を認めた。

　原審は、「差押え」趣旨につき優先権保全説を採り、物上代位権に基づく差押えの前に債権譲渡の第三者対抗要件が具備されたことを理由に債権譲渡が優先すると判示し、当該債権譲渡は適正に行われたとして、結論としても、X会社の物上代位権優先を認めなかった。

　そこで、X会社が上告。

〔判旨〕一部破棄自判

　「1　抵当権の効力が物上代位の目的となる債権にも及ぶことから、右債権の債務者（以下「第三債務者」という。）は、右債権の債権者である抵当不動産の所有者（以下「抵当権設定者」という。）に弁済しても弁済による目的債権の消滅の効果を抵当権者に対抗できないという不安定な地位に置かれる可能性があるため、差押えを物上代位権行使の要件とし、第三債務者は、差押命令の送達を受ける前には抵当設定者に弁済すれば足り、右弁済による目的債権消滅の効果を抵当権者にも対抗することができることにして、二重弁済を強いられる危険から第三債務者を保護するという点にあると解される。

　2　右のような民法304条1項の趣旨目的に照らすと、同項の「払渡し又は引渡し」には債権譲渡は含まれず、抵当権者は、物上代位の目的債権が譲渡され第三者に対する対抗要件が備えられた後においても、自ら目的債権を差し押さえて物上代位権を行使することができるものと解するのが相当である。

　けだし、㈠民法304条1項の『払渡又ハ引渡』という言葉には当然には債権譲渡を含むものとは解されないし、物上代位の目的債権が譲渡とされたことから必然的に抵当権の効力が右目的債権に及ばなくなるものと解すべき理由もないところ、㈡物上代位の目的債権が譲渡された後に抵当権者が物上代位権に基づき目的債権の差押えをした場合において、第三債務者は、差押命令の送達を受ける前に債権譲受人に弁済した債権についてはその消滅を抵当権者に対抗することができ、弁済していない債権についてはこれを供託すれば免責されるのであるから、抵当権者に目的債権の譲渡後における物上代位権の行使を認めても第三債務者の利益が害されることとはならず、㈢抵当権の効力が物上代位の目的債権についても及ぶことは抵当権設定登記により公示されているとみることができ、㈣対抗要件を備えた債権譲渡が物上代位に

優先するものと解するならば、抵当権設定者は、抵当権者からの差押えの前に債権譲渡をすることによって容易に物上代位権の行使を免れることができるが、このことは抵当権者の利益を不当に害するものというべきだからである。

そして、以上の理は、物上代位による差押えの時点において債権譲渡に係る目的債権の弁済期が到来しているかどうかにかかわりなく、当てはまるものというべきである。」と判示し、X会社の物上代位権優先を認めた。

2　最判平成10年の法理の分析

(1)　第三債務者保護説の立論の出発点は何か

最判平成10年が判示する第三債務者保護説の核心は、①抵当権の効力が物上代位の目的となる債権にも及ぶということ、その結果として、②「第三債務者」は、右債権の債権者である抵当権設定者に弁済しても弁済による目的債権の消滅の効果を抵当権者に対抗できないという不安定な地位に置かれる可能性がある、という2点にある。

まず、立論の出発点は①である。すなわち、民法304条1項本文所定の事由により、「債務者が受けるべき金銭その他の物」＝「抵当目的物の価値変形物」の上に抵当権の効力が及んでいる（物上代位権が成立している）ということである。「抵当目的物の価値変形物」＝「物上代位権の目的債権」の上に、抵当権（物上代位権）が付着しているからこそ（だから、この債権を、「物上代位（権）の目的債権」と称すのである）、この債権の債務者（第三債務者）は、優先権者である物上代位権者に弁済しなければならず、仮に、第三債務者が、抵当権設定者に弁済しても、それは弁済の相手を誤ったことになり、その債権消滅の効果を抵当権者に対抗できないのである（民法481条参照）。その結果として、第三債務者は二重弁済の危険に陥るのである。

したがって、上記①にいう「物上代位権の発生によるその目的債権上に物上代位権が付着（成立）している」ことさえ理解できれば、②にいう「第三債務者の二重弁済の危険の存在」も容易に理解することができよう。結局、第三債務者保護説を理解するための出発点は、物上代位権の発生により、その目的債権上に物上代位権が付着（成立）していることを理解することに尽

きる。他方、第三債務者の二重弁済の危険を否定し、最判平成10年および第
三債務者保護説を批判する見解は、上記①を認めないことを前提としており、
そのような見解は、結局、民法304条1項本文の存在さえ否定するのである。
つまり、第三債務者の二重弁済の危険を否定する見解は、目的物の「売却、
賃貸、滅失・損傷」により物上代位権が発生するのではなく、「差押え」に
より物上代位権が発生すると解するので、「差押え」前において第三債務者
の二重弁済の危険は存在しないと述べるのである。しかし、第三債務者の二
重弁済がなくなったのは、民法304条1項ただし書が設けられたからである。
この簡単な論理が、私見を批判する見解にはなかなか理解できないようであ
る。

　このように、第三債務者保護説の批判する学説の致命的な欠陥は、「差押
え」の趣旨を考えるのに際し、同項ただし書が設けられる前のことを全く見
ないで、それが設けられた後の第三債務者その他の利害関係人の地位を見る
のであり、そのうえ、「差押え」の法的効果（結果）と「差押え」の趣旨目
的を混同していることである。そのため、「差押え」の趣旨目的として、第
三債務者の保護が唯一の意味ではないと主張し、第三債務者保護説や最判平
成10年を批判するのである[25]。

　しかし、そのような「差押え」の趣旨の理解の仕方、つまり「差押え」の
趣旨として、特定性維持、優先権保全、第三債務者保護、第三者保護をすべ
て並べる理解は、競合債権者が登場した場合には、結局、第三者保護の視点
から考えるから、民法304条1項本文に定める物上代位権を有名無実化し、
物上代位制度そのものを否定することになる。最判平成10年はそのことに気
付き、民法304条立法の沿革的研究の成果を取り入れ、「差押え」の趣旨は、
主として第三債務者の保護にあると判示したわけである。この「主として」
の意味について、野山調査官は、「本判決は、『差押え』の主要な趣旨は、第
三債務者の保護にあり、競合債権者の保護や特定性の維持は、第三債務者を
保護することによる反射的利益（せいぜい副次的目的）にすぎないことを明
らかにした」[26]と説示し、第三債務者以外の利害関係人の保護等は、「差押
え」の直接の趣旨ではない、と明確に述べている。

　ところが、最判平成10年や第三債務者保護説を理解できない多数学説は、

最判平成10年が第三債務者を保護すべきであると説示しているのは「主として」であり、それ以外の利害関係人（特に競合債権者）の保護を完全否定する趣旨ではないから、第三債務者の唯一保護は誤っているという批判をするのである。

しかし、最判平成10年は、第三債務者とその他の利害関係人等を同時並列的な保護を説示していないことは明白であり、私見も、第一次的な保護が第三債務者保護にあると繰り返し述べているのである。

以上から、民法304条 1 項ただし書が設けられた趣旨は、第一次的には第三債務者の二重弁済の危険防止にのみあるから、同項ただし書が設けられた後は、第三債務者の二重弁済の危険は全く存在しないことになり、今や、第三債務者は、二重弁済の危険から完全に開放されているのは当たり前のことである。ところが、私見を批判する論者は、この論理がどうしてもわからないようである。民法典施行後100年間、第三債務者保護説が看過された所以であろうか。もし、第三債務者保護説に対する批判説のように、第三債務者の二重弁済の危険の危険が存在せず、「差押え」により物上代位権が発生するのなら、「差押え」前において「売却、賃貸、滅失・損傷」により発生した債権には物上代位権が付着していないから、その場合の「差押え」は一般債権の差押えとなる。しかし、物上代位権に基づく「差押え」は、債権に対する担保権の実行であり（民事執行法193条 1 項後段）、上記事由に基づいて発生した債権には、「差押え」前に既に物上代位権が付着しているのである。だからこそ、当該債権を物上代位権の目的債権と称するのである。

よって、物上代位権は「差押え」により発生すると解し、第三債務者の二重弁済の危険を否定する解釈は、民法304条 1 項本文の存在だけでなく、民事執行法193条 1 項後段の存在をも否定する解釈を平気で行っていることになるのである。

さらに、第三債務者の二重弁済の危険を否定する見解は、優先権保全説（差押公示説）でさえ、本来、「差押え」の前に既に物上代位権が成立していることを前提とする説であることを理解していない。なぜなら、「差押え」により、物上代位権（優先権）が保全・公示されるということは、その「差押え」の前に既に物上代位権が成立していなければならないからである。

「差押え」には物上代位権（担保権）創設効がないことに気付くべきである。

(2)　第三債務者の二重弁済の危険防止の方法は何か

　物上代位権を担保権者に付与（民法304条1項本文）しただけのままであると、必ず、第三債務者の二重弁済の危険が発生する（他方、第三債務者以外の第三者は、物上代位権の存在を甘受しなければならない）。そこで、二重弁済の危険という不安定な地位から第三債務者を解放することが必要である。そのためには、第三債務者に物上代位権の存在を直接知らせることにし、そのような手続きを執った担保権者に対してのみ、第三債務者は弁済すればよく、第三債務者が従来からの債権者（設定者や代位目的債権譲受人）に弁済する前にその手続き（物上代位権を第三債務者に直接知らせる手続き）を採らなかった担保権者の物上代位権が失効することにすれば、第三債務者は、二重弁済の危険から100パーセント解放される。その手続きが、民法304条1項ただし書の「差押え」である。

　このように、第三債務者の二重弁済の危険の存在に着目した第三債務者保護説が論じているのは、同項ただし書が存在しない場合の話であるから、繰り返すように、第三債務者保護説の徹底・貫徹の必要は全くない。そして、同項ただし書きが設けられた結果、第三債務者の二重弁済の危険が完全に消失したから（民法467条1項の趣旨と同じである）、もはや、第三債務者の二重弁済の危険や物上代位権者の保護について語る必要はないのである。あとは、単純に民法304条1項本文とただし書を適用すれば済む話である。すなわち、第三債務者の弁済前に「差押え」をしなかった担保権者の物上代位権が失効し、その限りで、第三債務者からの弁済受領者は保護されるのである。よって、結果的に（反射的・副次的・間接的に）、物上代位の目的債権の債権者（抵当権設定者・目的債権譲受人）も保護されるのである。

　第三債務者保護説に対する批判説は、民法304条1項本文とただし書のこの簡単な構造を理解しようとしないで、同項ただし書きが設けられた後の条文解釈をあれこれ行うのである。

　例えば、加賀山教授は、最判平成10年について、「平成10年の最高裁判決によれば、確定日付による譲渡通知と差押命令の送達のうち、先に到達した債権譲渡通知を信頼して弁済しても、後に到達した債権差押命令によって弁

済が無効となる。これでは、二重弁済の危険から第三債務者を保護するという、自らが採用した第三債務者保護説の趣旨と矛盾する結果になってしまう」[27]と批判する。しかし、この批判は失当である。なぜなら、第三債務者保護説は、民法304条１項ただし書が設けられる前の第三債務者の地位に着眼した説であり、同項ただし書が設けられ、第三債務者が保護された後は、第三債務者保護説の射程範囲ではなく、単純に同項ただし書を適用するだけでよいからである。それゆえ、第三債務者が債権譲渡通知を信頼して先に弁済すれば、その弁済は有効であり、その弁済後に物上代位権者の債権差押命令が第三債務者に送達されても、物上代位権の行使は空振りであり、後に到達した債権差押命令によって、先の弁済が無効となることはない。仮に、そのような結果になるのであれば、民法304条１項ただし書の存在が否定されることになる。しかし、私も、最判平成10年の野山調査官も、そのようなことを一切述べていない。民法304条１項ただし書があるので、上例の場合、同ただし書を適用すれば済むだけのことであり、抵当権の第三者対抗要件が債権譲渡の第三者対抗要件に優先していても、物上代位権に基づく差押え前に、第三債務者が、劣後する債権譲受人に弁済すれば、物上代位権者の負けである[28]。抵当権者は、第三債務者が債権譲受人に弁済する前に物上代位権を行使しなかったからである。

　また、加賀山教授は、最判平成10年を評して、「賃料債権が譲渡されたとの通知を受けたり、一般債権者からの差押えを受けたりした場合にも、賃借人に対して入居した物件に抵当権があるかを登記簿で確認した上で、後になされる抵当権者の物上代位を優先して弁済せよという酷な要請をすることになる点で、第三債務者保護説の立場を一貫させていないように思われる。また、抵当目的物に対する追及効を有している抵当権者に無制限に物上代位を認めることについては、学説からは、強い批判がなされている」[29]と述べる。

　しかし、この批判も全く失当である。賃借人（第三者保護説）は、入居した物権の登記簿で抵当権の存否を確認する必要は全くないからである。抵当権者が第三者に優先していても、物上代位権行使＝「差押え」がない限り、賃借人（第三債務者）は、抵当権者の存在を無視して、自己の直接の債権者（債権譲受人や一般債権者）に弁済すれば免責されるのである。これは、単純

に民法304条1項ただし書を適用すれば済むことである。また、加えて、物上代位権者の「差押え」前に、第三債務者が他の債権者に弁済すれば、物上代位権は消滅するから（民法304条1項ただし書）、第三債務者保護説は、抵当目的物に対する追及効を有している抵当権者に無制限に物上代位を認めることにもならない。

このほか、清水教授は、「設定者からすれば、差押えによって債務者は取立て・処分が禁止される民事執行法145条1項の趣旨からして、差押えがない限り処分自由と考えるべきである。差押えが単に第三債務者保護のための要件にすぎないならば、第三債務者の側からの物上代位権者への任意弁済も有効となりかねない」(30)と述べ、第三債務者保護説を批判する。

しかし、この批判も、第三債務者保護説を基本的に誤解している。再三再四述べているように、第三債務者保護説は、民法304条1項本文だけが存在し、同項ただし書が存在しなければどうなるかを論じた説であり（本来、「差押え」趣旨として論じるべきことはそれに尽きる）、同項ただし書が設けられた後のことは一切述べていないから、同項ただし書が設けられた後は同項ただし書を適用すれば済むことであり、物上代位権行使の要件としての「差押え」（債権差押命令の送達）がない間、第三債務者は、同項本文により発生した物上代位権付きの代位目的債権を自由に処分することができるのは言うまでもない。

そして、「差押え」前に第三債務者が同債権の弁済をすれば、その受領は有効であるから、結果的にその受領者である競合債権者も保護されるのである。ただし、当該債権が譲渡されただけの場合、物上代位権の追及効は認められるというのが、私見や最判平成10年(31)である。代位目的債権の譲渡は、民法304条1項ただし書の「払渡し又は引渡し」に含まれないからである。他方、同項本文により発生した物上代位権行使を、第三債務者の弁済保護のために制限したのが同項ただし書であるから、これ以外の方法による債権の優先回収は認められない。第三債務者から物上代位権者への任意弁済も許されないことは、東京高判平成16年の検証において前述したとおりである(32)。

このように、「差押え」の趣旨は、民法304条1項本文だけが存在し、担保権者に物上代位権を付与しただけの状態において生じる第三債務者の二重弁

済の危険を解消することにあり、これこそが、同項ただし書の「差押え」の
趣旨の主たる（第一次的）趣旨であり、最判平成10年が、「主として」と述
べているのは、そのような意味である。最判平成10年の野山調査官は、「本
判決は、差押えの主要な趣旨は第三債務者の保護にあり、競合債権者の保護
や特定性の維持は第三債務者を保護することによる反射的利益（せいぜい副
次的な目的）にすぎないことを明らかにした[33]」と正確に述べている。した
がって、民法304条 1 項ただし書の「差押え」の趣旨は、第一次的に（主と
して）第三債務者保護以外にはあり得ず、ボアソナード博士はそのことを明
言し、諸国の物上代位法制も第三債務者保護規定を必ず設けているのであ
る[34]。

　以上のように、「差押え」の趣旨が、第三債務者の二重弁済の危険を防止
することにあり、「差押え」が、物上代位権の存在を第三債務者に知らせる
措置であるなら、「第三債務者以外の第三者（競合債権者）」と「物上代位権
者」との優劣は、それぞれの権利の第三者対抗要件具備の先後で決すること
になる。そのことを、最判平成10年は、上記の「㈢抵当権の効力が物上代位
の目的債権についても及ぶことは抵当権設定登記により公示されているとみ
ることができる」と述べるわけである。民法304条 1 項本文が定めるように、
物上代位権は、原担保権の効力そのものであり、原担保権が抵当権であれば、
その物上代位権の公示は抵当権設定登記で足り、他方、原担保権が動産売買
先取特権であれば、その物上代位権の公示も不要であり、その発生時から公
示なしに「第三債務者以外の第三者」に対抗できることになろう。

　しかし、第二段階として、物上代位権者は、物上代位権行使の要件として
の「差押え」をしなければ、たとえ、第三者対抗要件具備が先であっても、
その優先を確保できないことに注意する必要がある。それゆえ、物上代位権
者と競合債権者の優劣問題において、物上代位権行使の要件としての「差押
え」が決定的に重要であり、単純に第三者対抗要件の具備の先後だけで優劣
が決まるのではない、ということを強く強調する必要がある[35]。

　ところが、上記の優劣問題に関し、松岡教授は、①登記時基準説（特定性
維持説と第三債務者保護説はともにこの中に包まれる）、②差押時基準説（優先
権保全説が前提である）、③具体的債権発生時基準説（二段階基準説）等のよ

うに分類整理する[36]。一見わかりやすい分類に見えるけれども、この分類に
従えば、私見（第三債務者保護説）は、特定性維持説とともに登記時基準説
に含まれる。しかし、私見と特定性維持説は、上記の優劣問題につき結論は
同じであっても、その発想や物上代位権行使の要件としての「差押え」の趣
旨に関し、根本的に異なるものである。このような分類は、「差押え」の趣
旨に関する従来の議論を軽視するだけでなく、物上代位権行使の要件として
の「差押え」の重要性をも軽視するものであり、賛成できない。このように、
「差押え」の重要性を軽視するからであろうか、二段階基準説を主張する松
岡教授の「差押え」の趣旨に関する見解は不明である。学説の分類は、最終
的な結論からではなく、権利行使の出発点から分類すべきである（実際、か
つては、そのような学説分類が通常であった）。なぜなら、いくら原担保権が優
先していても、その原担保権に基づく物上代位権を行使しなければ、その優
先は画餅にすぎないからである。

(3)　第三債務者保護説の神髄

　第三債務者保護説の神髄は、物上代位権の発生だけが認められた場合、物
上代位権者に対し直接の弁済義務を負う第三債務者には二重弁済の危険が生
じるということである。これが、立論の出発点である。すなわち、「差押え」
の趣旨を考えるに際し、民法304条1項本文だけが存在し、同項ただし書存
在しない場合に生じる事態を考えるというのが第三債務者保護説の立論の出
発点である。

　これに対し、①特定性維持説は、第三債務者が債務者（設定者）に弁済し、
代位目的物が債務者の一般財産に混入しその特定性が失われた後にまで物上
代位権の存続を認めることは、物権の特定性の原則に反するので物上代位権
は消滅する、そこで、そうならないようにするため、当該代位目的物（代位
目的債権）の「差押え」をし、その特定性を維持することが物上代位権の保
全となる、つまり、「差押え」の趣旨とは、代位目的物の特定性維持にある、
と考えるのである。

　他方、②優先権保全説は、第三債務者が債務者に代位目的物を弁済し、そ
れが債務者の一般財産に混入しその特定性が失われた後にまで物上代位権の
存続を認めることは、物権の特定性の原則に反するのはもちろん、債務者の

一般財産を引き当てとする他の債権者をも害する、そこで、そうならないようにするため、当該代位目的物（代位目的債権）の「差押え」をすることにより、物上代位権が保全され、第三者（第三債務者を含む）に対しても公示される、つまり、「差押え」の趣旨は、物上代位権（優先権）の保全と物上代位権の第三者に対する公示である、と考えるわけである。

　結局、特定性維持説と優先権保全説の違いは、優先権保全説が、「差押え」の趣旨として他の債権者（第三者）の保護を視野に入れているか否かだけであり、物権の特定性のドグマを前提としている点では同じである。したがって、この特定性のドグマを前提としている限り、第三債務者の二重弁済の危険を発見することはできないのであり、第三債務者保護説は、断じて特定性維持説の延長線上にはないのである。むしろ、特定性維持説の延長線上にあるのは優先権保全説である。

　したがって、第三債務者保護説を採った最判平成10年の法理と優先権保全説を採った最判昭和59年・同60年の法理は根本的に異なる。すなわち、最判平成10年の法理に従えば、物上代位権発生後の目的債権譲受人は、物上代位権者に劣後するのに対し、最判昭和59年・同60年の法理に従えば、目的債権譲受人が優先するからである。ところが、東京高判平成16年は、目的債権譲受人を優先させたにもかかわらず、「差押え」の趣旨として、「二重弁済を強いられる危険から第三債務者を保護し」と述べたうえ、最判平成10年を引用するのである。これは、支離滅裂な論理である。ところが最判平成17年は、そのような原審の判断を是認するのである。そこで、最後に最判平成17年の法理の当否を検証する。

六　最判平成17年の法理の検証

1　最判平成17年の判旨

　Y₂の上告棄却

　「民法304条1項ただし書は、先取特権者が物上代位権を行使するには払渡し又は引渡しの前に差押えをすることを要する旨を規定しているところ、この規定は、抵当権とは異なり公示方法が存在しない動産売買の先取特権につ

いては、物上代位の目的債権の譲受人等の第三者の利益を保護する趣旨を含むものというべきである。そうすると、動産売買の先取特権者は、目的債権が譲渡され、第三者に対する対抗要件が備えられた後においては、目的債権を差し押さえて物上代位権を行使することはできないものと解するのが相当である。

　前記事実関係によれば、Ａは、Ｘが本件転売代金債権を譲り受けて第三者に対する対抗要件を備えた後に、動産売買の先取特権に基づく物上代位権の行使として、本件転売代金債権を差し押さえたというのであるから、Ｙ₂は、Ｘに対し、本件転売代金債権について支払義務を負うものというべきである。以上と同旨の原審の判断は正当として是認することができる。所論引用の判例（最高裁平成9年(オ)第419号同10年1月30日第二小法廷・民集52巻1号1頁、最高裁平成8年(オ)第673号同10年2月10日第三小法廷判決・裁判集民事187号47頁）は、事案を異にし、本件に適切ではない。論旨は、採用することができない。」

2　最判平成17年の法理の検証

(1)　第三者の利益保護の根拠は民法333条か

　最判平成17年の判決理由は上記のように非常に簡単であり、要は、民法304条1項ただし書の「差押え」の趣旨に関し、「抵当権とは異なり公示方法が存在しない動産売買の先取特権については、物上代位の目的債権の譲受人等の第三者の利益を保護する趣旨を含む」ということであり、そのため、動産売買先取特権者は、目的債権が譲渡され、第三者に対する対抗要件が備えられた後においては、目的債権を差し押さえて物上代位権を行使することできない、というわけである。すなわち、最判平成17年は、「差押え」の趣旨に関し、抵当権の場合と異なった解釈を行っており、これについて、先取特権と抵当権の差異に着目した緻密な判決であるという評価もある。しかし、私は、動産売買先取特権が法定担保であることを看過し、かえって執行妨害・執行逃れを助長するだけであると考える。

　最判平成17年の法理の根幹は、公示方法の存在しない動産売買先取特権に関し、「差押え」には「第三者の利益」を保護する趣旨を含むということに

尽きる。すなわち、公示方法のない動産売買先取特権の物上代位権行使の場
合、その行使要件である「差押え」が、物上代位権の公示方法になると解す
るのであり、最判昭和59年・60年と同様の法理である。その理由について、
調査官解説は詳細に論じている。

　志田原調査官によれば、最判平成17年の最強の論拠は民法333条である。
すなわち、「先取特権は、先取特権者の占有を要件としていないため、目的
物が動産の場合には公示方法が存在せず、追及効を制限することにより動産
取引の第三者を保護しようとしたのである。そうとすれば、動産売買の先取
特権に基づく物上代位権も目的債権が譲渡され債権が債務者から第三者に移
転すると、もはや追及効がなくなるものと解すべきである。このような場合
にも追及効があるとすれば、抵当権と異なり動産売買の先取特権には公示方
法がないことから、第三者（債権譲受人等）の立場を不当に害するおそれが
ある」(37)（傍点、筆者）と述べる。

　しかし、民法333条により保護されるのは、動産取引の第三者ではなく、
第三取得者の動産所有権である。そして、同条により、第三取得者は、動産
売買先取特権の付着していない完全な所有権を取得する。つまり、動産売買
先取特権は、公示されていないため、動産取引安全の観点から、第三取得者
の善意・悪意を問わず、当該動産上の先取特権が消滅することにしたのであ
る。しかし、そのままでは、動産売買先取特権者は、自己の関知しない事情
により、目的動産上の先取特権を喪失する。そこで、動産売買先取特権者を
保護するため、当該動産の価値変形物（転売代金債権）が発生した場合には、
その価値変形物上に先取特権が成立することを認めたのが民法304条1項本
文である。これが動産売買先取特権の物上代位権であり、原担保権である動
産売買先取特権と同様、本来、公示方法なしに第三者に対抗できる優先権で
ある。

　問題は、その価値変形物である転売代金債権が譲渡された場合、公示方法
が存在しないことを理由に、転売代金債権上の物上代位権が消滅するのか、
ということである。最判平成17年は、民法333条を根拠にそのように解した。
　しかし、前述のように、民法333条により保護されているのは、第三者で
はなく、第三取得者である。つまり、第三取得者は、民法333条により先取

特権の付着しない完全な動産所有権を取得する一方で、その転売代金債権上には、民法304条1項本文により発生した物上代位権（先取特権）が付着しているため、二重弁済の危険に陥る。そこで、第三取得者（第三債務者）の二重弁済の危険防止のために設けられたのが、民法304条1項ただし書である。このただし書により、第三債務者（第三取得者）は、物上代位権者の「差押え」後は、物上代位権者に弁済義務を負う一方、「差押え」がなければ、当該転売代金債権（物上代位権の目的債権）の従来からの債権者に弁済することを認めることによって、第三債務者の弁済をも保護したのである。すなわち、完全な動産所有権を取得した第三取得者を「弁済」の面からも保護したのが、民法304条1項ただし書である。

　だからこそ、民法304条1項ただし書は、物上代位権の消滅原因を、第三債務者の「払渡し又は引渡し」と定めているのであり、最判平成10年が、「払渡又ハ引渡」という言葉は当然には債権譲渡を含むものとは解されないと述べたのは、優先権者への弁済義務を負う第三債務者の地位を考慮した、当然の事理を述べているのである。よって、「払渡し又は引渡し」に債権譲渡が含まれるとする解釈は、最判平成10年の法理に明白に抵触する[38]。

　これに対し、第三取得者（第三債務者）以外の第三者は、転売代金債権に付着した先取特権（物上代位権）の優先を甘受しなければならない。ここで、第三債務者と並んで、第三債務者以外の第三者を保護することは、民法304条1項本文により付与された物上代位権の存在を否定することになろう。第三債務者以外の第三者の保護は、第三債務者の「弁済」を保護することによる反射的効果（副次的・間接的効果）として保護すればよいのであり、そうすることが、民法304条1項本文の存在を生かすことになるからである。

　ところが、志田原調査官は、「動産売買の先取特権は目的物が第三者に譲渡され引き渡されたときには行使することができないにもかかわらず、その効力の一つにすぎない物上代位権は目的債権が第三者に譲渡され第三者対抗要件が備えられた後も行使することができるというのではバランスを欠くように思われる[39]」と述べる。しかし、目的債権譲渡後の物上代位権行使を認めても、全くバランスを欠かない。なぜなら、民法333条の保護対象は、「第三取得者（第三債務者）」であり、同条を根拠に「第三者（競合債権者）」の保

護を考えるのは筋違いだからである。第三債務者（第三取得者）以外の「第
三者」に対しては、あくまでも、公示方法のない物上代位権の優先の甘受を
求めるのが、法定担保物権たる先取特権である。

(2)　第三者の利益保護の必要性はあるか

　次に、志田原調査官は、「平成10年最判は、抵当権者に目的債権の譲渡後
における物上代位権の行使を認めても第三債務者の利益が害されることとは
ならないという。しかし、上述したとおり、動産売買の先取特権者に目的債
権の譲渡後における物上代位権の行使を認めた場合には競合債権者等の利益
が害されることがあるのであり、抵当権の場合とは異なる配慮が必要であろ
う。したがって、第三債務者の利益が害されないからといって、動産売買の
先取特権者に目的債権の譲渡後における物上代位権の行使を認めてよいとい
うことにはならないというべきである[40]」（傍点、筆者）と述べる。

　しかし、物上代位権の発生に伴って採るべき措置は、第三債務者の利益が
害されないようにすることだけであり、それ以外に、第三者（競合債権者）
の利益を保護することは、民法304条1項本文により担保権者に付与された
物上代位権の存在を否定することになろう。競合債権者は、本来、物上代位
権の優先を甘受すべきであり、目的債権の譲渡後における物上代位権行使を
肯定したとしても、何ら競合債権者の利益が害されることはないからである。
競合債権者の利益は、第三債務者の弁済保護による反射的効果として保護す
れば十分であり、そのことを、最判平成10年は、「差押え」の趣旨が、主と
して第三債務者の保護にあると表現したのである。

(3)　目的債権譲渡後の物上代位権行使を否定することは債権取引の安全
に繋がるか

　民法304条1項ただし書が設けられたことにより、第三債務者の利益は100
パーセント保護されているから、「差押え」の趣旨の中に、第三債務者以外
の利益を含めてはならない、というのが第三債務者保護説の核心である。

　ところが、志田原調査官は、第三債務者の利益が害されない場合、「動産
売買の先取特権者に目的債権の譲渡後における物上代位権の行使を認めてよ
いということにはならない」（傍点、筆者）と述べ、目的債権譲渡後の物上代
位権行使を認めるべきでないとする。

　しかし、第三債務者の利益が害されなければ（第三債務者の利益が保護され
ていれば）、競合債権者の利益保護を考慮する必要はない。競合債権者の利
益は、第三債務者の「弁済」を保護した反射的効果として、十分に保護され
るからである。そして、第三債務者の利益が保護されている場合には、物上
代位権付与という物上代位制度の原則に立ち返り、物上代位権者を保護する
解釈をすべきである。すなわち、目的債権（物上代位権が付着している債権）
が譲渡されても、同債権が存続している限り、物上代位権行使を認めるべき
である。よって、目的債権譲渡後の物上代位権行使を否定してはならない。

(4)　物上代位権の行使時期はいつか

　目的債権譲渡後の物上代位権行使を認めるべきでないという志田原調査官
は、物上代位権行使時期がいつなのか、全く考えていないのではないだろう
か。同様に、最判平成17年に賛成する論者も、物上代位権の行使時期につい
てはほとんど考えていないようである。しかし、動産売買先取特権に基づく
物上代位権がいつ行使されるのか、ということこそ、物上代位権行使と代位
目的債権譲渡との優劣問題について公正妥当な結論を導き出すための決定的
な判断基準となる。

　民法304条１項本文により動産の転売と同時に物上代位権は発生していて
も、その行使は、債務者（動産買主）の債務不履行後に限られる。物上代位
権の行使は、担保権実行のひとつであり、その手続は、債権執行に準拠する
のであるから（民事執行法193条１項後段）、買主が売主に対し債務不履行を惹
起していない段階では、そもそも物上代位権の行使はあり得ず、そのような
債務不履行前において行われる正常な債権譲渡の場合、動産売買先取特権者
の物上代位権行使との競合もあり得ない。それゆえ、正常な債権譲渡取引の
場合は、そもそも物上代位権行使と債権譲渡の競合を考える必要がないし、
もし考えているとすれば、物上代位権行使の要件を理解していないというこ
とになろう。

　これに対し、物上代位権と債権譲渡が競合するのは、債務不履行後におい
てである。しかし、債務不履行後であっても、物上代位権者による「差押
え」前に債権譲受人が弁済を受ければ、その弁済は有効であり（民法304条１
項ただし書）、当該譲受人は保護されるのであるから、結局、物上代位権の

優先を認めたとしても、それは、債務不履行後で、かつ当該代位目的債権が
まだ消滅していないという、ごく限られた場合だけである。

　このように、ごく限られた場合にしか行使されない物上代位権者を保護せ
ず、かつ、物上代位権という優先権の存在を知っている債権譲受人（債務不
履行や倒産状態にある買主と転売代金債権の取引をする者は、当該転売代金債権
が動産売買先取特権の物上代位権の目的となっていることを知っている場合が多
い）を保護すべきであるとして、執行妨害を容易に認めるのが最判平成17年
の法理である。実際、調査官解説では、物上代位権行使が債務不履行後であ
ることを全く考えていない節がある。それは、次の叙述に表現されている。
すなわち、「抵当権設定後の債権譲渡、とりわけ賃料債権の譲渡は執行妨害
である事案が少なくなく、また将来にわたる包括的な賃料債権の譲渡を有効
と認めるならば、抵当権者による賃料債権の物上代位の余地を奪うことにな
り・か・ね・な・い・。これに対し、動産売買の先取特権の場合には必ずしも上記のよ
うな問題を一般的に含むものとはいえないし、問題事案について個別的に権
利濫用法理等を適用することにより対処することが可能であろう[41]」と述べ、
動産先取特権の物上代位の場合には、抵当権の物上代位の場合に比べ、執行
妨害事案は少・な・い・と考え、もし執行妨害という例外的事案があった場合には
権利濫用法理で対処すべきであると述べるからである。

　しかし、物上代位権の行使は、抵当権に基づくものであれ、先取特権に基
づくものであれ、いずれも債務不履行を条件とするのであり（民事執行法193
条1項後段・2項）、いずれの物上代位権も、債務不履行後という極・めて限定
的な場合にしか行使することができない権利であって、両者に基本的な差異
はない。実際、最判平成17年の事案では、目的債権の譲渡は、買主が破産宣
告を受けた後であり、しかも債権譲受人は、破産会社の元経理部長であった。
調査官解説は、このような債権譲受人を保護すべきだと述べるのである。

　以上のように、物上代位権行使の場面で登場する競合債権者は、抵当権の
場合であろうと、先取特権の場合であろうと、原則的に執行妨害を意図する
ものである。それゆえ、最判平成10年は、「㈣対抗要件を備えた債権譲渡が
物上代位に優先するものと解するならば、抵当権設定者は、抵当権者からの
差押えの前に債権譲渡をすることによって容易に物上代位権の行使を免れる

ことができるが、このことは抵当権者の利益を不当に害する」と述べている
のである。結局、最判平成17年の法理では、物上代位権が行使される場合の
原則形態である執行妨害事例に対処することができず、逆に、そのような執
行妨害を助長することが予想される⁽⁴²⁾。結局、最判平成17年の法理は、物上
代位権の行使時期を看過したため、極めて不合理な結果を招来するものであ
り、最判平成10年の法理に根本的に抵触することが明白である⁽⁴³⁾。

　よって、最判平成17年に関し、「平成10年最判の示した理由付けと抵触す
ることはないと考えられる」と述べる調査官解説は、悉く最判平成10年の法
理に抵触しており、到底賛成することができない。

七　結　語

　民法304条1項ただし書の「差押え」は、同項本文により発生した物上代
位権の行使要件であり、その趣旨をどう考えるかによって物上代位権は消長
する。最判昭和59年（1984年）・同60年（1985年）は、「差押え」の趣旨に関
し、差押えの結果（法的効果）と趣旨・目的をすべて列挙したうえ、その判
決理由の傍論において、目的債権譲渡後の物上代位権行使は否定されると述
べた。したがって、この両最判の「差押え」の趣旨に関する見解は、第三者
（競合債権者）の利益保護を謳う優先権保全説である。

　これに対し、最判平成10年（1998年）は、「差押え」の趣旨に関し、主と
して第三債務者の二重弁済の危険防止にあると述べ、最判昭和59年・同60年
が説示した競合債権者の保護や特定性維持は、第三債務者の保護の反射的利
益（せいぜい副次的な目的）にすぎなないことを明らかにし、目的債権譲渡
後における抵当権の物上代位権行使を肯定した。民法372条は同304条を準用
しており、かつ、大審院時代から、「差押え」の趣旨に関し、先取特権と抵
当権で同じ解釈が行われてきた経緯からも、私は、最判平成10年の登場後は、
最判昭和59年・同60年の「差押え」の趣旨に関する見解も変更されることは
もちろん、その代位目的債権譲渡後の物上代位権行使を否定する傍論部分も
変更されるのではないかと予測した。

　ところが、最判平成17年は、「差押え」の趣旨には「第三者」の利益が含
まれると述べ、前掲最判昭和59年・同60年と同様、目的債権譲渡後の動産売

買先取特権に基づく物上代位権行使を否定したのである。すなわち、最判平成17年は、最判昭和59年・同60年の傍論の正当性を正面から確認したことになる。その結果、最高裁は、「差押え」の趣旨に関し、先取特権と抵当権で異なる解釈を採ることを宣言したことになる。ところが、最判平成17年の調査官は、その法理が、最判平成10年の法理と抵触しないと述べる。しかし、両最判の法理は根本的に抵触しているだけでなく、最判平成17年は、民法304条1項本文およびその実行手続としての民事執行法193条1項後段・2項の存在を無視していることにも無頓着である。

　最判平成10年も、「第三者（競合債権者）」の利益保護を否定しているのではない。しかし、それは、「第三債務者」の利益保護の反射的効果（副次的効果）として保護すればよいのである。物上代位権の発生に伴う「第三債務者」と「第三者」の利益は根本的に異なるため、これを同時並列的に保護することは論理的に不可能である。にもかかわらず、民法304条1項ただし書の「差押え」の趣旨を考える際、「第三者」の利益も含まれるという見解は、民法304条1項本文を有名無実化することになろう。

　最判平成17年が採る第三者（競合債権者）保護説は、民法333条を根拠とする。しかし、民法333条により保護されるのは、「第三取得者（第三債務者）」であり、「第三者」は、本来、公示方法なき先取特権の優先を甘受しなければならない立場にあるから、同条を根拠に債権譲受人を保護するのは筋違いである。

　物上代位権の行使は、買主の債務不履行後や倒産という限られた場合にしか行われない（民事執行法193条1項後段・2項）。それゆえ、買主が債務不履行を惹起しない限り、物上代位権行使と債権譲渡が競合することはあり得ず、最判平成17年の法理は、結局、動産買主の債務不履行後という極めて限られた場合であっても、債権譲渡取引を保護するものである。物上代位権の行使は、動産買主の債務不履行後（倒産後）であるから、物上代位権行使と目的債権譲渡が競合する場合、原則として、債権譲渡当事者間に執行妨害・執行妨害逃れの意図が存在しよう。さらに、最判平成17年の法理は、先取特権およびその物上代位権がともに別除権（破産法2条9号）であることをも否定するものである。

　以上のように、動産売買先取特権の物上代位をめぐる最高裁の見解は誤謬に満ちており、わが国の物上代位論をますます混迷に陥れていると評価せざるを得ないのである。

(1)　清原泰司「抵当権の物上代位性をめぐる実体法上の問題点」（加藤一郎・林良平編集代表）『担保法大系第 1 巻』357頁以下（金融財政事情研究会、1984年）、同『物上代位の法理―金融担保法の一断面―』27頁以下（民事法研究会、1997年）。
(2)　清原・前掲注(1)『物上代位の法理』15頁以下、59頁以下参照。
(3)　最判平成10年の評釈について、清原泰司「判批」判例評論475号22頁以下（判例時報1643号218頁以下）（1998年）。その原審評釈について、清原泰司「判批」判例評論463号175頁以下（判例時報1606号178頁以下）（1997年）。
(4)　清原泰司「動産売買先取特権の物上代位権行使と代位目的債権譲渡の優劣」南山法学29巻 2 号 1 頁以下（2006年）。
(5)　最判平成17年の法理や結論に賛同する論者は、「差押え」の趣旨に関し、基本的に優先権保全説（競合債権者保護説）を採り、以下の論考がある。内田貴『民法Ⅲ〔第 3 版〕債権総論・担保物権』517頁（東京大学出版会、2005年）、高橋眞『担保物権法』53頁（成文堂、2007年）、道垣内弘人『担保物権法〔第 3 版〕』65頁（有斐閣、2008年）、山野目章夫『物権法〔第 4 版〕』224頁（日本評論社、2009年）、加賀山茂『現代民法担保法』482頁（信山社、2009年）、清水元『プログレッシブ民法〔担保物権法〕〔第 2 版〕』224頁（成文堂、2013年）、生熊長幸『担保物権法』140頁（三省堂、2013年）、安永正昭『講義物権・担保物権法〔第 2 版〕』490頁（有斐閣、2014年）、山本克己「判批」NBL809号14頁（2005年）、遠藤曜子「判批」法律のひろば60頁（2005年）、遠藤研一郎「判批」銀行法務21・650号74-75頁（2005年）、山田真紀「判批」判例タイムズ33頁（2005年）、原田剛「判批」法学セミナー606号118頁（2005年）、渡辺隆生「先取特権に基づく物上代位と債権譲渡の優劣」金融法務事情1740号 5 頁（2005年）、今尾真「動産売買先取特権に基づく物上代位とその目的債権の譲渡」法学研究（明治学院大学）79号130頁（2006年）、下村信江「判批」判例タイムズ1197号93頁（2006年）、島田佳子「判批」判例タイムズ1215号35頁（2006年）、平野英則「動産売買の先取特権に基づく物上代位と目的債権の譲渡」銀行法務21・59頁以下（2007年）、倉橋雄作「判批」法学協会雑誌126巻 1 号225頁（2009年）、占部洋之「判批」奥田昌道ほか編『判例講義民法Ⅰ総則・物権〔第 2 版〕』216頁（悠々社、2014年）など。
　他方、優先権保全説を採り最判平成17年の法理に賛成しつつ、本件事案が明白な執行妨害事案であることを理由に債権譲受人優先の結論に反対する実務家の論考として、渡部晃「動産売買先取特権に基づく物上代位権の行使と目的債権の譲渡」金融法務事情(上)」金融法務事情1745号23頁以下（2005年）、堀龍兒

「判批」私法判例リマークス32号19頁（2006年）がある。

(6)　最判平成17年の理論的問題点を指摘する論考として、山野目章夫「判批」金融法務事情1748号50頁以下（2005年）、中山知己「判批」法学教室301号81頁（2005年）、高橋眞「判批」私法判例リマークス33号25頁（2006年）、植本幸子「判批」北大法学論集57巻2号272頁（2006年）、角紀代恵「判批」ジュリスト1313号（2006年）76頁、川地宏行「動産売買先取特権に基づく物上代位と債権譲渡の優劣」法政論集（名古屋大学）227号326頁以下（2008年）。

　　他方、特定性維持説の立場から最判平成17年を批判する論考として、佐伯一郎「判批」大宮ローレビュー2号97頁以下（2006年）がある。なお、私見に賛成する論考として、町田余理子「判批」岡山大学大学院社会文化科学研究科紀要23号104頁（2007年）がある。

(7)　今中弁護士は、民法304条1項本文と同項ただし書の関係について私見と同旨の見解を述べ、私見と同様、最判平成17年を批判し、動産売買先取特権者の優先を主張する（今中利昭『動産売買先取特権に基づく物上代位論』140頁注⑥、144頁以下（民事法研究会、2008年））。ただし、今中説は、「『差押え』の目的は第三債務者保護を第1とし、その他の利害関係人に明確な『警告』的な行為であれば足りるのであり、被代位債権について物上代位権者の他に被代位債権の譲受人・転付債権者等の権利の衝突者間における対抗要件と見ることができるから、債権譲渡に関する民法467条の確定日付ある通知または承諾で足りるのであり、民法304条1項ただし書の「差押え」は、その最適の手続としての例示である」（前掲書147頁）と述べ、「差押え」前の第三債務者の物上代位権者に対する任意弁済を有効と解する（前掲書139頁～140頁⑤）点において私見と異なる。

　　私見は、「差押え」の趣旨を考えるに際し、第一次的には（直接的には）第三債務者だけを保護の視野に入れ、それ以外の利害関係人（債権譲受人等の競合債権者）は、第三債務者保護の反射的効果としてのみ保護の視野に入れるから、「差押え」を単なる例示とは見ないし、「差押え」前における第三債務者の物上代位権者に対する任意弁済を有効とは認めない（清原泰司「判批」金融・商事判例1212号63頁、64頁（2005年））。

(8)　道垣内教授は、「第三債務者の保護が唯一の意味であるならば、第三債務者が債権の譲受人などの第三者に弁済した場合、弁済を受領した第三者は、抵当権者に対して不当利得返還義務を負うことになろう」（前掲注(5)150頁、151頁）と述べる。

　　しかし、民法304条1項ただし書の「差押え」の趣旨は、第三債務者保護が唯一の意味なのである。そして、そう解した場合でも、第三債務者から弁済受領した債権譲受人などの第三者は、抵当権者に対して全く不当利得返還義務を負わない。なぜなら、民法304条1項ただし書が設けられているため、同項ただし書に基づく「差押え」をしなかった物上代位権者は、物上代位権を行使していないからである。それゆえ、道垣内教授は、同項ただし書が設けられる前の第三債務者の地位を論じている第三債務者保護説を基本的に理解していないこと

になる。

　また、道垣内教授は、上記叙述に続けて、「第三債務者を保護するためには弁済を有効であるとすればたりるのであり、そして、抵当権者が第三債務者を除く第三者との関係では実体上優先権を有していると考える限り、第三者の弁済受領は物上代位権者との関係では法律上の原因を欠くことになるからである。しかし、この結論は妥当ではない」と述べる。

　しかし、第三債務者保護説は、このような結論を一言も言っていない。第三債務者保護説は、第三債務者の二重弁済の危険防止、つまり第三債務者の弁済を保護するため、民法304条１項ただし書が設けられたと考えるため、同規定により第三債務者の弁済は有効となり、第三債務者の二重弁済の危険は100パーセント消失したと考えているのである。よって、第三者の弁済受領も法律上の原因に基づく受領であり、弁済受領者に不当利得返還義務は全く生じないのである。

　道垣内教授の上記の「抵当権者が第三債務者を除く第三者との関係では実体上優先権を有していると考える限り、第三者の弁済受領は物上代位権者との関係では法律上の原因を欠くことになる」という叙述は、民法304条１項ただし書により、同項本文により発生した物上代位権の優先が、第三債務者の弁済を保護した反射的効果として、第三者との関係で結果的に制限されていることを看過するものである。もし、ここで、物上代位権者の第三者（弁済受領者）に対する不当利得返還請求権を認めれば、適正な権利行使をしていない者に不当利得返還請求権を認めることになり、民法304条１項ただし書の存在意義がなくなろう。第三債務者保護説は、民法304条１項本文により物上代位権が担保権者に付与され、同項ただし書がなければどのような事態が生じるかを考えることが「差押え」の趣旨であり、同項ただし書が存在した後のことは、「差押え」の趣旨とは何ら関係ないと考える説である。すなわち、第三債務者の第三者に対する弁済前に「差押え」をしなかった物上代位権者は、民法304条１項ただし書により物上代位権を喪失したのであるから、その弁済受領者に対し不当利得返還請求権を有しないのは当然である（従来の優先権保全説や特定性維持説は、このただし書が設けられた後のことまで、「差押え」の趣旨に含めていたため、第三債務者の「弁済」の保護という視点を見つけることが出来なかったのである）。

　さらに、道垣内教授は上記に続けて、「抵当権者は必ずしも物上代位権を行使するとは限らないのであり、にもかかわらず、弁済受領後の不当利得返還義務の発生まで認めると、当該第三者を不当に不安定な地位に置くことになるからである」と述べ、第三債務者保護説を批判する。

　しかし、再三再四述べているように、物上代位権者に不当利得返還請求権は発生しないのであり、民法304条１項ただし書が設けられたことにより、第三債務の二重弁済の危険は100パーセントなくなり、その弁済が保護された結果、その弁済受領も法律上の原因のある受領であるから、当該第三者（弁済受領者）は不当に不安定な地位に置かれることも100パーセントないのである。

　　　最判平成10年の野山調査官が、「本判決は、差押えの主要な趣旨は第三債務者
　の保護にあり、競合債権者の保護や特定性の維持は第三債務者を保護すること
　による反射的利益（せいぜい副次的な目的）にすぎないことを明らかにした」
　と述べているのはそのような意味である。よって、道垣内教授の批判は、第三
　債務者保護説を誤解・曲解したものであり、すべて失当である。

(9)　道垣内教授と同様の理解から、第三債務者保護説や最判平成10年に反対する
　論者が多い。遠藤研一郎「動産売買先取特権の法的位置づけと立法的課題に関
　する一考察（二・完）」アルテスリベラレス（岩手大学）71号151頁（2002年）、
　今尾・前掲注(4)82頁、川地・前掲注(4)330頁、山田創一・長谷川真也「抵当権に
　基づく物上代位の再構成」専修ロージャーナル4号96頁（2009年）、松岡久和
　「抵当権に基づく賃料債権への物上代位」法学教室382号20頁（2012年）参照。
　その他、第三債務者保護説の不理解のもと、最判平成10年を特異な存在であり、
　将来判例変更の可能性があると述べる見解もある（渡部晃「動産売買先取特権
　に基づく物上代位権の行使と目的債権の譲渡」（塩崎勤ほか編）『新・裁判実務
　体系第29巻銀行関係訴訟法』285頁（青林書院、2007年）。
　　　しかし、これらの論者の見解には全く賛成できない。

(10)　野山宏「判解」法曹時報50巻6号175頁、176頁（1998年）

(11)　清原泰司「物上代位論―二つの最高裁判決を素材として―」桃山法学2号8
　頁以下（2003年）、同・前掲注(4)南山法学29巻2号21頁、50頁注(21)、同「保険金請
　求権に対する質権と抵当権に基づく物上代位権の優劣」南山法学35巻1号56頁
　注(10)（2011年）。

(12)　松岡教授は、「第三債務者が転付命令を受けた第三者に弁済した場合、もはや
　第三債務者の保護に配慮する必要はなく、物上代位権そのものは消滅する」（松
　岡・前掲注(8)19-20頁）と述べる。
　　　当たり前のことである。民法304条1項ただし書は、第三債務者の「弁済」を
　保護するために設けられたのであるから、第三債務者の第三者に対する「弁済」
　に後れた物上代位権者は、適正に権利行使をしなかったのであるから、その権
　利（物上代位権）を失うのは当たり前のことであり、第三債務者の「弁済」が
　法律上原因のある有効な弁済であるから、その受領も法律上原因があり、当然
　に有効だからである。要は、民法304条1項ただし書が設けられている現在、単
　純に同規定を適用すれば済む問題である。
　　　にもかかわらず、前掲の叙述に続けて、松岡教授は、「しかし、304条1項た
　だし書の差押えの趣旨が弁済を受領した第三者まで保護するものでないと理解
　すれば、弁済受領者は不当利得返還義務を負うことになろう」と述べる。これ
　が、第三債務者保護説を全く理解しようとしない論者が必ず陥るひとり相撲の
　勝手解釈である（この不当利得返還請求権の問題については、道垣内教授に対
　する反論である本稿の前掲注(8)参照）。
　　　第三債務者保護説は、「差押え」の趣旨の第一次的（主たる）目的が第三債務
　者保護にあり、第三債務者以外の第三者は、第三債務者保護の反射的効果とし

て（副次的に）保護されると言っているのであり、第三者を第三債務者と同時並列的に保護できないと解する。なぜなら、第三債務者の利益は、物上代位権発生に伴う二重弁済の危険からの解放であるのに対し、競合債権者の利益は、物上代位権者に優先することにあり、両者の利益は根本的に異なるからである。そして、第三債務者を第一次的に保護すれば、その弁済相手である債権者（競合債権者）が存在するのであるから、物上代位権者の「差押え」がない場合における第三債務者の「弁済」を保護すれば、結果的にその受領者である第三者の弁済受領を保護することにもなるのである。

　第三債務者保護説を正確に理解するには、民法304条1項本文に定める物上代位権だけを認めた場合にどのような事態が生じるかを考えるだけで十分であり、そうすれば、目的債権に物上代位権が付着しているため、第三債務者は従来からの債権者（抵当権設定者や債権譲受人）に弁済しても、それは優先権者に対する弁済ではないから、当該代位目的債権消滅の効果を物上代位権者に対抗できないという不安定な地位に置かれるため、それを回避するため、物上代位権者に「差押え」を要求する民法304条1項ただし書を設けたのである。これは、最判平成10年が明確に説示していることである。他方、その結果、物上代位権者の「差押え」がなければ、第三債務者は、従来からの債権者に弁済すれば免責されるようにし、当該代位目的債権消滅の効果を物上代位権者に対抗できるようしたのである。これによって、第三債務者を二重弁済の危険から解放されたのであり、これで、第三債務者保護説の「差押え」に関する説明は終わりである。すなわち、民法304条1項ただし書が設けられた結果、第三債務者の「弁済」は完全に保護され、物上代位権発生をめぐる問題はすべて解決済みであり、第三債務者の「弁済」後のことを、あれこれ論じる必要は全くない、ということに気付かなければならない。

　ところが、従来の学説は、「差押え」の趣旨を考える際、民法304条1項ただし書が設けられる前の話と設けられた後の話を混同し、同ただし書が設けられた後の話である「差押え」の法的効果、すなわち、特定性維持や優先権保全を、「差押え」の趣旨目的であると誤解したのである。要は、目的（趣旨）と結果を混同したわけである。このような指摘は、吉野判事によって、「特定性の維持は差押えの結果であって、目的ではない」（吉野衛「物上代位における差押えの意義」（加藤一郎・米倉明編）『ジュリスト増刊民法の争点I』162頁（有斐閣、1985年））と既に指摘されていたことでもある。ところが、第三債務者保護説を批判する論者は、この混同に気付かないため、第三債務者保護説の射程を理解することができず、同説と全く関係のない民法304条1項ただし書が設けられた後の、同規定を適用した場合の法的効果についても第三債務者保護説の内容と決めつけ、そのような内容の第三債務者保護説を「一貫すれば」とか「貫徹すれば」論理矛盾が生じると言って、批判しているのである。道垣内教授（本稿の前掲注(8)）や松岡教授の主張はその典型である。

　しかし、物上代位権者の「差押え」前に第三債務者が第三者に弁済した場合、

単純に民法304条1項ただし書きを適用すれば済む問題であり、第三債務者保護説とは一切関係がないから、弁済受領後の物上代位権の存続もあり得ず、不当利得返還請求権も発生しないことは自明の理である。これは、単純に民法304条1項ただし書を適用すれば済むだけのことであり、理論的な説明も不要であるから、最判平成10年の野山調査官も、抵当権者は、第三債務者から弁済を受けた債権譲受人に対する不当利得返還請求権をすることもできないと述べ（野山・前掲注(10)176頁）、理論的な説明をしていない。

　ところが、松岡教授は、さらに、第三債務者保護説（私見）を貶めるため、前掲箇所の注において、「差押えが物上代位権保全の要件でないとすれば、第三者は弁済受領によってすでに発生している物上代位権を消滅させて利益を得ており、優先順位に反する点で、物上代位権者との関係では法律上の原因を欠くことになる。第三債務者保護説を主張する清原泰司「②判批」判評475号（判時1643号）27頁、28頁注(14)は、差押えは物上代位権の保全要件ではないとし、不当利得返還請求権のみならず、弁済後の優先弁済権の存続すら認める」（松岡・前掲注(7)20頁の注20）と述べる。

　しかし、私は、このようなことを一切書いていない。私が書いていることは、「差押え」の意義に関する第三債務者保護説は、特定性のドグマを前提とする特定性維持説や優先権保全説とは絶対に両立しない見解である」（清原・前掲注(3)判例評論475号27頁）ということ、および「物上代位制度の中には第三者に配慮すべき観点は見い出し得ないと述べるほかない。物上代位制度において配慮されているのは、担保権者と、この担保権者と直接の支払義務関係を負う第三債務者の立場だけである」（清原・前掲注(3)判例評論475号28頁注(14)）ということだけであり、物上代位権者の不当利得返還請求権や弁済後の優先弁済権の存続について全く言及していない。逆に、松岡教授が指摘するようなことは、私見の正当性を否定にすることになるから、書くはずがないのである。

　上記の『判例評論475号』に最判平成10年の「判批」を書いた経緯は以下のとおりである。すなわち、最判平成10年の原審・東京高裁平成8年11月6日判決（判例時報1591号32頁）の「判批」において、私は、物上代位権行使と代位目的債権譲渡との優劣問題につき下級審判断が分かれ、民法304条をめぐる解釈が混乱している最大の原因は、判例・学説ともに、ボアソナード博士の指摘した第三債務者保護の視点を看過する一方、特定性のドグマに捉われ、第三者保護の視点に捉われてきたからであり、最高裁は、「差押え」の意義に関し、「代位目的債権の特定性維持」と「第三者の不測の損害防止」について再考すべきである旨を書いた（清原泰司「判批」判例評論463号22頁（1997年）。そして、その5ヵ月後に、最判平成10年が、それまであまり注目されなかった第三債務者保護説（同説を主張したのは1984年）を採用したこともあり、同最判の「判批」である上記『判例評論475号』では、特定性維持説や優先権保全説との違いを力説することに重点を置いたのである。そして、第三債務者保護説とは、「差押え」の趣旨として、民法304条1項本文だけが認められた場合に生じうる問題の

解決方法を述べているだけであり、同項ただし書が設けられた後に生じる派生問題は、「差押え」とは何の関係もないことであり、かつ第三債務者保護説の射程判外のことであるから、それについて全く述べる必要もなかった。だから、指摘されるようなことを書くはずがないのである。

　他方、最判平成10年の後、松岡教授は、この不当利得返還請求権の問題を執拗に取り上げ、私見を批判するので（松岡久和「判批」民商法雑誌120巻 6 号124頁（1999年））、その応接として、私は繰り返し反論している（清原・前掲注⑾桃山法学 2 号 8 頁以下、清原・前掲注⒇金融・商事判例1212号63頁、清原・前掲注⑷南山法学29巻 2 号21頁）。しかし、私の反論に対する回答は未だ一切ないどころか、逆に私が書いていないことを捏造し、それ批判するのである。この非学問的な批判の意図は、いったい、何なのか。

　さらに、松岡教授は、私が前掲『判例評論』において「差押えは物上代位権の保全要件ではない」と書いていると述べているが、これも、同個所において、そのようなことを私は一切書いていない。民法304条 1 項ただし書が設けられた結果、物上代位者は、代位目的債権の「差押え」により、同債権上の優先権（物上代位権）の保全するのであり、代位目的物の受領権限を取得することは当たり前のことである。「差押え」の趣旨についていかなる説を採ろうとも、民法304条 1 項ただし書が存在する現在、「差押え」が物上代位権の効力保全要件、権利行使要件であると解するのは当たり前のことである。問題は、誰に対する効力保全要件であるか、ということである。私見は、「差押え」が物上代位権の「第三債務者」のみに対する効力保存要件・対抗要件であると解するのであり、そのことを私は30年以上も前から述べている（清原・前掲注⑴359頁）。

　とにかく、私見を批判する松岡教授は、「差押え」の趣旨を考える際、民法304条 1 項本文だけが設けられ、同項ただし書が設けられていない場合に生じる問題を論じなければならないことや第三債務者保護説の射程もその範囲内であることを、徹頭徹尾理解することができないようである。松岡説を善意に解釈すれば、同項ただし書きが設けられた後の問題も、「差押え」の趣旨や第三債務者保護説の射程であると考えているのであろう。そして、同項ただし書が設けられた後のことまで、第三債務者保護説を徹底すれば（貫徹すれば）、物上代位権者に不当利得返還請求権が生じるはずであり、それはおかしいと考えているのであろう。しかし、これは笑止千万な批判である。「差押え」の趣旨に関するそのような理解こそが間違いだからである。

⒀　物ヲ代表する価額ヘ先取特権ノ移転ハ他ノ債権者ヲ害セス」（『ボアソナード氏起寄稿再閲修正民法草案註釈　第四編全』296頁（訳者・観光年不詳）。清原・前掲注⑴『物上代位の法理』15頁。

⒁　清原・前掲注⑴『物上代位の法理』15頁、55頁以下参照。

⒂　清原・前掲注⑴『物上代位の法理』 8 頁注⑷参照。

⒃　優先権保全説を採った大連判大正12年 4 月 7 日については、清原・前掲注⑴『物上代位の法理』24頁、25頁、67頁参照。

⒄　特定性維持説を採った大正 4 年の判例については、清原・前掲注⑴『物上代位の法理』23頁、24頁、65頁、66頁参照。

⒅　今中弁護士は、最判昭和59年および同60年の前から、この不合理を指摘していた（今中利昭「動産売買先取特権と物上代位(上)(下)」NBL197号・199号（1979年）、同「破産宣告の動産売買先取特権に基づく物上代位に及ぼす影響」判例タイムズ427号37頁以下（1981年）。

⒆　清原泰司「物上代位の法的構造」法学新報110巻 1 ・ 2 号184頁以下（2003年）。

⒇　最判平成17年の原審である東京判平成16年の評釈として、清原泰司「判批」金融・商事判例1212号59頁以下（2005年）、平井一雄「判批」銀行法務21・643号79頁以下（2005年）、国分貴之「判批」銀行法務21・646号46頁以下（2005年）、堀龍兒「判批」私法判例リマークス31号30頁以下（2005年）。

(21)　清原・前掲注⒇61頁。これに対し、「追完」を認め、第三債務者の任意弁済を有効であると解するのが、今中・前掲注⑶147頁、堀・前掲注⒇33頁。

(22)　高橋教授の批判（高橋眞「物上代位に基づく差押えの意義―『第三債務者保護唯一説』への疑問―」銀行法務21・569号36頁（1999年）に対し、私はすでに反論済みである（清原泰司「抵当権の物上代位に関する基礎的考察―最高裁平成10年 1 月30日判決を踏まえて」損害保険研究62巻 3 号193頁注(37)（2000年）、同・前掲注(11)桃山法学 2 号48頁注(32)、52頁注(50)（2003年）、同「保険金請求権に対する質権と抵当権に基づく物上代位権の優劣」南山法学35巻 1 号57頁注(19)（2011年））。

(23)　高橋・前掲注⑸25頁。

(24)　イタリア民法について、清原・前掲注⑴『物上代位の法理』60頁、55頁参照。また、吉野判事が、「私は、物上代位のための差押えに関する立法からみて、物上代位は担保物権としての性質にかんがみ、法律が特に認めたものであり（その意味で『明文なければ物上代位なし』）、したがって、民法304条は、担保物権の効力が代位物の上に及んでいることを当然の前提としつつも、担保権者自身による差押えをその効力保全要件としていると解するのが妥当ではないかと考えている」（吉野衛「物上代位に関する基礎的考察」金融法務事情968号13頁[1981年]、吉野・前掲注⑿「物上代位における差押えの意義」『ジュリスト増刊民法の争点 I 』162頁〔有斐閣、1985年〕）と述べ、「差押え」により物上代位権が発生するとは一言も述べていない。もっとも、吉野判事は、物上代位権者自身の「差押え」を要しないとする当時の通説・特定性維持説を批判することに主眼を置き、優先権保全説を支持することを明言する（吉野・前掲注⑿160頁〜161頁）ので、第三債務者保護説の主張者と言うことはできない（清原・前掲注(11)桃山法学 2 号45頁注(18)参照）。

(25)　道垣内教授と松岡教授の主張がその典型である（本稿の前掲注⑻および⑿参照）。

(26)　野山・前掲注⑽166頁。

(27)　加賀山・前掲注⑸480頁。

⑳　例えば、保険金請求権に対する質権と同請求権に対する抵当権の物上代位権
とが競合する場合において、第三債務者保護説や最判平成10年の法理によれば、
第三者間の優劣は、第一次的にはそれぞれの権利の第三者対抗要件具備の先後
で決まるが、第三債務者（保険者）が、物上代位権の行使前＝差押え前に債権
質権者に保険金を弁済すれば、抵当権設定登記が債権質権の第三者対抗要件
具備より先であっても、抵当権者は劣後する（清原・前掲注⑳損害保険研究62
巻 3 号195頁、同・前掲注⑳南山法学35巻 1 号50頁〜51頁）。ところが、松岡教
授は、最判平成10年の論理によると、物上代位権者は、保険金請求権の譲受人
や質権者に常に優先することになるはずであり、実務に与える影響は小さくな
いと述べる（松岡久和「判批」民商報雑誌120巻 6 号134頁（1999年））。しかし、
この説明は誤りである。抵当権者が優先するのは、第三債務者の弁済前に物上
代位権の行使＝差押えをした場合だけであり、たとえ抵当権設定登記が先で
あっても、物上代位権行使の前に保険者が債権質権者や債権譲受人に弁済すれ
ば、抵当権者の負けだからである（民法372条・同304条 1 項ただし書）。そして、
その弁済は有効であるから、抵当権者の受領者に対する不当利得返還請求権も
一切生じない。

⑳　加賀山茂『債権担保法講義』391頁（日本評論社、2011年）。

⑳　清水・前掲注⑸55頁。

㉛　野山・前掲注⑽175頁。

㉜　清原・前掲注⑳61頁。

㉝　野山・前掲注⑽166頁。

㉞　清原・前掲注⑴『物上代位の法理』15頁、55頁以下参照。

㉟　本稿の前掲注⑳参照。

㊱　松岡久和「物上代位の成否と限界⑶─包括的債権譲渡と抵当権の物上代位の
優劣」金融法務事情1506号13頁以下（1998年）、同「物上代位」（鎌田薫ほか編）
『民事法Ⅱ担保物権・債権総論』75頁（日本評論社、2010年）。

㊲　志田原信三「判解」法曹時報58巻 6 号169頁（2006年）。

㊳　最判平成10年が、民法304条 1 項ただし書の「払渡又ハ引渡」という言葉には
当然には債権譲渡を含むものとは解されないと述べていることについて、志田
原調査官は、「この理解については異論がないところであると思われるし、平成
10年最判は、あえて『当然には』と慎重な言い回しをしていることなどからす
ると、他の事情の存在いかんによっては、債権譲渡が『払渡又ハ引渡』と同列
に位置付けられることがあり得ることを暗に示唆するものであるということが
できる上、もとより文言解釈は最終的な法的構成の問題といってもよく、決定
的な決め手になるものではない」（志田原・前掲注㊲169頁）と述べる。
　　しかし、この叙述は、言葉遊びをしているだけである。最判平成10年の採る
第三債務者保護説は、第三債務者の「弁済」を保護する説であるから、目的債
権が弁済その他の事由により消滅した場合にのみ、物上代位権の行使を否定す
るのであり、目的債権が存続している「債権譲渡」は、「払渡し又は引渡し」に

含まれず、物上代位権行使も肯定されるというのが当然の解釈である。

(39)　志田原・前掲注(37)168頁～169頁。

(40)　志田原・前掲注(37)169頁。

(41)　志田原・前掲注(37)170頁。

(42)　「最高裁判決の考えを前提として、関連会社等に目的債権を譲渡することにより、動産売買先取特権に基づく物上代位の実行を免れるような動きがなされることも予想される。それへの対処は、不動産譲渡における背信的悪意者排除論の論理を、債権譲渡にも応用することが考えられてよいと思われる」（古里健治「倒産と担保・保証」（『倒産と担保・保証』実務研究会編）『倒産と担保・保証』462頁（商事法務、2014年）と述べられているように、最判平成17の法理が、理論的にも実務的にも、いかに正義に反するものであるかを物語っている。

(43)　優先権保全説の論者は、権利濫用法理のような一般条項を通じた例外ルールの定立を主張する（内田・前掲注(5)414頁、渡部・前掲注(5)23頁以下、堀・前掲注(5)19頁）。しかし、正常な債権譲渡が行われている場合、物上代位権の行使はあり得ないから、物上代位権行使と代位目的債権の競合もあり得ない。これに対し、物上代位権が行使されるのは、動産買主の債務不履行後においてのみであるから、そのような債務不履行後になされる代位目的債権譲渡が物上代位権行使と競合するのである。そして、そのような債務不履行後の代位目的債権譲渡は原則的に執行妨害・執行逃れである。したがって、物上代位権が行使される場合の代位目的債権譲渡は執行妨害が原則である。これに対し、執行妨害が例外との前提に立つ優先権保全説は、執行妨害を助長するための理論であり、到底賛成できない。また、仮に、執行妨害が例外であるとしても、一般条項は、解釈者により判断が分かれ、その適用主張者に過大な立証責任を課すから、問題の解決にならない。実際、最判平成10年の第一審は、物上代位権者の権利濫用の主張を認めたが、原審は、逆に権利濫用の主張を否定し、債権譲受人優先の判断をしたのである。以上のように、優先権保全説は、物上代位権行使の場合における原則形態である執行妨害に対処することができないし、一般条項に依拠しなければ公正妥当な結論を導き出すことができない見解は、そもそも、その内容が誤っているのである。

第4章　質権の物上代位

第1節　株式質の対抗要件と効力

一　はじめに

　平成17年（2005年）7月26日、新たに会社法が公布され（平成17年法律第86号）、同法は、平成18年（2006年）5月1日に施行された。新会社法〔以下、単に「会社法」という〕では、株券の発行に関し、株式会社は、定款に定めがある場合に限り株券を発行することができ（会社法214条）、株券不発行が原則となった。そのため、株券発行を原則としていた平成17年改正前の商法（以下、「旧法」という）が定める株式質に関する規定も全面改正された。株式質に関する旧法と会社法の主要規定の対応関係は、以下のとおりである。

① 　株券が発行されている株式の質入れの効力発生要件

　　旧法207条1項：「株式ヲ以テ質権ノ目的ト為スニハ株券ヲ交付スルコトヲ要ス」

　　会社法146条2項：「株券発行会社の株式の質入れは、当該株式に係る株券を交付しなければ、その効力を生じない」

② 　株券が発行されている株式の質入れの対抗要件

　　旧法207条2項：「質権者ハ継続シテ株券ヲ占有スルニ非ザレバ其ノ質権ヲ以テ第三者ニ対抗スルコトヲ得ズ」

　　会社法147条2項：「前項の規定にかかわらず、株券発行会社の株式の質権者は、継続して当該株式に係る株券を占有しなければ、その質権をもって株券発行会社その他の第三者に対抗することができない」

③ 　株式質（略式質および登録質）の効力（物上代位の効力〔以下、「物上代位効」という〕を含む）

　　旧法208条：「株式ノ消却、併合、分割、転換又ハ買取アリタルトキハ

　従前ノ株式ヲ目的トスル質権ハ消却、併合、分割、転換又ハ買取ニ因リ
テ株主ガ受クベキ金銭又ハ株式ノ上ニ存在ス」

　旧法209条1項：「株式ヲ以テ質権ノ目的ト為シタル場合ニ於テ会社ガ
質権設定者ノ請求ニ拠リ質権者ノ氏名及住所ヲ株主名簿ニ記載又ハ記録
シ且其ノ氏名ヲ株券ニ記載シタルトキ（株券ヲ発行セザル旨ノ定款ノ定ア
ルトキハ質権者ノ氏名及住所ヲ株主名簿ニ記載又ハ記録シタルトキ）ハ質権
者ハ会社ヨリ利益若ハ利息ノ配当、残余財産ノ分配又ハ前条ノ金銭ノ支
払ヲ受ケ他ノ債権者ニ先チテ自己ノ債権ノ弁済ニ充ツルコトヲ得」

　会社法151条：「株式会社が次に掲げる行為をした場合には、株式を目
的とする質権は、当該行為によって当該株主が受けることのできる金銭
等（金銭その他の財産をいう。以下同じ。）について存在する。

　一　第167条第1項〔取得請求権付株式の取得〕の規定による取得請
求権付株式の取得

　二　第170条第1項〔取得条項付株式の取得〕の規定による取得条項
付株式の取得

　三　第173条第1項〔全部取得条項付種類株式の全部の取得〕の規定
による第171条第1項に規定する全部取得条項付種類株式〔第108条第1
項第7号に掲げる事項についての定めがある種類の株式〕の取得

　四　株式の併合

　五　株式の分割

　六　第185条〔株式無償割当て〕に規定する株式無償割当て

　七　第277条〔新株予約権無償割当て〕に規定する新株予約権無償割
当て

　八　剰余金の割当て

　九　残余財産の分配

　十　組織変更

　十一　合併（合併により当該株式会社が消滅する場合に限る。）

　十二　株式交換

　十三　株式移転

　十四　株式の取得（第1号から第3号までに掲げる行為を除く。）

　以上のうち、①株券が発行されている株式の質入れの効力発生要件は、「株券の交付」であり、会社法の規定に変更がないのは当然のことである。

　しかし、②株券が発行されている株式の質入れの対抗要件につき、会社法では、「株券の継続占有」が、「株券発行会社その他の第三者」に対する対抗要件となっており、旧法とは明らかに異なっている。旧法では、「株券の継続占有」は、株式質の「第三者」に対する対抗要件であり、株式発行会社（第三債務者）に対する対抗要件は、質権者を株主名簿に記載する登録質の形にして初めて具備されると解するのが商法学の圧倒的多数説であった。これに対し、私は、この多数説に一貫して反対し、「株券の継続占有」は、「株式発行会社および第三者」に対する対抗要件であると主張してきた[1]。今回、会社法は、私見と同じ立場を採ったわけである。

　次に、③株式質（略式質および登録質）の効力についても、商法学の圧倒的多数説が、旧法のもとにおける略式質の効力は「利益配当金」に及ばないとする否定説を採っていた一方、会社法151条8号は、私見[2]と同じく、肯定説を採り、株式質（略式質と登録質を含む）の効力が「剰余金の割り当て」（＝利益配当金）に及ぶことを明文をもって認めているからである。しかし、会社法施行後、公刊された会社法の教科書や体系書は、旧法と会社法におけるこれらの差異について十分な理論的説明を行っていない。

　さらに、④略式質に基づく物上代位権の行使方法について、会社法は、旧法と同様、明文規定を設けていないため、旧法におけると同様の解釈問題が存在する。この問題についても、私見は、商法学の圧倒的多数説とは異なり、いかなる場合にも「差押え」を要しないというものである[3]。

　本稿では、会社法が明定した前掲の②および③の問題につき、株式質制度立法の沿革[4]（多くの商法学説により看過されている）を再び検証することにより、株式質の法的構造の根幹をなす対抗要件（対抗力）と効力の問題を論じ、これらに関する会社法規定の理論的説明を行う。

二　株式質制度立法の沿革

1　民法典成立（1896年）以前の議論

　株式質に関する法規制の淵源は、明治23年（1890年）公布の旧民法典（明治23年4月21日法律28号）〔以下、「旧民法」という〕〕債権担保編104条に遡る。同条は、記名株式質または記名社債質につき、「会社ノ記名ノ株券又ハ債券を質ト為ストキハ証券ノ交付の外会社定款又ハ法律ニ於テ株券又ハ債券ノ譲渡ノ為メニ定メタル方式ヲ以テ之ヲ会社ニ告知シ其帳簿ニ之ヲ記入スルコトヲ要ス」と規定されていた。この規定は、直接的には記名株式質の効力発生要件に関する規定であるが、第三債務者たる「会社」に対しては、株券の交付のほか、質権設定の「会社帳簿への記入」を要する旨を定めており、それが「会社」に対する効力発生要件、つまり「会社」に対する対抗要件であると定めていたことになる。

　また、旧民法債権担保編104条に定める「法律において株券の譲渡の為に定めた方式」とは、旧商法典（明治23年4月26日法律32号）181条を指し、同条は、「株式ノ譲渡ハ取得者ノ氏名ヲ株券及ヒ株主名簿ニ記載スルニ非サレハ会社ニ対シテ効ナシ」と規定し、株式譲渡の「会社」に対する対抗要件を定めた規定であり、同条にいう「会社」とは、結局、「会社その他の第三者」の意味であると解されていた。したがって、株式質の「会社」に対する対抗要件規定である債権担保編104条にいう「会社」も、「会社その他の第三者」の意味であるということになる。「会社」に対抗できない質権設定は、結局、当事者以外の「第三者」にも対抗できないのであるから、このように解すべきことになるのは当然である。

　このような解釈を受け、旧民法債権担保編104条に対応する民法修正案362条は、「会社ノ記名株式又ハ社債ヲ以テ質権ノ目的トシタルトキハ株式又ハ社債ノ譲渡ニ関スル規定ニ従ヒ之ヲ会社ニ通知シ其帳簿ニ記入スルニ非サレハ質権者ハ其質権ヲ以テ会社其他ノ第三者ニ対抗スルコトヲ得ス」と規定され、同規定は、若干の字句修正を受けて衆議院議案（政府から衆議院に提出された「民法中修正案」のこと。以下「政府原案・民法修正案」という）364条と

なり、同条は、「記名ノ株式又ハ社債ヲ以テ質権ノ目的ト為シタルトキハ株式又ハ社債ノ譲渡ニ関スル規定ニ従ヒ会社ノ帳簿ニ質権ノ設定ヲ記入スルニ非サレハ之ヲ以テ会社其他ノ第三者ニ対抗スルコトヲ得ス」と規定された。

　以上のように、民法典〔以下「民法」という〕の成立前において、質権設定の「会社帳簿への記入」は、記名株式質の「会社その他の第三者」に対する対抗要件であることが明文化されたのである。

　ところが、貴族院議案（衆議院から貴族院に送付された「民法中修正案」のこと）では、政府原案・民法修正案364条の中の「株式又ハ」という４文字が削除され、民法（明治29年４月27日法律89号）では、記名社債質のみの対抗要件を定めた民法365条となってしまうのである（なお、同条は、平成17年会社法制定により削除された）。

　他方、指名債権質の対抗要件に関する衆議院議案363条は、民法364条１項となったうえ、同条２項として、「前項ノ規定ハ記名株式ニハ之ヲ適用セス」という規定が追加された（なお、民法364条２項も、平成17年会社法の制定により削除された）。

　したがって、質権設定の「会社帳簿への記入」という株式質の対抗要件規定は、民法では採用されなかったわけである。では、なぜ採用されなかったのであろうか。

　それは、当時、我が国で記名株式の質入れについて行われていた慣習である白紙委任状付きの株式譲渡・質入れの慣行が、明治29年２月開催の第９回帝国議会衆議院において考慮されたためである[5]。

2　民法典成立から昭和13年（1938年）商法改正までの議論

⑴　略式質は「会社」に対抗できるか

　株式質（略式質）の対抗要件規定が民法に採用されず、かつ指名債権質の対抗要件に関する民法364条１項（現行民法364条）が、同条２項により記名株式には適用されないため、「株券の継続占有」が、記名株式質の「会社その他の第三者」に対する対抗要件となった。

　この点に関し、梅謙次郎博士は、「本条（平成17年改正前民法364条１項・現行民法364条—筆者注）ノ規定ハ株式ニハ適用セサルモノトセリ故ニ株式ニ付

テハ既ニ言ヘルカ如ク株券ノ占有ノ継続ヲ以テ第三者ニ対スルノ要件トセサ
ルヘカラス是レ従来ノ慣習ヲ慮リ衆議院ニ於テ所修正、規定セシナリ然リト
雖モ第三者保護ノ点ヨリ之ヲ観レハ此修正ハ大ニ惜ムヘキモノアルカ如シ蓋
シ第三者ハ会社ノ株主名簿ニ株主タルコトヲ記載セル者ハ皆完全ニ株主権ヲ
有スル者ト認ムルハ当然ナルカ故ニ若シ質権ノ設定ニシテ株主名簿其他会社
ノ帳簿ニ之ヲ記載スルコトナクンハ第三者ハ往々欺カレテ已ニ質権ノ目的タ
ル株式ヲ以テ尚ホ完全ニ株主ニ属スルモノト誤信シ是ト取引ヲ為シテ損失ヲ
被ムルノ虞ナシトセス故ニ西洋諸国ニ於テハ大抵皆譲渡ニ要スル条件を履ム
ニ非サレハ質権ノ設定ヲ以テ第三者ニ対抗スルコトヲ得サルモノトセリ我邦
ニ於テハ従来白紙委任状等ノ弊習アルモ是レ到底一洗セサルコトヲ得サル所
ニシテ新法ノ実施ノ為メ幾分カ不便ヲ感スルカ如キハ是レ実ニ已ムコトヲ得
サル所ナリト信ス然ルニ衆議院ニ於テ従来ノ弊習ヲ慮リテ此修正ヲ為シタル
ハ豈ニ惜マサルヘケンヤ但商法第百五十条ニ拠レハ記名株式ノ譲渡ハ単ニ之
ヲ株主名簿ニ記載スルノミナラス必ス之ヲ株券ニモ記載スルニ非サレハ以テ
会社其他ノ第三者ニ対抗スルコトヲ得サルモノトシ又余ノ解釈ニ拠レハ質権
ヲ以テ会社其他ノ第三者ニ対抗スルニハ株券ノ占有ノ継続ヲ必要トスルカ故
ニ実際甚シキ弊害ナキコトヲ得ヘキカ」[6]と述べる。すなわち、梅博士によ
れば、質権の設定を株主名簿等の会社帳簿に記載しなければ、第三者は、株
主名簿上の株主（質権設定者）が完全な株主権を有する者であると誤信し、
当該株主と取引を行って損失を被ることがあると批判する一方、質権を「会
社その他の第三者」に対抗するには株券の継続占有が必要であるから、実際
には大きな弊害はないであろうとも述べている。そのとおりであり、株式質
権者が、質物たる株式を表章する株券を継続占有している限り、第三者は、
質権設定者たる株主と二重に質権設定をすることはできない。

　では、記名株式質（略式質）の効力発生要件および対抗要件に関する根拠
規定は何であろうか。この点に関し、梅博士は、「株券の交付」が、質権設
定の効力発生要件であり（民法363条）、質権者による「株券の継続占有」が、
「会社その他の第三者」に対する対抗要件である（民法362条2項、同352条）
ことを明言している[7]。

　民法362条2項により準用される同352条は、「質物の継続占有」をもって

動産質権の第三者対抗要件とする規定であり、同条にいう「第三者」とは、質権設定者以外の「すべての第三者」を意味することについては、現在でも定説である[8]。また、質権の「会社帳簿への記入」が「会社その他の第三者」に対する対抗要件であった一方、その「会社帳簿への記入」に代わって、「株券の継続占有」が株式質の対抗要件になった経緯を考えれば、「株券の継続占有」によって株式質（略式質）を対抗される「第三者」とは、「会社その他の第三者」でなければならない。さらに、法理論的にも、質入された権利（株式）の債務者（第三債務者・株式発行会社）に対して法的拘束力を有しないような質権はあり得ない。事実、この見解が、民法成立以降、昭和13年商法典〔以下、「商法」という〕改正に至るまで、民法学および商法学上の定説であった[9]。

　大審院判例も、株式質は、質権設定の合意と「株券の交付」により成立し、質権者による「株券の継続占有」により「会社その他の第三者」に対する対抗要件が具備されると解し、その根拠規定についても学説と同一の見解を述べていた（大審院昭和3年11月15日判決・法律新聞2963号16頁、同昭和7年9月5日判決・民集11巻1739頁、同昭和13年4月14日判決・民集17巻8号703頁）。

　以上のように、昭和13年商法改正以前においては、略式質に関し、株券の交付が効力発生要件であり、「株券の継続占有」が、「会社その他の第三者」に対する対抗要件であるということが、学説・判例上の定説であった。

(2)　略式質の効力は利益配当金に及ぶか

　株式質（略式質）の利益配当金に対する効力につき、肯定説と否定説があった。肯定説の論拠は以下のとおりである。

① 　利益配当金は、株式の法定果実[10]（民法88条2項）、法定果実に準ずるもの[11]、または法定果実に類似するもの[12]であるから、質権者は直接に取り立てることができる（民法362条2項・同350条・同297条）という説。大審院判例も、この説を採っていた（前掲の大審院昭和3年11月15日判決、同昭和7年9月5日判決、同昭和13年4月14日判決）。

② 　利益配当金にも質権の行使を可能とすることが当事者の意思にも合致する（利益配当金の有無および多寡が株式の価格を決定するから）という説[13]。

③　株式の質入れを実質的観察から決すべきであり、利益配当金が法定果
実か否かという形式的観察によるべきでないという説[14]。すなわち、こ
の説は、株主の自益権の主たるものは、利益配当金請求権と残余財産分
配金請求権であり、株式の質入れは、株主の自益権を主眼とするもので
あるから、株式が質入れされた以上、利益配当金が法定果実か否か、あ
るいは残余財産分配金が株式の価値代表物か否かの議論とは無関係に、
これらの請求権上に質権の効力が及ぶとする。

④　利益配当金は法定果実またはこれに準ずるものと考え、理論上は肯定
説を採る一方、会社に質権者の存在がわからないにもかかわらず、利益
配当金の支払を義務付けるのは会社には耐え難いという理由から、実際
上、会社によりその存在が把握されている株主名簿上の株主が利益配当
金を受け取ることになると解し、結論として否定説を採る説[15]。この説
は、理論と実際の乖離を埋めるため、会社に対して質権者の存在を知ら
せる質入れ方法（登録質）の立法化を提唱する。

これに対し、否定説の論拠は、利益配当金が株式の法定果実であることを
否定することに尽きる[16]。ただし、否定説に中には、法定果実に酷似するこ
とを理由に、立法論としては肯定説に賛成するものもある[17]。

以上のように、結論的にはともかくとして、少なくとも理論的には肯定説
を採る見解が学説の多数であり、判例は、明白に肯定説を採っていた。理論
的には、利益配当金は、元物たる株式の使用の対価と見ることができ、物権
である株式質権の効力が、質物（株式）の法定果実である利益配当金に及ぶ
と考えるべきであり、①説が妥当であろう。一方、④説のように、略式質が
会社に把握されていないという実際上の理由から、結論として否定説を採る
のは、本末転倒の議論である。いずれにしろ、昭和13年商法改正以前におい
ては、現在の商法学の多数説とは異なり、理論的には肯定説を採るのが判例
および多数説であった。

3　昭和13年商法改正当時の議論

⑴　株式質制度立法化の理由

昭和13年改正商法（法律72号）は、同6年公表の商法改正要綱を基にして、

司法省の商法改正調査委員会において同７年11月から同10年２月まで調査立
案がなされた後、同13年４月５日公布され、同15年１月１日に施行されたも
のであり、その中に、株式質に関する３ヵ条、すなわち旧法207条、同208条
および同209条が新設されたわけである。

　このうち、旧法207条は、前述の略式質についての判例および学説をその
まま明文化しただけのものであった[18]。事実、昭和13年商法改正を終始指導
された松本烝治博士は、「現行法に於ても、記名株式の質入に株券の交付を
要し、質権の対抗要件として株券の占有を要すること解釈上恐くは争なき所
であらうが、改正案第二百七条は明文を設けて之を明にした」[19]。したがっ
て、旧法207条２項にいう「第三者」とは、「会社その他の第三者」の意味で
あり、本来、そのように規定すべきであった[20]。恐らく、それまでの略式質
の対抗要件の根拠規定とされていた民法350条に「第三者」とだけしか書い
ていなかったためか、あるいは「第三者」の中に「会社」が含まれるのは余
りにも自明のことだったためであろう。いずれにしろ、略式質権者は、「株
券の継続占有」をもって、第三債務者たる「会社」に略式質を対抗できると
解さなければならない。

　また、略式質の物上代位効に関する旧法208条は、昭和13年改正前商法に
おいて明文で認められていた株式併合の場合の物上代位効に加えて、民法
304条の解釈により認められていた物上代位効の客体——株式の消却、転換、
および失権処分——について明文規定を設けたものである[21]。もっとも、学
説・判例により略式質の効力が及ぶことが認められていた利益配当金および
残余財産分配金について明文化されず、それらは、登録質に関する旧法209
条において明文化された。そのことが、登録質に関する現在の多数説を生み
出す原因となるのである。

　しかし、登録質は、本来、略式質が有する実務上の不便・難点、すなわち、
略式質権者の存在が会社（第三債務者）に把握されず、利益配当金が略式質
権者にではなく、株主名簿上の株主（略式質権設定者）に支払われてしまう
という問題を解決するため、新たに考案されたものにすぎなかった。実際、
松本博士は、商法改正要綱案につき、「記名株式の質入は現行法上は株券の
交付のみに依つて行われるのであつて、会社が其質権の設定を知り得る途は

ない。従て質権者が直接会社より利益配当金又は解散の場合の残余財産分配金を受くるの途は絶対にないのである。然しながら株式質入の此方法以外に、正式に会社に通知して質権の設定を株主名簿に記載せしめ、質権者が直接利益配当金又は残余財産分配金を受け、以て債権の弁済に充当する方法を認めるは、実際上有益であらうと思はれる。本要綱案は従来の株券交付に依る質入——仮に略式質入と称す——の外、右の如き方法の質入——仮に正式質入と称す——をも認めやうと謂ふのである⁽²²⁾」（傍点、筆者）と述べている。

　その後、松本博士は、商法改正案につき、「単純なる株券の交付に因る質入を仮に略式質入と称すれば、此場合を正式質入又は株式の登録質とでも称すべきであつて、略式質は短期融通又は質入者が質入を秘密に保たんとする場合に用ひられ、正式質は債権者が確実を欲する長期金融の場合に用ひられ、両々相並んで完全に記名株式質入の機能を発揮し得ることと考へる」⁽²³⁾と述べ、株式担保金融における登録質の役割を、略式質の補完としてではなく、積極的に位置付けようとした。しかし、このように、登録質——その後、実際に利用されることはほとんどなかった⁽²⁴⁾——を「正式質入」と位置付けたことが、略式質のままでは「会社」に対抗できないという説の登場を許すことになるのである。

(2)　略式質は「会社」に対抗できるか

　前述のように、旧法207条は、株式質制度立法化前における学説・判例の定説をそのまま明文化しただけであり、同条2項にいう「第三者」には「会社」が含まれることは明らかであった。ところが、旧法209条に登録質制度が新設されたため、旧法207条2項にいう「第三者」から「会社」が除かれ、略式質は「会社」に対抗できないという説が新たに登場することになるのである⁽²⁵⁾。

　ところで、昭和13年商法改正時の旧法207条および同209条は、以下のとおりである。

・207条

①　記名株式ヲ以テ質権ノ目的ト為スニハ株券ヲ交付スルコトヲ要ス

②　質権者ハ継続シテ株券ヲ占有スルニ非ザレバ其ノ質権ヲ以テ第三者ニ対抗スルコトヲ得ズ

・209条

① 　記名株式ヲ以テ質権ノ目的ト為シタル場合ニ於テ会社ガ質権設定者ノ請求ニ依リ質権者ノ氏名及住所ヲ株主名簿ニ記載シ且其ノ氏名ヲ株券ニ記載シタルトキハ質権者ハ会社ヨリ利益若ハ利息ノ配当、残余財産ノ分配又ハ前条ノ金銭ノ支払ヲ受ケ他ノ債権者ニ先チテ自己ノ債権ノ弁済ニ充ツルコトヲ得

② 　民法第三百六十七条第三項（現行民法366条3項―筆者注）ノ規定ハ前項ノ場合ニ之ヲ準用ス

③ 　第一項ノ質権者ハ会社ニ対シ前条第一項ノ株主ノ受クベキ株券ノ引渡ヲ請求スルコトヲ得

　まず、昭和6年に公表された商法改正要綱について研究を行っていた鳥賀陽然良博士を代表者とする京都帝国大学の研究グループは、旧法207条2項につき、「二項は記名株式上の質権の第三者に対する対抗要件として株券の継続占有を必要としたのである」[26]（傍点、筆者）と述べる一方で、「質権の或効力を会社に対して主張し得る為には、特に株主名簿への登録の必要ありとした」[27]（傍点、筆者）と述べ、旧法209条について以下のような説明を行っている。

　「記名株式の質入は現行法（昭和13年改正前商法―筆者注）上もとより可能であり、質権者は質権の効力を発揮せしめ、弁済期には之を換価し以て弁済を受け得る。然し乍ら之を直ちに換価することなく、利益、利息の配当金を取得し又は解散の場合の残余財産又は株式併合消却により受くる金銭の支払を之を以て弁済に充てる方が有利なこともある。尤も之等は特に規定なくとも、質物の果実上及代物の上に質権の効力が及ぶ旨を定める民法三五〇条、三百四条、二九五条や改正法案二百八条から解釈上認め得る結果であるとも考えへられる（田中誠二氏会社法提要一九八頁参照）。然し質権の対抗要件は株券の継続占有にすぎぬ。然も指名債権上の対抗要件（債務者に対する通知又は債務者の承諾）を定むる民法364条は記名株式に適用されぬ（同条二項）。然し乍ら之だけでは会社は何人に之等の金銭を支払ふべきや不明であり実際上一々質権者を探査して之に支払ふことは不可能である。故に特に質権設定者の請求により質権者の氏名及住所を株主名簿に記載せしめ且其氏名を株券

に記載せしめ（松本博士は之を正式質入又は登録質と仮称せられる。法律時報八巻三号四頁）、かかる場合にのみ会社に対し右の金銭の支払を請求し之を以て自己の債権の弁済に充て得ることとしたのである。従て手続をとらぬ質権設定（松本博士は之を仮に略式質入と称せられる法律時報八巻三号四頁）の有効なることは勿論であるが其場合には右の諸金銭の支払を受け得ぬこととする意であろうと思はれる。一言にして言えば『株式の質入は株主名簿に之を記載し且株券上に記載するに非れば其効果を以て会社に対抗することを得ない』といふと略同様の結果となるのである」[28]（傍点、筆者）と述べるのである。

　この説明は、登録質制度新設の第一の理由が、略式質権者の存在を把握できない「会社」（第三債務者）の不便さを克服することにあったことを明確に指摘する一方で、登録質のみが、「会社」に対抗できる株式質であるとするものである。逆に言えば、略式質は、「会社」に対抗できない株式質であり、今日の商法学の圧倒的多数説と同じ見解である。しかし、そのような見解は、それまでの略式質の対抗要件に関する学説・判例上の定説を明文化したにすぎない旧法207条2項に反することが明白である。また、この見解に従えば、「会社」に対抗できない略式質権者は、「会社」に対し、旧法208条に定める物上代位の目的物を請求できないことになり、208条の存在意義が消失することになろう。

　そこで、この論理矛盾を避けるため、鳥賀陽グループは、略式質は、「会社」に対抗できないという前述の見解を、以下のように述べ、元に軌道修正するのである。

　「然し乍ら二〇七条の質入の場合には絶対に之等の請求権なしとするのは行過ぎである。既に対抗要件を明定した以上理論上会社に対しても質権を対抗し得、問題の果実代物上に質権を及し得ねばならぬ。会社が一々質権者を探査して支払をなすことが事実上不可能であるといふ不便を除く為には、登録した場合には会社は質権者に払ひ得又払ふべきだが、登録せぬ場合には会社はすすんで支払ふ必要ないことを定むれば足る。登録せぬ場合でも対抗要件を備へた質権者の請求があるときは之に支払ひ得また支払を要することとして何等妨げない。そうでなければ二〇七条の質入（略式質一筆者注）の効

力は甚だしく微弱なものとなり終るであらう」[29]（傍点、筆者）と述べ、また、209条3項についても、「三項は、前条第一項により、即ち株式の併合消却転換により質権は其代物たる新株式の上に存続する場合に、会社に対し新株券を株主に引渡すことなく自己に引渡すべきことを請求し得ることとしたのである。蓋し株券の継続占有は質権の対抗要件であるからであつて適当である。然しこの場合にも一項についてと同じく非登録質権者に全然この請求権を与へないのは適当でない」（傍点、筆者）と述べているからである。

　この説明は、鳥賀陽グループの先の引用説明とは異なり、理論上、略式質であっても「会社」に対抗でき、登録質制度の新設前と同じく、略式質権者は、「会社」に対し、株式の果実（利益配当金）や代位目的物を請求できると述べており、極めて正当な指摘である。したがって、鳥賀陽グループが先の引用説明において使用していた、登録質でなければ「会社」に対抗できないという場合の「対抗」の意味は、本来的な意味の「権利対抗」ではないということになる。「対抗」の本来的な意味は、「権利（質権）の対抗」であり、株式質の場合、それは、旧法207条2項のみで完全に具備されているはずである。

　これに対し、旧法209条1項の「登録」の効果は、それがされていれば、質権者は、「会社」に対し自ら権利主張をしなくても、「会社」から権利者として扱われ、利益配当金・代位目的物等の支払を直接受けることができるという点に、第一次的な意味があるのである。それゆえ、鳥賀陽グループの説明は、結論的にはほぼ正当と評価できるものの、「登録」の効果につき、「対抗」という不正確な言葉を使用して論理矛盾を招いている点において、問題があると評価せざるを得ない。

　繰り返すが、「登録」の第一次的な効果は、「会社」に質権者の存在を知らせることにあり、「会社」は、登録質権者だけを質権者として扱えばよい一方で、略式質権者を探査する必要がなく、それでもって免責されることにある。つまり、「登録」の第一次的な意味は、第三債務者たる「会社」の支払い保護にあり、本来、「権利の対抗」とは無関係なのである。「登録」により、結果として、登録質権者も保護されるが、それは、「登録」による反射的・第二次的効果なのであり、そう考えれば、旧法207条2項と同209条1項との

関係を論理矛盾なく説明できるのである。しかし、「登録」の効果が、第三債務者たる「会社」の支払い保護にあるという視点は忘れ去られ[30]、登録質制度の立法化後、「登録」＝「会社」に対する質権という権利自体の対抗力付与という見解が完全に確立するのである[31]。

(3)　略式質の効力は利益配当金に及ぶか

　前述のように、株式質制度立法化の前、略式質の効力は、利益配当金に及ぶというのが判例・多数説であり、旧法208条も、同207条と同様、それまでの判例および学説の定説ないし多数説を明文化しただけのものであったはずである。それゆえ、前掲したように、鳥賀陽グループは、略式質の効力は利益配当金に及ぶことを肯定するとともに、略式質権者は、「会社」に対し対抗できるが故に、「会社」に対し利益配当金の請求ができると説明したのである。

　ところが、昭和13年商法改正が登録質制度を新設し、旧法209条1項により、登録質の優先弁済効が、同208条所定の代位目的物に加え、利益配当金および残余財産分配金に対しても及ぶことを明定したことが、前述の対抗要件の問題ともリンクして、「登録」には権利創設効があり、登録質の形にして初めて利益配当金に株式質の効力が及ぶという説が台頭するのである。この説では、略式質の効力は利益配当金には及ばないということになる（もっとも、残余財産分配金について208条は何ら明定していないが、解釈上、略式質の効力は、それには及ぶとする。論理的一貫性に欠ける説である）が、それが、登録質と略式質の効力の決定的差異であると言うわけである。

　そして、このような略式質の効力は利益配当金には及ばないという否定説が台頭したのは、株式質制度立法化前における我妻榮博士の見解やその影響を受けたと思われる商法学者の結論否定説である[32]。すなわち、理論的には、利益配当金を株式の法定果実と解し、肯定説を採る一方で、質権者の存在を把握できない第三債務者たる「会社」にその支払義務を課すのは酷であるという実際的理由から、結論として否定説を採った説である。

　しかし、自己の依拠する理論を、実際的理由から否定する見解は本末転倒であり、賛成できない。確かに、略式質権者の存在を把握できない「会社」に利益配当金の支払義務を課すことは、「会社にとつて堪へ得ざる所であ

る[33]」が、だからと言って、否定説を採るのは短絡的である。もし、「会社
にとって堪えざる」ことが、略式質の利益配当金に対する効力を否定する理
由になるのなら、残余財産分配金や208条所定の代位目的物に対しても、略
式質の効力を否定しなければならないはずである。しかし、それは、旧法
208条の存在自体を否定することになる。また、それまで取引界で広く行わ
れていた略式質から、「会社」に対する対抗力や利益配当金に対する効力を
剥奪する一方、略式質権者を把握できない「会社」の「不便さ」や「堪えざ
る」ことを解消するために考案されただけのものである登録質——しかも、
それは、今日に至るまでほとんど利用さなかった——に、これらの効力をす
べて付与するという解釈は全く実際的配慮にも欠け、現実離れした解釈であ
る。

　登録質制度新設の第一次的な理由は、結論否定説も指摘しているように、
略式質権者の存在を把握できない「会社」が、利益配当金等の支払義務を課
せられることが「堪えざる」ことにあったのであるから、その支払関係だけ
を、「会社」の保護を招来するように規制すれば済むことであり、本来、対
抗力や効力は、「登録」とは何の関係もないことである。要するに、「会社」
は、略式質権者を探査する必要がなく、株主名簿に記載された登録質権者に
対してのみ、質権の目的物である利益配当金・代位目的物等を支払えば免責
されることにすればよいだけの話である。

　以上、昭和13年商法改正により登録質制度が新設されたため、かえって、
理論的にも実際的にも奇妙な説が登場したと言うことができる。

三　会社法における株式質

1　株式質制度の概観

　平成17年（2005年）成立の会社法における株式質は、旧法の場合と同様、
略式質と登録質であるが、同法では株券不発行が原則となったことに伴い、
登録質が原則形態となった。すなわち、登録質は、株券不発行会社および株
券発行会社の株式の双方について認められるからである（会社法147条１項）。
他方、略式質は、株券発行会社の株式についてのみ認められることになり

（会社法147条2項）、会社法では例外的な存在になった。

　また、登録質は、株主名簿への質権者の記載により、「株式会社その他の第三者」に対し対抗できることになった（会社法147条1項）。これは、1890年成立の旧民法の債権担保法104条が、記名株式の質入れにつき、「会社ニ通知シ其帳簿ニ記入スルニ非サレハ質権者ハ其質権ヲ以テ会社其他ノ第三者ニ対抗スルコトヲ得ス」と規定したのと同様の規制である。したがって、梅博士が、1896年成立の民法による不採用を惜しんだ株式質制度が、109年の歳月を経て復活したことになる。

　他方、略式質は、株券の継続占有により「株券発行会社その他の第三者」に対抗できると定められ（会社法147条2項）、略式質権者は、「株券の継続占有」により、略式質を「会社」に対抗できることが明定された。これは、昭和13年商法改正前における定説、その後の商法学における少数説および私見と同じ見解が明文化されたわけである。

　このほか、これまでと同じく、株式譲渡担保も認められ、それには登録譲渡担保と略式譲渡担保がある。会社法のもとにおいて、登録譲渡担保は、株券不発行会社および株券発行会社の株式の双方について認められる。そして、株式譲渡担保は、株式の「譲渡」と構成されるため、①株券不発行会社の登録譲渡担保は、株主名簿への取得者（譲渡担保権者）の記載が、「株式会社その他の第三者」に対する対抗要件となる（会社法130条1項）のに対し、②株券発行会社の株式の登録譲渡担保は、株主名簿への取得者（譲渡担保権者）の記載が、「株式会社」に対する対抗要件となる（会社法130条2項）。

　他方、略式譲渡担保は、株券発行会社の株式についてのみ認められる。略式譲渡担保では、株券を継続占有するだけで、株主名簿に取得者（譲渡担保権者）の記載がないため、それを「株券発行会社（第三債務者）」に対抗できない。この点において、会社法における略式質と略式譲渡担保は決定的に異なることになる。なぜなら、会社法において、略式質は、株券の継続占有だけで「株券発行会社その他の第三者」に対抗できると定められているため、「株券発行会社」にも対抗できるうえ、略式質の効力が、剰余金の配当に及ぶことが明定されている（会社法151条8号）一方で、略式譲渡担保については、明文規定が存しないため、「株券の継続占有」をしていても「株券発行

会社」に対抗できず、かつ、その効力も剰余金の配当に及ばないからである。つまり、会社法のもとでは、これまでの一般的な理解とは異なり、解釈上、略式譲渡担保に上記の略式質に関する規定を類推適用しない限り、「会社」に対する対抗力および効力範囲に関し、略式質のほうが、略式譲渡担保よりも有利となったのである[34]。ところが、「新会社法」に関するほとんどの教科書・体系書は、この点を看過し、旧法下と同じく、会社法のもとでも譲渡担保のほうが有利であると記載している[35]。

2　略式質は「会社」に対抗できるか

旧法207条2項にいう「第三者」の中に、第三債務者たる「株式発行会社」が含まれるか否かにつき、①含まれるという肯定説（私見）と②含まれないという否定説があり、商法学では②説が圧倒的多数説であった。②説は、「株券の継続占有」は、略式質の、「会社」を除く第三者に対する対抗要件であり、「会社」に対抗するためには登録質にしなければならないと説く。

ところが、②説の理解とは異なり、会社法は、略式質は、「株券発行会社」に対抗できると定めたのである（会社法147条2項）。①説からすれば、本来、このように規定すべきであったので、会社法147条2項は、当然のことを規定したにすぎない。

では、②説を主張していた商法学の多数説は、この点をどう説明するのであろうか。私がこれまで調べた範囲では、「新会社法」に関する教科書・体系書のほとんどは、この「変化」について言及していないばかりか、依然として、株券の継続占有が「第三者」に対する対抗要件であると記述し、「株券発行会社その他の第三者」という会社法147条2項の文言を無視している体系書さえ存在する[36]。唯一、この「変化」について言及しているのは前田庸教授である。以下に紹介する。

「株式の質入れは、①質権者の氏名または名称および住所を株主名簿に記載し、または記録しなければ、会社その他の第三者に対抗することができず（147条1項）、また②株券発行会社の場合には、その質権者は、継続してその株式にかかる株券を占有しなければ、その質権をもって株券発行会社その他の第三者に対抗することができない（147条2項）。指名債権質の対抗要件

に関する民法364条の規定は、株式については、適用しない（147条3項）。

　旧会社法のもとでは、①は株券不発行会社の『会社その他の第三者』に対する対抗要件として規定され（改正前商法207条ノ2第1項）、②はたんに『第三者』に対する対抗要件として規定されていた。会社法が上記のように規定されるにいたったのは、会社法における『会社その他の第三者』に対する対抗要件の意味が改正前のそれとで異なるからであると考えられる。会社法のもとでは、登録質権者として物上代位の目的物を直接に会社から株券や金銭の引渡しを受ける（株券発行会社の場合）等の場合のみならず、物上代位権行使の手続としてその株券等の引渡し前に差押えを必要とする場合（旧会社法のもとでは会社に対抗要件を必要とする場合として取り扱われていなかったと考えられる）も含めて、会社に対する対抗要件として必要な場合として取り扱われていると考えられる。したがって、株券発行会社の場合には、②の株券の継続占有が『会社』その他の第三者に対する対抗要件として必要とされるのである。そして、株券発行会社については、②の要件のみならず、①の対抗要件も満たせば、会社から直接物上代位の目的物の引渡しを受けることができることになる。なお、略式質の場合の物上代位権の行使の手続について、後述するように、株券と引換えになされる場合（株式の併合の場合等。219条1号参照）には、差押えを要せず、株券と引換えに株券等の交付を請求できるという立場をとれば、略式質の場合にも発行会社に対する対抗要件をみたしているという構成が必要なはずであり、会社法の上述の立法はその必要性をみたすものということができる」(37)（傍点、筆者）と述べるのである。

　しかし、この説明は、会社法のもとで、なぜ、登録質の場合のみならず、略式質の場合も、「会社」に対する対抗要件として必要な場合として取り扱われるようになったのかについて何も説明していない。前田教授は、「会社法が上記のように規定されるにいたったのは、会社法における『会社その他の第三者』に対する対抗要件の意味が改正前のそれとで異なるからであると考えられる」と述べているが、なぜ、会社法において異なることになったのかを説明していない。

　前田教授は、この記述に続けて、会社法のもとでは、登録質の場合のみならず、「物上代位権行使の手続としてその株券等の引渡し前に差押えを必要

とする場合（旧会社法のもとでは会社に対する対抗要件を必要とする場合として取り扱われていなかったと考えられる）も含めて、会社に対する対抗要件として必要な場合として取り扱われていると考えられる」と述べてはいるが、略式質の対抗要件に関する会社法の方針が変わったと述べているだけで、なぜ、略式質の場合も含めて、「会社」に対抗できるようになったのかについて全く理論的な説明をしていないのである。これは、略式質であっても、株券を継続占有している限り、第三債務者たる「会社」に対抗できると考えればよく、法文言は変わったが、意味内容は同じであると考えれば済む問題である。

　また、前田教授説は、前掲のように、「株券発行会社については、②の要件（株券の継続占有―筆者注）のみならず、①の対抗要件（株主名簿への質権者の登録―筆者注）も満たせば、会社から直接物上代位の目的物の引渡しを受けることができることになる」と述べるが、これは、旧法208に関する略式質でもって「会社」に対抗できるという私見からすれば当然の解釈であり、今回の会社法における新しい解釈として、敢えて説明するほどの問題ではない。

　前田説の論理的破綻は、前掲した次の記述において最も鮮明になる。すなわち、「なお、略式質の場合の物上代位権の行使の手続について、後述するように、株券と引換えになされる場合には、差押えを要せず、株券と引換えに株券等の交付を請求できるという立場をとれば、略式質の場合にも発行会社に対する対抗要件をみたしているという構成が必要なはずであり、会社法の上述の立法はその必要性をみたすものということができる」という記述である。略式質では「会社」に対抗できないというのが、旧法に関する前田説および商法学における多数説だったはずであり、会社法が成立した途端、物上代位権行使に関連して、「略式質の場合にも発行会社に対する対抗要件をみたしているという構成が必要なはずであり」と述べているからである。略式質の物上代位権行使の場合にも、株式発行会社に対する対抗要件を充たしていなければならないと主張していたのは私見である。

　従来の前田説をはじめとする商法学の多数説は、略式質（原担保権・基本担保権）のままでは、「会社」に対する対抗要件を充たさないと解していた。これに対し、私は、そうであれば、略式質に基づく物上代位権も「会社」に

対抗できず（物上代位権は略式質の効力そのものであり、両者は同一性を有する）、略式質権者は、物上代位目的物の交付等を当該会社に請求できないことになり、旧法208条の存在意義はなくなると主張していたのである[38]。これに対し、前田教授は、「物上代位自体について対抗要件ということは問題にならないのではないかと思います」[39]と発言していたのである。この発言は、物上代位権と原担保権（基本担保権）の関係を基本的に理解していないものである。

　結局、前田説は、略式質では「会社」に対抗できないという商法学の多数説を主導していた説であり[40]、会社法147条2項の文言の「変化」を理論的に説明できず、無理に説明しようとすれば、従来からの主張との間に明白な論理的矛盾を引き起こすのである。

3　略式質の効力は剰余金の配当に及ぶか

　商法学における圧倒的多数説は、略式質のままでは、株式質の効力は利益配当金に及ばず、登録質の形にして初めて、その効力が肯定されるとし、その根拠規定として、旧法209条1項を挙げていた。つまり、この肯定説は、株主名簿への質権者の「登録」に権利創設的効力があると考えるわけである。しかし、利益配当金（会社法のもとでは剰余金の配当）は、法理論的には株式の法定果実であり（民法362条2項・350条・297条）、これに対する効力は、まさに物権たる質権の効力である。さらに、昭和13年の登録質制度立法化前の議論からも、「登録」に、そのような権利創設効を認めることはできない。「登録」にあるのは、第三債務者である「会社」の免責効果だけであるのは、前述したとおりである。

　そして、多数説の理解とは異なり、今回、会社法151条8号は、略式質の効力が剰余金の配当（利益配当金）に及ぶことを明定したのである。私見によれば、この規定は、当然のことを規定したにすぎない。多数説は、この点をどう説明するのであろうか。

　この点につき、多数説の主唱者である前田庸教授は、「明文で上記のように剰余金の配当につき登録株式質に限定せずに物上代位の対象として列挙されている以上、略式質にもそれに効力が及ぶといわざるをえない」[41]と述べ、

政策的な転換と考えるようである。

　また、江頭憲治郎教授は、「略式質を念頭に置くと、奇異に感じられる。おそらく、登録質が原則（147条1項）、株券が発行され略式質の形式がとられるのが例外（147条2項）と考えるから、このような規定になったのであろう」[42]とか、「これは少数説をとったということで、そういう考え方もあるでしょうという程度のことなのですが」[43]とか、「私が推測するに、新法では株券がないことが原則ですから、登録株式質が原則になるという考えの下に、こう規定されたのではないか。しかし、新法の下では登録株式質が本当に原則だろうか。振替株式制度には、やはり略式質に当たるものがあるわけで、上場株は、いずれみな振替制度に入る。実際に質入れされるのは、上場株式が多いでしょうから。実体的には、やはり略式質が原則なのではないか。それにも物上代位がある旨が明文で規定されたので、これは『あれあれ』と思った一つの点です」[44]と困惑するが、結局、「会社法は、剰余金の配当も株式の財産的価値の一部実現であることに鑑み、明文の規定により、略式株式質権者は、剰余金の配当として交付される金銭等が質権設定者に対し払渡し・引渡しされる前に差押えをすれば、物上代位的効力を主張し得ることを認めた（会社151条8号）」[45]と述べ、従来の多数説の立場からの説明を何もしていない。

　なお、前掲のように、前田教授、江頭教授をはじめ、近時の商法学ではほぼ一致して、「剰余金の配当（利益配当金）」を物上代位の目的物と解しているが、かつては、これを法定果実と解するのが多数説であり[46]、いずれと解するかにより権利行使の方法に違いがあることを想起すべきである[47]。代位目的物ではなく、法定果実と解すれば、「差押え」（民法362条2項・同350条・同304条1項ただし書）を要せず、質権者は、直接、それを取立てることができるからである[48]（民法366条1項）。この点においても、近時の多くの商法学説は、不正確と言わざるを得ない。

　他方、会社法の立法担当者は、「現行商法209条1項には、①利益の配当、②残余財産の分配、および③208条の金銭の支払いが同列に掲げられている。このうち、②および③については、それぞれ別の規定（②については、現行民法362条2項、350条、304条、③については現行商法208条）により質権の効力

が及ぶことを前提とした上で、現行商法209条1項の規定によって登録質に独自の効力が認められている。これに対し、①の利益配当のみ、現行商法209条1項の規定により、質権の効力が及ぶことと登録質としての効力との双方を規定していると解釈することは、少なくとも法制的な整理を前提とした条文の解釈としては難しい面がある。そこで、会社法の条文を設けるに当たっては、この点を明確化することとし、配当により交付される財産に対して株式の質入れ（登録質であるか否かを問わない）の効力が及ぶことについて、明文の規定を設けている（会社法151条8号）」[49]と述べる。妥当な指摘である。

　略式質の効力が、残余財産分配金（代位目的物であると解する）や旧法208条所定の代位目的物に及ぶことを肯定しながら、唯、利益配当金に対してのみ、登録質でなければ及ばないという多数説は、立法担当者が指摘するように、解釈論として異常であり、やはり非論理的な解釈である。このような奇妙な説が多数説となったのは、略式質のままでは「会社」に対抗できないというドグマに捉われたからである。

　立法担当者の「自己株式の取得の対価、残余財産の分配その他の質権の対象となっている株式について会社から交付される財産に効力が及ぶにもかかわらず、その一態様であり、経済的実質に変わるところのない『剰余金の配当』には及ばないものとすることは論理的でない。もっとも、質権の効力が剰余金の配当にも及ぶかどうかという問題と、会社に対抗することができない質権者が剰余金の配当により交付される金銭の支払い等を直接請求できるかどうかという問題とは、別問題である（会社法154条参照）[50]」という指摘も、説得的である。しかし、最後に、「会社に対抗することができない質権者が剰余金の配当により交付される質権者云々」と述べているのは正当でない。略式質権者は、「会社」に対抗できるからである。この点において、立法担当者も、略式質の「会社」対抗要件について正確に理解していないと評さざるを得ない。

　繰り返すが、略式質も、登録質も、いずれも「会社」に対抗できるのであり、唯、「会社」に対する権利行使方法が異なるだけである。すなわち、登録質権者は、株主名簿に記載されているため、権利行使のために自身が行為する必要がないだけである（会社法154条）。一方、略式質権者、継続占有す

る株券を提示して剰余金の配当を請求するのである⁽⁵¹⁾。

四　おわりに

　旧民法（1890年）、現行民法（1896年）、昭和13年（1938年）改正商法、そし
て平成17年（2005年）会社法と、それぞれの法律における株式質制度をめぐ
る解釈論を検討してきた。その結果、商法上、株式質制度が存在しなかった
時代においては、株式質（略式質）の対抗要件に関する根拠規定は、民法
362条2項が準用する同352条であり、「株券の継続占有」により略式質を対
抗される「第三者」とは、「会社その他の第三者」の意味であったことは、
判例・学説（民法学・商法学）の定説であり、昭和13年に、その定説をその
まま立法化した規定が旧法207条2項だったということである。

　ところが、その際、同時に、第三債務者たる「会社」の株式質権者に対す
る利益配当金等の支払の便宜を考慮し、登録質制度が旧法209条に新設され
たため、「登録」をもって、株式質の「会社」に対する対抗要件と考え、略
式質では「会社」に対抗できないという説が台頭したわけである。この説は、
「登録」に権利創設効を認め、登録質でなければ利益配当金に株式質の効力
が及ばないことも主張した。そして、同説は、近時では、商法学における圧
倒的多数説を形成していた。

　しかし、この多数説のように、略式質のままでは「会社」に対抗できない
と考えると、同じく、昭和13年にそれまでの略式質の物上代位効に関する定
説を明文化しただけの旧法208条の存在理由が消失するのである。なぜなら、
原担保権である略式質が「会社」に対抗できないのであれば、その略式質に
基づく物上代位権も、「会社」に対抗できないからである。つまり、旧法208
条は、代位目的物等の支払義務者に何ら主張できない権利（株式質権）の効
力範囲を定めていたことになるからである。したがって、略式質のままでは
「会社」に対抗できないという多数説は、そもそも最初から論理破綻を起こ
していた説なのである。

　また、株式質の効力が及ぶものとして、代位目的物、残余財産分配金およ
び利益配当金が考えられるが、前述の多数説は、利益配当金についてのみ略
式質の効力を否定し、登録質でなければその効力が及ばないと主張した。し

かし、それは、略式質と登録質の効力のバランスから見ても奇妙であり、非論理的な見解である。この問題についても、昭和13年の登録質制度新設の原点を検証すれば、この説を採り得ないことが容易にわかる。登録質制度新設の理由は、第三債務者たる「会社」にとって把握できない略式質権者への利益配当金等の支払義務から、「会社」を免責すること、つまり、第三債務者たる「会社」の支払い保護にあったのであり、本来、権利対抗問題や権利創設効とは無関係だったのである。

　平成17年、会社法は、略式質の「会社」に対する対抗要件につき規定し、略式質権者は、「株券の継続占有」をもって、「会社その他の第三者」に対抗できる旨を定めた（会社法147条2項）。これは、理論的にも実際的にも、実に正当な規定である。

　次に、会社法は、略式質と登録質のそれぞれの効力についても全く同一に規定し、いずれも、剰余金の配当（利益配当金）にその効力が及ぶことを明定した（会社法151条8号）。これも、理論的にも実際的にも、実に正当な規定である。いずれにしろ、略式質の効力が剰余金の配当にも及ぶという当然のことが明文化されただけのことであり、何らパラダイム的な転換ではない[52]。

　以上から、昭和13年、株式質をめぐる諸問題についての疑義をなくすために商法に新設された旧法207条2項、同208条および同209条の相互関係、つまり、略式質および登録質の対抗要件と効力の問題は、70年近くの歳月を経て、会社法の制定によって、従来から私が主張してきた解釈が明文化され、論理的整合性をもって説明できるようになったのである。

(1)　清原泰司『物上代位の法理』116頁以下（民事法研究会、1997年）。同「略式質の法的構造」奥島孝康教授還暦記念論文集編集委員会編『近代企業法の形成と展開　第二巻』193頁以下（成文堂、1999年）。

(2)　清原・前掲注(1)『物上代位の法理』167頁、同「略式質の法的構造」200頁。

(3)　清原・前掲注(1)『物上代位の法理』126頁、164頁以下、同「略式質の法的構造」197頁以下。

(4)　詳細は、我妻榮『新訂担保物権法（民法講義Ⅲ）』199頁以下（岩波書店、1968年）、竹内昭夫「株式担保の立法論的考察」『会社法の理論Ⅰ　総論・株式』231頁以下（有斐閣、1984年）、清原・前掲注(1)『物上代位の法理』138頁以下参

照。

⑸　梅謙次郎『訂正増補民法要義　巻之二　物権編』490頁以下（第31版、1911年）、廣中俊雄編著『第九回帝国議会の民法審議』18頁（有斐閣、1986年）。

⑹　梅・前掲注⑸490頁以下。

⑺　梅・前掲注⑸487頁。

⑻　石田喜久夫『注釈民法⑻物権⑶』300頁（有斐閣、1965年）。

⑼　清原・前掲注⑴『物上代位の法理』170頁の注㉑、171頁の注㉓掲記の文献参照。

⑽　中島玉吉『民法釈義　巻之二下　物権編下』978頁（1916年）、近藤英吉『改訂物権法論』288頁（1937年）、勝本正晃『担保物権法』342頁（1938年）。

⑾　川添清吉『民法講義〔物権〕』293頁（1935年）

⑿　間運吉『会社法要論　上巻』510頁（1927年）

⒀　田島順『担保物権法』171頁以下（1934年）

⒁　石田文次郎『担保物権法論　下巻』477頁、479頁の註11、527頁以下（1936年）。

⒂　我妻榮『担保物権法（民法講義Ⅲ）』181頁（1936年）、松波仁一郎『改正日本会社法』1020頁（1914年）、松本烝治『日本会社法論』226頁（1929年）以下、田中耕太郎『増補改版　会社法概論』448頁（1929年）、寺尾元彦『会社法提要』242頁（1931年）。

⒃　富井政章『民法原論　第二巻　物権』514頁（1915年）、三潴信三『全訂担保物権法　全』453頁以下（1926年）、小池隆一『担保物権法論』345頁（1937年）、片山義勝『会社法原論』458頁（第八版、1923年）、小町谷操三「記名株式の質入と第三者対抗要件」法学2巻7号734頁以下（1933年）、水口吉蔵「株券の質入に就て」『商法論叢』181頁以下。

⒄　富井・前掲注⒃514頁、三潴・前掲注⒃454頁。

⒅　清原・前掲注⑴176頁以下、195頁の注⑸および注⑹掲記の文献参照。

⒆　松本烝治「改正法案に於ける株式に関する規定に付て」法律時報8巻3号4頁（1936年）。

⒇　昭和13年改正商法207条2項についての批評について、大橋光男博士は、「改正案第二〇七条第二項に『第三者』とあるを『会社其他ノ第三者』と改むべしと指摘すべきであった。この点はあまり重要ではないが、第二〇六条第一項に「会社」とあり、同第二項に『会社其他ノ第三者』とあるを見れば、本法は、『会社』と『会社以外ノ第三者』を分つ用語を用ふる如く、然らば第二〇七条第二項は両者を含めて『会社其他ノ第三者』と謂はねばならないのであつて、鳥賀陽博士等の批評は之を指摘すべきであつたと思はれる」（大橋光男「株式の質入方法に就て―改正商法第207条を評す―」法学論叢42巻2号178頁（1940年）と、適切な指摘をしている。その後の学説の混迷を考えれば、207条2項が、単に「第三者」とだけ規定したのは大きな失敗であった。上記のように、適切な指摘をした大橋博士でさえ、「この点はあまり重要でないが」と述べているのは、

あまりにも自明のことに対する認識の甘さが窺われるのである。

⑵ 松本・前掲注⑽4頁。

⑵ 松本烝治「商法改正要綱解説」法学協会雑誌49巻11号116頁（1931年）。

⑵ 松本・前掲注⑽4頁。

⑵ 登録質が利用されないのではないという予測は、当時、既になされていた。例えば、「殊に担保供与は、秘密を尊重する特異性を持つて居るのであるから、この特異性を犠牲にして迄も配当金を担保の目的中に包含せしむる為め改案第二百九条の質入方法を採ることは稀であらう。従つて改正法案第二百九条は理論的には間然する所が無いけれ共、実際上余り利用せられないのではあるまいか？」（稲脇修一郎「実際家より観たる商法改正法律案」法律時報8巻5号15頁（1936年））と述べられていたからである。

⑵ 詳細は、清原・前掲注⑴『物上代位の法理』177頁以下参照。

⑵ 鳥賀陽然良＝大橋光男＝大森忠夫＝八木弘「商法改正案を評す⑽」法学論叢35巻3号1170頁（1936年）。

⑵ 鳥賀陽ほか・前掲注⑵1170頁。

⑵ 鳥賀陽ほか・前掲注⑵1172頁以下。

⑵ 鳥賀陽ほか・前掲注⑵1173頁以下。

⑶ 登録質制度新設の第一次的な理由は、代位目的物等の支払義務者たる「会社」の保護にあり、質権者の保護はその反射的効果であると解すべきであるが、昭和13年商法改正直前の時期において既に看過され、「第二百九条は記名株式を以て質権の目的たる場合に於ける質権の登録規定にして之により其質権設定を登録したる場合に之が質権者を保護するに在り」（花岡敏夫「商法改正法律案論評」法律時報8巻5号12頁（1936年）と論評されていた。論者の陥りやすい陥穽である。

⑶ 勝本正晃『担保物権法』342頁（1938年）、坂義彦「株式の質入」日本公証人協会雑誌62号4頁（1940年）。西島彌太郎「株式の譲渡及び質入に関する若干の問題」民商法雑誌13巻1号9頁（1941年）。

⑶ 清原・前掲注⑴『物上代位の法理』186頁以下参照。

⑶ 我妻・前掲注⑮181頁。

⑶ 唯一、この点を明確に指摘し、略式質のほうが略式譲渡担保より有利であり、株式担保としていずれか不明の場合、むしろ略式質と推定したほうがよいかもしれないと述べるのは、弥永真生『リーガルマインド会社法　第10版』79頁（有斐閣、2006年）。

⑶ 例えば、江頭憲治郎『株式会社法』212頁の注⑴（有斐閣、2006年）、前田庸『会社法入門　第11版』201頁（有斐閣、2006年）など。

⑶ 江頭・前掲注⑶212頁。

⑶ 前田・前掲注⑶198頁以下。

⑶ 清原・前掲注⑴『物上代位の法理』109頁、116頁以下。

⑶ 前田庸〔発言〕「（座談会）株式の譲渡担保」『ジュリスト増刊　譲渡担保の法

理』231頁（有斐閣、1987年）。

(40)　前田庸『新版注釈会社法(3)株式(1)』197頁以下参照（有斐閣、1986年）。

(41)　前田・前掲注(35)200頁。

(42)　江頭憲治郎「新会社法制定の意義」ジュリスト1295号16頁（2005年）。

(43)　江頭憲治郎「新会社法の理論的問題(1)株式関係を中心に」商事法務1758号11頁（2006年）。

(44)　江頭憲治郎〔発言〕「（座談会）『会社法』制定までの経緯と新会社法の読み方」商事法務1739号15頁（2005年）。

(45)　江頭・前掲注(35)213頁の注(4)。

(46)　我妻・前掲注(4)201頁、清原・前掲注(1)『物上代位の法理』150頁参照。

(47)　もっとも、私見のように、いかなる代位目的物であっても「差押え」を要しないという見解を採れば、この区別の必要はない（清原・前掲注(1)『物上代位の法理』166頁以下、同・前掲注(1)198頁参照）。

(48)　弥永教授はこの点を正確に指摘し、「剰余金の配当に質権の効力が及ぶ以上、支払前に差し押さえる必要はないと考えるべきである」と述べる（弥永・前掲注(34)79頁の注61）。

(49)　相澤哲＝岩崎友彦「新会社法の解説(3)株式（総則・株主名簿・株式の譲渡等）」商事法務1739号45頁（2005年）。

(50)　相澤＝岩崎・前掲注(49)45頁の注9。

(51)　同旨、弥永・前掲注(34)79頁の注61。

(52)　会社法151条8号が、略式質、登録質を問わず、質権一般の効力として配当に対し効力が及ぶことを明文化したことにつき、「いわば、パラダイムの転換がなされた」（天野佳洋〔発言〕「（座談会）新会社法で金融実務はどう変わるか」銀行法務21・656号29頁（2006年）という指摘がある。

　　しかし、これは、理論的には何らパラダイムの転換ではない。むしろ、会社法は、本来の正常な姿に戻ったと言うべきである。もっとも、これまでの多数説に影響された金融機関が、略式質は配当に及ばないと考え、「従前のように漫然と略式担保で結構です、配当には興味ありません、というわけにはいかなくなったのではないか」（天野〔発言〕・前掲同箇所）という指摘は、まさにそのとおりであろう。

第2節　株式質に基づく物上代位権行使の方法

一　はじめに

　平成17年（2005年）に制定された会社法（平成17年7月26日法律第86号、同18年5月1日施行）では、株券の不発行が原則となった（会社法214条）。そのため、従前の商法（以下「旧商法」という）に定められていた「株式質」に関する規定も全面改正され、会社法は、①146条に「株式の質入れ」、②147条に「株式の質入れの対抗要件」、③151条に「株式の質入れの効果」に関する規定を設けている。その内容は以下のとおりである。

　第一に、「株券が発行されている株式」の質入れにつき、会社法146条2項は、「株券発行会社の株式の質入れは、当該株式に係る株券を交付しなければ、その効力を生じない。」と規定する。この規定は、「株券が発行されている株式」の質入れについての効力発生要件を「株券の交付」とするものであり、旧商法207条1項の「株式ヲ以テ質権ノ目的ト為スニハ株券ヲ交付スルコトヲ要ス」と同趣旨の規定であるから、問題がない。

　第二に、「株券が発行されている株式」の質入れの対抗要件に関し、会社法147条2項は、「前項の規定にかかわらず、株券発行会社の株式の質権者は、継続して当該株式に係る株券を占有しなければ、その質権をもって株券発行会社その他の第三者に対抗することができない。」（下線、筆者）と規定する。会社法において、略式質が認められるのは、株券発行会社の株式についてのみであるが、株券の発行が原則であった旧商法207条2項にも、略式質の対抗要件に関する規定が設けられていた。同規定は、「質権者ハ継続シテ株券ヲ占有スルニ非ザレバ其ノ質権ヲ以テ第三者ニ対抗スルコトヲ得ズ」（下線、筆者）と規定されていたから、会社法では、株券発行株式の略式質の対抗要件の相手方が、「第三者」から「株券発行会社その他の第三者」に変更されたことになる。

　第三に、「株式の質入れの効果」について、会社法151条8号は、株式を目的とする質権は、「剰余金の配当」により当該株式の株主に交付される金銭

等について存在すると規定し、略式質、登録質を問わず、株式質の効力が
「剰余金の配当」により交付される金銭（旧商法の利益配当金）に及ぶと規定
する。これに対し、旧商法209条1項は、登録質の効力が利益配当金に及ぶ
旨を明記していたが、旧商法208条は、略式質の効力が利益配当金に及ぶか
否かについては明記していなかった。したがって、略式質の効力が「剰余金
の配当」により交付される金銭等に及ぶことを明記した会社法151条8号は、
大きな変更である。

　しかし、第二の会社法147条2項および第三の同151条8号は、旧商法時の
圧倒的多数説（以下「旧商法時の多数説」という）に反する変更である。なぜ
なら、多数説は、旧商法207条2項に関し、「株券の継続占有」という略式質
の対抗要件の相手方は、文字どおりの「第三者」、つまり、「株券発行会社を
除く第三者」であるとし、略式質のままでは「株券発行会社」に対抗するこ
とができないと解していたからであり、また、旧商法208条に関し、略式質
の効力が利益配当金に及ぶ旨の明文がないから、その効力は利益配当金に及
ばないと解していたからである。多数説のこれらの解釈は論理的に矛盾して
いるだけでなく、株式質制度立法の沿革にも反するとして、私は従来から一
貫して批判してきた[1]。したがって、会社法において変更・修正された株式
質制度は、私見と同一の見解に立つものであり、高く評価することができ
る[2]。

　もっとも、会社法は、旧商法におけると同様、略式質に基づく物上代位権
行使の方法について明文規定を設けていないため、その行使の方法について、
旧商法におけると同様の解釈問題が存在する。この解釈問題は、上記の第二
の問題である「略式質の対抗問題」と密接に関連する問題であるから、両者
は、論理整合的でなければならない。しかし、旧商法の多数説は、論理矛盾
の解釈を行ってきたのであり、私は、それを強く批判してきた[3]。

　そこで、本稿では、会社法における略式質の物上代位権行使の方法につい
て、どのように解釈すべきかを論じ、論理整合的な解釈論を提示する。その
ための作業として、まず、株式質の物上代位権行使の方法に関する旧商法時
の議論を振り返る。

二　会社法制定前の議論

1　学説の検証

　旧商法208条は、略式質の効力が及ぶ範囲を定めるだけで、その行使の方法については何も定めていなかった。すなわち、同条は、「株式ノ消却、併合、分割、転換又ハ買取アリタルトキハ従前ノ株式ヲ目的トスル質権ハ消却、併合、分割、転換又ハ買取ニ因リテ株主ガ受クベキ金銭又ハ株式ノ上ニ存ス」と規定していたからである。これらの金銭等は、略式質（原担保権）の目的物である「株式」の「価値変形物」、すなわち物上代位権の目的物（代位目的物）である。これらの中に、「利益配当金」が明記されていなかったため、旧商法時の多数説は、「利益配当金」には略式質の効力が及ばないと主張し、また、同条に規定されていた金銭等が「価値変形物」であるため、後述するように、商法学者のほとんどは、現在でも「利益配当金」を、株式の「価値変形物」であると誤解している。しかし、利益配当金は、株式の「法定果実」である。

　略式質に基づく物上代位権行使の方法について諸説が主張されていた[(4)]。

　①説（少数説・かつての通説）は、原担保権である略式質の対抗要件を定めていた旧商法207条 2 項の「第三者」の中に、第三債務者たる「株式発行会社」（以下「会社」という）が含まれることを前提とし、物上代位権行使に関しては、民法の一般原則に従い、会社から株主（質権設定者）に新株券または金銭が交付される前に、新株等交付請求権を差し押さえなければならないと解した（民法362条 2 項・350条・304条 1 項ただし書）。

　②説（多数説）は、旧商法207条 2 項の「第三者」の中に、第三債務者たる「会社」が含まれないことを前提とし、物上代位権行使に関しては、❶旧株券等との引き換えによって会社（第三債務者）から新株券または金銭が交付される場合（株式の消却、併合、転換、買取等）には、略式質権者は、占有する旧株券と引き換えに新株券または金銭の交付を会社に請求することができるとする一方で、❷株主名簿の記載に基づいて会社から株主に対し新株券等が直接交付される場合（無償交付等）には、民法の原則に従い、その交付

前に新株等交付請求権を差し押さえなければならないと解した〔旧商法の無償交付という制度は平成2年（1990年）の商法改正でなくなったが、会社法のもとでも、株式分割（会社法183条）・無償交付（会社法185条）がある〕。

　③説は、②説と同様、旧商法207条2項の「第三者」の中に、第三債務者たる「会社」が含まれないことを前提とし、物上代位権行使に関しては、略式質権者は、いかなる場合にも新株等交付請求権を差し押さえることを要しないと解しつつ、略式質権者は株主名簿に登録されておらず、会社に対しその質権を対抗することができないから、質権者としての形式的資格を有しない略式質権者は、実質的権利を証明する必要があると解した。

　①説は、旧商法207条2項の「第三者」の中に、第三債務者たる「会社」を含み、「株券の継続占有」だけで、略式質を「会社」に対抗することができると解する点では論理的に正しい。しかし、原担保権たる質権と同様、その原担保権に基づいて発生した物上代位権も、「株券の継続占有」だけで、「会社」に対抗することができ、行使することができるという点を看過しているから、不当な説である。なぜなら、物上代位権の「会社」に対する商法上の対抗要件が具備され、それが行使された場合、第三債務者たる「会社」は、物上代位権者の代位目的物支払請求に応じなければならないのであり、あえて、民法の原則に戻るべき必要性もないからである。

　②説は、❶旧株券等との引き換えによって「会社（第三債務者）」から新株券等または金銭が交付される場合（株式の消却、併合、転換、買取等）には、略式質権者は、占有する旧株券等と引き換えに新株券または金銭の交付を会社に請求できると解している点では正しい。しかし、②説は、その前提として、旧商法207条2項の「第三者」の中から、第三債務者たる「会社」を除外し、「株券の継続占有」という略式質のままでは「会社」に質権を対抗できないと解しているから、不当な説である。仮に、原担保権たる略式質が、「会社」に対抗できないのであれば、その略式質に基づく物上代位権も、旧株券等の継続占有だけでは「会社」に対抗できなくなるというのが論理的解釈だからである。仮に、そのような解釈を行えば、旧商法208条は、「会社」に対抗できない（行使できない）権利の効力について定めていることになり、全く存在意義のない規定となろう。

　なお、②説は、株式質権を「会社」に対抗するためには、株主名簿に質権
者を登録する登録質の形にしなければならないとするが、登録質における
「登録」には、本来、権利対抗力の意味はなく、「会社の二重支払」の危険を
防止することにあるというのが旧商法209条の立法趣旨であるから、②説は
不当である[(5)]。

　それゆえ、会社法147条2項が、「株券発行会社の株式の質権者は、継続し
て当該株式に係る株券を占有しなければ、その質権をもって株券発行会社そ
の他の第三者に対抗することができない」（傍点、筆者）と規定したのは、本
来のあるべき解釈法理を定めただけのことであり[(6)]、何ら問題がないし、疑
問でもない[(7)]。

　他方、②説は、❷株主名簿の記載に基づいて会社から株主に対し新株券等
が直接交付される場合（無償交付等）には、①説と同様、民法の原則に従い、
同法304条1項ただし書に基づき、その交付前に新株等交付請求権を差し押
さえなければならないとする。しかし、この点においても不当である。なぜ
なら、物上代位権に基づく「差押え」を行う場合にも、その前提として、原
担保権たる略式質自体が、第三債務者たる「会社」に対抗できていなければ
ならないからである。物上代位権は、原担保権（略式質権）に基づく権利だ
からである。以上のように、②説は、その立論の前提が誤っているのである。

　さらに実際問題としても、①説および②説は、非現実的な説である。物上
代位権は、担保物権（質権）の優先弁済権の確保のために認められた優先権
であり、その行使のためには、債務者（質権設定者）が債務不履行に陥って
いることが要件であり（民事執行法193条1項後段）、そのような状況にあると
き、「差押え」を要するというのでは、その実効性が確保できないからであ
る。

　では、③説はどうか。③説は、旧商法207条2項について、②説と同じく、
略式質のままでは「会社（第三債務者）」に対し略式質を対抗できない、つま
り質権を行使できないことを前提としており、そのような条件のもとで、略
式質権者が、第三債務者たる「会社に」対する物上代位権行使を可能にする
ため、自己の質権の実質的権利を証明しなければならないとする。③説は、
②説の基本的論理矛盾を克服するため、実質的権利の証明という手法により、

略式質およびその物上代位権が「会社」に対抗できないことを克服しようと
している点では、②説よりも論理矛盾が甚だしくはないと評価できるが、や
はり、②説と同様、旧商法207条2項の「第三者」から「会社」を除いてい
る点において基本的な誤りを犯している。また、実際問題としても、略式質
権者は、物上代位権の行使に際し、その都度、実質的権利を証明しなければ
ならないというのも非現実的な方法である。

　よって、①説、②説および③説はいずれも不当であり、賛成することがで
きない。

2　私　見

　私は、いかなる場合にも、略式質権者による「差押え」を要せず、また実
質的権利の証明も必要とせず、常に、略式質権者は、継続占有する旧株券等
と引換えに新株券または金銭の交付を「会社」に請求することができると解
する。

　旧商法207条2項の「第三者」の中に、第三債務者たる「会社」が含まれ
るのは、同条立法の沿革から明らかであり[8]、略式質権者は、株券の継続占
有により、その略式質権（原担保権）を「会社」（第三債務者）に対抗できる
から、自己の実質的権利を証明する必要もないし、また、当該株券（旧株券
等）を呈示することにより、まさに、第三債務者たる「会社」に対し、略式
質権に基づく物上代位権を行使することになるからである。すなわち、「会
社」としては、略式質権者が旧株券等を継続占有していることにより、質権
およびそれに基づく物上代位権を対抗されているのであるから、略式質権者
が、当該旧株券等を呈示して物上代位権を行使してきた場合には、物上代位
権の目的物（価値変形物）である新株券や金銭を交付しなければならず、逆
に、旧株券等の提示がなければ、つまり物上代位権の行使がなければ、「会
社」は、自己が把握している株主名簿上の株主（質権設定者）に代位目的物
（新株券等）を交付すればよく、それでもって免責されるのである。

　このように、旧株券等の呈示、すなわち略式質権に基づく物上代位権の行
使は、民法304条1項ただし書の「差押え」と同様、第三債務者たる「会社」
に対し、物上代位権者の存在を知らせ、もって「会社」の二重支払の危険を

防止するのと同じ機能を果たしているから、あえて、一般規定である民法の原則に戻って、「差押え」をする必要はないのである。

3　判　例

　略式質の物上代位権行使について判示した戦後の判例[9]として、①東京地裁昭和54年（1979年）10月29日判決（下民集30巻 9 ～12号565頁）およびその控訴審の②東京高裁昭和56年（1981年） 3 月30日判決（高民集34巻 1 号11頁）があるだけである（なお、これらの判決では、利益配当金請求権に略式質の効力が及ぶか否かについても争われ、いずれも否定説が採られた）。

〔事実〕

　Y 銀行は（被告・被控訴人兼付帯控訴人）は、訴外 A に対し39億円余の貸金債権を有し、その担保として、昭和48年 2 月28日から同年 6 月11日までの間に 5 回にわたり、A 所有の訴外 B 会社の株式約473万株につき略式質権の設定を受けるとともに、その株券（記名株券）の交付を得て、これを継続占有していた。

　一方、国 X（原告・控訴人兼付帯被控訴人）は、A に対し租税債権を有するとして、昭和48年 7 月11日から同年11月19日までの間に、国税徴収法に基づく滞納処分により前記の株式を差し押さえ、昭和49年 2 月14日、同株式を直接占有するに至った（したがって、その後は、Y 銀行は、X を占有代理人として同株式を間接占有している）。

　その後、B 会社における(1)昭和49年 2 月15日の取締役会決議および(2)昭和50年 2 月14日の取締役会決議により、A は、準備金の資本組入れに基づく新株交付請求権（①の請求権、②の請求権）を取得した。また、B 会社における(3)昭和49年 5 月28日の株主総会決議および(4)昭和50年 5 月28日の株主総会決議により、A は、利益配当金請求権（③の請求権、④の請求権）を取得した。

　Y 銀行は、A が Y 銀行に対する債務を履行しなかったので、前記株式に対する質権の物上代位権に基づき、A が B 会社に対して取得した①および③の請求権について昭和49年 3 月12日、②および④の請求権について昭和50年 2 月19日に仮差押えを行った。一方、X も、①の請求権について昭和49年 2 月26日、②の請求権について昭和50年 4 月 1 日、③および④の請求権について

昭和49年2月23日においずれも差し押さえた。

　その結果、B会社は、①～④の請求権について、Xの租税債権とY銀行の質権との優劣を決し難く、同請求権に対する優先権利者を確知しえないとして、①および③の請求権について昭和49年9月17日、②および④の請求権については昭和50年8月19日に、各請求権の目的物たる新株券等と利益配当金を供託した。

　そこで、Xは、Y銀行に対し、前記の供託物及び供託金の還付請求権を有することの確認を求め、Y銀行も、Xに対し、①～④の請求権について質権を有することの確認を求めた。

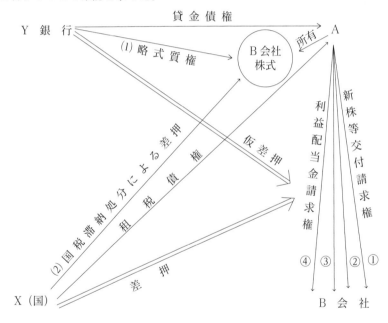

(1)　略式質権の設定：S48.2.28～S48.6.11
(2)　国税滞納処分による差押：S48.7.11～S48.11.19

請求権の種類	請求権の発生時期	Yの仮差押	Xの差押	Bの供託
①新株等交付請求権	S.49.2.15	S.49.3.12	S.49.2.26	S.49.9.17
②新株等交付請求権	S.50.2.14	S.50.2.19	S.50.4.1	S.50.8.19
③利益配当金請求権	S.49.5.28	S.49.3.12	S.49.2.23	S.49.9.17
④利益配当金請求権	S.50.5.28	S.50.2.19	S.49.2.23	S.50.8.19

〔判旨〕

原審・東京地裁昭和54年10月29日判決は、以下のように判示した。

「担保物権は、債権の担保を目的とする物権であって、目的物の利用価値を目的とする用益物権とは異なり、専らその有する交換価値を把握し、これを優先弁済に充てる権利であるから、目的物の交換価値の全部又は一部が現実化したとき、その効力が右価値代表物（代位物）に及ぶのは担保物権の性質上むしろ当然のことである。担保物権の有する物上代位の性質は、かかる物権の本質的な効力であり、担保物権の保護のため法が特に認めた特別の効力であると解することはできない。

そうであるとすれば、物上代位権は原担保権と切離された別個の権利ではなく、むしろ原担保権が変形したものというべきであり、その公示は原担保権の公示方法をもって足りるものと解すべく、物上代位権行使の要件とされる差押をもって、優先権を保全するための公示であるとは解されない。むしろ、差押は、物上代位の目的物が担保権設定者に弁済されてその一般財産に混入し、処分されることを阻止し、代位目的物の特定性を維持確保するために必要とされるものと解するを相当とする。したがって、右差押は債務名義を必要とせず仮差押をもって足り、また、原担保権者は自ら差押をする限り、他の債権者による差押との先後を問わず、物上代位の目的物につき原担保権と同等の優先的効力を取得するものと解するを相当とする。

……Xは、物上代位における差押を公示方法と解することが取引の安全を保護する所以である旨主張するけれども、原担保権の公示方法によって物上代位権の存在を知ることが可能であり、第三者に不測の損害を与えるおそれはないから、物上代位の差押を強いて公示方法と解さなくとも、取引の安全が害されることはない」（傍線、筆者）と説示した。

そして、原審は、Y銀行がAの株式につき略式質の設定を受けてその占有を取得したのは、Xの差押えにかかる法定納期限等の以前であるから、Y銀行がXに優先するとし、Y銀行は、略式質に基づく物上代位権の行使として、本件の各新株等交付請求権を仮差押えをしたのであるから、Xの滞納処分による差押えとの先後を問わず、同請求権に対する質権の効力をXに対抗しうる、と判示した。ただし、利益配当金請求権には質権の効力が及ばないと判

示し、Ｙ銀行の主張を排斥してＸの主張を認めた。

　これに対し、ＸとＹ銀行は、それぞれの敗訴部分について控訴および付帯控訴を行った。

　控訴審・東京高裁昭和56年３月30日判決は、まず、以下のように、略式質権とその物上代位権についての一般論を説示した。

　「略式質権とは、有価証券たる株券に表章されている権利自体を目的とする質権であり、その権利自体の有する交換価値のみから被担保債権の優先弁済を受けることを内容とする質権であると解するのが相当である。そして、有価証券たる株券に表章されている権利は、広義の株主の権利のうち基本権たる株式（株式会社の社員たる地位の均等な割合的単位であるとともに、利益配当金支払請求権等株主の各種の具体的な権利の発生、取得の基本となる権利であるという意味での株式）自体にほかならないから、略式質権とは、広義の株主の権利のうち基本権たる株式自体を目的とする質権であり、そのような株式自体の有する交換価値のみから被担保債権の優先弁済を受けることを内容とする質権であるというべきである。

　ところで、商法208条所定の物上代位の目的とされている親株主又は旧株主の各種の権利は、厳格な意味では基本権たる株式自体ではないが、しかし、それらはいずれも、基本権たる親株又は旧株自体の消滅、変容、移転等に伴って発生する権利であって、いわば基本権たる親株又は旧株自体の変形物たる権利であるというべきであるから、それらの権利は、本来、基本権たる親株又は旧株と同様に、親株券又は旧株券に表章され、その株券と運命を共にすべき権利であり、従って、親株主又は旧株主が会社に対してそれらの権利を行使するに当たっては、本来、親株券又は旧株券の呈示ないし提出を必要とすべきものと考えられる」と説示した。

　そして、以下の❶のように、商法208条所定の株式の消却、併合、分割、転換および買取の各場合の物上代位権行使の方法については、親株又は旧株の株券の占有で足りると説示し、民法304条１項ただし書の「差押え」を要しない、と説示した。

　すなわち、❶「親株主又は旧株主が会社に対し新株（新株券）又は金員の交付請求権を行使するに当っては、親株券又は旧株券を会社に提出しなけれ

ばならないことにしているのである。……そうすると、以上の各場合には、親株又は旧株につき略式質権が設定されており、その株券を質権者が占有しているときには、親株又は旧株の株主は、質権者の協力を得てその占有している株券を会社に提供しない限り、会社から新株券（新株）又は金員の交付を受けることはできないといわなければならない。従ってまた、以上の各場合においては、親株又は旧株の質権者が親株主又は旧株主の取得する新株等交付請求権について質権を主張するための会社及び第三者に対する対抗要件としては、親株又は旧株の株券の占有で足り、それ以上に右新株等交付請求権自体について民法第350条、第304条第1項但書所定の差押をする必要は全くないというべきである」（下線、筆者）と。

　他方、本件で争われた旧商法293条ノ3条所定の準備金の資本組入れに基づく新株等交付請求権の場合には、親株券の呈示ないし提供を要せず、株主名簿上の記載を基準として新株（新株券）又は金員が交付されるため、略式質権者が親株券を占有していても、親株の株主は、略式質権者の協力を要せず、会社から新株等の交付を受けることができるから、親株の略式質権者が物上代位権を主張するための会社および第三者に対する対抗要件としては、親株券の占有だけでは足りず、さらに民法350条、304条1項ただし書の差押えを要するのではないかという疑問が生じると述べながら、以下の❷のように「差押え」を要せず、親株券の占有のみで足りると述べ、さらに、以下の❸のような説示を追加して、最終的な結論として、「差押え」を要すると判示したのである。

　すなわち、❷「商法第293条ノ3所定の準備金の資本組入による新株の発行、とくに本件の場合のような全額無償による新株の発行と、前記の株式分割とは、形式的にこそ差異があれ、実質的には、いずれも会社の財産の実体に何らの変更がないにもかかわらず、会社の発行済株式総数を増加させる方法ないし制度であるという点では全く差異がないし、また、それらに伴って発生する新株等交付請求権は、いずれも、基本権たる親株又は旧株自体の変形物であると解しうる点でも変りがないのである。……そこで、以上の点を考慮して判断すると、商法第208条所定の物上代位の目的とされている親株主又は旧株主の各種の権利のうち、同法第293条ノ3所定の準備金の資本組

入による新株の発行の場合における新株等交付請求権に限り、質権主張の会社及び第三者に対する対抗要件につき、その他の権利の場合とまったく異った解釈をするのは相当でないし、また、そのような異った解釈をしなければならない実質的根拠も乏しい。従って、右の準備金の資本組入による新株の発行の場合における新株等交付請求権についても、親株の質権者がその請求権につき質権を主張するための会社及び第三者に対する対抗要件は、その他の場合における新株等交付請求権についてと同様に、その請求権自体についての差押えを要せず、親株券の占有のみで足りると解するのが相当である」と述べながら、最終的には、以下の❸ように「差押え」を要すると結論付けたわけである。

　すなわち、❸「しかし、以上のような見解を採ったとしても、商法第293条ノ3所定の準備金の資本組入みによる新株の発行の場合における新株等交付請求権については、現行法上、親株主がその権利を行使する要件としては、……株主名簿上の記載を基準として新株（新株券）又は金員が交付されることになっている以上、親株の質権者が右新株等交付請求権について質権を実行する以前に、新株等が株主名簿上の株主に交付され、その株主の一般財産に混入してしまえば、右新株等交付請求権も消滅するに至ることは認めざるをえないから、そのような場合には、親株券を継続して占有している質権者であっても、もはや右新株等交付請求権について質権を実行することは不可能になるといわなければならない。そこで、そのような事態が発生するのを防止するためには、新株等が株主名簿上の株主に交付され、その株主の一般財産に混入する以前に、右新株等交付請求権について差押えをなし、その権利を保全する必要があるというべきである。しかしながら、この差押えは、あくまでも右のような事態が発生するのを防止するための手段であるにすぎず、右新株等交付請求権について質権を主張するための会社及び第三者に対する対抗要件としての性格を有するものではないというべきであるから、その差押えは必ずしも他の債権者による差押えに先だってなすことを要せず、また、その差押えのためには債務名義を要しないと解すべきである」（傍点・傍線、筆者）と判示したほか、利益配当金請求権に対し略式質の効力が及ばないと判示し、原審判決を支持したわけである。

4　判例の検証と評価

　本件において、質権設定者ＡがＹ銀行に対する貸金債務の不履行を惹起し
ているから、Ｙ銀行の物上代位権行使は可能であり、Ｙ銀行は、新株等交付
請求権および利益配当金請求権を民法304条１項ただし書に基づく差押えを
行った。これに対し、Ｘ（国）は、同項本文に定める物上代位権付与の根拠、
すなわち、物上代位本質論についていわゆる特権説を採り、また、同項ただ
し書所定の「差押え」の趣旨については優先権保全説（差押公示説・競合債
権者保護説）を採り、「差押え」が第三者（競合債権者）に対する公示方法で
あると主張した。これらの見解は、大審院判例（大審院民事連合部大正12年
(1923年)　４月７日判決民集２巻５号209頁）が採るものであった[10]。

　しかし、原審・東京地判昭和54年10月29日は、大審院の見解を採らず、物
上代位本質論について価値権説、また、「差押え」の趣旨について特定性維
持説と、いずれも当時の民法学の通説[11]を採ったものである。そして、原審
が、「原担保権者は自ら差押をする限り、他の債権者による差押との先後を
問わず、物上代位の目的物につき原担保権と同等の優先的効力を取得する」
と述べているので、典型的な特定性維持説ではなく、修正された特定性維持
説を採っている。典型的な特定性維持説によれば、「差押え」の趣旨は、物
上代位権の目的債権（代位目的債権）の「特定性」維持のみにあるから、一
般債権者が同債権を差し押さえてもよく、必ずしも物上代位権者自身が差し
押さえなくてもよいと解されたからである。

　価値権説・特定性維持説は、大審院大正12年４月７日判決を厳しく批判し
ていた当時の通説でもあった（その後、1980年代以降は、むしろ、上記の大審
院判決が採った特権説・優先権保全説が民法学では多数説となる。しかし、この
説では、バブル経済崩壊後の執行妨害に対処することができず、後述のように、
私見と同じ第三債務者保護説を採る最高裁判決が登場するのである）。

　原審は、物上代位権が原担保権（略式質）に基づく権利であることを認め、
物上代位権を原担保権と同一視している点では正しい解釈を行っている。逆
に、Ｘの主張する特権説・優先権保全説は、民法304条１項本文では物上代
位権者の特権を認めながら、同項ただし書ではその特権を競合債権者（第三

者）との競合関係に晒すという不合理な解釈を行っているから不当である。

　そして、控訴審も、価値権説を前提としつつ、旧商法208条をより実質的に解釈し、まず、同条所定の株式の消却、併合、分割、転換及び買取の各場合の物上代位権行使の方法については、判旨❶のように、旧株券等と引き換えにのみ新株券等が交付されるから、「親株又は旧株の質権者が親株主又は旧株主の取得する新株等交付請求権について質権を主張するための会社及び第三者に対する対抗要件としては、親株又は旧株の株券の占有で足り」、民法304条1項ただし書に基づく新株等交付請求権の「差押え」を要しないと説示した。この説示は、旧商法207条2項の「第三者」の中に「会社（第三債務者）」を含めており、当時の商法学の多数説が前提とした見解――旧法207条2項の「第三者」の中に「会社」を含めず、略式質のままでは「会社」にその質権を対抗できないとする見解――を採らないものである。すなわち、控訴審の見解は、旧株券等を継続占有することにより、略式質を「会社」に対抗することができ、同時に、略式質（原担保権）に基づく物上代位権も「会社」に対抗することできると解しており、正当な論理である。

　上記の各場合には、旧株券等の継続占有により、すでに物上代位権を「会社」に対抗できているから、その物上代位権という権利の行使についても、当該旧株券等を「会社」に呈示するだけでよく、それに追加してさらに、民法304条1項ただし書に基づく権利の行使を要しない、という論理である。これは、実に正しい論理である。多数説である前掲の②説も、同じく、これらの各場合について「差押え」を要しないとして同じ結論を述べているが、②説は、略式質に基づく物上代位権行使の前提である原担保権（略式質権）の対抗要件について根本的に誤解しているため、結論は同じであっても、理論的には評価することはできない。また、控訴審の見解は、原担保権と物上代位権を同一の権利であることを当然の前提とするものであり、その点についても正当である。この見解は、物上代位本質論につき価値権説を採るものであり、原審と同様、当時の民法学の通説と同じ立場である。

　以上のように、原審も、控訴審も、旧商法207条2項の解釈、および旧株券と引き換えに新株券等を交付する場合の物上代位権行使の方法について正当な解釈を行っていると評価することができるが、物上代位本質論および民

法304条1項の「差押え」の趣旨について採っている見解には賛成することができない。そのことが、株主名簿を基準として新株券等が交付される場合の物上代位権行使の方法についても、原審・控訴審と私見とが異なることになるのである。

　私は、物上代位本質論につき、価値権説と特権説の双方によって説明すべきであると考え、価値権的性質を有する担保物権について、担保権者保護という政策的理由から物上代位権という特権を担保権者に付与したと考えるため、価値権説と同様、原担保権と物上代位権を同一であると考える。それゆえ、旧商法208条所定の株式の消却、併合、分割、転換及び買取の各場合の物上代位権行使の方法については、控訴審が判旨❶で説示したように、旧株券等と引き換えにのみ新株券等が交付されるから、「親株又は旧株の質権者が親株主又は旧株主の取得する新株等交付請求権について質権を主張するための会社及び第三者に対する対抗要件としては、親株又は旧株の株券の占有で足り」、民法304条1項ただし書に基づく新株等交付請求権の「差押え」を要しないという見解には賛成する。

　問題は、本件事案の旧商法第293条ノ3所定の準備金の資本組入みによる新株の発行の場合である。この場合は、株主名簿上の記載を基準として新株等の価値変形物（物上代位の目的物）が交付される点において、旧株券等との引き換えによってのみ新株等が交付される場合とは異なる。しかし、控訴審は、判旨❷において、「商法第293条ノ3所定の準備金の資本組入による新株の発行、とくに本件の場合のような全額無償による新株の発行と、前記の株式分割とは、形式的にこそ差異があれ、実質的には、いずれも会社の財産の実体に何らの変更がないにもかかわらず、会社の発行済株式総数を増加させる方法ないし制度であるという点では全く差異がないし、また、それらに伴って発生する新株等交付請求権は、いずれも、基本権たる親株又は旧株自体の変形物であると解しうる点でも変りがない」と述べ、「親株の質権者がその請求権につき質権を主張するための会社及び第三者に対する対抗要件は、その他の場合における新株等交付請求権についてと同様に、その請求権自体についての差押えを要せず、親株券の占有のみで足りる」と説示し、旧株券等との引き換えによってのみ新株等が交付される場合と同じく、「差押え」

を要しないと述べるのである。この説示は正しい。控訴審の判決理由が、こ
こで終わっていれば、賛成することができたのである。

　ところが、控訴審は、さらに、判旨❸のような説示を追加し、「現行法上、
親株主がその権利を行使する要件としては、……株主名簿上の記載を基準と
して新株（新株券）又は金員が交付されることになっている以上、親株の質
権者が右新株等交付請求権について質権を実行する以前に、新株等が株主名
簿上の株主に交付され、その株主の一般財産に混入してしまえば、右新株等
交付請求権も消滅するに至ることは認めざるをえないから、そのような場合
には、親株券を継続して占有している質権者であっても、もはや右新株等交
付請求権について質権を実行することは不可能になるといわなければならな
い。そこで、そのような事態が発生するのを防止するためには、新株等が株
主名簿上の株主に交付され、その株主の一般財産に混入する以前に、右新株
等交付請求権について差押えをなし、その権利を保全する必要がある」と説
示し、最終的な結論として、民法304条1項ただし書の「差押え」を要する
と判示したわけである。この結論自体は、商法学の多数説である前掲②説と
同じである（ただし、旧商法207条2項に定める略式質の対抗要件の解釈につい
て原審・控訴審と②説とで異なることは前述したとおりである）。

　前掲②説および控訴審が、旧株券と引き換えにのみ新株等が交付される場
合の物上代位権行使について、第三債務者たる「会社」の二重支払の危険性
が生じない点に着眼し、特定性維持説に拘泥せず、かつ「差押え」という迂
遠な権利行使の方法ではない、会社法独自の物上代位権行使の方法を考えた
点は大いに評価することができる。そして、控訴審が、判旨❷に述べるよう
に、「本件の場合のような全額無償による新株の発行と、前記の株式分割と
は、形式的にこそ差異があり、実質的には、いずれも会社の財産の実体に何
らの変更がないにもかかわらず、会社の発行済株式総数を増加させる方法な
いし制度であるという点では全く差異がないし、また、それらに伴って発生
する新株等交付請求権は、いずれも、基本権たる親株又は旧株自体の変形物
であると解しうる点でも変りがない」と述べ、「親株の質権者がその請求権
につき質権を主張するための会社及び第三者に対する対抗要件は、その他の
場合における新株等交付請求権についてと同様に、その請求権自体について

の差押えを要せず、親株券の占有のみで足りる」と述べ、「差押え」を要しないという見解を採る可能性に言及している点は、一層高く評価することができる。判決理由がここで終わっていれば、妥当な判決であると評価することができたであろう。

　ところが、控訴審は、株主名簿を基準として新株等が交付される場合の物上代位権行使の方法については、最終的には、「差押え」を要すると結論づけるのである。その原因は、「差押え」の趣旨に関する当時の民法学の通説である特定性維持説に影響されたからであろう。しかし、株主名簿を基準として新株等が交付される場合の物上代位権行使についても、特定性維持説を疑い、絶対視しなければ、控訴審の前掲判旨❷のように、会社法独自の解釈を導き出すことができたであろう。そこで、今一度、「差押え」の趣旨に関する特定性維持説の当否に言及する。

　特定性維持説とは、物上代位権に基づく「差押え」により、代位目的債権（価値変形物）の特定性が維持されれば、物上代位権が保全されるから、「差押え」の趣旨は、代位目的物が、その代位目的債権を有する債権者（担保権設定者・競合債権者）の一般財産中に混入しないようにすること、つまり代位目的債権の「特定性維持」にのみあるという説である。しかし、そのような「特定性維持」は、「差押え」の法的結果（法的効果）にすぎず、「差押え」の趣旨・目的について、実は何も述べていない説である[12]。また、代位目的債権の「特定性」さえ維持されればよいのであれば、当該代位目的債権を誰が差し押さえてもよいことになり（典型的特定性維持説）、そのことは、物上代位権者自身が差し押さえるべきことを明記している民法304条1項ただし書に抵触することになる。そこで、同項ただし書規定に抵触しているという批判に対応するため、特定性維持説は、この考えを修正し、物上代位権者も代位目的債権の「差押え」をしなければならないが、必ずしも他の債権者に先だって差し押さえることを要しないという解釈を導き出している（修正特定性維持説）。しかし、そのような解釈は、特定性維持説の根幹の否定である。だからこそ、誰よりも早い物上代位権者自身の「差押え」を要求する優先権保全説（差押公示説・競合債権者保護説）がその後、優位となり、多数説となるのである。

　民法304条1項ただし書の趣旨を考えるには、同項本文だけが存在し、同項ただし書規定がなければ、どのような事態が生じるかを考えればよい[13]。すなわち、民法304条1項本文所定の物上代位権の発生により、第三債務者が担保権設定者に負う債務には物上代位権という優先権が付着し、第三債務者は、従来からの債権者である担保権設定者ではなく、物上代位権者という優先権者のほうに弁済しなければならなくなるが、第三債務者は、通常、物上代位権者の存在を知らないため、担保権設定者のほうに弁済してしまうであろう。その場合には、後に物上代位権者から弁済請求されれば、第三債務者は、二重弁済を余儀なくされる。そこで、物上代位権者の存在を第三債務者に直接知らせ、第三債務者の二重弁済の危険を防止するため、物上代位権者に対し、物上代位権の付着した債権（代位目的債権）の「差押え」を求めたというのが、「差押え」の趣旨である。つまり、「差押え」の趣旨は、第三債務者の二重弁済の危険防止にある。最高裁（二小）平成10（1998年）1月30日判決（民集52巻1号1頁）および最高裁（三小）同2月10日判決（判例タイムズ964号79頁）が、抵当権の物上代位権行使について第三債務者保護説を採った理由である。

　このように、「差押え」の趣旨について第三債務者保護説を採れば、株主名簿の記載を基準として新株等が交付される場合であっても、略式質権者は、旧株券を占有し、第三債務者たる「会社」に対し、略式質およびその物上代位権を対抗しているのであるから、物上代位権という権利の行使として、自己の継続占有する旧株券を「会社」に呈示すれば、「会社」には物上代位権者（略式質権者）の存在がわかるから、「会社」はその請求に応じて新株等を交付しなければならないことになる。つまり、略式質権者は、株主名簿の記載を基準に新株等が交付される場合であっても、民法304条1項ただし書に基づく「差押え」をするまでもなく、旧株券の呈示により、「差押え」と同じく、第三債務者たる「会社」に対し、物上代位権者の存在を直接知らせることができるのである。他方、旧株券の呈示前に、「会社」が株主名簿上の株主（質権設定者）に新株等（代位目的物・価値変形物）を交付した場合にその交付が有効であるのは、物上代位権者の「差押え」前に、第三債務者が設定者や競合債権者に代位目的物を支払った場合にその支払いが有効であるの

と全く同じである（民法304条1項ただし書参照）。すなわち、旧株券の呈示には、「差押え」と同じく、第三債務者に対し物上代位権の存在を知らせるのと全く同じ機能が存在するのである。

　よって、株主名簿の記載を基準として新株等（質権の目的物である「株式」の価値変形物）が交付される場合に「差押え」を要しないと説示した控訴審の判旨❷は、理論的にも正当だったのである。しかし、控訴審は、そこに止まらず、さらに、判旨❸を追加して特定性維持説に依拠したため、結論として「差押え」を要するという不当な判決を下したわけである。もっとも、原審も控訴審も、新株等交付請求権に対する略式質権者Y銀行の優先を認めた結論自体は正当であった。「差押え」を要しないという私見による場合は、株券を「会社」に呈示するだけで物上代位権の行使になり、やはりY銀行が優先することになるから、事案解決の結論自体は、原審・控訴審と同じになろう。

　なお、原審および控訴審ともに、多数説と同様、略式質の効力が利益配当金請求権に及ぶことを否定したが、利益配当金は、略式質の目的物である「株式」の法定果実であり（価値変形物ではない）、それに対する略式質自体の効力（物上代位権の効力ではない）が及ぶことを肯定すべきである。その意味で、会社法158条8号が肯定説を採り、その旨を明記したのは正しい立法であることは、前述のとおりである。

　したがって、私見によれば、本件事案では、Y銀行の全面勝訴となる。

　以上の学説および判例における議論を念頭に置いて、次に、会社法制定後の株式担保制度を概観しよう。

三　会社法制定後の株式担保制度

1　会社法における株式担保

　会社法上は、株券不発行会社が原則的形態となり、株券発行会社が例外的形態となった。その結果、株式担保としては以下のものが存在することになろう。

(1)　略式質

株券発行会社の株式についてのみ認められる（会社法147条 2 項）。

略式質の「株券発行会社その他の第三者」に対する対抗要件は、株券の継続占有（会社法147条 2 項）となり、略式質のままで、第三債務者たる「会社」に対抗できることが明記された。

(2)　登録質

株券発行会社および株券不発行会社の株式について認められる（会社法147条 1 項）。株券不発行会社においては株券が存在せず、略式質の設定が認められないから、設定することができる株式質は登録質だけである。

登録質では、質権者を株主名簿に記載すること、つまり、質権者を株主名簿に「登録」することが、「株式会社その他の第三者」に対する対抗要件とされている（会社法147条 1 項）。

会社法147条 1 項の文言は、株主名簿への質権者の「登録」が、第三債務者たる「会社」に対する「対抗」要件となっているが、前述の同条 2 項との関係から、株券発行会社の登録質における「登録」は、旧商法209条の登録質について、従来の多数説が考えていた意味の文字どおりの「権利」対抗要件（権利対抗力）の意味ではないと解すべきである。なぜなら、多数説は、略式質のままでは「会社」に対抗できず、登録質の形にしてはじめて「会社」に対抗できると解していたからこそ、「登録」には文字どおりの権利対抗要件としての意味があると解することができたのに対し、同条 2 項は、株券発行会社の略式質について、「株券の継続占有」だけで「会社」に対抗できることを明記しているからである。では、この「登録」の意味をどのように考えるべきか。

略式質の対抗要件に関する会社法147条 2 項は、旧商法207条 2 項についての解釈、つまり、略式質のままで「会社」に対抗できるとする説を採用したから、株券発行会社における登録質の「登録」とは、「会社」の側からすれば、株主名簿に記載された登録質権者に価値変形物（代位目的物）を交付すれば、たとえ、その者が無権利者であっても免責されるという効果がある一方、登録質権者の側からすれば、権利行使のために特別な行為をしなくても、「会社」から価値変形物を優先的に受領することができ、略式質に比べ、一

層確実に自己の権利を確保することができるという効果があるという意味の「対抗」と解すべきである（会社法152条・153条・154条参照）。

　したがって、会社法147条2項の要件を充たさない登録質権者、つまり株券を継続占有していない登録質権者は、株主名簿に「登録」され、同条1項の要件を充たしていても、質権者であることを「会社」に主張できないが、逆に、「会社」の側からは、その者を質権者として取り扱い、価値変形物を交付しても免責されることになるのである。

　他方、株主名簿に「登録」されていなくても、株券を継続占有し、同条2項の要件を充たしている限り、「会社」に対し質権を主張することができ（実質的権利を証明する必要はない）、「会社」は、価値変形物等の交付に応じなければならない。

　このように、「登録」のメリットは、特別の行為を要することなく、「会社」から質権者として取り扱われ、質権の優先弁済権を確保できることにある一方、「会社」のほうも、二重弁済の危険から解放されることにある。よって、株券発行会社における登録質の対抗要件は、会社法147条2項の「株券継続占有」の方が基礎であり、「登録」の本質的な意義は、「会社の二重弁済の危険防止」にあるにすぎず、対抗要件の加重ではないと解すべきである[14]。

(3)　略式譲渡担保

　略式質と同じく、株券発行会社の株式についてのみ認められる。しかし、略式譲渡担保の場合、株主名簿に取得者（譲渡担保権者）の記載がないため、第三債務者たる「株券発行会社」に対抗することができない（会社法130条2項）。

　これに対し、第一に、略式質は、「会社」に対抗できるから（会社法147条2項）、その点では、略式質のほうが略式譲渡担保よりも有利であり、第二に、略式譲渡担保の効力は、剰余金の配当（旧商法の利益配当金）により交付される金銭に及ばないのに対し、略式質の効力は、剰余金の配当に及ぶことが会社法に明記されたことから（会社法151条8号）、効力範囲の点でも、略式質のほうが略式譲渡担保よりも有利である[15]。

　第三に、略式質の効力ないし物上代位的効力が会社法に明記され（会社法

151条）、かつ、略式質は、第三債務者たる「会社」に対抗できるから、略式質に基づく物上代位権も「会社」に対抗できる、つまり略式質は、「会社」に対し物上代位権を行使できるのに対し、略式譲渡担保権は、「会社」に対抗できないから（会社法130条2項参照）、略式譲渡担保に基づく物上代位権も「会社」に対抗できない、つまり、略式譲渡担保の場合、「会社」に対し物上代位権を行使できないのである。それゆえ、<u>略式譲渡担保の場合、多くの商法学者の理解とは異なり、「会社」に対し物上代位権を行使することができない</u>のであり[16]、この点においても、<u>略式質のほうが略式譲渡担保よりも有利である</u>

⑷　登録譲渡担保

　登録質の場合と同じく、株券発行会社および株券不発行会社の株式について認められる。

　株券発行会社の株式の登録譲渡担保は、株主名簿に取得者（譲渡担保権者）を記載することが、「株式会社」に対する対抗要件である[17]（会社法130条2項）。

　株券不発行会社の登録譲渡担保は、株主名簿に取得者（譲渡担保権者）を記載することが「株式会社その他の第三者」に対する対抗要件である（会社法130条1項）。

2　振替法における株式担保

　平成21年（2009年）1月5日に上場会社の株券が一斉に電子化され、「社債、株式等の振替に関する法律」（以下「振替法」という）に基づく振替株式制度が開始された。

⑴　振替法における株式譲渡および質入れの特色

　振替株式制度を利用できる会社は、株券不発行会社であって、その株式が振替機関により取り扱われ、かつ譲渡制限株式でない株式を発行する会社（振替法128条1項）、つまり公開会社（会社法2条5号）である。

　振替株式の譲渡・質入れは、振替法における振替口座簿の記載・記録を通じて行われる一方、これらの株主に係る株主名簿の記載・記録は会社法により規律されるため、両者の関係を調整する規定が振替法に置かれている（振

替法150条以下）。

　会社が、株主として会社に対し権利行使できるものを定めるために基準日を設定した場合（振替法124条1項）等には、振替機関は、発行者（会社）に対し、基準日等における株主の氏名・住所および当該株主の有する当該発行者が発行する振替株式の銘柄・数その他の情報を速やかに通知しなければならない（振替法151条1項）。この通知を総株主通知という。

　権利帰属は、すべて振替口座簿の記載により定まり（振替法128条1項）、譲受人が自己の口座における「保有欄」に当該譲渡の数に係る数の増加の記載を受けることが権利移転の要件である（振替法140条）。すなわち、振替口座簿への記載が、振替株式の取得者にとって、効力発生要件かつ「第三者」対抗要件となる。この「第三者」に「会社」は含まれない。法文上、振替株式の譲渡の場合、「会社」に対する対抗要件は、株主名簿への記載となるからである（振替法161条3項）。

　振替口座の「保有欄」に記載されている加入者（株主）は、その口座における記載がなされた振替株式について適法の所持人と推定される（振替法143条）。つまり、口座の記載が、株券発行会社において株券の占有者が適法の所持人と推定されるのと同じ効果を持つ（会社法131条1項参照）。したがって、加入者は、口座に記載された振替株式についての権利行使に際し、自己の実質的権利を証明する必要はなく、口座の記載は、「株券の占有」と同じ効果を有する。

　振替株式の質入れは、質権を設定しようとする加入者（株主＝質権設定者）の申請により（振替法132条2項）、質権者が、その口座における質権欄に当該質入れに係る株式数の増加の記載を受けることにより、その効力を生じる（振替法141条）。

(2)　略式質

　略式質は、株券不発行会社で、振替株式制度を利用する会社の株式についても認められる。総株主通知の際、振替株式が「質権欄」に記載されている口座の加入者（質権者）からの申出がなく、発行者（会社）に振替株式の質権者の通知がされない場合には、株主名簿には質権者の情報が反映されない。振替制度のもとでは、略式質が原則とされる。

⑶　登録質

　登録質は、株券不発行会社で、振替株式制度を利用する会社の株式につい
ても認められる。総株主通知の際、振替株式が質権欄に記載されている口座
の加入者（質権者）から申出があった場合、発行者に振替株式の質権者を通
知し（振替法129条3項4号、151条3項）、発行者は、その通知に基づき株主
名簿に質権者を記載する（振替法152条1項）。

⑷　略式譲渡担保

　略式譲渡担保は、株券不発行会社で、振替株式制度を利用する会社の株式
について認められる。譲渡担保権設定者（譲渡人）が振替の申請を行い、譲
渡担保権者（譲受人）の振替口座簿の「保有欄」に当該振替株式についての
記録・記載がされると、当該株式の譲渡担保の効力が生じる（振替法140条）。
この場合、総株主通知により、譲渡担保権者の情報が発行者（会社）に通知
される（振替法151条1項・2項）。

　しかし、加入者（譲渡担保権者）が他の加入者（譲渡担保権設定者）に会社
に対する権利行使をさせる旨の約定があるときには、加入者は、総株主通知
に際し、当該振替株式につき当該他の加入者を株主として通知することを求
める旨を申し出ることができ（この場合、当該他の加入者は特別株主という）、
振替機関は、当該他の加入者に関する情報を発行者に通知する（振替法151条
2項1号括弧内）。

⑸　登録譲渡担保

　登録譲渡担保は、株券不発行会社で、振替株式制度を利用する会社の株式
について認められる。総株主通知に基づき、譲渡担保権者が株主として発行
者に通知され、株主名簿の名義書換がなされる（担保の事実は会社にはわから
ない）。

⑹　小　括

　振替法のもとでも、略式質の場合には、質権者の匿名性が確保されている。
しかも、略式質の場合は、登録質と同様、その効力が「剰余金の配当」に及
び（会社法151条8号）、略式質権者は、第三債務者たる「会社」に対し、「剰
余金の配当」の支払いを請求することができる。そのためには、略式質自体
が、第三債務者たる「会社」に対して対抗力を備えていることが前提であり、

振替法は、「質権欄」に当該質入れに係る株式数の増加の記載がなされた振替株式について<u>適法の所持人と推定する</u>（振替法143条）。そのため、略式質権者は、その質権を「会社」に対抗することができる。

　同様に、担保権設定の事実が「会社」に秘匿されるものとして、略式譲渡担保があるが、略式譲渡担保では、総株主通知に基づく譲渡担保権者情報が「会社」に通知されておらず、株主名簿の名義書換がなされていないため、その権利（譲渡担保権）を「会社」に対抗できないから（振替法161条3項）、その効力も「剰余金の配当」には及ばない。よって、<u>振替法のもとでも、会社法におけると同様、効力範囲および権利行使（「会社」に対する対抗力）の点において、略式質のほうが略式譲渡担保より有利である</u>[18]。

　振替法のもとでは、振替口座簿に記載された質権者（加入者）のうち、加入者からの申出により発行者（会社）に対し質権者情報が通知されなかった場合が略式質であり、質権者情報が通知され、株主名簿に質権者が記載された場合が登録質である。

　以上から、振替法における略式質、登録質、略式譲渡担保、登録譲渡担保はいずれも、その効力および「会社」に対する対抗要件について、会社法と同様に考えてよく、<u>略式質のほうが略式譲渡担保よりも有利である</u>。

四　会社法制定後の解釈

1　序　説

　会社法と会社法制定前の旧商法との間の最大の差異は略式質の取扱いにある。すなわち、第一に、「株券継続占有」により、略式質を「会社（第三債務者）」にも対抗することができると明記し（会社法147条2項）、第二に、略式質の効力が剰余金の配当により交付される金銭（旧商法の利益配当金）にも及ぶと明定したからである（会社法151条8号）。いずれも、旧商法では、それらのことが明記されていなかったため、文字どおりの解釈がなされ（しかし、そのような解釈は、理論的にも立法の沿革からも誤りだったことは、私が繰り返し指摘してきたことである）、そのような解釈が多数説となっていた。しかし、会社法は、そのような多数説を採用せず、私見と同じ見解を採り、

それを明文化しただけであり、実に正当な立法化である。

　そして、登録質の場合、株主名簿に「登録」されたことにより、「会社」から質権者とし扱われ、特別な行為をしなくても、確実に代位目的物や金銭等を優先受領することができ、「会社」も、当該「登録」に基づいて質権者に交付すれば免責されるから、「二重支払」の危険という問題は生じない。しかし、略式質の行使方法および略式質に基づく物上代位権行使の方法について会社法が何も定めなかったため、これらについては、依然として旧商法時と同様の解釈問題が生じる。以下に、あるべき解釈論を提示する。

2　剰余金の配当請求権に対する略式質権行使の方法

　前述のように、会社法は、登録質、略式質を問わず、その効力が、剰余金の配当により交付される金銭に及ぶ旨を明記した（151条8号）。剰余金の配当により交付される金銭（以下「剰余金の配当金」という）は、株式質の目的物である「株式」の法定果実であり、略式質も、株主名簿に「登録」されていないだけであって、株式質であることに変わりはないから、略式質の効力がそれに及ぶことは自明の論理であり（民法362条2項・350条・297条）、会社法は、そのことを明記しただけのことである。したがって、会社法151条8号は、何ら奇異ではない[19]。

　ところが、以上のように、議論の余地のない規定が設けられたにもにもかかわらず、新たな誤解が生まれている。誤解の第一は、商法学者や実務家のほとんどが、「剰余金の配当金」を、質権の目的物である「株式」の「価値変形物（代位目的物）」と考え、物上代位権行使の客体と解していることであり[20]、誤解の第二は、その物上代位権行使の方法について、民法304条1項ただし書の「差押え」を要すると解していることである。

　会社法151条1項は、「株式会社が次に掲げる行為をした場合には、株式を目的とする質権は当該行為によって当該株主が受けることのできる金銭等について存在する。」と規定し、1号から14号に列挙する行為により、株主が会社から受ける金銭等に質権の効力が及ぶと規定しているが、質権に基づく物上代位権の効力が及ぶと規定しているわけではない。確かに、同項所定の行為により交付される金銭等のほとんどは、「株式」の「価値変形物」であ

るが、「剰余金の配当金」は、その「価値変形物」ではない。それゆえ、略式質権者が、「剰余金の配当金」を優先取得するため、民法304条1項ただし書に基づき「差押え」をしなければならないと解することは、権利行使の方法を迂遠化し、複雑化するだけである。では、どのように解すべきだろうか。

　まず、歴史的には、旧商法209条の定める登録質制度が立法化された昭和13年（1938年）以前の議論が参考となる。

　略式質の特徴は、質権者の存在が、第三債務者たる「会社」に知られていないことである。そのため、「会社」は、利益配当金を、株主名簿上の株主（質権設定者）に支払ってしまう一方、当時の判例および多数説は、利益配当金に対して略式質の効力が及ぶことを肯定していたので、「会社」が株主（略式質権設定者）に利益配当金を支払った後に、株券を継続占有する略式質権者が、その支払請求をすることが多々存した。その結果、「会社の二重支払」の問題が生じたので、「会社」の株主に対する利益配当金の支払いを有効とすべきか、ということが盛んに議論されたが、当時の学説は、「会社の二重支払」防止という観点から、「会社」の株主に対する支払いを有効とするのが圧倒的多数説であった。

　ただし、当時の多数説は、その論拠については明示しないで、「会社」は、質権者の存在を知り得ない一方で、その存在を把握している株主名簿上の株主に利益配当金を支払うのが慣習であることを、理由として述べていた。しかし、慣習が優先するのは任意法規に対してである（民法91条）のに対し、質権の効力に関する規定（民法362条2項・350条・297条）は強行法規であるから、慣習の存在を、質権者の利益配当金に対する権利行使を否定する論拠にすることは無理である[21]。

　そこで、理論的な説明が無理であることから、「会社」の株主に対する利益配当金支払を有効とするために、逆に、略式質は利益配当金に及ばないという否定説が多くなり始めた。しかし、利益配当金に対する略式質の効力を否定することは、前述のように、法理論的には無理であることから、この問題の解決のためには立法化しかないと考えられ、「会社」の質権者に対する利益配当金を有効とし、かつ、「会社の二重支払」の危険を防止するために考案されたのが、旧商法209条の登録質だったのである[22]。

　したがって、登録質における質権者の株主名簿への「登録」は、第三債務者たる「会社」の「二重支払」の危険を防止するとともに、株式質の効力が及ぶ利益配当金に対する質権者の優先弁済権の確保のためであったわけである。それゆえ、登録質の「登録」は、略式質の効力を基礎として、第三債務者たる「会社の二重支払」の危険を防止することに主眼があったのであり、「登録」によって、利益配当金に株式質の効力が及ぶことになるという権利創設的効力や「会社」に対する対抗要件が具備されるという権利対抗力の付与という効果は、本来、存在しなかったのである。

　このように考えると、会社法147条2項が、略式質は「会社」に対しても対抗することができると明記したこと、および同法151条8号が、略式質の効力は「剰余金の配当」におよぶと明記したことは当然の事理であり、あとの解釈は、「剰余金の配当」に対する略式質権の行使に当たり、第三債務者たる「会社の二重支払」の危険防止の措置が講じられていればよいだけである。実際、株券を継続占有している略式質権者は、「会社」に質権を対抗することができているから、質権を「会社」に対して行使するためには、占有している株券を「会社」に呈示するだけでよい一方、「会社」は、質権を対抗されているため、その行使に応じなければならないのである。他方、略式質権者が、「会社」の定めた一定の期間内にその略式質権を行使しなかったため、「会社」が株主名簿上の株主に「剰余金の配当金」を交付した場合には、その交付を有効とすればよいだけである。その結果、「会社の二重支払」の危険は生じない、ということになる。

　以上のように、「会社の二重支払」の危険防止が実現しているから[23]、民法の一般原則に戻り、民法304条1項ただし書に基づいて剰余金配当請求権を差し押さえる必要はなく、略式質権者は、「会社」に対し、旧株券を呈示すれば、「剰余金の配当金」の交付を受けることができるのである[24]。逆に、商法学の多数説のように、「剰余金の配当」を、株式の「価値変形物」と考え、「差押え」を要すると解すると、質権設定者（株主・債務者）が債務不履行に陥り、質権の行使を迅速にしなければならないときに、裁判所を通じた迂遠な権利行使を強いられることになる。その結果、質権の優先弁済的効力を確保することが困難となろう。このような不合理な解釈が、多数説により

なされている原因は、株主名簿を基準として「剰余金の配当金」が交付される場合も、略式質権者が「株券の継続占有」により既に略式質を「会社」に対抗できており、そのため、当該質権を行使することもできる、という点を看過しているからである。

　以上の理は、振替法のもとにおける略式質についても妥当する。略式質権者は、質権欄に質入れに係る株式数の増加の記載がなされた振替株式について適法の所持人と推定され（振替法143条）、当該質権を「会社」に対抗することができ、また、略式質の効力は「剰余金の配当」に及ぶから（会社法151条8号）、略式質権者は、民法304条1項ただし書に基づく「差押え」をすることなく、「会社」に対しその質権を主張することによって、剰余金の配当を請求することができるのである。

　以上の理は、以下に述べる略式質に基づく物上代位権行使の方法についても妥当しよう。

3　略式質に基づく物上代位権行使の方法

　質権に基づく物上代位権は、原担保権たる質権自体から発生した権利であり、質権自体と同じ権利である。つまり、質権に基づく物上代位権は、質権自体の一内容であり、目的物が、株式の「価値変形物」か、「株式」自体か、という違いがあるだけであり、両者は全く同一性を有する権利である。それゆえ、物上代位権行使の前提として、原担保権たる略式質権も、第三債務者たる「会社」に対抗できていなければならない。なお、民法学では、両者を別個の権利と解し、物上代位権を第三者に公示する必要があるとして、その行使の要件としての「差押え」の趣旨は、物上代位権という優先権の公示方法であると解する説（優先権保全説・差押公示説・第三者保護説）が、未だに根強く主張されている。しかし、この説は、物上代位権と競合する第三者を保護するなど、物上代位制度の本質を全く理解していない説であり、比較法的に見ても特殊日本的な説であり、到底賛成できない[25]。

　ところが、本稿の二で紹介した旧商法時の②説は、略式質権は「会社」に対抗できないと解したうえで、物上代位権行使に関し、旧株券と引き換えに代位目的物が支払われる場合には、民法304条1項ただし書の「差押え」を

要しないとし、株主名簿を基準とする場合には、「差押え」を要すると主張していた。つまり、原担保権の「会社」に対する対抗問題と原担保権に基づく物上代位権の行使問題は別物であると理解していた[26]。しかし、原担保権が、第三債務者たる「会社」に対抗できなければ、物上代位権も行使できないから、前掲②説が不当であるのは言うまでもない。

　ところが、会社法制定後は、本稿の二で紹介した前掲の①説と③説を支持する見解は、もはや見られず、今や、②説が商法学の定説と言ってもよいほど多数の支持を得ている[27]。これらの現在の多数説は、②説と同じく、物上代位権行使に関し、❶旧株券と引き換えに代位目的物が支払われる場合には、民法304条1項ただし書の「差押え」を要しないとする一方で、❷株主名簿を基準とする場合には、「差押え」を要すると主張する。したがって、これらの多数説に対しては、②説に対すると同様の疑問・批判がそのまま当てはまるであろう。すなわち、上記の❶自体は妥当であるとしても、❷株主名簿を基準に代位目的物が交付される場合、なぜ、民法の一般原則に戻り「差押え」をしなければならないのか、あるいは、実際問題として、ともに物上代位権の行使でありながら、なぜ、❷の場合は、❶の場合に比し迂遠な方法を採らなければならないのか、ということである。このように実際的でない方法は、理論的にも誤っているのが通常である。

　会社法のもとでも、略式質権者は、旧株券の継続占有だけで、原担保権たる質権を「会社」に対抗することができ（会社法147条2項）、また、当該質権に基づく物上代位権も、「会社」に対抗できるから、占有する旧株券を「会社」に呈示することが、当該物上代位権を行使することである。この場合の物上代位権行使は、適法な権利行使であり、「会社」は、その請求に応じて代位目的物を交付しなければならず、応じた場合には、それでもって免責される一方、仮に物上代位権行使の前に、自己が把握している株主名簿上の株主（質権設定者）に代位目的物を交付しても、それは有効な交付として保護されるのである。つまり、旧株券の呈示には、民法304条1項ただし書の「差押え」と同じく、第三債務者たる「会社の二重支払」の危険を防止する機能があるのである。よって、旧株券の呈示により、「会社」は、物上代位権者存在を直接知らされる一方、仮に株主のほうに新株券等（代位目的物）

を交付したとしても、物上代位権者が一定の権利行使期間内に旧株券を呈示しなかった場合には、その交付を有効とすることで、「会社」の代位目的物交付は保護されるのである。

　以上のよう、❷の株主名簿を基準とする場合でも、「会社の二重支払」の危険は存在しないから、「差押え」を要しないことになり、❶の旧株券と引き換えに新株券等が交付される場合と同じ方法による物上代位権行使が可能となるのである。このような見解は、一般規定である民法304条1項ただし書の「差押え」の趣旨について第三債務者保護説を採った場合にのみ導き出すことができよう。

　そして、ここで注意しなければならないことは、物上代位権行使の方法と「差押え」の関係である。つまり、「差押え」は、物上代位権行使の方法として必須の手段ではなく、それは、物上代位権の発生により代位目的物（価値変形物）の支払義務者となった「第三債務者」に対し、物上代位権という優先権の存在を直接知らせ、もってその二重弁済の危険を防止するための一つの方法にすぎない、ということである。実際、「第三債務者の二重弁済の危険」を防止するための方法は、法律によって異なるものである。その場合には、当該法律の物上代位規定で処理すればよく、あえて民法に戻る必要はない。上記❶および❷の場合の旧株券の呈示は、まさにそのような方法である。

　例えば、土地区画整理法112条1項は、事業施行者（第三債務者）は、施行地区内の宅地について清算金を交付する場合において、当該宅地について抵当権等があるときは、抵当権者等を有する債権者から供託しなくてもよい旨の申出がない限り、その清算金を供託しなければならないと規定し、事業施行者に対し、清算金の「供託義務」を課している。この清算金は、本来、土地区画整理事業により所有権を失う宅地所有者（抵当権設定者）に支払われるべきものであるが、当該宅地が抵当権の目的物となっている場合には、清算金は、「土地」の価値変形物（代位目的物）であり、抵当権の物上代位権の目的物となる。しかし、事業施行者が、清算金を宅地所有者に支払ってしまうと、抵当権者は物上代位権を行使することができず、土地の価値変形物である清算金を優先取得できなくなってしまうであろう。そこで、事業施行者に対し、清算金の「供託義務」を課すことによって、その清算金が、優先権

者である物上代位権者（抵当権者）に確実に支払われることにしているのである。この「供託義務」により、事業施行者（第三債務者）の二重弁済の危険が消失する一方で、物上代位権者は確実に優先弁済権を確保できるわけである[28][29]。

　再び話を会社法に戻すと、結局、多数説の誤りは、「差押え」の趣旨に関する特定性維持説というドグマに拘泥したことに尽きると思われる。会社法のテキストや注釈書には、必ず、代位目的債権の特定性維持のために「差押え」が必要であると述べられているからである。本稿の二で紹介した原審および控訴審判決もそうである。

　しかし、特定性維持説は、民法学におけるかつての通説（昭和50年（1970年）代頃までの）であったが、現在はほとんど支持者がいないし、最高裁も、質権と同様に公示方法が存する抵当権の物上代位権の行使に関し、私が主張していた第三債務者保護説を採用した（最高裁（二小）平成10（1998年）1月30日判決（民集52巻1号1頁）および最高裁（三小）同2月10日判決（判例タイムズ964号79頁））。要するに、物上代位権行使の場合には、物上代位権者に対し直接の支払義務を負う第三債務者の二重支払の危険を防止する機能の存在に着眼すれば、株主名簿を基準として代位目的物を交付する場合でも、旧株券の呈示にそのような機能が存在することを発見することができ、民法の「差押え」を要しないという見解を容易に導き出すことができるのである。

　以上のことは、振替法のもとにおける略式質の物上代位行使についても妥当する。なぜなら、略式質権者は、質権欄に質入れに係る株式数の増加の記載がなされた振替株式について適法の所持人と推定され（振替法143条）、当該質権を「会社」（第三債務者）に対抗することができ、また、略式質に基づく物上代位権も、同様に、「会社」に対抗することができるからである。よって、振替法のもとにおける略式質の物上代位権行使についても、民法304条1項ただし書に基づく「差押え」は必要でなく、質権者は、「剰余金の配当金」の場合と同じく、「会社」に対し代位目的物の交付を請求することができるのである。

五　おわりに

　会社法は、旧商法に比し、略式質についてかなり整備したけれども、「剰余金の配当金」に対する質権行使の方法および株式の代位目的物に対する物上代位権行使の方法について明文規定を設けなかったため、旧商法のもとにおけると同じ解釈問題が存在している。議論自体は、旧商法時のほうが盛んであり、諸説が主張された。しかし、会社法制定後は一つの説に収斂され、今や商法学者のほとんどは、「剰余金の配当金」を株式質の代位目的物とし、また、物上代位権行使の方法については、❶旧株券と引き換えに代位目的物が交付される場合と❷株主名を基準とする場合に分け、前者の場合には旧株券の呈示だけでよく、後者の場合には「差押え」を要するという見解が定説となっている。

　しかし、「剰余金の配当金」は、質権の目的物たる「株式」の価値変形物（代位目的物）ではなく、法定果実であるから、物上代位権行使の客体にもならない。それゆえ、本来、「剰余金の配当金」に対する質権の行使は、物上代位権行使の要件としての「差押え」とも関係がない。

　ところが、現在の商法学の圧倒的多数説ともいえる上記の見解は、「剰余金の配当金」は、物上代位権の目的物（代位目的物）であるとして、その行使のために「差押え」を求めるのである。しかし、このような多数説の解釈は理論的にも実際上も不当であり、質権設定者（株主）の債務不履行後の迅速な権利行使が要請される株式質の実務に合わないだけでなく、優先弁済権の確保の面でも、登録質の場合（会社法152条・153条・154条）に比し脆弱すぎる。そして、このような解釈は、本来、株券の継続占有により「会社」に対抗できている略式質権を有名無実化し、会社法147条2項を無意味化するものであり、到底賛成できない。

　これに対し、私見のように、「剰余金の配当」を法定果実と考えれば、「差押え」の問題は全く出てこないし、略式質権に基づく権利行使も実に簡明であり、会社法147条2項の存在意義も高まる。

　次に、上記の多数説は、略式質に基づく物上代位権行使の方法についても複雑な方法を主張するのであるが、その前提とする「差押え」の趣旨に関す

る特定性維持説自体が理論的に不当であるから賛成できない。

　これに対し、私見のように、「差押え」の趣旨は第三債務者の二重支払の危険防止にあるという観点から、略式質権者による質権行使を見れば、株主名簿を基準とする場合であっても「会社の二重支払の危険」は生じない。したがって、いかなる場合にも、「差押え」を要しないという結論を容易に導き出すことができよう。

　商法学の多数説は、「差押え」の趣旨に関するかつての民法学の通説（特定性維持説）を絶対視する一方で、会社法147条2項の存在を軽視したため、株主名簿を基準とする場合でも、「会社の二重支払の危険」が存在しないことに気付かなかったのであろう。もっとも、株主名簿を基準とする場合には、「会社の二重支払の危険」が存在すると考え、質権者の「差押え」を要すると解したことは、「差押え」の趣旨が、第三債務者の二重弁済の危険防止にあるということを前提としており、第三債務保護説の正しさを示唆していると言うこともできる。

　結局、多数説の誤解の原因は旧商法時から続いており、会社法の下でも、登録質における「登録」の「会社」対抗要件にこだわる一方、略式質は「株券の継続占有」だけで「会社」対抗要件を充足し、「会社」に対し直接の権利行使ができる点を軽視していることに尽きる。逆に、この点を正確に理解すれば、振替法に基づく略式質権者も、質権欄に質入れに係る株式数の増加の記載がなされた振替株式について適法の所持人と推定され、当該質権を「会社」に対抗できるから、同様に、略式質に基づく物上代位権行使のために「差押え」を要しないとことが容易に理解できよう。そうすれば、略式質でも迅速な権利行使が可能となり、その優先弁済権の実効性が一層確保され、現在、実務上ほとんど利用されていない登録質にあえて変更する必要もないであろう[30]。

⑴　清原泰司『物上代位の法理』116頁以下（民事法研究会、1997年）。同「略式質の法的構造」奥島孝康教授還暦記念論文集編集委員会編『近代企業法の形成と展開　第二巻』193頁以下（成文堂、1999年）。
⑵　清原泰司「株式質100年」南山法学31巻1・2合併号369頁（2007年）。
⑶　清原泰司「株式質の物上代位の法的構造」阪大法学44巻2・3号810頁以下

　　（1994年）、清原・前掲注(1)『物上代位の法理』121頁以下、164頁以下、同・前
　　掲注(1)「略式質の法的構造」193頁以下参照。
(4)　各説の文献の詳細については、清原・前掲注(3)阪大法学44巻2・3号817頁の
　　注⑽、⑾、⑿参照。なお、③説を主張したのは、田邊光政『会社法要説　第三
　　版』（税務経理協会、1993年）154頁のみである。
(5)　清原・前掲注(1)『物上代位の法理』114頁以下、同・前掲注(2)357頁参照。
(6)　清原・前掲注(2)369頁。
(7)　天野佳洋（発言）「座談会　新会社法で金融実務はどう変わるか」銀行法務
　　21・656号28頁以下（2006年）は、株券の継続占有が「会社」対抗要件とされた
　　ことに関し、以下の二点で疑問があると述べる。第一に、「株券の継続占有はし
　　ているが、株主名簿上の記載手続をとっていない略式質権者の会社との関係を
　　どう考えるか。……この点は、略式質権者は、147条2項により株券を継続占有
　　していれば会社に対する対抗要件を充足することになり、151条の質入れの効果
　　を主張できるが、会社法152条から154条に定める登録質権者にのみ適用がある
　　法的効果は期待できないと解することになりそうです。……従来は、株主名簿
　　上の質権に関する記載が、会社への対抗要件であるとされてきた。ところが、
　　会社法151条で、略式質と登録質にかかわる効力の差が消滅した結果、株主名簿
　　上の質権の記載の有無は、略式質と登録質を分ける基準ではあるが、対抗要件
　　問題からは切断され、"匿名性の確保か、登録質に限って認められる一定の法律
　　効果を期待するのか"の選択の問題に変容してしまった。」
　　　第二に、略式質権者の権利行使方法について旧法下の多数説に賛同しつつ、
　　「会社法151条は、整備法による改正後の振替法161条でも、その適用が排除され
　　ているわけではなく……、会社法151条は、質権の効力一般論として配当に対し
　　効力が及ぶことを明文化したわけですが、これは、いわばパラダイムの転換が
　　なされたわけであり、金融機関としても、法律で当然に担保権が及ぶとされた
　　（譲渡担保では解釈上ですが）にもかかわらず、従前のように漫然と略式担保で
　　結構です、配当には興味ありません、というわけにはいかなくなったのではな
　　いか」と述べる。
　　　しかし、旧法時の多数説は、そもそも理論的に誤っていたのであるから、以
　　上2点の疑問自体が不当である。
(8)　清原・前掲注(1)『物上代位の法理』116頁、同・前掲注(2)348頁以下参照。
(9)　戦前において、残余財産分配金請求権に対する略式質の物上代位権行使につ
　　いて、①東京地裁明治42年（1909年）10月27日判決（法律新聞615号11頁）が、
　　民法304条1項ただし書に基づく「差押え」を要すると判示したが、それ以降の
　　判例は、すべて「差押え」不要説を採り、民法367条（現行民法366条）に基づ
　　き、質権者が、会社（第三債務者）から直接、残余財産分配金請求権を取り立
　　てることができると判示した。すなわち、②東京控訴院明治43年（1910年）3
　　月10日判決（法律新聞638号11頁）、③岸和田区裁大正11年（1922年）12月25日
　　判決（法律新聞2133号21頁）および④大阪地裁大正12年（1923年）3月3日判

決（法律新聞2133号22頁）である。これらの下級審判例の見解は、大正13年（1924年）10月8日の法曹会決議においても支持された（清原・前掲注⑴『物上代位の法理』152頁以下参照）。

⑽　大審院大正12年4月7日の評価については、清原・前掲注⑴24頁以下参照。

⑾　我妻榮『新訂担保物権法』17頁、288頁（岩波書店、1968年）、柚木馨・高木多喜男『担保物権法〔新版〕』10頁、281頁（有斐閣、1973年）など。

⑿　特定性維持説に対する批判の詳細については、清原・前掲注⑴『物上代位の法理』101頁以下参照。

⒀　清原・前掲注⑴『物上代位の法理』103頁以下。

⒁　清原・前掲注⑵357頁。これに対し、高田晴仁『新基本法コンメンタール　会社法1』270頁〔奥島孝康・落合誠一・浜田道代編〕（日本評論社、2010年）は、会社法147条1項と2項との関係について、「登録株式質の場合には、本条1項の登録の上に株券の継続占有という別個の対抗要件を加えたものと解し」と述べる。

　　しかし、この見解とは逆の理解をすべきである。登録質の基礎となる対抗要件は「株券の継続占有」の方であり、この「株券の継続占有」は、「登録」に加重された対抗要件ではないからである。上記の解釈は、旧商法時の登録質に関する多数説の考え方を引き継いだ見解であり、賛成できない。

⒂　清原・前掲注⑵360頁。

⒃　旧商法の略式譲渡担保権者は、株券を占有していても、株主名簿に取得者（譲渡担保権者）の記載（名義書換）がないため、「会社（株券発行会社）」に対抗することができなかった（旧商法206条1項参照）。そのため、旧商法のもとでは、略式質のままでは「会社」に対抗できないと解した多数説によれば、略式質と略式譲渡担保はいずれも、「会社」に対抗できないことになるはずであるが、多数説は、「会社に対する対抗とは、自分が質権者であることを会社に対して主張できるかどうか、具体的にいえば、たとえば208条所定の株式または金銭などのように、株式質の効力が及ぶものであって会社から交付されるものにつき、質権者が物上代位の手続すなわち差押手続をふまないでも会社に対して交付を請求できるか、ということである」（前田庸『新版会社法⑶株式⑴』199頁〔上柳克郎・鴻常夫・竹内昭夫編集代表〕（有斐閣、1986年）と説明する。

　　これは、旧商法207条2項の「第三者」から「会社」を除き（この解釈は失当である）、略式質権が会社に対抗できないにもかかわらず、その物上代位権行使を可能にするための説明であり、❶質権を「会社に対抗できる」場合と❷質権を「会社に対抗できない」場合に分け、❶の「会社に対抗できる場合」において、会社に物上代位権を行使するときは、物上代位の手続、すなわち差押手続をふまなくてもよいとする一方、❷質権を「会社に対抗できない」場合において、会社に物上代位権を行使するときは、物上代位の手続き、すなわち差押手続きを要すると考えているのである。

　　しかし、質権者が、会社に対し物上代位権を行使するときは、その前提とし

て、質権（原担保権）自体が会社に対抗できていなければならい。物上代位権と原担保権である質権は同一の権利だからである。それゆえ、❶質権を「会社に対抗できる」場合、物上代位の手続き、すなわち差押手続きを必ずしもふまなくてよいということにはならないし、逆に、❷質権を「会社に対抗できない」場合は、そもそも、会社に対し物上代位権を行使することが不可能であり、物上代位の手続き、すなわち差押手続きを要するどころか、物上代位の手続きをふむこと自体が不可能なのである。すなわち、「会社（第三債務者）」に対抗できない担保物権は、当該担保物権に基づく物上代位権も「会社」に対抗できず、「会社」に対し行使することもできないのであるから、上記の前田教授の物上代位に関する説明は、論理的にはありえない説明である。

(17)　旧商法の登録譲渡担保権者も、株主名簿に取得者（譲渡担保権者）の記載（名義書換）があるため、「会社」に対抗することができた（旧商法206条 1 項）。

(18)　江頭憲治郎『株式会社法　第 6 版』（有斐閣、2015年）229頁の注(12)は、略式譲渡担保者の物上代位権について、略式株式質と同様と解されると述べる。

　　しかし、会社法では、略式質は「会社」に対抗できることが明記され（会社法147条 2 項）、その物上代位権も「会社」に対抗できるのは当然のことである一方、略式譲渡担保は、「会社」に対抗できず（会社法130条 2 項）、その物上代位権も「会社」に対抗できないのであるから、略式質と略式譲渡担保は根本的に異なっていることを看過している。

(19)　略式質の効力が「剰余金の配当」に及ぶと明記されたことについて、江頭憲治郎「新会社法制定の意義」ジュリスト1295号 6 頁（2005年）は、「略式質を念頭に置くと、奇異に感じられる」と述べる。これらの多数説に対する批判については、清原・前掲注(2)365頁以下参照。

(20)　前田庸『会社法入門』199頁（有斐閣、2006年）、行澤一人『逐条解説会社法　第 2 巻　株式・ 1 』341頁〔酒巻俊雄・龍田節編集代表〕（中央経済社、2008年）、高田・前掲注(14)275頁、田澤元章『論点体系　会社法 1 　総則、株式会社 I 』525頁〔江頭憲治郎・中村直人編〕（第一法規、2012年）、江頭・前掲注(18)225頁の注(4)、田中亘『会社法』121頁（東京大学出版会、2016年）など。実務家の論考として、土岐敦司『会社法大系第 2 巻』141頁〔江頭憲治郎・門口正人編集代表〕（青林書院、2008年）、松井秀樹・小松岳志・武田彩香「振替株式に対して設定された担保権による債権回収の留意点―剰余金配当請求権の物上代位による差押えを中心に―」金融法務事情1912号48頁（2010年）がある。

　　なお、私見と同様、剰余金の配当を株式の果実と解するべきであると述べるのは、森下哲朗『会社法コンメンタール 3 ―株式(1)』467頁〔山下友信編〕（商事法務、2013年）。正当な見解である。

(21)　清原・前掲注(1)『物上代位の法理』158頁参照。

(22)　清原・前掲注(1)『物上代位の法理』115頁参照。

(23)　清原・前掲注(1)『物上代位の法理』160頁以下、189頁参照。

(24)　弥永真生『リーガルマインド会社法〔第14版〕』85頁の注95）（有斐閣、2015

年）は、私見と同じ見解を述べる。

⑵　優先権保全説（差押公示説・競合債権者保護説）は、民法304条1項本文において保護される物上代位権者と競合する第三者を、そのただし書において保護するという論理矛盾の説であり、かつての民法学の通説（前掲注⑾文献参照）によって厳しく批判された。しかし、第三債務者保護説が最高裁により採用された現在でも、民法学では支持者が多い。私は、優先権保全説が物上代位制度を有名無実化する説であることから、同説を徹底的に批判する必要があることを従前から強く主張している（清原・前掲注⑴『物上代位の法理』281頁以下参照）。

⑳　前掲注⒃参照。

⑳　前田・前掲注⒇200頁、江頭・前掲注⒅226頁の注⑸、行澤・前掲注⒇345頁、高田・前掲注⒁275頁、田澤・前掲注⒇527頁、仁科秀隆「株式質の諸問題—担保株式の変容が質権の対抗力に与える影響を中心に—」金融法務事情1944号65頁以下（2012年）など。

⑳　最高裁（一小）昭和58年（1983年）12月8日判決（民集37巻10号1517頁）は、土地区画整理法112条2項に定める清算金請求権に対する物上代位権行使について判示した。事案は、一般債権者が清算金請求権について差押・転付命令を得たのに対し、抵当権者から供託しなくてもよい旨の申出がなかったので、事業施行者（第三債務者）が清算金を供託した事案である。抵当権者による「差押え」がなかったが、最高裁は抵当権者優先を判示した（清原・前掲注⑴68頁以下参照）。

⑳　直井義典「権利質の物上代位性について」香川法学32巻3・4号18頁（2013年）は、差押えは、物上代位権行使の絶対的な要件ではないと主張する。賛成である。

⑽　仁科・前掲注⒄71頁は、略式質に比し、登録質が有用であることを主張し、登録質の利用を訴える。しかし、略式質の法的構造を正確に理解すれば、現在でも略式質は有用である。

第5章　事例研究

1 将来発生する賃料債権について「債権譲渡」と「抵当権に基づく物上代位権」とが競合した場合の優劣（①、②事件）

① 供託金還付請求権確認請求事件、東京地裁平7㈠14393号、平8・
9・20民37部判決、棄却（控訴〈控訴棄却〉）、判例時報1583号73頁〕——
物上代位権優先説

② 取立債権請求各控訴事件、東京高裁平7㈱2622号・2671号、平8・
11・6民12部判決、一部取消・請求棄却（上告）、判例時報1591号32頁〕
——債権譲渡優先説

【事実】①事件

訴外A株式会社は、訴外B株式会社らに対し、本件建物の貸室（賃料は各月末日限り翌月分を支払う旨の約定）を賃貸していた。

X合資会社（原告）は、平成6年2月4日、Aほか2名との間で取引限度額を3000万円とする継続的金銭消費貸借契約を締結し、同日、同契約に基づく借入金債務の担保として、AがBらに対して有する平成6年3月分以降右消費貸借契約終了時までの本件建物の賃料債権を譲り受けた。その際、Aは、Bらに対し、右債権譲渡を内容証明郵便により通知し、同通知は、同年2月4日以降同月5日までにBらに到達した。

他方、Y株式会社（被告）は、本件建物に対する抵当権（昭和58年12月14日に設定登記）に基づく物上代位権により、平成7年4月17日、本件建物の賃料債権の差押を申立て、同月18日、差押命令を得た。同差押命令は、同月19日、Bらに送達された。

これに対し、Bら（第三債務者・賃借人）は、本件債権譲渡の通知後、Xに対して本件建物の賃料を支払っていたが、本件差押がなされたことにより、Xの債権譲受と、Yの差押との効力の優劣に疑義が生じたとして、民法494条後段及び民事執行法156条1項に基づき、平成7年7月分以降の賃料を供託した。

そのため、Xが、Yに対して右供託金の還付請求権の帰属確認を求めた。

【事実】②事件

X株式会社（第一審〔東京地裁平成 7 年 5 月30日判決、金融・商事判例1011号 9 頁〕の原告）は、平成 2 年 9 月28日、訴外A株式会社に対し30億円（弁済期、平成 5 年 9 月28日）を貸付けた。その際、訴外B株式会社は、右貸金債務を担保するため、その所有する本件建物及び敷地につき、Xとの間に抵当権設定契約を締結し、同日、その旨の抵当権設定登記をした。その後、Aは、平成 3 年 3 月28日、利息の支払を怠り、右貸金債務についての期限の利益を失い、平成 4 年12月31日には銀行取引停止処分を受けて倒産した。

他方、Bは、本件建物の各部屋を複数の賃借人（テナント）に賃貸していたが、Aが倒産した直後の平成 5 年 1 月12日、Y株式会社（第一審の被告）に対し、次の約定で本件建物を一括して賃貸し、同月13日、その旨の賃借権設定登記をした。

賃貸期間　定めなし、賃料　月額200万円、敷金 1 億円（同月14日支払済み）、特約①譲渡、転貸ができる。②Bは、既に賃貸している各賃借人との賃貸借契約を合意解除し、転貸人Yがこれらの各賃借人との間に新たな賃貸借契約を締結するか否かはYの意思によるものとする。

さらに、Bは、平成 5 年 4 月19日、訴外C株式会社から7000万円の貸付けを受けるとともに（同年 5 月から平成 8 年 4 月まで毎月末日限り36回の元利均等払い）、同月20日、右債務の代物弁済として、BがYに対して有する本件建物の賃料債権のうち将来発生する同年 5 月分から平成 8 年 4 月分までの合計7200万円（月額200万円）の賃料債権をCに譲渡し、同日Yがこれを承諾し、公証人による確定日付（平成 5 年 4 月20日）を得た。

これに対し、Xは、平成 5 年 2 月中旬頃、本件建物の処分に関しBと協議を行ったが、その交渉が決裂したので、同年 4 月20日、同建物につき競売開始決定を得て、同日、差押の登記をした。さらに、Xは、抵当権の物上代位権に基づき、債権者X、債務者A、本件建物所有者（抵当権設定者）B、第三債務者Yとする本件賃料債権の差押を申立て、同年 5 月10日、BがYに対して有する本件賃料債権のうち、差押命令送達時以降に支払期が到来する分から請求債権額38億6975万6162円に満つる部分の差押命令を得た。同差押命

令は、同月14日、A及びBに送達され、同年 6 月10日、Yにそれぞれ送達された。なお、Xは、平成 6 年 4 月 8 日、抵当権の物上代位権に基づき、Yの各テナントに対する転貸料債権の差押を申立て、同月11日、その差押命令を得たので、同年 6 月23日、差押えた賃料債権のうち、同年 4 月 8 日以降支払期にある分の債権差押命令の申立てを取り下げた。

そこで、Xは、右賃料債権差押命令に基づき取立権を取得したとして、平成 5 年 7 月分から平成 6 年 3 月分までBのYに対する賃料債権6533万6400円の支払を求めた。なお、Xは、BとYとの間の本件賃貸借契約がXの物上代位権を妨害する目的で締結されたものであり、従前の賃貸借関係をそのまま承継しているとし、本件賃貸借契約の月額賃料は従前賃料の月額725万9600円であるとし、その 9 ヵ月分の支払を求めている。

第一審判決は、「抵当権については、民法372条、304条 1 項により目的不動産の賃料債権についても物上代位権を行使することができるところ、同条但書所定の差押えより前に、右目的債権が弁済され、又は目的債権を譲り受けて第三者対抗要件を具備した第三者、もしくは目的債権につき転付命令を得た第三者が存在するときは、抵当権者は、これらの者に対し、優先権を主張することができないと解すべきである（最高裁昭和60年 7 月19日第二小法廷判決・民集39巻 5 号1326頁参照）。」と述べ、債権譲渡優先説を採ったものの、本件賃料債権譲渡は、Xの債権回収を妨害する目的でなされたものと推認することができると述べ、Yが同債権譲渡の優先権を主張することは権利濫用に当たると判示し、結論としては、Xの請求を認容した。

Y、控訴。

【判旨】①事件

X（賃料債権譲受人）の請求棄却。

「一 1　建物の賃貸人は、未発生の賃料債権を、その賃料債権の発生を条件として譲渡することができ、右債権が発生したときに直ちに権利移転の効果が生じる。

この場合において、賃料債権譲受人は、その債権の発生に先立ち、賃貸人が賃借人に対し確定日付ある証書をもって通知し、又は賃借人が確定日付ある証書をもって承諾することによって、未発生の賃料債権の譲渡について第

三者に対する対抗要件を具備することができ、債権発生時に改めて対抗要件を具備する必要はないが、対抗要件の効力発生時期は、債権譲渡の効力発生時、すなわち債権の発生時と解するのが相当である。

　2　他方、抵当権の目的物たる建物が賃貸された場合において、抵当権者が、その目的物たる不動産の賃料に対して物上代位をすることが認められるのは、抵当権の内容である優先弁済権に由来するものであるから、抵当権者の目的不動産に対する物上代位権は、抵当権設定登記により公示され、第三者に対する対抗力を具備するものというべきである。

　民法372条が準用する304条1項但書は、物上代位に際して差押を要求しているが、その趣旨は、物上代位による差押によって、第三債務者が金銭その他の目的物を債務者に払い渡し又は引き渡すことが禁止され、他方、債務者が第三債務者から債権を取り立て又はこれを第三者に譲渡することを禁止される結果、目的債権の特定性が保持され、これにより物上代位権の効力を保全せしめること等を目的とするのであり、差押は効力保全要件であって、第三者に対する関係では実体法上の対抗要件としての意味を有するものではないと解される（最高裁昭和59年2月2日第一小法廷判決　民集38巻3号431頁、同昭和60年7月19日第二小法廷判決　民集39巻5号1326頁　各参照）。

　3　したがって、その優劣は、債権譲渡の第三者に対する対抗要件の効力発生と抵当権設定登記の具備との先後によって決すべきである。

　本件では、Xの本件債権の譲受について、本件通知により第三者に対する対抗要件の効力が発生したのは、本件賃料の発生時である平成7年6月30日以降であり、他方、Yが抵当権設定登記を具備したのは、昭和58年12月14日であるから、Yの抵当権に基づく物上代位が優先する

　なお、未発生の賃料債権の二重譲渡等の場合においても、その間の優劣は対抗要件の効力発生ではなくその具備の先後によるものとすることも考えられないわけではないが、本件において、Xが債権譲受について第三者対抗要件を具備したのは平成6年2月4日以降同月5日以前であり、他方、Yが抵当権設定登記を具備したのは昭和58年12月14日であるから、右の見解によっても、Yの抵当権に基づく物上代位が優先することに変わりはない。

　二1　ところで、物上代位による差押は、民法304条1項但書により、『払

渡又ハ引渡前ニ……為スコトヲ要ス』るところ、物上代位の目的となる債権が譲渡された場合についても、『払渡又ハ引渡』がなされた場合と同様に解すべきであり、物上代位が債権譲渡に優先するとしても、なお、現実に債権譲渡がなされる前に右差押をしておかなければならないこととなる。債権譲受人が物上代位による差押に先立ち債権譲渡について第三者に対する対抗要件を具備したときは、譲渡された債権はもはや債務者の一般財産から逸出し、差押の効力が及ばないからである。

　2　そして、抵当権者が民法304条1項に基づき賃料に対して物上代位による差押をする場合、抵当権者は、継続的給付に係る債権である未発生の賃料債権に対して、民事執行法151条により差押の効力を及ぼすことができる。もっとも、その差押の効力が発生するのは、第三債務者に差押命令が送達され、かつ、債権が発生して現実にその賃料債権の取立が可能になった時点である。

　3　本件債権譲渡は、遅くとも平成6年2月5日には本件通知によって対抗要件を具備しており、また、本件差押は平成7年4月19日に第三債務者らに送達されているところ、本件賃料債権は、それらよりも遅れる同年6月30日以降に発生すべきものであるから、債権譲渡の第三者に対する対抗要件の効力と本件差押の効力は、いずれも本件賃料債権の発生時に生じたことになる。

　4　このように、債権譲渡の第三者に対する対抗要件の効力発生と同時に物上代位による差押の効力が生じたときは、右の時点において、当該債権が債務者の一般財産に帰属したままなのか、既に逸出したのかにつき直ちに決することができない場面にあるといえるから、債権譲受人は、当該債権が債権譲渡によって債務者の一般財産から逸出したことを当然には主張できないというべきである。このように解したとしても、本件のような場合は、前記一3のとおり、もともと物上代位権のほうが債権譲渡よりも優先しているのであって、実質的に債権譲受人に対して不測の損害を及ぼすわけでもない。

　よって、債権譲渡の第三者に対する対抗要件の効力が発生した時期と物上代位による差押の効力発生時期が同一のときも、払渡し又は引渡し前に差押をした場合と同様に、民法304条1項但書の要件を満たすものと解すること

ができる。

5　したがって、本件物上代位の効力は本件差押により保全され、Yは本件賃料債権に対して抵当権の効力を及ぼすことができる。」

【判旨】②事件

X（物上代位権者）の請求棄却。

「抵当権者は、民法372条、304条1項により、目的不動産の賃料債権についても物上代位権を行使することができるが、同条但書により目的債権を差し押さえる前に同債権を譲り受けて対抗要件を備えた者がある場合には、物上代位権の行使をすることはできず、このことは、将来発生する賃料債権についても同様に解すべきである。

民法304条1項但書において、物上代位権者が物上代位権を行使するためには金銭その他の払渡又は引渡前に差押えをしなければならないものと規定されている趣旨は、右差押によって物上代位の対象である債権の特定性が保持され、これによって物上代位権の効力を保全せしめるとともに、他面第三者が不測の損害を被ることを防止しようとすることにある。この第三者保護の趣旨に照らせば、右「払渡又は引渡」の意味は、債務者（物上保証人を含む。）の責任財産からの逸出と解するべきであり、債権譲渡も同条の『払渡又は引渡』に該当するものということができる（一般債権者が目的債権の差押えをし、転付命令を得る前の段階では、未だ責任財産から逸出したものといえないことは明らかである。）。第三者の不測の損害防止の趣旨は、公示方法が不完全な先取特権においてはもちろん、登記により公示がされている抵当権においても基本的に異なることがないと解すべきであるから（民法372条は、抵当権について民法304条を準用するにとどまる。）、抵当権者は、民法304条但書による差押前に債権譲渡を受けて対抗要件を備えた者に対して、物上代位権の優先権を主張することはできない。

将来発生する債権の譲渡についても、その譲渡性が承認されるものである限り、右の法律関係に変わるところはない。確かに、本件のように、将来の賃料債権の譲渡によって担保権者の物上代位権の行使が制約されることにはなるが、本来抵当権については担保物の用役権能は設定者に留保されることから生ずるものとして甘受するほかない。もちろん、あまり高額の敷金の交

付や長期の将来の賃料債権の譲渡については、担保権の空洞化を意図した権利濫用として、第三者の保護より担保権者の保護を図る余地もあると考えられるが、本件については後記認定のとおりそのような事情を認めるに足りない。Ｘが引用する大阪高裁の判決は、支分権たる賃料債権譲渡の効力の発生及び対抗要件の効力発生時期を支分権の発生時期と解しているが、当裁判所の見解によれば、将来の債権の譲渡が重複して行われた場合や一般債権者による差押えの対抗要件の効力発生の時期についての解釈と整合性を欠くこととなり、そのような解釈をとることはできない。

　したがって、Ｘのこの点の主張は理由がない。」

　また、本判決は、本件賃料債権譲渡がＸの物上代位権行使を妨害するための通謀虚偽表示であること、及び同債権譲渡がＸの債権回収を妨害する目的でなされたものであり、Ｙが同債権譲渡の優先を主張することは権利の濫用に当たるというＸの主張をいずれをも排斥した。

【評釈】

　物上代位権優先説を採った①判決の結論には賛成するが、その理論構成には賛成できない。また、債権譲渡優先説を採った②判決の理論構成および結論のいずれにも賛成できない。

一　1990（平成2年）以降のバブル経済崩壊過程において、効果的な債権回収方法として、抵当建物から生ずる賃料への抵当権の物上代位権行使が注目され、積極的に活用されるようになった。それは、最高裁平成元年（1989年）10月27日判決（民集43巻9号1070頁）が賃料に対する抵当権の物上代位権行使を無条件に肯定したからである。このような債権回収策に対して、債務者側の採った対抗手段が、従来の賃貸借契約を解除して第三者との間に新たに短期賃貸借契約を締結し、その第三者をして従来の賃借人との間に転貸借契約を締結させるという方法であった（②判決の事案にはそのような転貸借も存在している）。ところが、この第三者（短期賃借人）は、債務者（短期賃貸人）のダミー会社や系列会社である場合が多く、現実には、賃料に対する物上代位権行使を妨害するために両者が結託しているものがほとんどであった。その結果、転貸料に対する物上代位権行使の可否をめぐる裁判例が激増することになるのである。

　転貸料に対する物上代位権行使の可否をめぐる裁判例は、原賃貸借が抵当権設定登記後に設定されている場合や賃貸人と賃借人とが債権回収妨害のために結託している場合には、その行使を肯定するものが大半であった[1]。そのため債務者側が次に採った対抗手段が、抵当権者による物上代位権行使の前に、将来発生する賃料債権を包括的に第三者に譲渡してしまうということであった。その結果、右の債権譲渡と物上代位権とのいずれが優先するのか、という問題が浮上したのである。

　本問題に関し、①判決は物上代位権優先説を採ったのに対し、②判決は逆に債権譲渡優先説を採っている。また、この問題についての最初の公表判例である③大阪高裁平成 7 年（1995年）12月 6 日判決（判例時報1564号31頁）は、基本的に①判決と同様の理論構成により物上代位権優先説を採っている。そして、①判決の控訴審判決である④東京高裁平成 9 年（1997年） 2 月20日判決（判例時報1605号49頁、金融法務事情1477号45頁、銀行法務21・533号16頁、金融・商事判例1015号39頁）は、①判決と同様に物上代位権優先説を採っているが、その理論構成は異なっている。このように、本問題に関する判例理論は、結論だけでなく、その理論構成においても混迷しているのが現状である。

　本問題は、将来発生する賃料債権という同一の債権をめぐり、その包括的譲受人と物上代位権者とのいずれが優先するかという第三者間の優劣問題である。それゆえ、本問題を解明するための第一の論点は、右債権の包括的譲渡の第三者対抗要件及び物上代位権の第三者対抗要件がそれぞれいつ、どのような方法により具備されるのかということである。しかし、仮に物上代位権者が優先すると解しても、代位目的物である賃料の「払渡又ハ引渡」前に、物上代位権者は当該賃料債権について「差押」をしなければならない（民法372条・同304条 1 項但書）ため、当該「債権譲渡」が「払渡又ハ引渡」に含まれるか否かという第二の論点にも答えなければならない。

　これらの論点に正確に答えるためには、民法304条 1 項の法的構造に関する正確な理解が不可欠である。ところが、本規定については、物上代位本質論や「差押」の意義をめぐり、諸見解が錯綜しているのが現状である。そのことが、本問題に関する判例の理論的混乱を招いていると言ってよい。したがって、本規定に関する正確な解釈論を確立することが急務である。

二　私は、現行民法304条の淵源であるボアソナード民法草案1638条以来の沿革の検証及び物上代位制度の比較法的考察の結果、民法304条１項の法的構造の理解にあたり、その本文と但書とを峻別すべきであると考えている。つまり、その本文は、担保金融の促進のために担保権者に物上代位権を付与した担保権者保護の規定であるのに対し、その但書は、物上代位権付与の結果、担保権者に対する代位目的物の支払義務を直接負うことになる第三債務者の二重弁済の危険防止を目的とする第三債務者保護の規定である[(2)]、と。したがって、なぜ、物上代位権が担保権者に付与されたのかという物上代位本質論は、本文のみに関する立論であり、その但書とは何ら論理必然的な関係がないと解すべきであり、物上代位本質論である価値権説や特権説を前提として、但書にいう「差押」や「払渡又ハ引渡」についての解釈論を導き出すべきではない、ということになる。

　ところが、これまでの学説の大半は、これらの物上代位本質論から「差押」の意義を導き出してきた。すなわち、特定性維持説は価値権たる担保物権の本質上当然認められるという価値権説を前提として、「担保物権がその目的物の価値代表者の上にその効力を及ぼすことは価値権たる担保物権の本質上当然のことであって、担保物権について公示が存する以上はその延長たる権利に公示あるの要なく（第三者は債務者の請求権につき公示がなくてもその原目的物の公示方法によって同一性をしりうべく、測らざる損害を受けることはない）、ただ代位目的物が債務者の固有財産に混入せずしてその特定性の保持せられることのみが必要なのであるから、差押を命じた趣旨はひとえに特定性の保持にこれをもとめねばならない」[(3)]と述べるのである。それゆえ、この説によれば、代位目的物（代位目的債権）の特定性さえ維持されればよいのであるから、誰が差押えてもよいし[(4)]、代位目的物が債務者に現実に支払われない限り（特定性が維持されている限り）、たとえ代位目的債権について「転付命令」や「譲渡」があっても、担保権者はそれを差押えることにより物上代位権を保全できるのである。

　これに対し、優先権保全説（差押公示説・第三者保護説）は、物上代位権は担保権者保護のために法律が特別に認めた優先権であるという特権説を前提として、法律により特権を付与され、その保護を受けるべき担保権者自身が、

優先権を保全するために差押えるべきである。また、この差押は、物上代位権という優先権を第三者に対して公示するためのものであるから、担保権者自身の差押前に代位目的債権について「転付命令」や「譲渡」があれば、担保権者はもはや差し押さえることができず、物上代位権の保全もできないと言うのである。

他方、最上級審判例は、⑤大審院（民事連合部）大正12年（1923年）4月7日判決（民集2巻5号209頁）は、明らかに物上代位特権説を前提とした優先権保全説を採り、抵当権者自身の差押を要求するとともに、その差押前に代位目的債権について「転付命令」や「譲渡」があれば、抵当権者はもはや差押えることができない、と判示した。したがって、ここでは、「転付命令」や「債権譲渡」は、民法304条1項但書にいう「払渡又ハ引渡」に該当すると判断されたのである。

その後、この判例理論は、⑥大審院（第二民事部）昭和5年（1930年）9月23日決定（民集9巻11号918頁）及び⑦大審院（第二民事部）昭和10年（1935年）3月12日判決（法律新聞3817号9頁）によっても踏襲された。これらの判例は、いずれも旧耕地整理法25条に関するものであったが、補償金請求権が第三者に譲渡された後においては、抵当権者はもはや物上代位権を保全できないと判示した[(5)]。

また、⑥決定は、「差押」につき、「一面ニ於テ債務者ガ金銭其ノ他ノ物ノ交付ヲ受ケタル後其金銭其ノ他ノ物ニ対シ尚ホ抵当権ヲ追随セシムルガ如キハ、債務者固有ノ財産トノ間ニ混雑ヲ生ジ徒ニ権利関係ヲ紛糾セシムルニ止マルノ虞アレバ抵当権ノ存在ハ債務者ガ金銭其ノ他ノ物ヲ受クル前ニ於テノミ之ヲ認ムルヲ至当ナリトシ、抵当権ノ目的トシテ抵当不動産ニ代位スルハ債権其ノモノナルコトノ趣旨ヲ明ニスルト同時ニ他ノ一面ニ於テハ債権ニハ登記ノ如キ公示方法ナキヨリ第三者ヲ保護スルノ方法トシテ不動産ニ代位スル事ヲ明確ニシ抵当権ヲ第三者ニ対シ保全スルノ要件トスル趣旨ヲ定メタルモノト解スベケレバナリ」と判示し、「差押」の意義が「代位目的債権の特定性維持」と「第三者の保護」の双方にあることを述べている。この見解は、⑦判決によっても当然の前提とされた。

さらに、⑧最高裁（第一小法廷）昭和59年（1984年）2月2日判決（民集38

巻3号431頁）は、「差押」の趣旨につき、「先取特権者のする右差押によって、第三債務者が金銭その他の目的物を債務者に払渡し又は引渡すことが禁止され、他方、債務者が第三債務者から債権を取立て又はこれを第三者に譲渡することを禁止される結果、物上代位の対象である債権の特定性が保持せられ、これにより物上代位権の効力を保全せしめるとともに、他面第三者が不測の損害を被ることを防止しようとすることにある」と述べ、債務者（動産買主）が破産宣告を受けた後においても、先取特権者は、債務者の有する転売代金債権を差押えて物上代位権を行使することができると判示した。つまり、ここでは、「破産宣告」は「払渡又ハ引渡」に該当しないと判断されたのである。また、⑧判決は、傍論として、一般債権者の「差押」も「払渡又ハ引渡」に該当しないと述べた。

　次いで、⑨最高裁（第二小法廷）昭和60年（1985年）7月19日判決（民集39巻5号1326頁）は、「差押」の趣旨につき、「先取特権者のする右差押によって、第三債務者が金銭その他の物を債務者に払い渡し又は引き渡すことを禁止され、他方、債務者が第三債務者から債権を取り立て又はこれを第三者に譲渡することを禁止される結果、物上代位の目的となる債権（以下、『目的債権』という。）の特定性が保持され、これにより、物上代位権の効力を保全せしめるとともに、他面目的債権の弁済をした第三債務者又は目的債権を譲り受け若しくは目的債権につき転付命令を得た第三者等が不測の損害を被ることを防止しようとすることにある」と述べ、一般債権者が代位目的債権を差押えたにすぎないときは、その後に先取特権者がそれを差押えて物上代位権を行使できる判示した。つまり、ここでは、一般債権者の「差押」は「払渡又ハ引渡」に該当しないと判断されたのである。

　このように、⑧及び⑨の最高裁判決はいずれも、「差押」の意義が「代位目的債権の特定性保持」と「第三者の保護」（⑨判決は第三債務者の保護にも言及する）にあると述べており、この立場は、⑥の大審院決定以来、基本的に不変である。また、⑤の大審院連合部判決も、「代位目的債権の特定性保持」や「第三者の保護」それ自体を謳っているわけではないが、「転付命令」や「債権譲渡」により代位目的債権が第三者に移転した後は、もはや物上代位権を行使できないと述べているのであるから、これらのことを前提として

いると言ってよいであろう。したがって、最上級審の判例理論は、大正12年
(1923年) 以来現在に至るまで一貫して、「差押」の意義を「代位目的債権の
特定性保持」と「第三者の保護」の双方に求めており、特定性維持説と優先
権保全説（第三者保護説）双方の立場に立っていると評価できよう[6]。また、
「払渡又ハ引渡」には、「転付命令」及び「債権譲渡」は含まれるが、「破産
宣告」や一般債権者による「差押」は含まれないというのが最上級審判例の
立場である。

　ところで、大審院の⑥決定は、「差押」の意義が「第三者の保護」にある
と述べるとともに、それが第三者に対する物上代位権の公示方法であること
も明言している。この立場を厳格に貫けば、物上代位権者の「差押」前に一
般債権者が代位目的債権を差押えた場合には、それは第三者の出現であるか
ら、物上代位権者はもはや差押えることができず、物上代位権を保全できな
いという結論に至りそうである。そして、この結論を前提にすれば、最高裁
判例⑧及び⑨は、大審院判例⑥及び⑦とは若干見解を異にするとの評価もな
し得よう。しかし、最高裁も、大審院もともに、「差押」の意義に関して
「第三者の保護」を謳っている点では共通しており、未だ「差押の公示」と
いう側面を捨象していない。最高裁判例は、債務者の「破産宣告」の場合と
同様、一般債権者により「差押」があっても、その場合、代位目的債権は未
だ債務者の手元にあるから、それは物上代位権と競合関係に立つ第三者の出
現ではないと解しているのではないか。つまり、⑧及び⑨判決は、「払渡又
ハ引渡」の内容をより明確にしただけのものと評価すべきである。

　これに対し、⑧及び⑨判決を評して、差押は第三債務者に対する関係での
み対抗要件としての意味を有し、それ以外の第三者に対する関係ではそのよ
うな意味がないという見解が有力に主張されている[7]。この見解は、⑧及び
⑨判決によれば、差押命令を取得したにとどまる一般債権者の場合と債権譲
受人等の場合とで物上代位権者の「差押」の可否に相違がある理由につき、
実体法上の物上代位権の追及力の相違を最高裁が明らかにしていると評価す
るのである。すなわち、この見解は、「債権譲渡」等により代位目的債権が
債務者の手元を離れ、譲受人等の第三者に移転した場合には、そこには物上
代位権の追及力が及ばないから物上代位権を行使できず、物上代位権者は

「差押」不可となる、と言うのである。この見解は、結果として、民法304条
1項本文に第三者保護の視点を持ち込むものである[8]。

　しかし、この見解からは、後述のボアソナード博士の第三債務者保護説や
諸国の立法例における第三債務者保護規定は出て来ない。なぜなら、物上代
位権を認めた場合において第三債務者に二重弁済の危険が生ずるという考え
は、第三債務者が物上代位権者の方に弁済しない限り、物上代位権は消滅せ
ず、物上代位権者はなおも第三債務者に対し弁済請求ができるということを
前提としているからである。つまり、そこでは、原担保権が存続する限り、
物上代位権の追及力も存続するということを大前提としているのであり、そ
のために第三債務者は、二重弁済の危険にさらされるということを大前提と
しているのである。それゆえ、本来の第三債務者保護説は、担保権者に物上
代位権を付与した場合には、必ず第三債務者の二重弁済の危険防止規定を設
け、担保権者と第三債務者との利害調整を図ることが必要不可欠と考えるの
であり、物上代位権を認める場合に保護対象としているのは第三債務者だけ
であり、それ以外の第三者のことは一切視野に入れていないのである。した
がって、登場する第三者に応じて物上代位権の追及力の及ぶ範囲を解釈し、
最高裁判例⑧及び⑨が実体法上の物上代位権の追及力の相違を明らかにした
ものであるとする見解は、物上代位制度法制化の原点を看過するものであり、
賛成できないのである。

　三　前述のように、学説は、物上代位本質論を前提として、特定性維持説と
優先権保全説（差押公示説・第三者保護説）とに分かれるのに対し、最上級審
の判例理論にはそのような対立的把握は存在しない[9]。この点をどのように
考えるべきであろうか。

　物上代位本質論に関する価値権説と特権説とは、本来、同一平面上におい
て対立的に把握すべき理論ではなく、それぞれ物上代位権の本質の一側面を
述べている理論である。というのは、物上代位権は、担保権者保護という法
政策的観点（特権的側面）から担保権者に付与されたものであると同時に、
そのような付与が、目的物の交換価値を支配する担保物権の価値権的性質
（価値権的側面）にも適合していることから法制化されたものだからである。
実際、このような理解は、かつて、ボアソナード博士や旧民法の解説者であ

る宮城弘蔵博士及び現行民法の起草者である梅謙次郎博士によってなされていた[10]。物上代位本質論をこのように理解すれば、特権説の立場に立つ一方で、原担保権と物上代位権とは同一性を有する優先権であるという価値権説的理解も可能となるのである。

　このようにして、価値権説と特権説とは相対立するものではないということになれば、これらの説から導き出される特定性維持説と優先権保全説（差押公示説・第三者保護説）もそれぞれ相対立するものではなくなり、その限りで、これらの説を対立的に把握していない最上級審の判例理論の方が、学説よりも正当であるかのように思われよう。しかし、「差押」の意義が「代位目的債権の特定性保持」及び「第三者の保護」の双方にあるという解釈には到底賛成できないのである。その理由は以下のとおりである。

　民法304条1項の淵源であるボアソナード民法草案1638条1項につき、ボアソナード博士は、その本文と但書とを峻別し、本文の趣旨が先取特権者の保護にあると述べる一方、その但書の趣旨については、「物ヲ代表スル価額ヘノ先取特権ノ移転ハ他ノ債権者ヲ害セス何トナレハ既ニ物自ラニシテ最早質物タラサル上ハ他ノ債権〔者──筆者注〕ハ其価額ニ付キ心算スルヲ得ヘカラサレハナリ只爰ニ説ク所ノ代位ニ対シテ保護ス可キ者ハ此価額ノ債務者〔第三債務者──筆者注〕ニシテ其債務者ヲシテ弁済ヲ誤ルノ危険ニ陥ル可カラス故ニ法律ハ債務者カ先取特権附債権者ノ方ヨリノ故障（opposition）ニ告知セラル可キ要メ以テ之ヲ予防シタリ」[11]と述べ、同但書にいう「異議」（opposition）の趣旨が、「第三者の保護」にではなく、二重弁済の危険に陥る「第三債務者の保護」にあることを明言していた。そして、ボアソナード民法草案の「異議」に相当する旧民法債権担保編133条1項但書にいう「払渡差押」（opposition）も、同様の趣旨であると、宮城弘蔵博士により述べられていた[12]。

　他方、ボアソナード博士と宮城博士は、物上代位権が原担保権との同一性を有する優先権であることも明言している[13]。このように、両博士によれば、物上代位権は、特権的性質と価値権的性質を併有する権利であること、及びそのような特権を認めたことによって保護すべき者は第三債務者だけであることは、当然の論理だったのである。

　また、担保権者に物上代位権を付与している各国の法制には、第三債務者（保険者）の二重弁済の危険防止のための規定が必ず設けられている。例えば、ボアソナード民法草案1638条１項の母法であるイタリア旧民法1951条２項、イタリア現行民法2742条２項、フランス保険法典 L. 121-13条２項、ドイツ民法1128条１項２文、スイス民法822条１項などである(14)。これらの規定により、第三債務者の二重弁済の危険が消滅するのであり、物上代位権者の存在が第三債務者に知らされなかったため、第三債務者が債務者の方に保険金等を弁済しても彼は免責されるのである。しかし、ここで注目すべきことは、その場合でも、物上代位権者は債務者に対しその優先権の行使ができるとされていることである(15)。すなわち、債務者の一般財産への優先権の成立は当然のこととされていることである。そして、さらに注目すべきこととして、これらの立法例では、物上代位権が保険金等に及ぶ場合の優先順位は、担保権本来の順位に従うとされており、原担保権と物上代位権との同一性は当然のこととされていることである(16)。

　四　これに対し、現行民法の起草者である梅謙次郎博士は、「差押」の趣旨説明において、「若シ一旦債務者カ債権ノ目的物タル金銭其他ノ物ヲ受取リタル後尚ホ先取特権者ハ其上ニ先取特権ヲ行フコトヲ得ルモノトセハ他ノ債権者ハ何ニ由リテ其金銭其他ノ物カ先取特権ノ目的タルヲ知ルコトヲ得ンヤ故ニ動モスレハ意外ノ損失ヲ被ルコトナシトセス是レ本条ニ於テ特ニ先取特権者ハ右ノ金銭其他ノ物ノ払渡又ハ引渡前ニ差押ノ手続ヲ為スコトヲ要スルモノトシタル所以ナリ（民訴594以下）」(17)と述べている。つまり、梅博士によれば、代位目的物が債務者の一般財産の中に混入した後にまで物上代位権の行使を認めれば、他の債権者（第三者）には一般財産中のどの部分が代位目的物であるかを知り得ないから、結果として他の債権者に不測の損害を与えることになり、そのような結果を避けるため、つまり代位目的物が債務者の一般財産中に混入しないようにするため、代位目的物の払渡又は引渡前に「差押」をなす必要がある、と解されたのである。

　梅博士の見解は、前掲⑥以降の最上級審判例が常に述べている「代位目的債権の特定性保持」と「第三者の保護」と全く同じである。したがって、この両者は対立関係にあるのではなく、本来、表裏一体の関係にあるものであ

る。梅博士と同様の見解は、現行民法成立当初の時期、富井政章博士や中島玉吉博士等によっても主張され、それは民法学上の定説となっていた[18]。ところが、大審院大正 4 年（1915年）の二つの判例が、「差押」の意義が「代位目的債権の特定性保持」にのみあると断言し、代位目的債権の特定性さえ維持されていれば誰が差押えてもよく、また現実の弁済により代位目的債権が消滅しない限り（代位目的債権について転付命令や譲渡があっても）、「差押」は可能であると判示し、典型的な特定性維持説を採ったため学説が紛糾することになり、その後今日に至るまで、特定性維持説と優先権保全説（第三者保護説）との対立となっているのである[19]。

　しかし、「代位目的債権の特定性保持」と「第三者の保護」とは、本来、表裏一体の論理関係にあり、相対立するものではない。つまり、優先権保全説（差押公示説・第三者保護説）も、実は、「代位目的債権の特定性保持」を前提としている説であり、ここで問うべきは、両説に共通する「代位目的債権の特定性保持」という特定性の理論の是非なのである。

　特定性の理論は、代位目的物が第三債務者から債務者に弁済されてしまえば、それは債務者の一般財産の中に混入してしまい、もしその上に物上代位権という優先権の存在を認めるのであれば、担保物権の特定性の原則に反するというものである。それゆえ、この特定性のドグマによれば、代位目的物がいったん債務者に弁済されてしまえば、代位目的物上の物上代位権は消滅するのであり、そのような物上代位権の消滅防止のために「差押」が要求されているということになる。そして、この特定性の理論を前提とした上で、誰を保護対象とするかによって、物上代位権者を最大限に保護する典型的特定性維持説と、第三者保護を視野に入れた優先権保全説（差押公示説・第三者保護説）とに分かれるにすぎないのである。

　それでは、特定性のドグマは、疑う余地のない自明の理論なのであろうか。しかし、この特定性のドグマを前提とする限り、第三債務者の二重弁済の危険の可能性は、そもそもあり得ないのではないか。すなわち、このドグマによれば、物上代位権の行使前に、第三債務者が代位目的物を債務者の方に弁済すれば、物上代位権は消滅してしまい、物上代位権者は、第三債務者に対していかなる弁済請求もできなくなるからである。これとは逆に、物上代位

権発生の場合において第三債務者に二重弁済の危険が生ずるという考えは、第三債務者が債務者に対し弁済しても物上代位権はなお存続しており、それは「弁済してはならない相手方」に対する弁済として無効であるから、第三債務者は、物上代位権者からの請求に改めて応じなければならないということを前提とするものである。それゆえ、特定性のドグマを前提とすれば、ボアソナード博士の説明や諸国の立法例における第三債務者保護の規定は間違っていることになろう。

　しかし、担保金融の促進のために担保権者に物上代位権を付与しておきながら、特定性のドグマを持ち出すことがそもそもの誤解の始まりではないだろうか。

　物上代位権とは、担保目的物が滅失・毀損し、その特定性が失われたにもかかわらず、その目的物の価値代表物が発生した場合において、その上に担保物権の効力が及ぶことが認められた権利である。他方、物上代位権が発生しても、それまで物上代位権と第三債務者との間には何の法律関係も存しなかったゆえに、第三債務者は物上代位権者の存在を知らないのが通常である。それゆえ、第三債務者は、それまでの法律上の権利義務関係にあった債務者の方に価値代表物（代位目的物）を弁済してしまうだろう。しかし、その弁済は、物上代位権の発生により、「弁済してはならない相手方」となった者に対する弁済であるから、その後、「弁済すべき相手方」となった物上代位権者から請求があった場合には、改めて物上代位権者の方に弁済しなければならない。ここにおいて、第三債務者は二重弁済の危険に陥るのである。したがって、第三債務者の二重弁済の危険発生という考えは、価値代表物が債務者の一般財産中に混入したとしても、換言すればその特定性が失われたとしても、物上代位権は消滅しないということを前提とするものである。

　そして、このような第三債務者の二重弁済の危険防止のためには、第三債務者に対し、物上代位権者の存在を知らせる措置を講じておくことが必要不可欠である。それが、ボアソナード民法草案1638条1項但書にいう「異議」であり、旧民法債権担保編133条1項但書にいう「払渡差押」であり、現行民法304条1項但書にいう「差押」であり、諸国の立法例における第三債務者保護の規定なのである。

　このように、ある制度の立法趣旨を求める場合には、もしそれが存在しなければ、どのような事態を招くかを考えるだけで十分である。ところが、「差押」の意義を「代位目的債権の特定性保持」に求める見解は、この思考作業を怠っているため、第三債務者保護の視点が見えないのではないだろうか。そして、特定性維持説の誤謬は、なぜ「差押」が必要なのかという「差押」の意義について実は何も説明していないという点にも存するのである。なぜなら、「差押」がなくとも、現実に履行されない限り、代位目的債権は特定性を保持している一方、「差押」がなされた場合には、第三債務者の弁済が禁止される結果、「代位目的債権の特定性保持」が確定するだけであり、それは「差押」の法的効果の説明にすぎないからである。

　特定性のドグマが不当であるということになれば、それを前提として「第三者の保護」を主張する見解も不当ということになる。この見解は、その前提の理論が誤っているだけでなく、「第三者の保護」を持ち出すことにより、物上代位権を第三者の権利との競合関係にさらすからである。そのような第三者保護の視点は、物上代位制度法制化の原点を看過するものであり、到底賛成できないものである。

五　以上から、民法304条１項本文と但書とを峻別し、本文は担保権者保護のみに関する規定であるのに対し、但書は第三債務者保護のみに関する規定であると理解することになる。それゆえ、物上代位権は原担保権と同一性を有する優先権であり、その第三者対抗要件は原担保権の公示で十分であり（公示が要求されていない先取特権の場合には、それに基づく物上代位権も公示を必要としないのは当然である）、他方、「差押」は、第三債務者のみに対する対抗要件ないし効力保全要件ということになる。

　そして、「差押」の意義に関する第三債務者保護説の立場から、右但書にいう「払渡又ハ引渡」の内容も、第三債務者の二重弁済の危険防止という第三債務者保護の視点から解釈すべきことになるのは当然である。敷衍すれば、第三債務者の二重弁済の危険が存在する限り、つまり代位目的債権が存在する限り、「差押」により物上代位権者の存在を第三債務者に知らせることを認めることになるのである。換言すれば、代位目的債権が「現実の弁済」により消滅しない限り、物上代位権行使を認める一方、その行使前すなわち

「差押」前に第三債務者が「現実の弁済」を行えば、彼は免責されると考えるのである。そう解してこそ、担保権者に物上代位権を付与した本文規定の趣旨も生きよう。そうであれば、たとえ代位目的債権について「転付命令」や「譲渡」があっても、「現実の弁済」によりそれが消滅しない限り、物上代位権者は、それを差押えることにより物上代位権を保全することができるのである。

　以上の私見を基にして、①及び②判決の当否を論じよう。

六　右の私見によれば、②判決の理論構成及び結論のいずれにも賛成できないことは言うまでもない。②判決が、民法304条1項但書の「差押」の趣旨を「代位目的債権の特定性保持」と「第三者の不測の損害防止」に求めるとともに、第三者保護の視点かあら右規定の「払渡又ハ引渡」の意味を債務者の責任財産からの逸失と解し、「債権譲渡」もそれに該当すると解しているからである。しかし、仮に②判決のような解釈を行ったとしても、本件事案のB（賃貸人）、Y（賃借人・転貸人）及びC（賃料債権譲受人）の関係から、本件一審判決のように、本件債権譲渡の有効性を主張することは物上代位権者Xの債権回収妨害の目的を推認することができ、権利濫用に当たると解し、結果的にXを勝たせることもできた事案であった。その点、②判決の論理は形式論理に終始しており、結果として「借り得」を許すものであり、その意味でも②判決には賛成できない。もっとも、将来発生する賃料債権譲渡の対抗要件の効力発生時期をその具備時であると解し、債権発生時と解した前掲③の大阪高裁平成7年判決を批判している点は正当であり、評価できる。

　他方、①判決は、(1)将来発生する賃料債権の譲受人と物上代位権者という第三者間の優劣問題を論じ、物上代位権の方が優先するとした上で、(2)民法304条1項但書の要件を充たす否かを論じている。その理論構成は以下のとおりである。

　すなわち、(1)将来発生する賃料債権譲渡の第三者対抗要件具備の方法は確定日付ある証書による通知・承諾（民法467条2項）であるが、その対抗要件の効力発生時期は、その具備の時ではなく、債権発生時であるのに対し、物上代位権の第三者対抗要件具備の方法は抵当権設定登記（民法177条）であり、その対抗要件の効力発生時期も登記の時である。それゆえ、賃料債権譲渡と

物上代位権との優劣は、それぞれの第三者対抗要件の効力発生時期の先後により決することになり、本件では、物上代位権者Yの抵当権設定登記の方が賃料債権の発生時よりも先であるから、Yの物上代位権が優先する。しかし、(2)Yの物上代位権が優先するとしても、本件「債権譲渡」は民法304条1項但書の「払渡又ハ引渡」に該当するから、Yはその譲渡の前に当該債権の「差押」を行う必要がある。この「差押」の効力発生時期は、債権発生時である。それゆえ、本件「債権譲渡」の第三者対抗要件の効力発生時期と本件「差押」の効力発生時期は、いずれも債権発生時となり、同時である。このような場合には、債権譲受人は、当該債権がその譲渡により債務者の一般財産から逸出したことを当然には主張できないし、(1)から明らかなように、もともと物上代位権の方が優先しているのであるから、「払渡又ハ引渡」前に「差押」がなされた場合と同様に民法304条1項但書の要件を充たしている。したがって、本件物上代位権は保全され、Yは物上代位権の優先を主張できる、と。

　物上代位権の第三者対抗要件に関する①判決の見解は、物上代位権と原担保権である抵当権との同一性を認めるものであり、その結論自体は正当である。そして、この見解からすれば、物上代位権の第三者対抗要件は、「差押」によって初めて具備されるという優先権保全説（差押公示説・第三者保護説）が排除されるのは明らかである。それでは、①判決は、「差押」の意義をどのように考えているのであろうか。「目的債権の特定性が保持され、……第三者に対する関係では実体法上の対抗要件としてのいみを有するものではない」とのみ述べていることから、これはまさに特定性維持説の見解である。ところが、その根拠として⑧及び⑨の最高裁判決が引用されているのである。しかし、これらの最高裁判決はともに、「差押」の趣旨として、「代位目的債権の特定性保持」と「第三者の不測の損害防止」の双方を挙げているのであるから、これらの判決を根拠とすることは論理矛盾である。

　なお、①判決の控訴審判決である前掲④の東京高裁平成9年2月20日判決も、⑧及び⑨の最高裁判決を引用し、右の①判決と同じ理論構成により（もっとも、①判決とは異なり、④判決は「差押」の趣旨として「第三者の不測の損害防止」にも言及している）物上代位権の第三者対抗要件は抵当権設定登記

により具備されると述べている。しかし、最高裁判決は、「差押」の趣旨として「第三者の保護」を視野に入れており、特定性維持説を採っているとは言えないから、最高裁判決を根拠として、物上代位権の対抗要件を登記に求めることは論理矛盾である。

　したがって、物上代位権の第三者対抗要件に関する①判決の結論自体には賛成であるが、「差押」の趣旨の趣旨に関する見解には賛成できない。なお、私見の第三債務者保護説によれば、「差押」は、第三債務者のみに対する物上代位権の対抗要件であり、第三債務者以外の第三者に対する物上代位権の対抗要件は、原抵当権の設定登記によって決すから、実に簡明に①判決と同じ結論が得られよう。

　①判決の問題点は、未発生の賃料債権譲渡の第三者対抗要件具備の方法が、譲渡の際の確定日付ある証書による通知・承諾（民法467条2項）であると解しながら、その効力発生時期につき、その対抗要件具備の時ではなく、債権発生時と解している点にある。また、物上代位権行使の要件としての「差押」の効力発生時期も債権発生時と解している点も問題である。①判決は、このように、未発生の賃料債権譲渡の第三者対抗要件の効力発生時期と「差押」の効力発生時期とが同一の場合には、実体法上の権利の優劣によってその優劣を決するべきであると述べ、結論としては、物上代位権者の方が優先すると解したのである。この結論自体は、極めて妥当なものである。しかし、このような迂遠な解釈を行う必要はない。実際、①判決と同様の解釈を行った前掲③の大阪高裁判決に対しては、多くの論者から厳しい批判がなされた[20]。

　未発生の賃料債権譲渡の第三者対抗要件の効力発生時期については、②判決が指摘しているように、その譲渡性を承認する限り、端的にその対抗要件具備の時と解すべきである。それゆえ、未発生の賃料債権に対する物上代位権に基づく「差押」の効力も、現在債権の場合と同様、差押命令が第三債務者に送達された時に発生する（民事執行法193条2項・同145条4項）と考えればよい。なお、①判決の控訴審判決である前掲④の東京高裁判決も、②判決と同様、未発生の賃料債権譲渡の対抗要件の効力発生時期をその具備時と解するとともに、物上代位権による「差押」の効力は、差押命令が第三債務者

に送達された時に生じると述べ、①判決及び③の大阪高裁判決の債権発生時説を排斥している。そして、④判決は、未発生の賃料債権譲渡と物上代位権との優劣に関し、債権譲渡の対抗要件具備の時と抵当権設定登記の時との先後により決すると述べている。妥当な見解である。

　さらに、①判決の最大の理論的誤謬は、民法304条1項但書の解釈について論理矛盾を犯していることにある。というのは、前述のように、①判決は、「差押」の趣旨に関する解釈において特定性維持説を採り、第三者に対する関係を捨象しているにもかかわらず、同じ規定中の「払渡又ハ引渡」の解釈において「債権譲渡」がそれに含まれると解し、第三者に対する関係を考慮しているからである。特定性維持説の立場を徹底するのなら、「現実の弁済」により代位目的債権が消滅しない限り、その特定性は保持されているから、たとえ「債権譲渡」があっても、それは、「払渡又ハ引渡」には含まれない、というのが首尾一貫した解釈である。このように特定性維持説は、物上代位権者が優先するという結論を簡単に導き出すことができるのである。他方、「差押」の意義に関する第三債務者保護説によっても、「債権譲渡」は「払渡又ハ引渡」に該当しないことから、物上代位権者はなお「差押」が可能であり、物上代位権者の優先という結論を簡単に得ることができよう。

　なお、①判決の控訴審判決④は、転付命令及び転付命令の対象となり得る債権譲渡の場合には「払渡又ハ引渡」に該当するが、本権の未発生の賃料債権譲渡の場合、その債権が転付命令の対象性を欠くものであるから、「払渡又ハ引渡」に該当しないと述べ、物上代位権行使がなお可能であると解し、物上代位権者の優先を認めた。この結論自体は原審の①判決と同じであり、極めて妥当である。しかし、「転付命令」及び「転付命令の対象となり得る債権譲渡」の場合には「払渡又ハ引渡」に該当するという見解には賛成できない。なぜなら、第三債務者保護説によれば、代位目的債権が存続し、第三債務者が債務者の方に弁済する可能性、つまり第三債務者の二重弁済の危険の可能性が存する限り、物上代位権者の存在を「差押」により第三債務者に知らせ、もって第三債務者の二重弁済の危険防止を図るとともに、物上代位権の保全も図る必要があると考えるので、代位目的債権が「現実の弁済」によって消滅しない限り、なお「差押」は可能となると考えるからである。

七　以上より、債権譲渡優先説を採った②判決は、理論構成及び結論ともに妥当ではなく、他方、物上代位権優先説を採った①判決は、その結論自体は妥当であるが、理論構成において論理矛盾が甚だしいと評価せざるを得ないのである。また、①判決と同じく物上代位権優先説を採った前掲の③大阪高裁平成7年判決及び④東京高裁平成9年判決も、その結論は妥当であるが、その理論構成には賛成できない[21]。

　民法304条をめぐる解釈がかくも混乱している最大の原因は、学説・判例ともに「差押」の意義に関し、ボアソナード博士の指摘した第三債務者保護の視点を看過する一方、特定性のドグマを前提として、第三者保護の視点に捉われてきたからではないだろうか。したがって、最高裁は、「差押」の意義に関し、前掲⑧及び⑨判決が述べている「代位目的債権の特定性保持」と「第三者の不測の損害防止」について再考すべきである。実際、①判決も、②判決もともに、「差押」の意義に関する最高裁判決の見解に依拠しながら全く正反対の結論を導き出しているのである。

(1)　転貸料債権に対する抵当権者の物上代位権行使の可否に関する判例の状況については、鎌田薫「判批」私法判例リマークス no. 13［平成7年度判例批評］（法律時報別冊）23頁以下（1996年）、吉田光碩「判批」判例タイムズ907号72頁以下（1996年）、清原泰司『物上代位の法理』261頁以下（民事法研究会、1997年）など参照。
(2)　清原・前掲注(1)27頁以下参照。
(3)　柚木馨・高木多喜男『担保物権法［第三版］』271頁（有斐閣、1982年）。
(4)　ただし、物上代位権者自身の差押を要するという特定性維持説として、我妻榮『新訂担保物権法（民法講義Ⅲ）』290頁（岩波書店、1968年）。
(5)　旧耕地整理法25条は、現行の土地改良法123条や土地区画整理法112条と同様、物上代位権行使の要件として「差押」を要求しておらず、代わって施行者（第三債務者）に対し補償金・清算金等の「供託義務」を課している。これらの規定は、民法304条とは異なる立法形式を採るものであるから、同条の「差押」の意義に関する解釈論をこれらの規定にそのまま適用することは、第三債務者に対し「供託義務」を課し、より抵当権者等の権利確保を図っているこれらの規定の趣旨を損なうであろう。それゆえ、最高裁（第一小法廷）昭和58年（1983年）12月8日判決（民集37巻10号1517頁）が、土地区画整理法112条の解釈にあたり、「差押」の意義に関する解釈論を展開せず、施行者の清算金「供託義務」が抵当権者等の保護にあるという観点から、宅地所有者（債務者）の清算金直

接支払請求権を否定し、抵当権者の差押前に一般債権者が差押・転付命令を取得しても、一般債権者は施行者に対し清算金の支払請求ができないと判示したことは妥当な解釈である（清原・前掲注(1)69頁参照）。

(6) 判例理論に対する評価については、清原・前掲注(1)71頁参照。

(7) 竹下守夫『担保権と民事執行・倒産手続』207頁以下（有斐閣、1990年）、野村秀敏「動産売買先取特権とその実行手続をめぐる裁判例の動向㈡」判例時報1256号150頁（1988年）、遠藤賢治「判解」法曹時報41巻1号163頁（1989年）。

(8) 債権譲渡等により賃料債権が債務者の手元を離れた場合、物上代位権が行使できなくなるという解釈について、それは物上代位権の追及力の問題であると解し、民法304条1項本文の解釈によって得られることを明言する見解として、山﨑敏充「抵当権の物上代位に基づく賃料債権の差押えをめぐる執行実務上の諸問題」民事訴訟雑誌42号135頁の注㉞及び137頁の注㊻（1996年）がある。

(9) 学説においても、特定性維持説と優先権保全説の対立を止揚すべきであるとして、これらの説を融合した二面説が主張されている（近江幸治『担保物権法［新版］』48頁以下（弘文堂、1992年）。

(10) 清原・前掲注(1)56頁以下。

(11) 『ボアソナード氏起稿再閲修正民法草案註釈　第四編全』（訳者及び刊行年不詳）296頁。

(12) 宮城弘蔵『民法正義　債権担保編　第一巻』649頁（1890年）。なお、清原・前掲注(1)89頁以下参照。

(13) 清原・前掲注(1)56頁以下参照。

(14) 各国の立法例については、清原・前掲注(1)15頁、18頁以下、54頁以下及び60頁参照。

(15) ドイツでは、保険者（第三債務者）が債務者に保険金を支払っても、抵当権者は、債務者に保険金の支払い請求ができると解され、債務者の一般財産中への抵当権の追及力が認められている（清原・前掲注(1)203頁参照）。

(16) 清原・前掲注(1)55頁参照。

(17) 梅謙次郎『訂正増補　民法要義　巻之二　物権編（第三十一版）』329頁（1911年）。

(18) 清原・前掲注(1)100頁。

(19) 大正4年の二つの大審院判例及び前掲⑤の大正12年大審院連合部判決に対する学説の反応については、清原・前掲注(1)24頁以下、66頁以下及び95頁以下参照。

(20) 大阪高裁判決が採った、将来の債権譲渡の対抗要件の効力発生時期及び物上代位権者による「差押」の効力発生時期を債権発生時期とする解釈を批判する論考として、道垣内弘人「賃料債権に対する物上代位と賃料債権の譲渡」銀行法務21・522号14頁（1996年）、秦光昭「将来債権の譲渡と抵当権に基づく物上代位との優劣」金融法務事情1455号5頁（1996年）、小林明彦「将来の賃料債権の包括譲渡と物上代位に基づく差押えの優劣」金融法務事情1456号7頁（1996

年）、北秀昭「抵当権者の賃料債権に対する物上代位」ジュリスト1099号124頁
（1996年）、吉田光碩「判批」判例タイムズ916号26頁（1996年）、下村信江「判
批」阪大法学46巻 6 号255頁以下（1997年）、佐久間弘道「賃料債権の包括的譲
渡と物上代位による差押えとの優劣」銀行法務21・530号12頁（1997年）、田原
睦夫「将来の賃料債権の譲渡と抵当権の物上代位」金融法務事情1484号20頁
（1997年）。

⑵⒈　物上代位権優先説を採った①判決、③の大阪高裁平成 7 年判決又は④の東京
高裁平成 9 年判決の結論を批判する見解として、道垣内・前掲注⒇15頁、堀龍
兒「判批」判例タイムズ933号65頁（1997年）、西尾信一「［コメント］将来の賃
料債権の包括的譲渡と抵当権に基づく物上代位の効力」銀行法務21・533号15頁
（1997年）、田原・前掲注⒇21頁ある。

　これに対し、これらの判決の結論を肯定的に評価する見解として、秦光昭
「物上代位における『払渡』前の差押えの意義」金融法務事情1466号14頁（1996
年）、下村・前掲注⒇258頁、村田利喜弥「将来の賃料債権の包括譲渡と物上代
位に基づく差押えの優劣関係」銀行法務21・533号11頁（1997年）、市川尚「判
批」銀行法務21・535号 9 頁（1997年）がある（このうち、秦・論文は、第三債
務者保護説の立場に立つものであるが、民法304条 1 項の法的構造の理解などに
関し、私見とは若干異なる）。これらの判決は、理論構成において大いに問題を
含むとはいうものの、物上代位制度立法の原点を想起するならば、物上代位権
者を優先させた結論そのものは妥当であると評価すべきである。

② 抵当権者による物上代位権の行使と目的債権の譲渡

① 取立債権請求事件、最高裁平9㈹419号、平10．1．30二小法廷判決、一部破棄自判、一部上告棄却、判例時報1628号3頁、民集52巻1号1頁

② 第三者異議事件、最高裁平8㈹673号、平10．2．10三小法廷判決、上告棄却、判例時報1628号3頁、裁判集民事登載予定

【事実】①事件

X株式会社（上告人。以下、Xという）は、平成2年9月28日、A株式会社（以下、Aという）に対し30億円を貸付けた（弁済期、平成5年9月28日）。同日、B株式会社（以下、Bという）は、Aの右貸金債務を担保するため、自己所有の本件建物について、Xとの間に抵当権設定契約を締結し、かつその旨の抵当権設定登記を経由した。その後、Aは、平成3年3月28日、約定利息の支払を怠り、右貸金債務についての期限の利益を喪失し、平成4年12月、倒産した。

Bは、本件建物を複数の賃借人に賃貸していた（1ヵ月当たりの賃料の合計額707万1762円）が、Aの倒産直後の平成5年1月12日、Y株式会社（被上告人・以下、Yという）に対し、期間を定めずに、賃料月額200万円、敷金1億円、譲渡転貸自由という約定により本件建物を一括して賃貸し、同月13日、その旨の賃借権設定登記を経由した（なお、本件建物を従前どおり現実に利用する者については、Yから転貸される形式が採られた）。他方、Bは、平成5年4月19日、C株式会社（以下、Cという）から7000万円の貸付けを受けるとともに、その翌日、右貸金債務の代物弁済として、本件建物についてBがYに対して有する賃料債権のうち将来発生する平成5年5月分から同8年4月分までの賃料債権をCに譲渡し、同日、Yもこの譲渡を承諾した。B、C及びYの三者は、以上の趣旨が記載された債務弁済契約書を作成した上、それにつき公証人による確定日付（平成5年4月20日）を得た。

これに対し、Xは、平成5年5月10日、抵当権の物上代位権に基づき、本件建物についてのBがYに対して有する賃料債権のうち請求債権額38億6975万6162円に満つるまでの部分につき、差押命令を得た。同差押命令は、同年6月10日、Y（第三債務者）に送達された（なお、Xは、その後、抵当権の物上代位権に基づき、Yの各転借人に対する転貸料債権の差押えを申立て、差押命

令を得たので、平成6年4月8日以降支払期にある分につき、右賃料債権の差押
命令の申立てを取り下げた）。

　そこで、Xは、BのYに対する平成5年7月分から同6年3月分までの
9ヵ月分の賃料6533万6400円（月額725万9600円）の支払を求めた（なお、X
は、BとYとの間の本件賃貸借契約がXの物上代位権行使を妨害する目的で締結
されたものであり、従前の賃貸借関係をそのまま承継しているとして、本件賃貸
借契約の賃料月額を従前賃料725万9600円とする）。

　第一審の東京地裁平成7年5月30日判決（金融・商事判例1011号9頁）は、
賃料月額を200万円と認定した上、抵当権者が物上代位権に基づき賃料債権
の差押えをする前に、同債権を譲り受けて第三者対抗要件を具備した第三者、
または同債権につき転付命令を得た第三者が存在する場合には、抵当権者は
これらの者に対し優先権を主張することができないと述べる一方、本件債権
譲渡は債権回収妨害の目的でなされたものと推認しうると述べ、結論として、
権利濫用法理によりXの物上代位権が優先すると判断し、1800万円の限度で
Xの請求を認容した。これに対し、X及びYは、それぞれの敗訴部分につき
控訴した。

　原審の東京高裁（第12民事部）平成8年11月6日判決（判例時報1591号32
頁）は、民法372条及び同304条1項の解釈については第一審と同様の解釈を
行い、抵当権者が物上代位権に基づき賃料債権を差し押さえる前に、同債権
を譲り受けて第三者対抗要件を具備した者がある場合には、抵当権者は物上
代位権の行使をすることができず、このことは将来発生する賃料債権につい
ても妥当すると述べ、さらに本件債権譲渡が権利濫用であるというXの主張
についても排斥し、Xの請求をすべて棄却した。

　X（物上代位権者）、上告。

【事実】②事件

　Aは、昭和62年5月30日、C銀行から1億1000万円を借り受けたが、その
際、Aは、Y株式会社（被上告人・以下、Yという）との間で保証委託契約
（Yは、右の貸金債務を連帯保証し、債権保全のため必要と認めたときは、右保証
債務の履行以前においてもAに対し求償権を事前行使することができるという契
約）を締結した。同年6月1日、Yは、A及びBとの間で、右の保証委託契

約に基づくＹのＡに対する本件事前求償権を担保するため、本件不動産（Ａ及びＢの共有）につき抵当権設定契約を締結し、同日、抵当権設定登記を経由した。平成元年10月31日、Ａ及びＢは、本件不動産をＤ株式会社（以下、Ｄという）に賃貸した（各月の賃料の弁済期、前月末日。平成6年6月分以降の賃料は月額157万円）。

　他方、Ｘ株式会社（上告人。以下、Ｘという）は、平成5年11月10日、Ｅ株式会社（以下、Ｅという）に対して6500万円を貸付けたが、Ａ及びＢは、ＥのＸに対する債務を連帯保証するとともに、同日、Ｄに対する本件不動産についての同年12月分以降の賃料債権をＸに譲渡し、同年11月13日到達の内容証明郵便によりＤに通知した。

　その後、Ｙは、本件事前求償権を行使し、抵当権の物上代位権に基づき、ＡのＤに対する賃料債権のうち債権差押命令送達時に支払期にある分以降1億1000万円に満つるまでの差押え申立て、同6年10月17日、右申立てを認める決定を得、その決定正本は、同月19日、Ｄ（第三債務者）に送達された。

　Ｄが本件不動産の平成6年11月分から同7年6月分までの賃料を供託したので、大阪地裁は、Ｙに対し、同7年6月26日、右供託金及び供託利息合計1258万1980円から執行手続費用770円を控除した1258万1210円を弁済金として交付した。これに対し、Ｘは、本件賃料債権譲渡の第三者対抗要件具備が、物上代位権に基づく差押命令の送達よりも先行しているから債権譲受の方が優先するとして、第三者異議の訴を提起した。

　原審の大阪高裁（第三民事部）平成7年12月6日判決（判例時報1564号31頁）は、将来発生する賃料債権については、物上代位権に基づく差押の効力の具現とその譲渡の第三者対抗要件の具備はいずれもその支分債権の発生時であって、同時であり、そのような場合には、実体法上優先する抵当権の物上代位権に基づく差押の方が優先すると判断し、Ｘの請求に関し、既に執行済みの平成7年6月分までの賃料債権については却下し、同7月分以降については棄却し、全面的に排斥した。

　Ｘ（賃料債権譲受人）、上告。

【判旨】①事件

　物上代位権優先説を採り、Ｘの上告一部認容。

「原審の右判断は是認することができない。その理由は、次のとおりである。

　一　民法372条において準用する304条1項ただし書が抵当権者が物上代位権を行使するには払渡し又は引渡しの前に差押えをすることを要するとした趣旨目的は、主として、抵当権の効力が物上代位の目的となる債権にも及ぶことから、右債権の債務者（以下『第三債務者』という。）は、右債権の債権者である抵当不動産の所有者（以下『抵当権設定者』という。）に弁済をしても弁済による目的債権の消滅の効果を抵当権者に対抗できないという不安定な地位に置かれる可能性があるため、差押えを物上代位権行使の要件とし、第三債務者は、差押命令の送達を受ける前には抵当権設定者に弁済をすれば足り、右弁済による目的債権消滅の効果を抵当権者にも対抗することができることにして、二重弁済を強いられる危険から第三債務者を保護するという点にあると解される。

　二　右のような民法304条1項の趣旨目的に照らすと、同項の『払渡又ハ引渡』には債権譲渡は含まれず、抵当権者は、物上代位の目的債権が譲渡され第三者に対する対抗要件が備えられた後においても、自ら目的債権を差し押さえて物上代位権を行使することができるものと解するのが相当である。

　けだし、㈠民法304条1項の『払渡又ハ引渡』という言葉は当然には債権譲渡を含むものとは解されないし、物上代位の目的債権が譲渡されたことから必然的に抵当権の効力が右目的債権に及ばなくなるものと解すべき理由もないところ、㈡物上代位の目的債権が譲渡された後に抵当権者が物上代位権に基づき目的債権の差押えをした場合において、第三債務者は、差押命令の送達を受ける前に債権譲受人に弁済した債権についてはその消滅を抵当権者に対抗することができ、弁済をしていない債権についてはこれを供託すれば免責されるのであるから、抵当権者に目的債権の譲渡後における物上代位権の行使を認めても第三債務者の利益が害されることとはならず、㈢抵当権の効力が物上代位の目的債権についても及ぶことは抵当権設定登記により公示されているとみることができ、㈣対抗要件を備えた債権譲渡が物上代位に優先するものと解するならば、抵当権設定者は、抵当権者からの差押えの前に債権譲渡をすることによって容易に物上代位権の行使をも免れることができ

るが、このことは抵当権者の利益を不当に害するものというべきである。

　そして、以上の理は、物上代位による差押えの時点において債権譲渡に係る目的債権の弁済期が到来しているかどうかにかかわりなく、当てはまるものというべきである。」

　「そして、前記事実関係の下においては、Xの本件請求は1800万円（平成5年7月分から同6年3月分までの月額200万円の割合による賃料）の限度で理由があり、その余は理由がないというべきであるから、第一審判決の結論は正当である。」

【判旨】②事件

　物上代位権優先説を採り、Xの上告棄却。

　「民法304条1項ただし書は、先取特権者が物上代位権を行使するには払渡し又は引渡しの前に差押えをすることを要すると規定しているところ、同法372条がこの規定を抵当権に準用した趣旨は、抵当権の効力が物上代位の目的となる債権にも及ぶことから、右債権の債務者（以下『第三債務者』という。）は、その債権者である抵当不動産の所有者（以下『抵当権設定者』という。）に弁済をしても弁済による目的債権の消滅の効果を抵当権者に対抗できないという不安定な地位に置かれるおそれがあるため、差押えを物上代位権行使の要件とすることによって、第三債務者は、差押命令の送達を受ける前には抵当権設定者に弁済をすれば、その効果を抵当権者にも対抗することができることとして、二重弁済を強いられる危険から第三債務者を保護しようとする点にあると解される。

　右のような民法の趣旨目的に照らすと、同法304条1項の『払渡又ハ引渡』には債権譲渡は含まれず、抵当権者は、物上代位の目的債権が他に譲渡され、その譲渡について第三者に対する対抗要件が備えられた後においても、自ら目的債権を差し押さえて物上代位権を行使することができるものと解するのが相当である。

　けだし、㈠民法304条1項の『払渡又ハ引渡』という用語は当然には債権譲渡を含むものとは解されない上、物上代位の目的債権が譲渡されたことから必然的に抵当権の効力が右目的債権に及ばなくなるものと解すべき理由もないところ、㈡物上代位の目的債権が譲渡された後に抵当権者が物上代位権

に基づき目的債権の差押えをした場合において、第三債務者は、差押命令の送達を受ける前に債権譲受人に弁済した債権についてはその消滅を抵当権者に対抗することができ、弁済をしていない債権についてはこれを供託すれば免責されるのであるから、抵当権者に目的債権の譲渡後に物上代位権の行使を認めても第三債務者の利益が害されることとはならず、㈢抵当権の効力が物上代位の目的債権についても及ぶことは抵当権設定登記により公示されているとみることができ、㈣対抗要件を備えた債権譲渡が物上代位に優先するものと解するならば、抵当権設定者は、抵当権者からの差押えの前に債権譲渡をすることによって容易に物上代位権の行使を免れることができることとなり、この結果を容認することは抵当権者の利益を不当に害するものというべきだからである。

　そして、以上の理は、物上代位による差押えの時点において債権譲渡に係る目的債権の弁済期が到来しているかどうかにかかわりなく、当てはまるものということができる。」

【評釈】

　物上代位権優先説を採った①判決及び②判決の結論及びその理論構成のいずれにも全面的に賛成する。

一　①判決及び②判決は、民法304条1項の解釈に関する下級審の判例理論の混乱に終止符を打っただけでなく、民法典施行（明治31年・1898年）以来初めて、同項但書の「差押」の意義（趣旨）に関し、第三債務者保護説を採用した画期的な判決である。この両判決は、抵当権者（物上代位権者）を優先させた結論において正当であるだけでなく、その結論を導く理論構成の正当さにおいても画期的なものである。

　物上代位権優先という結論自体は、不良債権回収が社会的・経済的・国際的な緊急課題となっているわが国の現在の時代的要請に応えるだけでなく、今後の金融実務にも非常に大きな影響を与えるものでもある[1]。しかし、このような結論自体は、賃料債権の包括的譲渡のほとんどが執行妨害目的でなされていたことや、不良債権問題の早期解決という観点などから、ある程度予測することのできたものでもある。

　実際、下級審の公表判例では、物上代位権優先説を採ったものが多数で

あった。例えば、①判決の原審判決である③東京高裁平成 8 年（1996年）11月 6 日判決（判例時報1591号32頁）のみが債権譲渡優先説を採ったのに対し、②判決の原審判決である④大阪高裁平成 7 年（1995年）12月 6 日判決（判例時報1564号31頁）、⑤東京地裁平成 8 年（1996年） 9 月20日判決（判例時報1583号73頁）及びその控訴審判決である⑥東京高裁平成 9 年（1997年） 2 月20日（判例時報1605号49頁・確定）は、いずれも物上代位権優先説を採っていたからである（なお、①判決の第一審判決は、理論構成としては債権譲渡優先説を採りながら、結論として権利濫用法理により物上代位権優先説を採った）。

　ところが、物上代位権優先説を採った④、⑤及び⑥の各判決は、その理論構成が異なるだけでなく、いずれも理論的難点を有するものであった。また、債権譲渡優先説を採った③判決と物上代位権優先説を採った④、⑤及び⑥の各判決はいずれも、民法304条 1 項但書の「差押」の意義が「代位目的債権の特定性保持と」と「第三者の不測の損害防止」にあると述べた⑦最高裁（一小）昭和59年（1984年） 2 月 2 日判決（民集38巻 3 号431頁）及び⑧最高裁（二小）昭和60年（1985年） 7 月19日判決（民集39巻 5 号1326頁）に依拠していたのである。

　このような判例理論の混乱に対し、私は、前掲の各下級審判決の評釈において、「民法304条をめぐる解釈がかくも混乱している最大の原因は、学説・判例ともに『差押』の意義に関し、ボアソナード博士の指摘した第三債務者保護の視点を看過する一方、特定性のドグマを前提として、第三者保護の視点に捉われてきたからではないだろうか。したがって、最高裁は、『差押』の意義に関し、前掲⑧及び⑨判決で述べている『代位目的債権の特定性保持』と『第三者の不測の損害防止』について再考すべきである」[2]と主張した。翻って、本両判決は私のこの主張を受け入れ、民法典施行以来、「差押」の意義に関し初めて第三債務者保護説を採用したのである。

二　本両判決（①と②の判決理由はほとんど同じなので、以下、両判決を総称して「本判決」という。分析の対象は、断りなき限り、①判決とする）の争点は、抵当権設定登記後になされた未発生賃料債権の包括的譲渡と同債権に対する抵当権の物上代位に基づく差押との優劣問題である。

　この問題を解明するための第一の論点は、右賃料債権の包括的譲渡の第三

者対抗要件及び物上代位権の第三者対抗要件がそれぞれ、いつ、どのような方法により具備されるのか、ということである。しかし、第三者対抗要件の具備に関し、仮に物上代位権の方が優先すると解しても、物上代位権者は、代位目的物である賃料の「払渡又ハ引渡」前に右債権の「差押」をしなければならない（民法372条・同304条1項但書）。そのため、右「債権譲渡」が「払渡又ハ引渡」に該当すると解するのであれば、もはや物上代位権の行使は不可能となろう。それゆえ、右「債権譲渡」が「払渡又ハ引渡」に該当するか否かという第二の論点にも答えなければならない。

　そして、この第二の論点に答えるための論理的前提として、物上代位権行使の要件として、なぜ「差押」が要求されているのかという第三の論点にも答えなければならない。この第三の論点、つまり「差押」の意義（趣旨）に関する解釈は、第一の論点である物上代位権の第三者対抗要件に関する解釈とも関連するものでもある。もし、「差押」の意義が第三者保護にあると考えた場合、その「差押」が物上代位権の第三者対抗要件となるからである。したがって、「差押」の意義に関する解釈こそが、本判決の争点を解決するための決定的要因であり、それについて正確な理解を得ておくことが不可欠である。そのためには、民法304条1項の法的構造について正確な理解をすることが不可欠である。

　私は、民法304条1項の淵源であるボアソナード民法草案1638条（フランス語原文では1138条）以来の沿革の検証及び物上代位制度の比較法的考察の結果、民法304条1項の法的構造の本文と但書とは峻別して理解すべきである、と考えている。つまり、その本文は、担保金融促進のために担保権者に物上代位権を付与した担保権者保護の規定である一方、その但書は、物上代位権付与の結果、担保権者に対し代位目的物の直接支払義務を負うことになる第三債務者の二重弁済の危険防止を目的とする第三債務者保護の規定である、と。したがって、なぜ物上代位権が担保権者に付与されたのかという物上代位本質論は、本文のみに関する立論であり、その但書とは何ら論理必然的な関係がないと解すべきであり、物上代位本質論である価値権説や特権説を前提として、但書にいう「差押」や「払渡又ハ引渡」の意義についての解釈を導き出すべきではない、というのが従来からの私の持論である[3]。

三　ところが、従来の学説の大半は、それぞれの依拠する物上代位本質論から「差押」の意義を導き出してきた。すなわち、特定性維持説は、物上代位権は価値権たる担保物権の本質上当然に認められるという価値権説を前提とするものであり、「差押」の意義はひとえに、代位目的物（代位目的債権）が債務者の一般財産中に混入しないようにその特定性を維持することにある、と解するのである。この説によれば、物上代位権の公示は原担保権の公示で十分ということになる一方、代位目的物の特定性さえ維持されればよいのであるから、誰が差押えてもよく[4]（典型的特定性維持説）、また代位目的物が債務者に現実に支払われない限り、つまりその特定性が維持されている限り（たとえ、代位目的債権について「転付命令」や「譲渡」があっても）、担保権者はそれを差押えることにより物上代位権を保全できる、ということになる。

　これに対し、優先権保全説（差押公示説・第三者保護説）は、物上代位権は担保権者保護のために法律が特別に認めた優先権であるという特権説（物権説）を前提とするものであり、そのようにして法律により特権を付与され、特別に保護される担保権者自身が、自己の優先権保全のために代位目的物を差押えるべきである、と解する。この説によれば、物上代位権は原担保権とは別個に法律により特別に認められた優先権であるから、その公示のためには、原担保権の公示とは別個の方法が必要と解され、その方法が「差押」ということになる。それゆえ、担保権者による「差押」前に、代位目的債権について「転付命令」や「譲渡」があり、第三者が同債権に利害関係を有することになれば、もはや物上代位権は保全されない、ということになる。

四　次に、「差押」の意義に関する判例理論の変遷を概観する。(i)大審院（三民）大正4年（1915年）3月6日判決（民録21輯363頁）は、旧鉱業法69条（現行鉱業法107条に相当。民法304条と同一形式の条文）に基づく補償金請求権に対する物上代位権行使に関し、第三者保護説を採った原審を破棄し、「差押」の意義に関し、誰が差押えてもよいという典型的特定性維持説を採った。また、(ii)大審院（三民）大正4年6月30日判決（民録21輯1157頁）も、旧土地収用法65条（現行土地収用法104条に相当。民法304と同一形式の条文）に基づく補償金請求権に対する物上代位権行使に関し、重ねて典型的特定性維持説を採った。これらの大審院判決は、「差押」の意義として「代位目的債権の特

定性保持」のみを指摘した結果、抵当権者を最大限に保護することとなった。しかし、これらの判決に対し、当時の学説は、物上代位権者自身の「差押」を要求している民法304条1項但書の法文言に反すること等を理由として、こぞって批判した[5]。

　かくして、(iii)大審院（民連）大正12年（1923年）4月7日判決（民集2巻5号209頁）は、民法372条、同304条1項に基づく火災保険金請求権に対する物上代位権行使に関し、物上代位特権説を前提とした優先権保全説を採り、抵当権者自身による差押は優先権の保全に不可欠の要件であることは法文上明白であると述べるとともに、抵当権者による差押前に代位目的債権について「転付命令」があり、それが送達されれば、同債権は差押・転付債権者に移転し、「譲渡」の場合と同様、債務者が第三債務者より金銭を受取るべき債権関係が消失するため、抵当権者はもはや物上代位権を保全できないと判示した。そして、同判決では、明示されてはいないが、「差押」の意義として、「代位目的債権の特定性保持」と「第三者の保護」が視野に入れられていることは確かである。

　次に、(iv)大審院（二民）昭和5年（1930年）9月23日決定（民集9巻11号918頁）は、(iii)判決を踏襲しつつ、旧耕地整理法25条（現行土地改良法123条に相当し、事業施行者に対して補償金・清算金などの「供託義務」を課しており、民法304条とは異なる立法形式を採る）に基づく補償金請求権に対する物上代位権行使に関し、同請求権の第三者への「譲渡」後は、抵当権者は物上代位権を保全できないと判示した。その際、同決定は、「差押」の意義が「代位目的債権の特定性保持」と「第三者の保護」にあることを明言した。この(iv)決定は、(v)大審院（二民）昭和10年（1935年）3月12日判決（法律新聞3817号9頁）によって踏襲され、旧耕地整理法25条に基づく補償金請求権の第三者への「譲渡」後は、抵当権者は物上代位権を保全できないと判示された。

　さらに、(vi)大審院（一民）昭和17年（1942年）3月23日判決（法学11巻12号100頁）は、民法372条、同304条1項に基づく賃料債権に対する物上代位権行使に関し、同債権の第三者への「譲渡」後は、抵当権者は、もはや物上代位権を保全できないと判示し、その理由として、賃料債権の「譲渡」後の「差押」は、「抵当の目的たる土地の代位物たる賃料をして抵当土地の代位物と

して特定的存在を得せしめ抵当権の効力を保全するの作用を為さしむるに由なきものと謂うべく従て右賃料債権を以て抵当土地の代位物たらしむることを得ざるものと解せざるべからず」と述べた。それゆえ、同判決は、「差押」の意義として、「代位目的債権の特定性保持」と「第三者の保護」を考えていることは明らかである。

　以上のように、大審院判例は、(iii)の連合部判決により、誰が差押えてもよいという典型的特定性維持説からは脱却したけれども、「差押」の意義として、常に「代位目的債権の特定性保持」と「第三者の保護」を考えており、その結果、代位目的債権の「譲渡」及び「転付命令」は、民法304条1項但書の「払渡又ハ引渡」に該当すると考えていたのである。もっとも、これらの判例は、物上代位価値権説を前提とする典型的特定性維持説に立つ当時の多数の学説から厳しい批判が浴びせられた[6]。

　その後、大審院の判例理論は、一に掲記の⑦最高裁昭和59年2月2日判決及び⑧最高裁昭和60年7月19日判決にも継承され、「差押」の意義が「代位目的債権の特定性保持」と「第三者の不測の損害防止」（⑧判決は第三債務者保護にも言及）にあることが最高裁により再確認された。したがって、「差押」の意義に関する判例理論は、大正12年（1923年）以来、一貫して特定性維持説と優先権保全説（差押公示説・第三者保護説）の双方を採っていたと言うことができよう。つまり、判例理論によれば、「代位目的債権の特定性保持」と「第三者の保護」とは相対立するものではなく、表裏一体の論理関係にあるものとして把握されていたのである。

　実は、この判例理論と同様のことは、民法起草者の梅謙次郎博士により、次のように既に指摘されていたのである。すなわち、梅博士は、「差押」の趣旨説明において、「若シ一旦債務者カ債権ノ目的物タル金銭其他ノ物ヲ受取リタル後尚ホ先取特権者ハ其上ニ先取特権ヲ行フコトヲ得ルモノトセハ他ノ債権者ハ何ニ由リテ其金銭其他ノ物カ先取特権ノ目的タルヲ知ルコトヲ得ンヤ故ニ動モスレハ意外ノ損失ヲ被ルコトナシトセス是レ本条ニ於テ特ニ先取特権者ハ右ノ金銭其他ノ物ノ払渡又ハ引渡前ニ差押ノ手続ヲ為スコトヲ要スルモノトシタル所以ナリ」[7]と。

　同様の趣旨は、現行民法の立法当初から大正時代にかけて、松波仁一郎、

仁保亀松、仁井田益太郎、富井政章、中島玉吉、横田秀雄の各博士によっても指摘されていた[8]。すなわち、当時の学説は、代位目的物が債務者の一般財産の中に混入した後にまで、代位目的物に対する物上代位権行使を認めることは、他の債権者に不測の損害を与えることになり、そのような結果を避け、代位目的物の特定性を維持するため、その「払渡又ハ引渡」前に「差押」をなす必要がある、と解していたのである。そこでは、「代位目的債権の特定性保持」と「第三者の保護」を表裏一体の論理関係にあるものとして把握されていたわけである[9]。ところが、大正4年（1915年）の大審院判決(i)及び(ii)が、「代位目的債権の特定性保持」という点のみを強調し、典型的特定性維持説を採ったことから学説が紛糾したのである。さらに、その後登場した物上代位価値権説が、この典型的特定性維持説と結び付いたため、判例を支持する優先権保全説（第三者保護説・差押公示説）との対立が激化し、その対立が今日にまで至っているというのが学説の実情である。

　しかし、「代位目的債権の特定性保持」と「第三者の保護」は、本来、表裏一体の論理関係にあり、相対立するものではないから、特定性維持説と優先権保全説も、本来、相対立する関係にはない、と考えるべきである。それゆえ、最近、特定性維持説と優先権保全説の対立を止揚し、「差押」の意義がこの二点にあるという二面説が主張されている[10]ことも理由のあることである。しかし、そのことは、立法当初から多くの学説によって指摘されていたことでもある。

　以上から、「差押」の意義の解釈に際し、従来、わが国のすべての学説及び判例によって議論の出発点とされていたことは、特定性維持説であれ、優先権保全説であれ、「代位目的債権の特定性保持」という特定性の理論であった。しかし、この特定性のドグマこそ、実は、「差押」の意義に関する解釈を混迷に陥れてきた最大の原因である[11]。

五　担保物権の物上代位権とは、担保目的物が滅失・毀損し、その目的物の特定性が失われたにもかかわらず、目的物の価値変形物が発生した場合において、その価値変形物（代位目的物）の上に担保物権の効力が及ぶことを認め、担保権者を保護する権利である（民法304条1項本文）。

　他方、物上代位権が発生したとしても、その発生前においては、物上代位

権者と価値変形物の弁済義務を負う第三債務者との間には何の法律関係も存しないため、第三債務者は物上代位権者の存在を知らないのが通常である。それゆえ、第三債務者は、物上代位権発生前に法律上の権利義務関係にあった債務者の方に価値変形物を弁済してしまうであろう。しかし、その弁済は、物上代位権の発生によって、「弁済してはならない相手方」となった者に対する弁済（非債弁済）なので、その弁済後、物上代位権者から請求があれば、改めて彼の方に弁済しなければならない。ここにおいて、第三債務者は、二重弁済の危険に陥るのである。したがって、第三債務者の二重弁済の危険発生という発想は、たとえ価値変形物が債務者の一般財産中に混入したとしても、つまり価値変形物の特定性が失われたとしても、物上代位権は消滅しない、ということを大前提とするものである。

　そして、このような第三債務者の二重弁済の危険防止のためには、第三債務者に対し、物上代位権の存在を知らせる何らかの措置を講じておくことが必要不可欠である。それが、ボアソナード民法草案1638条1項但書にいう「異議」（opposition）であり、旧民法債権担保編133条1項但書にいう「払渡差押」（opposition）であり、諸国の立法例における第三債務者保護の規定なのである[12]。したがって、現行民法304条1項但書の「差押」の意義は、第三債務者の二重弁済の危険防止以外にあり得ないのである。ボアソナード博士が、「物ヲ代表スル価額ヘ先取特権ノ移転ハ他ノ債権者ヲ害セス」と述べ、物上代位権の発生によって保護しなければならないのは第三債務者だけである、と明言したのはそのためである[13]。

　これに反し、特定性のドグマに拘泥している限り、第三債務者保護の視点を見い出すことは絶対に不可能である。なぜなら、特定性のドグマによれば、物上代位権の行使前に第三債務者が価値変形物を債務者の方に弁済すれば、それは債務者の一般財産中に混入し、特定性を失う結果、物上代位権は消滅してしまい、物上代位権者は第三債務者に対していかなる弁済請求もできなくなるからである。つまり、特定性のドグマを前提とすれば、第三債務者は、債務者への弁済による代位目的債権の消滅の効果を物上代位権者に対抗することができる、と解されるのである。

　したがって、「差押」の意義に関する第三債務者保護説は、特定性のドグ

マを前提とする特定性維持説や優先権保全説（第三者保護説・差押公示説）とは、絶対に両立しない見解である[14]。つまり、第三債務者保護説は、特定性のドグマを捨て去ってこそ得られる見解なのである。そして、本判決が画期的なのは、民法典施行100年目にして初めて、この第三債務者保護説を採ったことである。

六　本判決は、「差押」の趣旨につき、第三債務者は、抵当権設定者に弁済しても「弁済による目的債権の消滅の効果を抵当権者に対抗できないという不安定な地位に置かれる可能性があるため、差押えを物上代位権行使の要件とし、第三債務者は、差押命令の送達を受ける前には抵当権設定者に弁済をすれば足り、右弁済による目的債権消滅の効果を抵当権者にも対抗することができることにして、二重弁済を強いられる危険から第三債務者を保護するという点にある」と述べている。これにより、本判決は、特定性のドグマを捨て去ったことはもちろん、従来、判例が常に指摘してきた「代位目的債権の特定性保持」と「第三者の不測の損害防止」を捨て去ったことにもなる。

　このように、本判決が第三債務者保護説を採用したことにより、判例及び学説が従来混迷してきたすべての問題について明快な解答を導き出すことが可能となるのである。

　すなわち、第一に、第三債務者保護説の採用により、民法304条1項の法的構造の理解に際し本文と但書とを峻別することになり、本文の解釈から但書の解釈を導くという、従来、大半の学説が行ってきた手法を採らないことになるのである。その結果、物上代位権の及ぶ効力範囲の問題や第三者対抗力の問題は、担保権者保護という本文規定の趣旨だけから解釈すべきことになる。それゆえ、原担保権と物上代位権とが同一性を有するのは当然であり[15]、物上代位権の公示は原担保権の公示で十分なのは当然の論理的帰結である。本判決が、「抵当権の効力が物上代位の目的債権についても及ぶことは抵当権設定登記により公示されている」と述べていることは、全く正当である。したがって、同一の代位目的債権をめぐり、抵当権者と賃料債権譲受人とが競合する場合には、それぞれの第三者対抗要件具備の先後により優劣を決することになるのも当然である。

　しかし、その場合、仮に抵当権者が優先すると解しても、物上代位権行使

のためには、第三債務者による「払渡又ハ引渡」前に代位目的債権の「差押」を行わなければならない。そこで、次に、賃料「債権譲渡」が、但書にいう「払渡又ハ引渡」に含まれるのか否かという問題に遭遇するのである。これは、「払渡又ハ引渡」の解釈問題であり、第三債務者保護説の立場からは次のように解する。

　すなわち、債務者（抵当権設定者）の債務不履行と同時に賃料債権上に物上代位権の効力が及んでいるため、同債権が譲渡された場合には、譲受人は、物上代位権という優先権の付着した賃料債権（代位目的債権）を取得する。そして、第三債務者に対する債務者からの確定日付ある譲渡通知（民法467条2項）により、第三債務者は、譲受人の存在を知る一方、当該債権に関する優先権者（物上代位権）の存在を知らないのが通常であるから、譲受人の方に賃料を支払ってしまうであろう。しかし、それは、「支払ってはならない相手方」に対する支払であるから、後に物上代位権者から支払請求があれば、第三債務者はその請求に応じなければならず、ここにおいて第三債務者は二重弁済の危険に陥るであろう。そして、この二重弁済の危険防止のため、物上代位権者自身による「差押」が要求されているのであるから、賃料債権が現存している限り、つまり第三債務者が未だ譲受人に対して賃料を支払っていない限り、物上代位権者は、なお物上代位権を保全できる、と解することになる。したがって、「債権譲渡」は、未だ「払渡又ハ引渡」に含まれないことになるのであり(16)、本判決が正当であるのは当然である(17)。

　さらに、本判決が画期的であるのは、「以上の理は、物上代位による差押えの時点において債権譲渡に係る目的債権の弁済期が到来しているかどうかにかかわりなく、当てはまる」と述べていることである。賃料債権が現在債権であろうと将来債権であろうと、物上代位権の発生と同時に、同債権上に物上代位権という優先権が及んでいる（民法304条1項本文）一方、それが譲渡性を有する限り、いずれも有効に譲渡され、同一の債権をめぐって物上代位権者と譲受人とが競合するのであるから、現在債権と将来債権の場合とで異なる解釈を行うべき根拠も、またその必要性も何ら存しないであろう(18)。

　以上、本両判決は、結論及びその理論構成のいずれにおいても極めて正当であり、民法典施行100年に相応しい画期的な判決である、と評価すること

ができる。

(1)　①判決は、朝日新聞（1998年1月31日）朝刊一面に「賃料債権譲り渡し　差し押さえ逃れダメ　担保権持つ貸手勝訴」という見出しの下に大きく紹介され、ジュリスト1129号（1998年3月1日号）103頁には、「『債権回収逃れ』に歯止めかける初判断」という司法記者の論評が掲載された。

(2)　清原泰司「判批」判例時報1606号184頁（判例評論463号22頁）（1997年）。なお、この引用文中の⑧判決は最高裁（一小）昭和59年2月2日判決であり、⑨判決は最高裁（二小）昭和60年7月19日判決である。

(3)　清原泰司「抵当権の物上代位性をめぐる実体法上の問題点」『担保法大系　第1巻』（加藤一郎・林良平編集代表）357頁（金融財政事情研究会、1984年）、同・『物上代位の法理』（民事法研究会、1997年）27頁、40頁、79頁等。

(4)　特定性維持説を徹底すれば、このように誰が差押えてもよいことになるが、物上代位権者自身の差押を要するという見解もある。その代表的見解として、我妻榮『新訂　担保物権法（民法講義III）』290頁（岩波書店、1968年）。もっとも、我妻博士も、誰が差押えてもよいという典型的特定性維持説を採っていた時期がある（我妻榮『担保物権法（民法講義III）』232頁（岩波書店、1936年））。

(5)　当時の学説による批判については、清原・前掲注(3)『物上代位の法理』66頁、95頁以下参照。

(6)　判例理論に対する当時の学説の批判については、清原・前掲注(3)『物上代位の法理』25頁、68頁参照。

(7)　梅謙次郎『訂正増補民法要義　巻之二　物権編（第三十一版）』329頁（1911年）。

(8)　清原・前掲注(3)『物上代位の法理』91頁以下参照。

(9)　岡松参太郎博士は、「差押」の意義につき、「先取特権カ追及スル目的物ハ皆債務者カ有スル債権ナルヲ以テ債権カ先取特権ノ目的物ナル場合ト云フテ可ナリ従テ右債権カ債務者ニ弁済セラルルトキハ即チ債権消滅シ先取特権モ亦其目的物ヲ失フモノトス故ニ此四個ノ場合ニ於テ先取特権ヲ行使スルコトヲ得ルハ債権カ弁済セラレサル前（即チ債権ノ存在中ニ限ル）ナルコトヲ必要トス（是レ本法カ但書ヲ以テ其相渡又ハ其引渡前ニ差押ヲ為スコトヲ要スルト定メタル所以ナリ）」（岡松参太郎『九版　注釈民法理由　中巻』345頁（1899年））と述べ、「代位目的債権の特定性保持」のみを挙げているが、「第三者の不測の損害防止（第三者の保護）」を念頭に置いていることは明らかである。

(10)　近江幸治『担保物権法［新版補正版］』48頁以下（弘文堂、1998年）。

(11)　私は、日本私法学会第59回大会（1995年10月）において、民法304条1項但書の「差押」の意義の解釈に際し、従来、わが国のすべての学説・判例が自明の理としてきた「代位目的債権の特定性維持」から脱却すべきことを主張した。その要旨については、清原泰司「株式質の物上代位の法的構造—民法304条の解釈を基礎として—」私法58号212頁（1996年）参照。

⑿　ボアソナード民法草案及び諸国の立法例における第三債務者保護の規定については、清原・前掲注⑶15頁、20頁、60頁参照。なお、本判決の調査官「コメント」では、第三債務者保護説の主張者として谷口安平教授が挙げられ、文献として同「物上代位と差押」『民法学3《担保物権の重要問題》』（奥田昌道ほか編）115頁（有斐閣、1976年）が引用されている（判例時報1628号4頁）が、右文献において、谷口教授は、ボアソナード博士が第三債務者保護説を採っていたことを指摘しているものの、同教授自身は、むしろ特定性維持説の立場に立っている（谷口・前掲115頁以下参照）。

⒀　『ボアソナード氏起稿再閲修正民法草案注釈　第四編全』（訳者及び刊行年不詳）296頁。

⒁　私見に対しては、「債権譲受人等第三者のことをまったく配慮しなくてもよいのか、実際的な観点からすると疑問の余地なしとはしえない」（新美育文「民法判例レビュー58担保」判例タイムズ949号55頁（1997年）という批判がある。このような批判に対しては、物上代位制度の中には第三者に配慮すべき観点を見い出し得ないと述べるほかない。物上代位制度において配慮されているのは、担保権者と、この担保権者と直接の支払義務関係を負う第三債務者の立場だけである。

⒂　現行民法の沿革及び比較法は、原担保権と物上代位権の同一性を前提としている（清原・前掲注⑶『物上代位の法理』54頁以下参照）。

⒃　「債権譲渡」が「払渡又ハ引渡」に含まれないことになれば、「転付命令」も同じ理由から「払渡又ハ引渡」に含まれないことになろう（清原・前掲注⑶『物上代位の法理』32頁、76頁）。

⒄　本判決のような結論に従えば、代位目的債権の「質入れ」も「払渡又ハ引渡」に含まれることになり、保険実務に与える影響が大きいという指摘が多くの論者によりなされている（松岡久和「物上代位権の成否と限界⑶─包括的債権譲渡と抵当権の物上代位との優劣」金融法務事情1506号26頁（1998年）、佐久間弘道「賃料債権の包括的譲渡と抵当権に基づく物上代位の優劣─最高裁平成10年1月30日判決を踏まえて─銀行法務21・548号12頁（1998年）、秦光昭「目的債権の譲渡と物上代位権の行使」金融法務事情1514号5頁（1998年）など）が、そのような影響は全くないであろう。なぜなら、保険実務においてよく利用されている「質権設定方式」とは、未必の（抽象的）保険金請求権を質入れするものであるのに対し、「払渡又ハ引渡」に含まれるか否かが問題となる保険金請求権は、物上代位権発生後の代位目的債権たる保険金請求権であり、そのような具体的保険金請求権が質入れされることはほとんどあり得ないからである。換言すれば、「質権設定方式」は、民法304条1項但書の適用が問題となる保険担保慣行ではないからである（清原・前掲注⑶『物上代位の法理』38頁以下、77頁参照）。

⒅　現在債権と将来債権の場合で異なった解釈を行った前掲⑥東京高裁平成9年2月20日判決に対する批判として、清原・前掲注⑵184頁参照。

③　抵当権者が抵当権に基づき転貸料債権に対し物上代位権を行使することの可否

平成11・4・19東京高裁第九民事部決定、平成10年㈹第2459号債権差押命令に対する執行抗告事件、抗告棄却〔許可抗告〕、金融・商事判例1073号35頁

原審＝平成10・9・16横浜地裁川崎支部決定、平成10年㈨第185号

参照条文　民法304条・372条・613条

【事実】

　Ｙ（抗告人・債務者・賃借人・転貸人）は、本件建物に根抵当権が設定された後、本件建物所有者Ａから本件建物を賃借し、Ｂに転貸した。一方、Ｘ（相手方・根抵当権者）は、根抵当権に基づく物上代位権の行使として、ＹのＢに対する転貸料債権につき債権差押命令を申立てたところ、執行裁判所は右申立てを認め、債権差押命令を発令した。

　これに対し、Ｙは、右の債権差押命令に対し、以下の理由により執行抗告し、原決定の取消と債権差押命令申立ての却下を求めた。

①　抵当権設定者が抵当不動産を賃貸して取得する賃料は、抵当不動産の交換価値のなし崩し的実現にあたるとみることができるから、抵当権者は、民法304条1項を準用する同372条に基づき、抵当権設定者の取得する賃料債権につき抵当権（物上代位権）を行使できる。と解される。しかし、賃借人は、あくまでも独自の人格として独自の計算のもとで抵当不動産を転貸し、転貸料を取得している。このような転貸料の性質から考えると、これを抵当不動産の価値のなし崩し的実現と見ることはできない（大阪高裁平成7年5月29日決定・金融・商事判例994号28頁、判例時報1551号82頁）。

②　転貸料への物上代位までも認めるとすれば、抵当権者による賃料債権、転貸料債権の二重取りを許すことになる。

③　賃借人は、民法304条1項の「債務者」に該当しない（前記大阪高裁決定）。

　したがって、転貸料債権に対する物上代位を認めることを前提とした本件債権差押命令は、民法372条が準用する同法304条1項に反し、違法であるか

ら、取り消されるべきである。

　本決定は、以下のように述べ、Ｙの抗告を棄却した。

【決定要旨】

　抵当権者（以下、根抵当権者についても同じ）は、抵当権設定者が目的物を第三者に賃貸することによって賃料債権を取得した場合には、民法304条1項を準用する同法372条により、上記賃料債権について抵当権を行使することができる（最高裁判所平成元年10月27日第二小法廷判決・民集43巻9号1070頁参照）ところ、民法304条1項の「債務者」には、抵当不動産の所有者及び第三取得者のほか、抵当不動産を抵当権設定の後に賃借した者も含まれ、したがって、抵当権設定後の賃借人が目的不動産を転貸した場合には、その転貸料債権に対しても抵当権に基づく物上代位権が及ぶと解するのが相当である。

　これを本件についてみると、Ｙは、本件建物に根抵当権が設定された後、本件建物の所有者であるＡから賃借したものであるから、これを転貸したことにより取得する転貸料債権には、根抵当権に基づく物上代位権が及ぶというべきである。その他記録を精査しても、原決定にはこれを取り消すべき事由を見いだすことはできない。

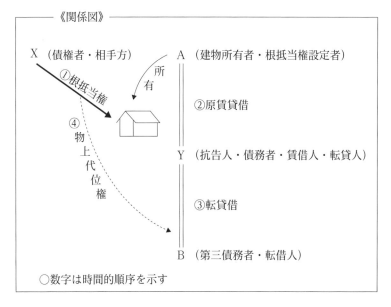

《関係図》

Ｘ（債権者・相手方）　　　Ａ（建物所有者・根抵当権設定者）

①根抵当権　　　所有

④物上代位権

②原賃貸借

Ｙ（抗告人・債務者・賃借人・転貸人）

③転貸借

Ｂ（第三債務者・転借人）

○数字は時間的順序を示す

【研究】

　Yの抗告を棄却し、転貸料債権に対する抵当権者Xの物上代位権行使を認めた本決定の結論には賛成するが、その理由付けには賛成することができない。

一　賃料債権に対する抵当権の物上代位

1　民法372条の立法趣旨

　本件の前提問題として、賃料債権に対する抵当権の物上代位権行使の可否の問題があるが、すでに最高裁平成元年10月27日判決（民集43巻 9 号1070頁、金融・商事判例838号 3 頁）〔以下「最判平成元年」という〕により無条件肯定説が採用され、本決定も最判平成元年を引用しており、実務的には決着済みの問題である。事実、Yもこの問題については争っていない。しかし、学説では未だ否定説が根強く主張されているうえ、この問題は、本件の争点である転貸料債権に対する物上代位権行使可否の前提問題なので、論じる必要がある。

　否定説は、非占有担保権という抵当権の特質に鑑み、賃料（法定果実）の収受は抵当権設定者（目的物所有者）の使用収益権限に属すべきであるとして、民法304条の準用を否定し、同371条 1 項但書を適用するという見解であり、抵当権の実行後、すなわち抵当目的物の差押後に初めて賃料債権に抵当権の効力が及ぶと解する[1]。そして、最判平成元年が下される頃には、むしろ否定説が学説の多数説を形成していた。

　ところで、現行民法304条の前身であるボアソナード民法草案1638条や旧民法債権担保編133条[2]は、先取特権につき、賃料が物上代位効の対象となることを明記していたが、抵当権についてはそのような明文規定は存しなかった。これに対し、現行民法典は、賃料に対する先取特権の物上代位効について明記する民法304条を同372条に準用するという立法形式を採っている。否定説は、この「準用」という立法形式を重視し、民法304条を抵当権に準用する場合には、抵当権の性質を考慮すべきことを主張するのである。

　この点につき、現行民法起草者の梅謙次郎博士は、第32回法典調査会（明治27年（1894年）12月 4 日）において、「前ノ果実ト申シマスルノハ之ハ不動産ニ附加シテ一體ヲ成シタル物テアリマスカラ此處ハ所謂天然果実シカ適用

ハナイ法定果実ハ矢張リ三百六十七條（現行民法372条—筆者注）ノ適用テ其
上ニ債権者カ権利ヲ行フコトカ出來ル積リテアリマス夫レテ三百四條ハ啻ニ
二項ノミナラス一項ノ賃貸テアレ無論這入ル積リテアリマス矢張リ借賃抔ノ
規定ニ付テモ抵当権者カ権利ヲ行フテ宜シイ積リテアリマス」[(3)]と述べ、366
条（現行民法371条）にいう「果実」は天然果実のみを指し、法定果実（借
賃）については、同304条を準用する同372条が適用される旨を明言している。
それゆえ、現行民法においては、明文をもって抵当権の物上代位効の客体範
囲を拡大し、賃料に対しても抵当権の物上代位効が及ぶというのが起草者の
見解である。したがって、肯定説のほうが立法趣旨に沿った正当な解釈であ
る。問題は、そのような解釈が抵当権の性質に理論的にも合致するかという
ことであろう。

2　抵当目的物の価値代替物とは何か

　いかなる担保物権につき、またいかなる客体（対象）に物上代位効を認め
るかは、立法政策の問題であり、各国の立法例は様々である[(4)]。そして、各
国にほぼ共通する物上代位効の客体は、保険金、損害賠償金及び公用徴収に
基づく補償金である。これらの金銭は、担保目的物の価値変形物ないし代替
物（代償物）〔以下「代替物」という〕といわれるものの、保険金について
は、それが代替物に相当するか否かということに関し、各国の立法過程にお
いて激しく議論された[(5)]。保険金は保険料支払の対価であり、それは本来、
保険契約者（被保険者）が取得すべきものだからである。

　しかし、各国は、担保金融の促進という法政策的観点から、担保目的物＝
保険目的物という同一の目的物の経済的実態関係を重視して、後者から生ず
る保険金を、前者の上に存する権利（担保権）の効力（物上代位効）の客体
としたのである。そこでは、保険金は、経済的観点から担保目的物の代替物
と把握され、「代替物」概念が拡張されているわけである。このように、物
上代位制度のもとでは、元々、「代替物」は経済的概念なのである。

　しかし、保険金は、法理論的にはあくまでも保険料支払の対価であるとい
う点に固執すれば、それを担保目的物の代替物ということはできない。それ
ゆえ、このような厳格な観点に立てば、保険金を物上代位効の客体とする立
法は、担保目的物から生じた派生物ないし付加物〔以下「派生物」という〕

に対して、法政策的観点から物上代位効を拡張していることになろう。つまり、代償的（代替的）価値とされ、賃料とは別途に考察すべきであると解される[6]保険金も、厳密に言えば派生的（付加的）価値なのである。それゆえ、何が代替物であり、何が派生物なのかは、担保目的物とそこから生じる金銭債権との関係をいかなる観点で把握するかという問題にすぎない。

　このような「代替物」の概念拡張把握は、賃料についても、すでに梅博士によってなされ、「<u>本条（民法304条—筆者注）ハ先取特権カ其目的物ニ代ハルヘキ債権ノ上ニモ亦存在スヘキコトヲ定メタルモノナリ</u>……債務者カ先取特権ノ目的物ヲ賃貸シタル場合ニ於テハ其借賃ハ物ノ使用ノ対価ニシテ苟モ<u>先取特権カ其物ニ付テ存スル以上ハ其物ヲ使用スルヨリ生スル所ノ対価ニ付テモ亦之ヲ行フコトヲ得ルハ実ニ至当ト謂ハサルコトヲ得ス</u>[7]」（下線、筆者）と述べられている。すなわち、先取特権の物上代位効は目的物の代替物に及び、目的物使用の対価たる賃料は、その目的物の代替物と観念されているのである。

　このように、担保目的物＝賃貸目的物という同一の目的物の経済的実態関係を重視して、後者から発生（＝前者から<u>派生</u>）する賃料を、前者の<u>代替物</u><u>とみなす</u>のである。

3　賃料に対する物上代位権の発生時期

　賃料は、保険金と同じく抵当目的物の代替物であるとしても、問題は、いつの時点から代替物となり、物上代位効の客体となるか、である。その答えは、抵当権者への物上代位権付与の根本理由の中にある。それは、抵当権者の優先弁済受領権（以下「優先弁済権」という）の確保である。例えば、一般に典型的な代替物とされている保険金の場合、担保目的物の全部滅失があれば、まさに優先弁済権の喪失を招き、その全部滅失により発生した保険金に物上代位効を認めることは、確かに優先弁済権の確保になろう。しかし、目的物の一部滅失の場合で、その残存価値がなお十分に被担保債権を充たしているときには、未だ優先弁済権が侵害されているとはいえない。にもかかわらず、その場合に支払われる保険金への物上代位効が認められており、物上代位権者は、被保険者（目的物所有者）と同じ地位に立ち、保険者から保険金を取得できるのである。この点をどのように説明するか、である。

　物上代位権付与の法制化とは、優先弁済権侵害の危険性ないし可能性があ
る場合も含めて、担保権者保護の観点から彼に物上代位権を付与することで
あり、物上代位権発生後、つまり目的物の滅失・毀損によりその残存価値が
確定的（最終的）に被担保債権を充たしているか否かに関わりなく、目的物
の滅失・毀損、即、優先弁済権侵害の発生とみなすことである。それゆえ、
物上代位権の付与は、「優先弁済権侵害」の概念の拡張把握に基づくもので
ある。換言すれば、物上代位権者は、目的物の滅失・毀損により所有権者と
同じ地位に置かれることによって、優先弁済権の確保がなされているのであ
る（この説明は、目的物の滅失・毀損により発生する損害賠償金や補償金につい
ても妥当する）。

　同様に、「優先弁済権侵害」概念の拡張は、賃料に対する物上代位の場合
にも妥当するであろう。まず、非占有担保権たる抵当権の性質から、債務者
が債務不履行を惹起していない限り、目的物所有者は賃料を収受することが
できる。しかし、ひとたび債務不履行があれば、抵当権実行可能となり、抵
当権者は所有権者と同じ地位に立つことが認められる。そして、実行すれば、
その競落代金は優先的に被担保債権に充当される。しかし、実行の前提であ
る「優先弁済権侵害」の発生は、債務不履行の時点では未だ確定しているわ
けではない。厳密にいえば、その侵害発生の有無は、目的物が競落されるま
では未確定である。このように、抵当権実行自体が、優先弁済権侵害の<u>未確
定</u>を前提とするものであり、その侵害の<u>危険性</u>ないし<u>可能性</u>があるだけで発
動されるものである。

　それでは、このような優先弁済権侵害の危険性の<u>発生</u>は、なぜ発生したの
か。それは、債務不履行があったからである。そこで、債務不履行を契機と
する「優先弁済権侵害の危険性」の発生を、「優先弁済権侵害」の発生とみ<u>な
し</u>、その優先弁済権確保のために抵当権者に付与されている権限が、抵当
目的物本体への抵当権実行であり、<u>かつ</u>抵当目的物の代替物への物上代位権
行使である。つまり、債務不履行を契機として、抵当権者は、優先弁済権確
保のために所有権者と同じ地位に立ち、目的物の処分権と収益権の双方を取
得するのである。また、このように二つの権限を抵当権者に付与しても、そ
れらの権利行使は被担保債権の範囲内に制限されるから、彼に不当な利得を

もたらすものでもない。

　以上のように、賃料に対する抵当権の物上代位効を認めることは、抵当権者保護という法政策的観点から、「代替物」概念を拡張把握し、かつ「優先弁済権侵害」概念を拡張把握することである。それゆえ、債務不履行の時点以降、賃料は、抵当目的物の代替物となり、その上に抵当権の効力（物上代位効）が及ぶことになる。逆に、債務不履行がなければ、賃料は、抵当目的物の代替物とはなり得ず、当然に、賃料への物上代位権発生もあり得ない。したがって、債務不履行がなければ、目的物所有者（賃貸人）の賃料収授権への抵当権者の介入もあり得ない。賃料に対する物上代位権をこのように法的構成すれば、抵当目的物につき、いつ賃貸借契約が成立し、対抗要件が具備されたかということは全く問題ではない。したがって、最判平成元年の結論は、理論的にも妥当である。

二　転貸料債権に対する抵当権の物上代位

1　裁判例

　賃料債権に対する抵当権の物上代位権行使の可否につき無条件肯定説を採れば、転貸料債権に対する抵当権の物上代位権行使の可否の問題に関しても、原則的に肯定することになろう[8]。なぜなら、債務不履行以降に発生する転貸料は、賃料と同様、抵当目的物の代替物（価値変形物）とみなし得るからである。この問題につき諸説が存するが、執行実務及び裁判例は、限定的肯定説（後順位賃借権限定説）を採るものと原則否定説（執行妨害等要件説）を採るものに分かれ[9]、本決定は前説を採る。

　限定的肯定説（後順位賃借権限定説）は、原賃貸借契約の成立が最先順位の抵当権設定登記後の場合には、それが短期賃貸借の要件を充たすときにも、転貸料に対する物上代位権行使を肯定する。東京地裁、名古屋地裁及び仙台地裁の執行実務はこの説を採る[10]。その根拠として、(イ)民法304条を同372条に準用する際、「債務者」は、「目的不動産上の権利者」と読み替え、この権利者には「目的不動産の所有者」、「第三取得者」だけでなく「抵当権設定登記後に目的不動産を借りた賃借人」も含むこと、(ロ)抵当権設定登記の公示力、(ハ)民法395条による短期賃借人保護は、現実の用益の範囲に止まるべきこと、(ニ)抵当不動産に対する転貸料の代替物性、(ホ)抵当不動産の第三取得者との比

較、㈥原賃料と転貸賃料との差額が大きい場合などの実際上の必要性などが挙げられている。

　最判平成元年以後、限定的肯定説を採る裁判例は次のとおりである。

① 　東京地決平成4.10.16（金融法務事情1346号47頁）抵当権設定登記前に原賃貸借がなされ、抵当権設定登記後に転貸借がなされた事案―転貸料への物上代位を否定。なお、この事案では、実行抵当権の債務者が原賃借人、つまり債務者＝原賃借人＝転貸人であった。

② 　仙台高決平成5.9.8（判例時報1486号84頁・判例タイムズ855号273頁）抵当権設定登記後に短期賃貸借がなされ、その直後に転貸借がなされた事案―転貸料への物上代位を肯定。

③ 　大阪高決平成4.9.29（判例時報1502号119頁）、

④ 　大阪高決平成5.10.6（判例時報1502号119頁）いずれも、抵当権設定登記後に原賃貸借がなされ、その後、転貸借がなされた事案―競売開始決定の効力が生じた後の転貸料への物上代位を肯定（この後、大阪高裁は見解を変更）。

⑤ 　東京高決平成7.3.17（判例時報1533号51頁・金融法務事情1438号36頁）抵当権設定登記後に賃貸借がなされ、その後に転貸借がなされた事案―転貸料への物上代位を肯定。

　他方、原則否定説（執行妨害等要件説）は、抵当不動産の原賃借人（転貸人）の有する転貸料債権に対しては、特段の事情のない限り、物上代位を認めるべき根拠はない。但し、賃貸人と賃借人とが実質的に同一視される場合や原賃貸借が執行妨害的、詐害的なものである場合等の特段の事情があれば、原賃貸借と抵当権設定登記の先後に関わらず、転貸料への物上代位効を肯定する。大阪地裁、札幌地裁の執行実務はこの説を採る[11]。なお、横浜地裁は、限定的肯定説も原則否定説もいずれも相当の根拠が認められるとして、一方の要件を充たせば、転貸料への物上代位効を肯定するということである[12]。

　原則否定説を採る裁判例は次のとおりである。

⑥ 　大阪高決平成7.5.29（金融法務事情1434号41頁・判例時報1551号82頁）特段の事情を認めず、転貸料への物上代位を否定―事案は根抵当権設定登記後に原賃貸借。本決定は、民法304条1項を同372条に準用する場合

の文理解釈として、同項の「債務者」は、「所有者からの賃借人」を含まないと明言し、さらに抵当不動産に対する転貸料の代替物性を明白に否定した。

⑦　大阪高決平成7.6.20（金融・商事判例984号23頁・金融法務事情1434号41頁・判例時報1551号82頁）賃貸人と賃借人とが実質的に同一視される場合等に該当すると認め、転貸料への物上代位を肯定—事案は、抵当権設定登記前に原賃貸借。本決定は文理解釈には触れていない。

⑧　大阪高決平成9.9.16（金融・商事判例1044号15頁）特段の事情を認めず、転貸料への物上代位を否定（なお、原決定は特段の事情を認め、物上代位を肯定）—事案は、実行抵当権の債務者が原賃借人であり、根抵当権設定登記前に原賃貸借。本決定は、⑥決定と同趣旨の文理解釈を行っている。

⑨　大阪高決平成10.3.12（金融法務事情1526号56頁）賃貸人と賃借人とが実質的に同一視される場合等に該当すると認定し、転貸料への物上代位を肯定—事案は、実行抵当権の債務者が原賃借人であり、根抵当権設定登記前に原賃貸借。本決定は、文理解釈には触れていない。なお、抗告人が主張する限定的肯定説につき、同説は、形式は転貸借であっても実質的には原賃貸借とみなし得る点に着目した説であり原則否定説と異ならないという評価を行う。

2　裁判例の検討

執行裁判所の性格上、形式的基準で判断する限定的肯定説のほうがより合理的である。限定的肯定説は、抵当権設定登記後に原賃貸借契約が成立した場合には、転貸料への物上代位権行使を肯定するので、同説を適用した場合、原賃貸借の成立が根抵当権設定登記後にもかかわらず物上代位効を否定した大阪高裁⑥決定は覆されることになろう。他方、大阪高裁⑦、⑧及び⑨決定の事案では、すべて抵当権設定登記前に原賃貸借契約が成立しているので、同説を適用すれば、転貸料への物上代位権効が否定されることになり、それを肯定した⑦及び⑨決定は覆されることになろう。

しかし、転貸料への物上代位効が問題となるや突然、原賃貸借と抵当権設定登記の先後が問題となり、原賃貸借と抵当権の対抗問題が浮上する同説の

論理には賛成できない。賃料ないし転貸料への物上代位権行使の問題は、抵当目的物＝賃貸目的物＝転貸目的物という同一の目的物が存在している一方、債務不履行があった場合、抵当権者の優先弁済権確保のため、その時点以降、抵当目的物から派生している賃料や転貸料に対して抵当権の効力を及ぼすことが妥当か否かという問題であり、本来的に対抗問題とは関係がない。

　これに対し、原則否定説は、執行妨害等の特段の事情が存在する場合に限り、賃貸借の成立時期を問わず転貸料への物上代位を肯定するので、最判平成元年の論理に整合する。しかし、同説によれば、抵当権者は特段の事情の存在を立証しなければならず、また執行裁判所もその存否を判断しなければならない点に難点があり、実際、その判断結果は前掲の各決定においても様々である。

　このような状況のもと、東京地裁執行部の平成10年9月からの新しい取扱いは、注目される。すなわち、(イ)実行抵当権の債務者が原賃借人、つまり債務者＝原賃借人＝転貸人の場合には、原賃貸借と抵当権設定登記の先後関係、及び転貸借と抵当権設定登記との先後関係のいずれとも関係なく、抵当権者は転貸料に対して物上代位権を行使できるということである。その理由は、自己の債務不履行により物上代位権の実行として所有者兼賃貸人の賃料債権が差押えられ、その収益権が侵害される場合に、債務者＝原賃借人のみが抵当権者に対抗でき、転貸賃料債権の差押えを免れ、その収益権が保護されるとは考えていないという抵当権設定契約の際の当事者の合理的意思解釈と信義則の適用によるということである。また、(ロ)抵当権設定登記前に原賃貸借が設定された場合の取扱いは決まっておらず、長期賃借人が非正常な間接占有者である場合や債権回収目的が認められる場合などは、担当各裁判官の判断で処理されるということである[13]。

　転貸料への物上代位権行使を否定した東京地裁①決定及び大阪高裁⑧決定の事案は、上記の取扱い(イ)の場合に該当するため、この取扱いを適用すれば、いずれも物上代位効を肯定すべきことになる。また、上記(イ)の場合のように、実行抵当権の債務者が原賃借人（＝転貸人）であって、原賃貸人（＝抵当目的物所有者）と結託しているような事例（前掲⑧、⑨及び本決定）につき、右取扱いは定型的に対処でき、妥当な結果を導き出すことができる点でも優れ

ている。さらに、この取扱いは、抵当権設定登記前の原賃貸借については、それが執行妨害的である場合等には、担当裁判官の判断に委ねるということであるから、この点では原則否定説を採用しているということができる。この取扱いが適用されれば、東京地裁の執行実務は、これまで以上に転貸料への物上代位効を広く認めることになり、限定的肯定説というよりは、むしろ原則肯定説の立場となる。

　ところで、原則否定説の立場とされる大阪高裁は、転貸料への物上代位効を否定する場合（⑥及び⑧決定）には、民法304条１項の文理解釈を行い、賃借人が同項の「債務者」に含まれないと述べた上で、賃貸人と賃借人とが実質的に同一視される場合等の特段の事情がある場合には例外的に転貸料への物上代位が肯定されるという論理である。

　これに対し、大阪高裁は、転貸料への物上代位効を肯定する場合（⑦及び⑨決定）には、「特段の事情」という表現を使用せず、原則肯定説のような論理を展開する一方、前提の文理解釈を全く明示しない。さらに、⑩大阪高決平成11．５．19（金融・商事判例1075号24頁）（賃貸人と賃借人とが実質的に同一視される場合等に該当すると認め、転貸料への物上代位を肯定─事案は、抵当権設定登記後に原賃貸借）は、「特段の事情」という表現を使っていないだけでなく、「民法304条１項の『債務者』は、『抵当権の目的不動産上の権利者』と読み替えることになる」と明言し、文理解釈の面でも、限定的肯定説と同趣旨を述べているのである。

　以上のように、東京地裁の新しい執行実務や大阪高裁⑩決定は、原則肯定説といってよいものである。

3　私　見

　転貸料に対する抵当権の物上代位権行使の可否の問題は、端的に、抵当権の物上代位効の効力範囲の問題である。

　前述のように、私は、債務不履行以降、抵当目的物＝賃貸目的物という同一の目的物の経済的実態関係を重視し、後者から発生する賃料を前者の代替物とみなし、それへの物上代位効を肯定した。同様に、抵当目的物＝転貸目的物という同一の目的物から発生する（前者から派生する）転貸料も、債務不履行以降、前者の代替物とみなすべきである。

　このように、債務不履行の時点以降、抵当目的物（＝賃貸目的物＝転貸目的物）から派生する原賃料も、転貸料も、いずれも抵当目的物の価値代替物となり、物上代位効の客体となるため、原賃貸借の成立時期を問うことがないのは当然である。ただし、原賃料が適正な市場価格であり、原賃貸借に執行妨害等の特段の事情が存在しないなど、転貸料への物上代位権行使を認めるべき必要性が存在しない場合には、その物上代位権行使を否定すべきである。したがって、私見は、原則肯定説を採るものであり、民法304条1項を同372条に準用する場合には、同項の「債務者」は、「目的不動産上の権利者」と読み替え、その中に賃借人も含まれると解することになる。

　以上から、転貸料に対する抵当権の物上代位権行使を肯定した本決定の結論には賛成するが、本決定はその結論を導くにあたり明らかに限定的肯定説を採っているので、その理由付けには賛成できないことになる。

(1)　鈴木禄弥『物権法講義　二訂版』153頁（創文社、1979年）、近江幸治『担保物権法〔新版補正版〕』139頁（弘文堂、1998年）など。

(2)　各条文については、清原泰司『物上代位の法理』42頁注(3)、注(4)（民事法研究会、1997年）参照。

(3)　法務大臣官房司法法制調査部監修『法典調査会　民法議事速記録　二』819頁以下（商事法務研究会、1984年）。

(4)　清原・前掲注(2)54頁以下参照。

(5)　わが国における議論については、清原・前掲注(2)44頁注(12)、ドイツにおける議論については、同・前掲注(2)202頁参照。なお、アメリカでは、不動産抵当権（mortgage）に関し、原則として物上代位効は認められていないが、代わって、抵当権者（mortgagee）を保護するための保険契約が発達している（清原・前掲注(2)220頁以下頁参照）。

(6)　物上代位を代替型（代償型）と付加型（派生型）とに分離する見解として、松岡久和「物上代位権の成否と限界(1)」金融法務事情1504号12頁（1998年）、高橋眞「賃料債権に対する物上代位の構造について」金融法務事情1516号6頁（1998年）。

(7)　梅謙次郎『訂正増補　民法要義　巻之二　物権編（第三十一版）』327頁以下（1911年）。

(8)　清原・前掲注(2)274頁参照。

(9)　山﨑敏充「抵当権の物上代位に基づく賃料債権の差押えをめぐる執行実務上の諸問題」民事訴訟雑誌42号114頁以下（1996年）、松岡久和「物上代位権の成否と限界(2)」金融法務事情1505号）13頁以下（1998年）など参照。

⑽　忠鉢孝史「東京地裁執行部における抵当権の物上代位をめぐる諸問題」銀行法務21・567号14頁（1999年）、原道子「名古屋地裁（本庁）における概況と特徴」債権管理85号59頁（1999年）、合田悦三「仙台地裁（本庁）における最近の民事執行事件の処理状況」金融法務事情1378号41頁（1994年）。

⑾　松島敏明「大阪地裁における民事執行の現状と課題」金融法務事情1454号17頁（1996年）、井上稔・伊藤彰「札幌地裁（本庁）における概況と特徴」債権管理85号77頁注(1)（1999年）。

⑿　吉田徹「横浜地裁（本庁）における概況と特徴」債権管理85号70頁（1999年）。

⒀　忠鉢・前掲注⑽14頁。

4　根抵当権設定登記後にされた賃貸人と賃借人との将来賃料と従前の保証金返還債務との相殺合意が根抵当権者の物上代位による差押えに劣後するとして物上代位に基づく取立訴訟が認容された事例

平成11・7・23大阪高裁第三民事部判決、平成11年(ネ)第770号取立債権請求控訴事件、控訴棄却〔上告受理申立て〕、金融・商事判例1091号3頁

【事実】

　X（原告・被控訴人・債権者）は、訴外K株式会社（以下、Kという）に対し債権を有し、K所有の本件建物につき、右債権を被担保債権とする根抵当権の設定を受けた（設定登記は昭和60年9月27日）。Kが右債務を履行しないため、Xは、本件根抵当権の物上代位権に基づき、K（債務者・賃貸人）のY（被告・控訴人・賃借人・第三債務者）に対する賃料債権（賃料月額30万円）について債権差押命令の申立てをした。平成10年1月23日、差押命令がなされ、その正本は、Kに対し平成10年1月28日に、Yに対して同月24日にそれぞれ送達された。そこで、Xは、Yに対し、右債権差押命令による取立権に基づき、平成10年2月1日から同年6月30日までの右建物の賃料150万円の支払を求めたのが本件取立訴訟である。

　これに対し、Yは、以下のように抗弁した。

　Yは、Kとの間に右建物につき賃貸借契約を締結していた（昭和60年11月14日締結、YはKに保証金3150万円を預託）が、平成9年2月3日、Yは、右建物についての従前の賃貸借契約を平成9年8月31日限り解消し、同年9月1日以降改めて右建物について賃貸借契約を締結すること（保証金330万円、賃料月額33万円の約定）、新賃貸借契約の保証金には従前賃貸借契約の保証金の一部を充当すること、従前賃貸借契約保証金の残額2820万円は平成9年8月31日までにKがYに返還することを約した。さらに、YとKは、平成9年9月27日、右の新賃貸借契約及び右保証金2820万円の返還債務について次のとおり合意した。

(1)　Kは、Yに対する右保証金返還債務を平成9年8月31日までに履行できなかった。

(2)　右の新賃貸借契約における平成9年10月1日以降の賃料を1ヵ月30万円とする。

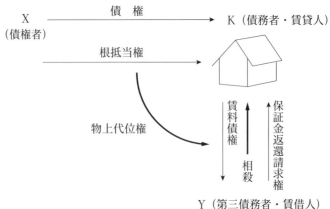

(3)　KとYは、①の保証金債務のうち1168万6500円の支払債務と、YのKに対する賃料及び消費税支払債務とを次のとおり対当額で相殺する。

　①　本件建物の平成9年9月分の賃料及びこれに対する消費税1万6500円の合計34万6500円と右保証金債務のうち34万6500円とを平成9月9月1日に相殺した。

　②　本件建物の平成9年10月分から平成12年9月分までの1ヵ月30万円の賃料及びこれに対する消費税1万5000円との合計額を、それぞれ各月の前月末日に右保証金返還債務と対当額で相殺する。

(4)　Kは、Yに対し右保証金返還債務の残額1651万3500円を平成9年12月31日限り支払う。

　原審（京都地判平成11・2・15金融・商事判例1091号10頁は、Xの請求を認容した。

　そこで、Yは控訴し、控訴審において以下のような補充主張を行った。

1　理論的妥当性

(1)　最大判昭和45・6・24（民集24巻6号487頁）は、相殺に対する期待利益と相殺の担保的機能の保護を重視している。

(2)　抵当権の登記により物上代位権が公示されているとはいえない。なぜなら、第三債務者の「払渡」により、物上代位権行使ができなくなるのであり、物上代位権も公示され、対抗要件も具備しているとすると、この点の説明がつかないからである。

(3) 一般債権者と抵当権者による差押に差異はない。

(4) 相殺は、公示されているものと同視すべきである。

(5) 物上代位は、本来の抵当権の付加的機能であるのに対し、相殺の主目的は、担保的機能にあるから、相殺権の方が重視されるべきである。

2 実質的妥当性

(1) 抵当権の物上代位が優先するとすれば、賃貸人に資力がなく、賃借人が保証金の返還を受けることができないおそれのある場合にも、賃借人は、賃貸借契約終了時までの賃料を抵当権者に支払わなければならず、相殺による敷金の回収は極めて困難となる。

(2) 賃貸人と賃借人との賃貸借契約関係は、債権者と債務者の関係より、互いの信頼性及び継続性の点において強固であり、賃借人は保証金の担保的機能を期待して取引関係に入っているから、その期待権は後者よりも重視されるべきである。

【判旨】

Yの控訴棄却。

原判決の説示における認定、判断のとおり、抵当権に基づく物上代位は、抵当権の効力から生じるものであり、抵当権設定登記がされていることによって物上代位も公示されているとみることができ、相殺が物上代位に優先するものと解するならば、抵当権設定者は、抵当権者からの差押えの前に相殺をすることによって容易に物上代位権の行使を免れることができるが、このことは抵当権者の利益を不当に害するものというべきであり、また、債務者と第三債務者の賃貸借契約が抵当権設定の前になされ、賃貸借が抵当権に対抗することができる場合であればともかく、抵当権設定後に賃貸借契約が締結され、抵当権者に対抗できない本件においては、Yが種々述べる理由を考慮に入れても、Xの物上代位に基づく差押えがYによる相殺に優先するというべきである。

【研究】

本判決の結論には賛成するが、その理由付けには賛成できない。

一 問題解決の指針

本判決は、抵当権の物上代位権に基づく賃料債権の差押えと、保証金返還

請求権を自働債権とし賃料債権を受働債権とする相殺の優劣問題に関する判決であり、高裁段階では最初のものである。しかも、本判決は上告されており、非常に注目される判決でもある。

　本判決は、結論として抵当権者（物上代位権者）Ｘの優先を認めたのであるが、その理由として、物上代位権が抵当権設定登記により公示されていると解したうえで、本件賃貸借契約が抵当権設定後に締結されているため、Ｙの賃借権がＸの物上代位権に対抗できない旨を述べている。つまり、本判決によれば、本優劣問題は、物上代位権と賃借権との対抗問題として把握されており、第三債務者たる賃借人は、抵当権設定登記により物上代位権を対抗される「第三者」として把握されているわけである。

　本問題を解決するためには、民法372条が準用する同304条1項の法的構造につき、正確な理解を行うことが必要不可欠である。そうでなければ、物上代位権と抵当権との関係、物上代位権行使の要件としての「差押」の趣旨、賃借人（第三債務者）に対する物上代位権の公示、および物上代位権に基づく差押と同法511条との関係について、理論的に一貫した解釈を行うことができないからである。

　私は、従来より一貫して、民法304条1項の法的構造につき、その本文は、担保権者への物上代位権付与による担保権者保護の規定であり、同項ただし書は、担保権者への物上代位権付与により、担保権者に対し代位目的物の直接の支払義務を負うことになる第三債務者の二重支払の危険防止を目的とする、第三債務者保護の規定であると解している[1]。つまり、同項本文の規定から、物上代位権は、その原担保権とは当然に同一性を有することになり、物上代位権の公示は、原担保権の公示で十分ということになる[2]反面、同項ただし書にいう「差押」は、第三債務者のみに対し物上代位権の存在を知らせる手段であり、「差押」は、第三債務者のみに対する物上代位権の対抗要件ないし効力保存要件と解するのである。それゆえ、本判決のように、賃借人に対する物上代位権の対抗要件を抵当権設定登記と解することは、「第三債務者以外の第三者」に対する公示と「第三債務者」に対する公示とを峻別しておらず、不当であるといわざるを得ない。

　本問題は、要するに、賃料債権をめぐる抵当権者と賃借人（第三債務者）

との優劣問題である。それでは、なぜ、抵当権者が賃料債権に対して物上代位権を主張しうるかというと、債務者（賃貸人）の債務不履行の時点以降、賃料債権上に物上代位権が及ぶからである。さらに、なぜ物上代位権が賃料債権に及ぶことが認められるかというと、法定果実たる賃料が、抵当不動産の価値代替物と考えられているからである[3]。それゆえ、物上代位権が賃料債権に及ぶことは、抵当権と賃貸借の設定時期の先後関係を問わずに肯定されるのであり、そのことは、最二判平成元・10・27民集43巻9号1070頁・金融・商事判例838号3頁が認めるところでもある。この意味でも、本優劣問題は、抵当権と賃借権との対抗問題として把握するべきではない、ということになろう。

　したがって、本問題は、端的に、第三債務者たる賃借人に対し、物上代位権をいつまでに行使しうるかという物上代位権行使の要件に関する問題、つまり民法304条1項ただし書の解釈問題として把握するべきである。

二　判例の動向と分析

　本問題をめぐる下級審判例は、次のとおりである。

(1)　大阪地判平成8・10・31（金融・商事判例1030号31頁、金融法務事情1486号116頁）〔確定〕―物上代位権優先。

(2)　東京地判平成10・3・19（金融・商事判例1048号35頁、判例時報1649号132頁、金融法務事情1527号55頁）〔確定〕―物上代位権優先（自働債権は貸金債権）。

(3)　東京地判平成10・6・25（金融・商事判例1055号24頁、金融法務事情1542号65頁）〔確定〕―相殺優先。

(4)　東京地判平成10・7・30（金融・商事判例1055号20頁）〔確定〕―物上代位権優先。

(5)　東京地判平成10・9・22（金融・商事判例1062号49頁）〔確定〕―物上代位権優先（自働債権は貸金債権）。

(6)　東京地判平成11・5・10（金融・商事判例1079号50頁）〔控訴〕〔控訴審は(8)判決〕―物上代位権優先。

(7)　東京地判平成12・3・27（金融・商事判例1097号36頁）〔控訴〕―相殺優先。

(8)　東京高判平成12・3・28（金融・商事判例1091号3頁）〔上告〕〔(6)判決の
　　控訴審〕—賃借人優先。

　本判決および原審判決を含む10判例のうち、物上代位権優先の結論を採る
ものが多数であるが、相殺（賃借人）優先のものも若干存する。そして、こ
れらの判例には、(8)判決（敷金返還請求権の法的性質論から、転借人の建物退
去により未払転貸料は保証金（敷金）と当然に差引計算され、差押え係る転貸料
債権は消滅していると解し賃借人を優先させた）を除き、二つの基本的論点が
ある。すなわち、第一に、第三債務者（賃借人）に対する物上代位権の公示
（対抗要件）は何かであり、第二に、物上代位権に基づく差押えに民法511条
の適用があるか否かということである。

　まず、物上代位権が抵当権設定登記により公示されていることを明示する
判例は、物上代位権と抵当権の同一性を前提とし、その公示力（対抗力）は、
第三債務者に対しても当然に及ぶと解し（そこでは、「第三債務者」と「第三
債務者以外の第三者」は峻別されていない）、物上代位権優先の結論を導いてい
る（本判決、原審判決、(1)、(2)、(5)判決）。

　他方、物上代位権の公示＝抵当権設定登記を認めながらも、相殺優先の結
論を導く判例もある（(3)、(7)判決）。これらの相殺優先の判例においては、物
上代位権の公示＝抵当権設定登記は、その立論の前提をなすものではなく、
例外的に相殺の効力を制限するための根拠と解されたり（(3)判決）、その公
示力は第三債務者には及ばないと解されている（(7)判決）。

　次に、物上代位権に基づく差押えに民法511条の適用があるか否かについ
て、その適用を否定する判例は、例外なく物上代位権優先の結論を導く（本
判決、原審判決及び(2)判決）。これらの判例は、物上代位権に基づく差押えと
一般債権者の差押えとを区別し、前者には同条の適用がないと解しているわ
けである。

　これに対し、民法511条の適用を肯定する判例（(1)、(3)、(4)、(5)、(6)、(7)判
決）は、この二つの差押えを区別していない。そのうち、相殺の担保的機能
を重視し、同条の解釈につき無制限説を採った前掲の最大判昭和45・6・24
を踏襲する場合には、当然に相殺優先の結論を導いてる（(3)、(7)判決）。他方、
同条の適用を肯定する場合であっても、物上代位権の公示＝抵当権設定登記

を前提として、物上代位権の優先的効力を重視する判例（①判決）は、無制限説を採らず、物上代位権優先の結論を導いている。さらに、民法511条の適用を肯定しながらも、自働債権（保証金返還請求権ないし貸金債権）の取得・発生時期を具体的に検討し、当該事案では、自働債権や相殺の効力が具体的に発生するのは、物上代位権に基づく差押の効力発生後であることから、物上代位権優先の結論を導いているものもある（(4)、(5)、(6)判決）。

　以上のように、右の二つの基本的論点についての解釈はさまざまであり、本判決及および原審判決は、第一の論点だけで本問題を処理した。したがって、この二つの基本的論点を検証することが、必然的に本判決の当否を論証すことになろう。

三　第三債務者（賃借人）に対する物上代位権の対抗要件は何か

　物上代位権＝抵当権、すなわち物上代位権の公示＝抵当権設定登記は、最二判平成10・1・30民集52巻1号1頁、金融・商事判例1037号3頁および最三判平成10・2・10金融・商事判例1037号3頁により確認されている。したがって、第三者一般に対しては、物上代位権は、抵当権設定登記により公示されており、それをもって対抗しうることになる。問題は、第三債務者である賃借人に対しても、抵当権設定登記をもって物上代位権を対抗しうるか、ということである。本判決を含め、物上代位権＝抵当権設定登記を明示する判例の多数はそのことを肯定し、物上代位権優先の結論を導く。

　しかし、抵当権者への物上代位権付与により、抵当権者に対し代位目的物の直接の弁済義務を負うのは第三債務者だけであり、第三債務者は、それ以外の第三者とは決定的に異なる立場にあることに留意しなければならない。というのは、「第三債務者以外の第三者」は、抵当権設定登記により公示されている物上代位権の存在を甘受すべきであるのに対し、「第三債務者」は、物上代位権の発生により、抵当権者に対し代位目的物を直接弁済しなければならない法的義務を負うことになり、二重弁済の危険にさらされるからである。

　確かに、物上代位権は、第三債務者に対しても、抵当権設定登記により公示されてはいるが、第三債務者は、物上代位権者に対して代位目的物の直接支払義務を負担する点で、その他の第三者とは全く異な立場にある。そして、

　第三債務者は、物上代位権の存在を直接知らされなければ、通常、代位目的物を債務者の方に弁済してしまうであろう。しかし、そのような債務者への弁済は、物上代位権の発生により、「弁済してはならない相手方」に対する弁済となっており、物上代位権者からの弁済請求があれば、第三債務者は改めて物上代位権者の方に弁済しなければならず、ここにおいて二重弁済の危険が生ずるのである。そして、このような二重弁済の危険を防止するため、各国の物上代位制度においては、必ず第三債務者に対し物上代位権の存在を直接知らせるべき措置が講じられており[4]、それが、わが民法では民法304条１項ただし書にいう「差押」である、というのが私見である。したがって、「差押」の趣旨は、第三債務者の二重弁済の危険防止を目的とする第三債務者保護のみにあるわけである。

　この第三債務者保護説によれば、物上代位権行使の要件である「差押」が、第三債務者に対し物上代位権の存在を知らせ、もってその二重弁済の危険を防止するための手段であることから、この「差押」こそが、第三債務者に対する物上代位権の公示（対抗要件）となる。つまり、第三債務者保護説によれば、第三債務者に対する関係では、抵当権設定登記は物上代位権の対抗要件とはなりえないのである。

　ところで、前掲の二つの最判は、大方の予想を裏切り、民法典施行以来初めて、「差押」の趣旨に関し第三債務者保護説を正面から採用した画期的な最高裁判決である。したがって、これらの最判の真意を正確に理解していれば、第三債務者に対する物上代位権の公示は、抵当権設定登記ではなく、「差押」であることは容易に理解できるはずである。にもかかわらず、前述のように、下級審判例の多くは、第三債務者に対する関係でも、当然に、抵当権設定登記が物上代位権の対抗要件であると判示している。なぜ、このような誤解が生ずるのであろうか。それは、以下のような理由に起因するものであろう。

　すなわち、前掲の二つの最高裁判決は、民法304条１項ただし書の「差押」の趣旨につき、「二重弁済を強いられる危険から第三債務者を保護するという点にあると解される」と述べ、第三債務者保護説を採ることを明言しつつも、当該事案の解決のために、以下のように判示しているからである。つま

り、「民法304条1項の趣旨目的に照らすと、同項の『払渡又ハ引渡』には債権譲渡は含まれず、抵当権者は、物上代位の目的債権が譲渡され<u>第三者</u>に対する対抗要件が備えられた後においても物上代位権を行使することができる」（下線、筆者）と述べ、もっぱら債権譲受人たる<u>第三者</u>との優劣関係において、抵当権者は、<u>いつまでに</u>物上代位権を行使しうるかを判示するとともに、その第三者に対する関係で、「抵当権の効力が物上代位の目的債権に及ぶことは抵当権設定登記により公示されているとみることができる」と判示しているからである。結局、下級審判例は、この判示部分を見て、「第三債務者」と「第三債務者以外の第三者」とを峻別せず、<u>すべての第三者に対する関係で</u>、物上代位権は、抵当権設定登記により公示されていると速断したのであろう。

　しかし、民法304条1項ただし書の「差押」の趣旨に関する第三債務者保護説の真髄は、「第三債務者」と「第三債務者以外の第三者」とを峻別し、発生した物上代位権の存在を、第三債務者に対し直接知らせる手段が「差押」であると解し、この「差押」こそが、第三債務者のみに対する物上代位権の対抗要件と考える点にある。つまり、第三債務者に対しては、抵当権設定登記は、物上代位権の対抗要件とはなり得ないのである。その意味で、抵当権設定登記は、物上代位権の公示たり得ないという見解[5]は正当であるとともに、第三債務者保護説によれば、かかる見解の疑問にも明快に応えることができよう。それゆえ、「第三債務者」と「第三債務者以外の第三者」を峻別せず、第三債務者（賃借人）に対しても、抵当権設定登記により物上代位権が公示されていると解し、全面的にしろ例外的にしろ、抵当権設定登記を相殺との優劣基準とみる見解[6]には賛成できない。

四　物上代位権に基づく差押に民法511条を適用すべきか

　物上代位権に基づく差押に民法511条を適用する見解は、抵当権者の差押え一般債権者の差押の差押えを区別すべき理由がないと考える[7]。そのことを前提として、賃借人による相殺優先を導く見解は、同条の解釈につき無制限説を採り相殺の担保的機能を重視した前掲の最大判昭和45・6・24を引用し、物上代位権に基づく差押え後においても、自働債権が右差押後に取得されたものでない限り、自働債権および受働債権の弁済期を問わず、両者が相

殺適状に達しさえすれば相殺できると解するのである[8]。

　しかし、相殺は、本来、簡易決済と公平のために一般債権者間に認められたものであり、結果的に担保的機能を有するとしても、それはあくまでも事実上のものである。これに対し、物上代位権は、まさに典型担保物権である抵当権の優先弁済権に由来する権利である。したがって、物上代位権に基づく差押えには、民法511条の適用はなく、最大判昭和45・6・24の射程外のものと考えるべきである[9]。その意味から、同条の適用を前提とし、自働債権と受働債権との間に担保的牽連性が客観的に認められる場合に相殺優先を認める見解[10]にも賛成し難い。

　この問題の当否を検討するには、今一度、民法372条が準用する同304条1項本文により、抵当権者に対し、賃料への物上代位権が付与された原点を想起すべきであろう。すなわち、賃料に対し抵当権の効力（物上代位効）が及ぶことが認められているのは、賃貸人（債務者）の債務不履行を契機として、法定果実たる賃料が抵当不動産の価値代替物とみなされるからである（そうであるからこそ、抵当権と賃貸借の設定時期を問わず、債務不履行以降、無条件に賃料債権に対し物上代位権が及ぶことが肯定されるのである。）。そして、価値代替物たる賃料債権への物上代位権行使を認めるにあたり、第三債務者の二重弁済の危険を防止するため、物上代位権者自身が、代位目的債権である賃料債権について「差押」をなすべきことを定めているのが同項ただし書である。つまり、物上代位権に基づく賃料債権の「差押」は、賃貸人の債務不履行の時点以降、民法304条1項本文により付与された権利の行使要件であり、本来、民法511条が想定している差押ではないのである。

　このように考えれば、物上代位権に基づく「差押」に民法511条の適用はなく、本優劣問題は、端的に、抵当権者は、いつまでに物上代位権に基づく差押えをしなければならないかという問題にすぎず、賃借人の行う相殺が、民法304条1項ただし書の「払渡又ハ引渡」に該当するか否かをみればよいことになろう。

　そう考えれば、物上代位権に基づく「差押」の効力発生前に、保証金返還請求権を自働債権とし賃料債権を受働債権とする相殺の意思表示があれば、代位目的債権たる賃料債権は消滅するから（民法505条1項）、そのような相

殺は、民法304条1項ただし書の「払渡又ハ引渡」に該当し、もはや「差押」は不可となろう。また、この相殺は、具体的な意思表示によるべきであり、たんなる相殺合意や相殺予約では足りない。なぜなら、相殺合意や相殺予約は、あくまでも当事者を拘束するだけであり、第三者たる抵当権者には対抗し得ないからである。他方、物上代位権に基づく「差押」の効力発生後に相殺の意思表示がなされた場合には、物上代位権が優先することになるはいうまでもない。この場合、たとえ、右の「差押」前に、自働債権及び受働債権の双方が発生・取得され、あるいは双方の弁済期が到来し相殺適状に達していても、「差押」により、賃借人は、賃料債権上に物上代位権という優先権が存在することを知るのであるから、抵当権者の賃料支払請求に応じなければならない。

　このような解釈を前提とすれば、前掲(1)判決が、物上代位権の公示につき、第三債務者に対する公示とそれ以外の第三者に対する公示を峻別せず、また「差押」の意義についても、代位目的債権の特定性維持と第三債務者その他の第三者保護という二面説を説示した点では不当であるが、「抵当権の物上代位に基づく差押の効力の発生以前に第三債務者が反対債権を有していたとしても、差押の効力発生前に相殺適状に達しかつ相殺の意思表示がなされない限り、物上代位に基づく差押が相殺に優先する」と述べていること自体は正当である。

五　おわりに

　以上から、私見によれば、物上代位権に基づく差押と相殺の優劣問題は、右の差押の効力発生前に相殺適状に達し、かつ相殺の意思表示をしたか否かだけが決定的基準となる。本件において、Xは、平成10年1月23日、KのYに対する賃料債権を差し押さえ、その翌日Yに対して差押命令の送達がなされ、平成10年2月から同年6月までの賃料150万円の支払を求めたのに対し、YとKは、平成9年9月27日、Yの保証金返還債権と平成9年10月から平成12年9月までの賃料債務について相殺合意をしてはいるが、未だ具体的な相殺の意思表示を行っていない。したがって、Xの物上代位権が優先することになり、そのように判示した本判決の結論自体は正当であるが、その結論を導くにあたり、抵当権（設定登記は昭和60年9月27日）と賃借権（賃貸借契約

締結は昭和60年11月14日）との対抗問題として処理した理論構成には賛成できない。

(1)　清原泰司「抵当権の物上代位性をめぐる実体法上の問題点」加藤一郎・林良平編集代表『担保法大系　第1巻』357頁以下、（金融財政事情研究会、1984年）、同『物上代位の法理』29頁、72頁、101頁以下（民事法研究会・1997年）。

(2)　民法304条立法の沿革及び比較法的考察からも、物上代位権は原担保権と同一性を有するものである（清原・前掲注(1)『物上代位の法理』56頁以下参照）。

(3)　梅謙次郎『訂正増補　民法要義　巻之二物権編［第三十一版］』（有斐閣、1911年）327頁以下、清原泰司「判批」金融・商事判例1077号55頁（1999年）。

(4)　拙著・前掲注(1)『物上代位の法理』15頁、20頁、60頁。

(5)　石田喜久夫「抵当権者の物上代位に基づく差押えと第三債務者による相殺の優劣」銀行法務21・542号（1997年）9頁、片岡宏一郎「抵当権者の物上代位にもとづく賃料の差押えと第三債務者による相殺の優劣」銀行法務21・544号（1998年）19頁以下。

(6)　菅原胞治「抵当不動産の賃料債権に対する物上代位と相殺の優劣」銀行法務21・558号36頁（1999年）、高木多喜男「抵当権の物上代位と相殺」銀行法務21・564号33頁以下（1999年）、小林明彦・稲葉讓「抵当権の物上代位と賃借人からの相殺」銀行法務21・567号75頁以下（1999年）、小磯武男「抵当権の物上代位に基づく差押えと相殺の優劣」銀行法務21・570号62頁（1999年）、丹羽繁夫「抵当権の物上代位に基づく賃料債権の差押えと第三債務者による相殺の優劣」金融法務事情98頁以下1569号（2000年）、藤田昌宏「抵当権による物上代位に基づく賃料差押えと第三債務者による相殺の優劣」判例タイムズ1021号35頁（2000年）、秦光昭「抵当権の物上代位と『相殺』」銀行法務21・579号52頁（2000年）。

(7)　石田・前掲注(5)10頁、片岡・前掲注(5)20頁、吉田光碩「抵当権による賃料への物上代位と保証金との相殺」判例タイムズ965号35頁以下（1998年）、荒木新五「判批」判例タイムズ995号47頁（1999年）。佐久間弘道「『差押と相殺』無制限説の今日的意義」銀行法務21・579号37頁（2000年）。

(8)　片岡・前掲注(5)21頁、荒木・前掲注(7)47頁、野口恵三「抵当権の物上代位による賃料取立請求と賃借人の保証金返還債権による相殺の優劣」NBL667号75頁（1999年）、佐久間・前掲注(7)37頁。

(9)　同旨、菅原・前掲注(6)34頁、高木・前掲注(6)32頁、小林・稲葉・前掲注(6)75頁、小磯・前掲注(6)61頁。

(10)　平井一雄「判批」金融・商事判例1066号59頁（1999年）。

5　抵当権の物上代位の目的となる債権に対する転付命令の効力

最高裁〔三小〕平成14年 3 月12日判決（民集56巻 3 号555頁、金融・商事判例1148号 3 頁、金融法務事情1648号53頁、判例時報1785号35頁、判例タイムズ1091号68頁）

本判決は、抵当権の物上代位と代位目的債権の転付命令の優劣に関し、抵当権者が代位目的債権を差し押さえる前に、転付命令が第三債務者に送達されたときは転付命令が優先すると判示したが、その結論を導くに当たり、実体法上の解釈を行わず、もっぱら民事執行法という手続法の枠内で解釈を行った。

他方、抵当権の物上代位と代位目的債権の譲渡との優劣に関し、最二判平成10・ 1 ・30民集52巻 1 号 1 頁〔以下「最判平成10年」という〕は、民法304条 1 項但書の「差押」の趣旨に関し第三債務者保護説を採り、物上代位権優先の結論を導いた。本判決の第一審および原審は最判平成10年を引用し、物上代位権を優先させた。

「差押」の趣旨に関する第三債務者保護説によれば、物上代位権は、実体法上、転付命令以前において既に代位目的債権（被転付債権）上に及んでいることになり、同説を前提とすれば、本件優劣問題においても当然に物上代位権優先の結論が導き出される。ところが、本判決は、物上代位権の実体法上の効力について何ら言及することなく転付命令を優先させたのであり、その理論構成及び結論のいずれにも賛成することができない。

【事実】

一般債権者 X （原告・控訴人・上告人）は、平成10年 3 月17日、訴外Ａ（債務者）が用地買収契約に基づきＢ県（第三債務者）に対して取得した土地残代金342万9,263円（甲債権）の全額及び建物の移転補償金債権残金（乙債権）3,044万2,003円のうち1,057万0,737円につき、差押命令を得た。この差押命令は、同年 3 月19日、Ｂ県に、同月23日、Ａに送達され、同年 4 月17日に確定した。 X は、同年 5 月 6 日、前記の差押えに係る甲債権の全額及び乙債権のうち1,057万0,737円について転付命令を得、同命令は、同月 7 日、Ｂ県及びＡにそれぞれ送達され、同月20日に確定した。

　Xが、前記の転付命令を取得した当時、前記建物には、訴外C保証株式会社、Y₁信用保証協会（被告、被控訴人、被上告人）およびY₂銀行（被告・被控訴人・被上告人）が、この順位で抵当権または根抵当権（以下「抵当権」という）を有し、その旨の登記を経ていた。

　平成10年5月13日、Cは、乙債権のうち735万7,932円につき、Y₁は乙債権のうち1,460万6,236円につき、Y₂は乙債権のうち847万7,835円につき、それぞれ抵当権の物上代位権に基づいて差し押さえ、同命令は、同月14日、B県に送達された。そのため、B県は、甲債権及び乙債権の全額3,387万1,266円を供託したところ、執行裁判所は、乙債権につき、C、Y₁、及びY₂の物上代位権がXに優先するという配当表を作成した。

　そこで、Xは、乙債権に対する抵当権の物上代位権に基づく各差押えが、Xへの転付命令に係る部分については効力を生じないと主張し、Y₁に対する配当のうち209万5,405円、Y₂に対する配当の全額847万7,835円について配当異議の訴えを提起した。

　第一審判決（松山地裁宇和島支判平成11・7・8金融・商事判例1148号12頁）及び原審判決（高松高判平成12・3・31金融・商事判例1148号9頁）は、いずれも抵当権の物上代位と代位目的債権の譲渡の優劣に関する最判平成10年を引用し、抵当権の物上代位権に基づく差押えが優先すると判示し、Xの請求を棄却した。X、上告。

【判旨】

　「転付命令に係る金銭債権（以下「被転付債権」という）が抵当権の物上代位の目的となり得る場合においても、転付命令が第三債務者に送達される時までに抵当権者が被転付債権の差押えをしなかったときは、転付命令の効力を妨げることはできず、差押命令及び転付命令が確定したときには、転付命令が第三債務者に送達された時に被転付債権は差押債権者の債権及び執行費用の弁済に充当されたものとみなされ、抵当権者が被転付債権について抵当権の効力を主張することはできないものと解すべきである。けだし、転付命令は、金銭債権の実現のために差し押さえられた債権を換価するための一方法として、被転付債権を差押債権者に移転させるという法形式を採用したものであって、転付命令が第三債務者に送達された時に他の債権者が民事執行

法159条3項に規定する差押等をしていないことを条件として、差押債権者に独占的満足を与えるものであり（民事執行法159条3項、160条）、他方、抵当権者が物上代位により被転付債権に対し抵当権の効力を及ぼすためには、自ら被転付債権を差し押さえることを要し（最高裁平成13年㈷第91号同年10月25日第一小法廷判決・民集55巻6号975頁）、この差押えは債権執行における差押えと同様の規律に服すべきものであり（同法193条1項後段、2項、194条）、同法159条3項に規定する差押えに物上代位による差押えが含まれることは文理上明らかであることに照らせば、抵当権の物上代位としての差押えについて強制執行における差押えと異なる取扱いをすべき理由はなく、これを反対に解するときは、転付命令を規定した趣旨に反することになるからである。なお、原判決に引用された当審判決は、本件とは事案を異にし、適切ではない。」と判示し、原審判決を変更し、Xの請求を認めた。

【研究】

1　はじめに

　本判決は、抵当権の物上代位権行使としての「差押」が、民事執行法の規律に服することを理由として、抵当権の物上代位権行使と代位目的債権に対する転付命令の優劣につき、抵当権者が物上代位権に基づいて被転付債権を差し押さえる前に、転付命令が第三債務者に送達されたときは転付命令が優先すると判示した。そして、原審判決が引用する最判平成10年については、「本件とは事案を異にし、適切ではない」と述べるのみである。他方、最判平成10年は、抵当権の物上代位権行使と代位目的債権譲渡の優劣に関し、民法304条1項但書の「差押」の趣旨が第三債務者保護説にあることを明言したうえで、物上代位権優先の結論を導いた。

　転付命令とは、代位目的債権（被転付債権）を債務者から転付債権者に移転し、その帰属を債務者から転付債権者に変更する点で債権譲渡と同じである。したがって、本判決の評価においては、最判平成10年の射程距離を明らかにすることが決定的に重要である。

2　最判平成10年の論理と射程

　最判平成10年の射程距離を決定するためには、最判平成10年の論理の核心である、「差押」の趣旨に関する第三債務者保護説を正確に理解することが

必要不可欠である。ところが、第三債務者保護説に対しては、誤解や曲解に基づく批判が大半であり、そのため、最判平成10年についても正当な評価がなされていない。

　最判平成10年は、「民法372条において準用する304条1項ただし書が抵当権者が物上代位権を行使するには払渡し又は引渡しの前に差押えをすることを要するとした趣旨目的は、主として、抵当権の効力が物上代位の目的となる債権にも及ぶことから、右債権の債務者（以下『第三債務者』という。）は、右債権の債権者である抵当不動産の所有者（以下『抵当権設定者』という。）に弁済しても弁済による目的債権の消滅の効果を抵当権者に対抗できないという不安定な地位に置かれる可能性があるため、差押えを物上代位権行使の要件とし、第三債務者は、差押命令の送達を受ける前には抵当権設定者に弁済すれば足り、右弁済による目的債権消滅の効果を抵当権者にも対抗することができることにして、二重弁済を強いられる危険から第三債務者を保護するという点にあると」と述べ、「右のような民法304条1項の趣旨目的からすると、同項の『払渡又ハ引渡』には債権譲渡は含まれず、抵当権者は、物上代位の目的債権が譲渡され第三者に対する対抗要件が備えられた後においても、自ら目的債権を差し押さえて物上代位権を行使することができる」と判示した。

　この論理は、次のように解析することができる。すなわち、①抵当権に物上代位の効力を認めた場合、その効力は、一定の発生事由と同時に代位目的債権上に及ぶことになる、つまり、物上代位権（優先権）は、一定の発生事由と同時に代位目的債権上に成立している（賃料債権上に物上代位権が成立するのは債務不履行時である）。②したがって、物上代位権発生以後、代位目的債権の債務者（第三債務者）は、その債権者（抵当権設定者）に弁済しても、代位目的債権消滅の効果を抵当権者に対抗できず、後に抵当権者（物上代位権者）から弁済請求を受けた場合、抵当権者に弁済しなければならない。③このような二重弁済を強いられる危険から第三債務者を保護するため、抵当権者に物上代位権を付与するに際し（民法372条・304条1項本文）、その行使の要件として「差押」を要求した（民法372条・304条1項但書）。④このようにして、民法304条1項但書が設けられた結果、抵当権者自ら代位目的債権

を差し押さえなければならないし、他方、第三債務者は、差押命令の送達を
受ける前においては抵当権設定者に弁済すれば足り、その弁済による代位目
的債権消滅の効果を抵当権者に対抗することができる、と。

　以上のことから理解できるように、「差押」の趣旨に関する第三債務者保
護説は、民法304条1項但書が存在しない場合における第三債務者の立場を
論じているのである。つまり、第三債務者保護説は、担保権者に対する物上
代位権の付与について定めた民法304条1項本文しか存在しなければ、物上
代位権の発生により、第三債務者は必ず二重弁済の危険に陥るということを
論理的前提としているのであり、そのような二重弁済の危険防止ために立法
化されたのが、同項但書である、と考えるのである。

　ところが、第三債務者保護説は、この立論の前提部分について基本的な誤
解を受けている。例えば、「第三債務者保護説を貫徹すれば、理論上は、第
三債務者が賃貸人（債権譲渡がなされた場合には債権譲受人）に対して賃料を
支払った後に、抵当権者が、賃貸人（債権譲受人）に対して不当利得返還請
求権をなすことが可能となろう」[1]と述べ、第三債務者保護説を批判するの
である。しかし、民法304条1項但書が存在し、物上代位権行使の要件とし
て「差押」が要求されているにもかかわらず、その「差押」がなかったため、
第三債務者が、債務者（賃貸人）や第三者（債権譲受人）に弁済した場合、
一体、なぜ、抵当権者は不当利得返還請求をなすことができるのであろうか。
そのような場合に物上代位権者に不当利得返還請求権を認めることは、民法
304条1項但書の存在の否定であり、そのような場合にまで第三債務者保護
説を貫徹するのは、第三債務者保護説の曲解である[2]。

　物上代位権者による「差押」がなかったのであるから、その場合の第三債
務者の債務者や第三者に対する弁済は有効であるし、逆に第三債務者からの
受領も有効であって、債務者や第三者に不当利得が生じないのは当然のこと
である。これに反し、賃料債権譲渡後に物上代位による差押えがあったにも
かかわらず、差押え後に賃料債権譲受人が弁済を受領した場合、その受領が
不当利得となるのは当然である（東京地判平成10・7・30金融・商事判例1055
号20頁）。この場合、第三債務者は免責されないし（民法304条1項但書）、賃
料債権譲受人が、第三債務者から受領することには法律上の原因がないから

である。しかし、それは、民法304条1項但書が適用された結果である。

　第三債務者保護説とは、担保権者に物上代位権を付与する民法304条1項本文だけが存在し、同但書が存在しない場合において、どのような事態が生じるかを論じている見解である。かかる場合、第三債務者が債務者に代位目的物（保険金・賃料等）を弁済し、それが債務者の一般財産に混入したとしても物上代位権が消滅しないため、第三債務者は、代位目的債権消滅の効果を物上代位権者に対抗できず、二重弁済を強いられるのである。そして、かかる第三債務者の二重弁済の危険防止のため、何らかの措置を講じる必要があると考え、その措置が民法304条1項但書であると考えるわけである。これが第三債務者保護説の内容であり、それに尽きる。このように、第三債務者保護説は、民法304条1項但書が存在しなければ、第三債務者に二重弁済の危険が生じるということを基本的前提とする説であり、第三債務者保護説はその前提を欠くという批判[3]は、担保物権の物上代位の基本的な構造を誤解する見解である。

　また、第三債務者保護説は、代位目的物が債務者の一般財産中に混入しても代位目的物の特定性が失われず、物上代位権は消滅しないという論理を前提とする点で、特定性維持説とは根本的に異なる見解である。これに対し、特定性維持説は、代位目的物が債務者の一般財産に混入し、その特定性が消失すれば、担保物権の特定性の原則により物上代位権は消滅するという特定性のドグマを前提とする説であり、そうならないようにするため、つまり、物上代位権の消滅を防止し物上代位権者を保護するため、「差押」により、代位目的物の特定性を維持する必要があると考えるのである。それゆえ、特定性維持説には、第三債務者の二重弁済の危険という発想がまったく存在しない。この第三債務者の二重弁済の危険という発想は、特定性のドグマ特定性のドグマと決別してこそ生まれるものであるから[4]、第三債務者保護説は、特定性維持説と基本的に同じ考えに立つという見解[5]は、第三債務者保護説を基本的に誤解するものである[6]。

　むしろ、特定性維持説と基本的に同じ考えに立つのは優先権保全説である。優先権保全説は、代位目的物が債務者の一般財産に混入した後にまで物上代位権（優先権）の存在を認めることは、担保物権の特定性の原則に反し、第

三者に不測の損害を与えることになるから、そのようなことは認められない、裏返せば、代位目的物が債務者の一般財産に混入すれば物上代位権は消滅するという論理を前提とする見解である。そして、そうならないようにするため、つまり、物上代位権の消滅防止と第三者保護のため、「差押」により、代位目的物の特定性を維持するとともに、物上代位権を第三者に対し公示すると考えるのであり、ここにも、第三債務者の二重弁済の危険という発想が全く存在せず[7]、両説は、共通するからである。

　かくして、民法304条1項但書が設けられた結果、第三債務者の二重弁済の危険が消失したのであり、その結果として、第三債務者から弁済を受領する債務者や第三者（代位目的債権の譲受人等の競合債権者）も保護され、他方、物上代位権者も、第三債務者が債務者等に弁済する前に代位目的債権を差し押さえさえすれば、第三債務者から弁済を受けることができるのである。これらの効果は、民法304条1項但書が設けられ、第三債務者が保護された結果であり、同但書が存在する結果、第二次的に、物上代位権をめぐるすべての利害関係人の利益が調整されるのである。したがって、第三債務者保護説は、第三債務者以外の利害関係人の利益に配慮していないという批判[8]は、失当である。問題は、立論の出発点として、第一次的に誰の利益に配慮するか、ということなのである。

　さらに、第三債務者保護説によれば、「差押」は、第三債務者に対し物上代位権の存在を知らせ、その二重弁済の危険防止のためにのみ要求されているから、「差押」が、「第三債務者」に対する物上代位権の対抗要件となる。他方、「第三債務者以外の第三者」に対する物上代位権の対抗要件は、原担保権自体の対抗要件となる。物上代位権とは、原担保権の効力そのものであり、物上代位権と原担保権とは同一性を有するからである。この点も、かつて、ボアソナード博士や宮城浩蔵博士が指摘したことであり、諸国の立法例も同様である[9]。したがって、最判平成10年が、「抵当権の効力が物上代位の目的債権に及ぶことは抵当権設定登記により公示されている」と述べているのはまったく正当である。

　以上のように、第三債務者保護説を採った最判平成10年の論理[10]によれば、一定事由の発生と同時に物上代位権が代位目的債権上に及んでいるため、同

債権が譲渡され債務者の帰属を離れた場合でも、その譲渡は、民法304条 1 項但書の「払渡又ハ引渡」に該当しないことになる。本件でも、用地買収契約と同時に、物上代位権が建物補償金債権上に及んでいることになるのである。

3　物上代位の目的債権に対する転付命令の効力

　物上代位の目的債権に対する転付命令の効力についての先例である大審院連合部判大正12・4・7 民集 2 巻209頁〔以下「大連判大正12年」という〕は、「転付命令アリタルトキハ民事訴訟法六百一条（現行民事執行法160条に相当―筆者注）ノ規定ニ依リ債務者ハ差押債権者ノ債権ヲ弁済シタルモノト看做サレ、其ノ限度ニ於テ転付債権ハ差押債権者ニ移転スルコト明白ナル所ニシテ、斯ノ如キ効力ヲ生スルコトハ民事訴訟法ノ規定スル所ナルカ為ニ実体法上然ラサルモノト謂フヘカラス。是ヲ以テ抵当権ノ目的物ノ滅失ニ因リ債務者カ第三者ヨリ金銭ヲ受取ルヘキ債権ヲ有スル場合ニ於テ、其ノ債権ニ付抵当権者カ差押ヲ為ササル間ニ他ノ債権者カ差押ヲ為シ転付命令ヲ受ケタルトキハ、該命令カ規定ニ従ヒ送達セラルルニ因リテ差押債権者ノ債権ハ弁済セラレタルモノト看做サレ、其ノ限度ニ於テ転付債権ハ差押債権者ニ移転シテ債務者カ第三者ヨリ金銭ヲ受取ルヘキ債権関係ナキニ帰スルコトハ、債務者カ其ノ債権ヲ他人ニ譲渡シタル場合ト異ナルコトナシ。」（句読点、筆者）と判示し、転付命令の優先を認めた。大連判大正12年は、転付命令と債権譲渡を同視し、いずれも民法304条 1 項但書の「払渡又ハ引渡」に該当すると解し、物上代位権が失権すると解しているわけである。

　その後の一連の大審院判例は、大連判大正12年に従って債権譲渡を転付命令と同視し、債権譲渡は、「払渡又ハ引渡」に該当すると解し、債権譲渡を優先させた[11]。また、最二判昭和60・7・19民集39巻 5 号1326頁は、「差押」の趣旨につき、「代位目的債権の特定性保持による物上代位権の効力保全」と「目的債権の弁済をした第三債務者又は目的債権を譲り受け若しくは目的債権につき転付命令を得た第三者が不測の損害を被ることを防止しようとすることにある」と述べ、債権譲渡と転付命令を同視した[12]。

　以上のように、判例は、一貫して債権譲渡と転付命令を同視してきたのであり、その論理に従えば、債権譲渡に関する最判平成10年の射程は転付命令

にも及ぶはずである。そして、大連判大正12年とは異なり、転付命令は、民法304条１項但書の「払渡又ハ引渡」に該当せず、物上代位権が優先するはずである。実際、本判決の原審および第一審の各判決は、そのように判示した。ところが、本判決は、民事執行法上の制約から物上代位権行使を制限し、転付命令を優先させたのである。

　ところで、質権の目的となっている債権が転付命令の対象となるか否かについて否定説と肯定説（最二判平成12・４・７民集54巻４号1355頁は肯定説を採る）があり、肯定説によれば、優先権が付着したまま目的債権は、転付債権者に移転すると解される[13]。その論理は、物上代位権（抵当権）という優先権の目的債権の被転付適格についても当てはまる。それゆえ、否定説を採れば、そもそも転付命令を得ることができないため、物上代位権が優先するし、肯定説を採れば、被転付債権に物上代位権が付着しており、転付債権者は、物上代位権の負担付きのまま債権名目額を券面額とする転付命令を得るから、その後の物上代位権行使により転付債権者の独占的満足は覆ることになる[14]。

　ところが、本判決は、「転付命令が第三債務者に送達される時までに抵当権者が被転付債権の差押えをしなかったときは、転付命令の効力を妨げることはできず、差押命令及び転付命令が確定したときは、転付命令が第三債務者に送達された時に被転付債権は差押債権者の債権及び執行費用の弁済に充当されたものとみなされ、抵当権者が被転付債権について抵当権の効力を主張することはできない」と述べるのである。他方、原審判決は、転付命令の「確定によって債権の同一性を保ったままで執行債権者に移転し、右移転によってその券面額で執行債権が弁済されたものとみなされるだけで、第三債務者の債務が消滅するものではない」と述べる。

　両判決の違いは、転付命令確定の効果として、被転付債権の存続を認めるか否かであるが、民事執行法160条により「弁済されたものとみなされる」のは、転付債権者の債権（執行債権）であり、被転付債権ではない。被転付債権は、第三債務者による現実の弁済がない限り存続しているのであるから、原審判決が正当である。

　次に、本判決は、被転付債権に対する抵当権の効力を否定する理由として、「転付命令が第三債務者に送達された時に他の債権者が民事執行法159条３項

に規定する差押等をしていないことを条件として、差押債権者に独占的満足を与えるものであり（民事執行法159条 3 項、160条）」と述べる。民所執行法159条 3 項の趣旨は、平等主義の例外として転付債権者に独占的満足を与える制度であるが、転付債権者が一般債権者であるときは、他の一般債権者との関係においてであり、優先権を有する債権者が差押え・仮差押えをするときは、同規定の適用はないと解すべきである[(15)]。

　さらに、本判決は、「抵当権者の物上代位により被転付債権に対し抵当権の効力を及ぼすためには、自ら被転付債権を差し押さえることを要し」と述べる。しかし、被転付債権（建物補償金請求権）に物上代位権の効力が及ぶのは、一定の事由の発生時（本件では用地買収契約時）からであり、差押によるものではない。本判決のような解釈は、物上代位権者を一般債権者と同視するものであり、到底賛成できない。ところが、本判決は、かかる解釈を基にして、物上代位権に基づく「差押えは債権執行における差押えと同様の規律に服すべきものであり（同法193条 1 項後段、 2 項、194条）、同法159条 3 項による差押えに物上代位による差押えが含まれることは文理上明らかである」と述べ、転付命令を優先させるのである。しかし、物上代位権に基づく差押えは、民事執行法上、担保権の実行であり、また債務名義も不要である等、通常の債権執行における差押えと同じではない。

4　おわりに

　本判決について、「転付命令の効果としての目的債権の移転が民法304条 1 項但書の『払渡又ハ引渡』にあたるとしたものではなく、転付命令の制度からすれば、目的債権の債権譲渡と異なり、抵当権の効力が目的債権に及ばなくなると理解すべき理由があるとしたものと理解することができるから、平成10年判決と矛盾することはないものといえよう」（金融・商事判例1148号 6 頁）という最高裁調査官のコメントが付されている。しかし、前述のように、本判決は、最判平成10年の論理と抵触することが明白であり、その結論および理由付けのいずれにも賛成することはできない[(16)]。

　結局、本判決は、最判平成10年に対しなされている「物上代位権の強化」、「抵当権者・銀行の過剰保護」という学説の多数の批判に配慮するあまり、物上代位権行使に制約を加えるための論法として、実体法上の解釈を回避し、

手続法上の形式論理に終始したものと評価せざるを得ない。しかし、それは、大連判大正12年への回帰であり、同判決がその後の判例に与えたように、かえって理論的混乱をもたらすものである。今一度、最判平成10年は、物上代位権を強化したものではなく、それを本来のあるべき姿に戻しただけであることを理解すべきである。

(1)　阪口彰洋「抵当権の物上代位と転付命令」銀行法務21・567号50頁（1999年）。同旨、松岡久和「判批」民商法雑誌120巻 6 号124頁（1999年）。

(2)　松岡・前掲注(1)124頁、同・前掲注(1)126頁の（注 8 ）は、私見に対し、弁済後にすら優先弁済権の存続を認めていると批判するが、この批判は全く失当である。第三債務者の弁済後も、すなわち価値変形物（代位目的物）が債務者の一般財産中に混入し、価値変形物の特定性が失われたとしても、物上代位権は消滅しないという私見は、民法304条 1 項但書が存在しない場合のことを述べているからである。同様に、ボアソナード博士が、第三債務者に二重弁済の危険があると述べているのも、同民法草案1638条 1 項但書が存在しない場合のことである。

(3)　高橋眞「判批」ジュリスト1157号69頁（1999年）、同「物上代位に基づく差押えの意義」銀行法務21・569号37頁（1999年）。

(4)　清原泰司『物上代位の法理』102頁（民事法研究会、1997年）、同「抵当権の物上代位に基づく差押えの意義」銀行法務21・567号35頁（1999年）など。

(5)　生熊長幸『物上代位と収益管理』190頁（有斐閣、2003年）。

(6)　第三債務者保護説と特定性維持説は、一定の発生事由により物上代位権が代位目的債権上に及ぶとする点や物上代位権は原担保権の効力そのものであり、両者は同一性を有するから、抵当権の物上代位権の公示は抵当権設定登記で足りるとする点では同じである。しかし、特定性維持説は、物上代位価値権説から「差押」の趣旨を導き出している点、および「差押」の趣旨を代位目的債権の特定性維持にのみ求めるため、誰が差し押さえてもよいという点で、第三債務者保護説と異なる。また、特定性維持説は、「差押」を第三債務者のみに対する物上代位権の公示方法とは考えないので、第三債務者保護説と異なる。

(7)　並木茂「抵当権の物上代位の目的となる債権に対する転付命令の効力(上)」金融法務事情1662号50頁の（注 6 ）（2002年）は、第三債務者保護説の論者として瞱道文藝博士を挙げるが、これは不正確である。瞱道博士は、物上代位法定債権質権説の立場にたちつつ、「差押」の趣旨について優先権保全説（第三者保護説）を主張し、後述の大連判大正12年の出現に影響与えたからである（清原・前掲注(4)『物上代位の法理』95～98頁）。

(8)　松岡・前掲注(1)123頁。

(9)　清原・清原・前掲注(4)『物上代位の法理』56頁～58頁参照。

⑽　最判平成10年および私見に対する批判に対する回答として、清原泰司「抵当権の物上代位に関する基礎的考察」損害保険研究62巻 3 号163頁以下（2000年）、同「物上代位の法的構造」法学新報110巻 1・2 号175頁以下（2003年）参照。

⑾　清原泰司「判批」判例時報1643号220頁（1998年）参照。

⑿　最一判昭和58・12・8 民集37巻10号1517頁は、土地区画整理法112条 2 項に基づく清算金債権に対して一般債権者が転付命令を得た事案に関し、転付債権者の清算金支払請求を否定したが、その判決理由の中で転付命令と債権譲渡を同視している（清原・前掲注⑷『物上代位の法理』68頁参照）。

⒀　中野貞一郎『民事執行法〔新訂 4 版〕』612頁（青林書院、2000年）、上原敏夫「抵当権の目的となる債権に対する転付命令の効力―最三小14・3・12の検討―」金融法務事情1655号11頁（2002年）、生熊・前掲（注 5）199頁、並木茂「抵当権の目的となる債権に対する転付命令の効力㊦」金融法務事情1663号69頁（2002年）。

⒁　上原・前掲注⒀12頁、生熊・前掲注⑸199頁、並木・前掲注⒀70頁。

⒂　並木・前掲注⒀70頁。

⒃　同旨、並木・前掲注⒀73頁、片岡宏一郎「被転付債権に対する抵当権の物上代位権行使」金融法務事情1650号 5 頁（2002年）。これに対し、本判決が最判平成10年に抵触することを指摘しつつ、その結論に賛成する論考として、上原・前掲注⒀12頁、生熊・前掲注⑸203頁がある。また、本判決の理由付けと結論の双方に賛成する論考として、芹澤俊明「判批」銀行法務21・608号65頁、内山衛次「判批」法学教室266号145頁（2002年）、亀井洋一「判批」銀行法務21・617号87頁（2002年）、遠藤曜子「判批」NBL759号76頁（2003年）がある。

6 　動産売買先取特権の物上代位権行使と転売代金債権譲渡との優劣

平成16・4・14東京高裁第11民事部判決、〔原判決変更〔上告・上告受理
申立て〕〔金融・商事判例1204号33頁〕

【事実】

平成14年1月～2月　Z株式会社（独立当事者参加人）〔以下、Zという〕
は、A株式会社〔以下、Aという〕に対しエスカロン等の商品を売り渡し、
Aは、Y₁株式会社〔以下、Y₁という〕、Y₂株式会社〔以下、Y₂という〕お
よびY₃株式会社〔以下、Y₃という〕（いずれも被告・被控訴人、以下、併せて
「Yら」という）に対し上記の商品を転売した。

平成14年3月1日、Aは破産宣告を受け、X₁（原審脱退原告）が破産管財
人に選任された。

平成成14年3月11日、Zは、Y₂から32万8598円を、同月20日、Y₁から26
万2112円を、同月25日、Y₃から123万8464円をそれぞれ任意に受領した。

平成14年4月5日、Zは、X₁に対し、X₁のYらに対する売買代金（転売
代金債権）に対し、動産売買先取特権の物上代位権を有すること、これらの
実行によって不足する見込みの破産債権が2695万8789円であることを内容と
する債権届出書を提出した。

X₁は、平成14年10月31日、Y₁およびY₃に対し、同年11月1日、Y₂に対
し、Aとの間の売買契約に基づく各売買代金の支払を求めて訴えを提起し、
その訴状を送達した。

平成15年1月28日、X₁は、破産裁判所の許可を得て、X₂（原告引受参加
人・控訴人）に上記売買代金債権を譲渡し、同年2月4日、Yらにその旨を
通知した。

平成15年1月20日、Zは、動産売買先取特権に基づく物上代位権の行使と
して、AのY₁に対する売買代金債権について債権差押命令を得、同差押命
令は、同月22日、Y₁に送達された。同年4月30日、Zは、AのY₃に対する
売買代金債権について債権差押命令を得、同差押命令は、同年5月1日、
Y₃に送達された。さらに、Zは、AのY₂に対する売買代金債権について債
権差押命令を申立てたが、同申立は却下された。

以上の事実関係のもとで、X₂は、Zが、Yらからの任意弁済を受けた後

に債権差押命令を得たとしても、それは民法304条の要件を欠き、執行の余地がない無効なものであるから、Ｙらの各弁済は無効であり、ＹらにはＸ₂に対する売買代金の支払義務があると主張した。

　これに対し、ＹらとＺは、ＹらのＺに対する任意弁済は、債権差押命令があるまでは預かり金として処理され、Ｚが同命令を得た段階で売買代金の支払として扱う旨の合意があり、その後、ＺはＹ₁とＹ₃に対する同命令を取得し、またＹ₂については、申立却下決定を支持した執行抗告棄却決定に対し即時抗告が認められ、同命令を得る可能性があり、動産売買先取特権に基づく実体要件がある以上、同命令がなされるべきであるから、Ｚは、同命令後にＹらから弁済を受けたものと評価することができ、Ｙらの各弁済は有効であると主張した。

　原審・東京地判平成15・10・2金融・商事判例1204号38頁は、「民法304条が『払渡又は引渡』前の差押えを要求した趣旨は、主として二重弁済を強いられる危険から第三債務者を保護することにあると考えられているから、Ａに対する動産先取特権に基づく物上代位権についての実体要件が存在している本件において、第三債務者であるＹらが債権差押命令を要求せずに任意にＺに売買代金を支払ったものである以上、Ｚがその後に債権差押命令を得ることによって民法304条の要件が充足（追完）されるものと解するのが相当である」と述べ、Ｘ₂の請求をすべて棄却した。

　そこで、Ｘ₂は、上記の主張に加え、Ｘ₁から、ＡのＹらに対する売買代金（転売代金）債権譲渡を受け対抗要件を具備しているからＺに対抗できると主張し、控訴した。

【判旨】

　本判決は、Ｚの独立当事者参加について確認の利益を欠く上、民事訴訟法47条所定の参加の要件を欠く不適法なものであるとして、Ｚの請求を却下する一方、Ｘ₂のＹ₁に対する請求については棄却したが、Ｘ₂のＹ₂およびＹ₃に対する請求を認容した。

　「民法304条1ただし書の趣旨・目的等の本件に関連する問題について検討するに、同項ただし書において、先取特権者が物上代位権を行使するためには、物上代位の対象となる金銭その他の物の払渡し又は引渡し前に差押えを

しなければならないものと規定されている趣旨・目的は、先取特権者のする
差押えによって、第三債務者が金銭その他の目的物を債務者に払い渡し又は
引き渡すことが禁止され、他方、債務者が第三債務者から債権を取り立て又
はこれを第三者に譲渡することを禁止される結果、物上代位の目的となる債
権（目的債権）の特定性が保持され、これにより物上代位権の効力を保全せ
しめるとともに、他面二重弁済を強いられる危険から第三債務者を保護し、
又は目的債権を譲り受けた第三者等が不測の損害を被ることを防止しようと
することにあると解される（最高裁第二小法廷昭和60年 7 月19日判決・民集39
巻 5 号13頁、平成10年 1 月30日判決・民集52巻 1 号 1 頁参照）。

　そして、抵当権設定登記によりその存在及びその効力が物上代位の目的債
権に及ぶことが公示される抵当権と異なり、動産売買先取特権は、権利が存
在すること及びその効力が物上代位の目的債権に及ぶことが対外的に明らか
にされているわけではないから、債権譲渡の対抗要件を具備した目的債権の
譲渡よりも動産売買先取特権に基づく物上代位権の行使による差押えが優先
するとすれば、債権譲渡により確定的に債権譲受人に目的債権が帰属したと
の第三債務者の信頼を害することになることは明らかである。

　また、動産売買先取特権者は、目的物が売却等された場合に当該売買代金
債権等に対して物上代位に基づく差押えをすることができるという点で、当
該売買代金債権等の譲受人とは、債権が二重に譲渡された場合の第一譲受人
と第二譲受人と類似する関係に立つから、動産売買先取特権に基づく物上代
位権の行使と目的債権の譲渡とは、物上代位に基づく差押命令の第三債務者
に対する送達と債権譲渡の対抗要件の具備との前後関係によってその優劣を
決すべき関係に立つと解するのが相当である。

　以上の民法304条 1 項の趣旨・目的及び動産売買先取特権の性質並びに関
係者の利益状況を総合すれば、先取特権者が差押えを得ないまま、第三債務
者から物上代位権の行使として債権の支払を受けることはできず、第三債務
者は、目的債権消滅を債務者（目的債権の債権者）又は目的債権を譲り受け
た第三者に主張することができず、先取特権者も物上代位権の優先権を主張
することができないものと解される」と述べ、本件事案を次のように判断し
た。

①　Y₁およびY₃のZに対する任意弁済は預入金であると認めることができ、その後、Y₁およびY₃に対する債権について差押命令があったから、この両債権は民法304条1項ただし書の要件を充たす。しかし、Y₂に対する債権は、同ただし書の要件を欠く。

②　X₂の債権譲渡対抗要件具備は平成15年2月4日であり、Zの物上代位権に基づく差押命令のY₁への送達は同年1月22日、Y₃への送達は同年5月1日であるから、X₂は、Y₁に対する債権についてはZに劣後するが、Y₃に対する債権についてはZに優先する。

【研究】

本判決の理論構成および結論のいずれにも賛成することができない。

1　本件事案解決の前提問題

本件は、X₁（破産管財人）から、A（買主・破産会社）のYらに対する売買代金債権（以下「転売買代金債権」という）の譲渡を受けたX₂が、Yらに対し転売代金の支払請求をした訴訟であるが、Z（売主・動産売買先取特権者）の物上代位権行使の前に、Yら（転買主・第三債務者）がZに対してなした任意弁済の有効性が争点となった。

原審は、民法304条1項ただし書の「差押え」の趣旨が第三債務者保護にあり、動産売買先取特権に基づく物上代位権の実体要件が存在する以上、その後にZが差押命令を得ることにより同規定の要件が「追完」されるとして、ZおよびYらの主張を全面的に認容した。これに対し、本判決は、その後にZが差押命令を得たY₁およびY₃に対する転売代金債権についての任意弁済は預入金であると認定したうえで、ZとX₂の優劣につき、転売代金債権に対する動産売買先取特権の物上代位権と同債権の譲渡との優劣問題として把握した。

民法304条1項ただし書の「差押え」の趣旨は、原審が述べるように、第三債務者の二重弁済の危険防止にあることは確かである。しかし、そうだからといって、同ただし書の立法後においてまで、その趣旨を貫徹・徹底することは不当であり、そのような貫徹・徹底された内容は、第三債務者保護説とは何の関係もないことである[1]。なぜなら、第三債務者保護説とは、民法304条1項本文だけが存在し、同ただし書が存在しない場合における第三債

務者の立場に着目した説であり、同但書が設けられた後のことについては一言も述べていないし、かつ、「差押え」の趣旨として、同ただし書立法後のことを述べる必要もないからである。第三債務者保護説を採用した最二判平成10・1・30（後掲②判決）も、このことを明確に述べている。

　ところが、第三債務者保護説を批判する見解はこの点を理解せず、同説を貫徹・徹底すれば、「差押え」前に第三債務者が債務者や第三者に弁済すれば、物上代位権者はこれらの受領者に対し不当利得返還請求権を取得すると述べるのである[(2)]。

　第三債務者保護説（私見）は、民法304条1項本文とただし書を峻別し、同本文は、物上代位権付与による担保権者保護の規定であり、同ただし書は、第三債務者の二重弁済の危険防止による第三債務者保護の規定であると解するものである[(3)]。それぞれ、本文とただし書が存在しなければどのような事態が生ずるかを考え、それぞれについて、第一次的に（主として[(4)]）保護すべき者に着目しているのである。

　このように、第三債務者保護説によれば、民法304条1項の本文とただし書は、直接の保護対象が異なるのであるから、それぞれの規定の適用に際しては、それぞれの規定だけで自己完結しなければならない。そうしなければ、同ただし書により実現した第三債務者保護が有名無実化するからである。すなわち、同ただし書が設けられた後は、第三債務者の二重弁済の危険が完全に消失したのであり、同ただし書の「差押え」がなされていない場合、第三債務者は、債務者や代位目的債権の譲受人に弁済すれば免責されるのであり、第一次的に（主として）第三債務者を保護することによる第二次的効果（反射的・副次的効果）として、債務者や競合債権者も保護されるのである。つまり、同本文により発生した物上代位権が存在するからといって、同ただし書の要件を充たさない物上代位権のために、第三債務者の物上代位権者に対する弁済義務を認めてはならないのである。第三債務者の物上代位権者に対する弁済義務は、同ただし書の「差押え」があった場合だけである、というのが真正の第三債務者保護説である。

　ところが、原審は、第三債務者保護説を誤解し、民法304条1項ただし書が設けられた後にまで第三債務者の二重弁済の危険が存在すると考え、第三

債務者は物上代位権者の方に弁済しなければならないと考えたのである。しかし、前述のように、第三債務者には、未だ同ただし書の「差押え」をしていない物上代位権者に弁済する義務は全く存在しないのであり、そのような実体要件としての義務の存在を前提として、第三債務者の物上代位権者に対する任意弁済を有効と解すべきではない。逆に言えば、担保権者は、同ただし書および民事執行法193条1項後段の手続に則り、物上代位権を行使しなければ、物上代位権を保全できないのである。

　したがって、第三債務者の物上代位権者に対する任意弁済後の差押命令の取得により、物上代位権行使の手続が「追完」されると解すべきではなく、YらのZに対する任意弁済は無効と解すべきであり、その点では、本判決の方が正当である。また、本判決が、かかる任意弁済を預入金と認定したことも、取引実務の実態を考慮した妥当な判断である。

　以上から、本判決が、本件事案を、動産売買先取特権に基づく物上代位権行使と転売代金債権譲渡（代位目的債権）との優劣問題として把握したのは正当である。問題は、その理論構成である。

2　本判決の理論構成の検討

　第1に、本判決は、民法304条1項ただし書の「差押え」の趣旨について、代位目的債権の特定性保持、物上代位権保全（優先権保全）、第三債務者の二重弁済の危険防止および第三者の不測の損害防止を列挙し、①最二判昭和60・7・19（民集39巻5号13頁、金融・商事判例729号3頁）〔以下「①判決」という〕および②最二判平成10・1・30（民集52巻1号1頁、金融・商事判例1037号3頁）〔以下「②判決」という〕を引用する。しかし、両判決の「差押え」の趣旨についての見解は根本的に異なるから、この引用は不当である。なぜなら、①判決は、民法304条1項ただし書が存在しない場合における第三債務者の二重弁済の危険を認めず、かつ第三債務者と第三者を峻別せず、第三者一般を保護する優先権保全説（第三者保護説・競合債権者保護説・差押公示説）であるのに対し、②判決は、同ただし書が存在しない場合における第三債務者の二重弁済の危険を認め、かつ第三債務者と第三者を峻別し、しかも物上代位権と原担保権の同一性を認めるからである。

　第2に、本判決は、動産売買先取特権およびその物上代位権が公示されて

いないことから、物上代位権に基づく差押えが、対抗要件を具備した代位目的債権譲渡に優先するとすれば、債権譲受人に確定的に同債権が帰属したという第三債務者の信頼を害すると述べるが、そのようなことは一切ない。本判決がこのようなことを述べるのは、②判決が採った第三債務者保護説を基本的に誤解しているからである。

　繰り返すように、第三債務者保護説とは、民法304条 1 項本文だけが存在し、同ただし書が存在しない段階の第三債務者の立場に着目した説であり、この段階の第三債務者を保護すべき理由は、物上代位権の発生にもかかわらず、第三債務者が、債務者や代位目的債権譲受人に行った弁済を有効とし、免責するということであり、同ただし書が設けられた後において誰に弁済すべきか、というような第三債務者の「信頼」ではない。そのような「信頼」を法的保護の対象とするのであれば、同本文により付与された物上代位権は有名無実化するであろう。同ただし書が設けられた後は、第三債務者の二重弁済の危険が完全に消失し、第三債務者は「不安定な地位」から解放されたのであり、「差押え」がある以上、物上代位権者に弁済しなければならないのである。他方、「差押え」がなければ、第三債務者は、物上代位権者に弁済する必要がない、というだけのことである。

　ところが、②判決が述べる、第三債務者が「不安定な地位」に置かれるということを、本判決と同様、「誰に弁済すべきか」という問題と混同する見解が存在する[5]。②判決が述べる第三債務者の「不安定な地位」とは、民法304条 1 項ただし書が存在しない場合において、第三債務者が、「その債権者である抵当不動産の所有者に弁済しても弁済による目的債権の消滅の効果を抵当権者に対抗できない」ということであり、民法304条 1 項ただし書が存在する現在、誰に弁済すべきか、という第三債務者の「信頼」を問題にする必要はまったくない。逆に、それを問題にすれば、同本文により発生した物上代位権は、第三者の権利との競合関係に陥るのである。「差押え」により、第三債務者は、物上代位権という優先権の存在を直接知らされたのであり、たとえ転売代金債権（代位目的債権）譲渡の通知があっても、その通知前に同債権上に物上代位権が成立しているのであるから、物上代位権者に弁済する必要があるわけである。

　これに反し、本判決のように、代位目的債権譲渡の通知により、同債権譲受人に確定的に同債権が帰属したという第三債務者の「信頼」を問題にし、物上代位権に基づく差押えがあった場合でも同債権譲渡を優先させるという解釈は、まさに①判決が「差押え」の趣旨について採った優先権保全説（第三者保護説）の立場であり、同判決は、判決理由の傍論で、同債権譲渡があれば、物上代位権の行使ができないと述べたのである。しかし、この立場は、民法304条1項ただし書の「払渡し又は引渡し」に代位目的債権の譲渡は含まれないと解し同債権譲渡があった場合でも、物上代位権に基づく差押えを肯定した②判決と根本的に異なるものである。

　これに対し、本判決は、②判決では抵当権の物上代位権が問題となり、その物上代位権は抵当権設定登記により公示される一方、本件事案の動産売買先取特権およびその物上代位権は公示されていないことを理由に、第三債務者の「信頼」を問題にする。しかし、動産売買先取特権は、公示なしに買主（債務者）所有の動産上に成立し（民法311条5号・321条）、その成立時から、すべての第三者に対抗できる法定担保物権であり、第三者は、公示なしにその優先を甘受すべきものである。同様に、動産売買先取特権に基づく物上代位権も、動産の転売と同時に転売代金同債権上に成立し（民法304条1項本文）、原担保権である動産売買先取特権と同様、公示なしにすべての第三者に対抗できる法定の優先権である。その物上代位権は、動産売買先取特権（原担保権）と同一性を有するからである。したがって、動産売買先取特権およびその物上代位権が公示されないことを理由として、抵当権と異なった解釈をする必要はまったくない。本判決のような解釈を行うことは、動産売買先取特権を一般債権と同視することになろう。

　第3に、本判決は、動産売買先取特権に基づく物上代位権行使と代位目的債権譲渡との優劣につき、物上代位権に基づく差押命令の第三債務者に対する送達と代位目的債権の対抗要件具備の先後によると述べ、その前提として、「動産売買先取特権者は、目的物が売却等された場合に当該売買代金債権等に対して物上代位に基づく差押えをすることができるという点で、当該売買代金債権等の譲受人とは、債権が二重に譲渡された場合の第一譲受人と第二譲受人と類似する関係に立つ」と述べる。

　ここにおいて、本判決が、動産売買先取特権を一般債権と同視していていることが、より明白になる。本判決が、このような基本的な誤りを犯しているのは、動産売買先取特権に基づく物上代位権が、民法304条 1 項ただし書に基づく「差押え」により転売代金債権に及び、その「差押え」が物上代位権の第三者対抗要件と考えているからである(6)。しかし、動産売買先取特権に基づく物上代位権が転売代金債権上に及ぶ（成立する）のは、「差押え」に基づくのではなく、動産転売（転売代金債権成立）時であり、本判決が引用する①判決も、動産転売時に物上代位権が成立していることを前提として、債務者の破産宣告や一般債権者による転売代金債権の差押えがあった場合でも、物上代位権の行使を肯定したのである。また、「差押え」は、②判決によれば、物上代位権の第三債務者に対する対抗要件である。

　この第 3 の論点は、結局、動産売買先取特権の物上代位権の追及効の問題であるが、本判決と同様、権利公示に関する抵当権と先取特権の差異を理由として、先取特権への②判決の射程を否定し、依然として①判決の判決理由中の傍論を支持する見解が多い(7)。そして、「第三債務者保護説を先取特権にも及ぼし、先取特権がもともと公示のない法定担保物権であることを強調して、債権譲渡があってもなお先取特権による物上代位ができるとすると、公示のない担保権の効力があまりにも強すぎるとの批判を招くことになろう」(8)というのである。

　しかし、公示があろうとなかろうと、動産売買先取特権は法定担保物権であり、第三者はその優先的効力を対抗されており、また、その物上代位権は、原担保権である動産売買先取特権の優先弁済効を確保するために認められた、動産売買先取特権それ自体の効力であり、両者は同一性を有するのであるから、第三者（第三債務者を除く）は、その物上代位権の優先を公示なしに対抗されているのである。他方、公示なき動産売買先取特権の優先から保護されるのは、当該動産の転買主だけである（民法333条）。同様に、公示なき、その物上代位権から保護されるのも、物上代位権者（動産売買先取特権者）に対する直接の弁済義務者である転買主（第三債務者）だけである（民法304条 1 項ただし書）。そして、「差押え」なき限り、転買主が債務者（買主）や転売代金債権譲受人（第三者）に対して行う弁済は有効なのであるから、結

果的に第三者も保護されるわけである。つまり、第三者の保護は、第三債務
者の保護による反射的効果によって確保するのである。それゆえ、第三債務
者保護説を先取特権に及ぼしても、公示なき担保物権の効力が強くなり過ぎ
ることはないのである。

　従来、動産売買先取特権の物上代位権の追及効を否定する見解は、動産所
有権移転保護による動産売買先取特権の追及効制限（民法333条）の問題と、
その物上代位権発生による弁済保護（民法304条1項ただし書）の問題を峻別
していなかったのではないか。債務者にせよ、代位目的債権である転売代金
債権の譲受人（第三者）にせよ、これらの者の保護は、これらの者に弁済す
る第三債務者の弁済を有効とすれば済む問題である。これに反し、これらの
者を保護するため、物上代位権の追及効を制限すれば、それを認めた民法
304条1項本文が有名無実化しよう。

　第4に、本判決は、先取特権者が差押命令を得ないまま、第三債務者から
物上代位権行使としての任意弁済を受けることはできないと述べる。この結
論自体は正当であるが、その理由として、「以上の民法304条1項の趣旨・目
的及び動産売買先取特権の性質並びに関係者の利益状況を総合すれば」と述
べていることには賛成できない。前述したように、民法304条1項ただし書
が設けられた結果、第三債務者の二重弁済の危険が消失し、「差押え」がな
ければ、第三債務者は、たとえ物上代位権の発生・成立について悪意であっ
ても、物上代位権者に弁済することを要しないというのが、同ただし書の趣
旨である。つまり、同ただし書の立法化により、物上代位権者は、「差押え」
なしには第三債務者に対し弁済請求することができなくなったのであるから、
「差押え」前の第三債務者の物上代位権者に対する任意弁済が無効である理
由は、端的に、「民法304条1項の趣旨・目的」を理由とすれば十分であり、
残りの曖昧な文言は不必要である。

3　本件事案の解決

　公示なき動産売買先取特権は、その成立時から、公示なしに第三者に対抗
し得る法定担保物権である。次に、その物上代位権は、動産の転売と同時に
転売代金債権上に成立している（民法304条1項本文）。また、その物上代位
権は、原担保権である動産売買先取特権それ自体の効力であり、原担保権と

同一性を有するから、やはり動産売買先取特権の成立時から第三者に対抗し得る。ただし、そのように成立した物上代位権は、権利行使要件として「差押え」を要求されているから（民法304条1項ただし書）、債権差押命令を得なければならない（民事執行法193条1項後段）。

　本件事案では、動産売買先取特権の物上代位権者Zと代位目的債権（転売代金債権）譲受人X_2が、同債権の優先的摑取を争っており、このような第三者間の優劣は、それぞれの権利の第三者対抗力具備の先後により決すべきであり、ZとX_2の優劣は、動産売買先取特権に基づく物上代位権の第三者対抗力具備（平成14年1月～2月）と転売代金債権譲渡の対抗要件具備（平成15年2月4日）の先後により決することになる。ただし、物上代位権の対抗力具備は差押命令を得ることが条件であり、Zが同命令を取得し、それが送達されたのは、AのY_1およびY_3に対する債権なので、この両債権についてはZが優先する。しかし、Zは、AのY_2に対する債権について差押命令を得ていないから、同債権についてはX_2が優先することになるわけである。

(1)　清原泰司「物上代位論」桃山法学2号8頁以下（2003年）。
(2)　高橋眞「判批」ジュリスト1157号70頁（1999年）、松岡久和「判批」民商法雑誌120巻6号124頁（1999年）、山野目章夫『物権法［第2版］』241頁（日本評論社、2004年）、道垣内弘人『担保物権法』148頁（有斐閣、2004年）。
(3)　清原・前掲注(1)2頁、同「物上代位の法的構造」法学新報110巻1・2号176頁（2003年）。
(4)　②判決が、「差押え」の趣旨について、「主として」第三債務者保護にあると述べているのは、論理的に「第一次的に」、唯一という意味であり、それゆえ、「差押え」による第一次的な保護対象は第三債務者だけである。この点について、無署名の調査官コメントは、②判決が、「その主要な趣旨は第三債務者の保護にあり、競合債権者の保護や特定性の維持は第三債務者を保護することによる反射的利益（せいぜい副次的な目的）にすぎないことを明らかにした」（金融・商事判例1037号5頁上段）と正確に述べている。ところが、第三債務者保護説を誤解する見解は、「主として」とは、「主たる」意味であるとしても、唯一の意味ではない、と述べるのである（山野目・前掲注(2)241頁、道垣内・前掲注(2)148頁）。
　　しかし、「差押え」の趣旨として、第三債務者と同時並列的に他の利害関係人の保護を盛り込むことは、民法304条1項本文の有名無実化を招くので、賛成できない（清原・前掲注(1)17頁以下、同・前掲注(3)182頁以下参照）。

(5)　動産売買先取特権に基づく物上代位権行使と目的債権譲渡の優劣に関する東京地判平成14・5・17金融法務事情1674号116頁。同様に、同判決の評釈において、小山教授は、「(第三債務者は) 本来であれば、物上代位の差押以前に債権譲渡の通知を受領すれば、債権譲受人に弁済すれば足りるところ、その後物上代位の差押えがなされるか否かによって、第三債務者は、きわめて不安定な地位に置かれる」(小山泰史「判批」銀行法務21・625号88頁 (2003年)) と述べるが、そのようなことは一切ない。

(6)　高橋眞「物上代位と任意弁済」銀行法務21・636号1頁 (2004年)、小山・前掲注(5)89頁)。

(7)　山本克己「動産売買先取特権に基づく物上代位の問題点」自由と正義50巻11号138頁 (1999年)、内田貴『民法Ⅲ〔第2版〕債権総論・担保物権』511頁 (東京大学出版会、2004年)、道垣内・前掲注(2)64頁、小林秀之・山本浩美『担保物権法〔第3版〕』104頁 (弘文堂、2004年)、小山・前掲注(5)89頁など。

(8)　内田・前掲注(7)511頁。

⑦　転貸料債権に対する抵当権の物上代位権行使の可否

福岡地裁小倉支部平成19年8月6日決定（平19年㈩第5号、債権差押命令申立事件）金融法務事情1822号44頁――認容（確定）

【決定のポイント】

本決定は、原賃貸借の法律関係が不明確であるため、原賃料債権に対する抵当権の物上代位権行使が困難となっている一方で、賃借人（転貸人）が転貸料を収受して自己の債権を回収している行為を濫用的であると判断し、これを「賃借人を所有者と同視することを相当とする場合」に当たるとして、転貸料債権に対する物上代位権行使を認めた。原賃貸借の法律関係の不明確さを濫用型として認めた点に特徴がある。

【事実】

平成16年12月頃、本件建物のテナントは2店舗のみであった。当時、本件建物は内外装ともに傷みが激しく、商業ビルとしての利用には大幅な改修工事が必要であった。Y会社（債務者・根抵当権設定者・所有者・賃貸人）〔以下、Yという〕は、改修すれば本件建物の収益性が高まると考え、本件建物を含む本件各不動産の取得を検討し、その所有者であったA会社〔以下、Aという〕の代表取締役aに改修工事業者の手配や改修後のテナント募集等を依頼するとともに、同年12月28日、X（申立債権者・根抵当権者）から合計2億4,000万円を借り入れてAから買い受け、同日、本件各不動産につき、極度額2億5,000万円の本件根抵当権の設定登記をした。

aの手配した業者が、Yから本件建物改修工事を請け負った。工事代金は6,000万円程度が見込まれ、着工時と竣工時にそれぞれ半額ずつ支払うものとされたが、Yは、着工時に、約定の代金を支払ったものの、竣工時の残金を支払うことができなかったので、aが、B会社名義で当該残金を立替払した。平成17年2月頃、aは、B会社（賃借人・転貸人）〔以下、Bという〕の取締役として本件建物を維持管理することとし、BがYから本件建物を賃借する旨の賃貸借契約書を同年2月1日付けで作成した。同時に、aは、Bとして、本件建物のテナントCら（第三債務者）4名から賃料を徴収し、平成18年2月1日には、BとCらとの間の賃貸借契約書を作成した。aは、賃料の徴収を始めた当初は、その賃料をYのXに対する債務の弁済に充てた。

　ところで、B名義で支払われた本件建物の改修工事の残代金の支払いをしたのが、Bなのかa個人なのかは不明であり、またYに対する貸付なのか、代位弁済なのかも不明である。Bは、前記支払の後は、Cらから徴収した賃料をYに送金していない。そして、平成17年2月1日付けで作成されたYとBとの間の本件建物賃貸借契約書には、実際には授受のない敷金（1,500万円）の記載があるだけでなく、BがYに支払うべき賃料として、Cらから収受する賃料の合計（82万円）を上回る金額（毎月150万円）の記載があった。

　YのXに対する債務が不履行になったので、Xは、①YとBとの同一性の推認、②債権回収目的での転貸借（転貸借の濫用）を理由として、本件根抵当権の物上代位権に基づいて、BのCらに対する転貸料債権の差押命令を求めた。

【決定要旨】

　本決定は、YとBとの人的同一の事実は推認できないとしたが、以下のように、Xの本件根抵当権の物上代位権に基づく差押えの申立てを認めた。

　「Bは、本件建物の賃料を収受するようになって以降、当初、これをYの債務の弁済に充てた事実があるが、その後（Xに対する債務の不履行の状況からして遅くとも平成17年10月ころ以降）は、Cらから収受した賃料をYに送金せず、しかも、その理由を明らかにしていないこと、Bは、本件建物の改修工事費用を出捐したとしても、たとえば不動産保存の先取特権の登記をするなど、Xに対して自己の債権を保全する措置をとっておらず、現在の状況は、Xが物上代位に基づく本来受けるテナントからの賃料を、BがXに先立って回収しているとみなされること、その一方で、本件では、YとBの法律関係が、不明確にされたままであるため、Xとしては、YがBに対して有する権利を物上代位に基づいて差し押さえるのが困難であることなどからすると、Bは、当初からそのような意図を有していたか否かは別として、現に、Yの取得すべき賃料を減少させ、又は抵当権の行使を妨げるために、法律関係を不明確にし、本来抵当権者であるXに優先し得ない自己の債権の回収をはかっているものといわざるを得ない。各Cらとの間で、賃貸借契約をしたBの行為は濫用的であって、本件では『抵当不動産の賃借人（転貸人）を所有者と同視することを相当とする場合』に当たるというべきである。」

【先例・学説】

一　最決平成12年以前の状況

　転貸料債権に対する抵当権の物上代位権行使に関し、最（二小）決平成12年 4 月14日決定（民集54巻 4 号1552頁、金法1585号30頁、金判1090号32頁、判タ1035号100頁、判時1714号61頁）〔以下「最決平成12年」という〕以前の執行実務および下級審裁判例は、後順位賃借権限定説（限定的肯定説）〔以下「後順位賃借権限定説」という〕と原則否定説（執行妨害等要件説）〔以下「原則否定説」という〕に分かれていた。

　後順位賃借権限定説は、原賃貸借が抵当権設定登記の前に成立している場合には、転貸料債権に対する物上代位権行使を否定する一方、原賃貸借が抵当権設定登記後に成立している場合には、たとえその原賃貸借が短期賃貸借の要件（平成15年改正前民法395条）を充たしていても、転貸料債権に対する物上代位権行使を肯定する。東京地裁、名古屋地裁及び仙台地裁の執行実務は、同説に依拠していた（忠鉢孝史「東京地裁執行部における抵当権の物上代位をめぐる諸問題」銀法567号14頁〈1999年〉、原道子「名古屋地裁（本庁）における概況と特徴」債権管理85号59頁〈1999年〉、合田悦三「仙台地裁（本庁）における最近の民事執行事件の処理状況」金法1378号41頁〈1994年〉）。同説を採る裁判例として、①大阪高決平 4 ・ 9 ・29（判時1502号119頁）、②東京地決平 4 ・10・16（金法1346号47頁）、③仙台高決平 5 ・ 9 ・ 8 （判時1486号84頁、判タ855号273頁）、④大阪高決平 5 ・10・ 6 （判時1502号119頁）、⑤大阪高決平 5 ・10・ 6 （判時1502号119頁）、⑥東京高決平 7 ・ 3 ・17（判時1533号51頁、金法1438号36頁）、⑦東京高決平11・ 4 ・19（判時1691号74頁、金商1073号35頁―最決平成12年の原審）がある。同説の根拠は、㋐民法304条を同372条に準用する際、同条 1 項の「債務者」を「抵当不動産上の権利者」と読み替え、これには「抵当不動産の所有者」や「第三取得者」だけでなく、「抵当権設定登記後の抵当不動産の賃借人」も含む、㋑抵当権設定登記の公示力、㋒民法395条（平成15年改正前）の短期賃借人保護は、現実の用益の範囲にとどまる、㋓抵当不動産に対する転貸料の価値代替物性、㋔抵当不動産の第三取得者との比較、㋕原賃料と転貸賃料との差額の大きさという実際上の必要性などである。

　これに対し、原則否定説は、抵当不動産の原賃借人（転貸人）の有する転貸料債権に対し、「特段の事情」のない限り物上代位権行使を認めるべき根拠はないとしながらも、(i)賃貸人と賃借人とが実質的に同一視される場合または(ii)原賃貸借が執行妨害的、詐害的なものである場合等の「特段の事情」があれば、原賃貸借と抵当権設定登記の先後にかかわらず、転貸料債権に対する物上代位権行使を肯定する。また、同説は、民法304条1項の「債務者」には、原則として「賃借人」は含まれないとする。大阪地裁および札幌地裁の執行実務は、この説に依拠していた（松島敏明「大阪地裁における民事執行の現状と課題」金法1454号17頁〈1996年〉、井上稔・伊藤彰「札幌地裁（本庁）における概況と特徴」債権管理85号77頁の注(1)〈1999年〉）。同説を採る裁判例として、⑧大阪高決平7・5・29（金法1434号41頁、判時1551号82頁）、⑨大阪高決平7・6・20（金商984号23頁、金法1434号41頁、判時1551号82頁）、⑩大阪高判平7・10・27（高民集48巻3号253頁）、⑪大阪高決平9・9・16（金商1044号15頁）、⑫大阪高決平10・3・12（金法1526号56頁）、⑬大阪高決平11・5・19（金商1075号24頁）、⑭大阪高決平12・3・2（金法1590号56頁）がある。

　大阪高裁は、⑧決定以降、一貫して原則否定説を採っていたが、東京地裁・高裁は、一貫して後順位賃借権限定説を採っていた（裁判例の分析については、清原泰司「判批」金商1077号56以下〈1999年〉、同「転貸料債権に対する抵当権の物上代位（1）」桃山法学4号12頁以下〈2004年〉参照）。

　学説は、後順位賃借権限定説または原則否定説を主張するものが大半であったが、全面肯定説や否定説も存した（学説の分類と文献については、松岡久和「物上代位の成否と限界（2）―転貸料債権に対する抵当権の物上代位の可否」金法1505号13頁以下〈1998年〉参照）。このほか、転貸料の価値代替物性を認め、原則として物上代位権行使を肯定するが、転貸人が正常な転貸借を立証した場合には否定するという原則肯定説も存した（清原・前掲金商1077号59頁。なお、最決平成12年の調査官解説は、私見を全面肯定説とする（春日通良「判解」法曹時報55巻6号136頁の注㉓〈2003年〉）が、そうではない）。

　以上の状況の中、最決平成12年は原則否定説を採り、前掲⑦決定を破棄差戻した。

二　最決平成12年の論理

最決平成12年の論理は、以下のとおりである。

㋐　民法304条1項の『債務者』には、原則として、抵当不動産の賃借人（転貸人）は含まれない。所有者は被担保債権の履行について抵当不動産をもって物的責任を負担するのに対し、賃借人は、このような物的責任を負担するものではなく、転貸料債権を被担保債権の弁済に供されるべき立場にはないからである。

㋑　転貸賃料債権を物上代位の目的とすることができるとすると、正常な取引により成立した抵当不動産の転貸借関係における賃借人（転貸人）の利益を不当に害する。

㋒　ただし、所有者の取得すべき賃料を減少させ、又は抵当権の行使を妨げるために、法人格を濫用し、又は賃貸借を仮装した上で、転貸借関係を作出したものであるなど、抵当不動産の「賃借人を所有者と同視することを相当とする場合」には、転貸賃料債権に対する物上代位権行使が許される。

多くの論者が最決平成12年に賛同した（荒木新五「暴走する『物上代位』に歯止め」銀法577号42頁〈2000年〉、佐久間弘道「法解釈論、執行実務、抵当権者の立証の難易等からもバランスのとれた判例」銀法577号46頁〈2000年〉、吉田光碩「転貸料債権に対する物上代位を原則的に否定した最高裁判例の実務への影響」金法1582号5頁〈2000年〉、野口恵三「判批」NBL・695号59頁〈2000年〉、古積健三郎「判批」法教246号別冊『判例セレクト'00』19頁〈2001年〉、松岡久和「判批」民商124巻2号80頁〈2001年〉）。一方、私は、最判平成12年の論理では執行妨害に対処できないとして強く批判した（清原泰司「転貸は得する？」銀法577号45頁〈2000年〉）。

ところが、大方の予想に反し、差戻審⑮東京高決平成12・9・7（金法1594号99頁）は、転貸料債権に対する物上代位権行使を肯定した。当該事案の所有者と賃借人は完全な別人格であり（その事実を賃借人は強く主張した）、最決平成12年の論理では、物上代位権行使が否定される可能性もあったが、結託した両人の行為が、悪質で計画的な執行妨害であったことを抵当権者が立証したからである。しかし、これほどの事情の立証を要求する最決平成12年の論理には、法解釈論として問題がある（清原泰司「転貸料債権に対する抵当

権の物上代位（ 2 ・完）」桃山法学 5 号11頁〈2005年〉）。

【評論】

一　最決平成12年の論理と執行実務との関係

　最決平成12年を受け、東京地裁は、後順位賃借権限定説に基づく執行実務を見直し、「賃借人を所有者と同視することを相当とする場合」の内容の具体化を図り、以下の 3 つの分類基準を設けた。そして、これらに該当することを証する一応の資料が提出されれば、転貸料債権に対する債権差押命令を発しているということである。すなわち、①執行妨害目的・債権回収目的等の濫用的賃貸借と認められる場合（濫用型）、②所有者と賃借人との特別な人的関係に基づき両者が実質的に同一人と認められる場合（人的同視型）、③賃借人が実行抵当権の被担保債権の債務者である場合（債務者型）の 3 類型である（松本明敏「転貸賃料債権に対する物上代位権の行使について―最高裁平12・ 4 ・14決定を踏まえて―」金法1585号 8 頁以下〈2000年〉、東京地方裁判所民事執行センター実務研究会編『民事執行の実務―債権執行編（上）［第 2 版］』203頁以下＜金融財政事情研究会、2007年〉）。なお、③は、後順位賃借権限定説の難点を克服するため、平成10年 9 月から開始された東京地裁の取扱基準であり、原賃貸借、転貸借と抵当権設定登記との先後に関係なく、転貸料債権への物上代位権行使を認めるものであった（忠鉢・前掲銀法567号14頁）。したがって、前掲基準③と後順位賃借権限定説を組み合わせた当時の東京地裁の執行実務の運用は、むしろ原則肯定説に近いものであった（清原・前掲金判1077号58頁）。

　他方、大阪地裁は、平成 7 年以降、原則否定説を採っていたので、運用基準の見直しをせず、元々、東京地裁の前掲①および②の基準に従った取扱いをしていたということであるが、実際の運用は弾力的であり、原則肯定説に近い。また、前掲③の基準は特に挙げられていないが、賃借人の利益保護を考慮する必要のない場合として認めることができるとする（小川剛志「転貸賃料に対する抵当権に基づく物上代位権の行使について―大阪地方裁判所第14民事部における取扱い―」民事執行雑誌10号 4 頁以下〈2001年〉）。

　以上から、現在の執行実務の運用実態は、原則肯定説に近接するものである。問題は、これらの執行実務と最決平成12年の論理との整合性である。従

来の原則否定説は、(i)賃貸人と賃借人とが実質的に同一視される場合、(ii)原賃貸借が執行妨害的、詐害的である場合に、例外的に転貸料債権に対する物上代位権行使が肯定したが、最決平成12年は、(i)の基準に一本化し、(ii)の基準は(i)の判断要素にすぎない。その理由は、(ii)の基準では、所有者と同視できない執行妨害的賃借人も民法304条1項の「債務者」に含まれることになり、最決平成12年の前掲(ア)の文理解釈に反するからである。したがって、最決平成12年は、従来の原則否定説に比べ、より厳格な原則否定説である。この点につき、最決平成12年は、従来の原則否定説の二本立ての要件を、表現を変えて盛り込んだものであり、実質的内容は変わらないとする見解がある（松本・前掲金法1585号8頁）。東京地裁の運用基準は、この見解に従ったものである（松本・前掲金法1585号9頁）。しかし、最決平成12年は、「所有者と同視することを相当とする場合」に物上代位権行使を認める根拠を民法304条1項に求めるのに対し、従来の原則否定説は、濫用型の場合に物上代位権行使を認める根拠を信義則や権利濫用に求めるので、両者は明白に異なる（春日・前掲曹時55巻6号131頁）。

　以上のような最決平成12年は、転貸料債権への物上代位権行使を認める範囲が狭く、多様な執行妨害に対応できない。実際、無署名の調査官解説は、原則として債務者型には対応しないことを明言する（民事法情報166号18頁以下〈2000年〉）。また、一般債権者などが転貸人として既存の賃貸借関係に割り込む債権回収型にも対応できないであろう（占部洋之「判批」法教242号155頁〈2000年〉、松岡・前掲民商124巻2号91頁以下、鎌田薫「判批」ジュリスト1202号61頁〈2001年〉、安永正昭「判批」金法1620号32頁〈2001年〉、内田貴「判批」法協119巻6号209頁〈2002年〉）。

　ところが、前述のように、最決平成12年の許容基準である「賃借人を所有者と同視することを相当とする場合」の具体的運用基準として、東京地裁の執行実務は、①濫用型と②人的同視型に加え、③債務者型まで挙げ、大阪地裁も、従来の原則否定説の運用基準である①濫用型と②人的同視型に加え、③債務者型も肯定する。つまり、執行実務の運用は、原則肯定説に近接しており、最決平成12年の論理とはかなり乖離している。この点につき、調査官は、最決平成12年が執行実務に少なからぬ影響を及ぼすことが予想されると

して、画一的・大量処理の要請がある執行実務に対し、最決平成12年の許容基準について法的に確実な心証を得ることまでを要求するものではなく、運用基準を設けて処理すればよく、運用基準では物上代位権の対象になるが、独自の転貸利益を有する賃借人の救済は執行抗告に委ねると述べるのである（春日・前掲曹時55巻6号132頁）。結局、最高裁は、厳格な「建前」論とは異なり、実際の運用＝「本音」では現場に配慮し、原則肯定説的な立場を容認しているわけである。しかし、「建前」と「本音」を使い分けざるを得ないところに、当該「建前」論の欠陥があると言わざるを得ない。

二　本決定に対する評価

　転貸料債権に対する物上代位権行使を肯定した本決定の結論自体は、極めて妥当である。

　本件では、aが、Aの代表取締役兼Bの取締役であり、A＝a＝Bの人的同一性が推認される。XからのYへの融資金は、本件各不動産の売買を通じて売主A（＝a＝B）に流れている。また、本件建物の改修工事・テナント募集等から、Yとa（＝A＝B）、さらには改修工事業者との間に密接な関係が窺われるが、YとBの人的同一性は認められない。そして、本件建物についてのYとBの賃貸借関係が不明確であり、そのため、Yの原賃料債権に対するXの物上代位権行使が困難となっている一方で、Yに対する工事代金立替金債権者となったBが、同債権回収のため（Y、a＝Bおよび改修工事業者との関係から、同債権の存在自体疑わしい）、YとCらの間の賃貸借関係に割り込んで転貸借関係を作出し、Cらから転貸料を収受している。つまり、Bの行為には明らかな執行妨害目的が認められ、執行実務における「濫用型」に該当すると言えよう。問題は、そのことが、直ちに本決定が述べる最決平成12年の許容基準「人的同視」に該当し、所有者Yと賃借人Bを同視できるか、ということである。やはり、論理の飛躍があると評価せざるを得ない。

　最決平成12年は、転貸料債権に対する物上代位権行使を否定する根拠として、正常な転貸借の保護を挙げる（春日・前掲曹時55巻6号129頁、前掲民事法情報166号19頁）。しかし、転貸借が正常であれば、転貸人（＝賃借人）も正常であって、原賃貸借（原賃料）も正常であり、そもそも転貸料債権に対し物上代位権を行使する必要がない。これに対し、転貸料債権に対し物上代位権

行使が行われるのは、原賃貸借が形骸化し、原賃料支払義務者である賃借人（＝転貸人）が不正常な場合なのであり、保護してはならない者である。これが、原則肯定説の前提である。

著者略歴

清原　泰司　（きよはら　やすし）

〔略　歴〕

1950年5月　大阪府貝塚市に生まれる

　　　　　　大阪大学法学部、大阪大学法学研究科博士前期課程修了

2000年3月　博士（法学）［論文博士］中央大学

2005年4月　南山大学法学部教授

2007年4月　南山大学法科大学院教授

〔主要業績〕

『物上代位の法理―金融担保法の一断面―』（民事法研究会、1997年）［単著］

『担保法大系第1巻』（金融財政事情研究会、1984年）［共著］

『EC会社法指令』（同文館、1984年）［共著］

『ファンダメンタル法学講座　民法2　物権・担保物権』（不磨書房、2006年）［共著］

〔共　著〕

『演習ノート民法総則・物権〔第5版〕』（法学書院、2007年）

『土地家屋調査士の業務と制度〔第2版〕』（三省堂、2010年）

『土地家屋調査士の業務と制度』（三省堂、2004年）

『民法の世界2　物権法』（信山社、2002年）

『民法Ⅱ〔物権〕』（青林書院、2002年）など

物上代位法理の新展開

　2019年2月15日　　第1刷発行

　　　　　　　　　　　　　　　　定価　本体 8,000円＋税

著　　者　清原　泰司
発　　行　株式会社　民事法研究会
印　　刷　文唱堂印刷株式会社

- -

　　発行所　株式会社　民事法研究会
　　〒150-0013　東京都渋谷区恵比寿3-7-16
　　　　　　　〔営業〕TEL 03(5798)7257　FAX 03(5798)7258
　　　　　　　〔編集〕TEL 03(5798)7277　FAX 03(5798)7278
　　　　　　　http://www.minjiho.com/　info＠minjiho.com

落丁・乱丁はおとりかえします。　　ISBN978-4-86556-266-8 C3032　￥8000E
表紙デザイン：袴田峯男